再制造供应链决策

◎ 李凯 周陶 刘静 张丽敏 著

清华大学出版社
北京

版权所有，侵权必究。举报：010-62782989，beiqinquan@tup.tsinghua.edu.cn。

图书在版编目（CIP）数据

再制造供应链决策 / 李凯等著. -- 北京 : 清华大学出版社, 2025. 5.
ISBN 978-7-302-69045-0

Ⅰ. F407.405

中国国家版本馆 CIP 数据核字第 2025X88N03 号

责任编辑：陈凯仁
封面设计：刘艳芝
责任校对：欧　洋
责任印制：杨　艳

出版发行：清华大学出版社
　　　　　网　　址：https://www.tup.com.cn, https://www.wqxuetang.com
　　　　　地　　址：北京清华大学学研大厦 A 座　　邮　编：100084
　　　　　社 总 机：010-83470000　　　　　　　　　邮　购：010-62786544
　　　　　投稿与读者服务：010-62776969, c-service@tup.tsinghua.edu.cn
　　　　　质量反馈：010-62772015, zhiliang@tup.tsinghua.edu.cn
印 装 者：三河市春园印刷有限公司
经　　销：全国新华书店
开　　本：170mm×240mm　　印　张：25.25　插　页：8　字　数：513 千字
版　　次：2025 年 5 月第 1 版　　　　　印　次：2025 年 5 月第 1 次印刷
定　　价：129.00 元

产品编号：095250-01

前言

我国是名副其实的制造大国。制造业是国民经济的主体,是立国之本、兴国之器、强国之基。制造业的迅猛发展促进了我国经济快速增长,同时也带来了巨大的资源消耗。环境问题已经严重影响了国计民生,并成为我国经济社会发展的瓶颈。为建设幸福家园,破解发展难题,厚植发展优势,坚持创新、协调、绿色、开放和共享的新发展理念被确定为我国新时代坚持和发展中国特色社会主义的基本方略之一。作为一种典型的绿色制造模式,再制造受到了越来越多的关注。再制造通过对废旧产品或关键零部件进行专业化修复或升级改造,使其质量特性达到或优于原型新品。再制造在产品级实现了资源循环再生利用,因而具有显著的经济效益、社会效益和环境效益,对支撑与推进我国绿色发展具有重要意义。

与传统的制造系统相比,再制造系统具有其典型特点。传统制造系统中的产品全生命周期包括从设计、生产、包装、储运、使用及维修,到报废的过程,而在再制造系统中具有高附加值的关键零部件通过回收和再制造,跨越了多个产品生命周期,关键零部件本身也获得了多次生命,实现了资源的循环利用,体现了再制造的绿色价值。可见,再制造突破了传统产品全生命周期的界限,丰富了产品全生命周期管理的内涵。笔者提出了面向再制造的产品全生命周期管理实质上是针对由再制造关键零部件连接和打通的多产品生命周期集成系统的管理的概念,因而与传统单一产品的全生命周期管理相比其优化的范围更广,优化的难度更大,同时这也带来了新的管理难题。立足现在,面向未来,特别是在物联网、云计算、大数据、人工智能等新一代信息技术的飞速发展及其与制造深入融合的环境下,面向再制造系统的多产品生命周期集成系统的管理成为可能。另外,再制造系统涉及新产品供应商和制造商、替代品制造商、回收商、关键零部件再制造商、再制造产品的零部件供应商、用户、信息服务提供商等众多利益相关方。从供应链层面构建再制造系统中众多利益相关方的决策模型,探索促进再制造绿色价值提升和再制造绿色价值共享的市场合作机制,是落实多产品生命周期管理的必要前提。

笔者所在的科研团队紧密结合合肥工业大学的工科特色,长期围绕制造企业运营管理中的优化和决策理论与方法开展研究工作,密切关注制造和再制造系统中的管理问题,并且得到了国家自然科学基金及省级课题的大力支持,参与制定再制造国家标准十余项和团体标准十余项。在再制造系统管理方面，本书基于国家自然科学基金项目（项目号：71871076，72271070）和安徽省自然科学基金杰出青年基金项目（项目号：2208085J07）的研究成果，提出了面向再制造系统的多产品生命周期管理的学术思想，构建了基于再制造关键零部件的多产品生命周期集成管理系统框架，并重点针对再制造供应链系统的回收决策、生产决策、销售决策，以及智能制造环境下的再制造决策开展了较为系统的研究工作。针对不同的环境场景，构建了一系列供应链决策模型，分析了供应链利益相关方决策的机理与方法，得到了管理启示，从而为企业进行再制造供应链决策提供参考。

本书是在团队多年来在再制造供应链决策领域所做科研工作的基础上著述而成的。李凯教授主持了本书相关课题的研究工作，提出了本书的主要思想和学术观点，制定了本书的详细框架，组织了本书的著述，对全书进行了统稿和最终定稿。周陶、刘静、张丽敏协助李凯参加了相关课题的主要研究工作和书稿著述工作。参加相关课题研究和书稿整理工作的还有刘渤海、付红、赵能桂、夏露露、谢福龙、许莉萍、马傲雯、徐淑玲、肖巍、陈健福、张晗、李思源、黄梦雨、邵子明、李艳、吴文雅、张梦晴、王志成等。研究过程中参考了大量的国内外相关研究成果。

衷心感谢国家自然科学基金和安徽省自然科学基金杰出青年基金的支持！衷心感谢团队所在的合肥工业大学管理学院、"智能决策与信息系统技术"国家地方联合工程研究中心和"过程优化与智能决策"教育部重点实验室为团队创造了良好的科研环境和学术氛围！衷心感谢清华大学出版社为本书的出版做了大量精心细致的工作！衷心感谢所有参考文献的作者！

面向再制造的多产品生命周期管理及其涉及的利益相关方之间形成的再制造供应链决策是一个理论研究与管理实践的前沿领域，团队提出了多产品生命周期集成管理的学术思想，构建了集成优化框架模型，并在此基础上探索了支撑多产品生命周期管理整体系统中部分环节的决策技术与方法。研究工作只是此领域的冰山一角，加上笔者水平有限，定有疏漏之处，恳请读者批评指正。

作　者

2024 年 8 月于合肥

目 录

第1章 绪论 //1
  1.1 制造与再制造 //1
  1.2 再制造系统管理与再制造供应链 //2
  1.3 主要内容结构 //4
  参考文献 //6

第2章 再制造多产品生命周期管理 //8
  2.1 面向再制造的多产品生命周期管理框架 //8
    2.1.1 国内外研究现状 //8
    2.1.2 面向再制造的多产品生命周期集成系统 //15
    2.1.3 再制造供应链利益相关方分析 //17
  2.2 再制造供应链回收决策研究现状综述 //18
    2.2.1 基于回收不确定性的再制造决策 //18
    2.2.2 基于回收渠道的再制造决策 //19
    2.2.3 基于回收模式的再制造决策 //20
    2.2.4 研究机遇和挑战 //20
  2.3 再制造供应链生产决策研究现状综述 //21
    2.3.1 基于再制造的生产计划决策 //21
    2.3.2 基于再制造的库存管理决策 //21
    2.3.3 基于再制造的生产调度决策 //22
    2.3.4 基于再制造的生产系统设计决策 //22
    2.3.5 研究机遇和挑战 //23
  2.4 再制造供应链销售决策研究现状综述 //23
    2.4.1 基于消费者行为的再制造销售决策 //23
    2.4.2 基于企业运营管理的再制造销售决策 //24
    2.4.3 基于供应链管理的再制造销售决策 //24
    2.4.4 研究机遇和挑战 //25
  2.5 智能制造环境下的再制造决策研究现状综述 //25

2.5.1　基于技术发展的智能制造　　//25
　　2.5.2　基于新技术的企业再制造决策　　//26
　　2.5.3　基于供应链管理的回收和再制造决策　　//27
　　2.5.4　研究机遇和挑战　　//27
　2.6　本章小结　　//27
　参考文献　　//28
第3章　再制造供应链回收决策　　//39
　3.1　问题背景与研究现状　　//39
　3.2　水平竞争环境下供应链的回收决策　　//42
　　3.2.1　问题描述　　//43
　　3.2.2　模型构建　　//43
　　3.2.3　模型分析　　//49
　　3.2.4　管理启示　　//52
　3.3　垂直竞争环境下供应链的回收决策　　//53
　　3.3.1　问题描述　　//53
　　3.3.2　模型构建　　//55
　　3.3.3　模型分析　　//66
　　3.3.4　管理启示　　//72
　3.4　水平与垂直竞争环境下供应链的回收决策　　//73
　　3.4.1　问题描述　　//73
　　3.4.2　模型构建　　//77
　　3.4.3　模型分析　　//102
　　3.4.4　管理启示　　//120
　3.5　本章小结　　//123
　参考文献　　//123
第4章　再制造供应链生产决策　　//127
　4.1　问题背景与研究现状　　//127
　　4.1.1　问题背景　　//127
　　4.1.2　研究现状　　//128
　4.2　原始设备制造商的再制造生产决策　　//131
　　4.2.1　问题描述　　//131
　　4.2.2　模型构建　　//134
　　4.2.3　模型分析　　//151
　　4.2.4　管理启示　　//157
　4.3　考虑第三方再制造商的再制造生产决策　　//158

   4.3.1　问题描述　　　　　　　　　　　　　　　　　　　//158
   4.3.2　模型构建　　　　　　　　　　　　　　　　　　　//162
   4.3.3　模型分析　　　　　　　　　　　　　　　　　　　//169
   4.3.4　管理启示　　　　　　　　　　　　　　　　　　　//175
  4.4　考虑代工企业的再制造生产决策　　　　　　　　　　　　//176
   4.4.1　问题描述　　　　　　　　　　　　　　　　　　　//176
   4.4.2　模型构建　　　　　　　　　　　　　　　　　　　//179
   4.4.3　模型分析　　　　　　　　　　　　　　　　　　　//203
   4.4.4　管理启示　　　　　　　　　　　　　　　　　　　//211
  4.5　本章小结　　　　　　　　　　　　　　　　　　　　　　//212
  参考文献　　　　　　　　　　　　　　　　　　　　　　　　//213
第 5 章　再制造供应链销售决策　　　　　　　　　　　　　　　　　　//219
  5.1　问题背景与研究现状　　　　　　　　　　　　　　　　　//219
  5.2　再制造产品营销模式决策　　　　　　　　　　　　　　　//224
   5.2.1　问题描述　　　　　　　　　　　　　　　　　　　//224
   5.2.2　模型构建　　　　　　　　　　　　　　　　　　　//229
   5.2.3　模型分析　　　　　　　　　　　　　　　　　　　//238
   5.2.4　管理启示　　　　　　　　　　　　　　　　　　　//244
  5.3　再制造产品渠道结构决策　　　　　　　　　　　　　　　//245
   5.3.1　问题描述与基本假设　　　　　　　　　　　　　　//245
   5.3.2　模型构建　　　　　　　　　　　　　　　　　　　//247
   5.3.3　模型分析　　　　　　　　　　　　　　　　　　　//253
   5.3.4　管理启示　　　　　　　　　　　　　　　　　　　//257
  5.4　再制造产品渠道选择决策　　　　　　　　　　　　　　　//258
   5.4.1　问题描述　　　　　　　　　　　　　　　　　　　//258
   5.4.2　模型构建　　　　　　　　　　　　　　　　　　　//260
   5.4.3　模型分析　　　　　　　　　　　　　　　　　　　//266
   5.4.4　管理启示　　　　　　　　　　　　　　　　　　　//272
  5.5　再制造企业差别定价决策　　　　　　　　　　　　　　　//272
   5.5.1　问题描述　　　　　　　　　　　　　　　　　　　//272
   5.5.2　模型构建　　　　　　　　　　　　　　　　　　　//276
   5.5.3　模型分析　　　　　　　　　　　　　　　　　　　//285
   5.5.4　管理启示　　　　　　　　　　　　　　　　　　　//296
  5.6　本章小结　　　　　　　　　　　　　　　　　　　　　　//296
  参考文献　　　　　　　　　　　　　　　　　　　　　　　　//299

第 6 章 智能制造环境下的再制造决策 //305
6.1 问题背景与研究现状 //305
6.2 智能制造对再制造决策的影响 //309
6.2.1 问题描述 //309
6.2.2 模型构建 //311
6.2.3 模型分析 //328
6.2.4 管理启示 //341
6.3 智能制造环境下考虑成本信息的再制造决策 //343
6.3.1 问题描述 //343
6.3.2 模型构建 //344
6.3.3 模型分析 //359
6.3.4 管理启示 //366
6.4 智能制造环境下考虑差异定价的再制造决策 //367
6.4.1 问题描述 //367
6.4.2 模型构建 //369
6.4.3 模型分析 //383
6.4.4 管理启示 //388
6.5 本章小结 //389
参考文献 //389
第 7 章 总结与展望 //392

第1章

绪论

1.1 制造与再制造

制造业是国民经济的主体，是立国之本、兴国之器、强国之基。18世纪中叶开启工业文明以来，世界强国的兴衰史和中华民族的奋斗史一再证明，没有强大的制造业，就没有国家和民族的强盛。打造具有国际竞争力的制造业是我国提升综合国力、保障国家安全、建设世界强国的必由之路[1]。

然而，大力发展制造业，经济的快速增长的同时也带来了巨大的资源消耗。环境问题已经严重影响着国计民生，成为制约我国经济社会发展的瓶颈。为建设幸福家园，破解发展难题，厚植发展优势，党的十八届五中全会正式提出了"必须牢固树立并切实贯彻创新、协调、绿色、开放、共享的发展理念"，指出我们必须坚持节约资源和保护环境的基本国策，坚持可持续发展，坚定走生产发展、生活富裕、生态良好的文明发展道路，加快建设资源节约型、环境友好型社会，形成人与自然和谐发展现代化建设新格局，推进美丽中国建设，为全球生态安全作出贡献。党的大九大报告指出，坚持新发展理念是构成新时代坚持和发展中国特色社会主义的基本方略之一。

再制造是一种典型的绿色制造模式。再制造通过对废旧产品或关键零部件进行专业化修复或升级改造，使其质量特性达到或优于原型新品。再制造在产品级实现了资源循环再生利用，因而具有显著的经济效益、社会效益和环境效益，对支撑与推进我国绿色发展有重要意义。以某大型汽车制造企业为例，该企业对重型卡车的发动机回收再制造，通过对有损伤的关键部位使用稀有耐磨材料，采用先进的表面工程技术，87.3%的主体部分能够进行功能修复和提升，使再制造产品的性能实质上更加优于新产品。同时，由于其主体部分成本的节省，再制造产品与新产品相比，节能60%左右、节材70%左右、大气污染物排放量降低80%以上[2]。可见，再制造在产品级实现了资源循环再生利用，并通过对整个行业去产能、降成本，优化了资源配置。

再制造是制造产业链的延伸[2]，既是先进制造和绿色制造的重要组成部分，也是推进绿色发展和低碳发展理念、促进生态文明建设的重要载体，还是制造业转型升级的重要方向，高度契合国家绿色发展和循环经济发展的战略。再制造越来越受到了充分的重视。波士顿大学的一项研究表明，美国再制造产业具有530亿美元的产值，向48万人提供了就业机会[3]。《国务院关于印发〈中国制造2025〉的通知》提出"大力发展再制造产业，实施高端再制造、智能再制造、在役再制造，推进产品认定，促进再制造产业持续健康发展"。

1.2 再制造系统管理与再制造供应链

再制造产品是对使用过的产品或者零部件按照审美和运行标准进行拆卸、修复或维修、检测，使其性能与新产品一致，能在市场上再销售[4-5]。在我国，对再制造产品的质量要求有国家标准明确规定，然而国际上一般认为再制造产品包括翻新产品、修复产品及其他产品[6]。与传统制造相比，再制造过程具有高度的不确定性。Guide等[7-8]指出再制造系统的不确定性主要有：回收时间和数量的不确定、回收质量的不确定、需求与回收的不平衡、物料匹配的复杂性、逆向物流网络的不确定性、再制造工艺路线的随机性和加工时间的多变性等，同时再制造过程又是一个价值增值的过程。

针对再制造系统的管理已经引起了众多学者们的关注。传统供应链主要关注从原材料采购到产品制造、分销、销售的正向物流过程，通常涉及的利益相关方包括原材料供应商、制造商、分销商、零售商、消费者等，是一个开环形式的供应链。而在再制造系统中，除包含传统供应链的正向物流过程外，还增加了产品回收、再利用和再制造的逆向物流环节，从而形成了一个闭环形式的供应链。因此，目前围绕再制造系统管理的研究主要集中在闭环供应链与逆向物流等方面。

本书认为，再制造供应链管理是围绕再制造产品的物流、资金流和信息流的集成管理，是再制造系统整体优化在管理实践中得以落实的依托基础。因此提出，针对再制造系统管理，应首先分析再制造产品的形成及其演化过程的特征，进而考虑如何激励该过程中涉及的诸多供应链利益相关方进行有效地竞争与合作，才能最终实现再制造系统整体优化。李凯等[9]首次提出了面向再制造的多产品生命周期集成系统管理的概念，紧接着Mutha等[10]分析了考虑产品多生命（使用）

周期的再制造系统利润优化。

传统的产品全生命周期包括从设计、生产、包装、储运、使用与维修，到报废的过程，而具有高附加值的关键零部件通过回收和再制造，跨越了多个产品生命周期，关键零部件本身也获得了多次生命，实现了资源的循环利用，体现了再制造的绿色价值。可见，再制造突破了传统产品全生命周期的界限，丰富了产品全生命周期管理的内涵。面向再制造的产品全生命周期管理实质上是针对由再制造关键零部件连接和打通的多产品生命周期集成系统的管理。

针对产品管理，理论研究从产品设计、采购、生产、物流、销售、维护等单一环节管理，到单一产品的生命周期管理，实现了第一次理论飞跃并逐渐在管理实践中得到普遍认可。在再制造系统中，关键零部件再制造前后分别融入不同的产品生命周期。当前，物联网、云计算、大数据、信息物理系统（cyber physical systems，CPS）、人工智能等新一代信息技术使得信息的获取更加方便快捷，企业或政府监管部门具有获取产品设计、生产、使用、维修、回收、再制造、报废所有生命过程重要信息的技术能力，为实现产品生命周期管理从单一产品向多产品集成的第二次理论飞跃奠定了信息基础。

本书提出了面向再制造的多产品生命周期集成管理的学术思想，构建了基于再制造关键零部件的多产品生命周期集成系统结构模型。详见本书第 2 章分析。该集成系统由三部分组成：关键零部件与其他组件之间的集成；多个产品之间的集成；整个再制造供应链的集成。因此，再制造关键零部件生命周期循环耦合及价值增值机理主要体现在三个方面。

第一，从产品的结构上来看，具有高附加值的关键零部件作为产品的组件之一，与产品的其他组件相互作用、彼此影响，构成了产品内部的集成系统。通过集成系统，获取产品及其关键零部件在每个阶段的相关数据，精准预测产品性能的变化趋势和关键零部件与其他组件之间的关系作用，从而实现产品内部的集成优化。

第二，从产品的生命周期角度来看，关键零部件的生命周期与产品的生命周期并不总是完全一致。在产品使用过程中，关键零部件可能先于产品报废而进入回收和再制造的阶段，完成功能的修复与提升后，再次构成其他产品的组件，从而形成多产品之间的集成系统。在产品内部集成和多产品集成的基础上，关键零部件在不同时间阶段成为不同产品的组成部分，在不同产品中与其他组件有机结合，参与该产品的全部或部分生命周期，从而形成一个系列产品生命周期的立体集成系统。

第三，从产品的价值链角度来看，具有高附加值和可再制造性的关键零部件在原本的产品中是核心部件，技术价值含量高。关键零部件在退出所在产品系统后会作为再制造产品，进行交易和价值链的重构，其本身构成了一条完整的价值链。在实现功能修复之后，关键零部件再一次进入市场，融入另一个产品的价值链。因此，再制造关键零部件通过这种价值链的融合实现了价值提升。

再制造供应链管理应在充分考虑上述特点的基础上，从再制造系统所处行业生态环境的角度，系统地考虑新产品制造商、替代品制造商、回收商、关键零部件再制造商、关键零部件循环生命周期对应的产品的零部件供应商与用户、信息服务提供商等不同的利益相关方在系统中出现的先后次序关系和层级关系、竞争或合作关系等，构建联合定价的博弈模型和优化方法，探索促进再制造绿色价值提升和再制造绿色价值共享的市场合作机制。

从理论研究来看，再制造产品或再制造关键零部件的全生命周期与传统产品的全生命周期具有很大差异，以及很高的理论研究价值。从废旧产品回收的具有高附加值的关键零部件，退出其所在产品的原生命周期，通过再制造实现了功能修复与提升，再次或多次融入其他产品生命周期，实现了价值的循环利用，可见仅仅将其视为一个闭环系统尚不足以准确描述其特征，因此本书作者提出面向再制造的产品全生命周期是一个包含多个产品生命周期和再制造关键零部件循环生命周期的复杂系统。

从管理实践来看，目前国内外对再制造产品市场的管理也有所差异。国外市场一般针对回收的产品或零部件进行检测，按照设计说明书对其修复，只要其功能与新产品一样，即可与新产品处于同一市场。而国内再制造起步较晚，由于对再制造产品的管理尚待进一步规范，目前再制造产品形式主要是再制造的关键零部件，且仅在售后市场流通。由于再制造关键零部件单独作为产品在售后市场流通，在其销售之后再次参与构成产品，研究通过再制造关键零部件循环生命周期连接和打通的多产品生命周期集成系统优化对我国再制造工程管理实践将更具应用前景。

本书作者的相关研究丰富了再制造工程管理理论、产品全生命周期管理理论、优化理论与方法等方面的研究成果，同时为实际的再制造系统优化、再制造供应链决策提供理论与方法支撑。

1.3 主要内容结构

本书的结构框架如图 1.1 所示。本书章节安排如下：

第 1 章为绪论。该章简要介绍制造与再制造的背景知识；提出本书围绕再制造系统管理和再制造供应链管理的学术思想，即再制造系统管理应在系统分析再制造产品形成及其演化过程特征基础之上，充分考虑供应链利益相关方在再制造系统中出现的先后次序关系、竞争与合作关系等复杂关系，构建再制造供应链模型，实现再制造供应链管理，落实再制造系统整体优化；最后介绍本书的主要内容结构。

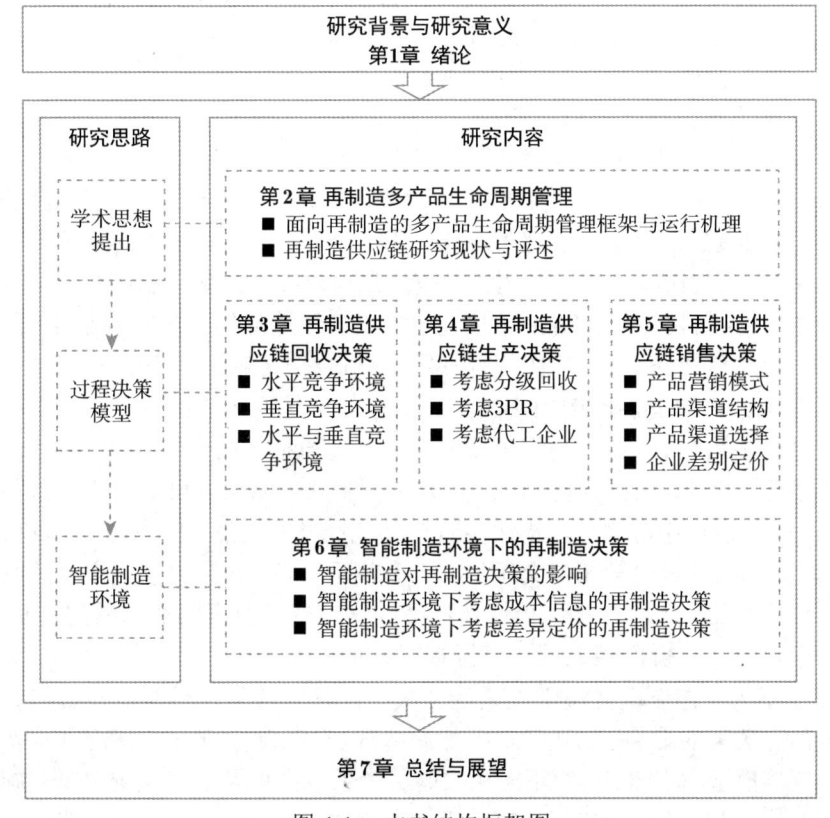

```
┌─────────────────────────────────┐
│      研究背景与研究意义          │
│         第1章 绪论               │
└─────────────────────────────────┘
                ↓
┌──────────┬──────────────────────────────────────────┐
│ 研究思路 │              研究内容                    │
│          │ ┌──────────────────────────────────────┐ │
│ 学术思想 │ │ 第2章 再制造多产品生命周期管理        │ │
│ 提出     │ │ ■ 面向再制造的多产品生命周期管理     │ │
│          │ │   框架与运行机理                     │ │
│          │ │ ■ 再制造供应链研究现状与评述         │ │
│          │ └──────────────────────────────────────┘ │
│          │ ┌─────────┬──────────┬─────────────────┐ │
│ 过程决策 │ │第3章 再 │第4章 再  │第5章 再制造供   │ │
│ 模型     │ │制造供应 │制造供应  │应链销售决策     │ │
│          │ │链回收决 │链生产决  │■ 产品营销模式   │ │
│          │ │策       │策        │■ 产品渠道结构   │ │
│          │ │■水平竞争│■考虑分级 │■ 产品渠道选择   │ │
│          │ │环境     │回收      │■ 企业差别定价   │ │
│          │ │■垂直竞争│■考虑3PR  │                 │ │
│          │ │环境     │■考虑代工 │                 │ │
│          │ │■水平与垂│企业      │                 │ │
│          │ │直竞争环 │          │                 │ │
│          │ │境       │          │                 │ │
│          │ └─────────┴──────────┴─────────────────┘ │
│          │ ┌──────────────────────────────────────┐ │
│ 智能制造 │ │ 第6章 智能制造环境下的再制造决策      │ │
│ 环境     │ │ ■ 智能制造对再制造决策的影响         │ │
│          │ │ ■ 智能制造环境下考虑成本信息的再制   │ │
│          │ │   造决策                             │ │
│          │ │ ■ 智能制造环境下考虑差异定价的再制   │ │
│          │ │   造决策                             │ │
│          │ └──────────────────────────────────────┘ │
└──────────┴──────────────────────────────────────────┘
                ↓
┌─────────────────────────────────┐
│        第7章 总结与展望          │
└─────────────────────────────────┘
```

图 1.1　本书结构框架图

第 2 章为再制造多产品生命周期管理。该章在对产品生命周期管理相关文献进行综述的基础上，提出面向再制造的多产品生命周期集成系统管理的学术思想，构建基于再制造关键零部件的多产品生命周期集成系统的结构框架，从供应链管理的角度分析该集成系统中再制造供应链利益相关方相关关系。结合基于再制造关键零部件的多产品生命周期集成系统结构，对再制造供应链回收决策、生产决策、销售决策，以及智能再制造环境下供应链再制造决策等方面现有研究工作进行综述，并提出相关研究的机遇和挑战。

第 3 章为再制造供应链回收决策。回收是面向再制造的多产品生命周期集成先决条件。再制造回收决策受到许多制约因素的影响，需要考虑废旧产品质量的判定、废旧产品回收时机的确定、回收主体的确定，以及回收所处竞争环境的确定等。该章基于不同的竞争环境，讨论再制造供应链的均衡回收决策。在水平竞争环境下，考虑不同转移定价权归属时原始设备制造商与第三方的回收决策；

在垂直竞争环境下,构建两个基准单向垂直竞争模型和一个双向垂直竞争模型并进行对比分析;在水平与垂直竞争并存环境下,构造由原始设备制造商、零售商及第三方再制造商组成的三级供应链体系,考虑不同的供应链渠道力量结构以及制造商与零售商之间的多种投资模式。

第 4 章为再制造供应链生产决策。该章首先在分级回收模式下,研究原始设备制造商自己实施再制造时多产品多周期内的生产决策,对比第三方再制造商和原始设备制造商在分别实施回收和再制造策略时,对不同质量废旧产品的回收策略,以及再制造产品的最优定价策略;其次分析垄断与竞争不同环境下第三方再制造商竞争下制造商的再制造生产决策;最后研究原始设备制造商与上游代工企业合作实施再制造的生产决策,建立原始设备制造商仅外包制造业务、同时外包制造和再制造业务的合作再制造模型,分析合作再制造策略的影响。

第 5 章为再制造供应链销售决策。销售环节是再制造供应链价值创造的市场拉动力量,产品或者服务的需求影响着再制造原材料的供应、产量的计划和利润的产生等。此外,相比于新产品,顾客对再制造产品的认可更离不开销售的重要作用。再制造供应链销售决策决定着产品或服务的特点、价格水平、价值交付和目标市场等,这些决策相互交织但又各有侧重。该章研究再制造产品的营销模式、再制造产品的渠道结构、再制造产品的渠道选择及再制造产品的差别定价,构建相应模型,分析模型机理,获得管理启示。

第 6 章为智能制造环境下的再制造决策。该章首先探讨制造商实施智能制造对再制造决策的影响,构建针对智能制造环境下由制造商、零售商和消费者组成的供应链模型,研究零售商不购买或购买产品生命周期数据使用权时实施再制造,以及制造商实施再制造三种情形下的最优决策方案;其次研究智能制造环境下成本信息不对称的再制造决策问题,分析由传感器嵌入式产品产生的成本信息不对称性对新产品和再制造产品的产量与价格,以及双方利润的影响;最后研究智能制造环境下考虑差异定价的再制造决策问题,通过与不采取差别定价策略的情况下对比,分析原始设备制造商根据生产传感器嵌入式产品获得的回收信息而采取的差别定价策略对新产品和再制造产品的产量与价格,以及供应链成员利润的影响。

第 7 章为总结与展望。该章对全书工作进行总结,并对智能网联产品这一新型产品形态再制造供应链决策的研究方向做了展望。

参考文献

[1] 国务院. 中国制造 2025[R]. (2015-05-08). http://www.gov.cn/zhengce/content/2015-05/19/con-tent _9784.htm.

[2] 徐滨士, 向华, 史佩京, 等. 绿色再制造 [M]//国家制造强国建设战略咨询委员会, 中国工程院战略咨询中心. 绿色制造. 北京: 电子工业出版社, 2016: 213-243.

[3] AGRAWAL V V, ATASU A, ITTERSUM K V. Remanufacturing, third-party competition, and consumers' perceived value of new products[J]. Management Science, 2015, 61(1):60-72.

[4] SUBRAMANIAN R, SUBRAMANYAM R. Key factors in the market for remanufactured products[J]. Manufacturing & Service Operations Management, 2012, 14(2): 315-326.

[5] FERGUSON M E, TOKTAY L B. The effect of competition on recovery strategies[J]. Production and Operations Management, 2010, 15(3): 351-368.

[6] ABBEY J D, KLEBER R, SOUZA G C, et al. The role of perceived quality risk in pricing remanufactured products[J]. Production and Operations Management, 2017, 26(1): 100-115.

[7] GUIDE V D R. Production planning and control for remanufacturing: industry practice and research needs[J]. Journal of Operations Management, 2000, 18(4): 467-483.

[8] GUIDE V D R, VAN WASSENHOVE L N. The evolution of closed-loop supply chain research[J]. Operations Research, 2009, 57(1): 10-18.

[9] LI K, LIU J, FU H, et al. An integrated system with multiple product lifecycles for remanufacturing (IS-MPLR): new opportunities and challenges[J]. International Journal of Computer Integrated Manufacturing, 2021, 34(1): 20-40.

[10] MUTHA A, BANSAL S, GUIDE V D R. Managing the inter-functional tension between accounting- and financial-profits in remanufacturing multiple-usecycle products[J]. Production and Operations Management, 2021, 30(9): 2993-3014.

第 2 章
再制造多产品生命周期管理

从传统产品管理的角度来看，产品的生命周期包括设计、生产、销售、使用、维护和寿命结束等几个阶段[1-2]。然而，随着再制造的兴起，一些使用结束或寿命结束的产品被回收和再制造。这些回收产品的质量可以通过检查、拆卸、部分更换/修理、清洗、重新组装和检查等步骤来恢复。再制造过程可以使旧产品达到甚至超过同型新产品的质量标准，因此把这类产品称为再制造产品[3]。这些再制造产品被重新销售到市场中，开启新的生命周期。因此，再制造拓展了传统产品的生命周期。本章首先对产品生命周期管理相关文献进行综述，进而对再制造产品形成的多产品生命周期结构进行分析，提出面向再制造的多产品生命周期集成系统的概念。其次，从供应链管理的角度，分析集成系统中再制造供应链利益相关方的竞争与合作关系、基于再制造的决策问题，以及新的协调机制。围绕这些问题，本章分别从再制造供应链回收决策研究、再制造供应链生产决策研究、再制造供应链销售决策研究，以及智能再制造环境下供应链再制造决策研究等方面对现有文献进行综述，并提出相关研究的机遇和挑战。

2.1　面向再制造的多产品生命周期管理框架

2.1.1　国内外研究现状

1. 产品生命周期管理发展历程

产品生命周期（product life cycle, PLC）的概念最早由 Dean[4] 和 Levitt[5] 等在市场营销领域提出，旨在研究产品的市场策略。PLC 是一条概率曲线，通过销售市场在不同时期的计算数据构成，描述了产品从进入市场后的成长、成熟到衰退的全过程[6]。在这一过程中，企业可以通过调整管理和销售策略，提升在产品生命周期某些阶段的盈利能力[7-8]。因此，早期的 PLC 研究主要集中于如何优化营销策略，以最大化企业利润。

随着相关学科的发展，特别是并行工程领域的发展，PLC 的概念已经从管理领域拓展到工程领域。PLC 的内涵已从单一的市场阶段发展到产品需求分析、产品设计、制造、销售、维修及售后服务、产品报废等整个过程[9-10]。然而，在实际研究中，PLC 的研究仍然常常被视为各个阶段的线性组合，而缺乏对其复杂性和动态性的全面理解。

20 世纪 80 年代以来，随着自动化、信息技术和计算机网络的迅速发展，企业的制造能力和水平显著提升。在这一背景下，产品生命周期管理（product lifecycle management，PLM）的概念应运而生，并迅速成为制造业关注的焦点[11]。PLM 的核心任务在于设计和构建一个工程数据库，用于系统化地收集和管理产品在各个生命周期阶段的数据。

进入 20 世纪 90 年代，随着互联网的普及以及计算机集成制造系统、敏捷制造等新型制造模式的兴起，PLM 的应用从单一的产品开发管理扩展到涵盖多个应用领域和生命周期阶段的广泛协作[12]。此时，PLM 不仅促进了企业内部的产品开发与制造协作，还推动了企业与消费者、供应商之间的外部协作。随着 PLM 的不断发展，产品生命周期逐渐受到多种因素的影响，各生命周期阶段之间可能出现并行、重叠或交叉，且相互影响的情况。

与此同时，20 世纪 70 年代末，随着人们对绿色环境的追求，循环经济和再制造逐渐进入公众视野。许多国家相继制定了生产者责任延伸原则（extended producer responsibility，EPR），要求制造商对其产品的回收负责。例如，欧洲联盟在 2003 年通过的《废弃电子电气设备指令》（Waste Electrical and Electronic Equipment Directive）明确规定，生产商（包括进口商和经销商）必须承担进入欧盟市场的废弃电气电子产品的回收与处理责任，同时新投放欧盟市场的电气电子产品必须加贴回收标志。由于回收再制造的过程，产品从设计—生产—销售—服务/维修—回收，形成一个闭环[13]。在这个闭环系统中，PLM 的过程得到了进一步扩展，其中增加了回收和再制造的过程[14-15]。回收过程中的数量和质量会直接影响再制造过程中的成本、质量，而再制造的效果又会影响整个产品的生命周期的长度[16-17]。

此外，使用过的产品通过回收、拆卸和再制造，获得了一个新的生命周期。再制造不仅延长了单个产品的生命周期，还能够通过多个产品的循环再利用，实现跨产品的多个生命周期，从而形成一个循环生命周期的模式。这使得再制造产品生命周期管理（remanufactured product lifecycle management，RPLM）成为一个复杂的集成系统管理的对象。基于新一代信息技术在再制造中的应用，本节提出了一个由再制造核心环节连接而成的多产品、多生命周期的集成系统，进一步丰富了 PLM 的内涵。

表 2.1 反映了产品生命周期演化过程的发展历程。

表 2.1 产品生命周期管理相关研究进展

进程	特点	代表性文献	研究方法
产品生命周期 PLC	单程	Thietart 和 Vivas[6]	实证研究
		Nandkeolyar 等[18]	综述
		Tibben-Lembke[19]	综述
		Golder 和 Tellies[8]	假设检验
		Wu[20]	扩散模型与预测理论
		Guo[21]	Bass 扩散模型
		Hu 等[22]	聚类统计
产品生命周期管理 PLM	交叉	Cohen 和 Whang[23]	博弈论
		Huang 等[9]	综述
		Wu 等[24]	指标分析
		Lee 等[25]	综述
		Gmelin 和 Seuring[26]	案例分析
		Ovchinnikov 等[27]	因素分析和问卷调查
		Hu 等[28]	综述
再制造产品生命周期管理 RPLM	循环	Jun 等[29]	综述和案例研究
		Jiang 和 Xiang[30]	综述
		Fadeyi 等[15]	模糊集理论
		Baptista 等[31]	随机优化模型

2. 再制造供应链管理领域研究进展

具有可再制造性的关键零部件服役了一次生命周期后，经过回收和再制造，其质量和性能得以恢复，再次经历生命周期。因此，再制造是针对回收的废旧产品，不是消耗原始材料，而是在再加工过程中保持其物理形态，从材料、能源和劳动力中获得剩余价值[32]。因此，它所具有的经济和环境效益日益受到制造业界和学术界的广泛关注。近年来，关于再制造供应链的研究发表了多篇综述。现有的文献主要分为三个层面，即战略层面（包括逆向物流和闭环供应链研究）、战术层面（包括产品管理、市场结构和渠道竞争）和运营层面（包括再制造设计、生产过程、售后市场/回收、拆卸和技术）。表 2.2 列举了这些文献的具体研究内容。

表 2.2 再制造供应链领域文献研究现状梳理

文献	主要研究内容	战略层面			战术层面			运营层面			
		逆向物流体系	组织架构	闭环供应链	产品管理	渠道竞争（正向和逆向）	市场结构	生产过程	售后/回收	拆卸组装	技术应用
Dekker等[33]	制造和再制造系统的联合库存控制	√									
Östlin等[34]	多种再制造核心或产品的闭环关系（所有权、服务合同、信用等）				√						
Junior和Filho[35]	再制造生产计划的行业实践与研究需求							√			
Morgan和Gagnon[36]	再制造业务调度单产品再制造调度多周期再制造调度							√			
Goodall和Rosamond[37]	评估再制造可行性的工具和技术										√
Wei等[32]	核心零部件（或产品）的回收管理（收购控制、预测回报、回报策略、质量分类和反向渠道设计等）			√					√		
Priyono等[38]	再制造拆卸影响因素（考虑组织因素、过程选择）									√	
Kumar和Ramachandrana[39]	再制造的运营和回收入管理实施再制造的影响因素								√		
Diallo[40]	逆向物流和再制造流程设计报废产品的回收										√

续表

文献	主要研究内容	战略层面			战术层面			运营层面		
		逆向物流体系	组织架构	闭环供应链	产品管理	渠道竞争（正向和逆向）	市场结构	生产过程	售后/回收	拆卸组装技术应用
Guo等[41]	逆向物流供应链契约供应链结构和渠道领导者					√	√			
Kerin和Pham[42]	物联网、VR和AR技术在再制造中的适用性									√
Liu等[43]	大数据和智能制造驱动下的再制造组装技术管理								√	√
Sticharangsie等[44]	最佳寿命结束选项，获得合适的核心零部件（或产品）数量、最合适的拆卸水平和清洁技术等多个再制造活动的决策集成方法							√	√	
Kazemi等[45]	IJPR期刊上发表的关于逆向物流和闭环供应链管理的文章计量统计（2000—2017年）		√							
Li等[46]	政府政策、消费者特征、企业关系和供应链结构等方面分析再制造定价和生产策略		√		√		√	√		
Kerin和Pham[47]	支持智能再制造的先进技术									√

本书从一个全新的视角分析再制造给供应链管理带来的新变化。事实上，多个生命周期是通过具有可再制造性的关键零部件连接起来而形成的。从产品角度看，首先，关键零部件与其他零部件一起在第一个生命周期中经历了从设计、生产、装配、销售、售后的服役过程。其次，具有高附加值的关键零部件被回收和再制造，使其质量和性能得以恢复。最后，将它与其他产品的组件组装成一个再制造产品，重新获得一个新的生命周期。从组件角度看，关键零部件作为一个核心组件，可以通过销售、回收、再制造获得多个生命周期。因此，它也可以看作是一个独立的产品，且产品的内部结构发生了变化，如图 2.1 所示。随着产品生命周期的延长，企业内部的生产计划和外部的竞争战略也发生变化。这将最终导致整个供应链结构发生变化，各利益相关方之间出现新的竞争与合作关系。这为供应链管理理论研究带来了新的机遇。

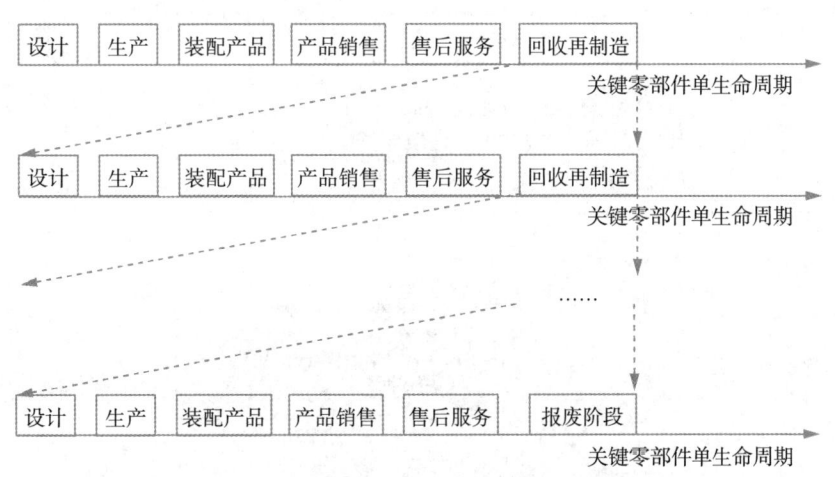

图 2.1　具有可再制造性的关键零部件构成的多产品生命周期

此外，新一代信息技术的迅速发展为多生命周期管理提供了技术支持。由于物联网、云计算、大数据、信息物理系统等技术的应用，企业可以实时获取产品和部分组件的重要数据[48]，通过在线监测数据和故障诊断可以准确预测产品的健康状态[49-51]。这些智能产品可以提供准确的用户需求分析，帮助企业获取产品的实时状态，提高再制造效率。大数据分析结果可以为制造-再制造系统的生产、规划和定价提供建议。该体系包括多个周期内多个产品之间的竞争、利益相关者之间的竞争与合作及多维价值评估。这些新的研究方向打破了传统供应链管理的单向整合，也改变了供应链成员的角色及其关系。例如，从事回收和再制造的制造商也在市场上与第三方再制造商竞争[52-53]。零售商不仅为制造商销售新产品，还在反向渠道与制造商竞争[54-55]。

为此，对 Web of Science 和中国知网数据库中的论文进行了检索。搜索规则以再制造、闭环供应链、绿色供应链、全生命周期、产品全生命周期管理及其组合为关键词。该搜索产生英文文献1494个结果,中文文献4463个结果。删除了一些重复的文献,按照以下标准再次选择剩余部分:①基于再制造的优化模型;②基于供应链成员的决策模型;③信息技术在再制造优化中的应用。最终,选取118篇英文文献和785篇中文文献进行分析。图2.2和图2.3分别显示了本书引用的文献在部分期刊和不同年份的分布情况。

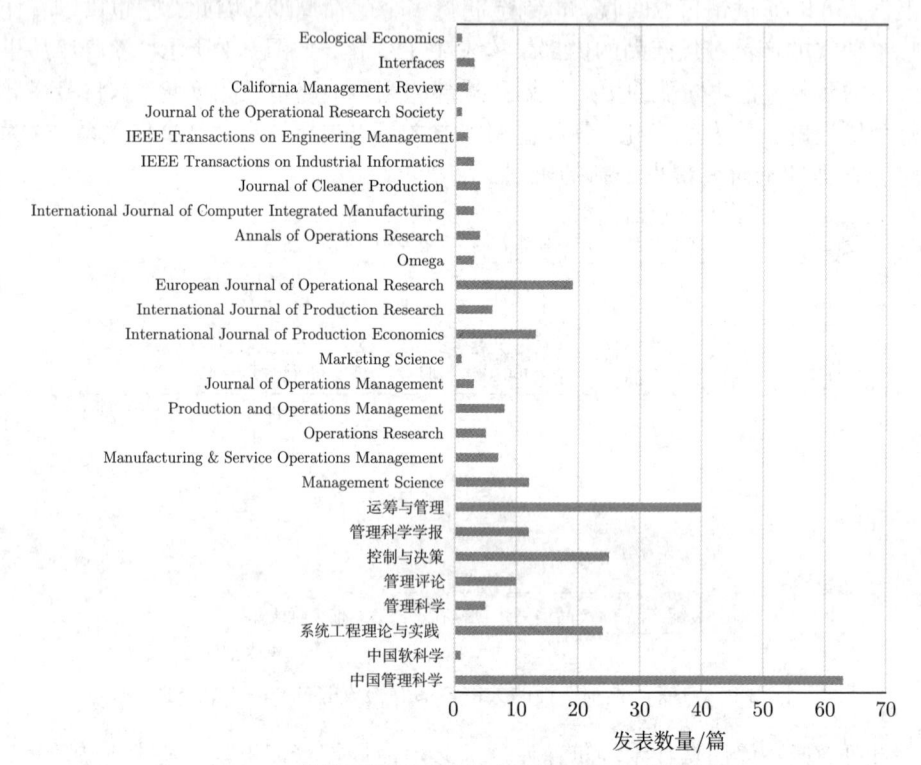

图 2.2　根据不同期刊的发表数量对文献进行分类

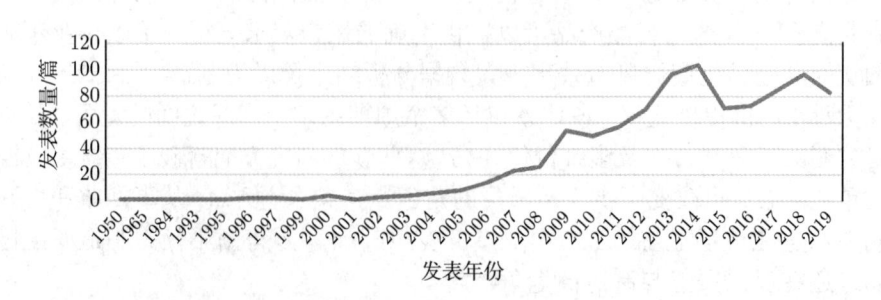

图 2.3　根据不同年份的发表数量对文献进行分类

综上所述，再制造为产品生命周期管理和供应链管理带来了新的研究机会。本书提出多产品生命周期的再制造集成系统 (integrated system with multiple product lifecycles for remanufacturing, ISMPLR) 的概念，从再制造供应链决策的角度，分析再制造产品的循环生命周期管理。

2.1.2 面向再制造的多产品生命周期集成系统

具有可拆卸性的新产品通过模块化生产，不仅提高了生产效率，而且便于拆卸、测试和第一个生命周期后的再制造[20,56]。产品经过设计和生产后，进入市场并销售给用户。如果产品经久耐用，如制造业中的汽车、机器设备等，一次性投资比较大，产品使用时间较长。产品在使用过程中，用户会多次对其进行维护或维修，直至质量损伤均较为严重时，用户才会放弃该产品。但该产品中部分关键零部件仍然具有高附加值，此时，可将具有高附加值的关键零部件（如发动机）回收和再制造，与其他组件组成再制造产品，再次销售到市场[57-58]。事实上，废旧产品的再制造的过程就是具有高附加值的关键零部件的再制造的过程。这个具有高附加值的关键零部件是整个产品的核心，长期工作使其比其他部件更早发生故障[59]。它通过再制造获得额外的价值，并且可以在不同的阶段进行多次再制造，形成不同的产品。另一种情况是，产品的生命周期相对较短，如电脑、手机等电子产品。用户购买产品一段时间后，升级后的产品进入市场。一些追求新潮的用户选择再次购买升级后的产品，他们会将使用完的产品留在手中，或者以较低的价格卖给回收商。这部分产品质量损伤较小，也具有高附加值。企业在回收以后，能够以较低的再制造成本恢复其质量[60]。

根据上述关键零部件或者废旧产品的再制造过程，本节提出一个面向再制造的多产品生命周期集成系统，如图 2.4 所示。按照坐标指向，将该集成系统分为三个维度，分别是水平集成系统、垂直集成系统和立体集成系统。

水平集成系统主要反映了产品内部关键零部件与其他组件之间的相互关系。从产品结构的维度来看，关键零部件作为产品的组件之一，与产品的其他组件相互联系、相互影响，构成了产品整个系统。从产品全生命周期的角度来看，产品经历了设计、生产、销售、售后服务、回收再制造或报废等若干阶段。从产品的质量来看，设计阶段是保证产品质量的起点；生产阶段是保证产品质量的重点；销售从某种程度上对应了产品用户的特别行为习惯与产品使用的环境；售后服务确保产品质量维持，提高用户体验；回收再制造使产品质量得到提升进入新一轮的生命周期；报废则终结产品的生命周期。产品的生命周期质量状态变化是其系统内部组件构成和系统外部环境中用户使用行为习惯、产品使用自然环境等各种因素共同作用的表现。关键零部件既有效支撑产品功能，也受到产品系统整体的影响，其性能随着产品性能变化而变化。基于物联网、互联网等新一代信息技术获取的产品数据及其变化规律是产品与其关键零部件之间相互作用的结果。图 2.5 展示了产品与其关键零部件之间的关系。

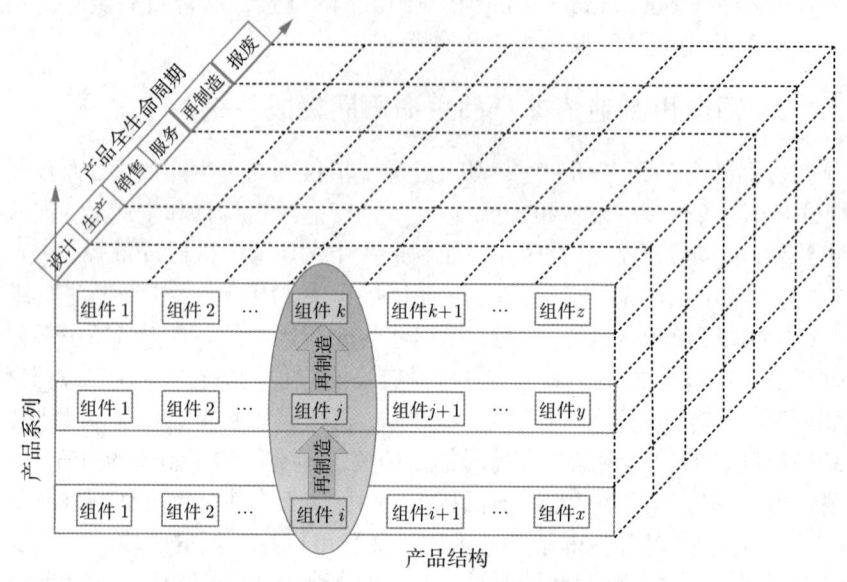

图 2.4　基于再制造的多产品生命周期集成系统框架

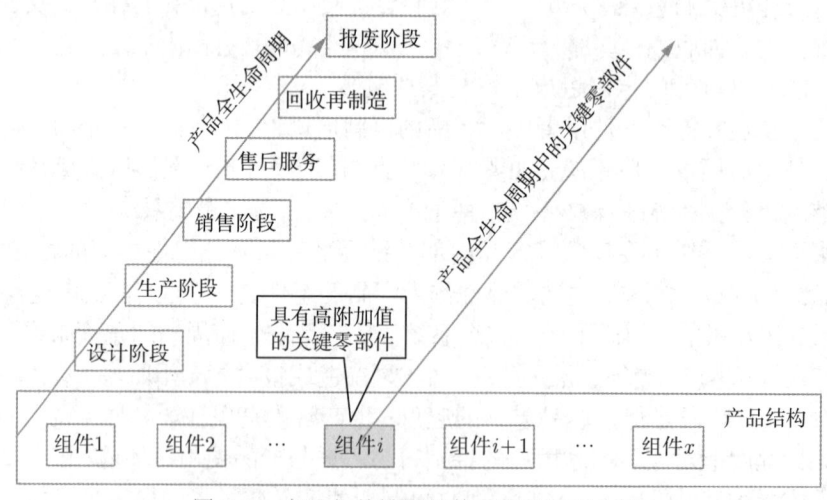

图 2.5　产品与关键零部件之间的相互作用

垂直集成系统主要反映了产品与产品之间的相互关系。具有高附加值的关键零部件通过再制造，连接和打通了多产品生命周期，其本身也因此获得了多次生命。结合再制造关键零部件循环生命周期示意图（图 2.1），关键零部件经过设计与生产阶段，通过装配产品，实现与产品其他组件的融合，进而通过产品销售、产品使用、产品售后服务实现关键零部件功能。因其在产品使用过程中，可能先于产品报废而进入再制造或报废阶段，关键零部件的生命周期与产品生命周期未必完全一致。关键零部件通过回收再制造，实现了功能修复与提升，再一次成为构成其他产品的组件。

上述两个系统是从内部集成的角度进行阐述的，仅从产品及关键零部件的组成形式方面研究系统整体最优显然只是一种理想状态，还需要从整个闭环供应链的角度来研究再制造系统的集成，这也就形成了立体集成系统。事实上，立体集成系统反映的是再制造供应链中利益相关方之间的竞争与合作关系。

2.1.3 再制造供应链利益相关方分析

再制造改变了传统产品的生命周期，丰富了供应链管理的内涵。价值链上的增值模式发生了改变，如图 2.6 所示。根据微笑曲线的概念，制造过程中的附加值相对较低 (图 2.6(a))。然而，当关键零部件 (或产品) 被再制造后，原有的价值链将成为一个由多个价值链组成的共同体。原始产品 1 的零部件具有附加价

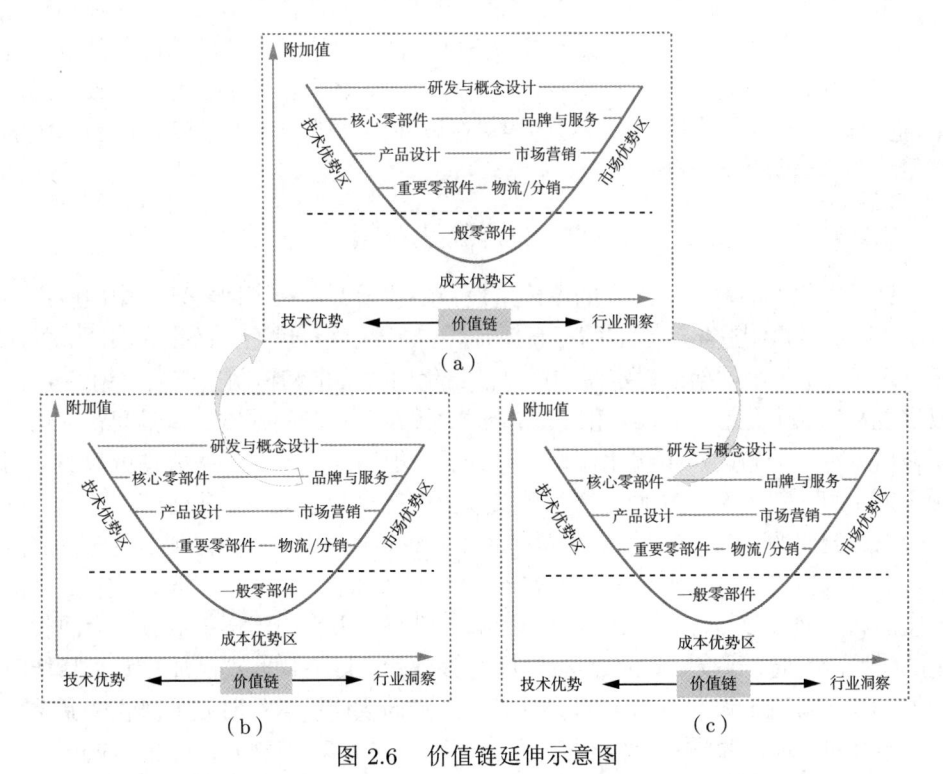

图 2.6　价值链延伸示意图

（a）产品 1（新产品）的价值链曲线；（b）再制造关键零部件的价值链曲线；（c）产品 2 的价值链曲线

值和可再制造性，因此可以对其进行拆卸和重新设计。采用先进的材料和表面工程方法，对该关键零部件进行再制造。然后再制造关键零部件与其他组件结合，形成再制造产品 2。在微笑曲线中，关键零部件是产品的关键组成部分，其价值体现在技术优势上。再制造过程的价值体现在品牌和服务的市场优势上。再制造关键零部件从原有系统退出，加入新系统，实现了多产品之间价值链的重组。关键零部件作为一个复杂的功能单元，也可以看作一个再制造产品，具有完整的价值链。关键零部件可以通过再制造实现多个价值链的整合，这也是再制造研究的重要意义。而在现实中，再制造价值的体现必然会落实到企业和用户的层面，此时供应链中新产品制造商、替代品制造商、回收商、关键零部件再制造商、关键零部件循环生命周期对应的产品的零部件供应商与用户、信息服务提供商等不同的利益相关方在系统中表现出不同时间次序，不同层级之间的竞争与合作关系，而上述成员之间的竞争与合作关系存在于回收、生产、销售等多个环节之中。

2.2 再制造供应链回收决策研究现状综述

回收的废旧产品是再制造的主要原材料来源，然而由于消费者产品使用情况的差异、消费渠道的不同、处置方式的不确定性，导致废旧产品的回收具有高度的不确定性，其中包括回收价格的不确定性、回收数量的不确定性、回收质量的不确定性及回收渠道的不确定性[61-62]。在以往的文献中考虑了废旧产品回收的数量、质量、渠道和价格。

2.2.1 基于回收不确定性的再制造决策

针对回收产品数量和质量的不确定性，一些学者考虑了回收环节中回收产品数量、质量与再制造生产环节的相互关系。Guide 等[63] 讨论了回收废旧产品的质量，并制定了一个框架以确定废旧产品的最优回收价格和再制造产品的销售价格，以实现利润最大化。Teunter 和 Flapper[64] 针对回收产品的质量差异问题，构建了多质量水平分布的决策优化模型，并分析了不确定需求对再制造决策和成本的影响。邹清明等[65] 研究了回收产品质量差异引起再制造成本变化时的闭环供应链定价与协调问题，考虑了分散式决策与集中式决策两种模式，并得到了供应链成员的最优定价决策。Galbreth 和 Blackburn[66] 针对回收产品质量的不确定性，分析了废旧产品回收数量对再制造成本的影响。研究结果表明当再制造成本为回收数量的线性函数时，回收产品的数量最优，且该数量会随着回收产品质量水平降低而增加。Zikopoulos 和 Tagaras[67] 设计了一个逆向供应链，并研究了回收产品质量不确定性对产品回收数量及再制造生产的影响。Hu等[68] 建立了逆向供应链模型，假定来自消费者提供的废旧产品数量是不可预测的，分析了回收商回收数量不足时的决策问题。Tian等[69] 研究了竞争企业间多产品回收策略问题。

2.2.2 基于回收渠道的再制造决策

再制造商获取这些废旧产品的方式主要有两种。一种方式是消费者直接退回的产品。在制造-再制造系统中，制造商负责处理退回产品。在相关订货、生产和库存的研究中都提到了这类退货产品的处理[70-71]。在现实中，无理由退货模式也是普遍存在的。消费者由于个人偏好或者轻微质量缺陷而退还产品。这些被退回的产品中包含大量价值[72]。因此，制造商或者经销商可以通过合理的逆向供应链设计回收并再制造以提升这部分产品的价值[73-75]。另一种方式是回收商或者再制造商主动购买消费者手中闲置或有质量损伤的旧产品。这是再制造产品的主要来源，对提高企业的商业经济价值和降低环境影响具有重要意义[76-79]。

不同的回收渠道直接影响回收主体和再制造主体的经济效益和社会效益。Savaskan等[52] 提出逆向物流有原始设备制造商、零售商、第三方三个基本的回收渠道回收废旧产品，进一步分析了以制造商为主导的主从博弈（Stackelberg game），结果发现由零售商负责回收是最优的回收渠道。倪明等[80] 以废旧电子产品为回收对象，考虑了在政府补贴下，分别构建了国家设立基金建立回收处理中心、制造商联盟建立回收处理中心和制造商自行建立回收处理中心回收处理废旧电子产品的三种再制造回收渠道，通过数值仿真对三种渠道模型求解，结果表明在制造商主导下，当制造商自行建立回收处理中心渠道时，制造商、销售商及渠道整体的利润最高，产品定价最低，但是回收率也最低。史成东等[81] 构建了第三方回收的再制造闭环供应链模型，并分析了零售商的风险特性、竞争特性及政府补贴对供应链的影响。结果证明收益费用共享契约可以克服双重边际效应和风险规避效应，优化损失规避（loss-averse）测度的考虑政府补贴的双第三方回收再制造闭环供应链。Schulman等[82] 分析了双边垄断时闭环供应链的回收渠道选择，发现在制造商回收模式下收益最优。陈军和田大纲[83] 针对由一个制造商和一个零售商组成的闭环供应链模型，考虑了回收产品的管理成本和再制造成本，结果表明对制造商而言，选择间接回收模式会占优，而随着回收价格的增大，直接回收模式下的收益占优；对于零售商而言，当回收价格及销售价格较低时，选择直接回收模式会占优。Wang等[84] 研究了零售商采用内部或外包的再制造策略，并考虑了两种策略的成本结构，回收废旧产品质量的不确定性，消费者对再制造产品的支付意愿，再制造产品蚕食新产品销售的可能性，以及渠道中的权力结构。Tse等[85] 认为逆向物流可以分为开环和闭环。开环结构主要指回收的废旧物品不返回到最初的制造商，而是返回到回收站或第三方。闭环结构表示回收的废旧产品回到最初的制造商。聂佳佳等[86] 构建了零售商回收渠道模型，研究了再制造闭环供应链中制造商的激励合同设计策略。结果发现回收激励合同能够有效提高零售商对废旧产品的回收比例,并降低产品的零售价格。Esenduran等[87]分析了回收渠道内部和回收渠道之间存在竞争时的企业决策。Sun和Xiao[88]对汽车零部件再制造企业的最优渠道进行了研究。

2.2.3 基于回收模式的再制造决策

基于上述不同的回收渠道,很多研究讨论了不同回收模式对企业再制造决策的影响。例如,Guide等[63]考虑旧产品不同质量会带来不同回收和再制造成本的问题,研究了电子产品市场中按照质量差异进行定价时再制造商的盈利能力。Teunter和Flapper[64]建立了针对回收产品多质量分布的优化模型,分析了再制造成本对最优回收量和再制造生产和定价策略的影响。Savaskan等[52]也研究了回收模式对企业利润的影响,并发现原始设备制造商在分包给零售商时其利润最大。Toyasaki等[89]的研究表明,与回收商直接合作而不是委托盈利组织实施回收,对回收商和原始设备制造商都更加有利。Tian等[90]的研究表明在产品竞争下原始设备制造商组织回收时的合作回收模式并不能带来更多利润。

关于不同回收模式下的再制造产品定价决策,现有比较丰富的研究。孙浩和达庆利[91]针对价格敏感性随机需求的闭环供应链中回收成本结构对系统决策和回收渠道选择的影响进行了研究。李新然等[92]考虑了制造商、零售商和第三方回收商组成的闭环供应链,设计了收益共享契约,解决了"双边际效应"。姚卫新[93]分析比较了闭环供应链中分别有制造商、零售商和第三方回收三种情形下的供应链系统收益,发现零售商负责回收是最优的闭环供应链回收模式。魏洁和李军[94]采取非线性需求模型分析了生产者、生产商联合体及第三方回收商负责回收下的回收决策问题,给出了不同回收主体的回收模式选择方案。刑光军等[95]引入了零售商之间的竞争,并得出在竞争环境下制造商回收模式较优。周永圣和汪寿阳[96]发现最优的回收率及利润应该是由零售商主导的回收模式,并且零售价越低,市场需求越高。韩小花[97]引入了制造商之间的竞争,并发现当制造商竞争程度较低时零售商选择回收最优,而当竞争程度较高时零售商应该选择不回收。目前关于不同回收模式下的再制造系统决策问题多考虑竞争关系,对于各参与者之间的协同合作关系的研究较少。

2.2.4 研究机遇和挑战

回收废旧产品的不确定性是再制造面临的一个重要挑战,这种不确定性包括质量的不确定性、回收数量的不确定性、回收渠道的不确定性和回收零部件(或产品)种类的不确定性等多个方面。回收的不确定性会直接影响企业再制造的时机和成本。因此,在建模过程中考虑回收主体、竞争渠道、合作模式等不同条件下研究供应链中各利益相关方围绕再制造所做出的相关决策具有重要意义。本书

第 3 章从水平竞争、垂直竞争，以及同时考虑两种竞争三个维度，对不同供应链中的企业基于再制造的回收决策进行了深入分析。通过探讨企业在不同竞争环境下的回收合作与博弈策略，并对企业利润和环境影响的多方面分析，可以得到均衡市场结构、回收策略，以及这些因素对企业再制造策略的影响。相关结果进一步丰富和完善了基于再制造的回收领域的相关研究工作，为企业在复杂的市场环境中制定有效的再制造策略提供了理论支持和实践指导。

2.3 再制造供应链生产决策研究现状综述

由于回收流程中废旧产品回收数量、质量的不确定性，以及回收模式和渠道选择的差异性，使得再制造生产运营管理十分复杂。通常，再制造主要的生产运营问题包括拆卸、检查、修复、更换和重新组装零部件或产品，使其达到新产品的状态，然后对其进行再销售[98-99]。目前针对再制造生产运营的管理研究主要包括再制造生产计划、再制造库存管理、再制造生产调度及再制造生产系统设计。

2.3.1 基于再制造的生产计划决策

生产计划是再制造运营重要的环节，从生产计划的可再制造目标视角，再制造的核心组件或产品（如汽车零部件、起重机和叉车、家具、医疗设备、托盘、个人电脑、复印机、电话、电视、轮胎、墨盒等）已经成为现实和研究领域的关注对象[100-101]。这些废旧产品一般都很耐用[102-103]。Cai 等[104] 研究了制造和再制造混合系统中关于废旧产品的回收价格及生产计划的策略。Jung 等[105] 研究了包含再制造商和制造商在内的闭环供应链的生产计划问题。Kenne 等[106] 构建了制造与再制造混合系统的生产计划模型，以获得最多产量和所需的设备数量。Tang 和 Grubbström[107] 对随机需求下正向综合生产计划问题进行了研究。Guide 等[108] 认为制造商将废旧产品回收外包给第三方有利于解决供应的不确定性，使生产计划保持在一定水平，并能提高设备设施的利用率。而由制造商直接进行废旧产品回收，即从顾客端回收废旧产品，能更好地控制回收产品的质量，并使其保持良好的状态。刘志等[109] 研究了产品模块化设计水平与再制造系统参与人行为决策的关系，并构建了制造商再制造和第三方再制造的再制造模型，得到两模型下的最优产品设计策略和生产决策。Abbey 等[110] 从产品生命周期的角度研究了同时生产新产品和再制造产品的盈利能力。

2.3.2 基于再制造的库存管理决策

相比于传统库存管理，再制造库存管理具有更大的不确定性。为此部分学者考虑了回收产品质量、数量、时间不确定性对库存的影响并构建了再制造库存管理模型。Saadany和Jaber[111]研究了回收率依赖于价格和质量的生产/再制造系统的库存模型，结果表明废旧产品回收率受价格和回收指令的影响，只进行制造或只进行再制造策略是制造商的最优策略。唐秋生等[112]基于准时制生产模式建立了需求不确定条件下的"双源""双渠道"多周期闭环供应链库存优化模型，该模型以废旧回收产品的配送批量和零售商的订货周期及名义最高库存为决策变量，以系统利润最高为目标函数，在不允许缺货的前提下，通过对决策变量进行海塞矩阵的分析，证明了模型的唯一最优解，并通过案例分析表明结论的合理性和模型的科学性。Polotski等[113]以减少制造和再制造的生产成本、库存成本为目标，对生产策略进行了研究。再制造库存管理是企业快速响应市场的关键所在，而对于再制造产品的库存而言，回收产品的数量和质量都至关重要。

2.3.3　基于再制造的生产调度决策

生产调度是根据生产计划安排作业任务、进行资源分配。再制造系统的不确定性使得系统的生产调度比一般生产调度更为复杂。Guide等[114]运用五类优先调度规则研究了回收产品的数量和时间、再制造过程不确定性问题，以最小完工时间和最小延迟时间为目标，分析并对比了调度算法的性能。Teuner等[115]研究了制造与再制造系统的批调度问题，通过构建整数规划模型，说明了回收数量和需求对系统决策的影响。Kim等[61]对再制造系统中生产调度的管理问题进行了探索研究。陈伟达和崔少东[116]针对废钢铁再制造生产调度问题，构建了碳排放最小、设备利用率最高，客户满意度最优的多目标生产调度模型，并设计了遗传算法进行求解。

2.3.4　基于再制造的生产系统设计决策

一些学者致力于研究再制造生产系统设计。在产品设计方面，一些学者认为在新产品设计时就应该通过模块化设计提高产品的可拆卸性，充分考虑其高附加值零部件的可再制造性、易再制造性，以此提高产品及其零部件的再制造效率。Ijomah等[117]研究表明，再制造过程的效率和有效性很大程度上取决于设计过程中所做的决定。Akturk等[118]研究再制造原始设备制造商的产品设计理念，分析复杂市场因素与设计范式间的相互作用，以确定复杂市场因素环境下的最佳设计选择。在物料管理方面，Ferrer和Whybark[119]开发了一个综合物料管理系统来管理再制造车间的物料流动，用于管理汽车零部件，以平衡物料的需求和供应。将再处理过的回收的废旧物料用到生产过程中是最好的循环方法[120]。在产品生产设计方面，Hou等[121]设计了在不同的供应链结构下一个制造商和多个零售商之间的委托生产合同，制造商受到生产能力的限制。研究表明，在一定条件下，分散系统的利润高于集中系统的利润。李宁和李帮义[122]将产品担保期限引入闭环供应链，应用博弈论构建闭环供应链的最优决策模型，探讨在分散式与集中式决策模式下，新产品、再制造产品的担保期限对闭环供应链系统的影响。申成然等[123]建立了受专利保护下不同再制造主体的闭环供应链模型。通过比较不同模式下供应链各方的最优决策和均衡收益，发现再制造所带来的成本节约是再制造活动中最直接的驱动因素。Ketzenberg[124]考虑制造/再制造系统的有限的共享生产能力，以及再制造需求、回收和产出不确定性，分别建立了以需求、再制造产出、生产能力为考虑因素的马尔可夫决策模型，并研究了其对系统的信息价值的影响。

2.3.5 研究机遇和挑战

再制造表面工程技术的进步促进了再制造产业的发展，而再制造产业的发展不可避免地引发了供应链中利益相关方在生产计划、库存管理、生产调度和生产系统设计等方面的竞争与合作问题。然而，回收质量和数量的不确定性、在垄断与竞争市场中的再制造模式，以及再制造企业与竞争性或非竞争性企业合作模式对生产决策的影响，这些问题在现有理论研究中尚未得到充分探讨。由于再制造涉及多个产品周期、多种产品类型，且消费者对再制造产品的偏好各异，因此企业在基于再制造的多产品生产决策方面面临巨大挑战；并且对于理论研究来说，求解多阶段的优化问题也存在相当困难。基于上述现实和理论需求，本书在第 4 章中将从以下几个角度进行分析：首先，探讨原始设备制造商实施再制造生产决策的策略；其次，研究考虑第三方再制造商的再制造生产决策；最后，分析在垄断或竞争环境下，代工企业的再制造生产决策。通过这些分析，以期为多产品多周期的再制造生产问题提供系统性的解决方案。

2.4 再制造供应链销售决策研究现状综述

在现有的文献中，再制造活动受到消费者环境意识、企业再制造活动和政府相关政策等因素的影响。这些因素对再制造企业及供应链其他成员之间的竞争与合作决策起到了重要的作用。

2.4.1 基于消费者行为的再制造销售决策

从消费者的角度来说，不同消费者对再制造产品的偏好是有差异的。国内外学者根据不同偏好对消费者类型进行划分。Atasu等[125]将消费者市场划分为绿色消费者和普通消费者，其中绿色消费者更倾向于购买再制造产品，他们研究了企业在这种市场细分中如何决策才能有利可图。Ho等[126]调查了绿色消费者的购买行为对再制造产品的不确定需求和价格的影响。结果表明，差异化定价可提高企业的市场份额和利润。此外,消费者市场还可以根据购买记录将消费者分为新顾客和老顾客两个群体。由于以旧换新能够给老顾客提供价格优惠,Van和Reyniers[127]研究了用差异化定价的方式区别新顾客和老顾客以实现利润最大化。Xiao和Zhou[128]根据市场中新顾客和老顾客的不同需求,研究了以旧换新和以旧换现金两种方式下企业的动态定价问题。另一种常见的分类是根据消费者是立即购买还是等待更好机会再购买,将消费者划分为短视型和策略型两种。此分类方法多出现在分析多个阶段的购买行为中,Zhang F和Zhang R[129]在以旧换新的再制造策略中考虑这种消费者细分方法,研究表明策略型消费者对再制造更有利,但可能对环境造成负面影响,而短视型消费者对再制造和环境都有利。

2.4.2　基于企业运营管理的再制造销售决策

从企业内部运营的角度来说,准确的需求预测对再制造销售至关重要。然而,再制造市场的不完善导致了需求预测更加困难。Jia 等[130]认为再制造产品的需求不是恒定的,在产品生命周期的不同阶段,需求均不相同。当零售商独立销售再制造产品时,Niu 等[131]证明了它会自愿跟制造商分享市场中再制造产品的需求信息。此外,再制造产品的产量和定价的决策对再制造销售也非常重要,而再制造产品的产量和定价又取决于市场中同类产品的竞争强度。当考虑新产品和再制造产品的竞争时,Ferrer 等[100]认为如果再制造产品有利可图,那么原始设备制造商会在销售新产品时降低价格以增加销售数量,从而增加未来可用于再制造的产品的数量。而当研究同时生产新产品和再制造产品的企业在不同时期差异化定价下的最优生产策略问题时,Ferrer 和 Swaminathan[132]认为再制造的生产策略不是单调的,在早期降低新产品价格是为了提高下个阶段再制造产品的数量,但在中期增加再制造产品的数量却会蚕食新产品的生产数量。当考虑再制造产品和低质量翻新产品的竞争时,Chen Y和Chen F[133]认为翻新产品由于其低质量和低价格的特点,故进入市场的门槛更低。Abbey 等[134]采用实证的方式证明了品牌价值和质量可以增加消费者对再制造产品的吸引力,且产品质量比折扣更能吸引消费者。

2.4.3　基于供应链管理的再制造销售决策

从企业外部环境来看,以再制造企业为核心的供应链利益相关方之间围绕再制造活动的竞争是研究的热点。这主要可以分为水平竞争和垂直竞争两类,其中水平竞争是指同一层次供应链的竞争,垂直竞争是指供应链中不同层次成员之间的竞争[135]。在水平竞争中,Majumder 和 Groenevelt[136]提出了一个原始设备制造商和一个再制造商在退货项目的物流配置下展开两阶段的竞争,其中竞争的核心是再制造成本,研究表明再制造商愿意通过降低再制造成本诱导原始设备制造商在第一阶段生产更多的新产品。孟丽君等[137]研究了同时生产新产品和再制造产品的企业与独立再制造商之间的竞争，结果表明同时生产新产品和再制造产品的企业可以通过第一周期对新产品的合理定价引导第二周期的市场竞争结构。在垂直竞争中，Savaskan等[52]分析了制造商是斯塔克尔伯格（Stackelberg）领导者时，在集中和分散的逆向渠道中制造商的再制造效率，结果表明集中模式下的企业利润和市场需求更高。随后，Savaskan等[138]在研究多层次供应链成员之间的再制造垂直竞争时，分析了制造商自己回收和零售商回收情形下的再制造策略，结果表明直接回收和间接回收的权衡取决于成本和竞争性零售商之间的战略互动行为。

2.4.4 研究机遇和挑战

基于再制造的多产品生命周期集成系统的优化需要着眼于企业和用户的层面。再制造供应链决策的重要研究内容之一是考虑涉及的利益相关方，如新产品制造商、替代品制造商、关键零部件再制造商，以及用户的消费偏好。这些因素对再制造产品（或基于循环生命周期的零部件）的定价和销售有着重要影响。本书在第 5 章中重点探讨了制造商在租赁或销售模式下的产品定价问题、消费者的使用行为和质量感知对产品定价的影响，以及多产品的营销模式、渠道结构和差别定价等问题。从产品系统集成的角度，基于新产品、再制造产品、再制造关键零部件及其相互作用关系构建约束条件，并综合考虑系统成本、节能节材效果、环境效益等多种目标函数，构建基于再制造关键零部件的多产品循环生命周期系统优化模型也是再制造供应链决策的关键研究内容。本书第 5 章还探讨了在多个企业均衡博弈下，供应链利益相关方实现利润和环境效益最优的策略。

2.5 智能制造环境下的再制造决策研究现状综述

随着物联网、大数据、云计算、人工智能等新一代信息技术与制造业的深度融合，为实现面向再制造的多产品生命周期集成系统优化提供了信息基础，为解决面向再制造的多产品生命周期集成系统优化难题提供了机遇。

2.5.1 基于技术发展的智能制造

Zero WIN（zero waste industrial networks）工业网络实现零浪费项目是欧盟第七框架计划（FP7）资助的一个研究项目，旨在开发和推广工业网络中的零废弃物策略[139]。项目中对射频识别（radio frequency identification, RFID）技术进行了深入的研究、设计和测试，认为超高频 RFID 具有大容量的空间用于储存产品的拆解信息和回收信息，因此在产品回收中具有重要的意义。RFID 分为无源的射频识别（passive RFID）和有源的射频识别（active RFID）。无源的射频识别中包含产品的静态信息，如产品的销售信息、维修历史及回收信息等[140]。虽然无源的射频识别能够满足追踪、收集、储存产品信息的需求，但是嵌入传感器的有源射频识别与之相比能够提供更多的产品信息。因此，很多产品在生产的过程中将带有传感器的有源射频识别嵌入其中，以便获得产品全生命周期的使用条件及质量状态等信息。这种产品被称为传感器嵌入式产品（sensor-embedded products, SEPs）。一些学者[141-151]详细介绍了传感器嵌入式产品及产品信息监控的概念。传感器嵌入式产品获得的信息包括两类，分别是储存在射频中的静态数据和传感器收集的产品在使用过程中产生的动态数据。静态数据是上面提到的产品销售信息、维修历史及回收信息等。动态数据包括产品的使用模式、使用时的环境状态、循环的生命周期数、每个生命周期中的使用时间等。当传感器嵌入式产品经历了一个生命周期后作为旧产品回收到专业的回收设施时，其全部的动态信息和静态信息都可以被收集使用[152]。

2.5.2 基于新技术的企业再制造决策

在新技术对企业的影响方面，Wang等[153]认为制造企业实施智能制造，为生产设备增加传感器和通信能力，能够提高制造机器和工艺的状况意识、减少操作停机时间、提高自动化水平和产品质量。Davis等[154]研究提出基于先进传感器的数据分析、建模和仿真，智能制造能够促进企业制造过程各个方面的实时理解、推理、规划和管理。Georgakopoulos等[155]研究发现物联网和云服务为制造业带来了重要的商业价值，通过物联网连接的机器、传感器和手持设备捕捉越来越详细的数据，使用云服务对这些数据进行分析，可以推动业务和运营转型，降低劳动和生产力成本，增加利润。Qi和Tao[156]研究发现基于云计算的大数据分析技术能够改进制造工艺，使制造更加精益，更加具有竞争力。Kusiak[157]的研究表明智能制造可以提高工业效益、盈利能力和可持续性。除了生产效益，制造商实施智能制造还能够通过传感器嵌入产品等手段，实时获取产品重要参数的信息，并利用软件分析智能网联产品的生命周期数据，提高产品服务及再制造的准确性。Shin等[158]提出了数据驱动的方法可实现产品生命周期的数据应用于指导和改进产品的性能。Yang等[159]认为产品生命周期的数字化将彻底改变产品制造和再制造行业及相应的商业模式。Robotis等[160]针对可再制造产品质量状况的不确定性，提出了利用产品全生命周期信息可精准确定回收产品的质量和重用性。Ondemir和Guputa[161]提出传感器和射频识别标签与产品结合，能够在产品全生命周期内监控关键组件，并在产品到达回收设施时提供收集的生命周期信息。Joshi和Gupta[162]提出了一种按订单再制造按订单拆卸系统，该系统接收嵌入产品的传感器和射频识别(RFID)信息，以确定回收的废旧产品的状况。Zhou和

Piramuthu[163]研究表明对报废产品条件和数量的全面了解，以及剩余寿命的确定消除了昂贵的初步拆卸和检查操作，并实现了最佳的再制造规划。

2.5.3 基于供应链管理的回收和再制造决策

新一代信息技术与制造业、再制造业的深度融合也带来了新的管理问题。从供应链管理的角度，Vadded等[164]建立了一个产品生命周期监控系统，并构建了一个将传感器嵌入式产品、远程监控中心、维护中心、拆卸中心、回收中心、处置中心和再制造中心互连的框架。Ilgin和Gupta[165]研究了传感器嵌入式设备对实际拆卸之前确定生命周期结束的产品中组件的状况、类型和剩余寿命的影响，结果表明新技术的使用可以提高收入，降低拆卸、处置、测试、运输等环节的总成本。Cheng等[166]设计了一种通用的嵌入式设备，可以将其安装在不同类型的设备上，实时对设备的数据进行检索、收集和管理。Ullah和Sarkar[167]开发了一种新的基于射频识别技术的回收渠道，用以与传统市场驱动的回收渠道共同回收不同质量的废旧产品。研究表明这种混合回收的方式效果较好。

2.5.4 研究机遇和挑战

随着新一代信息技术的飞速发展及其与制造业的深度融合，智能制造已成为制造业发展的必然趋势，并为解决再制造决策中的不确定性提供了新的机遇。例如，美国通用电气公司利用传感器设备创建数据反馈机制，采用大数据分析技术改进和创新产品服务。欧洲空客公司则应用物联网技术构建了规模庞大且效率较高的供应链和生产体系。在制造过程和再制造闭环供应链过程中，尽管智能技术能够减少再制造决策中的不确定性，但也会增加成本。因此，研究制造商实施智能制造对再制造决策的影响机制具有重要意义。

本书第 6 章同时考虑了智能制造在制造和再制造过程中的效益，并研究了智能制造对三种再制造方式下再制造决策的影响。这是以往文献中未曾考虑的因素。同时，本书还探讨了在智能制造环境下，供应链中的正向物流、逆向物流及从消费者到制造商的信息流，研究了制造商的再制造决策如何在对称和不对称信息结构的影响下进行。这进一步丰富和拓展了传统再制造供应链管理的研究内容。

2.6 本章小结

本章首先针对产品生命周期的发展历程和再制造供应链管理领域国内外研究现状进行了系统梳理，分析了再制造系统中产品、企业、供应链的价值增值机理，从而提出面向再制造的多产品生命周期集成系统框架；其次，进一步阐述了在该集成系统中，供应链利益相关方之间的竞争与合作关系；最后从再制造供应链回收决策研究、生产决策研究、销售决策研究,以及智能制造环境下再制造决策研究四个角度详细综述了再制造供应链管理相关领域的研究进展,为本书后续研究提供了依据。

参考文献

[1] COHEN M A, WHANG S. Competing in product and service: a product life-cycle model[J]. Management Science, 1997, 43(4): 535-545.

[2] AMERI F, DUTTA D. Product lifecycle management: closing the knowledge loops[J]. Computer-Aided Design and Applications, 2005, 2(5): 577-590.

[3] THIERRY M, SALOMON M, VAN NUNEN J, et al. Strategic issues in product recovery management[J]. California Management Review, 1995, 37(2): 114-136.

[4] DEAN J. Pricing policies for new products[J]. Harvard Business Review, 1950, 28: 45-50.

[5] LEVITT T. Exploit the product life cycle[M]. Boston: Graduate School of Business Administration, Harvard University, 1965.

[6] THIETART R A, VIVAS R. An empirical investigation of success strategies for businesses along the product life cycle[J]. Management Science, 1984, 30(12): 1405-1423.

[7] KURAWARWALA A A, MATSUO H. Forecasting and inventory management of short life-cycle products[J]. Operations Research, 1996, 44(1): 131-150.

[8] GOLDER P N, TELLIS G J. Growing, growing, gone: Cascades, diffusion, and turning points in the product life cycle[J]. Marketing Science, 2004, 23(2): 207-218.

[9] HUANG S, FAN Y. Overview of product lifecycle management[J]. Computer Integrated Manufacturing Systems, 2004, 10(1): 1-9.

[10] TERZI S, BOURAS A, DUTTA D, et al. Product lifecycle management-from its history to its new role[J]. International Journal of Product Lifecycle Management, 2010, 4(4): 360-389.

[11] AMANN K. Product lifecycle management: empowering the future of business[R]. CIMdata, Inc, 2002.

[12] CHRISTENSEN C, MAGNUSSON M G, ZETHERSTROM M B. Implementation and use of collaborative product development systems[J]. International Journal of Management and Decision Making, 2006, 7(6): 574-585.

[13] GUIDE V D R, HARRISON T P, VAN WASSENHOVE L N. The challenge of closed-loop supply chains[J]. Interfaces, 2003, 33(6): 3-6.

[14] LUND R T, DENNEY W M. Opportunities and implications of extending product life[C]//Proceedings of the 27th Meeting of the Mechanical Failures Prevention Group, [S.L:S.N.], 1977: 1-3.

[15] FADEYI J A, MONPLAISIR L, AGUWA C. The integration of core cleaning and product serviceability into product modularization for the creation of an improved

remanufacturing-product service system[J]. Journal of Cleaner Production, 2017, 159: 446-455.

[16] GEORGIADIS P, VLACHOS D, TAGARAS G. The impact of product lifecycle on capacity planning of closed-loop supply chains with remanufacturing[J]. Production and Operations management, 2006, 15(4): 514-527.

[17] MITRA S. Optimal pricing and core acquisition strategy for a hybrid manufacturing/remanufacturing system[J]. International Journal of Production Research, 2016, 54(5): 1285-1302.

[18] NANDKEOLYAR U, RAO S S, RANA K. Facility life cycles[J]. Omega, 1993, 21(2): 245-254.

[19] TIBBEN-LEMKE R S. Life after death: reverse logistics and the product life cycle[J]. International Journal of Physical Distribution & Logistics Management, 2002, 32(3): 223-244.

[20] WU C H. Product-design and pricing strategies with remanufacturing[J]. European Journal of Operational Research, 2012, 222(2): 204-215.

[21] GUO X. A novel Bass-type model for product life cycle quantification using aggregate market data[J]. International Journal of Production Economics, 2014, 158: 208-216.

[22] HU K, ACIMOVIC J, ERIZE F, et al. Forecasting new product life cycle curves: Practical approach and empirical analysis: Finalist–2017 m&som practice-based research competition[J]. Manufacturing & Service Operations Management, 2019, 21(1): 66-85.

[23] COHEN M A, WHANG S. Competing in product and service: a product life-cycle model[J]. Management Science, 1997, 43(4): 535-545.

[24] WU S D, AYTAC B, BERGER R T, et al. Managing short life-cycle technology products for Agere Systems[J]. Interfaces, 2006, 36(3): 234-247.

[25] LEE J Y, CHOI S S, KIM G Y, et al. Ubiquitous product life cycle management (u-PLM): a real-time and integrated engineering environment using ubiquitous technology in product life cycle management (PLM)[J]. International Journal of Computer Integrated Manufacturing, 2011, 24(7): 627-649.

[26] GMELIN H, SEURING S. Achieving sustainable new product development by integrating product life-cycle management capabilities[J]. International Journal of Production Economics, 2014, 154: 166-177.

[27] OVCHINNIKOV A, BLASS V, RAZ G. Economic and environmental assessment of remanufacturing strategies for product, service firms[J]. Production and Operations Management, 2014, 23(5): 744-761.

[28] HU Q, BOYLAN J E, CHEN H, et al. OR in spare parts management: a review[J]. European Journal of Operational Research, 2018, 266(2): 395-414.

[29] JUN H B, SHIN J H, KIRITSIS D, et al. System architecture for closed-loop PLM[J]. International Journal of Computer Integrated Manufacturing, 2007, 20(7): 684-698.

[30] JIANG X, XIANG H. The research of resource distribution in product life cycle management: the potential value of waste industrial products use "again"[C]//2011 IEEE

18th International Conference on Industrial Engineering and Engineering Management. [S.L.]:IEEE, 2011: 576-579.

[31] BAPTISTA S, BARBOSA-PÓVOA A P, ESCUDERO L F, et al. On risk management of a two-stage stochastic mixed 0-1 model for the closed-loop supply chain design problem[J]. European Journal of Operational Research, 2019, 274(1): 91-107.

[32] WEI S, TANG O, SUNDIN E. Core (product) acquisition management for remanufacturing: a review[J]. Journal of Remanufacturing, 2015, 5(1): 1-27.

[33] DEKKER R, VAN DER LAAN E A, Inderfurth K. A review on inventory control for joint manufacturing and remanufacturing[J]. IFAC Proceedings Volumes, 2000, 33(17): 235-240.

[34] ÖSTLIN J, SUNDIN E, BJÖRKMAN M. Importance of closed-loop supply chain relationships for product remanufacturing[J]. International Journal of Production Economics, 2008, 115(2): 336-348.

[35] JUNIOR M L, FILHO M G. Production planning and control for remanufacturing: literature review and analysis[J]. Production Planning & Control, 2012, 23(6): 419-435.

[36] MORGAN S D, GAGNON R J. A systematic literature review of remanufacturing scheduling[J]. International Journal of Production Research, 2013, 51(16): 4853-4879.

[37] GOODALL P, ROSAMOND E, Harding J. A review of the state of the art in tools and techniques used to evaluate remanufacturing feasibility[J]. Journal of Cleaner Production, 2014, 81: 1-15.

[38] PRIYONO A, IJOMAH W, BITITCI U S. Disassembly for remanufacturing: A systematic literature review, new model development and future research needs[J]. Journal of Industrial Engineering and Management, 2016, 9(4): 899-932.

[39] KUMAR R, RAMACHANDRANA P. Revenue management in remanufacturing: perspectives, review of current literature and research directions[J]. International Journal of Production Research, 2016, 54(7): 2185-2201.

[40] DIALLO C, VENKATADRI U, KHATAB A, et al. State of the art review of quality, reliability and maintenance issues in closed-loop supply chains with remanufacturing[J]. International Journal of Production Research, 2017, 55(5): 1277-1296.

[41] GUO S, SHEN B, CHOI T M, et al. A review on supply chain contracts in reverse logistics: Supply chain structures and channel leaderships[J]. Journal of Cleaner Production, 2017, 144: 387-402.

[42] KERIN M, PHAM D T. A review of emerging industry 4.0 technologies in remanufacturing[J]. Journal of Cleaner Production, 2019, 237: 117805.

[43] LIU C, ZHU Q, WEI F, et al. A review on remanufacturing assembly management and technology[J]. The International Journal of Advanced Manufacturing Technology, 2019, 105(11): 4797-4808.

[44] SITCHARANGSIE S, IJOMAH W, WONG T C. Decision makings in key remanufacturing activities to optimise remanufacturing outcomes: a review[J]. Journal of Cleaner Production, 2019, 232: 1465-1481.

[45] KAZEMI N, MODAK N M, GOVINDAN K. A review of reverse logistics and closed loop supply chain management studies published in IJPR: a bibliometric and content analysis[J]. International Journal of Production Research, 2019, 57(15-16): 4937-4960.

[46] LI K, LI Y, ZHAO N. Pricing and production strategies in remanufacturing from the perspectives of supply chain: review and future directions[J]. Frontiers of Engineering Management, 2024, 11(1): 1-15.

[47] KERIN M, PHAM D T. Smart remanufacturing: a review and research framework[J]. Journal of Manufacturing Technology Management, 2020, 31(6): 1205-1235.

[48] ZHOU L, XIE J, GU X, et al. Forecasting return of used products for remanufacturing using graphical evaluation and review technique (GERT)[J]. International Journal of Production Economics, 2016, 181: 315-324.

[49] MOMENI K, MARTINSUO M. Remote monitoring in industrial services: need-to-have instead of nice-to-have[J]. Journal of Business & Industrial Marketing, 2018, 33(6): 792-803.

[50] LU S, HE Q, YUAN T, et al. Online fault diagnosis of motor bearing via stochastic-resonance-based adaptive filter in an embedded system[J]. IEEE Transactions on Systems, Man, and Cybernetics: Systems, 2016, 47(7): 1111-1122.

[51] LEI Y, LI N, GUO L, et al. Machinery health prognostics: a systematic review from data acquisition to RUL prediction[J]. Mechanical Systems and Signal Processing, 2018, 104: 799-834.

[52] SAVASKAN R C, BHATTACHARYA S, VAN WASSENHOVE L N. Closed-loop supply chain models with product remanufacturing[J]. Management science, 2004, 50(2): 239-252.

[53] KAYA O. Incentive and production decisions for remanufacturing operations[J]. European Journal of Operational Research, 2010, 201(2): 442-453.

[54] HUANG Y, WANG Z. Information sharing in a closed-loop supply chain with technology licensing[J]. International Journal of Production Economics, 2017, 191: 113-127.

[55] ZHAO J, WANG C, XU L. Decision for pricing, service, and recycling of closed-loop supply chains considering different remanufacturing roles and technology authorizations[J]. Computers & Industrial Engineering, 2019, 132: 59-73.

[56] HOPP W J, XU X. Product line selection and pricing with modularity in design[J]. Manufacturing & Service Operations Management, 2005, 7(3): 172-187.

[57] FERRER G, AYRES R U. The impact of remanufacturing in the economy[J]. Ecological Economics, 2000, 32(3): 413-429.

[58] CHEN M. End-of-life vehicle recycling in China: now and the future[J]. JOM-Journal of the Minerals, Metals and Materials Society, 2005, 57(10): 20-26.

[59] SEITZ M A, PEATTIE K. Meeting the closed-loop challenge: the case of remanufacturing[J]. California Management Review, 2004, 46(2): 74-89.

[60] LEE S C, SHIH L H. A novel heuristic approach to determine compromise management for end-of-life electronic products[J]. Journal of the Operational Research Society, 2012,

63(5): 606-619.

[61] KIM M G, YU J M, LEE D H. Scheduling algorithms for remanufacturing systems with parallel flow-shop-type reprocessing lines[J]. International Journal of Production Research, 2015, 53(6): 1819-1831.

[62] GUIDE JR V D R. Production planning and control for remanufacturing: industry practice and research needs[J]. Journal of Operations Management, 2000, 18(4): 467-483.

[63] GUIDE JR V D R, TEUNTER R H, VAN WASSENHOVE L N. Matching demand and supply to maximize profits from remanufacturing[J]. Manufacturing & Service Operations Management, 2003, 5(4): 303-316.

[64] TEUNTER R H, FLAPPER S D P. Optimal core acquisition and remanufacturing policies under uncertain core quality fractions[J]. European Journal of Operational Research, 2011, 210(2): 241-248.

[65] 邹清明,陈建华,叶广宇. 考虑产品设计和回收质量的闭环供应链的定价与协调 [J]. 系统工程,2017(5):144-148.

[66] GALBRETH M R, BLACKBURN J D. Optimal acquisition quantities in remanufacturing with condition uncertainty[J]. Production and Operations Management, 2010, 19(1): 61-69.

[67] ZIKOPOULOS C, TAGARAS G. Impact of uncertainty in the quality of returns on the profitability of a single-period refurbishing operation[J]. European Journal of Operational Research, 2007, 182(1): 205-225.

[68] HU S, DAI Y, MA Z J, et al. Designing contracts for a reverse supply chain with strategic recycling behavior of consumers[J]. International Journal of Production Economics, 2016, 180: 16-24.

[69] TIAN F, SOŠIĆ G, DEBO L. Manufacturers' competition and cooperation in sustainability: stable recycling alliances[J]. Management Science, 2019, 65(10): 4733-4753.

[70] GONG X, CHAO X. Optimal control policy for capacitated inventory systems with remanufacturing[J]. Operations Research, 2013, 61(3): 603-611.

[71] DECROIX G A. Optimal policy for a multiechelon inventory system with remanufacturing[J]. Operations Research, 2006, 54(3):532-543.

[72] GUIDE JR V D R, VAN WASSENHOVE L N. The evolution of closed-loop supply chain research[J]. Operations Research, 2009, 57(1): 10-18.

[73] GUIDE JR V D R, SOUZA G C, VAN WASSENHOVE L N, et al. Time value of commercial product returns[J]. Management Science, 2006, 52(8): 1200-1214.

[74] KETZENBERG M E, VAN DER LAAN E, TEUNTER R H. Value of information in closed loop supply chains[J]. Production and Operations Management, 2006, 15(3): 393-406.

[75] SU X. Consumer returns policies and supply chain performance[J]. Manufacturing & Service Operations Management, 2009, 11(4): 595-612.

[76] DANIEL V, GUIDE Jr R, JAYARAMAN V. Product acquisition management: current

industry practice and a proposed framework[J]. International Journal of Production Research, 2000, 38(16): 3779-3800.

[77] KUMAR A, CHINNAM R B, MURAT A. Hazard rate models for core return modeling in auto parts remanufacturing[J]. International Journal of Production Economics, 2017, 183: 354-361.

[78] GOLTSOS T E, SYNTETOS A A, VAN DER LAAN E. Forecasting for remanufacturing: the effects of serialization[J]. Journal of Operations Management, 2019, 65(5): 447-467.

[79] ATASU A, GUIDE JR V D R, VAN WASSENHOVE L N. Product reuse economics in closed-loop supply chain research[J]. Production and Operations Management, 2008, 17(5): 483-496.

[80] 倪明, 邵小伟, 郭军华, 等. 不确定需求及 WTP 差异条件下废弃电子产品再制造回收模式选择 [J]. 系统工程, 2015, 30(10):44-53.

[81] 史成东, 闫秀霞, 闫厚强, 等. Loss-averse 测度下考虑政府补贴的双第三方回收再制造闭环供应链 [J]. 中国管理科学, 2015, 23:152-158.

[82] SHULMAN J D, COUGHLAN A T, SAVASKAN R C. Optimal reverse channel structure for consumer product returns[J]. Marketing Science, 2010, 29(6): 1071-1085.

[83] 陈军, 田大纲. 闭环供应链模型下的产品回收模式选择 [J]. 中国管理科学, 2017, 25(1):88-97.

[84] WANG L, CAI G, TSAY A A, et al. Design of the reverse channel for remanufacturing: must profit-maximization harm the environment?[J]. Production and Operations Management, 2017, 26(8): 1585-1603.

[85] TSE T, ESPOSITO M, SOUFANI K. How businesses can support a circular economy[J]. Harvard Business Review, 2016: 1-6.

[86] 聂佳佳, 王拓, 丁龙. 零售商回收模式下制造商回收激励合同设计 [J]. 管理工程学报, 2017, 31(4):116-112.

[87] ESENDURAN G, LIN Y T, XIAO W, et al. Choice of electronic waste recycling standard under recovery channel competition[J]. Manufacturing & Service Operations Management, 2020, 22(3): 495-512.

[88] SUN J, XIAO Z. Channel selection for automotive parts remanufacturer under government replacement-subsidy[J]. European Journal of Industrial Engineering, 2018, 12(6): 808-831.

[89] TOYASAKI F, BOYAC T, VERTER V. An analysis of monopolistic and competitive take-back schemes for WEEE recycling[J]. Production and Operations Management, 2011, 20(6): 805-823.

[90] TIAN F, SOŠIĆ G, DEBO L. Manufacturers' competition and cooperation in sustainability: Stable recycling alliances[J]. Management Science, 2019, 65(10): 4733-4753.

[91] 孙浩, 达庆利. 回收成本结构对需求不确定闭环供应链系统决策的影响分析 [J]. 软科学, 2011, 25(2):47-52.

[92] 李新然, 胡鹏旭, 牟宗玉. 第三方回收闭环供应链协调应对突发事件研究 [J]. 科研管理,

2013,34(1):99-107.
- [93] 姚卫新. 再制造条件下逆向物流回收模式的研究 [J]. 管理科学,2014,17(1):76-80.
- [94] 魏洁, 李军. EPR下的逆向物流回收模式选择研究 [J]. 中国管理科学,2005,13(6):18-22.
- [95] 邢光军, 林欣怡, 达庆利. 零售价格竞争的生产商逆向物流系统决策研究 [J]. 系统工程学报,2009,24(3):307-314.
- [96] 周永圣, 汪寿阳. 政府监控下的退役产品回收模式 [J]. 系统工程理论与实践,2010,30(4): 615-621.
- [97] 韩小花. 基于制造商竞争的闭环供应链回收渠道的决策分析 [J]. 系统工程,2010,28(5):36-41.
- [98] ATASU A, GUIDE JR V D R, VAN WASSENHOVE L N. So what if remanufacturing cannibalizes my new product sales [J]. California Management Review, 2010, 52(2): 56-76.
- [99] THORN B K, ROGERSON P. Take it back[J]. IIE Solutions, 2002, 34(4):34-40.
- [100] FERRER G, SWAMINATHAN J M. Managing new and remanufactured products[J]. Management Science, 2006, 52(1): 15-26.
- [101] SUBRAMANIAN R, FERGUSON M E, BERIL TOKTAY L. Remanufacturing and the component commonality decision[J]. Production and Operations Management, 2013, 22(1): 36-53.
- [102] BAKAL I S, AKCALI E. Effects of random yield in remanufacturing with price-sensitive supply and demand[J]. Production and Operations Management, 2006, 15(3): 407-420.
- [103] VORASAYAN J, RYAN S M. Optimal price and quantity of refurbished products[J]. Production and Operations Management, 2006, 15(3): 369-383.
- [104] CAI X, LAI M, LI X, et al. Optimal acquisition and production policy in a hybrid manufacturing/remanufacturing system with core acquisition at different quality levels[J]. European Journal of Operational Research, 2014, 233(2): 374-382.
- [105] JUNG K S, DAWANDE M, GEISMAR H N, et al. Supply planning models for a remanufacturer under just-in-time manufacturing environment with reverse logistics[J]. Annals of Operations Research, 2016, 240: 533-581.
- [106] KENNÉ J P, DEJAX P, GHARBI A. Production planning of a hybrid manufacturing-remanufacturing system under uncertainty within a closed-loop supply chain[J]. International Journal of Production Economics, 2012, 135(1): 81-93.
- [107] TANG O, GRUBBSTRÖM R W. The detailed coordination problem in a two-level assembly system with stochastic lead times[J]. International Journal of Production Economics, 2003, 81: 415-429.
- [108] GUIDE JR V D R, JAYARAMAN V, SRIVASTAVA R, et al. Supply-chain management for recoverable manufacturing systems[J]. Interfaces, 2000, 30(3): 125-142.
- [109] 刘志, 李帮义, 程晋石, 等. 基于模块化设计的制造/再制造生产决策 [J]. 计算机集成制造系统,2016, 22(4): 935-944.
- [110] ABBEY J D, GEISMAR H N, SOUZA G C. Improving remanufacturing core recovery and profitability through seeding[J]. Production and Operations Management, 2019,

28(3): 610-627.
[111] EL SAADANY A M A, JABER M Y. A production/remanufacturing inventory model with price and quality dependant return rate[J]. Computers & Industrial Engineering, 2010, 58(3): 352-362.
[112] 唐秋生, 任玉珑, 王勇, 等. 需求不确定的双源双渠道闭环供应链库存优化模型 [J]. 预测, 2011, 30(4):30-35.
[113] POLOTSKI V, KENNE J P, GHARBI A. Production and setup policy optimization for hybrid manufacturing-remanufacturing systems[J]. International Journal of Production Economics, 2017, 183: 322-333.
[114] GUIDE JR V D R, SRIVASTAVA R, KRAUS M E. Priority scheduling policies for repair shops[J]. International Journal of Production Research, 2000, 38(4): 929-950.
[115] TEUNTER R, KAPARIS K, TANG O. Multi-product economic lot scheduling problem with separate production lines for manufacturing and remanufacturing[J]. European Journal of Operational Research, 2008, 191(3): 1241-1253.
[116] 陈伟达, 崔少东. 考虑碳排放的废钢铁再制造多目标调度降维模型及算法 [J]. 系统工程, 2015, 33(9): 101-108.
[117] IJOMAH W L, MCMAHON C A, HAMMOND G P, et al. Development of robust design-for-remanufacturing guidelines to further the aims of sustainable development[J]. International Journal of Production Research, 2007, 45(18/19): 4513-4536.
[118] AKTURK M S, ABBEY J D, GEISMAR H N. Strategic design of multiple lifecycle products for remanufacturing operations[J]. IISE Transactions, 2017, 49(10): 967-979.
[119] FERRER G, WHYBARK D C. Material planning for a remanufacturing facility[J]. Production and Operations Management, 2001, 10(2): 112-124.
[120] ESENDURAN G, KEMAHLOĞLU-ZIYA E, Swaminathan J M. Impact of take-back regulation on the remanufacturing industry[J]. Production and Operations Management, 2017, 26(5): 924-944.
[121] HOU X, GUO Y, CAO P. Commission production contracts with revenue sharing for a capacitated manufacturer and multiple retailers[J]. European Journal of Industrial Engineering, 2020, 14(4): 517-543.
[122] 李宁,李帮义. 基于产品担保期限的闭环供应链协调策略 [J]. 系统工程,2016,34(7):90-96.
[123] 申成然, 熊中楷, 孟卫军. 考虑专利保护的闭环供应链再制造模式 [J]. 系统管理学报, 2015, 24(1): 123-129.
[124] KETZENBERG M. The value of information in a capacitated closed loop supply chain[J]. European Journal of Operational Research, 2009, 198(2): 491-503.
[125] ATASU A, SARVARY M, VAN WASSENHOVE L N. Remanufacturing as a marketing strategy[J]. Management Science, 2008, 54(10): 1731-1746.
[126] HO J W, HUANG Y S, HSU C L. Pricing under internal and external competition for remanufacturing firms with green consumers[J]. Journal of Cleaner Production, 2018, 202: 150-159.
[127] VAN ACKERE A, REYNIERS D J. Trade-ins and introductory offers in a monopoly[J].

The RAND Journal of Economics, 1995: 58-74.

[128] XIAO Y, ZHOU S X. Trade-in for Cash or for Upgrade? Dynamic Pricing with Customer Choice[J]. Production and Operations Management, 2020, 29(4): 856-881.

[129] ZHANG F, ZHANG R. Trade-in remanufacturing, customer purchasing behavior, and government policy[J]. Manufacturing & Service Operations Management, 2018, 20(4): 601-616.

[130] JIA J, XU S H, GUIDE JR V D R. Addressing supply-demand imbalance: designing efficient remanufacturing strategies[J]. Production and Operations Management, 2016, 25(11): 1958-1967.

[131] NIU B, CHEN L, ZOU Z, et al. Demand signal transmission in a certified refurbishing supply chain: rules and incentive analysis[J]. Annals of Operations Research, 2023, 329(1): 1-46.

[132] FERRER G, SWAMINATHAN J M. Managing new and differentiated remanufactured products[J]. European Journal of Operational Research, 2010, 203(2): 370-379.

[133] CHEN Y, CHEN F. On the competition between two modes of product recovery: remanufacturing and refurbishing[J]. Production and Operations Management, 2019, 28(12): 2983-3001.

[134] ABBEY J D, MELOY M G, GUIDE JR V D R, et al. Remanufactured products in closed-loop supply chains for consumer goods[J]. Production and Operations Management, 2015, 24(3): 488-503.

[135] ZIARI M, SAJADIEH M S. A behavior-based pricing model in retail systems considering vertical and horizontal competition[J]. Computers & Industrial Engineering, 2021, 152: 107054.

[136] MAJUMDER P, GROENEVELT H. Competition in remanufacturing[J]. Production and Operations Management, 2001, 10(2): 125-141.

[137] 孟丽君, 黄祖庆, 张宝友, 等. 基于 OEM 与 IR 竞争的产品差异定价研究 [J]. 中国管理科学, 2017, 25(11): 111-121.

[138] SAVASKAN R C, VAN WASSENHOVE L N. Reverse channel design: the case of competing retailers[J]. Management Science, 2006, 52(1): 1-14.

[139] CURRAN T, WILLIAMS I D. A zero waste vision for industrial networks in Europe[J]. Journal of Hazardous Materials, 2012, 207: 3-7.

[140] LUTTROPP C, JOHANSSON J. Improved recycling with life cycle information tagged to the product[J]. Journal of Cleaner Production, 2010, 18(4): 346-354.

[141] BOSE I, NGAI E W T, TEO T S H, et al. Managing RFID projects in organizations[J]. European Journal of Information Systems, 2009, 18(6): 534-540.

[142] DUTTA A, LEE H L, WHANG S. RFID and operations management: technology, value, and incentives[J]. Production and Operations Management, 2007, 16(5): 646-655.

[143] HUANG G Q, WRIGHT P K, NEWMAN S T. Wireless manufacturing: a literature review, recent developments, and case studies[J]. International Journal of Computer

Integrated Manufacturing, 2009, 22(7): 579-594.
[144] ILIE-ZUDOR E, KEMÉNY Z, VAN BLOMMESTEIN F, et al. A survey of applications and requirements of unique identification systems and RFID techniques[J]. Computers in Industry, 2011, 62(3): 227-252.
[145] KIRITSIS D, JUN H B, XIROUCHAKIS P. Closing product information loops with product-embedded information devices: RFID technology and applications, models and metrics[A]//RFID Technology and Applications[M]. New York: Cambridge University Press, 2007: 169-182.
[146] MADNI A M, CHALASANI S, BOPPANA R V. Guest editorial RFID technology: Opportunities and challenges[J]. IEEE Systems Journal, 2007, 1(2): 78-81.
[147] NATH B, REYOLDS F, WANT R. RFID technology and applications[J]. IEEE Pervasive Computing, 2006, 5(1): 22-24.
[148] NGAI E, RIGGINS F. RFID: Technology, applications, and impact on business operations[J]. International Journal of Production Economics, 2008, 112(2): 507-509.
[149] NGAI E W T. RFID technology and applications in production and supply chain management [J]. International Journal of Production Research, 2010, 48(9): 2481-2483.
[150] NGAI E W T, Moon K K L, Riggins F J, et al. RFID research: an academic literature review (1995-2005) and future research directions[J]. International Journal of Production Economics, 2008, 112(2): 510-520.
[151] VISICH J K, LI S, KHUMAWALA B M, et al. Empirical evidence of RFID impacts on supply chain performance[J]. International Journal of Operations & Production Management, 2009, 29(12): 1290-1315.
[152] ONDEMIR O, GUPTA S M. A multi-criteria decision making model for advanced repair-to-order and disassembly-to-order system[J]. European Journal of Operational Research, 2014, 233(2): 408-419.
[153] WANG J, MA Y, ZHANG L, et al. Deep learning for smart manufacturing: Methods and applications[J]. Journal of manufacturing systems, 2018, 48: 144-156.
[154] DAVIS J, EDGAR T, PORTER J, et al. Smart manufacturing, manufacturing intelligence and demand-dynamic performance[J]. Computers & Chemical Engineering, 2012, 47: 145-156.
[155] GEORGAKOPOULOS D, JAYARAMAN P P, FAZIA M, et al. Internet of Things and edge cloud computing roadmap for manufacturing[J]. IEEE Cloud Computing, 2016, 3(4): 66-73.
[156] QI Q, TAO F. Digital twin and big data towards smart manufacturing and industry 4.0: 360 degree comparison[J]. IEEE Access, 2018, 6: 3585-3593.
[157] KUSIAK A. Smart manufacturing must embrace big data[J]. Nature, 2017, 544(7648): 23-25.
[158] SHIN J H, KIRITSISi D, XIROUCHAKIS P. Design modification supporting method based on product usage data in closed-loop PLM[J]. International Journal of Computer Integrated Manufacturing, 2015, 28(6): 551-568.

[159] YANG S, MR A R, KAMINSKI J, et al. Opportunities for industry 4.0 to support remanufacturing[J]. Applied Sciences, 2018, 8(7): 1177.

[160] ROBOTIS A, BOYACIT, VERTER V. Investing in reusability of products of uncertain remanufacturing cost: the role of inspection capabilities[J]. International Journal of Production Economics, 2012, 140(1): 385-395.

[161] ONDEMIR O, GUPTA S M. Quality management in product recovery using the internet of things: an optimization approach[J]. Computers in Industry, 2014, 65(3): 491-504.

[162] JOSHI A D, GUPTA S M. Evaluation of design alternatives of end-of-life products using internet of things[J]. International Journal of Production Economics, 2019, 208: 281-293.

[163] ZHOU W, PIRAMUTHU S. Remanufacturing with RFID item-level information: optimization, waste reduction and quality improvement[J]. International Journal of Production Economics, 2013, 145(2): 647-657.

[164] VADDE S, KAMARTHI S V, GUPTA S M, et al. Product life cycle monitoring via embedded sensors[M]//Environment Conscious Manufacturing. Boca Raton: CRC Press, 2007: 91-104.

[165] ILGINM A, GUPTA S M. Comparison of economic benefits of sensor embedded products and conventional products in a multi-product disassembly line[J]. Computers & Industrial Engineering, 2010, 59(4): 748-763.

[166] CHENG F T, HUANG G W, CHEN C H, et al. A generic embedded device for retrieving and transmitting information of various customized applications[C]// IEEE International Conference on Robotics and Automation, 2004. [S.L.]: IEEE, 2004, 1: 978-983.

[167] ULLAH M, SARKAR B. Recovery-channel selection in a hybrid manufacturing-remanufacturing production model with RFID and product quality[J]. International Journal of Production Economics, 2020, 219: 360-374.

第 3 章
再制造供应链回收决策

　　作为连接多产品生命周期的纽带，再制造回收环节在整个闭环供应链中地位突出，但是在现实经济环境下，废旧产品的回收受到许多制约因素的影响。例如，废旧产品质量的判定、废旧产品回收时机的确定、回收主体的确定及回收所处的竞争环境等。本章重点关注在不同竞争环境下供应链最优决策的制定，具体来说，在水平竞争环境下，探究了当存在第三方竞争回收商时供应链的最优决策问题。在垂直竞争环境下，考虑了一种特殊的双垂直竞争模式，即供应链上下游成员之间既存在正向供应链中追求自身利益最大化的竞争，也存在废旧产品的回收竞争。在水平与垂直的双重竞争模式下，将不同的渠道力量结构及回收投资决策结合起来，研究供应链在所有可能情况下的最优决策。

3.1　问题背景与研究现状

　　回收作业的开展是正向供应链向闭环供应链转化的标志。在现实生活中，闭环供应链中的回收活动承担者往往呈现多样化趋势。很多原始设备制造商在销售新产品的同时，也参与相关废旧产品的回收活动。例如，卡特彼勒公司回收并再制造其旧设备的核心部件，如发动机、变速箱和液压系统。零售商因与消费者直接接触，使其在承担回收作业时与其他供应链参与方相比，拥有一定的优势。例如，惠普公司在自己开展废旧产品回收活动的同时，还委托下游零售商进行回收。在现实市场经济条件下，专业第三方回收商因技术成熟度及规模经济效益，往往也承担着废旧产品的回收活动。例如，柯达公司将部分回收活动交给第三方专业回收商。因闭环供应链结构的复杂性，回收决策往往出现三种可能的竞争环境，即水平竞争、垂直竞争,以及水平与垂直竞争同时存在的情形。回收决策的竞争环境对闭环供应链的均衡策略影响深远。具体来说,回收决策会与其所处的供应链竞争环境密切相关。

在由再制造产品连接的闭环供应链中,往往存在独立的第三方回收商。他们一部分仅仅参与回收活动,然后将回收的旧产品以一定的价格销售给原始设备制造商以赚取回收差价;也有一部分第三方回收商将回收的产品进行再制造并直接向市场出售。在这两种情况下,第三方回收商与原始设备制造商之间均形成了水平竞争关系。第三方专业回收商因规模经济效应往往存在一定的成本优势,这对供应链中各参与方的均衡决策产生显著影响。本章研究了存在第三方专业回收商的供应链决策模型。

供应链垂直竞争一直以来受利益相关方的广泛关注。本章重点关注两种垂直竞争模式。首先是供应链上下游成员之间为追求自身利益最大化的垂直竞争模型。各利益主体均希望在供应链中占据主动地位,进而获取更高的利润份额。其次是供应链上下游成员之间不仅存在利润之间的垂直竞争,同时也存在废旧产品回收活动之间的竞争。3.3节重点分析了当供应链中上游供应商与原始设备制造商之间同时开展废旧产品回收活动时的供应链均衡决策问题。

在现实市场经济条件下,竞争环境错综复杂,水平竞争与垂直竞争紧密融合的供应链系统广泛存在。为此,3.4节进一步将水平竞争环境与垂直竞争环境融入再制造闭环供应链整体系统中,构建了同时包含水平与垂直竞争的供应链结构模型。同时,考虑到现实中原始设备制造商与零售商之间力量存在显著差异的可能性。例如,苹果公司在与多数零售商的竞争中占据优势地位,而沃尔玛等大型零售商在供应链中话语权较大。因此,本章将不同渠道力量结构结合所有可能的回收模式,分析所有可能的供应链模式对均衡决策的影响。

从水平竞争、垂直竞争,以及同时考虑水平与垂直竞争的供应链结构下进行相关文献的梳理。

在水平竞争环境下,闭环供应链中存在独立第三方回收商的假设得到广泛应用。Majumder 和 Groenevelt[1]假设在供应链中存在一个原始设备制造商,以及一个独立的第三方再制造商。通过考虑不同的回收渠道组合可以发现,当独立的第三方再制造商与制造商进行回收竞争时,第三方有强烈的动机去降低原始设备制造商的再制造成本。在同样的供应链结构下,Agrawal等[2]通过一系列行为实验探究了不同的再制造商与消费者对新产品感知价值之间的关系,发现原始设备制造商通过先发制人的再制造来阻止第三方竞争可能会降低利润,而第三方竞争的存在实际上可能有利于原始设备制造商。Fang等[3]在上述类似的假设下,通过数学建模的方法探究了第三方再制造商的竞争是否总会对原始设备制造商产生消极影响。Zhao等[4]将以旧换新政策与闭环供应链系统垂直竞争结合起来,探究了原始设备制造商的产品质量决策。研究发现,以旧换新是一种对抗第三方再制造商的有利策略,但未必对第三方再制造商不利。Huang等[5]同样考虑一个独立第三方和一个原始设备制造商之间的竞争,在此基础上研究成本信息共享的动机。与上述研究不同,Xing等[6]在假设闭环供应链中存在两个相互竞争的独立第三方回收商的特殊背景下,研究了考虑碳交易下供应链的均衡决策。研究结果表明,随着第三方回收商之间竞争程度的增加,供应链各节点企业及供应链整体的期望利润都呈现下降的趋势。为了缓解这种负面影响,供应链企业之间应形成一种调节机制,避免过度竞争的情况出现损害所有参与方的利益。Zhang等[7]假设系统中同时存在两个原始设备制造商及第三方回收商,在运用演化博弈分析工具的基础上,探讨了第三方制造商仅进行回收,以及同时进行回收和再制造两种不同情形下供应链的演化均衡解。分析发现,制造商们更倾向于将回收业务外包给第三方回收商而不是将回收与再制造均委托给第三方以赚取授权费。Kleber等[8]考虑了一个由两个原始设备制造商组成的供应链,探究双方之间回收及再制造的双重竞争对供应链均衡决策的影响。孟丽君等[9]同样考虑了一个由原始设备制造商及回收制造商组成的闭环供应链系统,研究了供应链中新产品与再制造产品的质量竞争。

垂直竞争关系广泛存在于供应链系统中。在供应链与运营管理的相关文献中,有学者假设在系统中存在一个供应商与制造商,两者之间的相对力量大小构成了供应链多种竞争模型,同时制造商与零售商之间的竞争也是垂直竞争的一个重要表现形式。Panda等[10]考虑了一个拥有社会责任感的原始设备制造商及零售商的供应链,探讨了其在追求利润最大化及社会效益最大化的情形下的协调机制。Chen等[11]构建了一个包含制造商和零售商的供应链结构,研究合作定价及竞争性定价对供应链绩效的影响。研究结果表明,合作定价会给供应链整体带来更高利润。但是在相关文献中,涉及闭环供应链回收垂直竞争的文献相对较少,多数学者研究水平竞争环境演化而来的垂直竞争。例如,在相关文献中,学者假设第三方在进行回收之后并不进行再制造业务,而是将回收的旧产品以原料形式销售给原始设备制造商。在这种情况下,独立回收商的角色转变为制造商的上游供应者,双方之间形成垂直竞争关系。Zhao等[12]在第三方进行回收的前提下,探究了制造商再制造、零售商通过支付单位再制造授权费用进行再制造,以及零售商通过支付固定再制造授权费的再制造的所有均衡决策。Savaskan等[13]研究了不同回收模式对闭环供应链绩效的影响,其中第三方回收模式及零售商回收模式均是在垂直竞争环境下研究供应链的最优决策问题。在考虑回收环节垂直竞争的情形下,Zhao等[14]考虑了一个由零售商和制造商同时进行废旧产品回收竞争的闭环供应链模型。在这种情形下,制造商与零售商在存在传统的竞争关系的同时,也进行再制造业务的相关垂直竞争活动。Yang等[15]在碳交易的背景下考虑了四种供应链模型，分别为不进行再制造、制造商进行再制造、零售商进行再制造及第三方进行再制造。研究结果表明，第三方进行再制造会产生最低的碳排放。

在垂直竞争的背景下考虑闭环供应链水平回收竞争的研究也比较常见。Huang等[16]研究了一个包含制造商、零售商及第三方的闭环供应链。在这一供应链中，零售商及第三方进行废旧产品回收数量的水平竞争。双方将回收的产品以一定的价格转让给制造商进行产品翻新改造。其研究结果表明，当且仅当回收渠道竞争不激烈的情况下，选择双渠道回收会显著优于单渠道回收。Wei等[17]在研究中考虑了以上两种情况下的回收决策，建立了两个双重回收模型，其中制造商与第三方同时回收，以及零售商与第三方同时回收体现了在供应链存在垂直竞争的情况下，不同利益主体开展水平回收竞争时的均衡情况。Wang等[18]在同样的供应链结构下，研究了三种供应链结构模型，包括全部的回收与再制造活动均由第三方再制造商承担、制造商与第三方同时进行回收与再制造活动，以及制造商将回收与再制造活动外包给零售商，使之与第三方再制造商进行竞争。与上述研究不同，Jin等[19]建立了一个包含供应商、原始设备制造商及第三方回收商的供应链结构模型，研究第三方再制造商对原始设备制造商的影响。Wu和Zhou[20]在同样的供应链结构下，探究第三方再制造商的介入，以及非差别定价策略对供应链的影响。与上述供应链结构不同的是，曹晓刚等[21]构建了由两个制造商及一个零售商组成的供应链，其中一个制造商生产新产品，另一个制造商从市场回收废旧产品进行再制造，双方通过一个零售商进行产品的销售。Wu[22]在相同的供应链结构下，将产品与服务相结合，研究均衡情况下的产品质量及服务水平。

本章在上述文献的基础上，通过融合不同的供应链渠道特征，分别研究了三种竞争环境下的闭环供应链决策问题。在水平竞争环境下，分别考虑了废旧产品转移价格定价权由原始设备制造商、第三方回收商及双方同时决策并得到相应的均衡结果。在垂直竞争环境下，考虑了一个由供应商和制造商进行再制造回收竞争的模型。在水平与垂直竞争环境下，考虑了一个由原始设备制造商、下游零售商及第三方组成的供应链，且在两种竞争环境并存时研究供应链回收投资问题。

3.2 水平竞争环境下供应链的回收决策

制造商通过直接渠道回收废旧产品，能够保证再制造原料的质量，但不得不面临资源分散和回收过程的不确定性。为应对产品需求和回收过程的双重不确定性，保障再制造原料的有效供给，制造商往往使用直接回收渠道和间接回收渠道相结合的方式获取再制造原料，这就形成了原始设备制造商与第三方之间的水平回收竞争。本节在此基础上研究原始设备制造商与第三方回收商不同渠道力量结构对供应链最优决策的影响。

3.2.1 问题描述

本节建立一个具有回收能力的制造商和一个专业回收的第三方回收商组成的水平竞争环境下的再制造闭环供应链模型。在逆向供应链中，制造商和第三方回收商一同展开废旧产品的回收活动，在正向供应链中，第三方回收商向制造商出售回收的可用核心部件，制造商则同时进行制造和再制造以满足不同消费者的需求。再制造产品原料来源于制造商的直接回收渠道和第三方回收商的间接回收渠道两个途径，其中第三方回收商提供的再制造原料通过转移行为传递给制造商。作为向制造商提供再制造原料的第三方回收商，其议价能力随实力的提高不断增强，这使得转移价格的定价权从制造商主导逐渐向第三方回收商主导进行过渡。当第三方回收商规模小、实力较弱时，转移价格由占主导地位的制造商决策；当第三方回收商的实力与制造商相当时，转移价格由双方共同决策；当第三方回收商实力较强时，转移价格由第三方回收商决策。转移价格定价权从制造商一方向回收商一方的转移过渡成为制造企业不得不面对的实际背景，本节从转移价格主导方的不同出发，建立制造商具有定价权、回收商具有定价权及联合决策三个模型，分别探讨三种情形下的回收定价和再制造产量决策的问题。本节构建的再制造闭环供应链结构如图 3.1 所示。

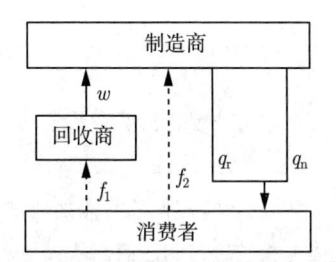

图 3.1 再制造闭环供应链结构模型

在图 3.1 中，左边的实线代表回收商和制造商之间的再制造原料转移，右边的实线代表正向物流；虚线代表逆向回收物流。制造商和第三方回收商通过各自的回收价格从消费者手中回收废旧产品，消费者对制造商回收渠道和第三方回收商回收渠道的偏好存在差异。

3.2.2 模型构建

模型所用符号及其定义如表 3.1 所示。模型用 b 表示制造商回收渠道对回收商回收渠道的影响，回收商回收量 Q_1 和制造商回收量 Q_2 分别表示为 $Q_1 = a + f_1 - bf_2$，$Q_2 = a + f_2 - f_1$。参数 b 是一个相对数值，以回收商回收价格对制造商回收数量的影响为基准，制造商回收价格对回收商回收数量的影响是其 b 倍。b

也描述了消费者对回收渠道的不同偏好，相较于对制造商回收渠道的偏好，消费者对回收商回收渠道的偏好是对制造商回收渠道的 b 倍。$b>1$ 代表消费者更偏好制造商回收渠道，制造商回收价格对回收商回收数量的负向影响更显著；$b<1$，则相反。b 偏离 1 越远，消费者对回收渠道偏好的差异越大。在实线表示的正向供应链中，再制造产品和新产品的产量决策与新产品和再制造产品的竞争水平息息相关。模型用市场价格对新产品产量和再制造产品产量的敏感性差异刻画新产品和再制造产品的竞争，其中新产品与再制造产品以相同的市场价格出售。例如，富士施乐公司的再制造复印机与新复印机售价相同。假设市场潜在需求远大于对制造商产品的需求，即 $m \gg q_r + q_n$。价格与产量的关系表示为 $p = m - \alpha q_r - q_n$。与回收竞争相似，α 也是一个相对数值，以价格对新产品产量的敏感性为基准，价格对再制造产品产量的敏感性是对新产品产量敏感性的 α 倍。α 也描述了消费者对新产品和再制造产品的不同偏好。$\alpha>1$，消费者更偏好新产品，市场价格对再制造产品的产量更敏感；$\alpha<1$，消费者更偏好再制造产品，市场价格对新产品产量更敏感。α 偏离 1 越远，消费者对再制造产品和新产品的认知差异越大。

表 3.1　符号和定义

符号	定义
m	市场潜在需求
a	绿色消费者数量
f_n	新零部件采购价格
p_o	回收零部件的其他处理收益
b	消费者对第三方回收渠道相较于对制造商回收渠道的偏好度，指代回收渠道的竞争程度
α	基于消费者角度的再制造产品相较于新产品的价值，指代新产品和再制造产品的竞争程度
p	新产品和再制造产品的销售价格
w	单位回收零部件的转移价格
f_i	单位废旧产品的回收价格，$i \in \{1,2\}$，1 和 2 分别指代回收商和制造商
q_j	产品产量，$j \in \{n,r\}$，n 和 r 分别表示新产品和再制造产品
Q_i	回收数量
π_i	供应链成员的收益

第三方回收商议价能力的大小决定了回收商能否拥有转移价格的定价权，根

据转移价格定价权的归属建立三个模型,分别是制造商具有转移价格的决策权(即第三方回收商不具有决策权)、第三方回收商具有转移价格的决策权(第三方回收商具有完全的决策权)以及双方共同决策的转移价格(即第三方回收商具有部分的决策权)。这里假设制造商与第三方回收商均是理性的决策者,追求利益最大化,各自的利润函数为

$$\pi_1 = (q_r - Q_2) w - Q_1 f_1 + [Q_1 - (q_r - Q_2)] p_o \tag{3.2.1}$$

$$\pi_2 = p(q_r + q_n) - Q_2 f_2 - (q_r - Q_2) w - q_n f_n \tag{3.2.2}$$

代入变量关系式后,成员利润函数进一步表示为

$$\pi_1 = [q_r - (a + f_2 - f_1)] w - (a + f_1 - b f_2) f_1 + [2a + (1 - b) f_2 - q_r] p_o \tag{3.2.3}$$

$$\pi_2 = (m - \alpha q_r - q_n)(q_r + q_n) - (a + f_2 - f_1) f_2 - [q_r - (a + f_2 - f_1)] w - q_r f_n \tag{3.2.4}$$

1. 制造商具有定价权的博弈模型

制造商通常被认为是实力较强的一方,主导转移行为的价格制定。在制造商具有转移价格定价权的情形中,制造商和第三方回收商的博弈过程分两阶段进行。首先,制造商和第三方回收商在完全信息下同步制定各自的回收价格,同时制造商还要确定来源于第三方回收商的再制造原料的转移价格。其次,制造商分别制定新产品的生产数量和再制造产品的生产数量。利用逆向求解法求解两阶段决策模型的成员利润函数最大化问题可得定理 3.2.1,以及命题 3.2.1 和命题 3.2.2。

定理 3.2.1 制造商具有定价权时的均衡解为

$$w^* = \frac{(b-4)(A+B)}{(1-\alpha)^2[(1-\alpha^2)(b-7)-2]}$$

$$f_1^* = \frac{[(10-b)(1-\alpha)^2 + 4](A+B)}{2(1-\alpha)C} - 2E$$

$$f_2^* = \frac{[3(1-\alpha)^2 + 2](A+B)}{4(1-\alpha)C} - E$$

$$q_r^* = \frac{(b-4)F}{C} - \frac{A}{(1-\alpha)^4}$$

$$q_n^* = \frac{(\alpha+1)(b-4)F}{-2C} + \frac{(\alpha+1)A}{2(1-\alpha)^4} + \frac{m}{2}$$

式中:$A = -2(1-\alpha)^2 f_n + m(1-\alpha)^3$;

$B = -1 + \alpha^2 - (1-\alpha)^2(b-4)^{-1}[(1-\alpha^2)a + 2p_o]$;

$$C = [b-3-2^{-1}(b-7)(1-\alpha)^2](1-\alpha)^3;$$
$$E = [(1-\alpha)^2 a + 2p_o](b-4)^{-1}(1-\alpha)^{-2};$$
$$F = 2(\alpha-1)f_n + (1-\alpha^2)m - (1+\alpha) - (1-\alpha)(b-4)^{-1}[(1-\alpha)^2 a + 2p_o]。$$

引理 3.2.1 第三方回收商回收价格与制造商回收价格之间的最优反应函数为 $f_1 = 2f_2 - w$。

引理 3.2.1 表明，对制造商和第三方回收商而言，竞争对手企图通过提高回收价格达到增加回收数量的目的并不总是可行的，由于这种做法会抬高回收价格在回收市场上的最低值，使相同回收价格下回收的数量更低，因此若达到相同的回收数量则要更高的回收价格，从而增加回收成本。当回收成本的增加超过了回收数量增加带来的利润增额时，任意一方便没有动机继续提高回收价格，此时回收价格达到了均衡。

引理 3.2.2 新产品产量与再制造产品产量的最优反应函数为 $q_n = -\dfrac{\alpha+1}{2}q_r + \dfrac{m}{2}$。

再制造产品产量和新产品产量呈负向关系，提高再制造产品产量会削减新产品的产量，且削减的程度由市场对再制造产品的敏感性决定。当市场对再制造产品的敏感性大于对新产品时，新产品数量将随再制造产品数量增加而加倍减少；当市场对再制造产品的敏感性小于对新产品时，新产品数量将随再制造产品数量的增加而缓慢减少。

命题 3.2.1 废旧产品回收总量为 $Q = Q_1 + Q_2 = 2a + (2-b)f_2 = 2a + \dfrac{2-b}{2}(f_1 + w)$。

由命题 3.2.1 得，回收总量与回收价格有关，且该关系的单调性方向受到回收竞争水平的影响。当 $b < 2$ 时，回收总量与回收价格呈正向关系；当 $b > 2$ 时，回收总量与回收价格呈反向关系。当消费者对回收商回收渠道存在显著偏见时，对回收商而言，进行回收价格竞争会进一步扩大渠道偏见对回收商的负面影响，加快回收商损失的速度。此时回收商回收价格越高，该负面影响的效应越显著，因此回收商将制定适当的回收价格水平，降低渠道偏好存在的负面影响。

命题 3.2.2 产品生产总量为 $q_n + q_r = \dfrac{1-\alpha}{2}q_r + \dfrac{m}{2} = \dfrac{\alpha-1}{\alpha+1}q_n + \dfrac{m}{\alpha+1}$。

由总产量表达式看出，总产量与再制造产量 q_r（新产品产量 q_n）呈单调的线性关系，增或减关系由新产品与再制造产品的竞争水平决定。当消费者对再制造产品的敏感性大于对新产品时（$\alpha > 1$），总产量随 q_r（q_n）增加而减小（增大），反之则随 q_r（q_n）增加而增大（减小）。命题 3.2.2 表明当消费者对再制造产品的敏感性大于对新产品时（$\alpha > 1$），增加再制造产品的产量可能抑制制造商生产更多的产品。

2. 回收商具有定价权的博弈模型

当第三方回收商具有转移价格定价权时,制造商和第三方回收商的博弈过程如下:首先第三方回收商确定再制造原料的转移价格,其次第三方回收商和制造商在完全信息下同时制定各自的回收价格,最后制造商确定新产品产量和再制造产品产量。利用逆向求解法求解最大化成员利润函数的问题可得定理 3.2.2。

定理 3.2.2 第三方回收商具有定价权时的均衡解为

$$w^{**} = \frac{(\alpha-1)^2 K}{2G+IH}$$

$$f_1^{**} = \frac{[4+(10-b)(\alpha-1)^2]K}{2(b-4)(G+H)} - 2J$$

$$f_2^{**} = \frac{\sqrt{H}K}{2(b-4)(G+H)} - J$$

$$q_r^{**} = \frac{2K}{2G+IH} + L$$

$$q_n^{**} = \frac{(-\alpha-1)K}{2G+IH} - \frac{\alpha+1}{2}L$$

式中:$G = 2(b-4)(2\alpha-\alpha^2)(\alpha-1)^2 + (5-b)(\alpha-1)^2[3(\alpha-1)^2+2]$;
$H = [3(\alpha-1)^2+2]^2$; $I = (4b-8)(b-4)^{-1}$;
$J = a(b-4)^{-1} + 2p_o(b-4)^{-1}(\alpha-1)^{-2}$;
$K = [2a-(1-b)p_o]\sqrt{H} - (b+5)(b+4)(\alpha-1)^2 J + (4b-8)\sqrt{H}J - (b-4)[2f_n - 2p_o - m(1-\alpha)]$;
$L = [2f_n - m(1-\alpha)](1-\alpha)^{-2}$。

推论 3.2.1 回收竞争与新产品和再制造产品竞争满足条件 (1)、(2)、(3) 三者其中之一是闭环供应链在第三方回收商具有完全定价权情形中存在最优解的必要条件。

(1) 当 $b \in (4.0042, 4.6)$ 且 $(\alpha-1)^2 \in (t_1(b), t_2(b))$;

(2) 当 $b \in (4.6, 7.75)$ 且 $(\alpha-1)^2 \in (0, t_2(b))$ 或 $(\alpha-1)^2 > t_1(b)$;

(3) 当 $b > 7.75$,$\forall \alpha$。

证明: 利用利润非负且最优解非负的限制,求解 $w^{**} > 0$,$f_1^{**} > 0$,$f_2^{**} > 0$,$q_r^{**} > 0$,$q_n^{**} > 0$,$\pi_1 > 0$,$\pi_2 > 0$ 可得,

$$t_1(b) = \frac{31 - 8b - \sqrt{240b^2 - 1984b + 4097}}{-128(b-4)}$$

$$t_2(b) = \frac{31 - 8b + \sqrt{240b^2 - 1984b + 4097}}{-128(b-4)}$$

推论 3.2.1 表明，第三方回收商具有转移价格定价权的必要条件之一是至少存在一定程度的回收竞争，同时新产品与再制造产品竞争需要满足特定的阈值范围。当回收竞争足够大时，任意新产品与再制造产品的竞争水平均不再威胁第三方回收商拥有转移价格决策的权利。与制造商具有定价权相比，第三方回收商具有定价权客观上要求回收竞争和新产品与再制造产品竞争同时满足特定阈值约束。此时回收商处于竞争劣势，为了降低回收风险和再制造原料成本，制造商也会给予回收商转移价格定价权的补贴。

3. 联合决策时的博弈模型

当第三方回收商的实力达到与制造商实力一致时，双方具有平等的议价能力，此时制造商和第三方回收商将进行联合决策，再制造原料的转移由外部行为变为内部决策问题。该情形下制造商和第三方回收商的决策分两步进行。首先，制造商和第三方回收商在完全信息下同时制定各自的回收价格。其次，制造商确定新产品和再制造产品的产量决策。目标函数由制造商和第三方回收商追求各自收益最大变为追求供应链总收益最大，用 π 指代供应链总收益，即 $\pi = \pi_1 + \pi_2$。

$$\pi = p(q_\mathrm{r} + q_\mathrm{n}) - Q_2 f_2 - q_\mathrm{n} f_\mathrm{n} - Q_1 f_1 + [Q_1 - (q_\mathrm{r} - Q_2)] p_\mathrm{o} \tag{3.2.5}$$

代入变量关系式，供应链总收益函数为

$$\pi = (m - \alpha q_\mathrm{r} - q_\mathrm{n})(q_\mathrm{r} + q_\mathrm{n}) - (a + f_2 - f_1) f_2 - q_\mathrm{r} f_\mathrm{n} - (a + f_1 - bf_2) f_1 +$$
$$[2a + (1-b) f_2 - q_\mathrm{r}] p_\mathrm{o} \tag{3.2.6}$$

利用逆向求解法求解最大化利润函数的问题可得定理 3.2.3 和引理 3.2.3。

定理 3.2.3 联合决策时的均衡解为

$$q_\mathrm{r}^L = \frac{2(f_\mathrm{n} + p_\mathrm{o}) - m(1-\alpha)}{(1-\alpha)^2}$$

$$q_\mathrm{n}^L = \frac{(-1-\alpha)(f_\mathrm{n} + p_\mathrm{o}) + m(1-\alpha)}{(1-\alpha)^2}$$

$$f_1^L = \frac{b-1}{b+3} \cdot \left[\frac{a(b+3) + 2(b-1)}{8 + (b-1)(b+3)} + 1 \right]$$

$$f_2^L = \frac{-a(b+3) - 2(b-1)}{8 + (b-1)(b+3)}$$

均衡状态下供应链总收益为

$$\pi = \frac{(1-b)(b^2+6b+5)}{(b+3)^2}(f_2^L)^2 + \left[\frac{(-b^2-5b+2)}{(b+3)^2}\frac{1-a}{b+3}+p_o\right](1-b)f_2^L +$$

$$\frac{f_n+p_o}{1-\alpha}\left(m-\frac{f_n+p_o}{1-\alpha}\right) - \frac{1-b}{b+3}\left(\frac{1-b}{b+3}-a\right)$$

引理 3.2.3 （1）再制造产品产量和新产品产量的最优反应函数为

$$q_n = -q_r + \frac{f_n+p_o}{1-\alpha}$$

（2）制造商回收价格和回收商回收价格的最优反应函数为

$$f_1 = \frac{1-b}{b+3}(f_2-1)$$

由引理 3.2.3 得，当联合决策达到均衡时，制造商回收价格与回收商回收价格呈正向关系、新产品产量与再制造产品产量呈正向关系。推论 3.2.2 给出了该模型存在最优解的条件。

推论 3.2.2 当且仅当 $b<1$ 和 $\alpha<1$ 时，满足 $\alpha < \frac{2(1-b)}{b+3}$ 和 $\frac{m(1-\alpha)}{2}-p_o < f_n < \frac{m(1-\alpha)}{1+\alpha}-p_o$ 是闭环供应链在制造商和第三方回收商进行联合决策存在最优解的必要条件。

证明：利用利润非负且最优解非负的限制，求解 $f_1^L>0$，$f_2^L>0$，$q_r^L>0$，$q_n^L>0$，$\pi_1>0$，$\pi_2>0$ 可得。

推论 3.2.2 表明联合决策的实现是建立在特定消费者偏好的基础上的，即消费者对第三方回收商回收渠道的偏好大于对制造商回收渠道的偏好（$b<1$），同时对再制造产品的敏感性低于对新产品的敏感性（$\alpha<1$）。除了对消费者偏好的特定要求，联合决策的成立还需要建立在特定的行业背景，即绿色消费者数量小于阈值且新产品原料成本适中。

3.2.3 模型分析

1. 制造商具有定价权情形的敏感性分析

分别对定理 3.2.1 的均衡解关于 f_n、p_o 求导数，可得推论 3.2.3 和推论 3.2.4。

推论 3.2.3 制造商具有定价权时均衡解的特征如下。

（1）当 $b>7$ 或 $b<4$ 且 $(\alpha-1)^2 < 2+\frac{4}{b-7}$ 或当 $4<b<7$ 且 $(\alpha-1)^2 > 2+4b-7$ 时，w^* 随 f_n 增加而减少，否则 w^* 随 f_n 增加而增加。

(2) 当 $b < 7$ 且 $(\alpha-1)^2 < 2+4b-7$ 或当 $b > 7$ 且 $(\alpha-1)^2 > 2+4b-7$ 时，w^* 随 p_o 增加而增加，否则 w^* 随 p_o 增加而减少。

(3) 当 $7 < b < 10$ 且 $(\alpha-1)^2 > 2+8b-7$ 或当 $b \in (-\infty, 7) \cup (10, +\infty)$ 且 $(\alpha-1)^2 \in (4(b-10), 2+8/(b-7))$ 时，f_1^* 随 f_n 增加而增加，否则 f_1^* 随 f_n 增加而降低。

(4) 当 $b < 4$ 且 $(\alpha-1)^2 > 4$ 或当 $4 < b < 7$ 且 $(\alpha-1)^2 \in (4, +\infty) \cup [0, 2+\dfrac{8}{b-7})$ 或 $b > 7$ 且 $(\alpha-1)^2 \in (2+8(b-7), 4)$ 时，f_1^* 随 p_o 增加而增加，否则 f_1^* 随 p_o 增加而降低。

(5) 当 $b < 4$ 且 $(\alpha-1)^2 \in (2+8(b-4), 2+4/(b-5.5))$ 或当 $b > 7$ 且 $(\alpha-1)^2 < 2+\dfrac{4}{b-5.5}$ 或当 $4 < b < 5.5$ 时，f_2^* 随 p_o 增加而增加，否则 f_2^* 随 p_o 增加而减少。

(6) 当 $b > 7$ 且 $(1-\alpha)^2 < 2+\dfrac{8}{b-7}$ 或当 $b < 7$ 且 $(1-\alpha)^2 > 2+\dfrac{8}{b-7}$ 时，q_n^* 随 p_o 增加而增加，q_r^* 随 p_o 增加而减少，f_2^* 随 f_n 增加而减少；反之 q_n^* 随 p_o 增加而减少，q_r^* 随 p_o 增加而增加，f_2^* 随 f_n 增加而增加。

推论 3.2.3 描述了当制造商具有定价权（或第三方回收商不具有定价权）时，均衡决策随回收核心零部件处理收益、新零部件价格变化的特征。在新产品产量与回收核心零部件处理收益的关系中，由推论 3.2.3 得，基于中等程度的回收价格竞争水平，新产品产量与回收零部件处理收益呈确定的单调增加关系。当制造商回收价格对回收商回收价格的影响 b 处于中等水平时，回收零部件处理收益的提高将增加第三方回收商的单位收益，促使回收商提高回收价格回收更多数量的产品，制造商也会提高回收价格从而避免回收量的下降，该举措提高了再制造品的生产成本，降低销售再制造产品的收益。回收量的下降和再制造产品收益的减小降低了制造商生产再制造产品的动机，因此更多的新产品被生产投向市场。

推论 3.2.3 进一步描述了均衡状态下再制造产品的产量与新零部件价格的关系。由推论 3.2.3 得，再制造产品产量与新零部件价格呈负向关系。当新零部件价格的提高增加了制造商生产新产品的成本，为了获得更多收益制造商有动机生产更多的再制造产品。再制造产品的产量增加需要回收更多的零部件，制造商将提高回收价格提高回收数量。由最优反应函数可知，回收商也会提高回收价格。而双方回收价格间的竞争使回收价格不断上升，增加了制造商再制造产品的生产成本，使得再制造产品的单位收益降低。回收价格的增加效益超过了再制造产品产量的动机，故制造商将减少再制造产品的产量。

推论 3.2.4 当 $b \in (-\infty, 4) \bigcup (7, +\infty)$ 且 $(1-\alpha)^2 < 4+\dfrac{14}{b-7}$ 时，q_n^* 随 f_n

增加而增加，q_r^* 随 f_n 增加而减少，反之 q_r^* 随 f_n 增加而减少，q_r^* 随 f_n 增加而增加。当 $4 < b < 7$ 时，q_n^* 与 f_n 一定呈单调增加关系，q_r^* 与 f_n 一定呈单调递减关系。

推论 3.2.4 表明，制造商具有定价权的情形中（或第三方回收商不具有定价权），当回收竞争的强度适中时，均衡产量与回收核心零部件的处理收益呈现确定性单调关系，此时回收竞争 b 和新再产品竞争 α 的不同组合只影响均衡产量 q_n^*（q_r^*）随 f_n 变化的速率。

推论 3.2.3 和推论 3.2.4 表明，当制造商具有定价权时，均衡状态下的转移价格 w^*，回收价格 f_1^*、f_2^*，产量 q_r^*、q_n^* 与新零部件采购价格 f_n 和回收零部件的其他处理收益 p_o 均呈单调的线性关系。回收竞争 b 和新产品与再制造产品竞争 α 的不同水平决定了均衡结果 w^*、f_1^*、f_2^*、q_r^*、q_n^* 对 f_n（p_o）的敏感性关系，即随 f_n（p_o）变化时的单调性方向和速率。

2. 回收商具有定价权情形的敏感性分析

由推论 3.2.1 得，回收商具有定价权的必要条件是 $b > 4.0042$ 和 $(2G + IH)(\alpha-1)^{-2} > 0$。规定 $X = 2I(\alpha-1)^{-2} + (b-1)\sqrt{H} - 18$。

推论 3.2.5 第三方回收商具有定价权时均衡解的特征如下：

（1）当 $X > 0$ 时，w^{**} 随 p_o 增加而增加，q_r^{**} 随 p_o 增加而增加，q_n^{**} 随 p_o 增加而减少，否则 w^{**} 随 p_o 增加而降低，q_r^{**} 随 p_o 增加而降低，q_n^{**} 随 p_o 增加而增加。

（2）当 $2G + IH > 2(b-4)(\alpha-1)^2$ 时，q_r^{**} 随 f_n 增加而增加，q_n^{**} 随 f_n 增加而降低，否则 q_r^{**} 随 f_n 增加而降，q_n^{**} 随 f_n 增加而增加。

（3）当 $b > 10$ 且 $(\alpha-1)^2 > \dfrac{4}{b-10}$ 时，f_1^{**} 随 f_n 增加而增加，否则 f_1^{**} 随 f_n 增加而减小。

（4）当 $[4+(10-b)(\alpha-1)^2]X > 4(2G+IH)(-1)-2$ 时，f_1^{**} 随 p_o 增加而增加，否则 f_1^{**} 随 p_o 增加而降低。

（5）当 $[3(\alpha-1)^2+2]X > (4G+2IH)(-1)-2$，$f_2^{**}$ 随 p_o 增加而增加，否则 f_2^{**} 随 p_o 增加而降低。

推论 3.2.6 由推论 3.2.1 可知

$$\frac{\partial w^{**}}{\partial f_n} = 8 - 2b < 0$$

$$\frac{\partial f_2^{**}}{\partial f_n} = \frac{-2}{\Delta \cdot (\alpha-1)^2}\left[3(\alpha-1)^2 + 2\right] < 0$$

推论 3.2.6 表明，第三方回收商具有定价权时，均衡转移价格 w^{**} 和均衡制

造商回收价格 f_2^{**} 总是随回收零部件处理收益 f_n 增加而减小。

推论 3.2.5 和推论 3.2.6 表明，第三方回收商具有定价权时，均衡状态下的转移价格 w^{**}、回收价格 f_1^{**}、f_2^{**}、产量 q_r^{**}、q_n^{**} 与新零部件价格 f_n（零部件处理收益 p_o）均呈单调的线性关系，其中回收竞争 b 和新产品与再制造产品竞争 α 的水平共同决定了均衡决策中的 f_1^{**}、q_r^{**}、q_n^{**} 对 $f_n(p_o)$ 的敏感性关系，以及 w^{**}、f_2^{**} 对 p_o 的敏感性关系，即随 $f_n(p_o)$ 变化时的单调性方向和速率；而 w^{**}、f_2^{**} 与 f_n 呈单调递减关系，回收竞争 b 和新产品与再制造产品竞争 α 的不同水平仅影响递减的速率。

3. 联合决策情形的敏感性分析

推论 3.2.7 观察定理 3.2.3 中的均衡解可知，联合决策时均衡状态下的新产品产量和再制造产品产量均由 f_n、p_o 与 α 共同确定，与回收价格无关。该情形中制造商的总产量表示为 $q_n + q_r = \dfrac{f_n + p_o}{1-\alpha}$。

推论 3.2.7 表明，当制造商与第三方回收商联合制定转移价格时，均衡产量和总产量只由新零部件价格、回收零部件处理收益及新产品与再制造产品的竞争三者共同决定。外部的回收渠道竞争在联合决策时不再影响制造商内部制造与再制造的协调策略。

推论 3.2.1～推论 3.2.7 可得：① 第三方回收商具有定价权的必要条件包含回收竞争 b 至少满足 $b > 4.0042$，同时再制造产品与新产品竞争 α 满足相应的阈值区间。实际上当制造商建立回收渠道时，通常会受到更多消费者的认可和偏好，使第三方回收商处于回收竞争的不利地位，此时第三方回收商具有定价权可以看作是制造商补贴消费者对回收商回收渠道偏见的一种额外权利，这种转移定价权的补贴能够阻止回收商因追求自身利益最大化而制定较高转移价格。② 与制造商具有定价权相比，回收商具有（完全或部分）定价权增加了回收竞争和新产品与再制造产品竞争共存下的决策复杂性。与制造商具有定价权时的均衡解相比，回收商具有定价权时的均衡转移价格和均衡制造商回收价格对回收核心零部件的处理收益更敏感，且均衡转移价格对制造商更有利。此外，外部的回收渠道竞争在联合决策时不再影响制造商内部制造与再制造的协调策略。

3.2.4 管理启示

本节考虑回收竞争和新产品与再制造产品竞争共存的现实背景，建立了包含一个具有回收能力且能够进行再制造的制造商和一个专业第三方回收商的水平竞争环境下的闭环供应链模型，采用对称博弈理论分析当面对转移价格定价权从制造商向第三方回收商转移过渡的问题时，回收竞争和新产品与再制造产品竞争对均衡状态下的回收价格、转移价格、新产品产量及再制造产品产量决策的影响，研究制造商回收策略的优化，以及制造与再制造的协调问题。

从第三方回收商议价能力由弱到强的变化出发，首先得到了制造商具有定价权、回收商具有定价权、联合决策三种情形下的均衡决策，发现当第三方回收商不能决策转移价格时，均衡转移价格、均衡回收价格、均衡产量与新零部件价格（回收零部件的处理收益）均呈单调线性关系。当第三方回收商具有定价权时，均衡转移价格和均衡制造商回收价格均与新零部件价格无关，与回收核心零部件的处理收益呈负相关。而在联合决策时，外部的回收渠道竞争不再影响制造商内部制造与再制造的协调决策问题。其次，讨论了回收商议价能力的变化对均衡决策的影响。结果表明，与不具有定价权相比，回收商具有（完全或部分）定价权加剧了回收竞争和新产品与再制造产品竞争共存下的决策复杂性，当消费者显著偏好制造商回收渠道时，与制造商具有转移价格定价权相比，回收商具有转移价格定价权能够有效降低均衡转移价格，对制造商更有利。最后，对比分析了三种情形下均衡决策的性质，确定了在回收竞争和新产品与再制造产品竞争的不同水平下，均衡决策随新零部件价格（回收核心零部件处理收益）的变化规律。

3.3 垂直竞争环境下供应链的回收决策

本节运用动态博弈，研究了双向垂直竞争环境下制造商和供应商的回收决策问题，其中供应商比制造商有更大的定价权。以不同回收商下的单边垂直竞争模式为基准模型，推导出制造商和供应商的最优定价和生产决策，并进一步研究了双边垂直竞争模式下产品质量对制造商和供应商的最优定价和生产决策的影响。

3.3.1 问题描述

本节研究了双向垂直环境下，包含一个供应商和一个制造商的闭环供应链回收决策问题。制造商从供应商处购买新的和再制造的零部件，并从消费者市场回收旧产品，制成新的和再制造的产品后销售到终端市场，以满足消费者的需求。针对制造商和供应商在市场中以非对称的力量进行竞争的情况，本节构建了供应商为主导、制造商为跟随者的斯塔克伯格博弈模型，同时强调了影响消费者接受产品（特别是再制造产品[23-24]）的一个重要因素——产品质量。

本节以两种不同回收商的单向垂直竞争模式为基准模型。基准一：制造商从供应商处购买新的和再制造的零部件，并将新的和再制造的产品卖给消费者，即供应商负责回收。例如，潍柴动力再制造有限公司作为供应商，除提供新部件外，还可以提供 60 多种再制造部件和"在役再制造"服务。基准二：制造商从消费者市场进行回收，同时从供应商处购买新的零部件，如施乐和帕金斯。本节主要讨论了以下问题。

（1）在双向垂直竞争模式下，制造商和供应商会做出怎样的定价和回收决策？这些决策与单向垂直竞争模式下有什么区别？

（2）在双向垂直竞争模式下，制造商和供应商是否能获得更高的利润？也可以理解为制造商和供应商都参与回收活动是好是坏？

（3）在制造商/供应商已经参与回收活动的前提下，供应商/制造商是否也愿意参与回收活动？也就是说，制造商或供应商参与回收活动的顺序对其决策和利润是否有影响？

（4）产品质量是如何影响制造商和供应商的利润的？制造商或供应商有没有动机通过降低产品质量达到获取更高净利润的目的？

考虑一个由制造商和供应商组成的闭循环供应链，制造商向市场销售新的和再制造的产品，并从供应商购买新的部件。同时，为了满足市场对再制造产品的需求，制造商需要足够的可从消费者市场回收或从供应商购买的再制造零部件。制造商对再制造零部件采购的选择不同会导致其与供应商之间的竞争模式不同。当制造商从供应商处购买再制造零部件或从消费者市场回收再制造零部件时，由于供应商在市场上的力量不对称，从垂直的角度考虑其与供应商的竞争。当制造商从消费者市场进行回收并同时从供应商处购买再制造零部件时，制造商和供应商之间就会出现双边垂直竞争。假设制造商和供应商拥有对称的信息。模型中的基本符号与定义如表 3.2 所示。

表 3.2 符号和定义

符号	定义
k	企业的成本效率
v	消费者对新产品的支付意愿
δ	消费者对再制造产品的价值折扣
ϕ	制造商回收的旧产品比例
c_n/c_r	使用新的/再制造关键零部件时的单位成本
p_n/p_r	新的/再制造产品的单位销售价格
q_n/q_r	新的/再制造关键零部件的质量
d_n/d_r	新的/再制造产品的需求量
a/b	使用新的/再制造关键零部件的单位固定成本
w/f	新的/再制造关键零部件的单位批发价格
U_n/U_r	消费者购买新产品/再制造产品时获得的净效用
NC/VC/DVC	供应商回收的单向/制造商回收的单向/双向垂直竞争模型
M/S	制造商/供应商

基于两个单向垂直竞争模型，研究制造商和供应商之间的双向垂直竞争关系，

如图 3.2 所示。在供应商回收的单向垂直竞争模型中，制造商分别以单位价格 w 和 f 从供应商处购买新的关键零部件和再制造关键零部件，制成新产品和再制造产品后分别以单位价格 p_n 和 p_r 销售给消费者；在制造商回收的单向垂直竞争模型中，制造商从消费者处回收旧产品进行再制造，同时从供应商处购买新的关键零部件，制成新产品和再制造产品后分别以单位价格 p_n 和 p_r 销售给消费者；在双向垂直竞争模型中，制造商和供应商同时参与回收活动，制造商仍需从供应商处购买新的零部件。在以上三种垂直竞争模型中，使用新的关键零部件和再制造的关键零部件的单位成本分别为 $c_n = a + kq_n^2$ 和 $c_r = b + kq_r^2$，其中 a 和 b 分别为单位固定成本，k 为企业的成本效率[13]，q_n 和 q_r 分别为新的关键零部件和再制造关键零部件的质量，因研究对象为关键零部件，因此也可将 q_n 和 q_r 分别视为新产品和再制造产品的质量。为了简化计算，本文假设将关键零部件制成产品的成本为零，这个假设并不影响下文的分析和结论。

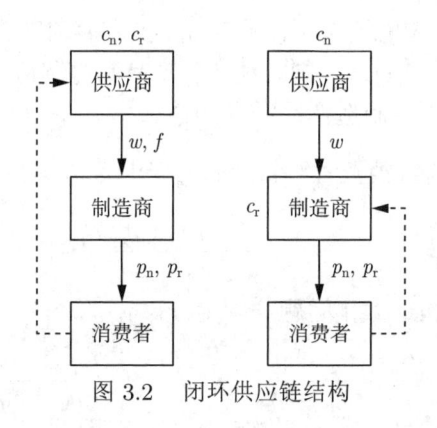

图 3.2　闭环供应链结构

研究模型被定义为一个两阶段的决策过程。在第一阶段，供应商决定新的关键零部件单位销售价格 w 和再制造的关键零部件单位销售价格 f（仅当供应商从事回收活动时）；在第二阶段，制造商了解到供应商的定价决策后，做出新产品和再制造产品的单位销售价格（p_n 和 p_r）决策。基于此，可得出新产品和再制造产品的产量，以及供应商和制造商的利润。

3.3.2　模型构建

1. 供应商回收的单向垂直竞争模型

本节分析当制造商从供应商处同时购买新的关键零部件和再制造关键零部件时的制造商和供应商的定价和产量决策。消费者对新产品的支付意愿是 v，v 服从 [0,1] 上的均匀分布[4,30]。假设再制造产品相对于新产品的价格折扣系数为 δ（$0 < \delta < 1$），那么消费者对再制造产品的支付意愿是 δv[7]。当消费者购买新产品

时,其效用为 $U_n = vq_n - p_n$;当消费者购买再制造产品时,其效用为 $U_r = \delta vq_r - p_r$。当且仅当消费者购买新产品的效用大于零且大于购买再制造产品的效用时,消费者才会选择购买新产品,即满足 $U_n > 0$ 和 $U_n > U_r$,求解 $U_n > 0$ 和 $U_n > U_r$ 可以得到 $v > \dfrac{p_n}{q_n} = v_1$ 和 $v < \dfrac{p_n - p_r}{q_n - \delta q_r} = v_2$;当且仅当消费者购买再制造产品的效用大于零且大于购买新产品的效用时,消费者才会选择购买再制造产品,即满足 $U_r > 0$ 和 $U_r > U_n$,求解 $U_r > 0$ 和 $U_r > U_n$ 可以得到 $v > \dfrac{p_r}{\delta q_r} = v_3$ 和 $v < \dfrac{p_n - p_r}{q_n - \delta q_r}$。通过比较 v_1、v_2、v_3 的大小,可以得到:当 $v_2 < v_1 < v_3$,即 $\dfrac{q_n}{p_n} > \dfrac{\delta q_r}{p_r}$ 成立时,消费者对再制造产品没有需求,即 $d_r = 0$,对新产品的需求为 $d_n = \int_{v_1}^{1} \mathrm{d}v = 1 - \dfrac{p_n}{q_n}$。这时,消费者认为单位价格下的新产品质量高于再制造产品质量,因此不愿意购买再制造产品,供应商和制造商不需要参与回收活动。本节的研究关注的是制造商同时生产新产品和再制造产品的情况,所以本节及后续模型中都忽略无再制造产品需求的情况。

当 $\dfrac{q_n}{p_n} < \dfrac{\delta q_r}{p_r}$ 成立时,消费者对新产品的需求为 $d_n = \int_{v_2}^{1} \mathrm{d}v = 1 - \dfrac{p_n - p_r}{q_n - \delta q_r}$,对再制造产品的需求为 $d_r = \int_{v_3}^{v_2} \mathrm{d}v = \dfrac{p_n - p_r}{q_n - \delta q_r} - \dfrac{p_r}{\delta q_r}$,其中 $v_2 = \dfrac{p_n - p_r}{q_n - \delta q_r}$,$v_3 = \dfrac{p_r}{\delta q_r}$。制造商和供应商的利润最大化问题分别为

$$\max_{p_n, p_r} \Pi_M^{\mathrm{NC}} = (p_n - w)\left(1 - \dfrac{p_n - p_r}{q_n - \delta q_r}\right) + (p_r - f)\left(\dfrac{p_n - p_r}{q_n - \delta q_r} - \dfrac{p_r}{\delta q_r}\right) \qquad (3.3.1)$$

$$\max_{w, f} \Pi_S^{\mathrm{NC}} = (w - a - kq_n^2)\left(1 - \dfrac{p_n - p_r}{q_n - \delta q_r}\right) + (f - b - kq_r^2)\left(\dfrac{p_n - p_r}{q_n - \delta q_r} - \dfrac{p_r}{\delta q_r}\right) \qquad (3.3.2)$$

定理 3.3.1 在供应商回收的单向垂直竞争模式下,供应商和制造商都存在最优定价和产量决策,分别为

$$w^{\mathrm{NC}} = \dfrac{1}{2}\left(a + q_n + kq_n^2\right)$$

$$f^{\mathrm{NC}} = \dfrac{1}{2}\left(b + \delta q_r + kq_r^2\right)$$

$$p_n^{\mathrm{NC}} = \dfrac{1}{4}\left(a + 3q_n + kq_n^2\right)$$

$$p_r^{\mathrm{NC}} = \dfrac{1}{2}\left(b + 3\delta q_r + kq_r^2\right)$$

$$d_{\mathrm{n}}^{\mathrm{NC}} = \frac{-a + 2b + q_{\mathrm{n}} - kq_{\mathrm{n}}^2 + 2\delta q_{\mathrm{r}} + 2kq_{\mathrm{r}}^2}{4(q_{\mathrm{n}} - \delta q_{\mathrm{r}})}$$

$$d_{\mathrm{r}}^{\mathrm{NC}} = \frac{a\delta q_{\mathrm{r}} + k\delta q_{\mathrm{n}}^2 q_{\mathrm{r}} - q_{\mathrm{n}}(2b + 3\delta q_{\mathrm{r}} + 2kq_{\mathrm{r}}^2)}{4\delta q_{\mathrm{r}}(q_{\mathrm{n}} - \delta q_{\mathrm{r}})}$$

证明： 供应商是博弈中的领导者，制造商为追随者，因此采用逆向求解法求解制造商和供应商的定价决策。首先需要确定制造商关于供应商定价决策的反应函数，为了最大化其利润，需满足利润函数对新产品和再制造产品销售价格的一阶偏导数等于零，即 $\frac{\partial \Pi_{\mathrm{M}}^{\mathrm{NC}}}{\partial p_{\mathrm{n}}} = 0$ 和 $\frac{\partial \Pi_{\mathrm{M}}^{\mathrm{NC}}}{\partial p_{\mathrm{r}}} = 0$，其中

$$\frac{\partial \Pi_{\mathrm{M}}^{\mathrm{NC}}}{\partial p_{\mathrm{n}}} = \frac{w - f - 2(p_{\mathrm{n}} - p_{\mathrm{r}}) + q_{\mathrm{n}} - \delta q_{\mathrm{r}}}{q_{\mathrm{n}} - \delta q_{\mathrm{r}}},$$

$$\frac{\partial \Pi_{\mathrm{M}}^{\mathrm{NC}}}{\partial p_{\mathrm{r}}} = \frac{(f - 2p_{\mathrm{r}})q_{\mathrm{n}} - \delta(w - 2p_{\mathrm{n}})q_{\mathrm{r}}}{\delta q_{\mathrm{r}}(q_{\mathrm{n}} - \delta q_{\mathrm{r}})}$$

为了满足充分性，计算制造商的利润函数关于价格的二阶偏导数，得

$$\frac{\partial^2 \Pi_{\mathrm{M}}^{\mathrm{NC}}}{\partial p_{\mathrm{n}}^2} = -\frac{2}{q_{\mathrm{n}} - \delta q_{\mathrm{r}}}, \quad \frac{\partial^2 \Pi_{\mathrm{M}}^{\mathrm{NC}}}{\partial p_{\mathrm{n}} \partial p_{\mathrm{r}}} = \frac{2}{q_{\mathrm{n}} - \delta q_{\mathrm{r}}},$$

$$\frac{\partial^2 \Pi_{\mathrm{M}}^{\mathrm{NC}}}{\partial p_{\mathrm{r}} \partial p_{\mathrm{n}}} = \frac{2}{q_{\mathrm{n}} - \delta q_{\mathrm{r}}}, \quad \frac{\partial^2 \Pi_{\mathrm{M}}^{\mathrm{NC}}}{\partial p_{\mathrm{r}}^2} = -\frac{2q_{\mathrm{n}}}{\delta q_{\mathrm{r}}(q_{\mathrm{n}} - \delta q_{\mathrm{r}})}$$

所以，海塞矩阵为

$$\boldsymbol{H}^{\mathrm{M}} = \begin{bmatrix} -\dfrac{2}{q_{\mathrm{n}} - \delta q_{\mathrm{r}}} & \dfrac{2}{q_{\mathrm{n}} - \delta q_{\mathrm{r}}} \\ \dfrac{2}{q_{\mathrm{n}} - \delta q_{\mathrm{r}}} & -\dfrac{2q_{\mathrm{n}}}{\delta q_{\mathrm{r}}(q_{\mathrm{n}} - \delta q_{\mathrm{r}})} \end{bmatrix}$$

计算可得 $|\boldsymbol{H}_1^{\mathrm{M}}| = -\dfrac{2}{q_{\mathrm{n}} - \delta q_{\mathrm{r}}} < 0$，$|\boldsymbol{H}_2^{\mathrm{M}}| = \dfrac{4}{\delta q_{\mathrm{r}}(q_{\mathrm{n}} - \delta q_{\mathrm{r}})} > 0$，因此，制造商的利润 $\Pi_{\mathrm{M}}^{\mathrm{NC}}$ 是关于新产品销售价格 p_{n} 和再制造产品销售价格 p_{r} 的凹函数，存在唯一最优的反应函数，即 $p_{\mathrm{n}}^{\mathrm{NC}} = \dfrac{1}{2}(w + q_{\mathrm{n}})$，$p_{\mathrm{r}}^{\mathrm{NC}} = \dfrac{1}{2}(f + \delta q_{\mathrm{r}})$。在已知制造商的反应之后，供应商做出最优定价决策，使得

$$\frac{\partial \Pi_{\mathrm{S}}^{\mathrm{NC}}}{\partial w} = \frac{a - b + 2(f - w) + q_{\mathrm{n}} - \delta q_{\mathrm{r}} + kq_{\mathrm{n}}^2 - kq_{\mathrm{r}}^2}{2(q_{\mathrm{n}} - \delta q_{\mathrm{r}})} = 0$$

$$\frac{\partial \Pi_{\mathrm{S}}^{\mathrm{NC}}}{\partial f} = \frac{(a - 2w)\delta q_{\mathrm{r}} + k\delta q_{\mathrm{n}}^2 q_{\mathrm{r}} - q_{\mathrm{n}}(b - 2f + kq_{\mathrm{r}}^2)}{-2\delta q_{\mathrm{r}}(q_{\mathrm{n}} - \delta q_{\mathrm{r}})} = 0$$

所以，海塞矩阵为

$$\boldsymbol{H}^{\mathrm{S}} = \begin{bmatrix} -\dfrac{1}{q_{\mathrm{n}} - \delta q_{\mathrm{r}}} & \dfrac{1}{q_{\mathrm{n}} - \delta q_{\mathrm{r}}} \\ \dfrac{1}{q_{\mathrm{n}} - \delta q_{\mathrm{r}}} & -\dfrac{q_{\mathrm{n}}}{\delta q_{\mathrm{r}}(q_{\mathrm{n}} - \delta q_{\mathrm{r}})} \end{bmatrix}$$

计算可得 $|\boldsymbol{H}_1^{\mathrm{S}}| = -\dfrac{1}{q_{\mathrm{n}} - \delta q_{\mathrm{r}}} < 0$，$|\boldsymbol{H}_2^{\mathrm{S}}| = \dfrac{1}{\delta q_{\mathrm{r}}(q_{\mathrm{n}} - \delta q_{\mathrm{r}})} > 0$。因此，供应商的利润 $\Pi_{\mathrm{S}}^{\mathrm{NC}}$ 是关于新关键零部件销售价格 w 和再制造关键零部件销售价格 f 的凹函数，存在唯一最优新关键零部件的价格 $w^{\mathrm{NC}} = \dfrac{1}{2}(a + q_{\mathrm{n}} + kq_{\mathrm{n}}^2)$ 和再制造关键零部件的销售价格 $f^{\mathrm{NC}} = \dfrac{1}{2}(b + \delta q_{\mathrm{r}} + kq_{\mathrm{r}}^2)$，继而可求得新产品的最优定价 $p_{\mathrm{n}}^{\mathrm{NC}} = \dfrac{1}{4}(a + 3q_{\mathrm{n}} + kq_{\mathrm{n}}^2)$ 和再制造产品的最优定价 $p_{\mathrm{r}}^{\mathrm{NC}} = \dfrac{1}{2}(b + 3\delta q_{\mathrm{r}} + kq_{\mathrm{r}}^2)$，以及新产品的产量和再制造产品的产量 $d_{\mathrm{n}}^{\mathrm{NC}} = \dfrac{-a + 2b + q_{\mathrm{n}} - kq_{\mathrm{n}}^2 + 2\delta q_{\mathrm{r}} + 2kq_{\mathrm{r}}^2}{4(q_{\mathrm{n}} - \delta q_{\mathrm{r}})}$，$d_{\mathrm{r}}^{\mathrm{NC}} = \dfrac{a\delta q_{\mathrm{r}} + k\delta q_{\mathrm{n}}^2 q_{\mathrm{r}} - q_{\mathrm{n}}(2b + 3\delta q_{\mathrm{r}} + 2kq_{\mathrm{r}}^2)}{4\delta q_{\mathrm{r}}(q_{\mathrm{n}} - \delta q_{\mathrm{r}})}$。

从定理 3.3.1 可以看出，当供应商从事回收活动时，新的关键零部件和产品的价格只与其自身质量和成本有关，而与再制造关键零部件和产品的质量、成本无关，再制造关键零部件和产品的价格只与其自身质量和成本有关，而与新的关键零部件和产品的质量、成本无关。这是因为当制造商所需新的关键零部件和再制造关键零部件都从供应商处购买时，制造商只是供应商的下游买家，新的关键零部件和再制造关键零部件的销售价格受其自身质量、成本及市场需求量的影响。在前文求解和分析的基础上，本节进一步研究产品质量对制造商和供应商的定价决策的影响，并探究制造商和供应商的定价决策之间的关系，如表 3.3 所示。

表 3.3　供应商回收下质量对定价决策的影响

质量	$p_{\mathrm{n}}^{\mathrm{NC}}$	$p_{\mathrm{r}}^{\mathrm{NC}}$	w^{NC}	f^{NC}
q_{n}	+	—	+	—
q_{r}	—	+	—	+

注："—" 表示无影响。

从表 3.3 可以看出，新的产品和关键零部件的价格随着质量 q_{n} 的提高而增加，再制造产品的价格随着质量 q_{r} 的提高而增加。这是因为零件和产品的质量越高，成本就越高，进而销售价格就越高。

结合定理 3.3.1 以及制造商和供应商的最优定价决策，可以得出定理 3.3.2。

定理 3.3.2 当 $a < \dfrac{1}{4k}$ 和 $\dfrac{1-\sqrt{1-4ak}}{2k} < q_{\mathrm{n}} < \dfrac{1+\sqrt{1-4ak}}{2k}$ 同时成立时，制造商才可以从销售新产品中获利。

证明：从定理 3.3.1 可知 $p_{\mathrm{n}}^{\mathrm{NC}} = \dfrac{1}{4}(a + 3q_{\mathrm{n}} + kq_{\mathrm{n}}^2)$ 和 $w^{\mathrm{NC}} = \dfrac{1}{2}(a + q_{\mathrm{n}} + kq_{\mathrm{n}}^2)$，令 $L^{\mathrm{NC}} = p_{\mathrm{n}}^{\mathrm{NC}} - w^{\mathrm{NC}} = \dfrac{1}{4}(-kq_{\mathrm{n}}^2 + q_{\mathrm{n}} - a)$，判别式 $\Delta = \dfrac{1}{4}(1 - 4ak)$。

（1）当 $\Delta \leqslant 0$，即 $a \geqslant \dfrac{1}{4k}$ 成立时，$L^{\mathrm{NC}} \leqslant 0$，可以得到 $p_{\mathrm{n}}^{\mathrm{NC}} \leqslant w^{\mathrm{NC}}$；

（2）当 $\Delta > 0$，即 $a < \dfrac{1}{4k}$，如果 $\dfrac{1-\sqrt{1-4ak}}{2k} < q_{\mathrm{n}} < \dfrac{1+\sqrt{1-4ak}}{2k}$ 也成立，那么 $L^{\mathrm{NC}} > 0$，其他情况下 $p_{\mathrm{n}}^{\mathrm{NC}} \leqslant w^{\mathrm{NC}}$。

基于以上证明过程，可知：当 $a < \dfrac{1}{4k}$ 和 $\dfrac{1-\sqrt{1-4ak}}{2k} < q_{\mathrm{n}} < \dfrac{1+\sqrt{1-4ak}}{2k}$ 同时成立时，制造商才可以从销售新产品中获得利润。

制造商在销售新产品的前提下，只有能够从销售再制造产品中获利才愿意加入再制造活动，即 $p_{\mathrm{r}}^{\mathrm{NC}} > f^{\mathrm{NC}}$。然而，再制造产品的销售会给制造商带来"同类相食"的负效应，当供应商在市场中处于领导地位时，制造商不一定能从销售新产品中获利，制造商要通过降低成本来降低同类相食的负效应，同时将新产品的质量控制在一定范围内。这不仅可以降低成本，还可以协调新产品和再制造产品之间的相互影响作用大小。

2. 制造商回收的单向垂直竞争模型

本节研究了闭环供应链上存在单向垂直竞争关系的制造商和供应商的定价决策，其中制造商通过自主回收来获得旧零件，其不仅是供应商的下游买家，而且还是供应商的竞争者。基于此单向垂直竞争模式，本节求解了制造商和供应商的最优定价问题，然后分析了质量参数对制造商和供应商的定价决策和利润的影响。当市场中同时存在新产品需求和再制造产品需求时，制造商和供应商的利润最大化问题分别表示为

$$\max_{p_{\mathrm{n}}, p_{\mathrm{r}}} \Pi_{\mathrm{M}}^{\mathrm{VC}} = (p_{\mathrm{n}} - w)\left(1 - \dfrac{p_{\mathrm{n}} - p_{\mathrm{r}}}{q_{\mathrm{n}} - \delta q_{\mathrm{r}}}\right) + (p_{\mathrm{r}} - b - kq_{\mathrm{r}}^2)\left(\dfrac{p_{\mathrm{n}} - p_{\mathrm{r}}}{q_{\mathrm{n}} - \delta q_{\mathrm{r}}} - \dfrac{p_{\mathrm{r}}}{\delta q_{\mathrm{r}}}\right) \tag{3.3.3}$$

$$\max_{w} \Pi_{\mathrm{S}}^{\mathrm{VC}} = (w - a - kq_{\mathrm{n}}^2)\left(1 - \dfrac{p_{\mathrm{n}} - p_{\mathrm{r}}}{q_{\mathrm{n}} - \delta q_{\mathrm{r}}}\right) \tag{3.3.4}$$

运用逆向求解法求得制造商和供应商的最优定价决策，在已知新关键零部件价格的前提下，制造商做出定价决策，即可得到供应商的最优定价决策。

定理 3.3.3 在制造商回收的单向垂直模式下,供应商和制造商都可做出最优定价和产量决策,即

$$p_n^{VC} = \frac{1}{4}\left(a + b + 3q_n + kq_n^2 - \delta q_r + kq_r^2\right)$$

$$p_r^{VC} = \frac{1}{2}\left(b + \delta q_r + kq_r^2\right)$$

$$w^{VC} = \frac{1}{2}\left(a + b + q_n + kq_n^2 - \delta q_r + kq_r^2\right)$$

$$d_n^{VC} = \frac{-a + b + q_n - kq_n^2 - \delta q_r + kq_r^2}{4(q_n - \delta q_r)}$$

$$d_r^{VC} = \frac{-k\delta q_n^2 q_r + \delta q_r(-a - b + \delta q_r - kq_r^2) + q_n(2b - \delta q_r + 2kq_r^2)}{4\delta q_r(-q_n + \delta q_r)}$$

证明:采用逆向求解法求解制造商和供应商的定价决策,首先确定制造商关于供应商定价决策的反应函数,需满足利润函数对新产品和再制造产品销售价格的一阶偏导数等于零,即 $\frac{\partial \Pi_M^{VC}}{\partial p_n} = 0$ 和 $\frac{\partial \Pi_M^{VC}}{\partial p_r} = 0$。为了满足充分性,计算制造商的利润函数关于价格的二阶偏导数,得

$$\frac{\partial^2 \Pi_M^{VC}}{\partial p_n^2} = -\frac{2}{q_n - \delta q_r}, \quad \frac{\partial^2 \Pi_M^{VC}}{\partial p_n \partial p_r} = \frac{2}{q_n - \delta q_r},$$

$$\frac{\partial^2 \Pi_M^{VC}}{\partial p_r \partial p_n} = \frac{2}{q_n - \delta q_r}, \quad \frac{\partial^2 \Pi_M^{VC}}{\partial p_r^2} = -\frac{2q_n}{\delta q_r(q_n - \delta q_r)}$$

所以,海塞矩阵为

$$\boldsymbol{H}^M = \begin{bmatrix} -\dfrac{2}{q_n - \delta q_r} & \dfrac{2}{q_n - \delta q_r} \\ \dfrac{2}{q_n - \delta q_r} & -\dfrac{2q_n}{\delta q_r(q_n - \delta q_r)} \end{bmatrix}$$

计算可得 $|\boldsymbol{H}_1^M| = -\dfrac{2}{q_n - \delta q_r} < 0$,$|\boldsymbol{H}_2^M| = \dfrac{4}{\delta q_r(q_n - \delta q_r)} > 0$,因此,制造商的利润 Π_M^{VC} 是关于新产品销售价格和再制造产品销售价格的凹函数,存在唯一最优的反应函数,即 $p_n^{VC} = \dfrac{1}{2}(w + q_n)$ 和 $p_r^{VC} = \dfrac{1}{2}(b + \delta q_r + kq_r^2)$。在已知制造商的反应之后,供应商做出最优定价决策,使得 $\dfrac{\partial \Pi_S^{VC}}{\partial w} = 0$,得到供应商的反应函数 $w^{VC} = \dfrac{1}{2}(a + b + q_n + kq_n^2 - \delta q_r + kq_r^2)$。基于以上求解过程,可得到制造商和供应商的最优定价和产量决策,即

$$p_{\mathrm{n}}^{\mathrm{VC}} = \frac{1}{4}\left(a + b + 3q_{\mathrm{n}} + kq_{\mathrm{n}}^2 - \delta q_{\mathrm{r}} + kq_{\mathrm{r}}^2\right),\ p_{\mathrm{r}}^{\mathrm{VC}} = \frac{1}{2}\left(b + \delta q_{\mathrm{r}} + kq_{\mathrm{r}}^2\right),$$

$$d_{\mathrm{n}}^{\mathrm{VC}} = \frac{-a + b + q_{\mathrm{n}} - kq_{\mathrm{n}}^2 - \delta q_{\mathrm{r}} + kq_{\mathrm{r}}^2}{4(q_{\mathrm{n}} - \delta q_{\mathrm{r}})},$$

$$d_{\mathrm{r}}^{\mathrm{VC}} = \frac{k\delta q_{\mathrm{n}}^2 q_{\mathrm{r}} + \delta q_{\mathrm{r}}(a + b + kq_{\mathrm{r}}^2 - \delta q_{\mathrm{r}}) - q_{\mathrm{n}}(2b - \delta q_{\mathrm{r}} + 2kq_{\mathrm{r}}^2)}{4\delta q_{\mathrm{r}}(q_{\mathrm{n}} - \delta q_{\mathrm{r}})}$$

从定理 3.3.3 可以看出，当制造商从消费者市场回收旧产品时，供应商的新零件的价格决策不仅受新零件的质量和成本的影响，同时也受再制造关键零部件的成本和质量的影响。同样地，制造商的新产品最优价格也与再制造产品的质量和成本有关。这是因为制造商加入回收活动制约了新产品的销售，在这种情况下，供应商需要根据再制造关键零部件的成本和质量变动来调整新的关键零部件的价格，继而新产品的价格也会随之变动。基于定理 3.3.3 中的结果，本节进一步探究制造商回收下质量参数对制造商和供应商最优定价决策的影响，如表 3.4 所示。

表 3.4 制造商回收下质量对定价决策的影响

质量	$p_{\mathrm{n}}^{\mathrm{VC}}$	$p_{\mathrm{r}}^{\mathrm{VC}}$	w^{VC}
q_{n}	+	—	+
q_{r}	∓	+	∓

注："—"表示无影响。

表 3.4 指出：① 新的关键零部件和产品的价格随着 q_{n} 的提高而提高；② 再制造产品的价格随着 q_{r} 的提高而提高，但不受 q_{n} 的影响；③ 新产品的价格和新的关键零部件的价格随着 q_{r} 的提高先降低后提高。

当再制造关键零部件的质量 q_{r} 小于阈值 $\dfrac{\delta}{2k}$ 时，使用再制造关键零部件的成本 c_{r} 较低，导致差值 $q_{\mathrm{n}} - \delta q_{\mathrm{r}}$ 较大，销售再制造产品给新产品的销售带来的影响较小，因此供应商和制造商以较低价格销售新的关键零部件和产品能获得利润。相反，当再制造关键零部件的质量 q_{r} 较大时，供应商和制造商必须提高销售价格才可以获得利润。

定理 3.3.4 当使用关键零部件的成本和满足 $a + b > \dfrac{1 + \delta^2}{4k}$ 时，制造商加入回收活动可降低销售新产品的利润。

证明： 当制造商加入回收活动时，可通过比较新产品的价格和新关键零部件的价格来确定制造商能否从销售新产品中获得利润。令 $L^{\mathrm{VC}} = p_{\mathrm{n}}^{\mathrm{VC}} - w^{\mathrm{VC}}$，分别求 L^{VC} 对 q_{n} 和 q_{r} 的一阶导数，得 $\dfrac{\partial L^{\mathrm{VC}}}{\partial q_{\mathrm{n}}} = \dfrac{1 - 2kq_{\mathrm{n}}}{4}$，$\dfrac{\partial L^{\mathrm{VC}}}{\partial q_{\mathrm{r}}} = \dfrac{\delta - 2kq_{\mathrm{r}}}{4}$，进

而求得海塞矩阵为

$$H = \begin{bmatrix} -\dfrac{1}{2}k & 0 \\ 0 & -\dfrac{1}{2}k \end{bmatrix}$$

因为海塞矩阵的一阶行列式 $|H_1| < 0$，二阶行列式 $|H_2| > 0$，所以 L^{VC} 是关于质量的凹函数，存在最优解 $q_\mathrm{n}^* = \dfrac{1}{2k}$ 和 $q_\mathrm{r}^* = \dfrac{\delta}{2k}$，使得 L^{VC} 取得最大值 $\dfrac{1}{4}\left(\dfrac{1+\delta^2}{4k} - a - b\right)$，如果 $a + b > \dfrac{1+\delta^2}{4k}$，那么 $L^{\mathrm{VC}} < 0$，这时，制造商不参与回收活动对其有利，即供应商参与回收活动降低了销售新产品的利润。

当制造商通过自主回收旧产品，从而制造出再制造产品来满足市场需求时，制造商不仅是供应商的买家，也是其竞争者。制造商作为市场中的追随者，其定价决策受到供应商的影响，如果关键零部件的成本超过一定阈值，制造商和供应商之间的竞争会更加激烈，即使产品质量能够得到保证，也会导致制造商很难从销售新产品中获得利润。

3. 双向垂直竞争模型

在双向垂直竞争模式下，制造商和供应商都参与回收活动。假设制造商回收旧产品的比例为 ϕ $(0 < \phi < 1)$，那么供应商回收旧产品的比例为 $1 - \phi$。制造商和供应商在双向垂直竞争环境下进行定价决策，供应商为市场领导者。制造商和供应商的利润最大化问题分别表示为

$$\max_{p_\mathrm{n}, p_\mathrm{r}} \Pi_\mathrm{M}^{\mathrm{DVC}} = (p_\mathrm{r} - b - kq_\mathrm{r}^2)\phi\left(\frac{p_\mathrm{n} - p_\mathrm{r}}{q_\mathrm{n} - \delta q_\mathrm{r}} - \frac{p_\mathrm{r}}{\delta q_\mathrm{r}}\right) + (p_\mathrm{n} - w)\left(1 - \frac{p_\mathrm{n} - p_\mathrm{r}}{q_\mathrm{n} - \delta q_\mathrm{r}}\right) +$$
$$(p_\mathrm{r} - f)(1 - \phi)\left(\frac{p_\mathrm{n} - p_\mathrm{r}}{q_\mathrm{n} - \delta q_\mathrm{r}} - \frac{p_\mathrm{r}}{\delta q_\mathrm{r}}\right) \qquad (3.3.5)$$

$$\max_{w, f} \Pi_\mathrm{S}^{\mathrm{DVC}} = (w - a - kq_\mathrm{n}^2)\left(1 - \frac{p_\mathrm{n} - p_\mathrm{r}}{q_\mathrm{n} - \delta q_\mathrm{r}}\right) +$$
$$(f - b - kq_\mathrm{r}^2)(1 - \phi)\left(\frac{p_\mathrm{n} - p_\mathrm{r}}{q_\mathrm{n} - \delta q_\mathrm{r}} - \frac{p_\mathrm{r}}{\delta q_\mathrm{r}}\right) \qquad (3.3.6)$$

定理 3.3.5 在双向垂直竞争模式下，供应商的利润函数是关于 w 和 f 的凹函数，制造商的利润函数是关于 p_n 和 p_r 的凹函数。制造商和供应商的最优定价和产量决策为

$$p_\mathrm{n}^{\mathrm{DVC}} = \frac{1}{4}(a + 3q_\mathrm{n} + kq_\mathrm{n}^2)$$

$$p_r^{\text{DVC}} = \frac{1}{4}\left(b + 3\delta q_r + kq_r^2\right)$$

$$w^{\text{DVC}} = \frac{1}{2}\left(a + q_n + kq_n^2\right)$$

$$f^{\text{DVC}} = \frac{b - 2b\phi + \delta q_r + (k - 2k\phi)q_r^2}{2 - 2\phi}$$

$$d_n^{\text{DVC}} = \frac{-a + b + q_n - kq_n^2 - \delta q_r + kq_r^2}{4(q_n - \delta q_r)}$$

$$d_r^{\text{DVC}} = \frac{a\delta q_r + k\delta q_n^2 q_r - q_n(b + kq_r^2)}{4\delta q_r(q_n - \delta q_r)}$$

证明：和前文中求解最优决策的方式一样，首先要确定供应商对于制造商做出的定价决策的反应函数，为此制造商利润函数关于新产品价格和再制造产品价格的一阶偏导数须满足

$$\frac{\partial \Pi_M^{\text{DVC}}}{\partial p_n} = \frac{w - f + (f - b)\phi - 2(p_n - p_r) + q_n - \delta q_r - k\phi q_r^2}{q_n - \delta q_r} = 0$$

$$\frac{\partial \Pi_M^{\text{DVC}}}{\partial p_r} = \frac{(f + b\phi - f\phi - 2p_r + k\phi q_r^2)q_n - \delta(w - 2p_n)q_r}{\delta q_r(q_n - \delta q_r)} = 0$$

进一步求得海塞矩阵为

$$\boldsymbol{H}^M = \begin{bmatrix} -\dfrac{2}{q_n - \delta q_r} & \dfrac{2}{q_n - \delta q_r} \\ \dfrac{2}{q_n - \delta q_r} & -\dfrac{2q_n}{\delta q_r(q_n - \delta q_r)} \end{bmatrix}$$

计算海塞矩阵的一阶行列式为 $\left|\boldsymbol{H}_1^M\right| = -\dfrac{2}{q_n - \delta q_r}$，二阶行列式为 $\left|\boldsymbol{H}_2^M\right| = \dfrac{4}{\delta q_r(q_n - \delta q_r)}$。可以看出，$H_1^M < 0$ 及 $H_2^M > 0$，所以制造商的利润函数是凹函数，存在唯一的新产品价格 $p_n^{\text{DVC}} = \dfrac{1}{2}(w + q_n)$ 和再制造产品价格 $p_r^{\text{DVC}} = \dfrac{1}{2}(f + b\phi - f\phi + \delta q_r + k\phi q_r^2)$ 使得制造商获取最大利润。

在了解到制造商的定价决策后，供应商以利润最大化为目标，做出新的零部件和再制造零部件的定价决策，利润函数关于价格的一阶偏导数等于零，即 $\dfrac{\partial \Pi_S^{\text{DVC}}}{\partial w} = 0$ 和 $\dfrac{\partial \Pi_S^{\text{DVC}}}{\partial f} = 0$。

所以，海塞矩阵为

$$\boldsymbol{H}^{\mathrm{S}} = \begin{bmatrix} -\dfrac{1}{q_{\mathrm{n}} - \delta q_{\mathrm{r}}} & \dfrac{1-\phi}{q_{\mathrm{n}} - \delta q_{\mathrm{r}}} \\ \dfrac{1-\phi}{q_{\mathrm{n}} - \delta q_{\mathrm{r}}} & -\dfrac{(1-\phi)^2 q_{\mathrm{n}}}{\delta q_{\mathrm{r}}(q_{\mathrm{n}} - \delta q_{\mathrm{r}})} \end{bmatrix}$$

计算海塞矩阵可知一阶行列式 $|\boldsymbol{H}_1^{\mathrm{S}}| = -\dfrac{1}{q_{\mathrm{n}} - \delta q_{\mathrm{r}}} < 0$，二阶行列式 $|\boldsymbol{H}_2^{\mathrm{S}}| = \dfrac{(-1+\phi)^2}{\delta q_{\mathrm{r}}(q_{\mathrm{n}} - \delta q_{\mathrm{r}})} > 0$，所以存在唯一最优新的零部件价格 $w^{\mathrm{DVC}} = \dfrac{1}{2}(a + q_{\mathrm{n}} + kq_{\mathrm{n}}^2)$ 和再制造零部件价格 $f^{\mathrm{DVC}} = \dfrac{b - 2b\phi + \delta q_{\mathrm{r}} + (k - 2k\phi)q_{\mathrm{r}}^2}{2 - 2\phi}$ 使供应商获得最大利润。将 w^{DVC} 和 f^{DVC} 分别代入到反应函数 $p_{\mathrm{n}}^{\mathrm{DVC}} = \dfrac{w + q_{\mathrm{n}}}{2}$ 和 $p_{\mathrm{r}}^{\mathrm{DVC}} = \dfrac{f + b\phi - f\phi + q_{\mathrm{r}} + k\phi q_{\mathrm{r}}^2}{2}$ 中，即可得到制造商的最优定价决策 $p_{\mathrm{n}}^{\mathrm{DVC}} = \dfrac{1}{4}(a + 3q_{\mathrm{n}} + kq_{\mathrm{n}}^2)$ 和 $p_{\mathrm{r}}^{\mathrm{DVC}} = \dfrac{1}{4}(b + 3\delta q_{\mathrm{r}} + kq_{\mathrm{r}}^2)$。

从定理 3.3.5 可以看出，制造商和供应商的最优定价决策只与其自身成本和产品质量有关，这与供应商回收时单向垂直竞争模型中得到的结论一致。另外，由于供应商加入回收活动，占据了部分回收市场份额，所以再制造零部件的最优价格受回收比例的影响。在前文求解模型的基础上，进一步分析和讨论质量参数和回收比例对制造商和供应商最优定价决策的影响，如表 3.5 所示。

表 3.5 双向垂直竞争模式下质量和回收比例对价格的影响

质量	$p_{\mathrm{n}}^{\mathrm{DVC}}$	$p_{\mathrm{r}}^{\mathrm{DVC}}$	w^{DVC}	f^{DVC}
q_{n}	+	—	+	—
q_{r}	—	+	—	$+\left(0<\phi<\dfrac{1}{2}\right), -\left(\dfrac{1}{2}<\phi<1\right)$
ϕ	—	—	—	见定理 3.3.6

注："+"表示质量或回收质量对价格的影响是正向的；"—"表示质量或回收质量对价格的影响是负向的。

新产品的价格 $p_{\mathrm{n}}^{\mathrm{DVC}}$ 或新的零部件的价格 w^{DVC} 随着其质量的提高而提高，这和市场中的现实场景是吻合的。表 3.5 也说明了当制造商的回收比例较低 $\bigg(0<$

$\phi < \dfrac{1}{2}$) 时，再制造零部件的价格 f^{DVC} 随着 q_r 的提高而提高，当制造商的回收比例较高 $\left(\dfrac{1}{2} < \phi < 1\right)$ 时，再制造零部件的价格 f^{DVC} 随着 q_r 的提高而降低。这是因为当制造商的回收比例较低时，为了满足消费者对再制造产品的需求，制造商从供应商处购买的再制造零部件增多，供应商可以轻易地将再制造零部件卖出，如果 q_r 提高，供应商的成本也会提高，所以供应商会提高再制造零部件的价格以获取更高的利润。然而，当制造商的回收比例较高 $\left(\dfrac{1}{2} < \phi < 1\right)$ 时，供应商的回收市场份额就会大大降低，由于和制造商之间激烈的竞争，供应商较难将再制造零部件以较高的价格卖出，所以即使再制造零部件的质量较好，供应商也不得不降低价格来卖出产品以获取利润。

进一步研究 ϕ 是如何影响 f^{DVC}，以及制造商参与回收活动时的利润情况，研究结果总结为定理 3.3.6。

定理 3.3.6 在双向垂直竞争模式下，制造商在以下三种情况下参与回收活动会盈利，即

(1) $\phi > \dfrac{1}{3}$，$b > \dfrac{\delta^2}{4k}$；

(2) $\phi > \dfrac{1}{3}$，$b < \dfrac{\delta^2}{4k}$，$q_\mathrm{r} > \dfrac{\delta + \sqrt{\delta^2 - 4kb}}{2k}$；

(3) $\phi < \dfrac{1}{3}$，$b < \dfrac{\delta^2}{4k}$，$q_\mathrm{r} \in \left(\dfrac{\delta - \sqrt{\delta^2 - 4kb}}{2k}, \dfrac{\delta + \sqrt{\delta^2 - 4kb}}{2k}\right)$。

在情况 (1) 和情况 (2) 下，$\dfrac{\partial f^{\mathrm{DVC}}}{\partial \phi} < 0$；在情况 (3) 下，$\dfrac{\partial f^{\mathrm{DVC}}}{\partial \phi} > 0$。

证明：从定理 3.3.5 的证明可知供应商对于再制造零部件的最优销售价格 $f^{\mathrm{DVC}} = \dfrac{b - 2b\phi + \delta q_\mathrm{r} + (k - 2k\phi)q_\mathrm{r}^2}{2 - 2\phi}$。令 $L_\mathrm{r}^{\mathrm{DVC}} = p_\mathrm{r}^{\mathrm{DVC}} - f^{\mathrm{DVC}} = \dfrac{(3\phi - 1)z}{4(1 - \phi)}$，其中 $z = b - \delta q_\mathrm{r} + kq_\mathrm{r}^2$，再制造零部件的销售价格对回收比例求一阶导数得 $\dfrac{\partial f^{\mathrm{DVC}}}{\partial \phi} = -\dfrac{z}{2(-1 + \phi)^2}$。现讨论当供应商已经参与回收活动的前提下制造商能通过参与回收活动获得利润的情况。

(1) 当制造商的回收比例满足 $\phi > \dfrac{1}{3}$ 及 $z > 0$ 时，再制造零部件的销售价格对回收比例的一阶导数小于零，即 $\dfrac{\partial f^{\mathrm{DVC}}}{\partial \phi} < 0$。通过求解 $z > 0$ 可以得到

$b > \dfrac{\delta^2}{4k}$ 或者 $b < \dfrac{\delta^2}{4k}$ 和 $q_r > \dfrac{\delta + \sqrt{\delta^2 - 4kb}}{2k}$ 同时成立。

（2）当制造商的回收比例满足 $\phi < \dfrac{1}{3}$ 及 $z < 0$ 时，再制造零部件的销售价格对回收比例的一阶导数大于零，即 $\dfrac{\partial f^{\text{DVC}}}{\partial \phi} > 0$。通过求解 $z > 0$ 可以得到 $b < \dfrac{\delta^2}{4k}$ 和 $q_r > \dfrac{\delta - \sqrt{\delta^2 - 4kb}}{2k}$ 同时成立。

定理 3.3.6 指出了制造商参与回收活动可以获取利润的三种情况。首先，当使用再制造零部件的固定成本相对较高 $\left(b > \dfrac{\delta^2}{4k}\right)$ 时，供应商为了通过销售再制造零部件获取利润，便会提高销售价格（f），这时如果制造商提高回收比例 $\left(\phi > \dfrac{1}{3}\right)$，就不会过多地受限于从供应商处购买再制造零部件来满足市场需求，从而获取利润；其次，当使用再制造零部件的固定成本相对较低 $\left(b < \dfrac{\delta^2}{4k}\right)$ 且再制造零部件质量较高 $\left(q_r > \dfrac{\delta + \sqrt{\delta^2 - 4kb}}{2k}\right)$ 时，使用再制造零部件的成本也会相应增高，制造商同样可以通过增大回收比例来获取利润；最后，如果再制造零部件的质量可以保持在一定范围内，那么使用再制造零部件的成本也会相对稳定，即使制造商的回收比例相对较低，也仍然可以从销售再制造产品中获利。

3.3.3 模型分析

1. 模型对比分析

本节主要对比制造商和供应商在单向垂直竞争模式下和双向垂直竞争模式下的最优定价决策和利润水平，总结为定理 3.3.7 和定理 3.3.8。

定理 3.3.7 供应商回收的单向垂直竞争模式下与制造商和供应商均回收的双向垂直竞争模式下的定价决策和利润对比如下：

（1）$p_n^{\text{NC}} = p_n^{\text{DVC}}$，$p_r^{\text{NC}} > p_r^{\text{DVC}}$；

（2）$w^{\text{NC}} = w^{\text{DVC}}$，当 $c_r > \delta q_r$ 时，$f^{\text{NC}} > f^{\text{DVC}}$；

（3）$d_n^{\text{NC}} > d_n^{\text{DVC}}$，$d_r^{\text{NC}} < d_r^{\text{DVC}}$；

（4）$\Pi_M^{\text{NC}} < \Pi_M^{\text{DVC}}$，当 $\dfrac{q_n}{c_n} < \dfrac{\delta q_r}{c_r}$ 时，$\Pi_S^{\text{NC}} < \Pi_S^{\text{DVC}}$。

证明：根据定理 3.3.1、定理 3.3.3 及定理 3.3.5 中的结果，可以较容易地证明出 $p_n^{\text{NC}} = p_n^{\text{DVC}}$，$p_r^{\text{NC}} > p_r^{\text{DVC}}$，$w^{\text{NC}} = w^{\text{DVC}}$，$d_n^{\text{NC}} > d_n^{\text{DVC}}$ 和 $d_r^{\text{NC}} < d_r^{\text{DVC}}$。将定理 3.3.1、定理 3.3.3 及定理 3.3.5 求解的制造商和供应商的定价和产量决策代

入到各自的利润函数中，可求得

$$\Pi_M^{NC} = \frac{q_n^2(1+2ak-2bk+2k\delta q_r-2k^2q_r^2)}{16(q_n-\delta q_r)} - \frac{2kq_n^3+k^2q_n^4+a(a-2b+2\delta q_r-2kq_r^2)+2q_n(a+3b+5\delta q_r+3kq_r^2)}{16(q_n-\delta q_r)}$$

$$\Pi_M^{DVC} = \frac{\delta q_n^2 q_r(1+2ak-2bk+2k\delta q_r-2k^2q_r^2)}{16\delta q_r(q_n-\delta q_r)} + \frac{q_n[b^2-2a\delta q_r+(2bk-\delta^2)q_r^2+k^2q_r^4]}{16\delta q_r(q_n-\delta q_r)} + \frac{-2k\delta q_n^3 q_r+k^2\delta q_n^4 q_r+a\delta q_r(a-2b+2\delta q_r-2kq_r^2)}{16\delta q_r(q_n-\delta q_r)}$$

$$\Pi_S^{NC} = \frac{q_n[2b^2+(-2a\delta+3b\delta)q_r+(4bk-\delta^2)q_r^2+3k\delta q_r^3+2k^2q_r^4]}{8\delta q_r(q_n-\delta q_r)} + \frac{k^2\delta q_n^4 q_r-2k\delta q_n^3 q_r-a\delta q_r(-a+3b+\delta q_r+3kq_r^2)}{8\delta q_r(q_n-\delta q_r)} - \frac{\delta q_n^2 q_r(-1-2ak+3bk+k\delta q_r+3k^2q_r^2)}{8\delta q_r(q_n-\delta q_r)}$$

$$\Pi_S^{DVC} = \frac{-2k\delta q_n^3 q_r+k^2\delta q_n^4 q_r+a\delta q_r(a-2b+2\delta q_r-2kq_r^2)}{8\delta q_r(q_n-\delta q_r)} + \frac{\delta q_n^2 q_r(1+2ak-2bk+2k\delta q_r-2k^2q_r^2)}{8\delta q_r(q_n-\delta q_r)} + \frac{q_n[b^2-2a\delta q_r+(2bk-\delta^2)q_r^2+k^2q_r^4]}{8\delta q_r(q_n-\delta q_r)}$$

所以，可以得到

$$\Pi_M^{DVC} - \Pi_M^{NC} = \frac{q_n(b+3\delta q_r+kq_r^2)^2}{16\delta q_r(q_n-\delta q_r)}$$

$$\Pi_S^{DVC} - \Pi_S^{NC} = \frac{-(b+3\delta q_r+kq_r^2)q_n(b+kq_r^2)-\delta q_r(a+kq_n^2)}{8\delta q_r(q_n-\delta q_r)}$$

通过求解 $\Pi_S^{DVC} - \Pi_S^{NC} > 0$ 可得 $\frac{q_n}{c_n} < \frac{\delta q_r}{c_r}$。同理，通过求解 $f^{DVC} - f^{NC} > 0$ 可得 $c_r > \delta q_r$。

从定理 3.3.7 可以看出，制造商和供应商在逆向渠道上的竞争并没有影响新的零部件和新产品的最优定价，但是降低了再制造零部件和再制造产品的价格。在双向垂直竞争模式下，制造商获取新的零部件的唯一途径仍是从供应商处购买，所以新的零部件和新产品的价格与单向垂直竞争模式下相同。然而，当制造商加入回收活动后，制造商对于再制造零部件的需求不完全依赖于从供应商处购买，再制造产品的价格受供应商设定的再制造零部件价格影响变小，供应商会通过降低再制造零部件的价格（$f^{\text{NC}} > f^{\text{DVC}}$）来销售更多的再制造零部件（$d_r^{\text{NC}} < d_r^{\text{DVC}}$）。进一步，制造商会通过降低再制造产品的价格（$p_r^{\text{NC}} > p_r^{\text{DVC}}$）使再制造产品需求量增多，那么新产品的需求量会随之降低（$d_n^{\text{NC}} > d_n^{\text{DVC}}$）。值得注意的是，虽然制造商在双向垂直竞争模式下的利润高于供应商回收的单向垂直竞争模式下的利润（$\Pi_M^{\text{NC}} < \Pi_M^{\text{DVC}}$），但供应商的利润却因和制造商的竞争加剧而呈现不稳定的趋势，因此制造商更愿意作为一个追随者后从事回收活动。供应商只有通过提高单位再制造成本的利用率 $\left(\dfrac{\delta q_r}{c_r}\right)$ 才可以提高利润。

定理 3.3.8 制造商回收的单向垂直竞争模式下和制造商和供应商均回收的双向垂直竞争模式下的定价决策和利润对比如下。

(1) 当 $c_r < \delta q_r$ 时，$p_n^{\text{VC}} < p_n^{\text{DVC}}$，$p_r^{\text{VC}} < p_r^{\text{DVC}}$ 及 $w^{\text{VC}} < w^{\text{DVC}}$；

(2) $\Pi_S^{\text{VC}} < \Pi_S^{\text{DVC}}$。

证明： 通过求解 $p_n^{\text{VC}} - p_n^{\text{DVC}} < 0$，$p_r^{\text{VC}} < p_r^{\text{DVC}} < 0$ 及 $w^{\text{VC}} < w^{\text{DVC}} < 0$ 可得 $c_r < \delta q_r$，这时，$f^{\text{DVC}} > c_r$。将定理 3.3.1、定理 3.3.3 及定理 3.3.5 求解的制造商和供应商的定价和产量决策代入到各自的利润函数中，可求得

$$\Pi_S^{\text{VC}} = \frac{(-a + b + q_n - kq_n^2 - \delta q_r + kq_r^2)^2}{8(q_n - \delta q_r)},$$

$$\Pi_S^{\text{DVC}} = \frac{-2k\delta q_n^3 q_r + k^2 \delta q_n^4 q_r + a\delta q_r(a - 2b + 2\delta q_r - 2kq_r^2)}{8\delta q_r(q_n - \delta q_r)} +$$

$$\frac{\delta q_n^2 q_r(1 + 2ak - 2bk + 2k\delta q_r - 2k^2 q_r^2)}{8\delta q_r(q_n - \delta q_r)} +$$

$$\frac{q_n[b^2 - 2a\delta q_r + (2bk - \delta^2)q_r^2 + k^2 q_r^4]}{8\delta q_r(q_n - \delta q_r)}$$

故 $\Pi_S^{\text{DVC}} - \Pi_S^{\text{VC}} = \dfrac{(b - \delta q_r + kq_r^2)^2}{8\delta q_r} > 0$。

从定理 3.3.8 可以看出，当使用再制造零部件的成本低于一定阈值（$c_r < \delta q_r$）时，供应商参与回收活动会带来"自相蚕食"的负效应。为了获取收益，供应商

会提高新的零部件的价格,所以新产品的价格也会相应提高。在双向垂直竞争模式下,制造商从供应商处购买的再制造零部件的价格大于使用再制造零部件的价格($f^{\mathrm{DVC}} > c_{\mathrm{r}}$),制造商的再制造成本大于制造商回收下单向垂直竞争模式下的成本,所以制造商会提高再制造产品的价格来增加边际收益。另外,同制造商回收下单向垂直竞争模式相比,供应商的利润有所提高,这在一定程度上说明供应商更愿意作为一个追随者后加入回收活动。然而,由于制造商和供应商的竞争程度加剧,制造商的利润并不一定会提高。

从定理 3.3.7 和定理 3.3.8 的分析可以得出,制造商和供应商更愿意作为追随者后加入回收活动,高质量的再制造产品可以同时使制造商、供应商和消费者受益。

2. 数值分析

本节将提供数值分析的结果。由于一些参数(a,b,k)对企业决策的影响是明显的,而一些参数(ϕ,v)的设置只是为了呈现特定的意义,而不是数值分析的关键。因此,数值分析的主要目的是显示关键参数(δ,q_{n},q_{r})对制造商和供应商的利润大小的影响,洞察公司应该做什么样的决策。另外,在相同或不同的竞争模式下进行利润比较,不仅可以帮助制造商和供应商选择回收渠道,还可以说明双向垂直竞争模式下对制造商和供应商的影响这一问题。首先,本节探讨了相同竞争模式下各参数的影响,比较了制造商和供应商的利润。其次,重点研究了不同竞争模式下的利润变化。

1)同一竞争模式下参数对企业利润的影响

分析和比较再制造产品消费者价值折扣系数、新的和再制造的零部件质量对制造商和供应商利润的影响,假设 $k = 0.3$,$a = 0.5$,$b = 0.3$,$q_{\mathrm{r}} = 1$,$q_{\mathrm{n}} = 10$,$\delta = 0.8$。如文献[32]和文献[17]所做的那样,为了分析其中某一个参数的影响,将其他参数设置为固定值。图 3.3~图 3.5 分别显示了供应商回收的垂直竞争模式、制造商回收的垂直竞争模式和双边垂直竞争模式下,参数 δ、q_{n} 和 q_{r} 对制造商和供应商利润的影响。

图 3.3 说明了当供应商同时销售新的零部件和再制造零部件时,随着消费者对再制造产品的价值折扣系数的增高,供应商的利润降低而制造商的利润显著提高。一方面,供应商加入回收活动带来的自相蚕食负面效应阻碍了利润提高;另一方面,虽然供应商的领导者地位使得制造商失去定价的主动权,较难获得较高利润。但在制造商回收的单向垂直竞争模式下,以上两方面的影响都被削弱,所以供应商的利润会随着 δ 的增加而提高。特别是,当 δ 较大时,制造商从回收活动中获得的收益将超过与供应商竞争造成的损失。在这种情况下,制造商的利润也随着 δ 的增加而增加。在双向垂直竞争模式下,制造商利润会随着 δ 的增

加而增加缓慢，这可能是回收竞争的负面影响。

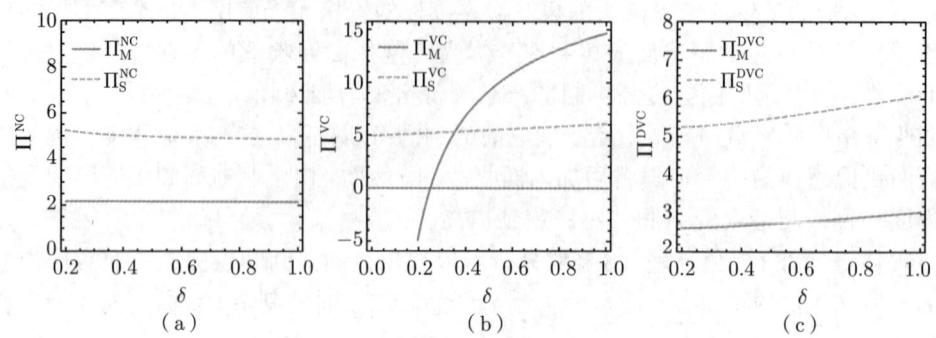

图 3.3 同一竞争模式下，制造商和供应商利润受 δ 的影响（见文后彩图）
（a）NC 竞争模式；（b）VC 竞争模式；（c）DVC 竞争模式

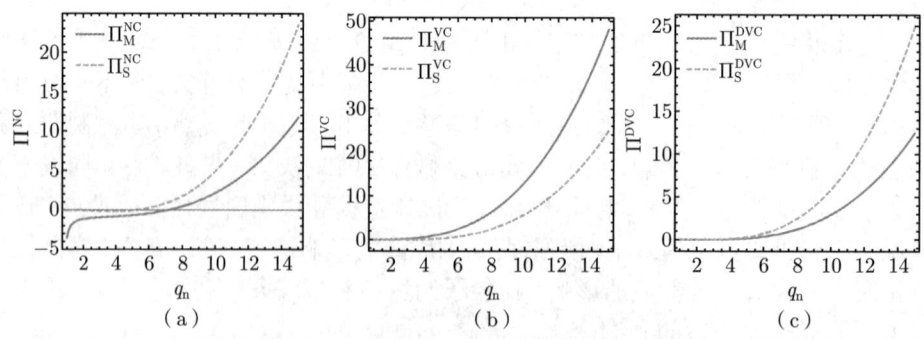

图 3.4 同一竞争模式下，制造商和供应商利润受 q_n 的影响（见文后彩图）
（a）NC 竞争模式；（b）VC 竞争模式；（c）DVC 竞争模式

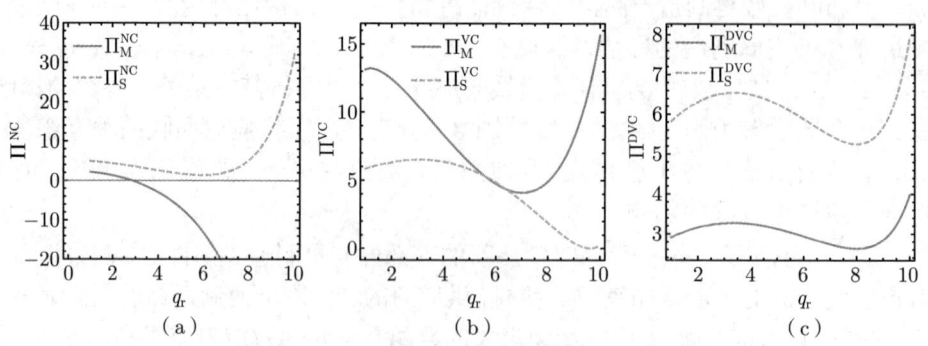

图 3.5 同一竞争模式下，制造商和供应商利润受 q_r 的影响（见文后彩图）
（a）NC 竞争模式；（b）VC 竞争模式；（c）DVC 竞争模式

从图 3.4 可以看出，在所有竞争模式中，q_n 的增加对制造商和供应商的利润都有显著的正向影响。当 q_n 增加时，两个参与者之间的竞争关系减弱。可以直观地看出，由于消费者对再制造产品较高的价格折扣系数 δ，新产品的需求增加并没有使再制造产品的需求急剧下降。

从图 3.5 可以看出，当再制造产品与新产品之间的差距（$q_n - \delta q_r$）缩小时，回收商将受益。当供应商从事回收活动时，制造商在再制造市场上没有主动权，利润受到严重挤压。当制造商是回收商时，由于与供应商的竞争关系，供应商的新零部件销售受阻。总之，回收者没有动机去降低再造品的质量。然而，由于供应商和制造商在销售和收购上都存在竞争，制造商和供应商更容易形成平衡状态，因此它们的利润同样受到 q_r 的影响。

2）不同竞争模式下参数对企业利润的影响

将制造商和供应商在不同竞争模式下的利润进行比较，与在研究"同一竞争模式下参数对企业利润的影响"时的假设相同：$k = 0.3$，$a = 0.5$，$b = 0.3$，$q_r = 1$，$q_n = 10$，$\delta = 0.8$。在供应商已经从事回收活动的前提下，如果制造商加入较晚（NC→DVC），则随着 δ、q_n 的增加，制造商和供应商的利润都将增加，如图 3.6 和图 3.7 所示。

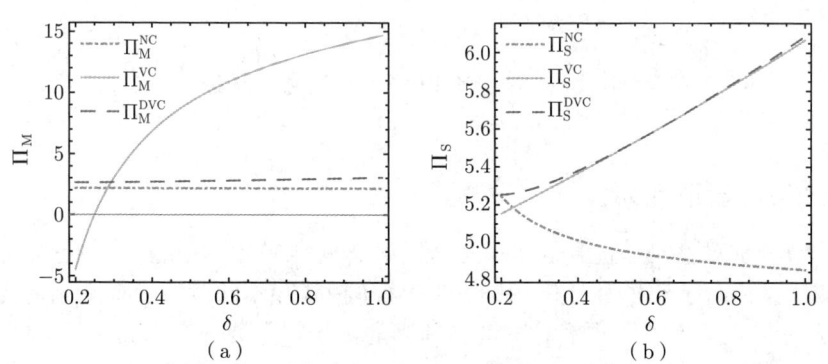

图 3.6　不同竞争模式下，制造商和供应商利润受 δ 的影响（见文后彩图）
（a）制造商利润；（b）供应商利润

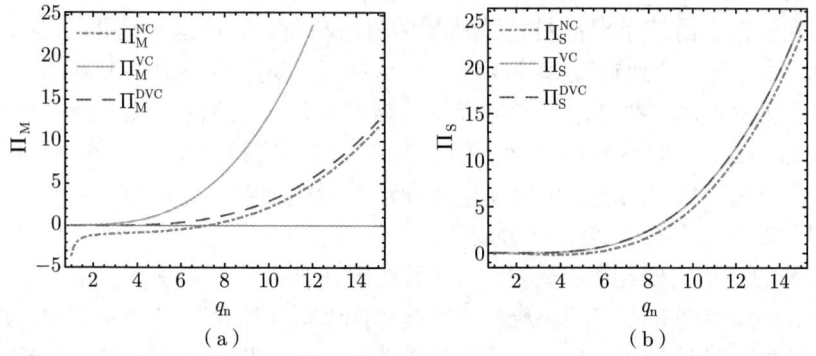

图 3.7　不同竞争模式下，制造商和供应商利润受 q_n 的影响（见文后彩图）
（a）制造商利润；（b）供应商利润

对于制造商，图 3.8 显示出与图 3.6 和图 3.7 相似的趋势，而对于供应商，则略有不同。不同之处在于，在两种垂直竞争模式下，当再制造产品和新产品的质量接近时，供应商可以获得更多的利润。这表明，当供应商同时销售新的和再制造的零部件时，制造商从事再制造活动将减少"同类相食"的负效应，也表明制造商和供应商没有动机降低再制造产品的质量。研究还发现，如果供应商后从事回收活动（VC→DVC），其自身的利润不会显著增加，但制造商的利润会减少。

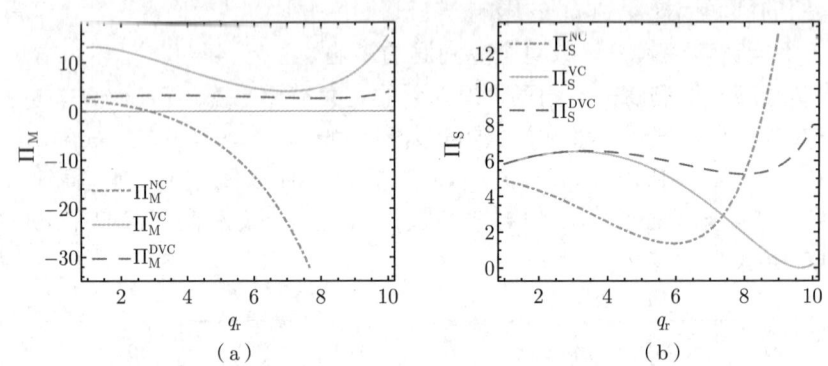

图 3.8　不同竞争模式下，制造商和供应商利润受 q_r 的影响（见文后彩图）
（a）制造商利润；（b）供应商利润

3.3.4　管理启示

本节分别对单向垂直竞争和双向垂直竞争两种模式下供应商和制造商的定价和回收决策进行了建模和分析。比较同一竞争模式和不同竞争模式下制造商和供应商的利润，以及产品质量对决策和利润的影响。主要发现总结如下。

首先，在一定的情况下，激烈的竞争对制造商和供应商是有利的，当供应商销售新的和再制造的零部件时，制造商进行回收会降低"同类相食"的负效应；其次，制造商和供应商愿意成为一个跟随者，而不是第一个参与回收活动，具体来说，当企业的上游或下游成员已经从事回收活动时，企业也有动机（增加利润）进行回收；最后，企业通过保持再制造产品的高质量来获得更多的利润。也就是说，高质量的产品，特别是再制造产品的高质量，对制造商、供应商和消费者都是有利的。因此，企业在决定参与回收活动之前，应该观察上下游的回收状况。另外，适当地提高产品质量可以使企业和消费者达到双赢的局面，企业不应该为了获得暂时的利益而故意生产劣质产品。

本节的不足之处在于：首先，模型关注闭环供应链中的垂直竞争，在闭环供应链中，供应商拥有更多的定价权。虽然在许多行业这个假设确实成立，如汽车行业，但并不能保证在所有情况下都是正确的。所以未来可以研究参与者在各自拥有更大权力的系统中的双边垂直竞争，并指出其差异。其次，本节假设消费者购买产品的意愿是异质的和均匀分布的,当使用其他分布来建模消费者购买产品的意愿时,可能会有更多的发现。最后,三级供应链中的双边水平竞争也是一个有趣的研究。

3.4　水平与垂直竞争环境下供应链的回收决策

本节在 3.3 节垂直竞争的环境中,进一步考虑多个主体进行回收和再制造活动时存在的水平竞争情况。首先对竞争环境及竞争环境下不同供应链结构中的回收投资问题进行详细的描述与分析;其次,针对问题中回收主体、供应链结构,以及回收投资情况进行建模,分析求解均衡解;再次,根据均衡解分析不同渠道结构中的回收和再制造策略;最后,根据结果进一步分析归纳管理启示。

3.4.1　问题描述

当前,在中国,以政府牵头组织原始设备制造商实施再制造是再制造的主力军。它们具有技术和品牌优势,深得消费者信赖。例如,中国重汽集团济南复强动力有限公司、上海大众有限公司动力再制造分厂等在汽车零部件领域开展再制造活动。同时,一些第三方再制造商也专职从事再制造业务。例如,卡特彼勒再制造工业(上海)公司提供多种产品的再制造业务。因此,原始设备制造商实施回收和再制造业务时总是会面对来自第三方再制造商的竞争。这种竞争除了表现在销售环节,在废旧产品的回收环节中同样存在竞争。相比第三方再制造商,原始设备制造商距离消费者市场较远,具有一定劣势。根据戴姆勒(Daimler)企业的相关负责人介绍,每年企业会损失数百万可以被再制造的汽车零部件[25]。因此,如何建立有效的回收机制,同时以更高的利润销售新产品和再制造产品是原始设备制造商亟待解决的问题。基于此,本节考虑了一个多级单周期的闭环供应链结构,其中包含一个原始设备制造商(以下简称 OEM)、一个下游零售商和一个第三方从事再制造的企业,他们在回收渠道和产品销售方面有竞争(图 3.9)。具体来说,原始设备制造商生产新产品(用下标 n 表示)和再制造产品(用下标 r 表示),分别以批发价格 w_n 和 w_r 卖给零售商。零售商分别以 p_n 和 p_r 的价格将新产品和再制造产品销售给消费者。同时,第三方再制造商独立地回收废旧产品并对其进行再制造。这些第三方企业生产的再制造产品(用下标 3 表示)与原始设备商生产的再制造产品在市场中竞争。

生产同类产品的不同企业其品牌竞争力是不同的。企业的品牌会受到企业规模、形象、口碑等多方面的影响。品牌竞争力是一个企业综合影响力的表现,因此,它不仅对其产品的销售环节有促进作用,在回收环节中,企业通过宣传其环保业务能让消费者感受到企业责任,从而更加愿意将废旧产品交给这些企业。同时，根据 Agrawal 等[2] 的实证研究可知，当存在第三方再制造商时，消费者对原始设备制造商生产的产品的支付意愿更高，这说明此时原始设备制造商的品牌竞争力更强。基于上述现实和理论研究的结果，本节假设原始设备制造商生产新产品的品牌竞争力为 1，其生产的再制造产品的品牌竞争力为 δ。零售商销售原始设备制造商生产的新产品和再制造产品，因此，令零售商在回收投资和销售产品时品牌竞争力与原始设备制造商的品牌竞争力相同。假设第三方再制造商生产的再制造产品的品牌竞争力为 α，由于消费者对第三方再制造产品的认可度较原始设备制造商低，故 $\alpha < \delta$。

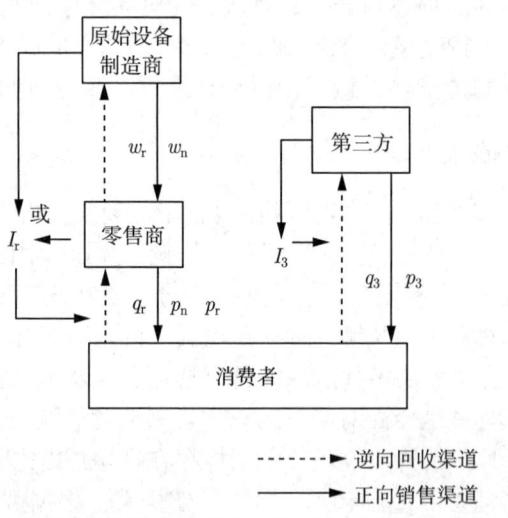

图 3.9 同时考虑横向竞争与垂直竞争的闭环供应链结构

在回收环节，本节仅考虑了原始设备制造商与下游零售商只有一方进行回收投资的情形。由于原始设备制造商和第三方企业各自实施再制造时都需要以废旧产品作为原材料，因此，它们会在回收市场中竞争。实际回收的废旧产品的数量与回收企业的投资是正相关的[26]。同时，假设所有被回收的废旧产品都能实施再制造。这是由于所有回收商在回收之前都会对废旧产品的质量进行检测，只有能够被再制造的产品才会被回收，不能被再制造的废旧产品会被拆卸后用以材料或者能量的收集[27]，故这部分废旧产品并不在本节的考虑范围内。记原始设备制造商或者零售商对回收废旧产品的投资额为 I_r，记第三方再制造商对回收废旧产品的投资为 I_3。遵循 Hong 等[28] 和 Wei 和 Zhou[29] 关于回收投资与回收数量的假设，本节令企业回收废旧产品的数量是一个关于企业自身回收投资和竞争企业的回收投资综合作用下的函数，即

$$I_r - \alpha I_3 = cq_r \tag{3.4.1}$$

$$I_3 - \delta I_r = cq_3 \tag{3.4.2}$$

式中，α 和 δ 分别表示原始设备制造商（或者零售商）和第三方企业的竞争强度，它们反映了两个回收渠道之间有相互的影响；c 表示市场中废旧产品的单位回收成本。通过联立方程组，可以得到回收的产品数量与相关企业投资之间的关系，即

$$I_r = \frac{c\alpha q_3 + cq_r}{1 - \alpha\delta} \tag{3.4.3}$$

$$I_3 = \frac{cq_3 + c\delta q_r}{1 - \alpha\delta} \tag{3.4.4}$$

在实际中，不同企业对于质量相差不多的废旧产品的回收价格是一样的[30]。由于本章主要关注的是不同结构下的回收投资情况，因此没有考虑废旧产品的质量上的差异。本节假设原始设备制造商和第三方以统一的价格进行回收，即市场中的废旧产品的单位回收成本是一样的，都为 c。这一假设在很多文献中也很常见[31-32]。

在生产成本方面，记原始设备制造商生产新产品的成本为 c_n，制造再制造产品的成本为 c_{nr}。本节认为原始设备制造商与第三方企业生产的再制造产品没有差别，故第三方企业的再制造成本也为 c_{nr}（关于两个企业生产的产品存在质量和成本差异的情形将在下一章中被详细讨论）。如前文所述，再制造产品的来源是废旧产品，节约了再制造的生产成本，故 $c_n > c_{nr}$。为了模型中表达式的简洁性且不影响模型中所有结果的分析，令 $c_{nr} = 0$。这一假设在相关文献中也被广泛使用[33-35]。

消费者在购买产品时，会对产品的价值进行估值，只有当产品的实际价格不超过消费者对其估值时，消费者才会购买。假设消费者是异质的，且均匀分布在 [0,1] 之间[36]。假定消费者对新产品的估值为 θ，那么消费者从购买新产品中获得的效用为 $U_n = \theta - p_n$。由于再制造产品来源于废旧产品，故即便是同样由原始设备制造商生产的再制造产品，消费者对其估值也会存在一个价值折扣 δ，且 $0 < \delta < 1$。由此可得，消费者从购买再制造产品中获得的效用函数为 $U_r = \delta\theta - p_r$[37]。记消费者对第三方再制造商生产的再制造产品的估值为 $\alpha\theta$，其中 $0 < \alpha < \delta$。这是因为消费者对第三方企业生产的再制造产品的价值折扣一定会低于原始设备制造商生产的再制造产品。从而可得，消费者从购买第三方企业生产的再制造产品中获得的效用为 $U_3 = \alpha\theta - p_3$。消费者选择购买新产品需要满足 $U_n > U_r$，$U_n > U_3$ 且 $U_n > 0$；消费者选择购买原始设备制造商生产的再制造产品需要满足 $U_r > U_n$，$U_r > U_3$ 且 $U_r > 0$；消费者选择购买由第三方生产的再制造产品需要满足 $U_3 > U_n$，$U_3 > U_r$ 且 $U_3 > 0$。当三种产品在市场中共存时，可

得出消费者选择购买新产品的支付意愿为 $\theta > \dfrac{p_n - p_r}{1-\delta}$；消费者选择购买原始设备制造商生产的再制造产品的支付意愿为 $\dfrac{p_r - p_3}{\delta - \alpha} < \theta < \dfrac{p_n - p_r}{1-\delta}$；而消费者选择购买第三方生产的再制造产品的支付意愿为 $\dfrac{p_3}{\alpha} < \theta < \dfrac{p_r - p_3}{\delta - \alpha}$。由于消费者均匀分布在区间 [0,1] 上，故可得三种产品的市场需求分别为 $q_n = 1 - \dfrac{p_n - p_r}{1-\delta}$，$q_r = \dfrac{p_n - p_r}{1-\delta} - \dfrac{p_r - p_3}{\delta - \alpha}$ 和 $q_3 = \dfrac{p_r - p_3}{\delta - \alpha} - \dfrac{p_3}{\alpha}$。

由于原始设备制造商生产的再制造产品和第三方生产的再制造产品之间的竞争依赖于各自回收的废旧产品的数量，因此本节建立古诺竞争模型。从上文的需求函数可以进一步得到三种产品的逆需求函数分别表示为

$$p_n = 1 - q_n - \delta q_r - \alpha q_3 \tag{3.4.5}$$

$$p_r = \delta(1 - q_r - q_n) - \alpha q_3 \tag{3.4.6}$$

$$p_3 = \alpha(1 - q_3 - q_n - q_r) \tag{3.4.7}$$

式中，α 和 δ 分别表示原始设备制造商生产的再制造产品和第三方企业生产的再制造产品的竞争强度。与回收环节中的假设一样，由于第三方企业的品牌影响力小于原始设备制造商，故两种产品之间的竞争强度必然满足 $\alpha < \delta$。

基于上述假设，本节研究原始设备制造商、下游零售商和第三方再制造商在不同渠道结构中的回收投资和再制造策略，并进一步分析不同情形中的环境影响，所有模型中的数学符号及其含义如表 3.6 所示。

表 3.6　模型中的基本数学符号及含义

基本数学符号	含义
p_n, q_n	单位新产品的销售价格及市场需求
p_r, q_r	原始设备制造商生产的再制造产品的单位销售价格及市场需求
p_3, q_3	第三方企业生产的再制造产品的单位销售价格及市场需求
w_n, w_r	新产品和再制造产品的单位批发价格
θ	消费者对新产品的支付意愿
c_n, c_r	制造新产品、再制造产品的单位成本
α	第三方企业生产的再制造产品的品牌竞争力
δ	原始设备制造商生产的再制造产品的品牌竞争力
c	单位回收成本
Π	总利润
E	总的环境影响
OL/RL/VN	OEM 是渠道领导者/零售商是渠道领导者/均衡渠道结构
OI/RI	OEM 进行回收投资/零售商进行回收投资

具体来说，基于原始设备制造商和零售商分别为垂直供应链中的斯塔克伯格领导者和它们渠道力量均衡的不同结构，本节构建了原始设备制造商实施回收投资和零售商实施回收投资下的不同再制造模型，分析了不同模式下三者的利润和总环境影响的变化情况。其中，用上标 OI 表示原始设备制造商实施回收投资的情形，用上标 RI 表示零售商实施回收投资的情形。为了区分不同渠道结构，用上标-OL 表示原始设备制造商是垂直供应链中渠道领导者的情形，用上标-RL 表示零售商为垂直供应链中渠道领导者的情形，用上标-VN 表示原始设备制造商与零售商同时决策的情形。

3.4.2 模型构建

1. 原始设备制造商为渠道领导者

下面针对不同供应链结构中原始设备制造商和零售商的回收投资策略和再制造策略进行分析，每个模型中均采用序贯博弈论的逆向归纳法求得均衡解。

1）原始设备制造商实施回收投资模式（OL-OI 模型）

在原始设备制造商投资回收的情况下，第三方与原始设备制造商在回收市场中竞争。随后，在消费市场中，原始设备制造商向零售商提供新产品、再制造产品，并由零售商销售到市场中，与第三方企业生产的再制造产品在市场中竞争。同时，在由原始设备制造商和下游零售商组成的垂直供应链中，存在着斯塔克伯格竞争，即当原始设备制造商是领导者时，零售商在决定预定的新产品和再制造产品的数量前，会先观察原始设备制造商的行为。领导者企业具有先动优势。具体的决策顺序如图 3.10 所示。

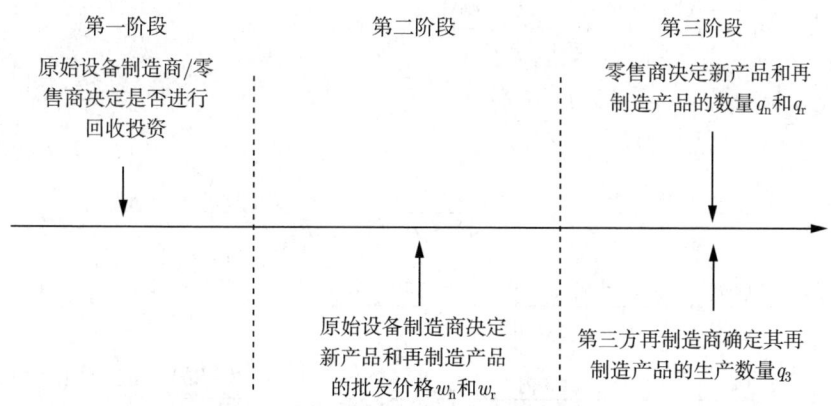

图 3.10 原始设备制造商是渠道领导者时各参与方的决策顺序

第一阶段：原始设备制造商/零售商决定是否进行回收投资

第二阶段：原始设备制造商决定新产品和再制造产品的批发价格 w_n 和 w_r

第三阶段：零售商决定新产品和再制造产品的数量 q_n 和 q_r；第三方再制造商确定其再制造产品的生产数量 q_3

基于前文的假设和分析，原始设备制造商、下游零售商和第三方再制造商的

利润最大化问题分别表示为

$$\max_{w_\mathrm{n},w_\mathrm{r}} \Pi_\mathrm{OEM}^\mathrm{OL\text{-}OI} = (w_\mathrm{n}-c_\mathrm{n})q_\mathrm{n} + w_\mathrm{r}q_\mathrm{r} - I_\mathrm{r} \qquad (3.4.8)$$

$$\max_{q_\mathrm{n},q_\mathrm{r}} \Pi_\mathrm{M}^\mathrm{OL\text{-}OI} = (p_\mathrm{n}-w_\mathrm{n})q_\mathrm{n} + (p_\mathrm{r}-w_\mathrm{r})q_\mathrm{r} \qquad (3.4.9)$$

$$\max_{q_3} \Pi_\mathrm{3P}^\mathrm{OL\text{-}OI} = p_3 q_3 - I_3 \qquad (3.4.10)$$

将回收投资函数的表达式 (3.4.3)～式 (3.4.4)，以及逆需求函数的表达式 (3.4.5)～式 (3.4.7) 代入上述利润函数中，先求得第三阶段中零售商向原始设备制造商预定的新产品和再制造产品的数量，同时求解第三方企业生产的再制造产品的数量。其中再制造产品的数量是原始设备制造商和第三方企业各自在回收环节中收购的废旧产品的数量。由于新产品和再制造产品的需求大于零，故两种产品的生产和废旧产品的回收数量均大于零。

定理 3.4.1 当新产品的生产成本满足 $c_\mathrm{n} < \dfrac{8(1-\delta)\delta - \alpha(3-9\delta) - \alpha^2 \delta}{\alpha^2 + 8\delta - 3\alpha}$ 且回收的单位成本满足 $(\delta + c_\mathrm{n} - 1)(1-\alpha\delta) < c < \min\left\{\dfrac{(1+\alpha\delta)[c(4\delta-\alpha) - \alpha(1-\delta)]}{2 - 3\alpha + 2\delta + 2\alpha\delta},\right.$ $\left.\dfrac{\alpha(6\delta-\alpha)(1-\alpha\delta)}{\alpha^2 + 8\delta - 3\alpha}\right\}$ 时，三方企业运营的均衡解为

$$w_\mathrm{n}^\mathrm{OL\text{-}OI} = \frac{c(1-\alpha) + [(2-\alpha) + 2c_\mathrm{n}](1-\alpha\delta)}{4(1-\alpha\delta)}$$

$$w_\mathrm{r}^\mathrm{OL\text{-}OI} = \frac{c(3-\alpha) + (2\delta-\alpha)(1-\alpha\delta)}{4(1-\alpha\delta)}$$

$$q_\mathrm{n}^\mathrm{OL\text{-}OI} = \frac{c + (1-\delta-c_\mathrm{n})(1-\alpha\delta)}{4(1-\delta)(1-\alpha\delta)}$$

$$q_\mathrm{r}^\mathrm{OL\text{-}OI} = \frac{(1-\alpha\delta)[c_\mathrm{n}(4\delta-\alpha) - \alpha(1-\delta)] - c(2 - 3\alpha + 2\delta + 2\alpha\delta)}{4(1-\delta)(4\delta-\alpha)(1-\alpha\delta)}$$

$$q_3^\mathrm{OL\text{-}OI} = \frac{\alpha(6\delta-\alpha)(1-\alpha\delta) - c(\alpha^2 + 8\delta - 3\alpha)}{4\alpha(4\delta-\alpha)(1-\alpha\delta)}$$

$$p_\mathrm{n}^\mathrm{OL\text{-}OI} = \frac{c[\alpha^2 + 6\delta - 2\alpha(1+\delta)] + \{c_\mathrm{n}(4\delta-\alpha) + [\alpha(\alpha - 3 - 5\delta) + 12\delta]\}(1-\alpha\delta)}{4(4\delta-\alpha)(1-\alpha\delta)}$$

$$p_\mathrm{r}^\mathrm{OL\text{-}OI} = \frac{c[\alpha^2 + 10\delta - \alpha(3+2\delta)] + (6\delta-\alpha)(2\delta-\alpha)(1-\alpha\delta)}{4(4\delta-\alpha)(1-\alpha\delta)}$$

$$p_3^{\text{OL-OI}} = \frac{c(8\delta - \alpha - \alpha^2) + \alpha(6\delta - \alpha)(1 - \alpha\delta)}{4(4\delta - \alpha)(1 - \alpha\delta)}$$

$$I_r^{\text{OL-OI}} = c\alpha \frac{\alpha(6\delta - \alpha)(1 - \alpha\delta) - c(\alpha^2 + 8\delta - 3\alpha)}{4\alpha(4\delta - \alpha)(1 - \alpha\delta)^2} +$$

$$c\frac{(1 - \alpha\delta)[c_n(4\delta - \alpha) - \alpha(1 - \delta)] - c(2 - 3\alpha + 2\delta + 2\alpha\delta)}{4(1 - \delta)(4\delta - \alpha)(1 - \alpha\delta)^2}$$

$$I_3^{\text{OL-OI}} = c\delta \frac{(1 - \alpha\delta)[c_n(4\delta - \alpha) - \alpha(1 - \delta)] - c(2 - 3\alpha + 2\delta + 2\alpha\delta)}{4(1 - \delta)(4\delta - \alpha)(1 - \alpha\delta)^2} +$$

$$c\frac{\alpha(6\delta - \alpha)(1 - \alpha\delta) - c(\alpha^2 + 8\delta - 3\alpha)}{4\alpha(4\delta - \alpha)(1 - \alpha\delta)^2}$$

证明：在第三阶段，对 $\Pi_R^{\text{OL-OI}}$ 关于 q_n 求导，其一阶导 $\frac{\partial \Pi_R^{\text{OL-OI}}}{\partial q_n}$ 为 $1 - \alpha q_3 - 2q_n - 2\delta q_r - w_n$，其二阶导 $\frac{\partial^2 \Pi_R^{\text{OL-OI}}}{\partial q_n^2} = -2$；对 q_r 求导，其一阶导 $\frac{\partial \Pi_R^{\text{OI}}}{\partial q_r} = \delta - \alpha q_3 - 2\delta q_n - 2\delta q_r - w_r$，其二阶导为 -2δ。则混合偏导 $\frac{\partial^2 \Pi_R^{\text{OI}}}{\partial q_n \partial q_r} = \frac{\partial^2 \Pi_R^{\text{OI}}}{\partial q_r \partial q_n} = -2\delta$，故海塞矩阵 $\boldsymbol{H}^{\text{R1}} = \begin{bmatrix} -2 & -2\delta \\ -2\delta & -2\delta \end{bmatrix}$ 中 $H_{11}^{\text{R1}} = -2 < 0$，$|\boldsymbol{H}^{\text{R1}}| = 4(1-\delta)\delta > 0$。故 $\Pi_R^{\text{OL-OI}}$ 是关于 q_n 和 q_r 的联合凹函数，式 (3.4.9) 存在最优解。同理，由于 $\frac{\mathrm{d}\Pi_{3P}^{\text{OL-OI}}}{\mathrm{d}q_3} = \alpha + \frac{c}{-1+\alpha\delta} - 2\alpha q_3 - \alpha q_n - \alpha q_r$，且 $\frac{\mathrm{d}^2 \Pi_{3P}^{\text{OL-OI}}}{\mathrm{d}q_3^2} = -2\alpha < 0$，故 $\Pi_{3P}^{\text{OL-OI}}$ 是关于 q_3 的凹函数。令 $\frac{\partial \Pi_R^{\text{OL-OI}}}{\partial q_n} = 0$，$\frac{\partial \Pi_R^{\text{OL-OI}}}{\partial q_r} = 0$ 和 $\frac{\partial \Pi_{3P}^{\text{OL-OI}}}{\partial q_3} = 0$，联立方程组后可得

$$q_r = \frac{(1-\delta)[2c + \alpha(-1 + \alpha\delta)] - (\alpha - 4\delta - \alpha^2\delta + 4\alpha\delta^2)w_n - (4-\alpha)(1-\alpha\delta)w_r}{2(4\delta - \alpha)(1-\delta)(1-\alpha\delta)},$$

$$q_3 = \frac{\delta(\alpha(1-\alpha\delta) - 2c) + \alpha(1-\alpha\delta)w_r}{\alpha(4\delta - \alpha)(1-\alpha\delta)}, \quad q_n = \frac{1 - \delta - w_n + w_r}{2(1-\delta)}。$$ 在第二阶段，原始设备制造商决定新产品和再制造产品的批发价格。对 $\Pi_{\text{OEM}}^{\text{OL-OI}}$ 关于 w_n 和 w_r 进行求导，$\frac{\mathrm{d}^2 \Pi_{\text{OEM}}^{\text{OL-OI}}}{\mathrm{d}w_n^2} = -\frac{1}{1-\delta} < 0$，$\frac{\mathrm{d}^2 \Pi_{\text{OEM}}^{\text{OL-OI}}}{\mathrm{d}w_r^2} = \frac{-4+\alpha}{(4\delta-\alpha)(1-\delta)} < 0$，混合偏导为 $\frac{1}{1-\delta}$，故海塞矩阵 $\boldsymbol{H}^{\text{O1}} = \begin{bmatrix} \dfrac{1}{-1+\delta} & \dfrac{1}{1-\delta} \\ \dfrac{1}{1-\delta} & \dfrac{-4+\alpha}{(4\delta-\alpha)(1-\delta)} \end{bmatrix}$ 中 $H_{11}^{\text{O1}} =$

$\dfrac{1}{-1+\delta} = -1/(1-\delta) < 0$, $|H^{\mathrm{O1}}| = 4/(1-\delta)(4\delta-\alpha) > 0$。故 $\Pi_{\mathrm{OEM}}^{\mathrm{OL\text{-}OI}}$ 是关于 w_{n} 和 w_{r} 的联合凹函数，式 (3.4.8) 存在最优解。令一阶导等于 0，联立方程组可得定理 3.5.1 的结论。

同时，由于三种产品均在市场中共存，需要满足 $q_{\mathrm{n}} > 0$，$q_{\mathrm{r}} > 0$，以及 $q_3 > 0$。由此可得 $c > (\delta + c_{\mathrm{n}} - 1)(1-\alpha\delta)$；$c < \dfrac{(1-\alpha\delta)\left[c_{\mathrm{n}}(4\delta-\alpha) - \alpha(1-\delta)\right]}{2 - 3\alpha + 2\delta + 2\alpha\delta}$；以及 $c < \dfrac{\alpha(6\delta-\alpha)(1-\alpha\delta)}{\alpha^2 + 8\delta - 3\alpha}$。证毕。

在原始设备制造商投资回收的情形中，当市场中单位回收成本超过阈值 $c_1^{\mathrm{OL\text{-}OI}} = \dfrac{(1-\alpha\delta)\left[c_{\mathrm{n}}(4\delta-\alpha) - \alpha(1-\delta)\right]}{2 - 3\alpha + 2\delta + 2\alpha\delta}$ 时，原始设备制造商也会放弃生产再制造产品；当市场的单位回收成本超过阈值 $c_2^{\mathrm{OL\text{-}OI}} = \dfrac{\alpha(6\delta-\alpha)(1-\alpha\delta)}{\alpha^2 + 8\delta - 3\alpha}$ 时，第三方企业生产的再制造产品就会退出市场。这一结果说明，单位回收成本存在一个上界。当回收成本过高时，回收方就无法回收满足需求量的废旧产品。尽管生产更多的再制造产品会给企业带来利润，但是生产更多的再制造产品意味着需要回收更多的废旧产品，但如果单位回收成本超过阈值后，想要回收更多的废旧产品就需要更多的投资，而更多的投资一定会减少企业的利润。

此外，当新产品的成本较小，即 $c_{\mathrm{n}} < c_{\mathrm{n1}}^{\mathrm{OL\text{-}OI}} = \dfrac{\alpha\left[5 + \delta - \alpha(4-3\delta)\right]}{\alpha^2 + 8\delta - 3\alpha}$ 时，原始设备制造商能够承担的最大单位回收成本是小于第三方再制造商能承担的最大单位回收成本，即 $c_2^{\mathrm{OL\text{-}OI}} > c_1^{\mathrm{OL\text{-}OI}}$。而当新产品的成本较大，即 $c_{\mathrm{n1}}^{\mathrm{OL\text{-}OI}} < c_{\mathrm{n}} < c_{\mathrm{n2}}^{\mathrm{OL\text{-}OI}} = \dfrac{8(1-\delta)\delta - \alpha(3-9\delta) - \alpha^2\delta}{\alpha^2 + 8\delta - 3\alpha}$ 时，原始设备制造商能够承担的最大单位回收成本大于第三方能够承担的最大单位回收成本，即 $c_1^{\mathrm{OL\text{-}OI}} > c_2^{\mathrm{OL\text{-}OI}}$。事实上，当新产品的成本较小时，新产品对于再制造产品来说，竞争力较强，第三方必然承担着较大的再制造风险，当单位回收成本较高时，第三方的利润开始下降，它就会放弃回收业务。反过来，当新产品的竞争力较弱，再制造产品的竞争力增大，第三方愿意提高回收投资以回收更多的废旧产品。

下面分别讨论第三方企业的品牌竞争力和原始设备制造商的品牌竞争力对产品价格和回收数量的影响。

定理 3.4.2　(1) 原始设备制造商制定的新产品的批发价格 $w_{\mathrm{n}}^{\mathrm{OL\text{-}OI}}$ 随着 α 的增加而降低。

(2) 当 $0 < \delta < \dfrac{1}{3}$ 时，再制造产品的批发价格 $w_{\mathrm{r}}^{\mathrm{OL\text{-}OI}}$ 随 α 的增加而降低；当 $\dfrac{1}{3} < \delta < 1$ 时，如果 $c < \dfrac{(1-\alpha\delta)^2}{3\delta - 1}$，那么再制造产品的批发价格 $w_{\mathrm{r}}^{\mathrm{OL\text{-}OI}}$ 随 α

增加而减少，如果 $c > \dfrac{(1-\alpha\delta)^2}{3\delta-1}$，那么它随 α 增加而增大。

（3）新产品的市场需求 $q_n^{\text{OL-OI}}$ 随着 α 的增加而增加。

（4）原始设备制造商生产的再制造产品的数量 $q_r^{\text{OL-OI}}$ 随着 α 的增加而降低。

（5）第三方企业销售的再制造产品的价格 $p_3^{\text{OL-OI}}$ 随着 α 的增加而增加。

证明：在（1）中，由于 $\dfrac{\partial w_n^{\text{OL-OI}}}{\partial \alpha} = -\dfrac{c(1-\delta)+(1-\alpha\delta)^2}{4(1-\alpha\delta)^2} < 0$，故（1）成立。由于 $\dfrac{\partial w_r^{\text{OL-OI}}}{\partial \alpha} = \dfrac{c(-1+3\delta)-(1-\alpha\delta)^2}{4(1-\alpha\delta)^2}$，当 $0 < \delta < \dfrac{1}{3}$，$\dfrac{\partial w_r^{\text{OL-OI}}}{\partial \alpha} < 0$；当 $\dfrac{1}{3} < \delta < 1$ 且 $c < \dfrac{(1-\alpha\delta)^2}{3\delta-1}$ 时，$\dfrac{\partial w_r^{\text{OL-OI}}}{\partial \alpha} < 0$，当 $c > \dfrac{(1-\alpha\delta)^2}{3\delta-1}$ 时，$\dfrac{\partial w_r^{\text{OL-OI}}}{\partial \alpha} > 0$，故（2）成立。由于 $\dfrac{\partial q_n^{\text{OL-OI}}}{\partial \alpha} = \dfrac{c\delta}{4(1-\delta)(1-\alpha\delta)^2} > 0$，故（3）成立。$\dfrac{\partial q_r^{\text{OL-OI}}}{\partial \alpha} = \dfrac{c[(10+4\alpha-3\alpha^2)\delta + 2(-8+2\alpha+\alpha^2)\delta^2 - 8\delta^3 - 2] - 4(1-\delta)\delta(1-\alpha\delta)^2}{4(4\delta-\alpha)^2(1-\delta)(1-\alpha\delta)^2} < 0$，故（4）成立。

$$\dfrac{\partial p_3^{\text{OL-OI}}}{\partial \alpha} =$$

$$\dfrac{(1-\alpha\delta)^2(\alpha^2-8\alpha\delta+24\delta^2) + c[\alpha^2(1+\delta+4\delta^2) - 8\alpha\delta(1+2\delta) + 4(\delta+8\delta^3)]}{4(4\delta-\alpha)^2(1-\alpha\delta)^2} > 0,$$

故（5）成立。

定理 3.4.2 研究了第三方企业品牌竞争力对原始设备制造商和零售商的生产和定价的影响。具体来说，随着第三方企业自身品牌竞争力增强，其生产的再制造产品的价格会逐渐提高。同时，零售商回收的废旧产品的数量降低，从而再制造产品的生产数量也降低。原始设备制造商会通过降低新产品的批发价格以提高零售商订购新产品的数量。在再制造产品的批发定价上，如果原始设备制造商自身品牌竞争力较弱，即当 $0 < \delta < 1/3$ 时，再制造产品对新产品的影响较小，则原始设备制造商会降低再制造产品批发价格以促进回收。然而，当原始设备制造商生产的再制造产品的竞争力较强且废旧产品的单位回收成本也较高时，即当 $1/3 < \delta < 1$ 且 $c > \dfrac{(1-\alpha\delta)^2}{3\delta-1}$ 时，原始设备制造商会提高再制造产品的批发价格，以此弥补回收投资的损失。

定理 3.4.3（1）原始设备制造商制定的新产品的批发价格 $w_n^{\text{OL-OI}}$ 和再制造产品的批发价格 $w_r^{\text{OL-OI}}$ 均随着 δ 的增加而增加。

（2）第三方回收废旧产品的数量 $q_3^{\text{OL-OI}}$ 随着 δ 的增加而减少。

（3）零售商销售的新产品价格 $p_\mathrm{n}^{\mathrm{OL\text{-}OI}}$ 和再制造产品的价格 $p_\mathrm{r}^{\mathrm{OL\text{-}OI}}$ 均随着 δ 的增加而增加。

证明：$\dfrac{\partial w_\mathrm{n}^{\mathrm{OL\text{-}OI}}}{\partial \delta} = \dfrac{c(1-\alpha)\alpha}{4(1-\alpha\delta)^2} > 0$ 和 $\dfrac{\partial w_\mathrm{r}^{\mathrm{OL\text{-}OI}}}{\partial \delta} = \dfrac{c(3-\alpha)\alpha + 2(1-\alpha\delta)^2}{4(1-\alpha\delta)^2} > 0$，故（1）成立。

$$\frac{\partial q_3^{\mathrm{OL\text{-}OI}}}{\partial \delta} = \frac{c\left[\alpha^3 + 4\alpha(1+6\delta) - \alpha^2(3+8\delta) - 4(1+8\delta^2)\right] - 2\alpha(1-\alpha\delta)^2}{4(4\delta-\alpha)^2(1-\alpha\delta)^2} < 0,$$

故（2）成立。

$$\frac{\partial p_\mathrm{n}^{\mathrm{OL\text{-}OI}}}{\partial \delta} =$$

$$\frac{\alpha\left\{\alpha(1-\alpha\delta)^2 - c\left[-2 + \alpha^3 - 24\delta^2 - 2\alpha^2(1+4\delta) + 2\alpha(1+8\delta+4\delta^2)\right]\right\}}{4(4\delta-\alpha)^2(1-\alpha\delta)^2} > 0$$

且

$$\frac{\partial p_\mathrm{r}^{\mathrm{OL\text{-}OI}}}{\partial \delta} =$$

$$\frac{4(1-\alpha\delta)^2\left(\alpha^2 - 6\alpha\delta + 12\delta^2\right) - c\alpha\left[-2 + \alpha^3 - 40\delta^2 - \alpha^2(3+8\delta) + \alpha(2+24\delta+8\delta^2)\right]}{4(4\delta-\alpha)^2(1-\alpha\delta)^2} > 0,$$

故（3）成立。

定理 3.4.3 探讨了原始设备制造商生产的再制造产品的品牌竞争力对其批发价格、回收数量及产品价格等方面的影响。具体来说，一方面，当原始设备制造商竞争力提高时，第三方企业的投资效果会受到影响，回收数量会不断减少。同时，再制造产品的品牌竞争力的提升会使得原始设备制造商制定更高的批发价格以获取更多利润，从而导致零售商提高其销售价格。再制造产品的品牌竞争力的增强，意味着消费者更加认可再制造产品，同型的新产品的批发价格和销售价格也随之提高。另一方面，由于 $\dfrac{\partial q_\mathrm{n}^{\mathrm{OL\text{-}OI}}}{\partial \delta} = \dfrac{c(1+\alpha-2\alpha\delta) - c_\mathrm{n}(1-\alpha\delta)^2}{4(1-\delta)^2(1-\alpha\delta)^2}$，故当废旧产品的单位回收成本不超过一定范围，即当 $c < \dfrac{c_\mathrm{n}(1-\alpha\delta)^2}{1+\alpha-2\alpha\delta}$ 时，新产品的市场份额会随着再制造产品竞争力的增强而不断被瓜分，即 $\dfrac{\partial q_\mathrm{n}^{\mathrm{OL\text{-}OI}}}{\partial \delta} < 0$。然而，如果市场的回收成本较高，即当 $c > \dfrac{c_\mathrm{n}(1-\alpha\delta)^2}{1+\alpha-2\alpha\delta}$ 时，旧产品回收的数量减少，从而导致原始设备制造商生产的再制造产品的数量也减少，故新产品的市场需求增加，即 $\dfrac{\partial q_\mathrm{n}^{\mathrm{OL\text{-}OI}}}{\partial \delta} > 0$。

此外，由 $\dfrac{\partial p_n^{\text{OL-OI}}}{\partial \alpha} - \dfrac{\partial p_r^{\text{OL-OI}}}{\partial \alpha} = -\dfrac{c\delta}{4(1-\alpha\delta)^2} < 0$ 可知，第三方企业品牌竞争力的变化对零售商销售的再制造产品价格的影响大于其对新产品价格的影响。这一结论也是符合直觉的，因为原始设备制造商生产的再制造产品是第三方企业的主要竞争产品。

2）零售商实施投资回收模式（OL-RI 模型）

本节考虑零售商实施回收投资的情形。由于原始设备制造商仍然是渠道的领导者，故决策顺序与图 3.10 是一样的，这里不再赘述。

由此，原始设备制造商、零售商和第三方再制造商的利润函数可表示为

$$\max_{w_n,w_r} \Pi_{\text{OEM}}^{\text{OL-RI}} = (w_n - c_n)q_n + w_r q_r \tag{3.4.11}$$

$$\max_{q_n,q_r} \Pi_{\text{R}}^{\text{OL-RI}} = (p_n - w_n)q_n + (p_r - w_r)q_r - I_r \tag{3.4.12}$$

$$\max_{q_3} \Pi_{\text{3P}}^{\text{OL-RI}} = p_3 q_3 - I_3 \tag{3.4.13}$$

与研究 OL-OI 模型时方法相同，将回收投资的函数表达式和逆需求函数的表达式代入上述利润函数中，利用逆向求解的方法，可得均衡解。同样，新产品和再制造产品的生产数量均大于零。

定理 3.4.4 当新产品的生产成本满足 $c_n < \dfrac{8(1-\delta)\delta - \alpha^2 - \alpha(3-9\delta)}{8\delta - 3\alpha}$ 且回收的单位成本满足 $(\delta + c_n - 1)(1-\alpha\delta) < c < \min\left\{\dfrac{[c_n(4\delta-\alpha) - \alpha(1-\delta)](1-\alpha\delta)}{2 + 2\delta - \alpha}, \dfrac{\alpha(6\delta-\alpha)(1-\alpha\delta)}{8\delta - 3\alpha}\right\}$ 时，三方企业运营的均衡解为

$$w_n^{\text{OL-RI}} = \dfrac{c + (2 + 2c_n - \alpha)(1-\alpha\delta)}{4(1-\alpha\delta)}, \quad w_r^{\text{OL-RI}} = \dfrac{(2\delta - \alpha)(1-\alpha\delta) - c}{4(1-\alpha\delta)}$$

$$q_n^{\text{OL-RI}} = \dfrac{c + (1 - \delta - c_n)(1-\alpha\delta)}{4(1-\delta)(1-\alpha\delta)}$$

$$q_3^{\text{OL-RI}} = \dfrac{\alpha(6\delta - \alpha)(1-\alpha\delta) - c(8\delta - 3\alpha)}{4\alpha(4\delta - \alpha)(1-\alpha\delta)}$$

$$q_r^{\text{OL-RI}} = \dfrac{[c_n(4\delta - \alpha) - \alpha(1-\delta)](1-\alpha\delta) - c(2 + 2\delta - \alpha)}{4(4\delta - \alpha)(1-\delta)(1-\alpha\delta)}$$

$$p_n^{\text{OL-RI}} = \dfrac{[c_n(4\delta - \alpha) + 12\delta - \alpha(3 - \alpha + 5\delta)](1-\alpha\delta) - 2c(\alpha - 3\delta)}{4(4\delta - \alpha)(1-\alpha\delta)}$$

$$p_r^{\text{OL-RI}} = \frac{c(10\delta - 3\alpha) + (6\delta - \alpha)(2\delta - \alpha)(1 - \alpha\delta)}{4(4\delta - \alpha)(1 - \alpha\delta)}$$

$$p_3^{\text{OL-RI}} = \frac{c(8\delta - \alpha) + \alpha(6\delta - \alpha)(1 - \alpha\delta)}{4(4\delta - \alpha)(1 - \alpha\delta)}$$

$$I_r^{\text{OL-RI}} = \frac{c\{(1 - \alpha\delta)[c_n(4\delta - \alpha) - \alpha(1 - \delta)] - c(-\alpha + 2\delta + 2)\}}{4(1 - \delta)(4\delta - \alpha)(1 - \alpha\delta)^2} +$$

$$\frac{\alpha c[\alpha(6\delta - \alpha)(1 - \alpha\delta) - c(8\delta - 3\alpha)]}{4\alpha(4\delta - \alpha)(1 - \alpha\delta)^2}$$

$$I_3^{\text{OL-RI}} = \frac{\delta c\{(1 - \alpha\delta)[c_n(4\delta - \alpha) - \alpha(1 - \delta)] - c(-\alpha + 2\delta + 2)\}}{4(1 - \delta)(4\delta - \alpha)(1 - \alpha\delta)^2} +$$

$$\frac{c[\alpha(6\delta - \alpha)(1 - \alpha\delta) - c(8\delta - 3\alpha)]}{4\alpha(4\delta - \alpha)(1 - \alpha\delta)^2}$$

证明： 与定理 3.4.1 证明的方法和过程类似，证明从略。

在零售商投资的情形中，三种产品的共存需要满足新产品的生产成本不超过阈值且市场中废旧产品的单位回收成本较小。具体来说，当新产品的成本较高，即 $\alpha(5 - \alpha + \delta)/(8\delta - 3\alpha) = c_{n1}^{\text{OL-RI}} < c_n < c_{n2}^{\text{OL-RI}} = [8(1 - \delta)\delta - \alpha^2 - \alpha(3 - 9\delta)]/(8\delta - 3\alpha)$ 时，如果市场中废旧产品的单位回收成本超过阈值 $c_1^{\text{OL-RI}} = \frac{[c_n(4\delta - \alpha) - \alpha(1 - \delta)](1 - \alpha\delta)}{2 + 2\delta - \alpha}$ 时，原始设备制造商生产的再制造产品就会退出市场。而当新产品的成本较低，即 $c_n < c_{n1}^{\text{OL-RI}}$，废旧产品的单位回收成本超过阈值 $c_2^{\text{OL-RI}} = \frac{\alpha(6\delta - \alpha)(1 - \alpha\delta)}{8\delta - 3\alpha}$ 时，第三方企业的产品就会退出市场。上述结果说明，当新产品的生产成本不超过阈值时，新产品在市场中具有较强的竞争力。而再制造产品的生产数量依赖于回收废旧产品的数量，故当废旧产品的单位回收成本较高，无论是零售商还是第三方企业在销售环节中的获利不能弥补其回收的投资额时，它们就会放弃回收和再制造业务。

下面分别讨论第三方企业的品牌竞争力和原始设备制造商的品牌竞争力对产品价格和回收数量的影响。

定理 3.4.5 （1）原始设备制造商制定的新产品的批发价格 $w_n^{\text{OL-RI}}$ 随着 α 的增加先减少后增加，而再制造产品的批发价格 $w_r^{\text{OL-RI}}$ 随着 α 的增加而减少。

（2）新产品的市场需求 $q_n^{\text{OL-RI}}$ 随着 α 的增加而增加。

（3）零售商回收的废旧产品的数量 $q_r^{\text{OL-OI}}$ 随着 α 的增加而降低。

（4）第三方企业生产的再制造产品的价格 $p_3^{\text{OL-RI}}$ 随着 α 的增加而增加。

证明：由于 $\dfrac{\partial w_{\mathrm{n}}^{\mathrm{OL\text{-}RI}}}{\partial \alpha} = \dfrac{c\delta - (1-\alpha\delta)^2}{4(1-\alpha\delta)^2}$，令 $c\delta - (1-\alpha\delta)^2 = 0$，可得 $\alpha_1 = \dfrac{1-\sqrt{c}\sqrt{\delta}}{\delta}$ 和 $\alpha_2 = \dfrac{1+\sqrt{c}\sqrt{\delta}}{\delta}$。而当 $c > \dfrac{(1-\delta)^2}{\delta}$ 时，$\delta < \alpha_1 < \alpha_2$，即当 $0 < \alpha < \alpha_1$ 时，$\dfrac{\partial w_{\mathrm{n}}^{\mathrm{OL\text{-}RI}}}{\partial \alpha} < 0$；而当 $\alpha_1 < \alpha < \delta$ 时，$\dfrac{\partial w_{\mathrm{n}}^{\mathrm{OL\text{-}RI}}}{\partial \alpha} > 0$。而 $(\delta + c_{\mathrm{n}} - 1)(1-\alpha\delta) - \dfrac{(1-\delta)^2}{\delta} < 0$。同时，由于 $\dfrac{\partial w_{\mathrm{r}}^{\mathrm{OL\text{-}RI}}}{\partial \alpha} = -\dfrac{c\delta + (1-\alpha\delta)^2}{4(1-\alpha\delta)^2} < 0$，故（1）成立。由于 $\dfrac{\partial q_{\mathrm{n}}^{\mathrm{OL\text{-}RI}}}{\partial \alpha} = \dfrac{c\delta}{4(1-\delta)(1-\alpha\delta)^2} > 0$，故（2）成立。由 $\dfrac{\partial q_{\mathrm{r}}^{\mathrm{ORI}}}{\partial \alpha} = -\dfrac{4(1-\delta)\delta(1-\alpha\delta)^2 + c\left[2+8\delta^3 - (2+4\alpha-\alpha^2)\delta + 4(2-\alpha)\delta^2\right]}{4(4\delta-\alpha)^2(1-\delta)(1-\alpha\delta)^2} < 0$，故（3）成立。由 $\dfrac{\partial p_3^{\mathrm{OL\text{-}RI}}}{\partial \alpha} = \dfrac{(1-\alpha\delta)^2(\alpha^2 - 8\alpha\delta + 24\delta^2) + c\delta(4+\alpha^2-16\alpha\delta+32\delta^2)}{4(4\delta-\alpha)^2(1-\alpha\delta)^2} > 0$，故（4）成立。证毕。

定理 3.4.5 研究了随着第三方企业品牌竞争力的增强，原始设备制造商、零售商和第三方关于产品定价、生产数量、回收数量等方面的变化情况。具体来说，当第三方品牌竞争力增强时，它的再制造产品价格就会提高。同时，零售商回收的废旧产品的数量会下降，这意味着再制造产品的生产数量会降低。此时，原始设备制造商生产的再制造产品面临激烈竞争，且不承担回收的成本，故其制定的批发价格逐渐降低。同时，原始设备制造商会通过降低新产品的批发价格来提高市场份额。然而，当第三方的竞争力持续增高时，原始设备制造商会通过提高新产品的批发价格以提高利润。

定理 3.4.6 （1）原始设备制造商制定的新产品的批发价格 $w_{\mathrm{n}}^{\mathrm{OL\text{-}RI}}$ 和再制造产品的批发价格 $w_{\mathrm{r}}^{\mathrm{OL\text{-}RI}}$ 都随着 δ 的增加而增加。

（2）第三方企业的回收数量 $q_3^{\mathrm{OL\text{-}RI}}$ 随着 δ 的增加而降低。

（3）零售商制定的新产品的销售价格 $p_{\mathrm{n}}^{\mathrm{OL\text{-}RI}}$ 和再制造产品的销售价格 $p_{\mathrm{r}}^{\mathrm{OL\text{-}RI}}$ 都随着 δ 的增加而增加。

证明：$\dfrac{\partial w_{\mathrm{n}}^{\mathrm{OL\text{-}RI}}}{\partial \delta} = \dfrac{c\alpha}{4(1-\alpha\delta)^2} > 0$，而 $\dfrac{\partial w_{\mathrm{r}}^{\mathrm{OL\text{-}RI}}}{\partial \delta} = \dfrac{2(1-\alpha\delta)^2 - k\alpha}{4(1-\alpha\delta)^2}$，令 $\dfrac{\partial w_{\mathrm{r}}^{\mathrm{OL\text{-}RI}}}{\partial \delta} = 0$，可解得 $\alpha = \dfrac{c+4\delta \pm \sqrt{c}\sqrt{c+8\delta}}{4\delta^2}$，但两个解均大于 δ，故当 $0 < \alpha < \delta$ 时，$\dfrac{\partial w_{\mathrm{r}}^{\mathrm{OL\text{-}RI}}}{\partial \delta} > 0$，故（1）成立。$\dfrac{\partial q_3^{\mathrm{OL\text{-}RI}}}{\partial \delta} = -\dfrac{2\alpha(1-\alpha\delta)^2 + c(4+3\alpha^2-24\alpha\delta+32\delta^2)}{4(4\delta-\alpha)^2(1-\alpha\delta)^2} <$

0，故（2）成立。

$$\frac{\partial p_\text{n}^\text{OL-RI}}{\partial \delta} = \frac{\alpha\left[\alpha(1-\alpha\delta)^2 + 2c(1+\alpha^2 - 8\alpha\delta + 12\delta^2)\right]}{4(4\delta-\alpha)^2(1-\alpha\delta)^2} > 0,$$

$$\frac{\partial p_\text{r}^\text{OL-RI}}{\partial \delta} = \frac{4(1-\alpha\delta)^2(\alpha^2 - 6\alpha\delta + 12\delta^2) + c\alpha(2 + 3\alpha^2 - 24\alpha\delta + 40\delta^2)}{4(4\delta-\alpha)^2(1-\alpha\delta)^2} > 0,$$

故（3）成立。证毕。

定理 3.4.6 表明当原始设备制造商生产的再制造产品的品牌竞争力增强时，第三方企业在回收环节中投资的效果就会降低，从而导致回收数量降低。同时，由于自身品牌竞争力的提高，原始设备制造商会提高新产品和再制造产品的批发价格，从而导致零售商也提高新产品和再制造产品的销售价格。

此外，由 $\dfrac{\partial p_\text{n}^\text{OL-RI}}{\partial \alpha} - \dfrac{\partial p_\text{r}^\text{OL-RI}}{\partial \alpha} = -\dfrac{c\delta}{4(1-\alpha\delta)^2} < 0$ 可知，第三方竞争强度的变化对零售商销售的新产品价格的影响小于其对再制造产品价格的影响。此结论与原始设备制造商实施回收投资情形中的结论相似。

3）协同回收投资模式（OL-T 模型）

基于前文分别投资的情形，此时进一步探讨了原始设备制造商和零售商共同实施回收投资的情形。

依据前文中关于回收投资的假设，当原始设备制造商和零售商共同投资回收环节时，各企业的投资额与回收数量的关系为

$$I_\text{r-OEM} + I_\text{r-R} - \alpha I_3 = cq_\text{r} \tag{3.4.14}$$

$$I_3 - \delta(I_\text{r-OEM} + I_\text{r-R}) = cq_3 \tag{3.4.15}$$

假设原始设备制造商和零售商的投资额是相等的。可得，$I_\text{r-OEM} = I_\text{r-R} = \dfrac{c\alpha q_3 + cq_\text{r}}{2(1-\alpha\delta)}$，$I_3 = \dfrac{cq_3 + c\delta q_\text{r}}{1-\alpha\delta}$。同时，原始设备制造商、零售商和第三方的利润最大化问题分别为

$$\max_{w_\text{n}, w_\text{r}} \Pi_\text{OEM}^\text{OL-T} = (w_\text{n} - c_\text{n})q_\text{n} + w_\text{r}q_\text{r} - I_\text{r-OEM} \tag{3.4.16}$$

$$\max_{q_\text{n}, q_\text{r}} \Pi_\text{R}^\text{OL-T} = (p_\text{n} - w_\text{n})q_\text{n} + (p_\text{r} - w_\text{r})q_\text{r} - I_\text{r-R} \tag{3.4.17}$$

$$\max_{q_3} \Pi_\text{3P}^\text{OL-T} = p_3 q_3 - I_3 \tag{3.4.18}$$

将逆需求函数式 (3.4.5)~式 (3.4.7) 代入上述利润表达式，同时满足两种产品的生产数量大于零，可得均衡结果如下。

定理3.4.7 当新产品的生产成本满足 $c_n < \dfrac{16(1-\delta)\delta - \alpha^2(1+\delta) - 6\alpha(1-3\delta)}{16\delta - 6\alpha + \alpha^2} = c_{n2}^{\text{OL-T}}$ 且市场中单位回收成本满足 $c < \min\left\{\dfrac{[4c_n\delta - \alpha(1+c_n-\delta)](1-\alpha\delta)}{2(1+\delta) - \alpha(2-\delta)}, \dfrac{2\alpha(6\delta-\alpha)(1-\alpha\delta)}{16\delta - 6\alpha + \alpha^2}\right\}$ 时，三方企业运营的均衡解为

$$w_n^{\text{OL-T}} = \frac{(2-\alpha)(2+c-2\alpha\delta) + 4c_n(1-\alpha\delta)}{8(1-\alpha\delta)}$$

$$w_r^{\text{OL-T}} = \frac{c(2-\alpha) + 2(2\delta-\alpha)(1-\alpha\delta)}{8(1-\alpha\delta)}$$

$$q_n^{\text{OL-T}} = \frac{c + (1-\delta-c_n)(1-\alpha\delta)}{4(1-\delta)(1-\alpha\delta)}$$

$$q_r^{\text{OL-T}} = \frac{[4c_n\delta - \alpha(1+c_n-\delta)](1-\alpha\delta) - c[2(1+\delta) - \alpha(2-\delta)]}{4(4\delta-\alpha)(1-\delta)(1-\alpha\delta)}$$

$$q_3^{\text{OL-T}} = \frac{2\alpha(6\delta-\alpha)(1-\alpha\delta) - c(16\delta - 6\alpha + \alpha^2)}{8\alpha(4\delta-\alpha)(1-\alpha\delta)}$$

$$p_n^{\text{OL-T}} = \frac{2[(4\delta-\alpha)(3+c_n) - \alpha(5\delta-\alpha)](1-\alpha\delta) + c[\alpha^2 + 12\delta - 2\alpha(2+\delta)]}{8(4\delta-\alpha)(1-\alpha\delta)}$$

$$p_r^{\text{OL-T}} = \frac{c[\alpha^2 + 20\delta - 2\alpha(3+\delta)] + 2(6\delta-\alpha)(2\delta-\alpha)(1-\alpha\delta)}{8(4\delta-\alpha)(1-\alpha\delta)}$$

$$p_3^{\text{OL-T}} = \frac{2\alpha(6\delta-\alpha)(1-\alpha\delta) - c(2\alpha + \alpha^2 - 16\delta)}{8(4\delta-\alpha)(1-\alpha\delta)}$$

$$I_{r\text{-OEM}} = I_{r\text{-}R} = \frac{c\{(1-\alpha\delta)[4c_n\delta - \alpha(c_n-\delta+1)] - c[2(\delta+1) - \alpha(2-\delta)]\}}{8(1-\delta)(4\delta-\alpha)(1-\alpha\delta)^2} +$$
$$\frac{\alpha c[2\alpha(6\delta-\alpha)(1-\alpha\delta) - c(\alpha^2 - 6\alpha + 16\delta)]}{16\alpha(4\delta-\alpha)(1-\alpha\delta)^2}$$

$$I_3 = \frac{\delta c\{(1-\alpha\delta)[4c_n\delta - \alpha(c_n-\delta+1)] - c[2(\delta+1) - \alpha(2-\delta)]\}}{4(1-\delta)(4\delta-\alpha)(1-\alpha\delta)^2} +$$
$$\frac{c[2\alpha(6\delta-\alpha)(1-\alpha\delta) - c(\alpha^2 - 6\alpha + 16\delta)]}{8\alpha(4\delta-\alpha)(1-\alpha\delta)^2}$$

证明的方法和过程与前面定理 3.4.4 一致，证明从略。

在原始设备制造商与零售商合作投资的模式中，均衡解的约束条件与前面模型中类似，即当单位回收成本超过阈值 $c_1^{\text{OL-T}} = \dfrac{[4c_n\delta - \alpha(1+c_n-\delta)](1-\alpha\delta)}{2(1+\delta) - \alpha(2-\delta)}$ 时，原始设备制造商和零售商就会放弃回收废旧产品；当废旧产品的单位回收成本超过阈值 $c_2^{\text{OL-T}} = \dfrac{2\alpha(6\delta-\alpha)(1-\alpha\delta)}{16\delta - 6\alpha + \alpha^2}$ 时，第三方企业就会放弃回收和再制造的

业务。同时，新产品的生产成本不能超过阈值 $\dfrac{16(1-\delta)\delta-\alpha^2(1+\delta)-6\alpha(1-3\delta)}{16\delta-6\alpha+\alpha^2}$。

针对第三方生产和销售的再制造产品的品牌竞争力 α、原始设备制造商和零售商生产和销售的再制造产品的品牌竞争力 δ 的变化对产品批发价格、销售价格、回收数量等的不同影响，可得定理 3.4.8。

定理 3.4.8 （1）当 $0<\delta<\dfrac{1}{2}$ 时，原始设备制造商制定的新产品的批发价格 $w_n^{\text{OL-T}}$ 和再制造产品的批发价格 $w_r^{\text{OL-T}}$ 随着 α 的增大而降低；当 $\dfrac{1}{2}<\delta<1$ 时，如果 $c<\dfrac{2(1-\alpha\delta)^2}{2\delta-1}$，那么 $w_n^{\text{OL-T}}$ 和 $w_r^{\text{OL-T}}$ 会随着 α 的增大而增大，反之则减小。

（2）新产品的市场需求 $q_n^{\text{OL-T}}$ 随着 α 的增大而增加。

（3）原始设备制造商和零售商回收的废旧产品的数量 $q_r^{\text{OL-T}}$ 随着 α 的增大而减少。

（4）第三方企业销售的再制造产品的价格 $p_3^{\text{OL-T}}$ 随着 α 的增大而增大。

证明：由于 $\dfrac{\partial w_n^{\text{OL-T}}}{\partial \alpha}=\dfrac{\partial w_r^{\text{OL-T}}}{\partial \alpha}=\dfrac{-c(1-2\delta)-2(1-\alpha\delta)^2}{8(1-\alpha\delta)^2}$，当 $0<\delta<\dfrac{1}{2}$ 时，$\dfrac{\partial w_n^{\text{OL-T}}}{\partial \alpha}<0$；当 $\dfrac{1}{2}<\delta<1$ 时，如果 $c>\dfrac{2(1-\alpha\delta)^2}{2\delta-1}$，则 $\dfrac{\partial w_n^{\text{OL-T}}}{\partial \alpha}<0$；如果 $c<\dfrac{2(1-\alpha\delta)^2}{2\delta-1}$，则 $\dfrac{\partial w_n^{\text{OL-T}}}{\partial \alpha}>0$，故（1）成立。由于 $\dfrac{\partial q_n^{\text{OL-T}}}{\partial \alpha}=\dfrac{c\delta}{4(1-\delta)(1-\alpha\delta)^2}>0$，故（2）成立。由于

$$\frac{\partial q_r^{\text{OL-T}}}{\partial \alpha}=$$

$$\frac{-c[2+2(-3-2\alpha+\alpha^2)\delta+(12-4\alpha-\alpha^2)\delta^2+8\delta^3]-4(1-\delta)\delta(1-\alpha\delta)^2}{4(4\delta-\alpha)^2(1-\delta)(1-\alpha\delta)^2}<0$$

故（3）成立。由于

$$\frac{\partial p_3^{\text{OL-T}}}{\partial \alpha}=$$

$$\frac{2(1-\alpha\delta)^2(\alpha^2-8\alpha\delta+24\delta^2)+c(\alpha^2+8\delta-8\alpha\delta+2\alpha^2\delta-32\alpha\delta^2+4\alpha^2\delta^2+64\delta^3)}{8(\alpha-4\delta)^2(-1+\alpha\delta)^2}>0$$

故（4）成立。证毕。

当第三方企业的品牌竞争力增强时，其自身产品的价格就会提高。同时，第三方企业竞争力的增强会减弱原始设备制造商与零售商合作投资的效果，即回收

废旧产品的数量会下降。对于原始设备制造商来说，当其品牌竞争力较低，即 $0 < \delta < \dfrac{1}{2}$ 时，第三方增加的竞争强度会导致原始设备制造商降低新产品和再制造产品的批发价格以相应地提高市场份额，故新产品的市场需求会提高。然而，当品牌竞争力较高，即 $\dfrac{1}{2} < \delta < 1$ 时，第三方企业会对原始设备制造商和零售商的再制造活动产生影响。此时，如果废旧产品的单位回收成本较低，则原始设备制造商会提高批发价格以促进新产品的订购量和废旧产品的回收量。如果废旧产品的单位回收成本较高，原始设备制造商则会降低批发价格。

此外，与前面两个模型类似，$\dfrac{\partial p_n^{\text{OL-T}}}{\partial \alpha} - \dfrac{\partial p_r^{\text{OL-T}}}{\partial \alpha} = -\dfrac{c\delta}{4(1-\alpha\delta)^2} < 0$，这说明了第三方品牌竞争力的提升对零售商销售再制造产品的边际价格的影响大于其对新产品的边际价格的影响。

定理 3.4.9　（1）原始设备制造商制定的新产品的批发价格 $w_n^{\text{OL-T}}$ 和再制造产品的批发价格 $w_r^{\text{OL-T}}$ 都随 δ 的增大而增大。

（2）第三方企业回收的废旧产品的数量 $q_3^{\text{OL-T}}$ 随 δ 的增大而减小。

（3）新产品的价格 $p_r^{\text{OL-T}}$ 随 δ 的增大而增大。

证明： 由于

$$\frac{\partial w_n^{\text{OL-T}}}{\partial \delta} = \frac{c(2-\alpha)\alpha}{8(1-\alpha\delta)^2} > 0 \text{ 和 } \frac{\partial w_r^{\text{OL-T}}}{\partial \delta} = \frac{c(2-\alpha)\alpha + 4(1-\alpha\delta)^2}{8(1-\alpha\delta)^2} > 0$$

故（1）成立。

由于

$$\frac{\partial q_3^{\text{OL-T}}}{\partial \delta} = \frac{-4\alpha(1-\alpha\delta)^2 + c[\alpha^3 - 2\alpha^2(3+4\delta) + \alpha(4+48\delta) - 8(1+8\delta^2)]}{8(\alpha-4\delta)^2(-1+\alpha\delta)^2} < 0$$

故（2）成立。

由于

$$\frac{\partial p_n^{\text{OL-T}}}{\partial \delta} = \frac{\alpha\left\{2\alpha(1-\alpha\delta)^2 - c[\alpha^3 - 4 - 48\delta^2 - 4\alpha^2(1+2\delta) + \alpha(2+32\delta+8\delta^2)]\right\}}{8(\alpha-4\delta)^2(-1+\alpha\delta)^2} > 0$$

而

$$\frac{\partial p_r^{\text{OL-T}}}{\partial \delta} =$$

$$\frac{8(1-\alpha\delta)^2\,(\alpha^2-6\alpha\delta+12\delta^2)-c\alpha\,[\alpha^3-4-80\delta^2-2\alpha^2\,(3+4\delta)+\alpha\,(2+48\delta+8\delta^2)]}{8(\alpha-4\delta)^2(-1+\alpha\delta)^2}>0$$

故（3）成立。证毕。

随着原始设备制造商品牌竞争力的增强，第三方企业在回收环节投资的效果降低，即回收的总数量降低。同时，由于自身品牌竞争力增强，原始设备制造商会提高新产品和再制造产品的批发价格，从而零售商也会进一步提高两种产品的销售价格。

2. 零售商为渠道领导者

前面已经研究了原始设备制造商作为渠道领导者时，它和零售商、第三方再制造商的回收投资策略。在现实中，随着零售商实力不断增强，其在垂直供应链中具有一定的话语权。因此，下面主要基于零售商为渠道领导者时的情形，分析原始设备制造商、零售商和第三方再制造商的回收投资情况。

1）原始设备制造商实施回收投资模式（RL-OI 模型）

当零售商为渠道领导者时，在原始设备制造商实施投资回收的情形中，三方企业的决策顺序与前文是不同的，即原始设备制造商会在决定两种产品的批发价格前，先观察零售商的行动。当零售商先决定预定的新产品和再制造产品的数量后，原始设备制造商再给出批发价格。具体决策顺序如图 3.11 所示。

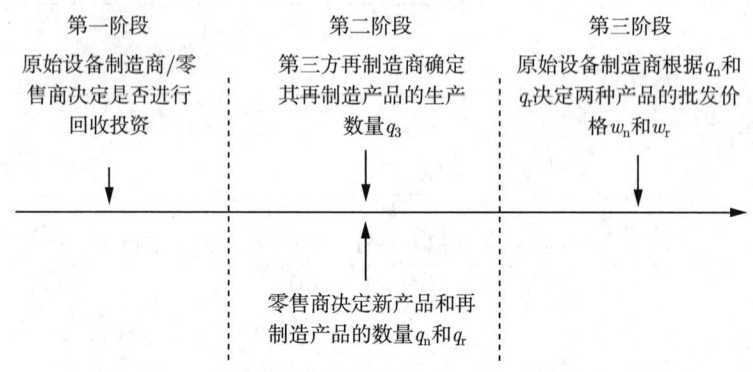

第一阶段	第二阶段	第三阶段
原始设备制造商/零售商决定是否进行回收投资	第三方再制造商确定其再制造产品的生产数量 q_3	原始设备制造商根据 q_n 和 q_r 决定两种产品的批发价格 w_n 和 w_r
	↑ 零售商决定新产品和再制造产品的数量 q_n 和 q_r	

图 3.11　零售商是渠道领导者时各参与方的决策顺序

基于前文的分析，当前情形中，原始设备制造商、零售商和第三方企业的利润函数与前文中原始设备制造商投资模式中的式 (3.4.8) ～式 (3.4.10) 相同，这里不再重复给出。根据原始设备制造商和零售商的决策顺序，先将回收投资函数的表达式 (3.4.3) 和式 (3.4.4)，以及逆需求函数的表达式 (3.4.5) ～式 (3.4.7) 代入利润函数式 (3.4.8) ～式 (3.4.10) 中，利用逆向求解法，先求第三阶段中原始设备制造商给出的批发价格。

由于零售商在原始设备制造商给定批发价格前需要先确定产品数量，而产品的需求受到价格的制约，故设新产品和再制造产品的销售价格为 $p_\text{n} = w_\text{n} + x$ 和 $p_\text{r} = w_\text{r} + y$。其中，$x$ 和 y 分别为新产品和再制造产品的价格边际[38]。由此，可表示出零售商所需预定的产品数量和原始设备制造商根据数量所确定的批发价格。

引理 3.4.1 零售商向原始设备制造商订购的新产品和再制造产品的数量是关于价格边际和批发价格的反应函数，即

$$q_\text{n} = \frac{1 - x + y - \delta - w_\text{n} + w_\text{r}}{1 - \delta} \tag{3.4.19}$$

$$q_\text{r} = \frac{-y + x\delta - \alpha q_3 + \alpha\delta q_3 + \delta w_\text{n} - w_\text{r}}{(1 - \delta)\delta} \tag{3.4.20}$$

证明：由原始设备制造商生产的新产品和再制造产品的批发价格和销售价格分别满足 $p_\text{n} = w_\text{n} + x$ 和 $p_\text{r} = w_\text{r} + y$。将其代入式 (3.4.5) 和式 (3.4.6) 中，可得结论。证毕。

引理 3.4.2 在零售商是渠道领导者的结构中，原始设备制造商制定的新产品和再制造产品的批发价格是关于价格边际和第三方回收数量的函数，即

$$w_\text{n}(x) = \frac{1 + c_\text{n} - x - \alpha q_3}{2} \tag{3.4.21}$$

$$w_\text{r}(y) = \frac{c + (y - \delta)(-1 + \alpha\delta) + \alpha(-1 + \alpha\delta)q_3}{2(1 - \alpha\delta)} \tag{3.4.22}$$

证明：将上述反应函数式 (3.4.19) 和式 (3.4.20) 代入原始设备制造商利润的表达式 (3.4.8) 中，可得 $\dfrac{\partial \Pi_\text{OEM}^\text{RL-OI}}{\partial w_\text{n}} =$

$$\frac{1 + c_\text{n} - c - x + y - \delta - \alpha\delta - c_\text{n}\alpha\delta + x\alpha\delta - y\alpha\delta + \alpha\delta^2 + 2(-1 + \alpha\delta)w_\text{n} + (2 - 2\alpha\delta)w_\text{r}}{(1 - \delta)(1 - \alpha\delta)},$$

$\dfrac{\partial^2 \Pi_\text{OEM}^\text{RL-OI}}{\partial w_\text{n}^2} = \dfrac{2}{-1 + \delta} < 0$。同时，$\dfrac{\partial \Pi_\text{OEM}^\text{RL-OI}}{\partial w_\text{r}} = \dfrac{c - y - c_\text{n}\delta + x\delta + y\alpha\delta + c_\text{n}\alpha\delta^2 - x\alpha\delta^2}{(1 - \delta)\delta(1 - \alpha\delta)} +$

$\dfrac{2\delta(1 - \alpha\delta)w_\text{n} - \alpha(1 - \delta)(1 - \alpha\delta)q_3 - 2w_\text{r} + 2\alpha\delta w_\text{r}}{(1 - \delta)\delta(1 - \alpha\delta)}$，$\dfrac{\partial^2 \Pi_\text{OEM}^\text{RL-OI}}{\partial w_\text{r}^2} = \dfrac{2}{(-1 + \delta)\delta} <$

0。混合偏导数为 $\dfrac{\partial^2 \Pi_\text{OEM}^\text{RL-OI}}{\partial w_\text{n} \partial w_\text{r}} = \dfrac{2}{1 + \delta}$。故可得海塞矩阵

$$\boldsymbol{H}^\text{R1} = \begin{bmatrix} \dfrac{2}{-1 + \delta} & \dfrac{2}{1 + \delta} \\ \dfrac{2}{1 + \delta} & \dfrac{2}{(-1 + \delta)\delta} \end{bmatrix}$$

其中，$|\boldsymbol{H}_{11}^{\mathrm{R1}}| = -2/(1-\delta) < 0$，$|\boldsymbol{H}^{\mathrm{R1}}| = 4/(1-\delta)\delta > 0$。故 $\Pi_{\mathrm{OEM}}^{\mathrm{OL\text{-}RI}}$ 是关于 w_{n} 和 w_{r} 的联合凹函数，令一阶导为 0，联立方程组可得结论。证毕。

引理 3.4.2 说明了在零售商为渠道领导者的情形中，原始设备制造商在制定批发价格时，需要谨慎考虑零售商增加的价格边际的影响。同时，由 $\dfrac{\partial w_{\mathrm{n}}(x)}{\partial x} = -1/2 < 0$ 且 $\dfrac{\partial w_{\mathrm{r}}(y)}{\partial y} = -1/2 < 0$ 可知，原始设备制造商的最佳反应函数会随着价格边际的增加而减少。

再将批发价格代入零售商和第三方企业的利润函数的表达式，可得该模型的均衡市场结构。

定理 3.4.10 当新产品的成本满足 $c_{\mathrm{n}} < \min\left\{\dfrac{4(1-\delta)\delta - \alpha(1-2\delta-2\delta^2)}{4\delta - \alpha - 2\alpha\delta}, \dfrac{2\delta(1+\delta) - \alpha(1+\delta+\delta^2)}{2\delta - \alpha(1-\delta)}\right\}$ 且市场中废旧产品的单位回收成本满足 $(\delta + c_{\mathrm{n}} - 1) \cdot (1 - \alpha\delta) < c < \min\left\{\dfrac{3\alpha\delta(1-\alpha\delta)}{4\delta - \alpha - 2\alpha\delta}, \dfrac{\delta[8c_{\mathrm{n}} - 3\alpha(1+c_{\mathrm{n}}-\delta)](1-\alpha\delta)}{4\delta(1+\delta) - \alpha(2-\delta+2\delta^2)}\right\}$ 时，三方企业运营的均衡解为

$$w_{\mathrm{n}}^{\mathrm{RL\text{-}OI}} = \frac{[(8\delta - 3\alpha)(1+3c_{\mathrm{n}}) - 3\alpha\delta](1-\alpha\delta) + c(4\delta - \alpha - 2\alpha\delta)}{4(8\delta - 3\alpha)(1-\alpha\delta)}$$

$$w_{\mathrm{r}}^{\mathrm{RL\text{-}OI}} = \frac{c[14\delta - \alpha(5+\delta)] + \delta(4\delta - 3\alpha)(1-\alpha\delta)}{2(8\delta - 3\alpha)(1-\alpha\delta)}$$

$$x^{\mathrm{RL\text{-}OI}} = \frac{(1-\alpha\delta)[8(1-c_{\mathrm{n}})\delta - \alpha(3-3c_{\mathrm{n}}+3\delta)] + c(4\delta - \alpha - 2\alpha\delta)}{2(8\delta - 3\alpha)(1-\alpha\delta)}$$

$$y^{\mathrm{RL\text{-}OI}} = \frac{c(\alpha - 2\delta - \alpha\delta) + \delta(4\delta - 3\alpha)(1-\alpha\delta)}{(3\alpha - 8\delta)(-1 + \alpha\delta)}$$

$$q_{\mathrm{n}}^{\mathrm{RL\text{-}OI}} = \frac{c + (1 - \delta - c_{\mathrm{n}})(1-\alpha\delta)}{4(1-\delta)(1-\alpha\delta)}$$

$$q_{\mathrm{r}}^{\mathrm{RL\text{-}OI}} = \frac{\delta[8c_{\mathrm{n}}\delta - 3\alpha(1+c_{\mathrm{n}}-\delta)](1-\alpha\delta) - c[4\delta(1+\delta) - \alpha(2-\delta+2\delta^2)]}{4(1-\delta)\delta(8\delta - 3\alpha)(1-\alpha\delta)}$$

$$q_{3}^{\mathrm{RL\text{-}OI}} = \frac{3\alpha\delta(1-\alpha\delta) - c(4\delta - \alpha - 2\alpha\delta)}{\alpha(8\delta - 3\alpha)(1-\alpha\delta)}$$

$$p_{\mathrm{n}}^{\mathrm{RL\text{-}OI}} = \frac{[(8\delta - 3\alpha)(3+c_{\mathrm{n}}) - 9\alpha\delta](1-\alpha\delta) + 3c(4\delta - \alpha - 2\alpha\delta)}{4(8\delta - 3\alpha)(1-\alpha\delta)}$$

$$p_{\mathrm{r}}^{\mathrm{RL\text{-}OI}} = \frac{c[10\delta - 3\alpha(1+\delta)] + 3\delta(4\delta - 3\alpha)(1-\alpha\delta)}{2(8\delta - 3\alpha)(1-\alpha\delta)}$$

$$p_3^{\text{RL-OI}} = \frac{c\left[8\delta^2 - \alpha^2(1-\delta) - 4\alpha\delta^2\right] + 3\alpha\delta(2\delta - \alpha)(1-\alpha\delta)}{2(8\delta - 3\alpha)\delta(1-\alpha\delta)}$$

$$I_{\text{r}}^{\text{RL-OI}} = \frac{c\{\delta(1-\alpha\delta)[8c_{\text{n}}\delta - 3\alpha(c_{\text{n}} - \delta + 1)] - c[4\delta(\delta+1) - \alpha(2\delta^2 - \delta + 2)]\}}{4(1-\delta)\delta(8\delta - 3\alpha)(1-\alpha\delta)^2} +$$

$$\frac{\alpha c[3\alpha\delta(1-\alpha\delta) - c(-2\alpha\delta - \alpha + 4\delta)]}{\alpha(8\delta - 3\alpha)(1-\alpha\delta)^2}$$

$$I_3^{\text{RL-OI}} = \frac{\delta c\{\delta(1-\alpha\delta)[8c_{\text{n}}\delta - 3\alpha(c_{\text{n}} - \delta + 1)] - c[4\delta(\delta+1) - \alpha(2\delta^2 - \delta + 2)]\}}{4(1-\delta)\delta(8\delta - 3\alpha)(1-\alpha\delta)^2} +$$

$$\frac{c[3\alpha\delta(1-\alpha\delta) - c(-2\alpha\delta - \alpha + 4\delta)]}{\alpha(8\delta - 3\alpha)(1-\alpha\delta)^2}$$

证明：$\Pi_{\text{R}}^{\text{RL-OI}}$ 关于 x 和 y 分别求一阶导和二阶导，由于 $\dfrac{\partial \Pi_{\text{R}}^{\text{RL-OI}}}{\partial x} = \dfrac{c + c_{\text{n}}(-1 + \alpha\delta) + (-1 + 2x - 2y + \delta)(-1 + \alpha\delta)}{2(1-\delta)(1-\alpha\delta)}$，$\dfrac{\partial^2 \Pi_{\text{R}}^{\text{RL-OI}}}{\partial x^2} = \dfrac{1}{-1 + \delta}$，$\dfrac{\partial \Pi_{\text{R}}^{\text{RL-OI}}}{\partial y} = -\dfrac{c - [2y - (c_{\text{n}} + 2x)\delta](-1 + \alpha\delta) + \alpha(-1 + \delta)(-1 + \alpha\delta)q_3}{2(-1 + \delta)\delta(-1 + \alpha\delta)}$，$\dfrac{\partial^2 \Pi_{\text{R}}^{\text{RL-OI}}}{\partial y^2} = \dfrac{1}{(-1 + \delta)\delta}$，混合偏导为 $\dfrac{\partial^2 \Pi_{\text{R}}^{\text{RL-OI}}}{\partial x \partial y} = \dfrac{1}{1-\delta}$。故可得海塞矩阵 $\boldsymbol{H}^{\text{R2}} = \begin{bmatrix} \dfrac{1}{-1+\delta} & \dfrac{1}{1-\delta} \\ \dfrac{1}{1-\delta} & \dfrac{1}{(-1+\delta)\delta} \end{bmatrix}$，其中，$|\boldsymbol{H}_{11}^{\text{R2}}| = -1/(1-\delta) < 0$，$|\boldsymbol{H}^{\text{R2}}| = 1/\delta(1-\delta) > 0$。故 $\Pi_{\text{R}}^{\text{RL-OI}}$ 是关于 x 和 y 的联合凹函数，$\Pi_{\text{R}}^{\text{RL-OI}}$ 存在最大值。同时，第三方企业的利润函数 $\Pi_{\text{3P}}^{\text{RL-OI}}$ 关于 q_3 求导，可得到

$$\frac{\partial \Pi_{\text{3P}}^{\text{RL-OI}}}{\partial q_3} = \frac{\alpha(y+\delta)(-1+\alpha\delta) - c(\alpha - 2\delta + \alpha\delta) + 2\alpha[2\delta + \alpha^2\delta - \alpha(1+2\delta^2)]q_3}{2\delta(-1+\alpha\delta)},$$

$\dfrac{\partial^2 \Pi_{\text{3P}}^{\text{RL-OI}}}{\partial q_3^2} = \dfrac{\alpha(\alpha - 2\delta)}{\delta} < 0$。故 $\Pi_{\text{3P}}^{\text{RL-OI}}$ 也是关于 q_3 的凹函数，从而存在最优解。令一阶导等于 0，联立方程组可得所有的均衡解。

此外，由 $w_{\text{r}}^{\text{RL-OI}} > 0$，$c < \dfrac{\delta(4\delta - 3\alpha)(1-\alpha\delta)}{2\delta - \alpha + \alpha\delta}$；由 $q_{\text{n}}^{\text{RL-OI}} > 0$ 可以得 $c > (\delta + c_{\text{n}} - 1)(1-\alpha\delta)$；由 $q_{\text{r}}^{\text{RL-OI}} > 0$，可得 $c < \dfrac{\delta[8c_{\text{n}}\delta - 3\alpha(1 + c_{\text{n}} - \delta)](1-\alpha\delta)}{4\delta(1+\delta) - \alpha(2 - \delta + 2\delta^2)}$，由 $q_3^{\text{RL-OI}} > 0$，可得 $c < \dfrac{3\alpha\delta(1-\alpha\delta)}{4\delta - \alpha - 2\alpha\delta}$。综上，可得定理中结论。证毕。

定理 3.4.10 给出了当零售商为渠道领导者时，原始设备制造商实施回收投

资下市场的均衡结构。结果表明，当废旧产品的单位回收成本超过阈值 $c_1^{\text{RL-OI}} = \dfrac{\delta\left[8c_n\delta - 3\alpha\left(1 + c_n - \delta\right)\right]\left(1 - \alpha\delta\right)}{4\delta\left(1 + \delta\right) - \alpha\left(2 - \delta + 2\delta^2\right)}$ 时，原始设备制造商就会放弃回收和再制造业务；当市场的单位回收成本超过阈值 $c_2^{\text{RL-OI}} = \dfrac{3\alpha\delta\left(1 - \alpha\delta\right)}{4\delta - \alpha - 2\alpha\delta}$ 时，第三方企业就会放弃回收和再制造业务。与前面原始设备制造商作为渠道领导者及投资回收环节的情况类似，在市场中的三种产品共存下，新产品的生产成本存在一个上界 $c_{n2}^{\text{RL-OI}} = \min\left\{\dfrac{4\left(1 - \delta\right)\delta - \alpha\left(1 - 2\delta - 2\delta^2\right)}{4\delta - \alpha - 2\alpha\delta}, \dfrac{2\delta\left(1 + \delta\right) - \alpha\left(1 + \delta + \delta^2\right)}{2\delta - \alpha\left(1 - \delta\right)}\right\}$ 且市场中废旧产品的单位回收成本也存在一个上界 $\min\{c_1^{\text{RL-OI}}, c_2^{\text{RL-OI}}\}$。具体来说，当第三方企业的品牌竞争力较小且原始设备制造商生产的新产品成本较低，即 $0 < \alpha < \dfrac{2\delta}{2+\delta}$ 且 $c_n < \dfrac{3\alpha}{4\delta - \alpha - 2\alpha\delta}$ 时，原始设备制造商能承担的最大单位回收成本小于第三方能承担的最大单位回收成本，即 $c_1^{\text{RL-OI}} < c_2^{\text{RL-OI}}$；但当新产品的生产成本较高，即 $\dfrac{3\alpha}{4\delta - \alpha - 2\alpha\delta} < c_n < \dfrac{4\left(1 - \delta\right)\delta - \alpha\left(1 - 2\delta - 2\delta^2\right)}{4\delta - \alpha - 2\alpha\delta}$ 时，原始设备制造商能够承担的最大单位回收成本比第三方更高，即 $c_1^{\text{RL-OI}} > c_2^{\text{RL-OI}}$。然而，当第三方企业的品牌竞争力较大，即 $\dfrac{2\delta}{2+\delta} < \alpha < \delta$ 时，只要新产品的成本不超过阈值 $\dfrac{2\delta\left(1 + \delta\right) - \alpha\left(1 + \delta + \delta^2\right)}{2\delta - \alpha\left(1 - \delta\right)}$，原始设备制造商能承担的最大单位回收成本总是小于第三方能承担的最大单位回收成本，即 $c_1^{\text{RL-OI}} < c_2^{\text{RL-OI}}$。

2）零售商实施回收投资模式（RL-RI 模型）

本节考虑零售商实施回收的情形。决策顺序与图 3.11 是一致的。利润函数与式 (3.4.11)～式 (3.4.13) 是一样的。将回收投资的函数表达式与逆需求函数的表达式代入利润函数，可得当零售商是渠道领导者时，其自身实施回收投资下的市场均衡结构。

引理 3.4.3 在零售商是渠道领导者的情形中，原始设备制造商先决定新产品和再制造产品的批发价格，这两个批发价格是关于价格边际和第三方回收数量的函数，即

$$w_n(x) = \frac{1 + c_n - x - \alpha q_3}{2} \tag{3.4.23}$$

$$w_r(y) = \frac{-y + \delta - \alpha q_3}{2} \tag{3.4.24}$$

证明： 将式 (3.4.19) 和式 (3.4.20) 代入原始设备制造商的利润函数式 (3.4.11) 中，并对利润函数关于批发价格求导，可得

$$\frac{\partial \Pi_\text{OEM}^\text{RL-RI}}{\partial w_\text{n}} = \frac{-1 - c_\text{n} + x - y + \delta + 2w_\text{n} - 2w_\text{r}}{-1 + \delta}, \quad \frac{\partial^2 \Pi_\text{OEM}^\text{RL-RI}}{\partial w_\text{n}{}^2} = \frac{2}{-1 + \delta} < 0_\circ \quad \text{且}$$

$$\frac{\partial \Pi_\text{OEM}^\text{RL-RI}}{\partial w_\text{r}} = \frac{y + c_\text{n}\delta - x\delta + (\alpha - \alpha\delta)q_3 - 2\delta w_\text{n} + 2w_\text{r}}{(-1+\delta)\delta}, \quad \frac{\partial^2 \Pi_\text{OEM}^\text{RL-RI}}{\partial w_\text{r}{}^2} = \frac{2}{(-1+\delta)\delta} <$$

$0_\circ$ 混合偏导 $\dfrac{\partial^2 \Pi_\text{OEM}^\text{RL-RI}}{\partial w_\text{n} \partial w_\text{r}} = \dfrac{2}{1-\delta}$。故可得海塞矩阵 $\boldsymbol{H}^\text{R3} = \begin{bmatrix} \dfrac{2}{-1+\delta} & \dfrac{2}{1-\delta} \\ \dfrac{2}{1-\delta} & \dfrac{2}{(-1+\delta)\delta} \end{bmatrix}$,

其中，$|\boldsymbol{H}_{11}^\text{R3}| = -2/(1-\delta) < 0$, $|\boldsymbol{H}^\text{R3}| = 4/(1-\delta)\delta > 0$。故 $\Pi_\text{OEM}^\text{OL-RI}$ 是关于 w_n 和 w_r 的联合凹函数，令一阶导数为 0，联立方程组可得结论。

将引理 3.4.3 的结论代入零售商和第三方企业的利润函数式 (3.4.12)～式 (3.4.13) 中，可求得市场的均衡结构如下。

定理 3.4.11 当新产品的生产成本满足 $c_\text{n} < \min\left\{\dfrac{4(1-\delta)\delta - \alpha(1-2\delta-2\delta^2)}{4\delta-\alpha-2\alpha\delta},\right.$

$\left.\dfrac{2\delta(1+\delta) - \alpha(1+\delta+\delta^2)}{2\delta - \alpha(1-\delta)}\right\}$ 且市场中废旧产品单位成本满足 $(\delta+c_\text{n}-1)(1-\alpha\delta) <$

$c < \min\left\{\dfrac{3\alpha\delta(1-\alpha\delta)}{4\delta-\alpha-2\alpha\delta}, \dfrac{\delta[8c_\text{n}\delta - 3\alpha(1+c_\text{n}-\delta)](1-\alpha\delta)}{4\delta(1+\delta) - \alpha(2-\delta+2\delta^2)}\right\}$ 时，三方企业运营的均衡解为

$$w_\text{n}^\text{RL-RI} = \frac{(1+3c_\text{n})}{4} + \frac{c(4\delta - \alpha - 2\alpha\delta) - 3\alpha\delta(1-\alpha\delta)}{4(8\delta - 3\alpha)(1-\alpha\delta)}$$

$$w_\text{r}^\text{RL-RI} = \frac{\delta(4\delta - 3\alpha)(1-\alpha\delta) - c(2\delta - \alpha + \alpha\delta)}{2(8\delta - 3\alpha)(1-\alpha\delta)}$$

$$x^\text{RL-RI} = \frac{(1-c_\text{n})(8\delta - 3\alpha)(1-\alpha\delta) + c(4\delta - \alpha - 2\alpha\delta) - 3\alpha\delta(1-\alpha\delta)}{2(8\delta - 3\alpha)(1-\alpha\delta)}$$

$$y^\text{RL-RI} = \frac{c[6\delta - \alpha(2+\delta)] + \delta[4\delta + 3\alpha^2\delta - \alpha(3+4\delta^2)]}{(8\delta - 3\alpha)(1-\alpha\delta)}$$

$$q_\text{n}^\text{RL-RI} = \frac{c + (1-\delta-c_\text{n})(1-\alpha\delta)}{4(1-\delta)(1-\alpha\delta)}$$

$$q_\text{r}^\text{RL-RI} = \frac{\delta[8c_\text{n}\delta - 3\alpha(1+c_\text{n}-\delta)](1-\alpha\delta) + c[\alpha(2-\delta+2\delta^2) - 4\delta(1+\delta)]}{4(1-\delta)\delta(8\delta - 3\alpha)(1-\alpha\delta)}$$

$$q_3^\text{RL-RI} = \frac{3\alpha\delta(1-\alpha\delta) - c(4\delta - \alpha - 2\alpha\delta)}{\alpha(8\delta - 3\alpha)(1-\alpha\delta)}$$

$$p_\text{n}^\text{RL-RI} = \frac{(1-\alpha\delta)[(8\delta - 3\alpha)(3+c_\text{n}) - 9\alpha\delta] - 3c(\alpha - 4\delta + 2\alpha\delta)}{4(8\delta - 3\alpha)(1-\alpha\delta)}$$

$$p_r^{\text{RL-RI}} = \frac{c\left[10\delta - 3\alpha(1+\delta)\right] + 3\delta(4\delta - 3\alpha)(1-\alpha\delta)}{2(8\delta - 3\alpha)(1-\alpha\delta)}$$

$$p_3^{\text{RL-RI}} = \frac{c\left(8\delta^2 - \alpha^2 + \alpha^2\delta - 4\alpha\delta^2\right) + 3\alpha\delta(2\delta - \alpha)(1-\alpha\delta)}{2(8\delta - 3\alpha)\delta(1-\alpha\delta)}$$

$$I_r^{\text{RL-RI}} = c\alpha\frac{3\alpha\delta(1-\alpha\delta) - c(4\delta - \alpha - 2\alpha\delta)}{\alpha(8\delta - 3\alpha)(1-\alpha\delta)^2} +$$
$$c\frac{\delta\left[8c_n\delta - 3\alpha(1+c_n-\delta)\right](1-\alpha\delta) + c\left[\alpha(2-\delta+2\delta^2) - 4\delta(1+\delta)\right]}{4(1-\delta)\delta(8\delta - 3\alpha)(1-\alpha\delta)^2}$$

$$I_3^{\text{RL-RI}} = c\frac{3\alpha\delta(1-\alpha\delta) - c(4\delta - \alpha - 2\alpha\delta)}{\alpha(8\delta - 3\alpha)(1-\alpha\delta)^2} +$$
$$c\delta\frac{\delta\left[8c_n\delta - 3\alpha(1+c_n-\delta)\right](1-\alpha\delta) + c\left[\alpha(2-\delta+2\delta^2) - 4\delta(1+\delta)\right]}{4(1-\delta)\delta(8\delta - 3\alpha)(1-\alpha\delta)^2}$$

证明：分别对 $\Pi_R^{\text{RL-RI}}$ 关于 x 和 y 求一阶导和二阶导，由于 $\dfrac{\partial \Pi_R^{\text{RL-OI}}}{\partial x} = \dfrac{-c+c_n(-1+\alpha\delta) - (-1+2x-2y+\delta)(1-\alpha\delta)}{2(1-\delta)(1-\alpha\delta)}$，$\dfrac{\partial^2 \Pi_R^{\text{RL-RI}}}{\partial x^2} = \dfrac{1}{-1+\delta}$，$\dfrac{\partial \Pi_R^{\text{RL-RI}}}{\partial y} = \dfrac{c + [2y - (c_n+2x)\delta](-1+\alpha\delta) - \alpha(1-\delta)(1-\alpha\delta)q_3}{2(1-\delta)\delta(1-\alpha\delta)}$，$\dfrac{\partial^2 \Pi_R^{\text{RL-RI}}}{\partial y^2} = \dfrac{1}{(-1+\delta)\delta}$，混合偏导为 $\dfrac{\partial^2 \Pi_R^{\text{RL-RI}}}{\partial x \partial y} = \dfrac{1}{1-\delta}$，故海塞矩阵 $\boldsymbol{H}^{\text{R4}} = \begin{bmatrix} \dfrac{1}{-1+\delta} & \dfrac{1}{1-\delta} \\ \dfrac{1}{1-\delta} & \dfrac{1}{(-1+\delta)\delta} \end{bmatrix}$ 中 $\boldsymbol{H}_{11}^{\text{R4}} = -1/(1-\delta) < 0$。故 $\Pi_R^{\text{RL-RI}}$ 是关于 x 和 y 的联合凹函数，$\Pi_R^{\text{RL-RI}}$ 存在最大值。同时，对 $\Pi_{3P}^{\text{RL-RI}}$ 关于 q_3 求导，可得 $\Pi_{3P}^{\text{RL-RI}}$ 是关于 q_3 的凹函数，从而存在最优解。令一阶导等于 0，联立方程组可得 x，y 和 q_3 的最优值。从而求得所有的均衡解。

此外，由 $w_r^{\text{RL-RI}} > 0$，可得 $c < \dfrac{\delta(4\delta - 3\alpha)(1-\alpha\delta)}{2\delta - \alpha + \alpha\delta}$；由 $q_n^{\text{RL-RI}} > 0$ 可得 $c > (\delta + c_n - 1)(1-\alpha\delta)$；由 $q_r^{\text{RL-RI}} > 0$，可得 $c < \dfrac{\delta[8c_n\delta - 3\alpha(1+c_n-\delta)](1-\alpha\delta)}{4\delta(1+\delta) - \alpha(2-\delta+2\delta^2)}$，由 $q_3^{\text{RL-RI}} > 0$，可得 $c < \dfrac{3\alpha\delta(1-\alpha\delta)}{4\delta - \alpha - 2\alpha\delta}$。综上，可得结论。证毕。

在零售商作为渠道领导者且实施回收投资的情形中，当市场的单位回收成本超过阈值 $c_1^{\text{RL-RI}} = \dfrac{\delta[8c_n\delta - 3\alpha(1+c_n-\delta)](1-\alpha\delta)}{4\delta(1+\delta) - \alpha(2-\delta+2\delta^2)}$ 时，原始设备制造商和零售商

会放弃回收和再制造业务。当市场的单位回收成本超过阈值 $c_2^{\text{RL-RI}} = \dfrac{3\alpha\delta(1-\alpha\delta)}{4\delta-\alpha-2\alpha\delta}$ 时，第三方企业就会放弃回收和再制造业务。同时，新产品的生产成本也存在一个上界，即当其超过阈值 $c_{\text{n2}}^{\text{RL-RI}} = \min\left\{\dfrac{4(1-\delta)\delta-\alpha(1-2\delta-2\delta^2)}{4\delta-\alpha-2\alpha\delta},\right.$ $\left.\dfrac{2\delta(1+\delta)-\alpha(1+\delta+\delta^2)}{2\delta-\alpha(1-\delta)}\right\}$ 时，新产品就会退出市场。具体来说，当第三方企业生产的再制造产品的品牌竞争力较小 $\left(0<\alpha<\dfrac{2\delta}{2+\delta}\right)$ 且原始设备制造商生产的新产品的成本较低 $\left(c_{\text{n}}<\dfrac{3\alpha}{4\delta-\alpha-2\alpha\delta}\right)$ 时，原始设备制造商能够承担的最大市场单位回收成本比第三方能够承担的最大单位回收成本更小，即 $c_1^{\text{RL-RI}}<c_2^{\text{RL-RI}}$。但当新产品的生产成本较高，即 $\dfrac{3\alpha}{4\delta-\alpha-2\alpha\delta}<c_{\text{n}}<\dfrac{4(1-\delta)\delta-\alpha(1-2\delta-2\delta^2)}{4\delta-\alpha-2\alpha\delta}$ 时，原始设备制造商能够承担的市场最大单位回收成本就会更高，即 $c_1^{\text{RL-OI}}>c_2^{\text{RL-OI}}$。然而，当第三方企业的品牌竞争力较大，即 $\dfrac{2\delta}{2+\delta}<\alpha<\delta$ 时，只要新产品的成本不超过阈值 $\dfrac{2\delta(1+\delta)-\alpha(1+\delta+\delta^2)}{2\delta-\alpha(1-\delta)}$，原始设备制造商能够承担的最大单位回收成本总是比第三方能够承担的最大单位回收成本更小，即 $c_1^{\text{RL-RI}}<c_2^{\text{RL-RI}}$。

3）协同回收投资模式（RL-T 模型）

基于前文所述的两种单独投资模式，进一步探讨了原始设备制造商和零售商共同实施回收投资的情形。其中，各企业的投资额与回收数量的关系与式 (3.4.14) 和式 (3.4.15) 一样；逆需求函数如式 (3.4.5)～式 (3.4.7) 所示；三方的利润函数的表达式也如式 (3.4.16)～式 (3.4.18) 所示。

定理 3.4.12 当新产品的生产成本满足 $c_{\text{n}}<\min\left\{\dfrac{(2\delta-\alpha)(1+\delta)-\alpha\delta^2}{2\delta-\alpha(1-\delta)},\right.$ $\left.\dfrac{4(1-\delta)\delta-\alpha(1-2\delta-2\delta^2)}{4\delta-\alpha-2\alpha\delta}\right\}$ 且市场中单位回收成本满足 $(\delta+c_{\text{n}}-1)(1-\alpha\delta)<c<\min\left\{\dfrac{3\alpha\delta(1-\alpha\delta)}{4\delta-\alpha-2\alpha\delta},\dfrac{\delta[8c_{\text{n}}\delta-3\alpha(1+c_{\text{n}}-\delta)](1-\alpha\delta)}{4\delta(1+\delta)-\alpha(2-\delta+2\delta^2)}\right\}$ 时，三方企业运营的均衡解为

$$w_{\text{n}}^{\text{RL-T}} = \dfrac{(1-\alpha\delta)[(8\delta-3\alpha)(1+3c_{\text{n}})-3\alpha\delta]+c(4\delta-\alpha-2\alpha\delta)}{4(8\delta-3\alpha)(1-\alpha\delta)}$$

$$w_{\text{r}}^{\text{RL-T}} = \dfrac{c[6\delta-\alpha(2+\delta)]+\delta(4\delta-3\alpha)(1-\alpha\delta)}{2(8\delta-3\alpha)(1-\alpha\delta)}$$

$$x^{\text{RL-T}} = \frac{(1-\alpha\delta)\left[8(1-c_n)\delta - \alpha(3-3c_n+3\delta)\right] + c(4\delta - \alpha - 2\alpha\delta)}{2(8\delta - 3\alpha)(1-\alpha\delta)}$$

$$y^{\text{RL-T}} = \frac{c(4\delta - \alpha - 2\alpha\delta) + 2\delta(4\delta - 3\alpha)(1-\alpha\delta)}{2(8\delta - 3\alpha)(1-\alpha\delta)}$$

$$q_n^{\text{RL-T}} = \frac{c + (1-\delta-c_n)(1-\alpha\delta)}{4(1-\delta)(1-\alpha\delta)}$$

$$q_r^{\text{RL-T}} = \frac{\delta\left[8c_n\delta - 3\alpha(1+c_n-\delta)\right](1-\alpha\delta) - c\left[4\delta(1+\delta) - \alpha(2-\delta+2\delta^2)\right]}{4(1-\delta)\delta(8\delta - 3\alpha)(1-\alpha\delta)}$$

$$q_3^{\text{RL-T}} = \frac{3\alpha\delta(1-\alpha\delta) - c(4\delta - \alpha - 2\alpha\delta)}{\alpha(8\delta - 3\alpha)(1-\alpha\delta)}$$

$$p_n^{\text{RL-T}} = \frac{(1-\alpha\delta)\left[(8\delta - 3\alpha)(3+c_n) - 9\alpha\delta\right] + 3c(4\delta - \alpha - 2\alpha\delta)}{4(8\delta - 3\alpha)(1-\alpha\delta)}$$

$$p_r^{\text{RL-T}} = \frac{c\left[10\delta - 3\alpha(1+\delta)\right] + 3\delta(4\delta - 3\alpha)(1-\alpha\delta)}{2(8\delta - 3\alpha)(1-\alpha\delta)}$$

$$p_3^{\text{RL-T}} = \frac{c\left[8\delta^2 - 4\alpha\delta^2 - \alpha^2(1-\delta)\right] + 3\alpha\delta(2\delta - \alpha)(1-\alpha\delta)}{2(8\delta - 3\alpha)\delta(1-\alpha\delta)}$$

$$I_{\text{r-OEM}}^{\text{RL-T}} = I_{\text{r-R}}^{\text{RL-T}} = \frac{\delta c(1-\alpha\delta)\left[8c_n\delta - 3\alpha(c_n + 4\delta^2 - 5\delta + 1)\right]}{8(1-\delta)\delta(8\delta - 3\alpha)(1-\alpha\delta)^2} +$$

$$\frac{c^2\left[\alpha(-8\delta^3 + 6\delta^2 + 3\delta + 2) + 4\delta(4\delta^2 - 5\delta - 1)\right]}{8(1-\delta)\delta(8\delta - 3\alpha)(1-\alpha\delta)^2}$$

$$I_3^{\text{RL-T}} = \frac{\alpha\delta c(1-\alpha\delta)\left[4(2c_n\delta - 3\delta + 3) - 3\alpha(c_n - \delta + 1)\right]}{4\alpha(1-\delta)(8\delta - 3\alpha)(1-\alpha\delta)^2} +$$

$$\frac{c^2\left[\alpha^2(2\delta^2 - \delta + 2) + 4\alpha(1-3\delta^2) - 16(1-\delta)\delta\right]}{4\alpha(1-\delta)(8\delta - 3\alpha)(1-\alpha\delta)^2}$$

证明方法和过程与定理 3.4.11 相似，证明从略。

在零售商为渠道的领导者且原始设备制造商和零售商共同实施回收投资的情形及均衡的市场结构中，新产品的生产成本和市场的单位回收成本都必须要低于相应的阈值。具体来说，当市场的单位回收成本超过阈值 $c_1^{\text{OL-T}} = \dfrac{\delta\left[8c_n\delta - 3\alpha(1+c_n-\delta)\right](1-\alpha\delta)}{4\delta(1+\delta) - \alpha(2-\delta+2\delta^2)}$ 时，原始设备制造商和零售商就会放弃回收和再制造的业务。当市场的单位回收成本超过阈值 $c_2^{\text{OL-T}} = \dfrac{3\alpha\delta(1-\alpha\delta)}{4\delta - \alpha - 2\alpha\delta}$ 时，第三方企业就会放弃回收和再制造业务。同时，当第三方品牌竞争力较弱且新产品的生产成本也较低，即 $0 < \alpha < \dfrac{2\delta}{2+\delta}$ 且 $c_n < \dfrac{3\alpha}{4\delta - \alpha - 2\alpha\delta}$ 时，原始设备制造商和零售商能够承担的最大单位回收成本是低于第三方能够承担的最大单位回

收成本的，即 $c_1^{\text{RL-T}} < c_2^{\text{RL-T}}$；但当新产品的生产成本较高，即 $\dfrac{3\alpha}{4\delta - \alpha - 2\alpha\delta} < c_{\text{n}} < \dfrac{4(1-\delta)\delta - \alpha(1-2\delta-2\delta^2)}{4\delta - \alpha - 2\alpha\delta}$ 时，原始设备制造商和零售商能够承担的最大单位回收成本会超过第三方能够承担的最大单位回收成本，即 $c_1^{\text{RL-T}} > c_2^{\text{RL-T}}$。当第三方的品牌竞争力较强，即 $\dfrac{2\delta}{2+\delta} < \alpha < \delta$ 时，只要新产品的生产成本不超过阈值 $\dfrac{(2\delta-\alpha)(1+\delta) - \alpha\delta^2}{2\delta - \alpha(1-\delta)}$，那么原始设备制造商和零售商总是能够承担更低的市场单位回收成本，即 $c_1^{\text{RL-T}} < c_2^{\text{RL-T}}$。

3. 渠道力量均衡

在本节中，原始设备制造商和零售商在供应链中力量均衡的情形称为同时博弈（simultaneous game）[39] 或者垂直纳什博弈（vertical Nash game）[38]。针对原始设备制造商与零售商同时决策时实施回收投资的情形，本节依次分析了原始设备制造商实施回收投资、零售商实施回收投资和双方合作投资三种情况。

1）原始设备制造商实施回收投资模式（VN-OI 模型）

当原始设备制造商与零售商同时决策时，整个决策顺序分为两个阶段如图 3.12 所示。首先，原始设备制造商和零售商各自决定是否进行回收投资，在第二阶段，它们与第三方企业同时决策批发价格、回收数量和生产数量。

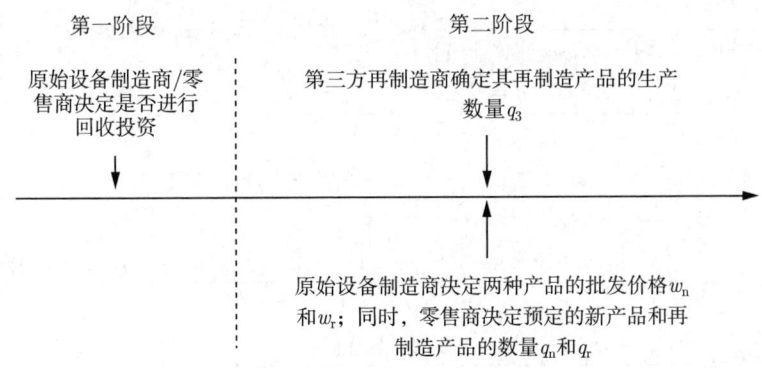

第一阶段：原始设备制造商/零售商决定是否进行回收投资

第二阶段：第三方再制造商确定其再制造产品的生产数量 q_3；原始设备制造商决定两种产品的批发价格 w_{n} 和 w_{r}；同时，零售商决定预定的新产品和再制造产品的数量 q_{n} 和 q_{r}

图 3.12　原始设备制造商和零售商力量均衡时事件决策顺序

定理 3.4.13　当原始设备制造商与零售商同时决策时，原始设备制造商则不愿实施回收投资。

证明： 由于原始设备制造商与零售商同时决策，故与模型 RL-OI 中一样，先构建关于新产品和再制造产品的批发价格与销售价格的价格边际函数和，从而表示出新产品和再制造产品的市场需求函数，如式 (3.4.23)～式 (3.4.24)。代入利

润表达式 (3.4.8)~式 (3.4.10)，分别计算 $\Pi_{\text{OEM}}^{\text{VN-OI}}$ 对 $w_n^{\text{VN-OI}}$ 和 $w_r^{\text{VN-OI}}$ 的偏导数，$\Pi_R^{\text{VN-OI}}$ 对 x 和 y 的偏导数，以及 $\Pi_{3P}^{\text{VN-OI}}$ 对 $q_3^{\text{VN-OI}}$ 的导数。由于其中海塞矩阵都是正定的，且二阶导小于 0，故令上述一阶导等于 0，联立方程组可得均衡解。然而，在求得的均衡解中，$w_n^{\text{VN-OI}}$，$w_n^{\text{VN-OI}}$，$p_n^{\text{VN-OI}}$，$p_r^{\text{VN-OI}}$ 均小于 0，故此种情形下的市场结构是不存在的。

事实上，当原始设备制造商与零售商同时决策时，零售商会根据市场需求预定再制造产品的数量，而同时决策使得原始设备制造商无法通过调节批发价格来弥补回收投资的那部分损失，因此，原始设备制造商不愿实施投资。

2）零售商实施回收投资模式（VN-RI 模型）

当零售商实施投资时，决策顺序与 VN-OI 模型是一致的，三者的利润函数、投资函数，以及需求函数与前文中 OL-RI 模型一致。

定理 3.4.14 当原始设备制造商和零售商同时决策且零售商实施回收投资时，三种产品在市场中共存需要满足：① 当 $0 < \delta \leqslant \frac{2}{3}$ 或者 $\frac{2}{3} < \delta < 1$ 且 $0 < \alpha < \frac{3\delta}{1+3\delta}$ 时，$c_n < \min\left\{\frac{\delta(1+\delta) - \alpha(1+\delta^2)}{\delta - \alpha(1-\delta)}, \frac{3(1-\delta)\delta - \alpha(1-3\delta^2)}{3\delta - \alpha - 3\alpha\delta}\right\}$，$(\delta + c_n - 1)(1-\alpha\delta) < c < \min\left\{\frac{2\delta(\delta - \alpha)(1-\alpha\delta)}{\delta - \alpha(1-\delta)}, \frac{2\alpha\delta(1-\alpha\delta)}{3\delta - \alpha - 3\alpha\delta}\right\}$；或② 当 $\frac{2}{3} < \delta < 1$ 且 $\frac{3\delta}{1+3\delta} < \alpha < \delta$ 时，$c_n < \frac{\delta(1+\delta) - \alpha(1+\delta^2)}{\delta - \alpha(1-\delta)}$，$(\delta + c_n - 1)(1-\alpha\delta) < c < \frac{2\delta(1-\alpha\delta)[3c_n\delta - \alpha(1+2c_n - \delta)]}{3\delta(1+\delta) - \alpha(3-2\delta+3\delta^2)}$。此时，三方企业运营的均衡解为

$$w_n^{\text{VN-RI}} = \frac{2(1-\alpha\delta)[3(\delta+2c_n\delta) - \alpha(2+4c_n+\delta)] + c(3\delta - \alpha - 3\alpha\delta)}{6(3\delta - 2\alpha)(1-\alpha\delta)}$$

$$w_r^{\text{VN-RI}} = \frac{2\delta(\delta-\alpha)(1-\alpha\delta) - c(\delta - \alpha(1-\delta))}{2(3\delta - 2\alpha)(1-\alpha\delta)}$$

$$x^{\text{VN-RI}} = \frac{c(3\delta - \alpha - 3\alpha\delta) - 2(1-\alpha\delta)[\alpha(2-2c_n+\delta) - 3(1-c_n)\delta]}{6(3\delta - 2\alpha)(1-\alpha\delta)}$$

$$y^{\text{VN-RI}} = \frac{c[5\delta - \alpha(3+\delta)] + 2\delta(\delta-\alpha)(1-\alpha\delta)}{2(3\delta - 2\alpha)(1-\alpha\delta)}$$

$$q_n^{\text{VN-RI}} = \frac{c + (1-\delta-c_n)(1-\alpha\delta)}{3(1-\delta)(1-\alpha\delta)}$$

$$q_r^{\text{VN-RI}} = \frac{2\delta(1-\alpha\delta)[3c_n\delta - \alpha(1+2c_n - \delta)] - c[3\delta(1+\delta) - \alpha(3-2\delta+3\delta^2)]}{6(1-\delta)\delta(3\delta - 2\alpha)(1-\alpha\delta)}$$

$$q_3^{\text{VN-RI}} = \frac{2\alpha\delta(1-\alpha\delta) + c(\alpha - 3\delta + 3\alpha\delta)}{2\alpha(3\delta - 2\alpha)(1-\alpha\delta)}$$

$$p_n^{\text{VN-RI}} = \frac{(1-\alpha\delta)\left[3(2+c_n)\delta - 2\alpha(2+c_n+\delta)\right] + c(3\delta - \alpha - 3\alpha\delta)}{3(3\delta - 2\alpha)(1-\alpha\delta)}$$

$$p_r^{\text{VN-RI}} = \frac{c(2\delta - \alpha - \alpha\delta) + 2\delta(\delta - \alpha)(1-\alpha\delta)}{(3\delta - 2\alpha)(1-\alpha\delta)}$$

$$p_3^{\text{VN-RI}} = \frac{c\left[3\delta^2 - 3\alpha\delta^2 - \alpha^2(1-\delta)\right] + 2\alpha\delta(\delta - \alpha)(1-\alpha\delta)}{2(3\delta - 2\alpha)\delta(1-\alpha\delta)}$$

$$I_r^{\text{VN-RI}} = \frac{c\left[3c_n\delta - \alpha(2c_n + 3\delta^2 - 4\delta + 1)\right]}{3(1-\delta)(3\delta - 2\alpha)(1-\alpha\delta)} +$$
$$\frac{c^2\left[\alpha(-9\delta^3 + 9\delta^2 + \delta + 3) - 3\delta(-3\delta^2 + 4\delta + 1)\right]}{6(1-\delta)\delta(3\delta - 2\alpha)(1-\alpha\delta)^2}$$

$$I_3^{\text{VN-RI}} = \frac{\delta c[-\alpha(2c_n - \delta + 1) - 3(1-c_n)\delta + 3]}{3(1-\delta)(3\delta - 2\alpha)(1-\alpha\delta)} +$$
$$\frac{c^2\left[\alpha^2(3\delta^2 - 2\delta + 3) + 3\alpha(-4\delta^2 + \delta + 1) - 9(1-\delta)\delta\right]}{6\alpha(1-\delta)(3\delta - 2\alpha)(1-\alpha\delta)^2}$$

证明方法和过程与定理 3.4.11 相似，证明从略。

定理 3.4.14 给出了原始设备制造商和零售商同时决策且零售商实施投资下的均衡市场结构。三种产品在市场中共存会受到各自企业品牌竞争力、新产品的生产成本、废旧产品的单位回收成本等方面的影响。具体来说，当原始设备制造商的品牌竞争力较弱，或者第三方竞争力较弱，即 $0 < \delta \leqslant \frac{2}{3}$ 或 $\frac{2}{3} < \delta < 1$ 且 $0 < \alpha < \frac{3\delta}{1+3\delta}$ 时，新产品一定会在市场中销售；反之，当原始设备制造商和第三方的再制造产品的品牌竞争力都较强，即 $\frac{2}{3} < \delta < 1$ 且 $\frac{3\delta}{1+3\delta} < \alpha < \delta$ 时，新产品受到极大的冲击，是否销售新产品需要具体考察其价格情况。首先，在再制造产品的品牌竞争力较弱时，如果废旧产品的单位回收成本超过阈值 $c_1^{\text{VN-RI}} = \frac{2\delta(1-\alpha\delta)\left[3c_n\delta - \alpha(1+2c_n-\delta)\right]}{3\delta(1+\delta) - \alpha(3 - 2\delta + 3\delta^2)}$，原始设备制造商就会放弃回收和再制造业务；而当废旧产品的单位回收成本超过阈值 $c_2^{\text{VN-RI}} = \frac{2\alpha\delta(1-\alpha\delta)}{3\delta - \alpha - 3\alpha\delta}$ 时，第三方就会放弃回收和再制造业务。此时，当 $0 < \delta < \frac{2}{3}$ 且 $\frac{\delta}{1+\delta} < \alpha < \delta$ 或者 $\frac{2}{3} < \delta < 1$ 且 $\frac{\delta}{1+\delta} < \alpha < \frac{3\delta}{1+3\delta}$ 时，$c_n < \frac{\delta(1+\delta) - \alpha(1+\delta^2)}{\delta - \alpha(1-\delta)}$，第三方能够承受较高的单位回收成本。而当 $0 < \delta \leqslant \frac{2}{3}$ 且 $0 < \alpha < \frac{\delta}{1+\delta}$ 或者 $\frac{2}{3} < \delta < 1$ 且 $0 < \alpha < \frac{\delta}{1+\delta}$ 时，$c_n < \frac{3(1-\delta)\delta - \alpha(1-3\delta^2)}{3\delta - \alpha - 3\alpha\delta}$，原始设备制造商能够承担更高的单位回收成本。

3）原始设备制造商和零售商合作实施回收投资模式（VN-T 模型）

下面进一步考察了原始设备制造商和零售商共同实施回收投资的情形。

定理 3.4.15 在原始设备制造商与零售商同时决策的供应链结构及混合投资的情形中，三种产品在市场中共存的条件与零售商实施投资时一样，且 $w_n^{\text{VN-T}} = w_n^{\text{VN-RI}}$，$w_r^{\text{VN-T}} > w_r^{\text{VN-RI}}$，$x^{\text{VN-T}} = x^{\text{VN-RI}}$，$y^{\text{VN-T}} < y^{\text{VN-RI}}$，$q_n^{\text{VN-T}} = q_n^{\text{VN-RI}}$，$q_r^{\text{VN-T}} = q_r^{\text{VN-RI}}$，$q_3^{\text{VN-T}} = q_3^{\text{VN-RI}}$，$p_n^{\text{VN-T}} = p_n^{\text{VN-RI}}$，$p_r^{\text{VN-T}} = p_r^{\text{VN-RI}}$，$p_3^{\text{VN-T}} = p_3^{\text{VN-RI}}$。

证明： 在混合投资的模式中，新产品和再制造产品的批发价格、销售价格、市场需求、回收数量等均可按照定理 3.4.14 求解。其中，$w_r^{\text{VN-T}} - w_r^{\text{VN-RI}} = \dfrac{c}{2 - 2\alpha\delta} > 0$，$y^{\text{VN-T}} - y^{\text{VN-RI}} = \dfrac{c}{-2 + 2\alpha\delta} < 0$。证毕。

上述定理表明，与零售商投资相比，合作投资模式中原始设备制造商会通过提高批发价格来补偿部分投资额。但由于是同时决策，零售商一定会根据市场需求来预定再制造产品的数量，从而影响了回收数量，回收数量又进一步影响企业制定的回收投资额。在彼此相互作用下，两种投资模式中产品的价格都没有发生改变。

定理 3.4.16 当原始设备制造商与零售商同时决策时，对比它们在零售商投资和共同投资的两种模式下的利润，可得 $\Pi_{\text{OEM}}^{\text{VN-T}} < \Pi_{\text{OEM}}^{\text{VN-RI}}$ 且 $\Pi_{\text{R}}^{\text{VN-T}} > \Pi_{\text{R}}^{\text{VN-RI}}$。

证明： $\Pi_{\text{OEM}}^{\text{VN-T}} - \Pi_{\text{OEM}}^{\text{VN-RI}} = \dfrac{c\left[-2\alpha\delta\left(1 - \alpha\delta\right) - c\left(\alpha - 3\delta + 3\alpha\delta\right)\right]}{4\left(3\delta - 2\alpha\right)\left(1 - \alpha\delta\right)^2}$，$\Pi_{\text{R}}^{\text{VN-T}} - \Pi_{\text{R}}^{\text{VN-RI}} = \dfrac{c\left[2\alpha\delta\left(1 - \alpha\delta\right) + c\left(\alpha - 3\delta + 3\alpha\delta\right)\right]}{4\left(3\delta - 2\alpha\right)\left(1 - \alpha\delta\right)^2}$。因此，在模型 VN-RI 和 VN-T 的约束条件下，$\Pi_{\text{OEM}}^{\text{VN-T}} < \Pi_{\text{OEM}}^{\text{VN-RI}}$ 且 $\Pi_{\text{R}}^{\text{VN-T}} > \Pi_{\text{R}}^{\text{VN-RI}}$ 成立。证毕。

定理 3.4.16 说明了在合作投资模式中，原始设备制造商的利润比零售商投资模式中更低，而零售商的利润正好相反。这一结论是符合直觉的。无论是对于原始设备制造商还是对于零售商而言，当对方投资回收环节时，自身都会跟随受益。对方增加回收投资额，从而回收的数量增加，那么自身从再制造产品中获得的利润就会增加。而两种投资模式并没有改变市场格局，对第三方企业产生的效果是相同的，其生产的再制造产品的数量和价格均没有发生改变，故第三方企业的利润没有变化。

3.4.3 模型分析

1. 决策分析

本节在前面章节的基础上讨论了在不同渠道结构中，对比单独投资模式和协同投资模式下原始设备制造商、零售商和第三方的利润变化情况，给出相应的决策结果。

1）原始设备制造商为渠道领导者时的投资决策分析

首先，仅考虑单独投资模式（OL-OI 模型和 OL-RI 模型）下的投资决策。

在原始设备制造商为渠道领导者的供应链结构中，首先分析原始设备制造商和零售商就单独投资的两种模式下的决策结果。

定理 3.4.17 对比原始设备制造商实施回收投资（OL-OI 模型）和零售商实施回收投资（OL-RI 模型）的情形中，新产品的生产成本和废旧产品的回收条件，可得以下结论。

（1）OL-RI 模型中新产品的生产成本的上界更高，即 $c_{n2}^{OL-RI} > c_{n2}^{OL-OI}$。

（2）当新产品的生产成本较低，即 $c_n < \dfrac{\alpha(1-\delta)}{4\delta - \alpha}$ 时，OL-RI 模型中可以接受更高的单位回收成本，即 $c_1^{OL-RI} > c_1^{OL-OI}$；而当新产品的生产成本较高，即 $\dfrac{\alpha(1-\delta)}{4\delta - \alpha} c_n < c_{n2}^{OL-OI}$ 时，OL-OI 模型中可以接受更高的单位回收成本，即 $c_1^{OL-RI} < c_1^{OL-OI}$。

（3）OL-RI 模型中第三方能够承担更高的单位回收成本，即 $c_2^{OL-RI} < c_2^{OL-OI}$。

证明：（1）$c_{n2}^{OL-RI} - c_{n2}^{OL-OI} = \dfrac{\alpha^3(6\delta - \alpha)}{(8\delta - 3\alpha)(8\delta - 3\alpha + \alpha^2)} > 0$。

（2）$c_1^{OL-RI} - c_1^{OL-OI} = \dfrac{2\alpha(1-\delta)(1-\alpha\delta)[\alpha(1+c_n-\delta)-4c_n\delta]}{(2-3\alpha+2\delta+2\alpha\delta)(2+2\delta-\alpha)}$，当 $c_n < \dfrac{\alpha(1-\delta)}{4\delta - \alpha}$ 时，$c_1^{OL-RI} > c_1^{OL-OI}$，当 $c_n > \dfrac{\alpha(1-\delta)}{4\delta - \alpha}$ 时，$c_1^{OL-RI} < c_1^{OL-OI}$。同时，由于 $c_{n2}^{OL-OI} - \dfrac{\alpha(1-\delta)}{4\delta - \alpha} > 0$ 且 $c_{n2}^{OL-RI} - \dfrac{\alpha(1-\delta)}{4\delta - \alpha} > 0$，故无论是原始设备制造商还是零售商投资的情形都满足条件。

（3）$c_2^{OL-RI} - c_2^{OL-OI} = \dfrac{\alpha^3(6\delta - \alpha)(1-\alpha\delta)}{(8\delta - 3\alpha)(8\delta - 3\alpha + \alpha^2)} > 0$。证毕。

定理 3.4.17 说明了在零售商投资的环境中，更有利于新产品的生产。同时如果新产品的生产成本较低，那么零售商投资的情形更加有利于原始设备制造商和零售商的再制造；反之，当新产品的生产成本较高时，原始设备制造商投资的情形更加有利于再制造。对于第三方而言，零售商投资的情形对于第三方的回收和再制造更加有利。

定理 3.4.18 原始设备制造商实施回收投资（模型 OL-OI）和零售商实施回收投资（模型 OL-RI）的情形相比，有

（1）$w_n^{OL-OI} < w_n^{OL-RI}$，$w_r^{OL-OI} > w_r^{OL-RI}$；

（2）$q_n^{OL-OI} = q_n^{OL-RI}$，$q_r^{OL-OI} > q_r^{OL-RI}$，$q_3^{OL-OI} < q_3^{OL-RI}$；

（3）$p_n^{OL-OI} < p_n^{OL-RI}$，$p_r^{OL-OI} < p_r^{OL-RI}$，$p_3^{OL-OI} < p_3^{OL-RI}$；

(4) $I_r^{\text{OL-OI}} > I_r^{\text{OL-RI}}$，$I_3^{\text{OL-OI}} > I_3^{\text{OL-RI}}$ 当且仅当 $1/2 < \delta < 1$。

证明：将两个模型中的价格、需求和投资额进行对比，由于

$$w_n^{\text{OL-OI}} - w_n^{\text{OL-RI}} = \frac{c(1-\alpha) + [(2-\alpha) + 2c_n](1-\alpha\delta)}{4(1-\alpha\delta)} - \frac{c + (2+2c_n-\alpha)(1-\alpha\delta)}{4(1-\alpha\delta)} = \frac{c\alpha}{-4(1-\alpha\delta)} < 0$$

$$w_r^{\text{OL-OI}} - w_r^{\text{OL-RI}} = \frac{c(3-\alpha) + (2\delta-\alpha)(1-\alpha\delta)}{4(1-\alpha\delta)} - \frac{(2\delta-\alpha)(1-\alpha\delta) - c}{4(1-\alpha\delta)} = \frac{c(4-\alpha)}{4(1-\alpha\delta)} > 0$$

故（1）成立。

由于 $q_n^{\text{OL-OI}} - q_n^{\text{OL-RI}} = 0$，$q_r^{\text{OL-OI}} - q_r^{\text{OL-RI}} = \frac{c\alpha}{2(4\delta-\alpha)(1-\alpha\delta)} > 0$，$q_3^{\text{OL-OI}} - q_3^{\text{OL-RI}} = -\frac{c\alpha}{4(4\delta-\alpha)(1-\alpha\delta)} < 0$，故（2）成立。

由于 $p_n^{\text{OL-OI}} - p_n^{\text{OL-RI}} = -\frac{c\alpha(2\delta-\alpha)}{4(4\delta-\alpha)(1-\alpha\delta)} < 0$，$p_r^{\text{OL-OI}} - p_r^{\text{OL-RI}} = -\frac{c\alpha(2\delta-\alpha)}{4(4\delta-\alpha)(1-\alpha\delta)} < 0$，$p_3^{\text{OL-OI}} - p_3^{\text{OL-RI}} = -\frac{c\alpha^2}{4(4\delta-\alpha)(1-\alpha\delta)} < 0$，故（3）成立。

由于 $I_r^{\text{OL-OI}} - I_r^{\text{OL-RI}} = \frac{c^2(2-\alpha)\alpha}{4(4\delta-\alpha)(1-\alpha\delta)^2} > 0$，且 $I_3^{\text{OL-OI}} - I_3^{\text{OL-RI}} = \frac{c^2\alpha(2\delta-1)}{4(4\delta-\alpha)(1-\alpha\delta)^2}$，当 $0 < \alpha < \delta < 1/2$ 时，$I_3^{\text{OL-OI}} - I_3^{\text{OL-RI}} < 0$；而当 $1/2 < \delta < 1$ 时，$I_3^{\text{OL-OI}} - I_3^{\text{OL-RI}} > 0$，故（4）成立。证毕。

定理 3.4.18 对比了两种回收投资模式下，原始设备制造商、零售商和第三方企业关于新产品和再制造产品的批发定价、回收数量、销售定价等方面的不同决策。结果表明，在原始设备制造商是渠道领导者且实施投资回收的情形中，新产品的批发价格较低，而再制造产品的批发价格较高。虽然两种情形中新产品的市场需求都没有发生改变，但是原始设备制造商实施回收投资时的回收数量较零售商回收投资时的回收数量更多，而零售商投资回收时会提高第三方企业的回收数量。同时，原始设备制造商投资时的新产品和再制造产品的销售价格都更低。不仅如此，在原始设备制造商投资的情形中，无论是其自身投资额还是第三方的投资额都比零售商投资时的投资额更高。

对于第三方企业而言，当原始设备制造商是渠道领导者且其品牌竞争力较强，即 $1/2 < \delta < 1$ 时，意味着消费者更加信赖原始设备制造商生产的再制造产品。此时，第三方企业销售的再制造产品的价格降低，激烈的竞争导致第三方回收的废旧产品的数量也降低，而回收数量的降低导致再制造产品生产数量的减少。同时，第三方的总投资额却增加了。因此，第三方企业的总利润必然会下降。这进一步印证了定理 3.4.17 中的结论，即零售商投资的情形更有利于第三方的再制造业务。

从消费者的角度来说，当原始设备制造商是渠道领导者且实施回收投资时，无论是零售商销售的新产品、再制造产品还是第三方销售的再制造产品的价格都会降低。因此，消费者是受益方。

下面主要来讨论原始设备制造商和零售商在两种模式下的利润情况。

引理 3.4.4 （1）当市场的单位回收成本满足 $c > c_1^* = \dfrac{2\alpha(6\delta - \alpha)(1 - \alpha\delta)}{\alpha^2 + 16\delta - 6\alpha}$ 时，原始设备制造商投资情形下其自身的利润更高，即 $\Pi_{\text{OEM}}^{\text{OL-OI}} > \Pi_{\text{OEM}}^{\text{OL-RI}}$；否则，零售商投资情形下原始设备制造商的利润更高，即 $\Pi_{\text{OEM}}^{\text{OL-OI}} < \Pi_{\text{OEM}}^{\text{OL-RI}}$。

（2）当市场的单位回收成本满足 $c < c_2^* = \dfrac{\alpha(1 - \alpha\delta)(\alpha^2 - 12\alpha\delta + 28\delta^2)}{32\delta^2 + \alpha^2(3 - \delta) - 18\alpha\delta}$ 时，零售商投资情形下原始设备制造商的利润更高，即 $\Pi_R^{\text{OL-OI}} > \Pi_R^{\text{OL-RI}}$；否则，零售商投资情形下自身的利润更高，即 $\Pi_R^{\text{OL-OI}} < \Pi_R^{\text{OL-RI}}$。

证明：（1）$\Pi_{\text{OEM}}^{\text{OL-OI}} - \Pi_{\text{OEM}}^{\text{OL-RI}} = \dfrac{c[c(\alpha^2 + 16\delta - 6\alpha) - 2\alpha(6\delta - \alpha)(1 - \alpha\delta)]}{8(4\delta - \alpha)(1 - \alpha\delta)^2}$；

当 $c > c_1^*$ 时，$\Pi_{\text{OEM}}^{\text{OL-OI}} > \Pi_{\text{OEM}}^{\text{OL-RI}}$；当 $c < c_1^*$ 时，$\Pi_{\text{OEM}}^{\text{OL-OI}} < \Pi_{\text{OEM}}^{\text{OL-RI}}$。

（2）$\Pi_R^{\text{OL-OI}} - \Pi_R^{\text{OL-RI}} = \dfrac{\alpha c(\alpha^2 - 12\alpha\delta + 28\delta^2)}{4(4\delta - \alpha)^2(1 - \alpha\delta)} - \dfrac{c^2[\alpha^2(3 - \delta) - 18\alpha\delta + 32\delta^2]}{4(4\delta - \alpha)^2(1 - \alpha\delta)^2}$；

当 $c < c_2^*$ 时，$\Pi_R^{\text{OL-OI}} < \Pi_R^{\text{OL-RI}}$；当 $c > c_2^*$ 时，$\Pi_R^{\text{OL-OI}} > \Pi_R^{\text{OL-RI}}$。

上述引理给出了原始设备制造商和零售商在两种投资情形下的利润情况。由于 $c_2^* > c_1^*$，$\Pi_{\text{OEM}}^{\text{OL-OI}} > \Pi_{\text{OEM}}^{\text{OL-RI}}$ 且 $\Pi_R^{\text{OL-OI}} > \Pi_R^{\text{OL-RI}}$，说明当市场的单位回收成本处于中等水平时，原始设备制造商投资回收下其自身和零售商的利润都会增加，于是原始设备制造商会愿意投资；当 $c < c_1^*$ 时，$\Pi_{\text{OEM}}^{\text{OL-OI}} < \Pi_{\text{OEM}}^{\text{OL-RI}}$ 且 $\Pi_R^{\text{OL-OI}} > \Pi_R^{\text{OL-RI}}$，这说明当市场的单位回收成本较低时，原始设备制造商和零售商在其自身投资的情形中利润都较低，于是它们都希望对方实施回收投资；当 $c > c_2^*$ 时，$\Pi_{\text{OEM}}^{\text{OL-OI}} > \Pi_{\text{OEM}}^{\text{OL-RI}}$ 且 $\Pi_R^{\text{OL-OI}} < \Pi_R^{\text{OL-RI}}$，这说明当市场单位回收成本较高时，原始设备制造商和零售商在自身实施投资回收的情形中利润都会增加，于是它们都愿意进行回收投资。关于这一点，在后面数值实验的部分会进一步进行分析。

造成上述现象的原因是，当废旧产品的单位市场回收成本较高时，第三方承担较高的回收压力。此时，当原始设备制造商实施投资时，一旦废旧产品的市场单位回收成本超过阈值 $c_2^{\text{OL-OI}}$，第三方企业就会放弃回收。而其中 $c_2^{\text{OL-OI}} - c_1^* = \dfrac{-\alpha^3(6\delta - \alpha)(1 - \alpha\delta)}{(8\delta - 3\alpha + \alpha^2)(16\delta - 6\alpha + \alpha^2)} < 0$，这说明在区域 $c > c_1^*$ 内，第三方企业退出再制造市场，从而原始设备制造商和零售商获利。而当单位回收成本较低时，由于第三方企业参与竞争，作为垂直供应链中的上下游，它们均希望对方实施回收投资，这样对自身更加有利。

结合模型 OL-OI 和模型 OL-RI 两种情况中产品共存的约束条件，可以得到相关的投资决策结果。

定理 3.4.19 当原始设备制造商是渠道领导者时，在三种产品共存的均衡市场结构中，原始设备制造商和零售商都希望对方实施回收投资，增加自身企业的利润。

证明：在 OL-OI 模型中，当三种产品共存时，新产品的成本和废旧产品的单位回收成本需要满足 $c_n < c_{n2}^{\text{OL-OI}}$ 且 $(\delta + c_n - 1)(1 - \alpha\delta) < c < \min\{c_1^{\text{OL-OI}}, c_2^{\text{OL-OI}}\}$。而在模型 OL-RI 中，当三种产品共存时，新产品的成本和市场的单位回收成本则要满足 $c_n < c_{n2}^{\text{OL-RI}}$ 且 $(\delta + c_n - 1)(1 - \alpha\delta) < c < \min\{c_1^{\text{OL-RI}}, c_2^{\text{OL-RI}}\}$，其中

$$c_2^{\text{OL-OI}} - c_1^* = -\frac{\alpha^3(6\delta - \alpha)(1 - \alpha\delta)}{(8\delta - 3\alpha + \alpha^2)(16\delta - 6\alpha + \alpha^2)} < 0$$

$$c_2^{\text{OL-RI}} - c_1^* = \frac{\alpha^3(6\delta - \alpha)(1 - \alpha\delta)}{(8\delta - 3\alpha)[16\delta - 6\alpha + \alpha^2]} > 0$$

$$c_2^* - c_2^{\text{OL-OI}} = \frac{\alpha(1 - \alpha\delta)[\alpha^4 - 13\alpha^3\delta - 40\alpha\delta^2 + 32\delta^3 + 2\alpha^2\delta(4 + 17\delta)]}{(8\delta - 3\alpha + \alpha^2)[\alpha^2(3 - \delta) - 18\alpha\delta + 32\delta^2]} > 0$$

$$c_2^* - c_2^{\text{OL-RI}} = \frac{\alpha\delta(1 - \alpha\delta)[32\delta^2 + 2\alpha^2(4 + 3\delta) - \alpha^3 - 40\alpha\delta]}{(8\delta - 3\alpha)[\alpha^2(3 - \delta) - 18\alpha\delta + 32\delta^2]} > 0$$

故当 $c < \min\{c_2^{\text{OL-OI}}, c_1^{\text{OL-OI}}, c_1^{\text{OL-RI}}\}$ 时，模型 OL-OI 和模型 OL-RI 均成立，同时，在这个范围内，$\Pi_{\text{OEM}}^{\text{OL-OI}} < \Pi_{\text{OEM}}^{\text{OL-RI}}$ 且 $\Pi_R^{\text{OL-OI}} > \Pi_R^{\text{OL-RI}}$。以上说明当两种投资模式都成立时，原始设备制造商和零售商更愿意对方实施回收投资。证毕。

本节还进一步讨论了当第三方企业退出再制造市场后，原始设备制造商和零售商的回收投资策略。

定理 3.4.20 当 $c < c_2^{\text{OL-OI}}$ 时，无论是原始设备制造商还是零售商实施投资，都存在 $\Pi_{\text{OEM}}^{\text{OL-OI(3Pout)}} = \Pi_{\text{OEM}}^{\text{OL-RI(3Pout)}}$，$\Pi_R^{\text{OL-OI(3Pout)}} = \Pi_R^{\text{OL-RI(3Pout)}}$。

证明：由于 $c_2^{\text{OL-RI}} > c_2^{\text{OL-OI}}$，故当 $c < c_2^{\text{OL-OI}}$ 时，无论是 OL-OI 模型还是 OL-RI 模型中，第三方企业都会退出再制造市场。此时，记原始设备制造商

实施回收投资的情形为 OL-OI(3Pout)，记零售商实施回收投资的情形为 OL-RI（3Pout）。OL-OI(3Pout) 模型中的原始设备制造商和零售商的利润最大化问题分别为

$$\max_{w_n, w_r} \Pi_{\text{OEM}}^{\text{OL-OI(3Pout)}} = (w_n - c_n)q_n + (w_r - c)q_r \tag{3.4.25}$$

$$\max_{q_n, q_r} \Pi_{\text{R}}^{\text{OL-OI(3Pout)}} = (p_n - w_n)q_n + (p_r - w_r)q_r \tag{3.4.26}$$

而模型 OL-RI（3Pout）中原始设备制造商和零售商的利润最大化问题分别为

$$\max_{w_n, w_r} \Pi_{\text{OEM}}^{\text{OL-RI(3Pout)}} = (w_n - c_n)q_n + w_r q_r \tag{3.4.27}$$

$$\max_{q_n, q_r} \Pi_{\text{R}}^{\text{OL-RI(3Pout)}} = (p_n - w_n)q_n + (p_r - w_r)q_r - cq_r \tag{3.4.28}$$

求解过程与前面是一样的，这里不再赘述。两种模式下的批发价格为 $w_n^{\text{OL-OI(3Pout)}} = w_n^{\text{OL-RI(3Pout)}} = \dfrac{1+c_n}{2}$，$w_r^{\text{OL-OI(3Pout)}} = \dfrac{c+\delta}{2}$，$w_r^{\text{OL-RI(3Pout)}} = \dfrac{\delta-c}{2}$，生产数量为 $q_n^{\text{OL-OI(3Pout)}} = q_n^{\text{OL-RI(3Pout)}} = \dfrac{1-c_n+c-\delta}{4(1-\delta)}$，$q_r^{\text{OL-OI(3Pout)}} = q_r^{\text{OL-RI(3Pout)}} = \dfrac{c_n\delta-c}{4(1-\delta)\delta}$，销售价格为 $p_n^{\text{OL-OI(3Pout)}} = p_n^{\text{OL-RI(3Pout)}} = \dfrac{3+c_n}{4}$，$p_r^{\text{OL-OI(3Pout)}} = p_r^{\text{OL-RI(3Pout)}} = \dfrac{c+3\delta}{4}$，以及利润情况为

$$\Pi_{\text{OEM}}^{\text{OL-OI(3Pout)}} = \Pi_{\text{OEM}}^{\text{OL-RI(3Pout)}} = \frac{c^2 - 2c_n c\delta + [1 + c_n^2 - 2c_n(1-\delta) - \delta]\delta}{8(1-\delta)\delta},$$

$$\Pi_{\text{R}}^{\text{OL-OI(3Pout)}} = \Pi_{\text{R}}^{\text{OL-RI(3Pout)}} = \frac{c^2 - 2c_n c\delta + \delta[1 + c_n^2 - 2c_n(1-\delta) - \delta]}{16(1-\delta)\delta}。证毕。$$

上述定理的结果表明，当第三方企业退出市场后，在两种投资模式中，原始设备制造商和零售商的利润并没有受到影响。事实上，当原始设备制造商实施回收投资时，其生产的再制造产品的批发价格会比零售商实施回收投资时高。这是因为原始设备制造商通过调整批发价格，让零售商分担了部分回收投资额。反过来，当零售商投资回收时，原始设备制造商会降低再制造产品的批发价格间接分担了部分回收投资额。综上所述，在第三方企业退出再制造市场后，无论是原始设备制造商还是零售商实施回收投资都对其自身和对方的利润没有产生影响。

此外，本节还分析了第三方企业退出市场前后原始设备制造商和零售商的利润变化情况。结果表明，第三方退出市场后，它们的利润并不总是会增加。

其次，考虑混合投资（模型 OL-T）和单独投资（模型 OL-OI 和模型 OL-RI）模式下的投资决策。

在单独投资的模式中,原始设备制造商和零售商都更倾向于对方实施回收投资策略。这会导致原始设备制造商和零售商的回收投资意愿都较弱。在此基础上,本节对比分析了两者共同投资与分别投资的情形中三方回收废旧产品的数量和利润的变化。

定理 3.4.21 (1)在原始设备制造商投资回收的情形下回收废旧产品的数量比共同投资或者零售商投资时都更多,即 $q_r^{\text{OL-OI}} > q_r^{\text{OL-T}} > q_r^{\text{OL-RI}}$。

(2)零售商投资回收的情形下第三方回收的废旧产品的数量比共同投资或者原始设备制造商投资时都更多,即 $q_3^{\text{OL-RI}} > q_3^{\text{OL-T}} > q_3^{\text{OL-OI}}$。

证明:(1) $q_r^{\text{OL-T}} - q_r^{\text{OL-RI}} = \dfrac{c\alpha}{4(4\delta - \alpha)(1 - \alpha\delta)} > 0$ 且 $q_r^{\text{OL-T}} - q_r^{\text{OL-OI}} = \dfrac{-c\alpha}{4(4\delta - \alpha)(1 - \alpha\delta)} < 0$。

(2) $q_3^{\text{OL-T}} - q_3^{\text{OL-RI}} = -\dfrac{c\alpha}{8(4\delta - \alpha)(1 - \alpha\delta)} < 0$ 且 $q_3^{\text{OL-T}} - q_3^{\text{OL-OI}} = \dfrac{c\alpha}{8(4\delta - \alpha)(1 - \alpha\delta)} > 0$。证毕。

上述定理表明原始设备制造商实施回收投资的情形更有利于回收更多数量的废旧产品,而零售商实施回收投资的情形更有利于第三方企业回收更多数量的废旧产品。而在合作投资模式中无论是对于原始设备制造商和零售商,还是对第三方再制造商而言,回收的数量都处于中等水平。

事实上,根据前面的分析可知,回收的数量是受到不同主体投资额的影响。由定理 3.4.18 可知 $I_r^{\text{OL-OI}} > I_r^{\text{OL-RI}}$。在合作投资的情形中,原始设备制造商和零售商投资的总额为 $I_r^{\text{T}} = I_{r\text{-OEM}}^{\text{T}} + I_{r\text{-R}}^{\text{T}}$,与原始设备制造商投资和零售商投资的情形相比,由于 $I_r^{\text{OL-T}} - I_r^{\text{OL-OI}} = -\dfrac{c^2(2 - \alpha)\alpha}{8(4\delta - \alpha)(1 - \alpha\delta)^2} < 0$ 且 $I_r^{\text{OL-T}} - I_r^{\text{OL-RI}} = \dfrac{c^2(2 - \alpha)\alpha}{8(4\delta - \alpha)(1 - \alpha\delta)^2} > 0$,故原始设备制造商实施回收投资比共同投资或者零售商单独投资时的投资总额更高,即 $I_r^{\text{OL-OI}} > I_r^{\text{OL-T}} > I_r^{\text{OL-RI}}$。同时,由 $\alpha < \delta$ 可知,第三方企业投资对其回收的影响远小于原始设备制造商或者零售商的投资对第三方的影响。故投资额越大,回收的废旧产品的数量就会越多,即 $q_r^{\text{OL-OI}} > q_r^{\text{OL-T}} > q_r^{\text{OL-RI}}$。同理,对于第三方而言,原始设备制造商和零售商无论是分别投资还是合作投资都对第三方企业的回收产生较大的影响。当消费者对原始设备制造商生产的再制造产品的偏好较高,即 $\dfrac{1}{2} < \delta < 1$ 时,对比三种投资模式下第三方投资额可得 $I_3^{\text{OL-OI}} > I_3^{\text{OL-RI}}$ 且 $I_3^{\text{OL-OI}} - I_3^{\text{OL-T}} = -\dfrac{c^2\alpha(1 - 2\delta)}{8(4\delta - \alpha)(1 - \alpha\delta)^2} > 0$,

$$I_3^{\text{OL-RI}} - I_3^{\text{OL-T}} = \frac{c^2\alpha(1-2\delta)}{8(4\delta-\alpha)(1-\alpha\delta)^2} < 0,\ \text{即}\ I_3^{\text{OL-OI}} > I_3^{\text{OL-T}} > I_3^{\text{OL-RI}}。\text{虽然原}$$
始设备制造商实施回收投资时，第三方企业的投资额最高，但此时原始设备制造商投资总额也最高，产生的竞争更加激烈，第三方企业回收的废旧产品的数量最低。而当 $0 < \alpha < \delta < 1/2$ 时，第三方的投资额满足 $I_3^{\text{OL-OI}} < I_3^{\text{OL-T}} < I_3^{\text{OL-RI}}$，故零售商投资的情形中，第三方回收废旧产品的数量更多。

引理 3.4.5 （1）当废旧产品的单位回收成本满足

$$\frac{4\alpha(6\delta-\alpha)(1-\alpha\delta)}{32\delta-12\alpha+\alpha^2} < c < \frac{2\alpha(1-\alpha\delta)(\alpha^2-12\alpha\delta+28\delta^2)}{\alpha^3+\alpha^2(6-5\delta)-36\alpha\delta+64\delta^2}\ \text{时，有}$$

$\Pi_{\text{OEM}}^{\text{OL-RI}} < \Pi_{\text{OEM}}^{\text{OL-T}}$ 且 $\Pi_{\text{R}}^{\text{OL-RI}} < \Pi_{\text{R}}^{\text{OL-T}}$。

（2）当废旧产品的单位回收成本满足

$$\frac{4\alpha(6\delta-\alpha)(1-\alpha\delta)}{32\delta-12\alpha+3\alpha^2} < c < \frac{2\alpha(1-\alpha\delta)(\alpha^2-12\alpha\delta+28\delta^2)}{64\delta^2+\alpha^2(6+\delta)-\alpha^3-36\alpha\delta}\ \text{时，有}$$

$\Pi_{\text{OEM}}^{\text{OL-T}} < \Pi_{\text{OEM}}^{\text{OL-OI}}$ 且 $\Pi_{\text{R}}^{\text{OL-T}} < \Pi_{\text{R}}^{\text{OL-OI}}$。

证明：$\Pi_{\text{OEM}}^{\text{OL-RI}} - \Pi_{\text{OEM}}^{\text{OL-T}} = \dfrac{c[4\alpha(6\delta-\alpha)(1-\alpha\delta)-c(32\delta-12\alpha+\alpha^2)]}{32(4\delta-\alpha)(1-\alpha\delta)^2}$，当

$c < \dfrac{4\alpha(6\delta-\alpha)(1-\alpha\delta)}{32\delta-12\alpha+\alpha^2}$ 时，$\Pi_{\text{OEM}}^{\text{OL-RI}} > \Pi_{\text{OEM}}^{\text{OL-T}}$。而 $\Pi_{\text{R}}^{\text{OL-RI}} - \Pi_{\text{R}}^{\text{OL-T}} =$

$\dfrac{c^2[\alpha^3+\alpha^2(6-5\delta)-36\alpha\delta+64\delta^2]}{16(4\delta-\alpha)^2(1-\alpha\delta)^2} - \dfrac{2\alpha c(\alpha^2-12\alpha\delta+28\delta^2)}{16(4\delta-\alpha)^2(1-\alpha\delta)}$，当 $c >$

$\dfrac{2\alpha(1-\alpha\delta)(\alpha^2-12\alpha\delta+28\delta^2)}{\alpha^3+\alpha^2(6-5\delta)-36\alpha\delta+64\delta^2}$ 时，$\Pi_{\text{R}}^{\text{OL-RI}} > \Pi_{\text{R}}^{\text{OL-T}}$，故（1）成立。

$\Pi_{\text{OEM}}^{\text{OL-OI}} - \Pi_{\text{OEM}}^{\text{OL-T}} = \dfrac{c[c(32\delta-12\alpha+3\alpha^2)-4\alpha(6\delta-\alpha)(1-\alpha\delta)]}{32(4\delta-\alpha)(1-\alpha\delta)^2}$，当 $c >$

$\dfrac{4\alpha(6\delta-\alpha)(1-\alpha\delta)}{32\delta-12\alpha+3\alpha^2}$ 时，$\Pi_{\text{OEM}}^{\text{OL-OI}} > \Pi_{\text{OEM}}^{\text{OL-T}}$。$\Pi_{\text{R}}^{\text{OL-OI}} - \Pi_{\text{R}}^{\text{OL-T}} = \dfrac{\alpha c(\alpha^2-12\alpha\delta+28\delta^2)}{8(4\delta-\alpha)^2(1-\alpha\delta)}$

$-\dfrac{c^2[-\alpha^3+\alpha^2(\delta+6)-36\alpha\delta+64\delta^2]}{16(4\delta-\alpha)^2(1-\alpha\delta)^2}$，当 $c < \dfrac{2\alpha(1-\alpha\delta)(\alpha^2-12\alpha\delta+28\delta^2)}{64\delta^2+\alpha^2(6+\delta)-\alpha^3-36\alpha\delta}$ 时，

$\Pi_{\text{R}}^{\text{OL-OI}} > \Pi_{\text{R}}^{\text{OL-T}}$，故（2）成立。证毕。

定理 3.4.22 对比模型 OL-OI、模型 OL-RI 和模型 OL-T，可得
$\Pi_{\text{OEM}}^{\text{OL-OI}} < \Pi_{\text{OEM}}^{\text{OL-T}} < \Pi_{\text{OEM}}^{\text{OL-RI}}$，$\Pi_{\text{R}}^{\text{OL-RI}} < \Pi_{\text{R}}^{\text{OL-T}} < \Pi_{\text{R}}^{\text{OL-OI}}$。

证明：由引理 3.4.5 可知，当废旧产品的单位回收成本满足 $\dfrac{4\alpha(6\delta-\alpha)(1-\alpha\delta)}{32\delta-12\alpha+\alpha^2} <$

$c < \dfrac{2\alpha(1-\alpha\delta)(\alpha^2-12\alpha\delta+28\delta^2)}{\alpha^3+\alpha^2(6-5\delta)-36\alpha\delta+64\delta^2}$ 时，共同投资时原始设备制造商和零售商的

利润都提高，但模型 OL-RI 中产品共存的条件，$c_2^{\text{OL-RI}} - \dfrac{4\alpha(6\delta - \alpha)(1 - \alpha\delta)}{32\delta - 12\alpha + \alpha^2} = \dfrac{\alpha^3(6\delta - \alpha)(1 - \alpha\delta)}{(8\delta - 3\alpha)(32\delta - 12\alpha + \alpha^2)} > 0$ 且 $c_2^{\text{OL-RI}} - \dfrac{2\alpha(1 - \alpha\delta)(\alpha^2 - 12\alpha\delta + 28\delta^2)}{\alpha^3 + \alpha^2(6 - 5\delta) - 36\alpha\delta + 64\delta^2} < 0$。对于 $c_1^{\text{OL-RI}} - \dfrac{4\alpha(6\delta-\alpha)(1-\alpha\delta)}{32\delta-12\alpha+\alpha^2}$，如果 $\dfrac{\alpha[\alpha^2(-5+\delta)+20\alpha(1+\delta)-16\delta(5+\delta)]}{\alpha^3+80\alpha\delta-128\delta^2-4\alpha^2(3+\delta)} < c_n < \dfrac{\alpha(5-\alpha+\delta)}{8\delta-3\alpha}$，则 $c_1^{\text{OL-RI}} > \dfrac{4\alpha(6\delta-\alpha)(1-\alpha\delta)}{32\delta-12\alpha+\alpha^2}$。同时，

$$c_1^{\text{OL-RI}} < \dfrac{2\alpha(1 - \alpha\delta)(\alpha^2 - 12\alpha\delta + 28\delta^2)}{\alpha^3 + \alpha^2(6 - 5\delta) - 36\alpha\delta + 64\delta^2}$$

因此，在模型 OL-RI 中三种产品共存的条件是存在满足引理 3.4.5 的范围的。在模型 OL-T 中，由于

$$\dfrac{4\alpha(6\delta - \alpha)(1 - \alpha\delta)}{32\delta - 12\alpha + \alpha^2} - c_2^{\text{OL-T}} = \dfrac{2\alpha^3(\alpha - 6\delta)(-1 + \alpha\delta)}{(-6\alpha + \alpha^2 + 16\delta)(-12\alpha + \alpha^2 + 32\delta)} > 0$$

因此，在模型 OL-T 中三种产品共存的条件下，一定有 $\Pi_{\text{OEM}}^{\text{OL-T}} < \Pi_{\text{OEM}}^{\text{OL-RI}}$ 且 $\Pi_{\text{R}}^{\text{OL-RI}} < \Pi_{\text{R}}^{\text{OL-T}}$。

此外，当 $\dfrac{4\alpha(6\delta - \alpha)(1 - \alpha\delta)}{32\delta - 12\alpha + 3\alpha^2} < c < \dfrac{2\alpha(1 - \alpha\delta)(\alpha^2 - 12\alpha\delta + 28\delta^2)}{64\delta^2 + \alpha^2(6 + \delta) - \alpha^3 - 36\alpha\delta}$ 时，在原始设备制造商实施投资的情况中，其自身和零售商的利润都比共同投资时更高。进一步考察模型 OL-OI 中三种产品共存的条件，可得

$$c_2^{\text{OL-OI}} - \dfrac{4\alpha(6\delta - \alpha)(1 - \alpha\delta)}{32\delta - 12\alpha + 3\alpha^2} = -\dfrac{\alpha^3(\alpha - 6\delta)(-1 + \alpha\delta)}{(-3\alpha + \alpha^2 + 8\delta)(-12\alpha + 3\alpha^2 + 32\delta)} < 0$$

故在模型 OL-OI 的成立区间内，一定有 $\Pi_{\text{OEM}}^{\text{OL-OI}} < \Pi_{\text{OEM}}^{\text{OL-T}}$ 且 $\Pi_{\text{R}}^{\text{OL-OI}} > \Pi_{\text{R}}^{\text{OL-T}}$。接下来，考察模型 OL-T 的约束条件。其中，

$$c_2^{\text{OL-T}} - \dfrac{4\alpha(6\delta - \alpha)(1 - \alpha\delta)}{32\delta - 12\alpha + 3\alpha^2} = \dfrac{2\alpha^3(\alpha - 6\delta)(-1 + \alpha\delta)}{(-6\alpha + \alpha^2 + 16\delta)(-12\alpha + 3\alpha^2 + 32\delta)} > 0$$

与此同时，$c_2^{\text{OL-T}} - \dfrac{2\alpha(1 - \alpha\delta)(\alpha^2 - 12\alpha\delta + 28\delta^2)}{64\delta^2 + \alpha^2(6 + \delta) - \alpha^3 - 36\alpha\delta} < 0$。对于再制造产品进入市场的阈值要满足：当

$$\dfrac{\alpha[-16\delta(5 + \delta) + \alpha^2(-11 + 7\delta) + \alpha(20 + 44\delta - 24\delta^2)]}{3\alpha^3 + 80\alpha\delta - 128\delta^2 - 12\alpha^2(1 + \delta)} <$$

$$c_{\mathrm{n}} < \frac{\alpha\left[2\left(5+\delta\right)-\alpha\left(5-3\delta\right)\right]}{16\delta-6\alpha+\alpha^2},\ c_1^{\mathrm{OL\text{-}T}} - \frac{4\alpha\left(6\delta-\alpha\right)\left(1-\alpha\delta\right)}{32\delta-12\alpha+3\alpha^2} > 0$$

且新产品的成本 $c_{\mathrm{n}} > \dfrac{\alpha\left[2\left(5+\delta\right)-\alpha\left(5-3\delta\right)\right]}{16\delta-6\alpha+\alpha^2}$ 时,

$$c_1^{\mathrm{OL\text{-}T}} < \frac{2\alpha\left(1-\alpha\delta\right)\left(\alpha^2-12\alpha\delta+28\delta^2\right)}{64\delta^2+\alpha^2\left(6+\delta\right)-\alpha^3-36\alpha\delta}$$

证毕。

定理 3.4.22 是一个重要的发现。由前面的分析可知,对于原始设备制造商和零售商而言,在自由市场竞争中,它们并不愿主动实施回收投资。它们均希望对方实施回收投资,从而瓜分再制造市场的利润。在这种情况下,每个企业均从自身利益考虑,最终只会导致最差的结果,即没有人愿意进行回收投资。然而,在双方协商后共同投资的情形中,可以发现这种情况会得到改善。尽管对于原始设备制造商(或者零售商)而言,对方投资下的利润均会比双方合作实施投资时更优,但是双方合作实施投资一定会比自己单独投资时利润更高。这个结果说明,由原始设备制造商和零售商共同实施回收投资是一种最优策略。当然,这种策略实施的前提是原始设备制造商和零售商至少要有一方来承担废旧产品的回收。这个前提一方面需要企业自身社会责任感驱动来实现,另一方面可以通过政府制定相关政策督促企业对其生产的产品进行回收来实现,如生产责任延伸制度的推广和实施。

2)零售商为渠道领导者时的投资决策分析

前文分别研究了在零售商为渠道领导者的供应链结构中,不同主体进行回收投资下原始设备制造商、下游零售商和第三方的不同定价和回收策略。下面针对单独投资模式下原始设备制造商和零售商在第一阶段中的投资决策进行分析,并进一步对比了混合投资模式和单独投资模式下不同决策结果。

首先,仅考虑单独投资模式下(RL-OI 模型和 RL-RI 模型)的投资决策。

在单独投资的模式中,本节对比了原始设备制造商实施回收投资和零售商实施回收投资的两种情形下的决策结果。

定理 3.4.23 当零售商是渠道主导者时,无论是原始设备制造商实施回收投资还是零售商实施回收投资,存在下面两种情况。

(1)新产品的边际价格、销售价格、批发价格、市场需求都没有发生变化,即 $x^{\mathrm{RL\text{-}OI}} = x^{\mathrm{RL\text{-}RI}}$, $w_{\mathrm{n}}^{\mathrm{RL\text{-}OI}} = w_{\mathrm{n}}^{\mathrm{RL\text{-}RI}}$, $q_{\mathrm{n}}^{\mathrm{RL\text{-}OI}} = q_{\mathrm{n}}^{\mathrm{RL\text{-}RI}}$, $p_{\mathrm{n}}^{\mathrm{RL\text{-}OI}} = p_{\mathrm{n}}^{\mathrm{RL\text{-}RI}}$,原始设备制造商生产的再制造产品的回收数量、销售价格没有发生改变,即 $q_{\mathrm{r}}^{\mathrm{RL\text{-}OI}} = q_{\mathrm{r}}^{\mathrm{RL\text{-}RI}}$, $p_{\mathrm{r}}^{\mathrm{RL\text{-}OI}} = p_{\mathrm{r}}^{\mathrm{RL\text{-}RI}}$;第三方企业的回收数量和再制造产品的销售价格也没有改变,即 $q_3^{\mathrm{RL\text{-}OI}} = q_3^{\mathrm{RL\text{-}RI}}$, $p_3^{\mathrm{RL\text{-}OI}} = p_3^{\mathrm{RL\text{-}RI}}$;三方的投资额亦没有改

变，即 $I_{\mathrm{r}}^{\mathrm{RL\text{-}OI}} = I_{\mathrm{r}}^{\mathrm{RL\text{-}RI}}$，$I_{3}^{\mathrm{RL\text{-}OI}} = I_{3}^{\mathrm{RL\text{-}RI}}$。

（2）相比零售商实施回收投资的情况，原始设备制造商投资情形下，其生产的再制造产品的批发价格更高，边际价格更低，即 $w_{\mathrm{r}}^{\mathrm{RL\text{-}OI}} > w_{\mathrm{r}}^{\mathrm{RL\text{-}RI}}$，$y^{\mathrm{RL\text{-}OI}} < y^{\mathrm{RL\text{-}RI}}$。

证明： 由定理 3.4.10 和定理 3.4.11 易证。

事实上，在单独投资的两种情形中，原始设备制造商会通过调控批发价格补偿回收投资额，即当自己实施回收投资时，它会提高再制造产品的批发价格补偿回收投资额；当零售商实施回收投资时，它会降低批发价格以分担零售商的投资额。

定理 3.4.24 当零售商为渠道领导者时，如果原始设备制造商和零售商分别独立的进行回收投资决策，那么它们都希望对方能够实施回收投资，即 $\Pi_{\mathrm{OEM}}^{\mathrm{RL\text{-}OI}} < \Pi_{\mathrm{OEM}}^{\mathrm{RL\text{-}RI}}$ 且 $\Pi_{\mathrm{R}}^{\mathrm{RL\text{-}OI}} > \Pi_{\mathrm{R}}^{\mathrm{RL\text{-}RI}}$。

证明： 比较利润函数 $\Pi_{\mathrm{OEM}}^{\mathrm{RL\text{-}OI}} - \Pi_{\mathrm{OEM}}^{\mathrm{RL\text{-}RI}} = \dfrac{c\left[c\left(4\delta - \alpha - 2\alpha\delta\right) - 3\alpha\delta\left(1 - \alpha\delta\right)\right]}{\left(8\delta - 3\alpha\right)\left(1 - \alpha\delta\right)^{2}}$，当 $c < \dfrac{3\alpha\delta\left(1 - \alpha\delta\right)}{4\delta - \alpha - 2\alpha\delta}$ 时，$\Pi_{\mathrm{OEM}}^{\mathrm{RL\text{-}OI}} - \Pi_{\mathrm{OEM}}^{\mathrm{RL\text{-}RI}} < 0$。而

$$\Pi_{\mathrm{R}}^{\mathrm{RL\text{-}OI}} - \Pi_{\mathrm{R}}^{\mathrm{RL\text{-}RI}} = \dfrac{c\left[3\alpha\delta\left(1 - \alpha\delta\right) - c\left(4\delta - \alpha - 2\alpha\delta\right)\right]}{\left(8\delta - 3\alpha\right)\left(1 - \alpha\delta\right)^{2}}$$

故当 $c < \dfrac{3\alpha\delta\left(1 - \alpha\delta\right)}{4\delta - \alpha - 2\alpha\delta}$ 时，$\Pi_{\mathrm{R}}^{\mathrm{RL\text{-}OI}} - \Pi_{\mathrm{R}}^{\mathrm{RL\text{-}RI}} > 0$。模型 RL-OI 和模型 RL-RI 成立的条件均为

$$c < \min\left\{\dfrac{3\alpha\delta\left(1 - \alpha\delta\right)}{4\delta - \alpha - 2\alpha\delta}, \dfrac{\delta\left[8c_{\mathrm{n}}\delta - 3\alpha\left(1 + c_{\mathrm{n}} - \delta\right)\right]\left(1 - \alpha\delta\right)}{4\delta\left(1 + \delta\right) - \alpha\left(2 - \delta + 2\delta^{2}\right)}\right\}$$

故定理成立。证毕。

上述定理表明，无论是原始设备制造商为渠道的领导者，还是零售商为渠道的领导者，在单独投资的情形中，它们均是不愿意主动实施回收投资的，它们都希望对方实施回收投资，自身可以跟随分享再制造带来的利润。

其次，考虑合作投资（RL-T 模型）和单独投资（RL-OI 模型和 RL-RI 模型）模式下的投资决策。

在单独投资的情形中，原始设备制造商和零售商都更倾向于对方实施回收投资策略。这会导致原始设备制造商和零售商的回收投资意愿都较弱。然而，如果双方都不愿进行回收投资，那么就无法生产和销售再制造产品。因此，下面进一步对比分析两者合作投资与单独投资的情形中三方回收数量和利润的变化。

定理 3.4.25 当零售商为渠道主导者时，存在下面两种情况。

（1）无论是单独投资还是协同投资，再制造产品的回收数量都不变，即 $q_{\mathrm{r}}^{\mathrm{RL\text{-}OI}} = q_{\mathrm{r}}^{\mathrm{RL\text{-}RI}} = q_{\mathrm{r}}^{\mathrm{RL\text{-}T}}$ 且 $q_3^{\mathrm{RL\text{-}OI}} = q_3^{\mathrm{RL\text{-}RI}} = q_3^{\mathrm{RL\text{-}T}}$。

（2）当协同投资时，原始设备制造商制定的再制造产品的批发价格会大于自身单独投资时的批发价格且小于零售商投资时的批发价格，即 $w_{\mathrm{r}}^{\mathrm{RL\text{-}OI}} > w_{\mathrm{r}}^{\mathrm{RL\text{-}T}} > w_{\mathrm{r}}^{\mathrm{RL\text{-}RI}}$。同时，混合投资下的再制造产品的边际价格也大于原始设备制造商投资时的边际价格且小于零售商投资时的边际价格，即 $y^{\mathrm{RL\text{-}RI}} > y^{\mathrm{RL\text{-}T}} > y^{\mathrm{RL\text{-}OI}}$。

证明： 由定理 3.4.12 和定理 3.4.23 易证。

定理 3.4.26 对比混合投资模式和两个单独回收投资的模式中原始设备制造商、零售商的利润，可得

$$\Pi_{\mathrm{OEM}}^{\mathrm{RL\text{-}OI}} < \Pi_{\mathrm{OEM}}^{\mathrm{RL\text{-}T}} < \Pi_{\mathrm{OEM}}^{\mathrm{RL\text{-}RI}} \text{且} \Pi_{\mathrm{R}}^{\mathrm{RL\text{-}RI}} < \Pi_{\mathrm{R}}^{\mathrm{RL\text{-}T}} < \Pi_{\mathrm{R}}^{\mathrm{RL\text{-}OI}}$$

证明： 由定理 3.5.12 和定理 3.5.24 易证。

定理 3.4.26 是一个重要的发现，即当零售商为渠道领导者时，双方的合作回收投资策略是一种次优的选择。虽然对于原始设备制造商和零售商而言，对方投资总是最优的方案，但是如果双方都不实施回收投资，那么它们都将不能从再制造中获利。因此，经过协商之后，双方会愿意合作实施回收投资，以使得自身利润比自己单独投资时的利润更高。

3）渠道力量均衡时的投资决策分析

当原始设备制造商和零售商是垂直纳什博弈结构时，对比原始设备制造商实施回收投资、零售商实施回收投资和合作投资三种模式下的利润情况决定回收投资策略。

定理 3.4.27 当原始设备制造商和零售商同时决策时，它们均不会主动实施回收投资。

证明： 由定理 3.4.13 和定理 3.4.16 易证。

事实上，在 VN-OI 模型中，原始设备制造商一旦投资回收环节，就会面临亏损，故它不会投资。在 VN-RI 模型和 VN-T 模型中，由 $\Pi_{\mathrm{OEM}}^{\mathrm{VN\text{-}T}} < \Pi_{\mathrm{OEM}}^{\mathrm{VN\text{-}RI}}$ 且 $\Pi_{\mathrm{R}}^{\mathrm{VN\text{-}T}} > \Pi_{\mathrm{R}}^{\mathrm{VN\text{-}RI}}$，那么双方均在对方投资时会获得更多的利润。因此，在自由市场中，原始设备制造商和零售商都会放弃实施回收投资，从而导致无法开展再制造业务。

2. 环境影响分析

除了经济利益，本节考察了不同回收投资模式下的环境影响。遵循前几章中的假设，这里的环境影响只考虑制造或者再制造过程中对环境的总体影响，且再制造产品的单位环境影响低于同型新产品的单位环境影响。记新产品的单位环境影响为 e_{n}，原始设备制造商生产的再制造产品的单位环境影响为 e_{r}，而第三方

生产的再制造产品的单位环境影响为 e_3。这里一定有 $e_n > e_r$ 且 $e_n > e_3$。因此，每个模型中的总环境影响为 $E = q_n e_n + q_r e_r + q_3 e_3$，其中 q_n, q_r, q_3 分别为原始设备制造商生产的新产品和再制造产品，以及第三方生产的翻新产品的数量。

定理 3.4.28 （1）当原始设备制造商是渠道的领导者时，当 $e_r/e_3 \geqslant 1/2$ 时，零售商实施回收投资时的环境影响小于原始设备制造商实施回收投资和它们共同投资时的环境影响，即 $E^{\text{OL-OI}} > E^{\text{OL-T}} > E^{\text{OL-RI}}$；否则，当 $e_r/e_3 < 1/2$ 时，则原始设备制造商实施回收投资时的环境影响更低。

（2）当零售商为渠道领导者时，无论是单独投资还是混合投资的环境影响都不变，即 $E^{\text{RL-OI}} = E^{\text{RL-RI}} = E^{\text{RL-T}}$。

（3）当原始设备制造商与零售商的力量均衡时，无论是单独投资还是混合投资的环境影响也都不变，即 $E^{\text{VN-RI}} = E^{\text{VN-T}}$。

证明： $E^i = q_n^i e_n + q_r^i e_r + q_3^i e_3$，其中，$i = \{\text{OL-OI, OL-RI, OL-T, RL-OI, RL-RI, RL-T, VN-RI, VN-T}\}$。将每个模型中新产品、再制造产品的生产数量代入后，可得 $E^{\text{OL-OI}} - E^{\text{OL-T}} = \dfrac{c\alpha}{4(4\delta-\alpha)(1-\alpha\delta)} e_r - \dfrac{c\alpha}{8(4\delta-\alpha)(1-\alpha\delta)} e_3$，$E^{\text{OL-RI}} - E^{\text{OL-T}} = -\dfrac{c\alpha}{4(4\delta-\alpha)(1-\alpha\delta)} e_r + \dfrac{c\alpha}{8(4\delta-\alpha)(1-\alpha\delta)} e_3$，故当 $e_r/e_3 \geqslant 1/2$ 时，$E^{\text{OL-OI}} - E^{\text{OL-T}} > 0$ 且 $E^{\text{OL-RI}} - E^{\text{OL-T}} < 0$，故（1）成立。（2）和（3）易证。证毕。

定理 3.4.28 分析了原始设备制造商和零售商在不同渠道结构中，不同投资策略对环境的影响。当原始设备制造商为渠道领导者时，尽管从经济效益的角度看，合作投资模式是最佳选择，但是从环境影响的角度看，该模式下的环境影响并不是最低的。当零售商为渠道领导者时，无论是从经济效益还是环境影响的角度来看，合作投资模式总是最优的。当双方渠道力量均衡时，合作投资时的环境影响与零售商单独投资的环境影响相同。

3. 数值实验

本节通过数值实验的方式讨论每个模型中第三方再制造产品的品牌竞争力 α 和原始设备制造商生产的再制造产品的品牌竞争力 δ 对企业利润和环境影响的作用。

在每个模型中，当 α 和 δ 变化时，首先会影响新产品的生产成本 c_n 和废旧产品的单位回收成本 c 的取值范围，从而决定模型成立的条件。因此，在讨论 α 和 δ 对企业利润的影响时，需要给定 c_n 和 c。根据第 3 章中关于新产品生产成本和回收成本的估值，令 $c_n = 0.6$, $c = 0.2$。其次，当固定 $\delta = 0.6$ 时，可以得到原始设备制造商、零售商和第三方企业的利润、环境影响随 α 的变化情况。同理，当固定 $\alpha = 0.4$ 时，可得三个企业的利润、环境影响随 δ 的变化情况。由于控制变量 α 或 δ 的不同取值并不影响结果的变化趋势，故这里不再展示更多的取值结果。图 3.13~图 3.18 分别展示了企业的竞争强度对原始设备制造商、零售商和第三方企业的利润的影响，结论如下。

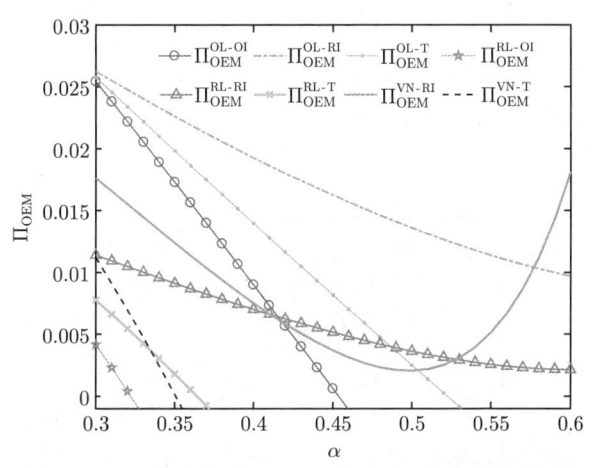

图 3.13　α 的变化对 Π_{OEM} 的影响（见文后彩图）

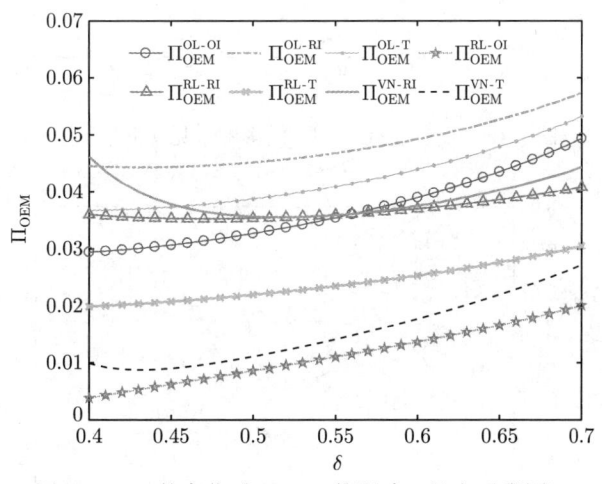

图 3.14　δ 的变化对 Π_{OEM} 的影响（见文后彩图）

图 3.13 和图 3.15 说明了随着第三方企业品牌竞争力的提升，原始设备制造商和零售商的利润受损。但在不同的渠道结构下，利润的下降率是不同的。当第三方企业的品牌竞争力在一定范围内变化时，不管是单独投资模式还是合作投资模式，在原始设备制造商为渠道领导者时，其利润都相对较高。而对于零售商而言，当它为渠道领导者时，其利润并没有明显的优势。图 3.17 说明了对于第三

方企业而言,除原始设备制造商与零售商渠道力量均衡的情况以外,随着自身品牌竞争力的增强,第三方企业的利润总是增加的。

图 3.14 和图 3.16 说明随着原始设备制造商生产的再制造产品竞争力的提升,其自身和零售商的利润都会增加。其中,当原始设备制造商的品牌竞争力处于较高水平时,不管是单独投资模式还是合作投资模式,在原始设备制造商为渠道领导者时,其利润相对较高。而对于零售商而言,它作为渠道领导者时,利润并没有明显增长的优势。图 3.18 显示随着竞争企业品牌竞争力的增强,第三方企业的利润明显下降。

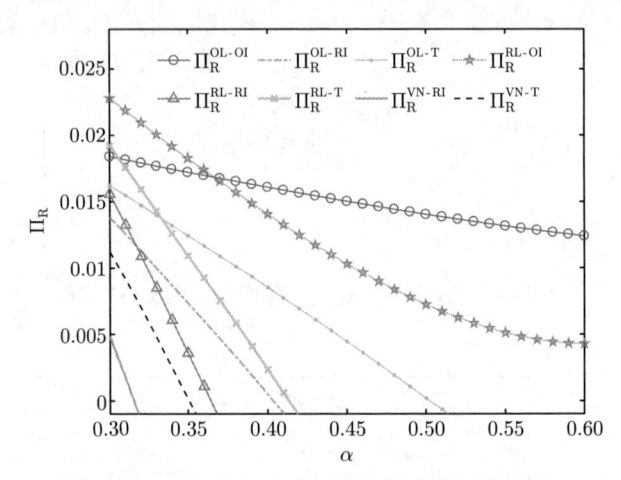

图 3.15 α 的变化对 Π_R 的影响(见文后彩图)

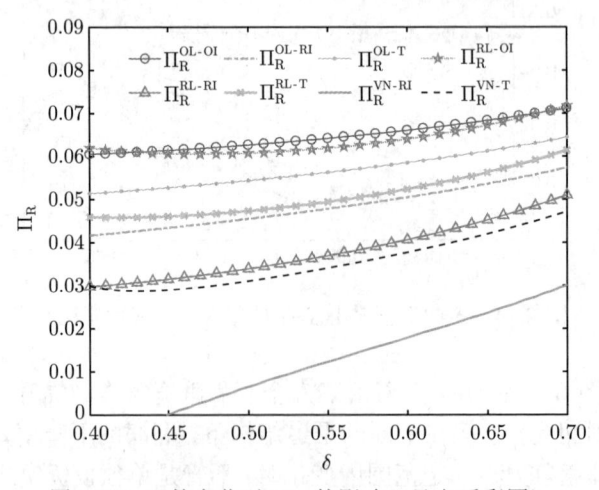

图 3.16 δ 的变化对 Π_R 的影响(见文后彩图)

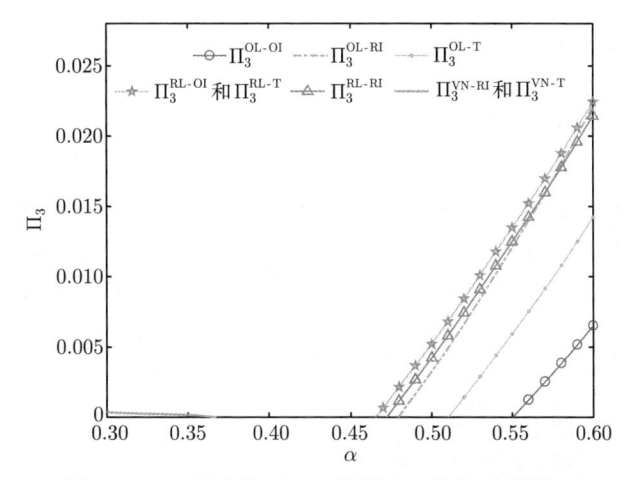

图 3.17 α 的变化对 Π_3 的影响（见文后彩图）

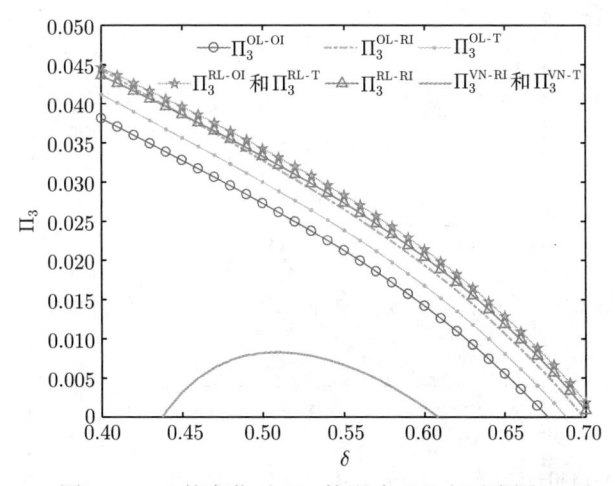

图 3.18 δ 的变化对 Π_3 的影响（见文后彩图）

此外，在不同渠道结构中，合作投资策略给原始设备制造商和零售商带来的利润总是处于两种单独投资的利润之间，且对方实施投资情形下的利润总是最高的。对于第三方企业而言，当零售商为渠道领导者且实施技术投资时，其利润相比其他结构中投资模式下的利润都更高。这些结论都进一步证实了前文相关定理的结果。

图 3.19～图 3.22 展示了企业的竞争强度对环境影响的作用。结果表明，随着第三方企业品牌竞争力的增强，所有模式下的总环境影响均得到提高。但如果第三方企业生产的再制造产品的单位环境影响较大，则所有模式下的总环境影响会随着原始设备制造商的品牌竞争力的增加而降低；如果第三方企业生产的再制造

产品的单位环境影响较小,那么所有模式下的总环境影响会随着原始设备制造商的品牌竞争力的增加而增加。此外,第三方企业生产的再制造产品的单位环境影响越大,所有情况中的总环境影响都越大。在零售商为渠道领导者的模式和双方渠道力量均衡的模式中,不管投资主体如何,它们的环境影响总是明显高于原始设备制造商是渠道领导者时的任意投资模式。因此,从环境影响的角度看,原始设备制造商为渠道领导者的结构对环境更加友好。结合前面的分析,原始设备制造商为渠道领导者且实施合作投资策略是一种具有经济和环境双重优势的策略。

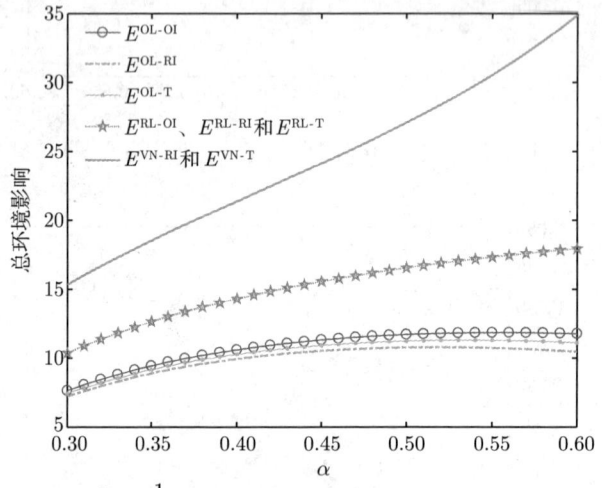

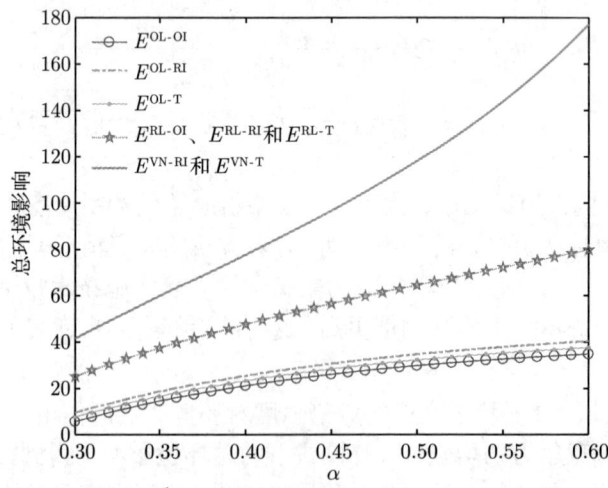

图 3.19 $\dfrac{e_r}{e_3} \geqslant \dfrac{1}{2}$ 时 α 对总环境影响的作用(见文后彩图)

图 3.20 $\dfrac{e_r}{e_3} < \dfrac{1}{2}$ 时 α 对总环境影响的作用(见文后彩图)

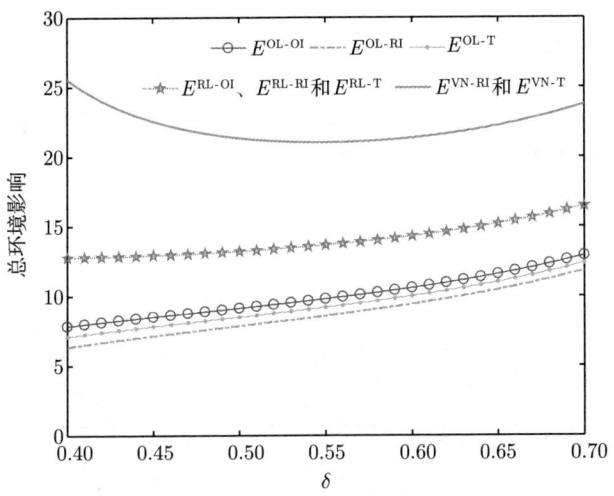

图 3.21 $\dfrac{e_r}{e_3} \geqslant \dfrac{1}{2}$ 时 δ 对总环境影响的作用（见文后彩图）

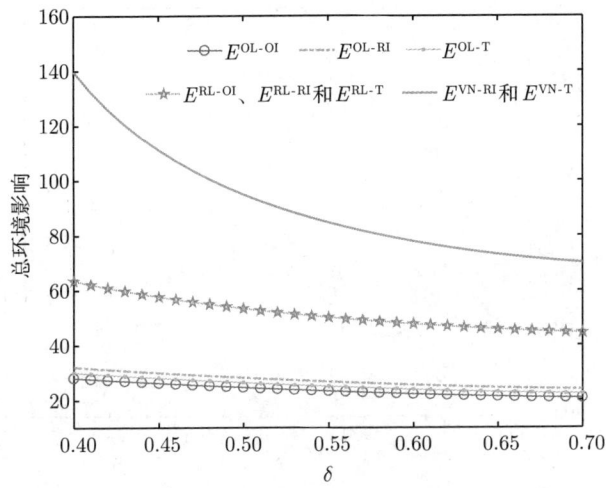

图 3.22 $\dfrac{e_r}{e_3} < \dfrac{1}{2}$ 时 δ 对总环境影响的作用（见文后彩图）

图 3.23～图 3.28 展示了企业竞争强度对新产品价格和再制造产品价格的影响。实验结果表明，对于原始设备制造商和零售商来说，竞争企业品牌竞争力的提升必然导致自身产品价格下降，而自身品牌竞争力的提升总是会提高其产品价格。对于第三方企业来说，在一定范围内提升自身企业品牌竞争力会提高其产品价格，且竞争企业提升其品牌竞争力也没有对其产品价格造成明显的负面影响。此外，尽管原始设备制造商为渠道领导者的结构中表现出较好的经济和环境效益，但该结构中消费者在购买新产品和再制造产品时需要承担较高的购买价格。

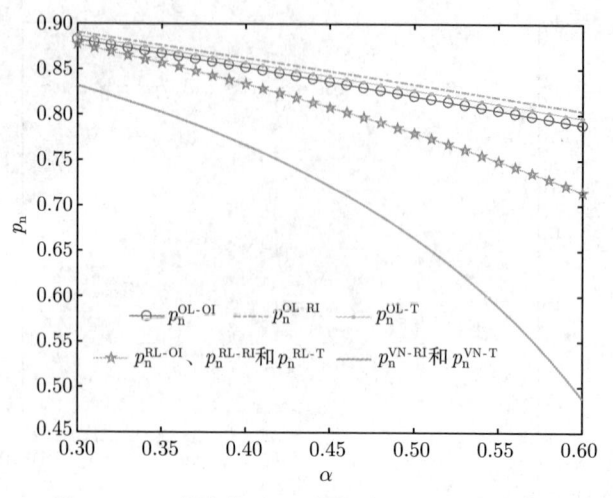

图 3.23 α 的变化对 p_n 的影响（见文后彩图）

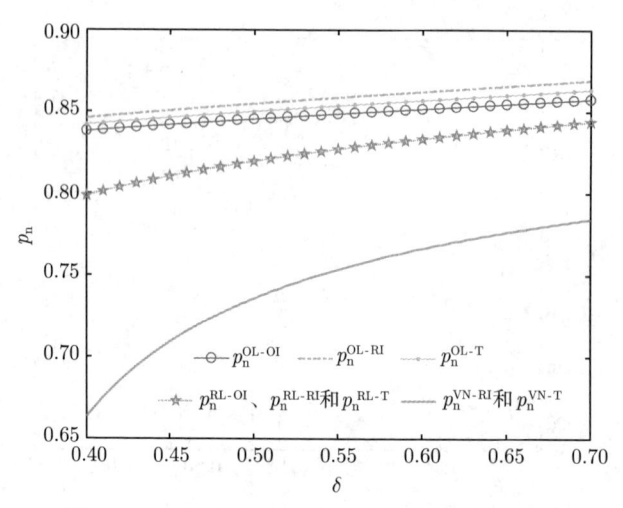

图 3.24 δ 的变化对 p_n 的影响（见文后彩图）

3.4.4 管理启示

本节的研究为原始设备制造商与零售商在回收投资时的合作决策提供了一些有用的见解。首先，当原始设备制造商是渠道领导者或者零售商是渠道领导者时，双方都不愿自己单独实施回收投资，但从供应链整体角度看，合作投资模式是最优策略。但是在双方力量均衡时，它们则一定不愿实施回收投资。合作投资模式的实施一方面需要企业自身社会责任驱动，另一方面也需要政府参与。例如，制定相关政策法规要求供应链上下游企业都要参与废旧产品的回收处理，这会更好地促进再制造行业的发展。

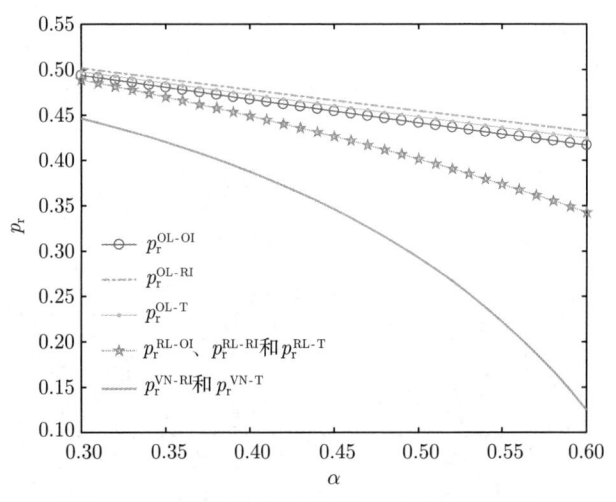

图 3.25 α 的变化对 p_r 的影响（见文后彩图）

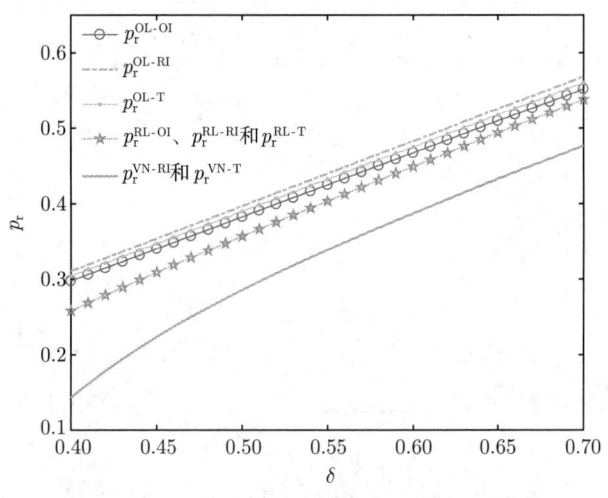

图 3.26 δ 的变化对 p_r 的影响（见文后彩图）

其次，当原始设备制造商为渠道领导者时，合作投资模式中的环境影响总是处在其他两种模式中的环境影响之间。而零售商是领导者或者双方力量均衡的渠道结构中，无论单独投资还是合作投资模式下的环境影响都相同。数值实验的结果表明，第三方企业生产的产品的单位环境影响越大，则无论渠道结构如何、采用何种投资模式，总体的环境影响都越大。这说明在不同渠道结构中，政府在推行回收政策时，需要进一步考虑环境影响的作用，规范和监督第三方企业的再制造生产活动。

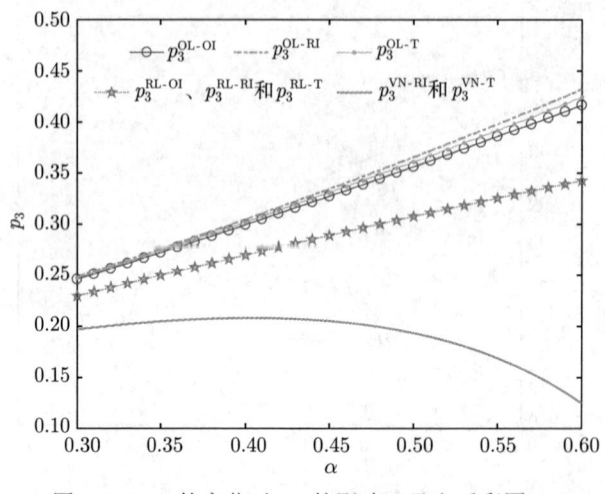

图 3.27 α 的变化对 p_3 的影响（见文后彩图）

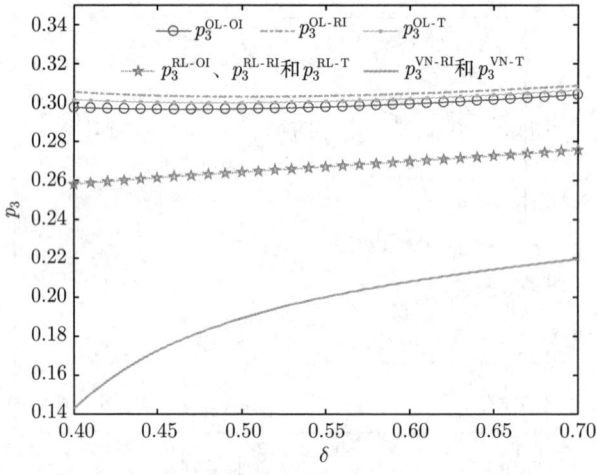

图 3.28 δ 的变化对 p_3 的影响（见文后彩图）

最后，在数值实验中，通过对比不同渠道结构和不同投资模式下原始设备制造商、零售商和第三方企业的利润、环境和产品价格，可以发现，原始设备制造商为渠道领导者且与零售商合作实施投资时总是表现出较好的经济和环境效益，但该情形中新产品、再制造产品的销售价格都较高。建议政府可以采取一些补贴措施，鼓励企业实施回收和再制造的同时，降低再制造产品的价格，刺激消费需求。

3.5 本章小结

基于三种不同的竞争环境，本章讨论了闭环供应链的均衡回收决策。同时在考虑回收决策的过程中，动态融合相关供应链结构特征，探索相关最优决策，为供应链参与方制定优化方案提供参考依据。具体来说，在水平竞争环境下，考虑了不同转移定价权归属时原始设备制造商与第三方的回收决策。通过建模求解以及敏感性分析，可以得出回收商具有定价权会加剧废旧产品的回收竞争且使决策变得更加复杂；当消费者显著偏好制造商回收渠道时，与制造商具有转移价格定价权相比，回收商具有转移价格定价权能够有效降低均衡转移价格，对制造商更有利。在垂直竞争环境下，本章构建了两个基准单向垂直竞争模型和一个双向垂直竞争模型。通过对比分析可以发现激烈的竞争对制造商和供应商是有利的，当供应商销售新的和再制造的零部件时，制造商进行回收会降低同类相食的负效应。同时，制造商和供应商愿意成为一个跟随者，而不是第一个参与回收活动，即供应链中存在"后动优势"。最后，提高产品质量对供应链参与者及顾客都有正面效应，启示决策者不应该为了眼前的利益而放弃未来的长远收益。在水平与垂直竞争并存的环境下，构造了由原始设备制造商、零售商及第三方再制造商组成的三级供应链体系。通过考虑不同的供应链渠道力量结构，以及制造商与零售商之间的多种投资模式，得到以下结论。当原始设备制造商是渠道领导者或者零售商是渠道领导者时，它们都不愿自己单独实施回收投资，协同投资模式是一种次优策略，但是在双方力量均衡时，它们则一定不愿实施回收投资。协同投资模式的实施一方面需要企业自身社会责任驱动，另一方面也需要政府参与，可以制定相关政策法规要求供应链上下游企业都要参与废旧产品的回收处理，那么这会更好地促进再制造行业的发展。

通过分析不同竞争环境下供应链的回收决策，并在此基础上进行模型拓展，如考虑转移价格决定权归属、双重垂直竞争环境、供应链再制造投资决策等。本章将传统闭环供应链回收决策拓展到相应的新背景，使其更加符合现实市场特征，为供应链参与方制定最优决策提供相应的理论指导，具有较强的现实意义。

参考文献

[1] MAJUMDER P, GROENEVELT H. Competition in remanufacturing[J]. Production and Operations Management, 2001, 10(2): 125-141.

[2] AGRAWAL V V, ATASU A, VAN ITTERSUM K. Remanufacturing, third-party competition, and consumers' perceived value of new products[J]. Management Science, 2015, 61(1): 60-72.

[3] FANG C, YOU Z, YANG Y, et al. Is third-party remanufacturing necessarily harmful to

[4] ZHAO S, YOU Z, ZHU Q. Quality choice for product recovery considering a trade-in program and third-party remanufacturing competition[J]. International Journal of Production Economics, 2021, 240: 108239.

[5] HUANG H, MENG Q, XU H, et al. Cost information sharing under competition in remanufacturing[J]. International Journal of Production Research, 2019, 57(21): 6579-6592.

[6] XING E, SHI C, ZHANG J, et al. Double third-party recycling closed-loop supply chain decision under the perspective of carbon trading[J]. Journal of Cleaner Production, 2020, 259: 120651.

[7] ZHANG Y, CHEN W, MI Y. Third-party remanufacturing mode selection for competitive closed-loop supply chain based on evolutionary game theory[J]. Journal of Cleaner Production, 2020, 263: 121305.

[8] KLEBER R, REIMANN M, SOUZA G C, et al. Two-sided competition with vertical differentiation in both acquisition and sales in remanufacturing[J]. European Journal of Operational Research, 2020, 284(2): 572-587.

[9] 孟丽君, 程红亚, 黄祖庆, 等. 质量-价格竞争下新品与再制品差异决策模型研究[J]. 工业工程与管理, 2021, 26:66-74.

[10] PANDA S, MODAK N M, CÁRDENAS-BARRÓN L E. Coordinating a socially responsible closed-loop supply chain with product recycling[J]. International Journal of Production Economics, 2017, 188: 11-21.

[11] CHEN D, IGNATIUS J, SUN D, et al. Reverse logistics pricing strategy for a green supply chain: A view of customers' environmental awareness[J]. International Journal of Production Economics, 2019, 217: 197-210.

[12] ZHAO J, WANG C, XU L. Decision for pricing, service, and recycling of closed-loop supply chains considering different remanufacturing roles and technology authorizations[J]. Computers & Industrial Engineering, 2019, 132: 59-73.

[13] SAVASKAN R C, BHATTACHARYA S, Van WASSENHOVE L N. Closed-loop supply chain models with product remanufacturing[J]. Management Science, 2004, 50(2): 239-252.

[14] ZHAO J, WEI J, LI M. Collecting channel choice and optimal decisions on pricing and collecting in a remanufacturing supply chain[J]. Journal of Cleaner Production, 2017, 167: 530-544.

[15] YANG L, HU Y, HUANG L. Collecting mode selection in a remanufacturing supply chain under cap-and-trade regulation[J]. European Journal of Operational Research, 2020, 287(2): 480-496.

[16] HUANG M, SONG M, LEE L H, et al. Analysis for strategy of closed-loop supply chain with dual recycling channel[J]. International Journal of Production Economics, 2013, 144(2): 510-520.

[17] WEI J, WANG Y, ZHAO J, et al. Analyzing the performance of a two-period remanufacturing supply chain with dual collecting channels[J]. Computers &Industrial Engineering, 2019, 135: 1188-1202.

[18] WANG N, HE Q, JIANG B. Hybrid closed-loop supply chains with competition in recycling and product markets[J]. International Journal of Production Economics, 2019, 217: 246-258.

[19] JIN M, NIE J, YANG F, et al. The impact of third-party remanufacturing on the forward supply chain: a blessing or a curse[J]. International Journal of Production Research, 2017, 55(22): 6871-6882.

[20] WU X, ZHOU Y. Buyer-specific versus uniform pricing in a closed-loop supply chain with third-party remanufacturing[J]. European Journal of Operational Research, 2019, 273(2): 548-560.

[21] 曹晓刚, 郑本荣, 闻卉. 基于质量与价格竞争的再制造系统均衡决策研究 [J]. 控制与决策,2014,29(8):1394-1400.

[22] WU C H. Price and service competition between new and remanufactured products in a two-echelon supply chain[J]. International Journal of Production Economics, 2012, 140(1): 496-507.

[23] ABBEY J D, KLEBER R, SOUZA G C, et al. The role of perceived quality risk in pricing remanufactured products[J]. Production and Operations Management, 2017, 26(1): 100-115.

[24] MA P, GONG Y, MIRCHANDANI P. Trade-in for remanufactured products: Pricing with double reference effects[J]. International Journal of Production Economics, 2020, 230: 107800.

[25] MALCOLM WHEATLEY. Blockchain: potential unlocked?[EB/OL]. Supply Chain Management. [2019-07-04]. https://www.automotivelogistics.media/supply-chain management/block chain-potential-unlocked/38624.article.

[26] HOSSEINI-MOTLAGH S M, NOURI-HARZVILI M, CHOI T M, et al. Reverse supply chain systems optimization with dual channel and demand disruptions: sustainability, CSR investment and pricing coordination[J]. Information Sciences, 2019, 503: 606-634.

[27] ESENDURAN G, LIN Y T, XIAO W, et al. Choice of electronic waste recycling standard under recovery channel competition[J]. Manufacturing & Service Operations Management, 2020, 22(3): 495-512.

[28] HONG X, GOVINDAN K, XU L, et al. Quantity and collection decisions in a closed-loop supply chain with technology licensing[J]. European Journal of Operational Research, 2017, 256(3): 820-829.

[29] WEI J, ZHAO J. Pricing and remanufacturing decisions in two competing supply chains[J]. International Journal of Production Research, 2015, 53(1): 258-278.

[30] GUIDE JR V D R, VAN WASSENHOVE L N. Managing product returns for remanufacturing[J]. Production and Operations Management, 2001, 10(2): 142-155.

[31] BHATTACHARYA S, GUIDE JR V D R, VAN WASSENHOVE L N. Optimal order

quantities with remanufacturing across new product generations[J]. Production and Operations Management, 2006, 15(3): 421-431.

[32] YAN W, XIONG Y, XIONG Z, et al. Bricks vs. clicks: Which is better for marketing remanufactured products?[J]. European Journal of Operational Research, 2015, 242(2): 434-444.

[33] XIAO Y, ZHOU S X. Trade-in for cash or for upgrade? dynamic pricing with customer choice[J]. Production and Operations Management, 2020, 29(4): 856-881.

[34] NIU B, CHEN L, ZOU Z, et al. Demand signal transmission in a certified refurbishing supply chain: rules and incentive analysis[J]. Annals of Operations Research, 2023, 329(1): 1-46.

[35] NIU B, CHEN K, FANG X, et al. Technology specifications and production timing in a co-opetitive supply chain[J]. Production and Operations Management, 2019, 28(8): 1990-2007.

[36] MITRA S, WEBSTER S. Competition in remanufacturing and the effects of government subsidies[J]. International Journal of Production Economics, 2008, 111(2): 287-298.

[37] LI K, LIU J, FU H, et al. Acquisition and pricing strategies in hybrid manufacturing-remanufacturing systems[J]. Journal of Manufacturing Systems, 2020, 57: 217-230.

[38] FU H, LIU M, CHEN B. Supplier's investment in manufacturer's quality improvement with equity holding[J]. Journal of Industrial & Management Optimization, 2021, 17(2): 1547-5816.

[39] WANG Y, NIU B, GUO P. On the advantage of quantity leadership when outsourcing production to a competitive contract manufacturer[J]. Production and Operations Management, 2013, 22(1): 104-119.

第4章
再制造供应链生产决策

　　第3章探讨了再制造供应链的回收决策,分析了不同竞争环境下的回收和再制造策略。本章考虑再制造供应链的生产决策,研究垄断环境、竞争环境、合作环境下制造-再制造系统中供应链成员的再制造决策、多种产品的价格和产量决策。首先,研究原始设备制造商自己实施再制造时多产品多周期内的生产决策,分析不同情形中回收过程对再制造生产决策的影响;其次,在垄断和竞争两个环境中考虑第三方再制造商竞争下的再制造生产决策,分析消费者参与回收行为的不确定性对企业的再制造策略、采购和生产决策的影响;最后,在第三方再制造商竞争环境下,研究原始设备制造商与上游代工企业合作实施再制造的生产决策,分析新产品、翻新产品等多产品竞争对企业生产、利润和环境的影响。

4.1　问题背景与研究现状

4.1.1　问题背景

　　再制造延伸了传统的供应链,形成了更加复杂、完善的闭环供应链系统。然而,废旧产品回收的不确定性导致了再制造生产过程的不确定性。例如,报废产品的循环、汽车零部件的修复和轮胎的翻新等,都受到了学术界和企业管理者的密切关注。企业实施再制造战略不仅能体现生产者责任,也能获得更高利润[1]。与生产新零部件或新产品相比,再制造可以为企业节约成本、减少资源消耗、降低环境污染和增加社会福利[2]。2009—2011年,美国再制造产品的价值已超过430亿美元,仅在美国就提供了18万个全职工作岗位[3]。在钢铁行业,根据国际回收局(国际废旧物资回收组织)的统计数据,我国是世界上最大的废钢消费国,截至 2020 年年底，全国废钢消耗量超过 2.2×10^9 t，市场流通价值约 6000 亿元。在电子产品行业，仅在 2020 年，华为自有回收渠道处理的电子废弃物超过 4500t。从 1000 万台手机拆解中，可以回收超过 120kg 黄金、87t 铜，这些分解后获得的金、铜可用于再生工业原材料，实现循环利用。在汽车行业，再制造可以节省超过 80% 的能源和用来制造新零部件的原材料，并且可以避免将用过的核心零部件堆入垃圾填埋[4]。以我国重汽集团济南复强动力有限公司为例，该企业对重型卡车的发动机回收再制造，通过对有损伤的关键部位使用稀有耐磨材料，采用先进的表面工程技术，87.3% 的主体部分能够进行功能修复和提升，使再制造产品的性能实质上更加优于新产品。同时，由于其主体部分成本的节约，与制造新产品相比，再制造产品的生产过程可以节能 60% 左右、节材 70% 左右、大气污染物排放量降低 80% 以上[5]。

尽管再制造具有良好的经济和环境效益，然而目前原始设备制造商实施再制造的比例并不高。截至 2019 年，我国在汽车零部件行业中，原始设备制造商申报的再制造试点企业仅有 70 家，其他行业的数量更少[6]。其主要原因来自于两个方面：一是原始设备制造商的核心业务是制造和销售新产品，它们担心再制造业务可能会蚕食新产品的利润；二是再制造行业本身的困境。事实上，中国再制造行业的发展面临着产业链条不完全、市场规模比较小、废旧产品回收困难、再制造企业竞争力较弱等诸多问题[7]。这主要体现在以下几个方面。首先，消费者对再制造产品的认可度较低。消费者普遍认为再制造产品是二手产品，担心其质量和性能。同时，由于市场中低质量的翻新产品广泛存在，进一步加深了消费者对再制造产品的偏见。其次，废旧产品的质量和数量具有不确定性，使得再制造产品生产成本和生产时机的不确定性。此外，供应链中不同主体参与再制造活动也加剧了供应链成员之间的竞争。因此，对于原始设备制造商来说，是否实施再制造、在什么时机进行再制造、如何在不同供应链结构中组织多种产品的生产活动，以及如何设置合作机制提高再制造产品生产效率是本章要解决的主要问题。

基于上述现实问题，本章先从回收策略、市场竞争、合作模式对再制造生产环节的影响等方面回顾了国内外相关研究现状。接着从原始设备制造商自己实施再制造情形中的生产决策、考虑第三方再制造商竞争的再制造生产决策，以及考虑代工企业合作的再制造生产决策三个方面具体分析了企业的再制造生产策略。

4.1.2 研究现状

废旧产品的质量和性能的差异对再制造产品的生产成本产生重要的影响。如果采用统一的回收价格，会增加总的再制造成本。在现实中，一些公司会根据不同的质量制定不同的回收价格。例如，Tricellular 公司根据废旧产品的功能和外观标准分为 6 个质量等级，不同质量等级的废旧产品其回收价格也不同[8-9]。这种按照废旧产品的质量进行分级回收和定价的模式在现实中被广泛采用[10-11]。在理论研究中，Guide 等[12]首先提出了产品回收管理的概念，进而又研究了产品回收的数量和质量，以及再制造产品的需求对再制造盈利能力的影响，文中假设使用的产品的质量和数量是离散随机变量，市场需求已知[13]。之后，Galbreth 和 Blackburn[14]的研究中指出废旧产品的质量是连续的，可以分类。Bhattacharya 和 Kaur[15]考虑的是从终端客户手中回收的废旧产品的质量，针对不同质量等级的二手产品，再制造商必须支付不同的收购价格。Teunter 和 Flapper[16]建立了收购产品多项质量分布的决策优化模型，分析了再制造成本对不确定需求下的最优回收量、再制造决策和总预期成本的影响。Mutha 等[17]讨论了 3PR 的最优原材料获取策略，其中 3PR 的回收模式包括批量和排序等级。他们还研究计划收购、反应性收购或顺序收购对再制造商利润的影响。由于根据不同的质量对二手产品进行分级和定价在现实中很常见，本章在 4.2 节中也考虑到了这一因素。但与现有研究不同，本部分关注了在按照质量分级回收环境下，原始设备制造商采用不同的制造-再制造模式，以及再制造时机对多产品生产、企业利润和环境的影响。

生产计划是再制造运营重要的环节，从生产计划的可再制造目标视角，再制造的核心组件或产品（如汽车零部件、起重机和叉车、家具、医疗设备、托盘、个人电脑、复印机、电话、电视、轮胎、墨盒等）已经成为实践和研究领域的关注对象[18-19]。这些废旧产品一般都很耐用[20-21]。Cai 等[10]制定了制造和再制造混合系统中关于废旧产品的回收价格及生产计划的策略。Jung 等[22]也研究了包含再制造商和制造商在内的闭环供应链的生产计划问题。Kenne 等[23]构建了制造与再制造混合系统的生产计划模型，以获得最优产量和所需的设备数量。Tang 和 Grubbström[24]对随机需求下正向综合生产计划问题进行了研究。Guide 等[25]认为制造商将废旧产品回收外包给第三方有利于减少供应的不确定性，使生产计划保持在一定水平，并能提高设备设施的利用率；而由制造商直接进行废旧产品回收，即从顾客端回收废旧产品，则能更好地控制回收产品的质量，并使其保持良好的状态。刘志等[26]研究了产品模块化设计水平与再制造系统参与人行为决策的关系，并构建了制造商再制造和第三方再制造的再制造模型，得到两模型下的最优产品设计策略和生产决策。Abbey 等[27]从产品生命周期的角度考察了播种新产品再制造的盈利能力。事实上，企业的生产计划需要对市场营销状况进行分析，而市场的需求会很大程度上受到产品定价的影响。因此，在本章 4.3 节中将企业的生产计划与营销模式结合，同时考虑多产品的生产、定价和市场需求等问题，进一步优化了企业内部运营效率。

市场中多产品的竞争对企业的再制造策略、产量决策有重要影响。很多学者基于消费者偏好对再制造闭环供应链中的产量竞争问题展开了研究。Ferrer 和

Swaminathan[28]研究了当仅有原始设备制造商进行再制造时,单周期、两周期及多周期下的新产品和再制造产品竞争的情形;当第三方再制造商进入市场后,原始设备制造商生产的新产品及再制造产品会与再制造商生产的再制造产品形成双重竞争。孙浩等[29]在不同的竞争模式下探讨了原始设备制造商和再制造商的最优博弈策略,得到了再制造商从事回收再制造活动的临界条件。Bulmuş等[30]同时考虑了原始设备制造商和再制造商之间产品的销售竞争及旧产品的回收竞争,认为原始设备制造商在不具备成本优势时,需要减少新产品产量以保护自己的市场份额。Kleber等[31]考虑了两个再制造商在旧产品回收和再制造产品销售之间的竞争,认为对于进行同时博弈的两个再制造商而言,市场优势比回收优势更加有利。伍颖和熊中楷[32-33]构建了两阶段决策模型,分析了原始设备制造商的再制造策略对再制造商的影响,以及再制造节约成本对双方生产规模的影响。许民利等[34]构建了原始设备制造商和再制造商组成的闭环供应链,在产品需求同时受到价格和质量影响的条件下,提出了三种不同的再制造产品生产模式,研究不同生产模式下再制造产品支付意愿对供应链成员产量决策的影响。赵晓敏和孟潇潇[35]在原始设备制造商授权再制造商进行再制造的背景下,构建了双方博弈演化模型,探究了再制造专利许可费对制造商绿色创新决策和再制造商产量决策的影响。杨爱峰等[36]在原始设备制造商通过收取固定费用授权再制造商进行再制造的背景下,构建原始设备制造商和再制造商的古诺竞争模型,得到了制造商完全再制造和部分再制造两种情形下双方的最优产量和回收价格。邹宗保等[37]在原始设备制造商和再制造商组成的供应链中,研究了新产品和再制造产品生产成本比值的变化对双方产量博弈的影响。

由于供应链全球化,以技术为导向的原始设备制造商往往更加专注于品牌和技术优势,将生产外包给合同制造商。这些合同制造商是原始设备制造商的代工企业。例如,苹果和惠普把所有组装功能外包给富士康、伟创力等合同制造商[38]。同时,由于这些代工企业之间竞争激烈,它们可能会开拓新的制造或再制造业务。对于原始设备制造商而言,这些代工企业既是合作伙伴又是竞争对手。当原始设备制造商外包制造业务给合同制造商时,合同制造商既为其生产符合标准的产品,同时还生产自己品牌的产品,此时两种同类产品之间存在竞争。Wang等[38]研究了在原始设备制造商和合同制造商同时博弈和分别为主从博弈领导者时的生产决策问题,结果表明当有竞争力的合同制造商能够从合同制造中获得合理水平的利润时,它几乎没有动力开发自有品牌产品,从而减轻其与原始设备制造商之间的竞争强度。随后,Niu等[39]进一步研究了生产时机和技术规格对上述合作-竞争型供应链的影响,研究发现市场对新规格产品接受的不确定性和竞争强度决定了原始设备制造商与合同制造商的竞争与合作性质,在这种竞争与合作关系下,延迟生产策略并不总是会使双方都受益。Chen等[40]也在上述竞争与合作并存的企业关系下研究了制造商的最佳战略选择，假设两个竞争性制造商通过批发合作竞争和许可合作竞争的模式生产组件，通过比较竞争模式和两种竞合模式下的均衡结果，发现竞合战略的经济效益取决于外部市场特征、企业间的权力关系，以及竞争对手公司内部运营能力和效率之间的差异。当合同制造商从事再制造活动时，将对原始设备制造商生产的新产品产生竞争。Zhou等[41]考虑了原始设备制造商与合同制造商组成的供应链中，合同制造商为原始设备制造商同时生产新产品和再制造产品，当两种产品在市场中竞争时，原始设备制造商决定是否授权合同制造商进行再制造。研究表明，当合同制造商为授权领导者时，原始设备制造商不应该授权其进行外生和内生批发价格设定的再制造活动；但如果原始设备制造商为授权的领导者，则它们之间的授权合作可以达成。目前，基于原始设备制造商向竞争性企业外包再制造业务的文献较少，大多数文献考虑的是原始设备制造商与非竞争性成员之间的合作再制造策略[42-44]。基于此，本章 4.4 节同时考虑了原始设备制造商外包制造和再制造业务，与竞争性企业、非竞争性企业合作实施再制造的模式下的生产、定价和市场需求等问题，进一步从供应链角度优化了企业再制造效率。

4.2 原始设备制造商的再制造生产决策

4.2.1 问题描述

在一个典型的闭环供应链中，由第三方企业实施回收和再制造是常见的形式。在美国，第三方再制造商大约占再制造企业 90% 以上[6]。然而，在我国，由政府认定的原始设备制造商作为再制造试点企业来进行回收和再制造是主要的形式。本节根据我国的现实特点，对比了原始设备制造商实施再制造与第三方企业实施再制造时，废旧产品的回收质量、回收价格、再制造产品的定价、环境影响等方面的不同，并进一步分析了不同回收时机下原始设备制造商再制造生产策略。基于此，本节考虑了一个闭环供应链系统，其中原始设备制造商在第一阶段生产和销售新产品。消费者使用一段时间以后，再制造商对废旧产品进行回收和再制造，再制造产品与新产品在市场中竞争。本节提到的新产品是指第二阶段中再制造产品的原型产品，并没有考虑两个时期中质量升级的新产品。本节提到的再制造产品是指对废旧产品实施再制造技术后，质量恢复到出厂时原型产品的质量的产品。这里也不包含再制造后质量升级的产品。

为了研究不同回收和再制造主体对废旧产品回收质量等级、生产过程、利润和环境等方面的影响，本节建立的三个模型具体描述如下：在第一个模型中，原始设备制造商制造并销售新产品，第三方再制造商进行回收和再制造业务；在第二个模型中,原始设备制造商进行回收和再制造业务;为了进一步研究回收和再制造时机对原始设备制造商再制造策略和生产策略的影响,第三个模型刻画了在第二时期当新产品退出市场以后,原始设备制造商再从事再制造活动的情形。表 4.1 列出了本节模型中出现的数学符号及其含义。

表 4.1 基本数学符号及含义

符号	含义
p_n/p_{2n}	两个阶段中新产品的单位销售价格
$D_n/D_{2n}/D_{2r}$	两个阶段中,新产品和再制造产品的市场需求
ϖ	总回收率
α_i	等级 i 上的废旧产品的回收价格
R_i	等级 i 上的废旧产品的回收数量
c_n	新产品的单位生产成本
c_i	被回收的等级为 i 的废旧产品的再制造成本
s	再制造产品的净剩余价值
μ	二级市场容量
δ	消费者对再制造产品的价值折扣
Π	总利润
E	总的环境影响

为了简化模型计算,在不影响均衡结果分析的前提下,本节将初始市场规模标准化为 1。在前两个模型中,原始设备制造商在两个阶段都销售新产品,即在第二阶段新产品和再制造产品瓜分了整个市场,故市场的规模并没有发生改变。因此,本节假设市场容量在两个时期内是恒定的[18]。在第三个模型中,由于新产品在第二阶段已经退出了市场,不愿意选择再制造产品的消费者会离开市场。因此,假设第二阶段的市场容量(记为 μ)小于第一阶段的市场容量,即 $\mu<1$。在第一阶段,市场中只有新产品。参考 Atasu 等[45]和 Niu 等[46]的假设,消费者是异质的,对新产品的支付意愿为 θ,且均匀分布在区间 [0,1] 上。在这个区间内,每个位置与市场需求相对应。记第一阶段中新产品的价格为 p_n,需求为 $D_n = 1 - p_n$。

在第二阶段中,再制造产品进入市场。虽然再制造产品的质量与新产品一样严格,但是由于来源于废旧产品,消费者对其支付意愿低于新产品。与 Atasu 等[45]和 Chai 等[47]的假设一致,假设消费者对再制造产品的支付意愿的折扣因子为 δ,且 $0 < \delta < 1$。这一折扣因子反映了消费者对再制造产品的偏好。从而,消费者对再制造产品的支付意愿可表示为 $\delta\theta$。记第二阶段中新产品的价格为 p_{2n},再制造产品的价格为 p_{2r}。消费者从购买新产品中的获得效用为 $U_{2n} = \theta - p_{2n}$,而消费者从购买再制造产品中获得的效用为 $U_{2r} = \delta\theta - p_{2r}$。显然,只有当消费者从购买新产品中获得的效用大于 0,且该效用大于从购买再制造产品中获得的效用时,消费者才会选择购买新产品;反之,则会选择购买再制造产品,即当 $U_{2n} > U_{2r}$

且 $U_{2n} > 0$ 时，消费者会选择购买新产品；当 $U_{2n} < U_{2r}$ 且 $U_{2r} > 0$ 时，消费者会选择购买再制造产品。代入表达式求解可得，当再制造产品的价格较低，即 $\delta p_{2r} < p_{2n}$ 时，消费者购买新产品的支付意愿要满足 $\theta > \dfrac{p_{2n} - p_{2r}}{1 - \delta}$，而购买再制造产品的支付意愿要满足 $\dfrac{p_{2r}}{\delta} < \theta < \dfrac{p_{2n} - p_{2r}}{1 - \delta}$。而当再制造产品的价格较高，即 $\delta p_{2r} > p_{2n}$ 时，再制造产品会退出市场。由于本节主要讨论不同回收和再制造主体的回收废旧产品质量等级、利润和环境的影响，因此只讨论再制造产品与新产品共存的情况。此外，由于前文中假设消费者是均匀分布的，且其位置对应产品的市场需求，故可得第二阶段新产品的市场需求为 $D_{2n} = \dfrac{1 - \delta - p_{2n} + p_{2r}}{1 - \delta}$，再制造产品的市场需求为 $D_{2r} = \dfrac{\delta p_{2n} - p_{2r}}{\delta(1 - \delta)}$。在最后一个模型中，由于整体市场规模减小为 μ，那么第二阶段的再制造产品的市场需求会变为 $D_{2r} = \mu - p_{2r}$。

在回收环节，参考Ferrer和Swainathan[18]的定义，总回收率是指在第二阶段再制造产品的数量与第一阶段制造的新产品的比例。记 ϖ 为废旧产品的总回收率，且 $0 < \varpi \leqslant \varpi_0 < 1$。其中，$\varpi_0$ 是总回收率的上限。在现实中，一方面存在部分消费者不愿将废旧产品提供给再制造商，另一方面一些质量状况很差不能达到再制造要求的废旧产品也不能被再制造。因此，总回收率很难达到1。这里考虑被回收的废旧产品都能够被再制造。原因是当废旧产品被回收时会进行质量评估，如果产品的质量和性能太差以至于不能达到再制造的最低标准，那么这部分废旧产品会进行材料或能量回收，而不是再制造[48]。

正如前文所述，再制造商在回收环节会对废旧产品的质量进行评估。假设废旧产品的质量划分为 i 个等级，用下标 i 表示产品的质量等级，即 $i = 1, 2, \cdots, N$。i 越小说明废旧产品的质量越好[12]。而同一质量等级的废旧产品具有相似的质量水平，其再制造成本几乎相同。分别用 c_i 和 α_i 表示废旧产品在各个等级上的再制造成本和回收价格，其中 $c_1 < c_2 < \cdots < c_N$ 且 $\alpha_1 > \alpha_2 \cdots \alpha_N$。如前所述，这是因为使用过的产品质量越好，其再制造成本越低，其回收的价格就越高。

正如Guide等[13]和Mutha等[17]的研究中所提到的，可以通过提供价格激励来刺激回收。在本章中，定义了每个等级回收的数量（R_i）是关于价格（α_i）的函数，并假设这个函数是一个连续递增且可微的函数，第 i 个等级的回收数量只与该等级的回收价格有关。综上，为了方便下面的计算，假设每个等级的废旧产品的回收数量是线性的，即 $R_i = k_i(\alpha_i - \beta_i)$。其中，$k_i$ 表示消费者对价格的敏感度，且 $k_i > 0$。定义 α_i 的取值在区间 $[\beta_i, p_{2r} - c_i]$ 内，β_i 表示在等级 i 上的废旧产品的交易价格的下界，即只有超过这个价格，消费者才交换手中的废旧产品。随着质量等级（i）的增大，表示废旧产品的质量越差，这个交易的边界值也会不断下降，即 $\beta_1 > \beta_2 > \cdots > \beta_N$。而 $p_{2r} - c_i$ 是等级为 i 的废旧产品的单位回收价格的上界。当回收的价格超过这个上界时，再制造商就会放弃回收和再制造业务。对于再制造商而言，$\beta_i + c_i$ 代表的是在等级 i 上废旧产品的回收和再制造的最小总成本。由于随着等级 i 的增加，β_i 单调递减，而 c_i 单调递增。因此，存在一个等级 $l(l \in \{1, 2, \cdots, N\})$，使得 $\beta_l + c_l = \min\{\beta_i + c_i\}$，称这个等级为最好的等级。

此外，当回收的数量超过市场需求时，部分再制造产品没有被出售，但它们在后面的周期内仍然可以被销售而带来价值。设 s 表示本期内未销售的再制造产品的净剩余价值。

4.2.2 模型构建

本节依次构建了第三方再制造商实施回收和再制造业务和原始设备制造商实施回收和再制造两种模型，分别讨论了两种模式中均衡市场结构、回收废旧产品的质量等级情况，以及利益相关方的利润情况。用上标 Ⅰ、Ⅱ、Ⅲ 分别表示原始设备制造商仅生产新产品、原始设备制造商同时生产新产品和再制造产品、原始设备制造商仅生产再制造产品。

1. 原始设备制造商仅生产新产品

原始设备制造商在两个阶段提供新产品，而第三方再制造商在第二阶段回收和再制造废旧产品，新产品和再制造产品在市场中共存（以下简称为 3PR-R 模型）。如前文所述，两个阶段市场规模没有发生改变。决策顺序如图 4.1 所示。

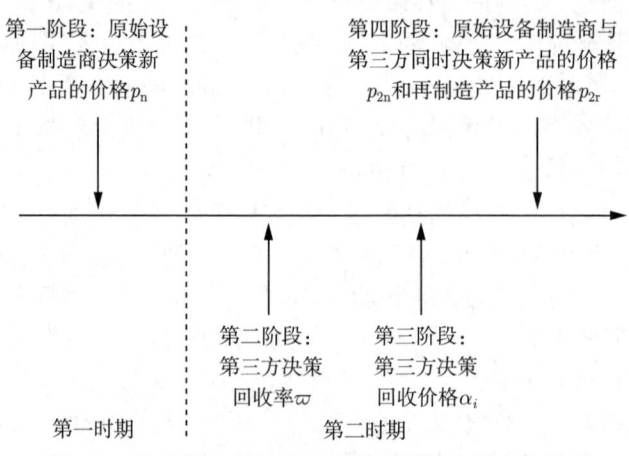

图 4.1 原始设备制造商不实施再制造时的决策顺序

由此，可得原始设备制造商和第三方再制造商的利润最大化问题为

$$\max_{p_{\mathrm{n}}, p_{2\mathrm{n}}} \Pi_{\mathrm{OEM}}^{\mathrm{I}} = (p_{\mathrm{n}} - c_{\mathrm{n}})D_{\mathrm{n}} + (p_{2\mathrm{n}} - c_{\mathrm{n}})D_{2\mathrm{n}} \tag{4.2.1}$$

$$\max_{\varpi, \alpha_i, p_{2\mathrm{r}}} \Pi_{3\mathrm{PR}}^{\mathrm{I}} = p_{2\mathrm{r}} \min\{\varpi D_{\mathrm{n}}, D_{2\mathrm{r}}\} - \sum_{i=1}^{N}(c_i + \alpha_i)R_i + s(\varpi D_{\mathrm{n}} - D_{2\mathrm{r}})^+ \tag{4.2.2}$$

$$\mathrm{s.t.} \sum_{i=1}^{N} R_i = \varpi D_{\mathrm{n}} \tag{4.2.3}$$

$$0 < \varpi \leqslant \varpi_0 < 1 \tag{4.2.4}$$

$$\beta_i \leqslant \alpha_i < p_{2\mathrm{r}} - c_i \tag{4.2.5}$$

其中，原始设备制造商的总利润来自于在两期内销售新产品，而第三方再制造商的利润由两部分组成，第一部分是销售再制造产品减去回收和再制造废旧产品的总成本后的收益，第二部分是当再制造产品的数量超过市场需求后剩余的价值。这里需要说明的是，第三方企业一定要从销售再制造产品中获得利润，即每单位再制造产品的销售价格一定要超过回收和再制造的总成本。

图 4.1 给出了决策的过程。这个决策过程可以分为两个时期，其中包含四个阶段。在第一时期，原始设备制造商销售新产品；在第二时期，第三方再制造商开始实施回收和再制造业务。具体的决策顺序如下。首先，原始设备制造商在第一阶段决定新产品在第一时期内的价格。其次，第三方再制造商在第二阶段决定总回收率，并在第三阶段制定每个等级的回收价格。再次，原始设备制造商和第三方再制造商在第四阶段同时决定新产品和再制造产品的价格。最后，将采用逆向求解法依次求解上述决策变量。

在第二时期，原始设备制造商面对来自第三方再制造商的竞争，新产品的市场份额会发生改变。因此，需要通过调整新产品的价格以增加利润。

引理 4.2.1 对于第三方再制造商而言，ϖD_{n} 是绝对占优的，即 $\varpi D_{\mathrm{n}} \geqslant D_{2\mathrm{r}}$。

证明： 当 $\varpi D_{\mathrm{n}} \leqslant D_{2\mathrm{r}}$（即 $p_{2\mathrm{r}} \leqslant \delta p_{2\mathrm{n}} - \delta(1-\delta)\varpi D_{\mathrm{n}}$）时，第三方再制造商的利润函数为 $\Pi_{3\mathrm{PR}}^{\mathrm{I}} = p_{2\mathrm{r}}(\varpi D_{\mathrm{n}}) - \sum_{i=1}^{N}(c_i + \alpha_i)R_i$。因此，$\dfrac{\partial \Pi_{3\mathrm{PR}}}{\partial p_{2\mathrm{r}}} = \varpi D_{\mathrm{n}} > 0$。故第三方再制造商的利润是关于 $p_{2\mathrm{r}}$ 的增函数，即当 $p_{2\mathrm{r}}$ 取到最大值时，第三方利润函数也取到最大值。

引理的结果表明，下面关于均衡解的讨论只需要关注回收数量充足的情况。事实上，前面已经提到，以第二代 EA800 发动机为例，每年约有 12 万～18 万台发动机被废弃[71]，故废旧产品的来源是充足的。此外，如果当再制造市场较大或者再制造能力较弱时，再制造企业面临的困境是如何通过扩大生产来增加总利润，这种情况不再讨论。

引理 4.2.2 当 $\varpi D_\mathrm{n} \leqslant \dfrac{\delta(1+c_\mathrm{n}-\delta)-(2-\delta)s}{\delta(4-\delta)(1-\delta)}$ 时，第二阶段的销售价格为 $p_{2\mathrm{n}} = \dfrac{c_\mathrm{n}+(1-\delta)(1-w\delta D_\mathrm{n})}{2-\delta}$，$p_{2\mathrm{r}} = \dfrac{\delta(1+c_\mathrm{n}-\delta)-2wD_\mathrm{n}\delta(1-\delta)}{2-\delta}$；当 $\varpi D_\mathrm{n} > \dfrac{\delta(1+c_\mathrm{n}-\delta)-(2-\delta)s}{\delta(4-\delta)(1-\delta)}$ 时，第二阶段的销售价格为 $p_{2\mathrm{n}} = \dfrac{2(1+c_\mathrm{n}-\delta)+s}{4-\delta}$，$p_{2\mathrm{r}} = \dfrac{\delta(1+c_\mathrm{n}-\delta)+2s}{4-\delta}$。

证明： 按照博弈顺序，采用逆向求解的方法。先求第四阶段中的 $p_{2\mathrm{n}}$ 和 $p_{2\mathrm{r}}$。由于 $\varpi D_N \geqslant \dfrac{\delta p_{2\mathrm{n}} - p_{2\mathrm{r}}}{\delta(1-\delta)}$，故原始设备制造商和第三方再制造商的利润分别为

$$\Pi_\mathrm{OEM}^\mathrm{I} = (p_\mathrm{n}-c_\mathrm{n})D_\mathrm{n} + (p_{2\mathrm{n}}-c_\mathrm{n})\dfrac{1-\delta-p_{2\mathrm{n}}+p_{2\mathrm{r}}}{1-\delta}, \quad \Pi_{3\mathrm{PR}}^\mathrm{I} = (p_{2\mathrm{r}}-s)\dfrac{\delta p_{2\mathrm{n}}-p_{2\mathrm{r}}}{\delta(1-\delta)} - \sum_{i=1}^N (c_i+\alpha_i)R_i + s\varpi D_\mathrm{n}$$

$\dfrac{\partial^2 \Pi_\mathrm{OEM}^\mathrm{I}}{\partial p_\mathrm{n}^2} = -\dfrac{2}{1-\delta} < 0$ 且 $\dfrac{\partial^2 \Pi_{3\mathrm{PR}}^\mathrm{I}}{\partial p_\mathrm{r}^2} = -\dfrac{2}{\delta(1-\delta)} < 0$，因此，$\Pi_\mathrm{OEM}^\mathrm{I}$ 和 $\Pi_{3\mathrm{PR}}^\mathrm{I}$ 分别是关于 $p_{2\mathrm{n}}$ 和 $p_{2\mathrm{r}}$ 的二次凹函数，存在最大值。下面采用 Karush-Kuhn-Tucker（简称 KKT）条件，进行求解。拉格朗日函数为

$$L(p_{2\mathrm{r}},\lambda) = (p_{2\mathrm{r}}-s)\dfrac{\delta p_{2\mathrm{n}}-p_{2\mathrm{r}}}{\delta(1-\delta)} + s\varpi D_\mathrm{n} - \sum_{i=1}^N (\alpha_i+c_i)R_i + \lambda\left(\varpi D_\mathrm{n} - \dfrac{\delta p_{2\mathrm{n}}-p_{2\mathrm{r}}}{\delta(1-\delta)}\right)。$$

① 当 $\lambda \neq 0$ 时，$\varpi D_\mathrm{n} = \dfrac{\delta p_{2\mathrm{n}}-p_{2\mathrm{r}}}{\delta(1-\delta)}$，同时，令 $\dfrac{\partial \Pi_\mathrm{OEM}^\mathrm{I}}{\partial p_{2\mathrm{n}}} = 0$，从而求得两个产品的价格 $p_{2\mathrm{r}} = \dfrac{\delta(1+c_\mathrm{n}-\delta)-2\varpi D_\mathrm{n}\delta(1-\delta)}{2-\delta}$，$p_{2\mathrm{n}} = \dfrac{c_\mathrm{n}+(1-\delta)(1-\varpi\delta D_\mathrm{n})}{2-\delta}$。此时，约束条件为 $p_{2\mathrm{r}} \geqslant 0$ 且 $\lambda \geqslant 0$，从而求得 $\varpi D_\mathrm{n} \leqslant \dfrac{\delta(1+c_\mathrm{n}-\delta)-(2-\delta)s}{\delta(4-\delta)(1-\delta)}$。

② 当 $\lambda = 0$ 时，联立 $\dfrac{\partial \Pi_\mathrm{OEM}^\mathrm{I}}{\partial p_{2\mathrm{n}}} = 0$ 且 $\dfrac{\partial \Pi_{3\mathrm{PR}}^\mathrm{I}}{\partial p_{2\mathrm{r}}} = 0$，可解得 $p_{2\mathrm{r}} = \dfrac{\delta(1+c_\mathrm{n}-\delta)+2s}{4-\delta}$，$p_{2\mathrm{n}} = \dfrac{2(1+c_\mathrm{n}-\delta)+s}{4-\delta}$。

上述引理说明，当回收的数量较低时，在新产品和再制造产品共存的第二时期，新产品和再制造产品的销售价格会受到废旧产品回收率的影响，而当回收的数量较高时，新产品和再制造产品的销售价格与回收率无关，仅受到新产品的生产成本、再制造产品的净残值和消费者对再制造产品的偏好等参数的影响。

引理 4.2.3 当第三方从事回收和再制造业务时，仅愿意回收和再制造最好等级上的废旧产品，且这个等级上的废旧产品的回收价格为 $\alpha_l = \dfrac{\varpi D_\mathrm{n}}{k_l} + \beta_l$。

证明： 在第三阶段中，① 当 $\varpi D_\mathrm{n} \leqslant \dfrac{\delta(1+c_\mathrm{n}-\delta)-(2-\delta)s}{\delta(4-\delta)(1-\delta)}$ 时，$\Pi_{3\mathrm{PR}}^\mathrm{I} = $

$$\frac{\varpi\delta D_{\mathrm{n}}\left[c_{\mathrm{n}}+(1-\delta)\left(1-2\varpi D_{\mathrm{n}}\right)\right]}{2-\delta}-\sum_{i=1}^{N}(\alpha_{i}+c_{i})R_{i}$$，因此求解 $\Pi_{\mathrm{3PR}}^{\mathrm{I}}$ 的最大值等价于求解 $\Pi_{\mathrm{3PR\text{-}min}}^{\mathrm{I}}=\sum_{i=1}^{N}(c_{i}+\alpha_{i})R_{i}$ 的最小值。同时还要满足约束条件 $\sum_{i=1}^{N}R_{i}=\varpi D_{\mathrm{n}}$。在逆向求解的过程中，前一阶段中的决策变量被认为是已经确定的量。因此，必然存在一个等级 l，使得 $c_{l}+\alpha_{l}=\min\{c_{i}+\alpha_{i}|i=1,2,\cdots,N\}$，从而有 $R_{l}=\varpi D_{\mathrm{n}}$。这个结论可以采用反证法来证明，即存在一个等级的回收数量 $R_{s}\neq 0$，其中 $s\in\{\forall i|i\neq l,i=1,2,\cdots,N\}$，那么 $\Pi_{\mathrm{3PR\text{-}min\text{-}2}}^{\mathrm{I}}=(c_{l}+\alpha_{l})(\varpi D_{\mathrm{n}}-R_{s})+(c_{s}+\alpha_{s})R_{s}=(c_{l}+\alpha_{l})\varpi D_{\mathrm{n}}+[(c_{s}+\alpha_{s})-(c_{l}+\alpha_{l})]R_{s}$，故 $\Pi_{\mathrm{3PR\text{-}min\text{-}2}}^{\mathrm{I}}>\Pi_{\mathrm{3PR\text{-}min}}^{\mathrm{I}}$。综上，当 $\varpi D_{\mathrm{n}}\leqslant\dfrac{\delta(1+c_{\mathrm{n}}-\delta)-(2-\delta)s}{\delta(4-\delta)(1-\delta)}$ 时，第三方再制造商仅愿意回收等级 l 上的废旧产品。同理，可证②的情形。

引理 4.2.3 研究了第三方再制造商从事回收和再制造业务的情况。结果表明，在废旧产品回收数量充足的情况下，第三方再制造商总是会回收最好等级上的废旧产品，这一结果与 Teunter 和 Flapper[16]，以及 Mutha 等[17]的研究结果相似。

定理 4.2.1 （1）当 $M\leqslant\beta_{l}+c_{l}\leqslant\dfrac{\delta(1+c_{\mathrm{n}}-\delta)}{2-\delta}$ 时，有

$$p_{\mathrm{n}}=\frac{1+c_{\mathrm{n}}}{2},\varpi=\frac{k_{l}\left[\delta(1+c_{\mathrm{n}}-\delta)-(\beta_{l}+c_{l})(2-\delta)\right]}{2\left[2\delta(1-\delta)k_{l}+2-\delta\right](1-c_{\mathrm{n}})}$$

$$\alpha_{l}=\frac{\delta(1+c_{\mathrm{n}}-\delta)+4\delta(1-\delta)k_{l}\beta_{l}+(2-\delta)(\beta_{l}-c_{l})}{2\left[2\delta(1-\delta)k_{l}+2-\delta\right]}$$

$$p_{2\mathrm{n}}=\frac{(1-\delta)\{4-2\delta+\delta k_{l}[(4-\delta)(1-\delta)+(2-\delta)(c_{l}+\imath)]\}}{2(2-\delta)(2-\delta+2(1-\delta)\delta k_{l})}+\frac{c_{\mathrm{n}}[4-2\delta+\delta(4-\delta)(1-\delta)k_{l}]}{2(2-\delta)[2-\delta+2(1-\delta)\delta k_{l}]}$$

$$p_{2\mathrm{r}}=\frac{\delta\{c_{\mathrm{n}}[2-\delta+(1-\delta)\delta k_{l}]\}+(1-\delta)\{2-\delta+k_{l}\left[(1-\delta)\delta+(2-\delta)(\beta_{l}+c_{l})\right]\}}{(2-\delta)\left[2-\delta+2(1-\delta)\delta k_{l}\right]}$$

$$\Pi_{\mathrm{OEM\text{-}(i)}}^{\mathrm{I}}=\frac{(1-c_{\mathrm{n}})^{2}}{4}+\frac{(1-\delta)}{(2-\delta)^{2}}\left\{1-c_{\mathrm{n}}-\frac{\delta k_{l}\left[\delta c_{\mathrm{n}}+\delta(1-\delta)-(\beta_{l}+c_{l})(2-\delta)\right]}{2\left[2\delta(1-\delta)k_{l}+2-\delta\right]}\right\}^{2}$$

$$\Pi_{\mathrm{3PR\text{-}(i)}}^{\mathrm{I}}=\frac{k_{l}[\delta(1+c_{\mathrm{n}}-\delta)-(2-\delta)(\beta_{l}+c_{l})]^{2}}{4(2-\delta)[2-\delta+2(1-\delta)\delta k_{l}]}$$

(2) 当 $\beta_l + c_l < M$ 时，有

$$p_n = \frac{1+c_n}{2}, \varpi = \frac{k_l(s - \beta_l - c_l)}{(1-c_n)}, \alpha_l = \frac{s + \beta_l - c_l}{2}$$

$$p_{2n} = \frac{2(1+c_n-\delta)+s}{4-\delta}, p_{2r} = \frac{\delta(1+c_n-\delta)+2s}{4-\delta}$$

$$\Pi^I_{\text{OEM-(ii)}} = \frac{(1-c_n)^2}{4} + \frac{[2(1-\delta)+s-(2-\delta)c_n]^2}{(4-\delta)^2(1-\delta)}$$

$$\Pi^I_{\text{3PR-(ii)}} = \frac{[\delta(1+c_n-\delta)-s(2-\delta)]^2}{(4-\delta)^2(1-\delta)\delta} + \frac{k_l(s-\beta_l-c_l)^2}{4}$$

证明：在第二阶段，（i）当 $\varpi D_n \leqslant \dfrac{\delta(1+c_n-\delta)-(2-\delta)s}{\delta(4-\delta)(1-\delta)}$ 时，使用 KKT 条件进行求解，这里讨论两种情况：令

$$a = \frac{\delta(1+c_n-\delta)}{2-\delta} - \frac{2[2\delta(1-\delta)k_k + 2-\delta][\delta(1+c_n-\delta)-(2-\delta)s]}{k_k(2-\delta)\delta(4-\delta)(1-\delta)},$$

$b = s - \dfrac{2\delta(1+c_n-\delta)-2(2-\delta)(s-c)}{\delta(1-\delta)(4-\delta)k_k}$，（i-1）当 $a < \beta_l + c_l \leqslant \dfrac{\delta(1+c_n-\delta)}{2-\delta}$，$\varpi D_n = \dfrac{k_l[\delta c_n + \delta(1-\delta) - (\beta_l+c_l)(2-\delta)]}{2[2\delta(1-\delta)k_l + 2-\delta]}$；（i-2）当 $\beta_l + c_l \leqslant a$，$\varpi D_n = \dfrac{\delta(1+c_n-\delta)}{\delta(4-\delta)(1-\delta)} - \dfrac{(2-\delta)(s-c)}{\delta(4-\delta)(1-\delta)}$。（ii）当 $\varpi D_n > \dfrac{\delta(1+c_n-\delta)-(2-\delta)s}{\delta(1-\delta)(4-\delta)}$ 时，$\alpha_l = \dfrac{\varpi D_n}{k_l} + \beta_l$，可解得 $\varpi D_n = \dfrac{k_l(s-c-\beta_l-c_l)}{2}$，从而 $\alpha_l = \dfrac{s+\beta_l-c_l}{2}$，故 $\beta_l + c_l < b$。在第一阶段，对 p_n 求导，所有的情况中均有 $p_n = \dfrac{1+c_n}{2}$。由 $a < b < \dfrac{\delta(1+c_n-\delta)}{2-\delta}$，$\Pi_{\text{3PR(ii)}} - \Pi_{\text{3PR(i-2)}} =$

$$\frac{\{2[(1-\delta)\delta - s(2-\delta)] + 2\delta c_n + (\beta_l+c_l-s)\delta(4-5\delta+\delta^2)k_k\}^2}{4(4-\delta)^2(1-\delta)^2\delta^2 k_l} \geqslant 0_\circ$$

因此，当 $a < \beta_l + c_l \leqslant b$ 时，$\Pi_{\text{3PR(ii)}} - \Pi_{\text{3PR(i-1)}} = \dfrac{[\delta(1+c_n-\delta)-s(2-\delta)]^2}{(4-\delta)^2(1-\delta)\delta} +$

$\dfrac{k_l(s-c-\beta_l-c_l)^2}{4} - \dfrac{k_l[\delta(1+c_n-\delta)-(2-\delta)(\beta_l+c_l)]^2}{4(2-\delta)[2-\delta+2(1-\delta)\delta k_l]}$，$\dfrac{\Pi_{\text{3PR(ii)}} - \Pi_{\text{3PR(i-1)}}}{\partial(\beta_l+c_l)} =$

$$\frac{k_l\left[\delta\left(1+c_{\mathrm{n}}-\delta\right)-(2-\delta)s-2\left(s-\beta_l-c_l\right)(1-\delta)\delta k_l\right]}{2\left[2-\delta+2\left(1-\delta\right)\delta k_l\right]}$$，此时，当 $\beta_l+c_l<s-\dfrac{\delta(1+c_{\mathrm{n}}-\delta)-(2-\delta)s}{2(1-\delta)\delta k_l}$ 时，$\dfrac{\Pi_{3\mathrm{PR(ii)}}-\Pi_{3\mathrm{PR(i-1)}}}{\partial(\beta_l+c_l)}>0$。因此，$\Pi_{3\mathrm{PR(ii)}}-\Pi_{3\mathrm{PR(i-1)}}$ 在区间 $(a,b]$ 上单调递减。此外，当 $\beta_l+c_l=a$ 时，$\Pi_{3\mathrm{PR(ii)}}-\Pi_{3\mathrm{PR(i-1)}}>0$；而当 $\beta_l+c_l=b$ 时，$\Pi_{3\mathrm{PR(ii)}}-\Pi_{3\mathrm{PR(i-1)}}<0$。故在区间 $[a,b]$ 上，存在一个值 M，使得当 $a<\beta_l+c_l<M$ 时，$\Pi_{3\mathrm{PR(ii)}}>\Pi_{3\mathrm{PR(i-1)}}$，而当 $M\leqslant\beta_l+c_l<b$ 时，$\Pi_{3\mathrm{PR(ii)}}<\Pi_{3\mathrm{PR(i-1)}}$。

定理 4.2.2 当 $\beta_l+c_l>T_1=\dfrac{\delta(1+c_{\mathrm{n}}-\delta)}{2-\delta}$ 时，第三方再制造商将会停止回收和再制造业务。

证明： 由定理 4.2.1 易证。

定理 4.2.2 表明如果最好的等级上废旧产品回收和再制造的总成本超过阈值 T_1，那么其他等级的废旧产品的总成本会更高。此时，第三方再制造商将放弃回收和再制造业务。因此，回收和再制造的总成本对第三方再制造商来说至关重要。此时，如果消费者能够接受一个相对较低的回收价格且废旧产品的质量较好，那么可以鼓励再制造商从事回收和再制造活动。

定理 4.2.3 在第三方实施回收和再制造的模式中，当回收和再制造总成本较低时，新产品和再制造产品的销售价格 p_{n} 和 p_{r} 仅受消费者对再制造产品的偏好 δ 和再制造产品净残值 s 的影响；而当回收和再制造总成本较高时，新产品和再制造产品的销售价格 p_{n} 和 p_{r} 还会受到总成本的影响，即 p_{n} 和 p_{r} 均随着 β_l+c_l 的增大而增大。

证明： 当 $M\leqslant\beta_l+c_l\leqslant\dfrac{\delta(1+c_{\mathrm{n}}-\delta)}{2-\delta}$ 时，$\dfrac{\partial p_{2\mathrm{n}}}{\partial(\beta_l+c_l)}=\dfrac{(1-\delta)\delta k_l}{2\left[2-\delta+2(1-\delta)\delta k_l\right]}>0$，$\dfrac{\partial p_{2\mathrm{r}}}{\partial(\beta_l+c_l)}=\dfrac{(1-\delta)\delta k_k}{2-\delta+2(1-\delta)\delta k_k}>0$；当 $\beta_l+c_l<M$ 时，$\dfrac{\partial p_{2\mathrm{n}}}{\partial(\beta_l+c_l)}=0$，$\dfrac{\partial p_{2\mathrm{r}}}{\partial(\beta_l+c_l)}=0$。

定理 4.2.4 在第三方实施回收和再制造的模式中，当回收和再制造总成本较低时，原始设备制造商的利润 $\Pi^{\mathrm{I}}_{\mathrm{OEM\text{-}(i)}}$ 随成本 β_l+c_l 的增大而先降低后增加，第三方的利润 $\Pi^{\mathrm{I}}_{3\mathrm{PR\text{-}(i)}}$ 随总成本 β_l+c_l 的增大而降低；而当回收和再制造总成本较高时，原始设备制造商的利润 $\Pi^{\mathrm{I}}_{\mathrm{OEM\text{-}(ii)}}$ 不受回收和再制造的总成本的影响，仅与消费者对再制造产品的偏好 δ 和再制造产品净残值 s 有关，但第三方的利润 $\Pi^{\mathrm{I}}_{3\mathrm{PR\text{-}(ii)}}$ 仍随总成本 β_l+c_l 的增加而减小。

证明： 当回收和再制造总成本满足 $M\leqslant\beta_l+c_l\leqslant\dfrac{\delta(1+c_{\mathrm{n}}-\delta)}{2-\delta}$ 时，有

$$\frac{\partial \Pi_{\text{OEM-(i)}}^{\text{I}}}{\partial(\beta_l+c_l)} = \frac{(1-\delta)\,\delta k_l\,\{4-2\delta+\delta\,[4+2(\beta_l+c_l)-5\delta-x\delta+\delta^2]\,k_l-c_n\,[2\,(2-\delta)+\delta\,(4-3\delta)\,k_l]\}}{2\,(2-\delta)\,(2-\delta+2\,(1-\delta)\,\delta k_l)^2}$$

而其二阶导为

$$\frac{\partial^2 \Pi_{\text{OEM-(i)}}^{\text{I}}}{\partial(\beta_l+c_l)^2} = \frac{(1-\delta)\,\delta^2 k_k^2}{2[2-\delta+2\,(1-\delta)\,\delta k_k]^2} > 0$$

同时

$$\frac{\partial \Pi_{\text{3PR-(i)}}^{\text{I}}}{\partial(\beta_l+c_l)} = \frac{[(\beta_l+c_l)\,(2-\delta)-(1-\delta)\,\delta-\delta c_n]\,k_l}{2\,[2-\delta+2\,(1-\delta)\,\delta k_l]} < 0$$

当 $\beta_l+c_l < M$ 时，有

$$\frac{\partial \Pi_{\text{OEM-(ii)}}^{\text{I}}}{\partial(\beta_l+c_l)} = 0,\ \frac{\partial \Pi_{\text{3PR-(ii)}}^{\text{I}}}{\partial(\beta_l+c_l)} = -\frac{1}{2}\,[s-(\beta_l+c_l)]\,k_k < 0$$

定理 4.2.3 和定理 4.2.4 讨论了在第三方再制造商实施回收和再制造的模式中，不同回收和再制造总成本对定价和利润的影响。结果表明，总成本的增大总是会带来新产品和再制造产品价格的增加，同时第三方再制造商的利润会减少。对于原始设备制造商来说，总成本的增加带来了新产品价格的上涨，但总需求却减少了。在一定范围内，其利润呈现下降趋势。但随着总成本的持续增加，再制造产品竞争力减弱，其利润逐渐增加。

2. 原始设备制造商同时生产新产品和再制造产品

从上一小节的结果来看，第三方再制造商更愿意回收和再制造最好等级上的废旧产品。然而，在耐用品的实际使用中，大多数消费者会将损坏严重的产品交给再制造商。一些回收和再制造成本较高的废旧产品将不能被回收和再制造。如果由原始设备制造商实施回收和再制造活动，能否改善上述情况呢？本节针对这一问题展开了研究。

在原始设备制造商实施再制造的模式中，它在第一时期销售新产品，然后在第二时期回收废旧产品并进行再制造，在第二阶段新产品和再制造产品在市场中竞争（以下简称为 OEM-R 模型）。图 4.2 展示了决策顺序。首先，原始设备制造商在第一时期决定新产品的价格；其次，在第二时期确定废旧产品的回收率；再次，确定每个等级的回收价格；最后，决定新产品和再制造产品的销售价格。

在两个时期内，原始设备制造商的利润函数为

$$\max_{p_n,\varpi,\alpha_i,p_{2n},p_{2r}} \Pi_{\text{OEM}}^{\text{II}} = (p_n-c_n)D_n + (p_{2n}-c_n)D_{2n} + \bigg[p_{2r}\min\{\varpi D_n, D_{2r}\} - \sum_{i=1}^{N}(c_i+\alpha_i)R_i\bigg] + s(\varpi D_n - D_{2r})^+ \tag{4.2.6}$$

$$\text{s.t.} \sum_{i=1}^{N} R_i = \varpi D_{\text{n}} \tag{4.2.7}$$

$$0 < \varpi \leqslant \varpi_0 < 1 \tag{4.2.8}$$

$$\beta_i \leqslant \alpha_i \leqslant p_{2\text{r}} - c_i \tag{4.2.9}$$

原始设备制造商在两个时期内的总利润由四部分组成。第一项和第二项是其在第一时期、第二时期销售新产品所得利润,第三项是销售再制造产品带来的净利润,第四项为再制造产品的净剩余价值,即超过市场需求部分的价值。由于原始设备制造商同时销售新产品和再制造产品,因此,只要保证总体利润最大,它就会愿意参与再制造活动。

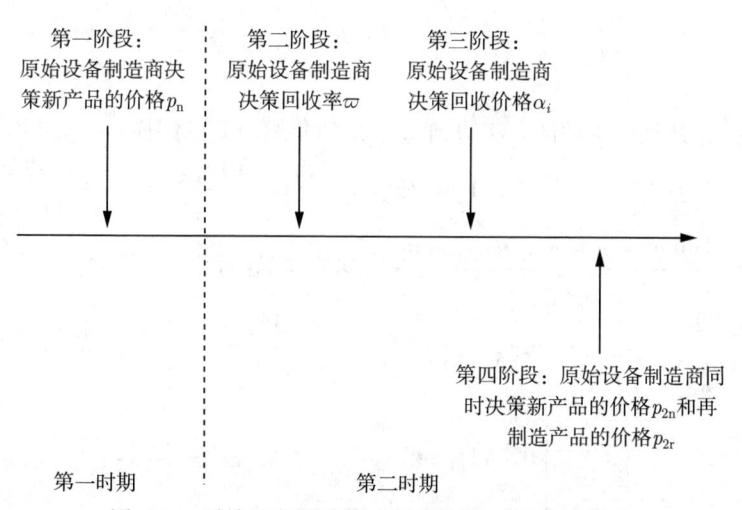

图 4.2 原始设备制造商实施再制造时的决策顺序

下面采用博弈论中逆向求解的方法依次求解。

引理 4.2.4 当原始设备制造商从事回收和再制造时,$\varpi D_{\text{n}} \geqslant D_{2\text{r}}$ 仍然是占优策略。

证明:当 $\varpi D_{\text{n}} \leqslant D_{2\text{r}}$ 时,$\Pi_{\text{OEM}}^{\text{II}} = (p_{\text{n}} - c_{\text{n}})D_{\text{n}} + (p_{2\text{n}} - c_{\text{n}})D_{2\text{n}} + p_{2\text{r}}\varpi D_{\text{n}} - \sum_{i=1}^{N}(c_i + \alpha_i)R_i$。此时,在第二时期新产品和再制造产品的需求分别为 $D_{2\text{n}} = \dfrac{1 - \delta - p_{2\text{n}} + p_{2\text{r}}}{1 - \delta}$,$D_{2\text{r}} = \dfrac{\delta p_{2\text{n}} - p_{2\text{r}}}{\delta(1 - \delta)}$。故 $\dfrac{\partial \Pi_{\text{OEM}}^{\text{II}}}{\partial p_{2\text{r}}} = wD_{\text{n}} + \dfrac{p_{2\text{n}} - c_{\text{n}}}{1 - \delta} > 0$,即 $\Pi_{\text{OEM}}^{\text{II}}$ 随 $p_{2\text{r}}$ 的增加而增加。而当 $p_{2\text{r}} = \delta p_{2\text{n}} - \delta(1 - \delta)\varpi D_{\text{n}}$ 时,$\Pi_{\text{OEM}}^{\text{II}}$ 取得最大值。从而 $\varpi D_{\text{n}} < D_{2\text{r}}$ 的情况不必再讨论。

采用逆向求解的方法,首先确定第二时期新产品和再制造产品的销售价格。

引理 4.2.5 (1) 当 $\varpi D_n \leqslant \dfrac{\delta c_n - s}{2\delta(1-\delta)}$ 时，$p_{2r} = \dfrac{\delta(1+c_n) - 2\delta\varpi D_n(1-\delta)}{2}$，$p_{2n} = \dfrac{1+c_n}{2}$。

(2) 当任意等级 i 满足 $\alpha_i + c_i \geqslant \dfrac{s+\delta}{2}$ 时，$p_{2n} = \dfrac{1+c_n - \delta - s}{2} + \alpha_j + c_j$，$p_{2r} = \alpha_j + c_j$，其中等级 j 表示最差的等级。

(3) 当 $\varpi D_n > \dfrac{\delta c_n - s}{2\delta(1-\delta)}$ 且 $\alpha_i + c_i < \dfrac{s+\delta}{2}$ 时，$p_{2n} = \dfrac{1+c_n}{2}$，$p_{2r} = \dfrac{s+\delta}{2}$。

(4) 当 $\varpi D_n < \dfrac{\delta c_n - s}{2(1-\delta)\delta}$ 且 $\dfrac{\delta(1+c_n) - 2\varpi D_n \delta(1-\delta)}{2} < \alpha_i + c_i < \dfrac{\delta(1+c_n-\delta) - \delta s - 2\delta(1-\delta)\varpi D_n}{2(1-\delta)}$ 时，$p_{2n} = \dfrac{\alpha_j + c_j}{\delta} + (1-\delta)\varpi D_n$，$p_{2r} = \alpha_j + c_j$。

证明：采用逆向求解的方法得到每个阶段的最优解。将引理 4.2.4 的结论代入式 (4.2.6) 中。在第四阶段，$\Pi_{\text{OEM}}^{\text{II}}$ 对 p_{2r} 和 p_{2n} 求导得 $\dfrac{\partial \Pi_{\text{OEM}}^{\text{II}}}{\partial p_{2r}} = \dfrac{s - \delta c_n + 2(\delta p_{2n} - p_{2r})}{(1-\delta)\delta}$，$\dfrac{\partial \Pi_{\text{OEM}}^{\text{II}}}{\partial p_{2n}} = \dfrac{1+c_n - \delta - s - 2(p_{2n} - p_{2r})}{1-\delta}$，求二阶导及混合偏导可得 $\dfrac{\partial^2 \Pi_{\text{OEM}}^{\text{II}}}{\partial p_{2n}^2} = \dfrac{-2}{1-\delta}$，$\dfrac{\partial^2 \Pi_{\text{OEM}}^{\text{II}}}{\partial p_{2r}^2} = -\dfrac{2}{(1-\delta)\delta}$，$\dfrac{\partial^2 \Pi_{\text{OEM}}^{\text{II}}}{\partial p_{2n} \partial p_{2r}} = \dfrac{\partial^2 \Pi_{\text{OEM}}^{\text{II}}}{\partial p_{2r} \partial p_{2n}} = \dfrac{2}{1-\delta}$。故海塞矩阵 $\boldsymbol{H} = \begin{bmatrix} -\dfrac{2}{1-\delta} & \dfrac{2}{1-\delta} \\ \dfrac{2}{1-\delta} & -\dfrac{2}{(1-\delta)\delta} \end{bmatrix}$ 中 $\boldsymbol{H}_{11} = -\dfrac{2}{1-\delta} < 0$，$|\boldsymbol{H}| = \dfrac{4}{\delta - \delta^2} > 0$。故 $\Pi_{\text{OEM}}^{\text{II}}$ 是关于 p_n 和 p_r 的联合凹函数，下面建立拉格朗日函数 $L(p_{2n}, p_{2r}, \lambda_1, \lambda_2) = \Pi_{\text{OEM}}^{\text{II}} + \lambda_1 \left[wD_n - \dfrac{\delta p_{2n} - p_{2r}}{\delta(1-\delta)} \right] + \lambda_2 (p_{2r} - c_i - \alpha_i)$，$\dfrac{\partial L}{\partial p_{2n}} = \dfrac{1+c_n - \delta - s - 2p_{2n} + 2p_{2r}}{1-\delta} - \dfrac{\lambda_1}{1-\delta}$，$\dfrac{\partial L}{\partial p_{2r}} = \dfrac{s - \delta c_n + 2\delta p_{2n} - 2p_{2r}}{(1-\delta)\delta} + \dfrac{\lambda_1}{(1-\delta)\delta} + \lambda_2$。分别讨论以下四种情况：① $\lambda_1 \neq 0, \lambda_2 = 0$；② $\lambda_1 = 0, \lambda_2 \neq 0$；③ $\lambda_1 = 0, \lambda_2 = 0$；④ $\lambda_1 \neq 0, \lambda_2 \neq 0$。以此求解，其中当 $\lambda_m \neq 0$ 时，要求 $\lambda_m > 0$，$m = 1, 2$。

下面，讨论第三阶段中不同等级废旧产品的回收价格。

引理 4.2.6 (1) 当 $\varpi D_n \leqslant \dfrac{\delta c_n - s}{2\delta(1-\delta)}$ 时，$\alpha_l = \dfrac{\varpi D_n}{k_l} + \beta_l$。

(2) 当 $\alpha_i + c_i \geqslant \dfrac{s+\delta}{2}$ 时，如果 $\beta_i + c_i \leqslant \dfrac{\delta c_n(1+\delta k_i) - s + (1-\delta-s)\delta^2 k_i}{\delta k_i(1-\delta)}$

时，$\alpha_i = \dfrac{s+\delta-2c_i-\delta c_i k_i+\delta k_i \beta_i}{2(1+\delta k_i)}$；否则，$\alpha_i = \dfrac{s+\delta}{2} - c_i$。

（3）当 $\varpi D_n > \dfrac{\delta c_n - s}{2\delta(1-\delta)}$ 且 $\alpha_i + c_i < \dfrac{s+\delta}{2}$ 时，$\alpha_l = \dfrac{\varpi D_n}{k_l} + \beta_l$。

（4）当 $\varpi D_n < \dfrac{\delta c_n - s}{2(1-\delta)\delta}$ 且 $\dfrac{\delta(1+c_n)-2\varpi D_n\delta(1-\delta)}{2} < \alpha_i + c_i < \dfrac{\delta(1+c_n-\delta)-\delta s-2\delta(1-\delta)\varpi D_n}{2(1-\delta)}$ 时，$\alpha_i = \dfrac{\delta(1+c_n)-2c_i-2\delta\varpi D_n(1-\delta)}{2(1+\delta^2 k_i)} - \dfrac{\delta^2 c_i k_i - \delta^2 k_i \beta_i}{2(1+\delta^2 k_i)}$。

证明： 将引理 4.2.5 中的结果分别代入原始设备制造商的利润函数式 (4.2.6) 进行求解。

（1）中 $\Pi_{\text{OEM}}^{\text{II}} = (p_n - c_n)D_n - \sum(c_i + \alpha_i)R_i + (1-c_n)^2/4 + \delta c_n \varpi D_n - (1-\delta)\delta(\varpi D_n)^2$，此时 $\dfrac{\partial \Pi_{\text{OEM}}^{\text{II}}}{\partial \alpha_i} < 0$，故 $\alpha_l = \dfrac{\varpi D_n}{k_l} + \beta_l$。

（2）中 $\Pi_{\text{OEM}}^{\text{II}} = (p_n - c_n)D_n - \sum(c_i+\alpha_i)R_i - \dfrac{(c_i+\alpha_i)^2}{\delta} + \dfrac{(1-c_n-\delta+s)[1-c_n-\delta-s+2(\alpha_i+c_i)]}{4(1-\delta)} + \dfrac{(1+c_n-\delta-s)(c_i+\alpha_i)}{2(1-\delta)} + s\varpi D_n - s\left[\dfrac{(1+c-s-\delta+c_n)+2(\alpha_i+c_i)}{2(1-\delta)} - \dfrac{(\alpha_i+c_i)}{(1-\delta)\delta}\right]$，

此时 $\dfrac{\partial \Pi_{\text{OEM}}^{\text{II}}}{\partial \alpha_i} = -k_i(c_i + 2\alpha_i - \beta_i) + \dfrac{s+\delta-2c_i-2\alpha_i}{\delta}$，$\dfrac{\partial^2 \Pi_{\text{OEM}}^{\text{II}}}{\partial \alpha_i^2} = -\dfrac{2}{\delta} - 2k_i < 0$，故 $\Pi_{\text{OEM}}^{\text{II}}$ 是关于 α_i 的凹函数，故存在最小值。利用 KKT 条件易求解。

从引理 4.2.6 中可以看出，当原始设备制造商从事回收和再制造业务时，并不总是仅回收和再制造最高等级的废旧产品。当回收和再制造的需求较高或者所有等级上的废旧产品的回收和再制造总成本较低时，原始设备制造商会愿意回收和再制造更多等级上的废旧产品。

将引理 4.2.5 和引理 4.2.6 的结果代入原始设备制造商的利润函数中，可以依次求解出均衡解。

定理 4.2.5 （1）对 $\forall i \in \{1, 2, \cdots, N\}$，如果 $\beta_i + c_i \leqslant (s+\delta)\left(2 + \dfrac{1}{\delta k_i}\right)$，则

$$p_{2n} = \dfrac{1+c_n+\delta+s}{2},\ p_{2r} = s+\delta,\ \varpi = \dfrac{\sqrt{(1-c_n)^2 + 8\left[\sum\limits_{i=1}^{N}(s+\delta-\beta_i-c_i)k_i\right]s} - (1-c_n)}{2s},$$

$$p_{\text{n}} = \frac{3+c_{\text{n}} - \sqrt{(1-c_{\text{n}})^2 + 8s\left[\sum\limits_{i=1}^{N}(s+\delta-\beta_i-c_i)k_i\right]}}{4}, \quad \alpha_i = s+\delta-c_i, \quad \Pi_{\text{OEM-1}}^{\text{II}} =$$

$$\frac{(1-c_{\text{n}}+s\varpi)^2}{4} - \left\{\sum\limits_{i=1}^{N}k_i[(s+\delta)^2 - (s+\delta)(\beta_i+c_i)]\right\} + \frac{(1-s-\delta)^2 - 2(1-\delta+s)c_{\text{n}}}{4(1-\delta)} +$$

$$\frac{c_{\text{n}}^2}{4(1-\delta)}\text{。}$$

(2) 当 $\beta_i + c_i > (s+\delta)\left(2 + \dfrac{1}{\delta k_i}\right)$ 时，存在以下三种情况。

(i) 如果 $s \geqslant \dfrac{\delta c_{\text{n}} + \delta^2(1-\delta)k_l}{\delta(1-\delta)k_l + 1}$ 且 $\dfrac{s[1+(1-\delta)\delta k_l] - \delta c_{\text{n}}}{(1-\delta)\delta k_l} \leqslant \beta_l + c_l \leqslant \delta c_{\text{n}}$

或 $s < \dfrac{\delta c_{\text{n}} + \delta^2(1-\delta)k_l}{\delta(1-\delta)k_l + 1}$ 且 $\dfrac{s[1+(1-\delta)\delta k_l] - \delta c_{\text{n}}}{(1-\delta)\delta k_l} \leqslant \beta_l + c_l \leqslant \delta c_{\text{n}}$，那么

$p_{2\text{n}} = \dfrac{1+c_{\text{n}}}{2}$, $p_{2\text{r}} = \dfrac{\delta[1+c_{\text{n}} + (1-\delta)k_l(\delta+c_l+\beta_l)]}{2+2(1-\delta)\delta k_l}$, $p_{\text{n}} = \dfrac{1+c_{\text{n}}}{2}$, $\alpha_l =$

$\dfrac{\delta c_{\text{n}} - (\beta_l+c_l)}{2[1+\delta k_l(1-\delta)]} + \beta_l$, $\varpi = \dfrac{k_l[\delta c_{\text{n}} - (\beta_l+c_l)]}{[1+\delta k_l(1-\delta)](1-c_{\text{n}})}$, $\Pi_{\text{OEM-(2-i)}}^{\text{II}} = \dfrac{(1-c_{\text{n}})^2}{2} +$

$\dfrac{k_l[\delta c_{\text{n}} - (\beta_l+c_l)]^2}{4+4(1-\delta)\delta k_l}$。

(ii) 如果 $s < \dfrac{\delta c_{\text{n}} + \delta^2(1-\delta)k_l}{\delta(1-\delta)k_l + 1}$ 且 $\delta \leqslant \beta_l + c_l < \dfrac{s[1+(1-\delta)\delta k_l] - \delta c_{\text{n}}}{(1-\delta)\delta k_l}$，那么

$p_{2\text{n}} = \dfrac{1+c_{\text{n}}}{2}$, $p_{2\text{r}} = \dfrac{s+\delta}{2}$, $\alpha_l = \dfrac{\delta c_{\text{n}} - s}{2\delta(1-\delta)k_l} + \beta_l$, $\varpi = \dfrac{\delta c_{\text{n}} - s}{\delta(1-\delta)(1-c_{\text{n}})}$, $p_{\text{n}} =$

$\dfrac{1+c_{\text{n}}}{2}$, $\Pi_{\text{OEM-(2-ii)}}^{\text{II}} = \dfrac{\delta^2 c_{\text{n}}^2 - s^2}{4(1-\delta)\delta} - \dfrac{(\delta c_{\text{n}} - s)[\delta c_{\text{n}} - s + 2(1-\delta)\delta k_l(\beta_l+c_l)]}{4(1-\delta)^2\delta^2 k_l} +$

$\dfrac{(1-c_{\text{n}})^2}{2}$。

(iii) 如果 $s \geqslant \dfrac{\delta c_{\text{n}} + \delta^2(1-\delta)k_l}{\delta(1-\delta)k_l + 1}$ 且 $\beta_l + c_l < \delta$ 或 $s < \dfrac{\delta c_{\text{n}} + \delta^2(1-\delta)k_l}{\delta(1-\delta)k_l + 1}$ 且

$\beta_l + c_l < \dfrac{s[1+(1-\delta)\delta k_l] - \delta c_{\text{n}}}{(1-\delta)\delta k_l}$，那么 $p_{2\text{n}} = \dfrac{1+c_{\text{n}}}{2}$, $p_{2\text{r}} = \dfrac{s+\delta}{2}$, $\alpha_l = \dfrac{s-c_l+\beta_l}{2}$,

$\varpi = \dfrac{k_l(s-c_l-\beta_l)}{1-c_{\text{n}}}$, $p_{\text{n}} = \dfrac{1+c_{\text{n}}}{2}$, $\Pi_{\text{OEM-(2-iii)}}^{\text{II}} = \dfrac{(1-c_{\text{n}})^2}{4} + \dfrac{k_l(s-c_l-\beta_l)^2}{4} +$

$\dfrac{s^2 + (1-\delta)\delta - 2\delta(1+s-\delta)c_{\text{n}} + \delta c_{\text{n}}^2}{4(1-\delta)\delta}$。

证明：将引理 4.2.6 的结果代入利润函数，构建拉格朗日函数易证。

定理 4.2.5 展示了当原始设备制造商实施回收和再制造时,新产品和再制造产品在多个时期内的定价,以及回收率和回收等级情况。结果表明,如果每个等级上旧产品的回收和再制造总成本都较低,原始设备制造商可以回收更多等级上旧产品。这一发现具有现实意义。正如前文所说,由于消费者对产品的使用习惯、废旧产品的再制造意愿都是不相同的,因此,如果再制造商仅回收和再制造最好等级上的废旧产品,那么更多质量较差且回收和再制造成本较高的废旧产品将不得不放弃再制造,这违背了再制造的初衷。

定理 4.2.6 当市场中回收和再制造成本不超过阈值 $\beta_i + c_i \leqslant (s+\delta)\left(2+\dfrac{1}{\delta k_i}\right)$ 时,原始设备制造商会降低第一时期的新产品的销售价格,以在第二期可以回收和再制造更多等级的废旧产品。

证明:当回收和再制造成本满足 $\beta_i + c_i \leqslant (s+\delta)\left(2+\dfrac{1}{\delta k_i}\right)$ 时,新产品在第一时期的价格为

$$p_n = \frac{3 + c_n - \sqrt{(1-c_n)^2 + 8s\left[\sum_{i=1}^{N}(s+\delta-\beta_i-c_i)k_i\right]}}{4}$$

而其他情形中

$$p_n = \frac{1+c_n}{2}$$

由

$$\frac{3 + c_n - \sqrt{(1-c_n)^2 + 8s\left[\sum_{i=1}^{N}(s+\delta-\beta_i-c_i)k_i\right]}}{4} - \frac{1+c_n}{2} =$$

$$\frac{1 - c_n - \sqrt{(1-c_n)^2 + 8\left[\sum_{i=1}^{N}(s+\delta-\beta_i-c_i)k_i\right]s}}{4} < 0$$

故结论成立。

定理 4.2.6 表明当回收和再制造总成本较低时,再制造可以为企业带来更多利润。因此,原始设备制造商会降低第一阶段中新产品的销售价格,促进更多消费者购买新产品,以便在第二时期会有更充足的旧产品等待回收和再制造。

定理 4.2.7 当回收和再制造的成本超过阈值 $\beta_i + c_i > (s+\delta)\left(2+\dfrac{1}{\delta k_i}\right)$ 后,① 新产品在两期的价格都仅与新产品成本有关,与再制造产品无关。② 当回收和再制造总成本较高,即 $\dfrac{s[1+(1-\delta)\delta k_l] - \delta c_n}{(1-\delta)\delta k_l} \leqslant \beta_l + c_l \leqslant \delta c_n$ 时,再

制造产品的价格 p_{2r} 随着总成本 $\beta_l + c_l$ 的增加而增加；否则，当总成本较低，即 $\beta_l + c_l < \dfrac{s\left[1 + (1-\delta)\delta k_l\right] - \delta c_n}{(1-\delta)\delta k_l}$ 时，再制造产品的价格 p_{2r} 只与再制造产品的净残值 s 和消费者对再制造产品的偏好 δ 有关。③原始设备制造商的利润 $\Pi^{\text{II}}_{\text{OEM-(2-i)}}$、$\Pi^{\text{II}}_{\text{OEM-(2-ii)}}$、$\Pi^{\text{II}}_{\text{OEM-(2-iii)}}$ 总是随总成本 $\beta_l + c_l$ 的增加而减少。

证明：当回收和再制造成本满足 $\dfrac{s\left[1+(1-\delta)\delta k_l\right] - \delta c_n}{(1-\delta)\delta k_l} \leqslant \beta_l + c_l \leqslant \delta c_n$ 时，

$\dfrac{\partial p_{2r}}{\partial(\beta_l + c_l)} = \dfrac{(1-\delta)\delta k_l}{2 + 2(1-\delta)\delta k_l} > 0$，$\dfrac{\partial \Pi^{\text{II}}_{\text{OEM-(2-i)}}}{\partial(\beta_l + c_l)} = -\dfrac{2(\delta c_n - \beta_l - c_l)k_k}{4 + 4(1-\delta)\delta k_k} < 0$。当 $s \geqslant \dfrac{\delta c_n + \delta^2(1-\delta)k_l}{\delta(1-\delta)k_l + 1}$ 时，$\dfrac{\partial p_{2r}}{\partial(\beta_l + c_l)} = 0$，$\dfrac{\partial \Pi^{\text{II}}_{\text{OEM-(2-ii)}}}{\partial(\beta_l + c_l)} = \dfrac{s - \delta c_n}{2(1-\delta)\delta} < 0$。而当 $s < \dfrac{\delta c_n + \delta^2(1-\delta)k_l}{\delta(1-\delta)k_l + 1}$ 且 $\beta_l + c_l < \dfrac{s\left[1+(1-\delta)\delta k_l\right] - \delta c_n}{(1-\delta)\delta k_l}$ 时，$\dfrac{\partial p_{2r}}{\partial(\beta_l + c_l)} = 0$，$\dfrac{\partial \Pi^{\text{II}}_{\text{OEM-(2-iii)}}}{\partial(\beta_l + c_l)} = -\dfrac{1}{2}(s - \beta_l - c_l)k_k < 0$。

定理 4.2.7 当回收和再制造的总成本较高时，随着总成本的增加，再制造产品不得不提高销售价格，此时再制造产品的需求下降，原始设备制造商的利润也随之下降。然而，当回收和再制造的总成本相对较低但超过一定阈值时，原始设备制造商制定的回收率较高，即 $\varpi \geqslant \dfrac{\delta c_n - s}{2\delta(1-\delta)}$。由引理 4.2.5 可知，再制造产品的价格仅受净剩余价值和消费者对再制造产品的偏好的影响，且净剩余价值越大或者消费者偏好越大，其价格就越高。但无论如何，回收和再制造的总成本的提高总是会减少原始设备制造商的利润。

3. 原始设备制造商仅生产再制造产品

由于原始设备制造商的回收和再制造活动可以使更多等级上废旧产品被回收和再制造。因此，在这种模式下废旧产品被回收得更加充分。在此基础上，本节将进一步考察当新产品在第二时期退出市场后，原始设备制造商再进行回收和再制造活动（以下简称为 OEM-T 模型）对回收等级、再制造产品的定价，以及新产品在第一时期的定价等方面的影响。

在上述模式中，决策顺序如下：首先，原始设备制造商在第一时期销售新产品。在第二时期，新产品生命周期结束以后，原始设备制造商再确定回收率。其次，对消费者手中的废旧产品进行回收和再制造。最后，确定再制造产品的价格并在二级市场中进行销售。具体过程如图 4.3 所示。

在两个时期内，原始设备制造商的利润函数为

$$\max_{p_\mathrm{n},\varpi,\alpha_i,p_\mathrm{2r}} \Pi^{\mathrm{III}}_{\mathrm{OEM}} = (p_\mathrm{n}-c_\mathrm{n})D_\mathrm{n} + \left[p_\mathrm{2r}\min\{\varpi D_\mathrm{n},D_\mathrm{2r}\} - \sum_{i=1}^{N}(c_i+\alpha_i)R_i\right] +$$
$$s(\varpi D_\mathrm{n}-D_\mathrm{2r})^+ \tag{4.2.10}$$
$$\mathrm{s.t.} \sum_{i=1}^{N} R_i = \varpi D_\mathrm{n} \tag{4.2.11}$$
$$0 < \varpi \leqslant \varpi_0 < 1 \tag{4.2.12}$$
$$\beta_i \leqslant \alpha_i \leqslant p_\mathrm{2r} - c_i \tag{4.2.13}$$

原始设备制造商在两个时期内的总利润是由三部分组成的,第一部分表示新产品在第一时期内销售的总利润,括号内第二部分表示再制造产品在第二时期内的净利润,第三部分为再制造产品的净剩余价值,即超过市场需求部分的价值。

按照图 4.3 中决策顺序,下面采用博弈论中逆向求解的方法依次得到均衡解。

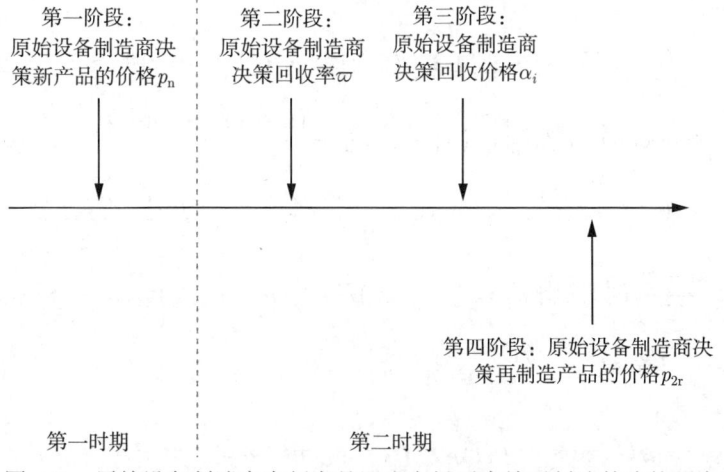

图 4.3 原始设备制造商在新产品退出市场后实施再制造的决策顺序

引理 4.2.7 当新产品退出市场以后,原始设备制造商实施再制造的情形中,$\varpi D_\mathrm{n} \geqslant D_\mathrm{2r}$ 仍是占优策略。

证明:当 $\varpi D_\mathrm{n} \leqslant D_\mathrm{2r}$ 时,$\Pi^{\mathrm{III}}_{\mathrm{OEM}} = (p_\mathrm{n}-c_\mathrm{n})D_\mathrm{n} + p_\mathrm{2r}\varpi D_\mathrm{n} - \sum_{i=1}^{N}(c_i+\alpha_i)R_i$,此时,在第二时期再制造产品的需求为 $D_\mathrm{2r} = \mu - p_\mathrm{2r}$。故 $\dfrac{\partial \Pi^{\mathrm{III}}_{\mathrm{OEM}}}{\partial p_\mathrm{2r}} = \varpi D_\mathrm{n} > 0$。即 $\Pi^{\mathrm{III}}_{\mathrm{OEM}}$ 随 p_2r 的增加而增加。当 $p_\mathrm{2r} = \mu - \varpi D_\mathrm{n}$ 时,$\Pi^{\mathrm{III}}_{\mathrm{OEM}}$ 取得最大值。从而 $\varpi D_\mathrm{n} < D_\mathrm{2r}$ 的情况不必再讨论。

引理 4.2.7 说明下面的均衡市场结构的求解只需要讨论 $\varpi D_n \geqslant D_{2r}$ 的情况。下面采用逆向求解的方法，首先确定第二时期再制造产品的销售价格。

引理 4.2.8 （1）当 $\dfrac{\mu-s}{2} \leqslant \varpi D_n \leqslant \mu-\alpha_i-c_i$ 时，$p_{2r} = \dfrac{\mu+s}{2}$。

（2）当 $\varpi D_n < \dfrac{\mu-s}{2}$ 时，$p_{2r} = \mu - \varpi D_n$。

（3）当 $\varpi D_n > \mu - \alpha_i - c_i$ 时，$p_{2r} = \alpha_j + c_j$。

证明：由引理 4.2.7 中 $\varpi D_n \geqslant D_{2r}$ 可得 $p_{2r} \geqslant \mu - \varpi D_n$，同时 $p_{2r} \geqslant \alpha_i + c_i$。由此，当 $\varpi D_n \leqslant \mu - \alpha_i - c_i$ 时，$p_{2r} \geqslant \mu - \varpi D_n$；当 $\varpi D_n > \mu - \alpha_i - c_i$ 时，$p_{2r} \geqslant \alpha_i + c_i$。

以下讨论第三阶段中不同等级废旧产品的回收价格。

引理 4.2.9 （1）当 $\varpi D_n \leqslant \dfrac{k_l(\mu-c_l-\beta_l)}{1+k_l}$ 时，$\alpha_l = \dfrac{\varpi D_n}{k_l} + \beta_l$。

（2）当 $\varpi D_n > \dfrac{(1+2k_i)\mu - s - k_i(c_i+\beta_i)}{2(1+k_i)}$ 时，$\alpha_l = \dfrac{\mu+s-2c_i+k_i(\beta_i-c_i)}{2(1+k_i)}$。

证明：在第三阶段，将引理 4.2.8 结论代入式 (4.2.10)，在 (1) 中，当 $\dfrac{\mu-s}{2} \leqslant \varpi D_n \leqslant \mu-\alpha_i-c_i$ 时，$\Pi_{\text{OEM}}^{\text{III}} = (p_n-c_n)D_n + \dfrac{(\mu-s)^2+4s\varpi D_n}{4} - \sum_{i=1}^{N}(c_i+\alpha_i)R_i$，$\dfrac{\partial \Pi_{\text{OEM}}^{\text{III}}}{\partial \alpha_i} < 0$，故 $\alpha_l = \dfrac{\varpi D_n}{k_l}+\beta_l$，此时 $\dfrac{\mu-s}{2} \leqslant \varpi D_n \leqslant \dfrac{k_l(\mu-c_l-\beta_l)}{1+k_l}$。在 (2) 中，当 $\varpi D_n < \dfrac{u-s}{2}$ 时，$\Pi_{\text{OEM}}^{\text{III}} = (p_n-c_n)D_n + (\mu-\varpi D_n)\varpi D_n - \sum_{i=1}^{N}(c_i+\alpha_i)R_i$，$\dfrac{\partial \Pi_{\text{OEM}}^{\text{III}}}{\partial \alpha_i} < 0$，故 $\alpha_l = \dfrac{\varpi D_n}{k_l}+\beta_l$。而在 (3) 中，当 $\varpi D_n > \mu-\alpha_i-c_i$ 时，$\Pi_{\text{OEM}}^{\text{III}} = (p_n-c_n)D_n + (\alpha_j+c_j)(\mu-\alpha_j-c_j) + s(\varpi D_n-\mu+\alpha_j+c_j) - \sum_{i=1}^{N}[k_i\alpha_i^2 + k_i(c_i-\beta_i)\alpha_i - k_i\beta_ic_i]$，$\dfrac{\partial \Pi_{\text{OEM}}^{\text{III}}}{\partial \alpha_i} = \mu+s-2c_i-2\alpha_i-2k_i\alpha_i-k_i(c_i-\beta_i)$ 且 $\dfrac{\partial^2 \Pi_{\text{OEM}}^{\text{III}}}{\partial \alpha_i^2} = -2-2k_i < 0$，从而令 $\dfrac{\partial \Pi_{\text{OEM}}^{\text{III}}}{\partial \alpha_i} = 0$ 可得 $\alpha_l = \dfrac{\mu+s-2c_i+k_i(\beta_i-c_i)}{2(1+k_i)}$。

将引理 4.2.8 和引理 4.2.9 的结果代入原始设备制造商的利润函数中，可以依次求解出 OEM-T 模型中的均衡解。

定理 4.2.8 （1）对 $\forall i \in \{1,2,\cdots,N\}$，当每个等级上回收和再制造的成本满足 $\beta_i + c_i < \dfrac{(1-c_n)(1+k_i)\sqrt{1+8bs-2c_n+c_n^2}}{sk_i} - \dfrac{s(2b-s+\mu+2(b+\mu)k_i)}{sk_i} -$

$\dfrac{(1-c_\mathrm{n})^2(1+k_i)}{sk_i}$ 时，$p_\mathrm{n} = \dfrac{3+c_\mathrm{n}-\sqrt{(1-c_\mathrm{n})^2+8sb}}{4}$，$\alpha_i = \dfrac{\mu+s-2c_i}{2(1+k_i)} + \dfrac{k_i(\beta_i-c_i)}{2(1+k_i)}$，$\varpi = \dfrac{\sqrt{(1-c_\mathrm{n})^2+8bs}-(1-c_\mathrm{n})}{2s}$，$p_{2\mathrm{r}} = \dfrac{\mu+s+k_j(\beta_j+c_j)}{2(1+k_j)}$，

$\Pi_{\mathrm{OEM}\text{-}(\mathrm{i})}^{\mathrm{III}} = \dfrac{(1-c_\mathrm{n})^2-s^2\varpi^2}{4} + \dfrac{[\mu+s+k_j(\beta_j+c_j)][\mu-s+k_j(2u-c_j-\beta_j)]}{4(1+k_j)^2} +$

$s\left[\dfrac{(1-c_\mathrm{n})\varpi+s\varpi^2}{2} - \dfrac{\mu-s+k_j(2\mu-c_j-\beta_j)}{2(1+k_j)}\right] -$

$\displaystyle\sum_{i=1}^{N}\left\{\dfrac{k_i[\mu+s+k_i(\beta_i+c_i)][\mu+s-(2+k_i)(\beta_i+c_i)]}{4(1+k_i)^2}\right\}$。

（2）否则，当 $\beta_i + c_i \geqslant \dfrac{(1-c_\mathrm{n})(1+k_i)\sqrt{1+8bs-2c_\mathrm{n}+c_\mathrm{n}^2}-(1-c_\mathrm{n})^2(1+k_i)}{sk_i} - \dfrac{s(2b-s+\mu+2(b+\mu)k_i)}{sk_i}$ 时，存在以下两种情况。

（i）当 $\beta_l + c_l \leqslant s - \dfrac{\mu-s}{k_l}$ 时，$p_\mathrm{n} = \dfrac{1+c_\mathrm{n}}{2}$，$\varpi = \dfrac{k_l(s-c_l-\beta_l)}{1-c_\mathrm{n}}$，$\alpha_l = \dfrac{s-c_l+\beta_l}{2}$，$p_{2\mathrm{r}} = \dfrac{\mu+s}{2}$，$\Pi_{\mathrm{OEM}\text{-}(2\text{-}\mathrm{i})}^{\mathrm{III}} = \dfrac{(1-c_\mathrm{n})^2}{4} + \dfrac{(\mu-s)^2}{4} + \dfrac{k_l(s-c_l-\beta_l)^2}{4}$。

（ii）当 $\beta_l + c_l > s - \dfrac{\mu-s}{k_l}$ 时，$p_\mathrm{n} = \dfrac{1+c_\mathrm{n}}{2}$，$\varpi = \dfrac{\mu-s}{1-c_\mathrm{n}}$，$\alpha_l = \dfrac{\mu-s}{2k_l} + \beta_l$，$p_{2\mathrm{r}} = \dfrac{\mu+s}{2}$，$\Pi_{\mathrm{OEM}\text{-}(2\text{-}\mathrm{ii})}^{\mathrm{III}} = \dfrac{(1-c_\mathrm{n})^2}{4} - \dfrac{(\mu-s)[\mu-s-k_l(\mu+s-2c_l-2\beta_l)]}{4k_l}$。

证明：（1）当 $\dfrac{\mu-s}{2} \leqslant \varpi D_\mathrm{n} \leqslant \dfrac{k_l(\mu-c_l-\beta_l)}{1+k_l}$ 时，$\Pi_{\mathrm{OEM}}^{\mathrm{III}} = (p_\mathrm{n}-c_\mathrm{n})D_\mathrm{n} + \dfrac{(\mu-s)^2+4s\varpi D_\mathrm{n}}{4} - \left(\dfrac{\varpi D_\mathrm{n}}{k_l}+\beta_l+c_l\right)\varpi D_\mathrm{n}$。将 $\Pi_{\mathrm{OEM}}^{\mathrm{III}}$ 对 ϖ 求偏导，可得 $\dfrac{\partial \Pi_{\mathrm{OEM}}^{\mathrm{III}}}{\partial \varpi} = \dfrac{D_\mathrm{n}[k_l(s-c_l-\beta_l)-2\varpi D_\mathrm{n}]}{k_l}$，$\dfrac{\partial^2 \Pi_{\mathrm{OEM}}^{\mathrm{III}}}{\partial \varpi^2} = -\dfrac{2D_\mathrm{n}^2}{k_l} < 0$。故 $\Pi_{\mathrm{OEM}}^{\mathrm{III}}$ 是关于 ϖ 的凹函数，存在最大值。拉格朗日函数 $L(\varpi,\lambda_1,\lambda_2) = \Pi_{\mathrm{OEM}}^{\mathrm{III}} + \lambda_1\left[\dfrac{k_l(\mu-c_l-\beta_l)}{1+k_l} - \varpi D_\mathrm{n}\right] + \lambda_2(\varpi D_\mathrm{n} - \dfrac{\mu-s}{2})$，分析 $\lambda_1 = 0, \lambda_2 = 0$；$\lambda_1 > 0, \lambda_2 = 0$；$\lambda_1 = 0, \lambda_2 > 0$；$\lambda_1 > 0, \lambda_2 > 0$（这种情况不存在，舍掉）。（i）当 $c_l+\beta_l \leqslant s - \dfrac{\mu-s}{k_l}$ 时，$\varpi D_\mathrm{n} = \dfrac{k_l(s-c_l-\beta_l)}{2}$；（ii）当 $c_l+\beta_l > s - \dfrac{\mu-s}{k_l}$ 时，$\varpi D_\mathrm{n} = \dfrac{k_l(s-c_l-\beta_l)}{2}$；（iii）当

$c_l + \beta_l > \dfrac{2\mu - (1+k_l)s}{(1-k_l)}$ 时，$\varpi D_n = \dfrac{k_l(\mu - c_l - \beta_l)}{1+k_l}$。比较（ii）和（iii）的范围，可得当 $c_l + \beta_l > \dfrac{\mu+s}{2} - \dfrac{\mu-s}{2k_l}$ 时，取（ii）。

（2）同理。

当原始设备制造商在新产品退出市场以后，对旧产品进行回收和再制造的情形中，回收策略主要依赖于每个等级废旧产品的回收和再制造的总成本。当这个总成本小于阈值 $\beta_i + c_i < h = \dfrac{(1-c_n)(1+k_i)\sqrt{1+8bs-2c_n+c_n^2}-(1-c_n)^2(1+k_i)}{sk_i} - \dfrac{s[2b-s+\mu+2(b+\mu)k_i]}{sk_i}$ 时，原始设备制造商可以回收更多等级上的废旧产品。与第三方再制造商的回收和再制造模式相比，这显然可以增加多个等级上的废旧产品的再制造数量。然而，一旦超过阈值，OEM-T 模式中也仅回收和再制造最好等级上的废旧产品。

定理 4.2.9 在模式 OEM-T 中，对 $\forall i \in \{1, 2, \cdots, N\}$，有 $\beta_i + c_i < h$ 时，原始设备制造商会降低第一时期的新产品的销售价格。

证明：$\dfrac{3+c_n-\sqrt{(1-c_n)^2+8sb}}{4} - \dfrac{1+c_n}{2} = \dfrac{1-c_n-\sqrt{(1-c_n)^2+8bs}}{4} < 0$。

如果在第二阶段销售再制造产品和剩余的再制造产品的净残值较高时，原始设备制造商会愿意降低第一阶段新产品的销售价格。虽然这会降低第一阶段中所获利润，但其从再制造中获得的利润较高，总体利润仍是增加的。这一结论与原始设备制造商自己实施再制造的情况类似。

定理 4.2.10 当每个等级的回收和再制造的总成本满足 $\beta_i + c_i \geqslant h$ 时，总回收量 ϖD_n、原始设备制造商的利润 $\Pi_{\text{OEM-(2-i)}}^{\text{III}}$ 和 $\Pi_{\text{OEM-(2-ii)}}^{\text{III}}$ 均随着总成本 $\beta_l + c_l$ 的增加而降低。

证明：$\dfrac{\partial(\varpi D_n)}{\partial(\beta_l + c_l)} = -\dfrac{k_l}{2} < 0$，且当 $\beta_l + c_l \leqslant s - \dfrac{\mu-s}{k_l}$ 时，$\varpi D_n^{\text{III-(2-i)}} = \dfrac{k_l(s-c_l-\beta_l)}{1-c_n} > \dfrac{\mu-s}{1-c_n} = \varpi D_n^{\text{III-(2-ii)}}$。$\dfrac{\partial \Pi_{\text{OEM-(2-i)}}^{\text{III}}}{\partial(\beta_l + c_l)} = -\dfrac{1}{2}(s-\beta_l-c_l)k_k < 0$ 且 $\dfrac{\partial \Pi_{\text{OEM-(2-ii)}}^{\text{III}}}{\partial(\beta_l + c_l)} = \dfrac{s-\mu}{2} < 0$。

定理 4.2.10 说明当原始设备制造商仅回收和再制造最好等级上的废旧产品时，如果回收和再制造的总成本越低，那么回收的数量就会越高，其获得的利润就越高。这一结论是符合直觉的。上述结论进一步说明了，当消费者愿意接受较低的回收价格或者新技术降低了再制造成本时，原始设备制造商会倾向于回收更多等级和更多数量的废旧产品。

4.2.3 模型分析

1. 决策分析

基于上一节中不同模式下的均衡策略，本节将从回收废旧产品的等级、开展再制造业务的门槛，以及原始设备制造商的利润等方面对比三种模式下的结果。

首先，本节对比了原始设备制造商实施回收和再制造的模式（模式 OEM-R）与第三方再制造商实施回收和再制造的模式（模式 3PR-R）的均衡结果。

定理 4.2.11 在模型 OEM-R 中，对于任意等级 i，只有当 $\beta_i + c_i < T_2 = (s+\delta)\left(2 + \dfrac{1}{\delta k_i}\right)$ 时，原始设备制造商才会回收和再制造多个等级上的废旧产品，且 $T_2 > T_1$。

证明：原始设备制造商回收多个等级的阈值可由定理 4.2.6 易证。同时，$T_2 - \delta(1+c_n) = 2s + \delta(1-c_n) + \dfrac{s+\delta}{\delta k_i} > 0$ 且 $\delta(1+c_n) - T_1 = \dfrac{\delta[1+(1-\delta)c_n]}{2-\delta} > 0$，两式相加得 $T_2 - T_1 > 0$。

上述定理表明，相比第三方的回收和再制造模式，原始设备制造商实施回收和再制造的模式会更有利于不同质量等级上废旧产品能够被回收和再制造。只要回收和再制造总成本不超过阈值，那么原始设备制造商会回收和再制造更多等级上的废旧产品。此外，在 3PR-R 模式中，当回收和再制造的总成本超过阈值 T_1 时，第三方再制造商将会放弃再制造业务。然而，在 OEM-R 模式中，当总成本超过阈值 T_2 时，原始设备制造商仍然会开展再制造业务，但此时，它仅回收和再制造最好等级上的废旧产品。以上结论充分说明，相比 3PR-R 模式中的回收和再制造策略，在 OEM-R 模式中，原始设备制造商可以接受更高的回收和再制造成本。这对于消费者来说是有利的。在现实中，消费者也更加愿意将废旧产品交还给原始设备制造商。例如，济南复强动力有限公司依托于中国重汽集团从事回收和再制造业务。与市场上独立的再制造商相比，其专业的技术、较高的回收价格和更好的服务受到消费者青睐。目前该企业年产量 1.5 万台，占中国发动机再制造市场份额 50% 左右[6]。

定理 4.2.12 当再制造的净残值和总成本满足 $s \geqslant \dfrac{\delta c_n + \delta^2(1-\delta)k_l}{\delta(1-\delta)k_l + 1}$ 且 $G < c_l + \beta_l < M$ 时，$\Pi^{\mathrm{II}}_{\mathrm{OEM\text{-}(2\text{-}iii)}} > \Pi^{\mathrm{I}}_{\mathrm{OEM\text{-}(ii)}}$。

证明：由定理 4.2.1 和定理 4.2.5 可得 $\Pi^{\mathrm{II}}_{\mathrm{OEM\text{-}(2\text{-}iii)}} - \Pi^{\mathrm{I}}_{\mathrm{OEM\text{-}(ii)}} = \dfrac{k_k(s-c_k-\beta_k)^2}{4} - \dfrac{[2(1-\delta)+s-(2-\delta)c_n]^2}{(4-\delta)^2(1-\delta)} + \dfrac{s^2 + (1-\delta)\delta - 2\delta(1+s-\delta)c_n + \delta c_n^2}{4(1-\delta)\delta}$，故当总成本满足 $c_l + \beta_l > G$ 时，设 $V = 16s(1-\delta)\delta - s^2(16-12\delta+\delta^2) - \delta^2(8-7\delta-\delta^2) + $

$2\delta\left[(1-\delta)\delta^2+s\left(8-4\delta+\delta^2\right)\right]c_\mathrm{n}-(8-3\delta)\delta^2c_\mathrm{n}^2$，$G=\sqrt{\dfrac{V}{(4-\delta)^2(1-\delta)\delta k_l}}+s$，

$\Pi_{\mathrm{OEM\text{-}(2\text{-}iii)}}^{\mathrm{II}}>\Pi_{\mathrm{OEM\text{-}ii}}^{\mathrm{I}}$。同时考察两个模型中约束条件可得 $\delta>\dfrac{\delta(1+c_\mathrm{n}-\delta)}{2-\delta}>G$，故成立。

定理 4.2.13 当 $\delta>\dfrac{s(1+k_l)-\mu}{c_\mathrm{n}k_l}$ 且 $\max\left\{\dfrac{s[1+(1-\delta)\delta k_l]-\delta c_\mathrm{n}}{(1-\delta)\delta k_l},s-\dfrac{\mu-s}{k_k}\right\}<\beta_l+c_l\leqslant\delta c_\mathrm{n}$ 时，$\Pi_{\mathrm{OEM\text{-}(2\text{-}i)}}^{\mathrm{II}}>\Pi_{\mathrm{OEM\text{-}(2\text{-}ii)}}^{\mathrm{III}}$。

证明：$\Pi_{\mathrm{OEM\text{-}(2\text{-}i)}}^{\mathrm{II}}-\Pi_{\mathrm{OEM\text{-}(2\text{-}ii)}}^{\mathrm{III}}=\dfrac{(1-c_\mathrm{n})^2}{4}+\dfrac{k_l(c_l-\delta c_\mathrm{n}+\beta_l)^2}{4[1+(1-\delta)\delta k_l]}+\dfrac{(u-s)}{4k_l}\cdot[\mu-s-k_l(s+\mu-2c_l-2\beta_l)]>0$。

该定理表明，消费者对再制造产品的偏好、回收和再制造总成本都会影响原始设备制造商的再制造策略。当消费者对再制造产品的偏好较高且总回收成本适中时，原始设备制造商可以在新产品退出市场之前就开展回收和再制造业务，这样可以带来更多利润。

2. 环境影响分析

再制造要实现真正的可持续，不仅要增加再制造企业的利润，还要减少再制造企业对环境的影响[49]。生命周期分析（life-cycle analysis，LCA）是评估产品环境影响的经典方法，该方法指出环境影响可以定义为整个生命周期中生产、使用和处置阶段对环境造成的损害[50]。正如Kerr和Ryan[51]的研究表明，从原材料消耗、能源消耗、温室气体排放、水消耗和垃圾填埋五个参数来比较新产品和再制造产品的环境影响，结果表明，再制造可以降低整个生命周期的资源消耗和废弃物产生。因此，本节假设再制造产品的环境影响小于新产品[4]。此外，Esenduran等[52]和Atasu等[53]的研究表明，未回收的报废产品进行焚烧或者填埋等处理会对环境产生极大负面影响。由此，本节假设再制造产品对环境的影响小于未被回收的旧产品对环境的影响。根据Kerr和Ryan[51]、Chen等[50]，以及Ovchinnikov等[49]在文章中的假设，本节记总环境影响 E 为两个时期内所有产品的环境影响之和，而每一种产品所产生的环境影响为单位环境影响与数量的乘积。

遵循相关文献中的定义，本节引入环境影响这个因素，以调查不同策略下的环境影响。记新产品的单位环境影响为 e_n，再制造产品的单位环境影响为 e_r，其中 $e_\mathrm{r}<e_\mathrm{n}$。记没有被回收的废旧产品产生的单位环境影响为 e_s，且 $e_\mathrm{s}>e_\mathrm{r}$。由于再制造产品产生的环境影响较小，为了以下计算的简便，故将 e_r 的值标准化为0。由此，在本章讨论的模型中，总环境影响是由四部分组成：第一时期新产品的环境影响，第二时期中新产品的环境影响、未被回收的废旧产品的环境影响，即

$E = D_\mathrm{n}e_\mathrm{n} + D_{2\mathrm{n}}e_\mathrm{n} + (1-\varpi)D_\mathrm{n}e_\mathrm{s}$。根据上述定义，可知：在 3PR-R 模型中，当回收和再制造总成本满足 $\beta_l + c_l < M$ 时，未被回收的旧产品的数量为 $(1-\varpi)D_\mathrm{n}^\mathrm{I} = \dfrac{1 - c_\mathrm{n} - k_l(s - c_l - \beta_l)}{2}$，第一时期新产品的生产数量为 $D_\mathrm{n}^\mathrm{I} = \dfrac{1-c_\mathrm{n}}{2}$，第二时期新产品的生产数量为 $D_{2\mathrm{n}}^\mathrm{I} = \dfrac{2 + s - 2\delta - (2-\delta)c_\mathrm{n}}{(4-\delta)(1-\delta)}$。故总环境影响为 $E^\mathrm{I} = \dfrac{1-c_\mathrm{n}}{2}e_\mathrm{n} + \dfrac{2 + s - 2\delta - (2-\delta)c_\mathrm{n}}{(4-\delta)(1-\delta)}e_\mathrm{n} + \dfrac{1 - c_\mathrm{n} - k_l(s - c_l - \beta_l)}{2}e_\mathrm{s}$。在模型 OEM-R 中，当 $\forall i \in \{1, 2, \cdots, N\}$，回收和再制造的总成本满足 $\beta_i + c_i \leqslant (s+\delta)\left(2 + \dfrac{1}{\delta k_i}\right)$ 时，旧产品回收的总数量为 $\varpi D_\mathrm{n}^\mathrm{II} = \sum\limits_{i=1}^{N}(s + \delta - \beta_i - c_i)k_i = a$，未被回收的数量为 $(1-\varpi)D_\mathrm{n}^\mathrm{II} = \dfrac{1 - 4a - c_\mathrm{n} + \sqrt{(1-c_\mathrm{n})^2 + 8as}}{4}$，第一时期新产品的生产数量为 $D_\mathrm{n}^\mathrm{II} = \dfrac{1 - c_\mathrm{n} + \sqrt{(1-c_\mathrm{n})^2 + 8as}}{4}$，第二时期新产品的生产数量为 $D_{2\mathrm{n}}^\mathrm{II} = \dfrac{1 + s - \delta - c_\mathrm{n}}{2(1-\delta)}$。故原始设备制造商回收多个等级旧产品时的总环境影响为 $E^\mathrm{II} = \dfrac{1 - c_\mathrm{n} + \sqrt{(1-c_\mathrm{n})^2 + 8as}}{4}e_\mathrm{n} + \dfrac{1 + s - \delta - c_\mathrm{n}}{2(1-\delta)}e_\mathrm{n} + \dfrac{1 - 4a - c_\mathrm{n} + \sqrt{(1-c_\mathrm{n})^2 + 8as}}{4}e_\mathrm{s}$。在模型 OEM-T 中，当 $\forall i \in \{1, 2, \cdots, N\}$，回收和再制造的总成本满足 $\beta_i + c_i < \dfrac{(1-c_\mathrm{n})(1+k_i)\sqrt{(1-c_\mathrm{n})^2 + 8bs} - (1-c_\mathrm{n})^2(1+k_i) - s[2b - s + \mu + 2(b+\mu)k_i]}{sk_i}$ 时，旧产品回收的总数量为 $\varpi D_\mathrm{n}^\mathrm{III} = \sum\limits_{i=1}^{N}\dfrac{k_i[s + \mu - (c_i + \beta_i)(2 + k_i)]}{2(1+k_i)} = b$，未被回收的数量为 $(1-\varpi)D_\mathrm{n}^\mathrm{III} = \dfrac{1 - 4b - c_\mathrm{n} + \sqrt{(1-c_\mathrm{n})^2 + 8bs}}{4}$，第一时期新产品的生产数量为 $D_\mathrm{n}^\mathrm{III} = \dfrac{1 - c_\mathrm{n} + \sqrt{(1-c_\mathrm{n})^2 + 8bs}}{4}$。设 $H = (1-c_\mathrm{n})^2 + 8bs$，原始设备制造商回收多个等级旧产品时的总环境影响为 $E^\mathrm{III} = \dfrac{1 - c_\mathrm{n} + \sqrt{H}}{4}e_\mathrm{n} + \dfrac{1 - 4b - c_\mathrm{n} + \sqrt{H}}{4}e_\mathrm{s}$。再对比了三种再制造模式中的环境影响，得到了一些有趣的结论。

定理 4.2.14 （1）当 $\beta_i + c_i \leqslant (s+\delta)\left(2 + \dfrac{1}{\delta k_i}\right)$ 且 $\beta_l + c_l < M$ 时，如果

$s > \tilde{s}_{\text{I-II}}$，那么 $E^{\text{I}} > E^{\text{II}}$ 当且仅当 $\dfrac{e_n}{e_s} > \tilde{e}_{\text{I-II}}$；如果 $0 < s \leqslant \tilde{s}_{\text{I-II}}$，那么 $E^{\text{I}} > E^{\text{II}}$ 当且仅当 $\dfrac{e_n}{e_s} < \tilde{e}_{\text{I-II}}$。

（2）当 $\beta_i + c_i < \dfrac{(1-c_n)(1+k_i)\sqrt{1+8bs-2c_n+c_n^2}-(1-c_n)^2(1+k_i)}{sk_i} - \dfrac{s[2b-s+\mu+2(b+\mu)k_i]}{sk_i}$ 且 $\beta_l + c_l < M$ 时，如果 $s > \tilde{s}_{\text{I-III}}$，那么 $E^{\text{I}} > E^{\text{III}}$ 当且仅当 $\dfrac{e_n}{e_s} > \tilde{e}_{\text{I-III}}$；如果 $0 < s \leqslant \tilde{s}_{\text{I-III}}$，那么 $E^{\text{I}} > E^{\text{II}}$ 当且仅当 $\dfrac{e_n}{e_s} < \tilde{e}_{\text{I-III}}$。

证明：（1）$E^{\text{I}} - E^{\text{II}} = [(1-\delta)\delta + \delta c_n - s(2-\delta)]/2(4-\delta)(1-\delta) + [(1-c_n-\sqrt{H})/4]e_n + 1/4[1+4a-c_n-\sqrt{H}+2k_l(-s+c_l+\beta_l)]e_s$；（2）$E^{\text{I}} - E^{\text{III}} = [2+s-2\delta-(2-\delta)c_n)]/(4-\delta)(1-\delta) + [(1-c_n-\sqrt{H})/4]e_n + 1/4[1+4b-c_n-\sqrt{H}+2k_l(-s+c_l+\beta_l)]e_s$。在（1）式中，若 $s > \tilde{s}_{\text{I-II}} = \{(4-5\delta+\delta^2)^2[(2-\delta)^2+4a^2(4-5\delta+\delta^2)^2+4a(8-10\delta+\delta^2+\delta^3)-2(2-\delta)(2-\delta+2a(4-7\delta+\delta^2))c_n+(2-\delta)^2c_n^2\}^{1/2}/[2(2-\delta)^2] + \{(1-\delta)[8+2a(4-\delta)^2(1-\delta)-2\delta-\delta^2] - (8-18\delta+9\delta^2-\delta^3)c_n\}/2(2-\delta)^2$，则 $[(1-\delta)\delta+\delta c_n-s(2-\delta)]/2(4-\delta)(1-\delta)-[\sqrt{H}-(1-c_n)]/4 > 0$，故当 $e_n/e_s > \tilde{e}_{\text{I-II}} = 2(4-\delta)(1-\delta)[\sqrt{H}+2k_l(s-c_l-\beta_l)-1-4a+c_n]/\{4[(1-\delta)\delta+\delta c_n-s(2-\delta)]+2(1-c_n-\sqrt{H})(4-\delta)(1-\delta)\}$ 时，$E^{\text{I}} > E^{\text{II}}$；当 $0 < s \leqslant \tilde{s}_{\text{I-II}}$ 时，$e_n/e_s < \tilde{e}_{\text{I-II}}$ 时，$E^{\text{I}} > E^{\text{II}}$。在（2）式中，如果 $s > \tilde{s}_{\text{I-III}} = 1/4\{(12-9\delta+\delta^2)c_n - [12-b(4-\delta)^2(1-\delta)-\delta](1-\delta)+(4-5\delta+\delta^2)^2[(1-c_n)^2-2b(12-13\delta+\delta^2)+b^2(4-5\delta+\delta^2)^2+2b(12-9\delta+\delta^2)c_n]^{1/2}\}$，则当 $e_n/e_s > \tilde{e}_{(\text{I-II})} = 2(4-\delta)(1-\delta)[\sqrt{H}+2k_l(s-c_l-\beta_l)-1-4a+c_n]/4[(1-\delta)\delta+\delta c_n-s(2-\delta)]+2(1-c_n-\sqrt{H})(4-\delta)(1-\delta)$ 时，$E^{\text{I}} > E^{\text{III}}$；而当 $0 < s \leqslant \tilde{s}_{\text{I-III}}$ 时，$e_n/e_s < \tilde{e}_{\text{I-III}}$ 时，$E^{\text{I}} > E^{\text{III}}$。

定理 4.2.14 说明第三方实施回收和再制造模式中的总环境影响并不总是比原始设备制造商回收多个等级上的旧产品时总环境影响更低。这是由于当原始设备制造商回收多个等级的旧产品时，必然会在第一阶段降低新产品的价格，促进消费者需求的增加，这导致新产品的生产数量增加。只有当增加的新产品的环境影响小于减少的未回收旧产品所产生的环境影响时，总环境影响才会降低。此外，无论回收和再制造时机如何，相比第三方回收和再制造的模式，当再制造产品的净剩余价值较高时，新产品的单位环境影响越大，原始设备制造商回收多个等级的旧产品时环境优势更明显；当再制造产品的净剩余价值较低时，未回收产品的单位环境影响越大，则原始设备制造商回收多个等级的旧产品时环境优势更明显。

3. 数值实验

本节通过数值实验的方法讨论不同再制造模式下回收质量等级、产品定价、企业利润等情况。所有的数据来源于 Guide 等的实验[13]。在他们的文章中，将废旧产品的质量划分为 6 个等级，即 $N=6$。令 $c_1=5$, $c_2=20$, $c_3=30$, $c_4=35$, $c_5=40$, $c_6=45$。各个等级的回收数量的表达式为 $R_1(\alpha_1)=\alpha_1-28$, $R_2(\alpha_2)=5(\alpha_2-12)$, $R_3(\alpha_3)=20(\alpha_3-8)$, $R_4(\alpha_4)=30(\alpha_4-6)$, $R_5(\alpha_5)=20(\alpha_5-4)$, $R_6(\alpha_6)=30(\alpha_6-2)$。因此，$\beta_1=28$, $\beta_2=12$, $\beta_3=8$, $\beta_4=6$, $\beta_5=4$, $\beta_6=2$。假设市场规模为 1，将上述数据进行标准化处理，结果如表 4.2 所示。

由表 4.2 可知，再制造产品的平均成本为 0.167。普遍认为再制造产品能够节约 70% 的制造成本，因此可以设定新产品的生产成本为 0.6。设定再制造产品的剩余价值为 0.1。由表 4.2 可得 $\beta_l+c_l=0.3142$, $k_l=5$。不同模式中的相关定价和回收策略如表 4.3 ~ 表 4.8 所示。

表 4.2 每个质量等级的参数值

等级 i	1	2	3	4	5	6
再制造成本（c_i）	0.0286	0.1142	0.1714	0.2000	0.2286	0.2571
最低回收价格（β_i）	0.4667	0.2000	0.1333	0.1000	0.0667	0.0333
回收数量增长率（k_i）	1	5	20	30	20	30

表 4.3 3PR-R 模型中不同消费者偏好 δ 对回收策略的影响

δ	每个等级上的回收价格（α_i）					
	等级 1	等级 2	等级 3	等级 4	等级 5	等级 6
0.1	—	—	—	—	—	—
0.2	—	—	—	—	—	—
0.3	—	—	—	—	—	—
0.4	—	—	—	—	—	0.0338
0.5	—	—	—	—	—	0.0368
0.6	—	—	—	—	—	0.0394
0.7	—	—	—	—	—	0.0424
0.8	—	—	—	—	—	0.0468
0.9	—	—	—	—	—	0.0572

注："—"表示无影响。

表 4.4 3PR-R 模型中不同消费者偏好 δ 对定价策略的影响

δ	区间	p_n	p_{2r}	p_{2n}	$\Pi_{\text{OEM}}^{\text{3PR-R}}$	$\Pi_{\text{3PR}}^{\text{3PR-R}}$
0.4	[0.0800,0.3000]	0.8000	0.2957	0.7478	0.0764	0.0001
0.5	[0.0800,0.3667]	0.8000	0.3320	0.7160	0.0669	0.0040
0.6	[0.0800,0.4286]	0.8000	0.3656	0.6828	0.0571	0.0127
0.7	[0.0800,0.4846]	0.8000	0.3966	0.6483	0.0478	0.0265
0.8	[0.0800,0.5333]	0.8000	0.4254	0.6127	0.0408	0.0492
0.9	[0.0800,0.5727]	0.8000	0.4555	0.5778	0.0450	0.1012

表 4.5　OEM-R 模型中不同消费者偏好 δ 对回收策略的影响

δ	每个等级上的回收价格 (α_i)					
	等级 1	等级 2	等级 3	等级 4	等级 5	等级 6
0.1	—	—	—	—	—	—
0.2	—	—	—	0.1000	0.0714	0.0429
0.3	—	0.2858	0.2286	0.2000	0.1714	0.1429
0.4	0.4714	0.3858	0.3286	0.3000	0.2714	0.2429
0.5	0.5714	0.4858	0.4286	0.4000	0.3714	0.3429
0.6	0.6714	0.5858	0.5286	0.5000	0.4714	0.4429
0.7	0.7714	0.6858	0.6286	0.6000	0.5714	0.5429
0.8	0.8714	0.7858	0.7286	0.7000	0.6714	0.6429
0.9	0.9714	0.8858	0.8286	0.8000	0.7714	0.7429

注："—" 表示无影响。

表 4.6　OEM-R 模型中不同消费者偏好 δ 对定价策略的影响

δ	p_n	p_{2r}	p_{2n}	$\Pi_{\text{OEM}}^{\text{OEM-R}}$
0.2	0.8000	0.3000	0.9500	0.0460
0.3	0.7913	0.4000	1.000	0.0366
0.4	0.7835	0.5000	1.050	0.0323
0.5	0.7761	0.6000	1.100	0.0363
0.6	0.7691	0.7000	1.150	0.0548
0.7	0.7624	0.8000	1.200	0.1023
0.8	0.7561	0.9000	1.250	0.2224
0.9	0.7500	1.000	1.300	0.6325

表 4.7　OEM-T 模型中二级市场规模 μ 对回收策略的影响

μ	每个等级上的回收价格 (α_i)					
	等级 1	等级 2	等级 3	等级 4	等级 5	等级 6
0.1	—	—	—	0.1250	0.1238	0.1226
0.2	—	—	0.1512	0.1500	0.1488	0.1476
0.3	—	—	0.1762	0.1750	0.1738	0.1726
0.4	—	0.2036	0.2012	0.2000	0.1988	0.1976
0.5	—	0.2286	0.2262	0.2250	0.2238	0.2226
0.6	—	0.2536	0.2512	0.2500	0.2488	0.2476
0.7	—	0.2786	0.2762	0.2750	0.2738	0.2726
0.8	—	0.3036	0.3012	0.3000	0.2988	0.2976
0.9	—	0.3286	0.3262	0.3250	0.3238	0.3226

注："—" 表示无影响。

通过表 4.3 中的计算，可以发现，第三方再制造商更倾向于回收和再制造最好等级上的废旧产品（等级 6）。而在表 4.5 和表 4.7 中，当原始设备制造商实施回收和再制造时可以回收多个等级的废旧产品。因此，数值实验的结果进一步验证了定理 4.2.5 和定理 4.2.8 的结论。

此外，表 4.4 和表 4.6 展示了消费者对再制造产品的偏好对再制造商利润的影响。表 4.4 表明，当第三方从事回收和再制造业务时，随着消费者对再制造产品的偏好增加，第三方再制造商的利润也增加。而表 4.6 表明，当原始设备制造商从事回收和再制造活动时，随着消费者对再制造产品偏好的增加，原始设备制造商的利润呈现出先减少后增加的趋势。这说明减少消费者对再制造产品的偏见总是能提高再制造商的利润。

表 4.8 OEM-R 模型中二级市场规模 μ 对定价策略的影响

μ	p_n	p_{2r}	$\Pi_{\text{OEM}}^{\text{OEM-T}}$
0.1	0.7813	0.3250	0.0482
0.2	0.7766	0.3226	0.0523
0.3	0.7764	0.3476	0.0528
0.4	0.7747	0.3178	0.0478
0.5	0.7743	0.3428	0.0485
0.6	0.7740	0.3678	0.0487
0.7	0.7737	0.3928	0.0492
0.8	0.7735	0.4178	0.0495
0.9	0.7731	0.4428	0.0500

表 4.8 说明，当原始设备制造商在新产品退出市场后实施再制造活动时，随着二级市场规模的增大，原始设备制造商的利润并不是单调的。这是由于原始设备制造商为了提高第二阶段再制造产品的需求，会降低第一阶段新产品的价格。因此，在一定范围内，从第一阶段销售新产品中获得的利润减少，而当再制造产品所带来的利润不能补偿新产品损失的利润时，原始设备制造商的总利润就会下降。但是，随着二级市场规模的进一步增大，第一阶段中新产品的销售数量的增加，以及第二阶段中再制造产品需求的不断增加，最终会导致原始设备制造商的总利润增加。

4.2.4 管理启示

本节的研究为企业的生产决策提供了一些有用的见解。首先，从再制造决策的角度看，引理 4.2.3 说明第三方再制造商仅愿意回收和再制造最好等级上的废旧产品，且当回收和再制造总成本超过阈值时，它就会放弃再制造业务；而定理 4.2.5 和定理 4.2.8 表明在一定条件下原始设备制造商可以回收和再制造多个等级的废旧产品。这说明由原始设备制造商实施再制造更加充分。从经济利益的角度看，当再制造产品的净剩余价值较高且回收和再制造的总成本较小时，再制造可以给原始设备制造商带来更多的利润。当消费者对再制造产品的偏好较高且回收和再制造总成本适中时，原始设备制造商在新产品退出市场之前就开展回收和再制造业务可以带来更多利润。上述结果说明，对于原始设备制造商来说，实施再制造是有利可图的。

其次，从环境影响的角度看，与第三方回收和再制造的模式相比，当再制造产品的净剩余价值较高时，如果新产品的单位环境影响较大，则原始设备制造商回收多个等级旧产品对环境更加友好；当再制造产品的净剩余价值较低时，如果未回收产品的单位环境影响较大，则原始设备制造商回收多个等级旧产品对环境更加友好。在现实中，由于新产品生产和未处理的废旧产品所产生的负面环境影响较大，故由原始设备制造商来实施回收和再制造策略可以带来更好的环境效益。由此，建议政府激励和帮助企业进行再制造技术的开发，以降低再制造成本，促进更多原始设备制造商参与回收和再制造活动。

最后，数值实验反映出当消费者对再制造产品的偏好较高时，再制造商的利润会随消费者偏好的增加而增加。当新产品退出市场后，原始设备制造商在实施再制造时，随着二级市场规模的增加，原始设备制造商的利润也会增加。上述结果说明，政府可以加大对再制造产品制造流程、环保特性、高质量性等方面的宣传力度，促进更多消费者参与旧产品的回收、增强消费者对再制造产品的购买意愿。

4.3 考虑第三方再制造商的再制造生产决策

4.3.1 问题描述

物料循环能够以再制造的形式实现，即企业可以在生产过程中对再加工的物料进行再利用。因此在本节中，允许"物料循环"和"物料再制造"交替使用。然而从实际调研中可以发现，物料再制造并没有完全实现。物料再制造不仅能够降低运营成本，还能减少未经开发原材料的使用。例如，采矿设备、柴油、天然气引擎和工业汽轮机生产商卡特彼勒公司积极地回收废旧物料并从中获利。作为再制造技术的全球领导者，卡特彼勒每年回收超过 1.5 亿 lb（1lb ≈ 453.59g）报废的铁[54]。此外，最近与汽车行业企业管理者之间的交流经验表明，生产汽车所用的物料至少有 30% 被浪费。因此，在资源有限的情况下，企业不得不减少物料的浪费，以承担起生产者责任。废旧物料再利用对经济和环境都很重要。

在再制造中，制造商可以部署多种制造模式。对于原始设备制造商，他们可以选择内部再制造或者将再制造活动外包给第三方再制造商或者独立再制造商[4]。对于第三方再制造商或者独立再制造商，它们可以为原始设备制造商或自己进行再制造[43]。因此，在广泛的意义上，本节认为制造或再制造产品的原始物料供应商承担着原始设备制造商的责任，再制造产品的独立物料供应商承担着独立再制造商的责任。但独立再制造商的存在可能会对原始设备制造商构成威胁，因为独立制造商可能会通过销售再制造产品蚕食原始设备制造商的市场份额[55]。此外，原始设备制造商可能在回收废旧产品方面与独立再制造商（IR）进行竞争[56]。然而，在大多数情况下第三方再制造商或者独立再制造商在废旧产品的回收上受到限制。

回收废旧产品为再制造提供主要的原材料。回收废旧产品的渠道通常有以下三种。第一，原始设备制造商直接从消费者手中回收废旧产品。例如，在卡特彼勒的交换系统中，消费者能用旧零部件换取再制造产品[54]。第二，原始设备制造商可以与零售商达成协议，从零售商处回收废旧产品。例如，小米集团从直营零售店或京东平台等互联网零售商那里回收废旧产品[19]。第三，原始设备制造商将废旧产品回收活动外包给第三方。例如，利盟等一些企业选择将回收废旧产品的活动外包给独立的第三方[57]。然而，在废旧产品的回收过程中，消费者处置废旧产品的不确定性影响着废旧产品的回收率。此外，制造商或再制造商回收的废旧产品在某些情况下可以完全被再制造，在某些情况下只能部分被再制造。这意味着再制造的原材料可能不足。因此，制造商/再制造商在进行再制造决策时不得不考虑再制造原材料受限的因素。

在一定程度上，市场上的消费者可以区分原始设备制造商销售的再制造产品和独立再制造商销售的再制造产品[56]。因此，他们对于原始设备制造商销售的再制造产品和独立再制造商销售的再制造产品具有不同的感知价值[58]。针对这些现实的问题，本部分主要研究了由于消费者处置产品行为的不确定性使得废旧物料回收数量在受到限制的情况下，垄断和竞争市场中企业的定价和再制造决策，从而得到企业决定再制造的条件、企业的最优定价策略和企业的最优产量。此外，还分析了生产成本、消费者折扣因子、物料限制和竞争者的进入对原始物料供应商决策的影响。

研究的具体问题如下：基于两期模型，首先考虑了原始物料供应商在第一期生产和销售新产品。原始物料供应商在第二期生产新产品，同时生产和销售再制造产品。原始物料供应商用原材料生产新产品，用回收的废旧物料生产再制造产品。这两种产品都可被消费者购买、使用和处置。企业需要对新产品和再制造产品制定定价策略。然而，在废旧产品的逆向回收流中废旧物料的回收数量往往是有限的。因此，原始物料供应商可能会面对回收的废旧物料有限或充足的情况。接着，本节考虑了原始物料供应商面对来自独立物料供应商竞争的情形。原始物料供应商依赖于原材料制造新产品。独立物料供应商依赖于回收的废旧物料生产再制造产品。原始物料供应商和独立物料供应商竞争决定各自产品的销售价格，同时也决定了新产品和再制造产品的生产数量。原始物料供应商在第一期仅能生产和销售新产品。在第二期，原始物料供应商仍生产和销售新产品。同时，独立物料供应商生产再制造产品并在同一市场销售再制造产品。然后分析了独立物料供应商的进入对原始物料供应商生产和销售策略的影响，并提出了影响原始物料供应商与独立物料供应商竞争策略的因素。

为了研究上述问题，本节提出了关于企业、产品和消费者在两期模型中的假设。两期模型已经被许多学者引入[55-56,59]。此外，使用下标 1 和下标 2 分别标识周期 1 和周期 2。为了简化分析，假设第二期收到的现金流没有时间折现。

在市场上，有一个原始物料供应商（original supplier, OS）和一个潜在的独立物料供应商（independent supplier, IS）。在第一期，原始物料供应商提供新产品。在第二期，原始物料供应商提供新产品和可能提供再制造产品，而独立物料供应商仅提供再制造产品。新产品用原材料生产。再制造产品用废旧物料生产。考虑到产品的生命周期，废旧物料只可以被再制造一次。原始物料供应商和独立物料供应商生产的产品都有品牌标记，以区别于其他品牌。再制造产品用字母"R"标记，能够让消费者区分新产品和再制造产品。供应商决定是否进行再制造，决定产品的最优价格和最优数量，从而使其利润最大化。下标 n(r) 代表新（再制造）产品，o(i) 代表原始物料供应商（独立物料供应商）。由于消费者处置废旧产品情况的不确定性，第一期销售的新产品在该期末只能被回收一部分 $\beta \in [0,1]$。因此，第二期再制造产品的数量受到废旧产品回收数量的限制。假设在回收的废旧产品中有一部分 $\gamma \in [0,1]$ 可用于原始物料供应商，其余的 $(1-\gamma)$ 可用于独立物料供应商。因此，原始物料供应商的回收率是 $\gamma\beta$，独立物料供应商的回收率是 $(1-\gamma)\beta$。特别地，$\gamma = 1$ 解释为垄断的市场（模型 M，图 4.4(a)）。$\gamma = 0$ 代表了竞争市场（模型 D，图 4.4(b)）。

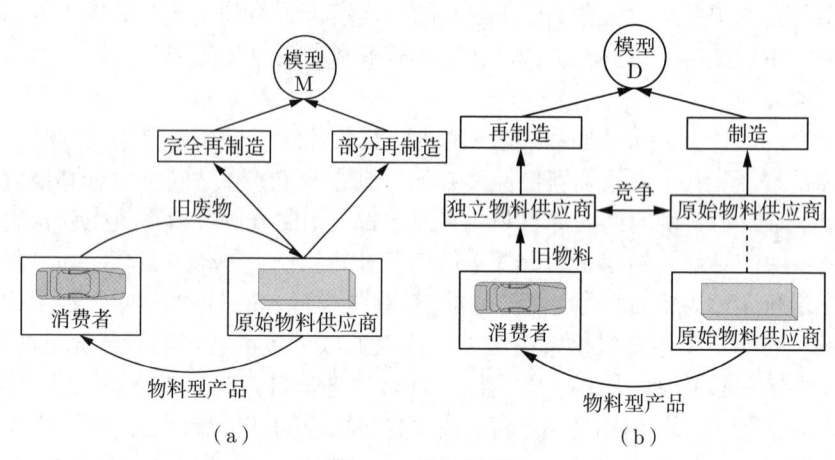

图 4.4 市场情形
(a) 垄断市场；(b) 竞争市场

原始物料供应商制造新（再制造）产品的生产成本为 $C_n(C_r)$。用废旧物料生产再制造产品比用原材料生产新产品成本更低，即 $C_r < C_n$，对于所有的再制造产品都是相同的，它们不会从第一期到下一期发生变化。这一假设已经在 Bitran 和 Caldentey[60]、Örsdemir 等[57]、Savaskan 等[61]、Souza[62] 等的研究中提出。独立物料供应商生产再制造产品的成本为 C_i。因此，各产品之间的生产成本关系

满足 $C_i < C_r < C_n$。这表明由于单条生产线，独立物料供应商生产再制造产品的成本更低。原始物料供应商或独立物料供应商的每单位回收成本为 C_a。如果只有部分回收的废旧物料数量可用于再制造，其余的废旧物料需要以单位处理成本 C_d 处理。C_d 可以是正的，也可以是负的，反映了废旧产品处理是昂贵的或获利的。为了确保用于再制造的废旧物料比用于直接处理的废旧物料更有利可图，这里假设 $|C_d| \leqslant C_a$。

在消费者的支付意愿方面，根据 Garvin[63]提到的"感知质量"，消费者认为再制造产品不如新产品。他们还区分原始物料供应商和独立物料供应商销售的再制造产品。因此，本节引入了一个垂直差异化模型来刻画消费者的支付意愿差异。根据 Moorthy[64]的消费者偏好理论，消费者愿意支付的价值 θ 是异构的，并且是均匀分布的。为不失一般性，规范化 $\theta \in [0,1]$。本节将消费者购买原始物料供应商制造的再制造产品的意愿建模为新产品的 α 比例，其中 $\alpha \in (0,1)$，称 α 为消费者折扣因子。这一假设表明，消费者购买原始物料供应商新产品的意愿高于购买其再制造产品的意愿，该假设也得到了实验数据的证实[58]。α 在大多数情况下被假定为常数[4,21,55,57]。在本节的研究中，依然假设 α 是一个易处理的常数。Abbey等[19]通过实证研究证实了常数假设的合理性。设 $\omega \in (0,1)$ 表示消费者对独立物料供应商生产的再制造产品的接受程度占原始物料供应商生产的再制造产品的接受程度的比例。在一定时间段内，每个消费者最多使用一单位的产品。市场规模被规范化为 1。消费者的购买行为会受到它们的价值和产品的价格的影响，他们总是根据自己获得的最大效用 U 做出购买决定。类型为 θ 的消费者从购买某一产品中获得的效用为 $U = \nu\theta - p_{tx}^k$。其中参数 $\nu = 1, \alpha, \omega\alpha$ 表示消费者对新产品、原始物料供应商的再制造产品和独立物料供应商的再制造产品的质量评估。p_{tx}^k 是新产品或再制造产品的价格。

与Ferrer和Swaminathan[18],Ovchinnikov[65],Vorasayan和Ryan[21]一样，本节的模型是基于 Bertrand 竞争。另外，在两周期模型中，本节采用逆向归纳法和子博弈完美均衡的方法求解。因此，博弈的顺序如下。在零期，原始物料供应商声明它的废旧产品回收率。如果原始物料供应商决定回收全部废旧产品，那么在两期模型中，原始物料供应商依次决定新产品和再制造产品的价格，然后是消费者进行购买选择。如果原始物料供应商决定不回收废旧产品，首先，原始物料供应商决定第一期新产品的价格。其次，在第二期原始物料供应商决定新产品的价格，同时独立物料供应商决定再制造产品的价格。最后，消费者选择是否购买产品以及从哪家企业购买。本节用上标 (∗) 表示每种情形下相应决策变量的最优值。本节的主要目的是获得供应商的生产和竞争策略，以及分析生产成本、回收率、消费者购买行为和竞争如何影响供应商的再制造决策和定价策略。模型中使用的符号如表 4.9 所示。

表 4.9　本节中的基本数学符号及含义

符号	含义
$p_{t,x}^k$	情形 $k \in \{M, D\}$ 下，产品 $x \in \{n, r\}$ 在第 $t \in \{1, 2\}$ 期的价格
$q_{t,x}^k$	情形 $k \in \{M, D\}$ 下，产品 $x \in \{n, r\}$ 在第 $t \in \{1, 2\}$ 期的产量
β	废旧产品的回收率，$\beta \in [0, 1]$
γ	原始物料供应商的回收比例，$\gamma \in [0, 1]$
C_x	原始物料供应商生产产品 $x \in \{n, r\}$ 的边际生产成本
C_i	独立物料供应商生产再制造产品的边际生产成本
C_a	废旧产品的边际回收成本
C_d	废旧产品的边际处置成本
θ	消费者对质量为 1 的产品的估值
α	消费者折扣因子，即消费者愿意为再制造产品支付的意愿为新产品的 α，$\alpha \in [0, 1]$
ω	消费者对独立物料供应商所生产的再制造产品的接受程度占原始物料供应商所制造的再制造产品的接受程度的比例，$\omega \in [0, 1]$
U	消费者从购买产品中获得的消费者效用

4.3.2　模型构建

1. 垄断市场情形

这部分对原始物料供应商获取 γ 部分废旧产品的情形进行建模，即在第一期结束时，原始物料供应商对废旧产品的回收率为 $\gamma\beta$。废旧物料仅由原始物料供应商回收再制造（$\gamma = 1$）。在这种情况下，原始物料供应商处于垄断市场中，该情形被建模为模型 M（由上标 M 表示）。然而，产品线竞争在公司内部仍然存在。如前所述，原始物料供应商在第一期生产和销售新产品，并为新产品设定价格 p_{1n}^M。原始物料供应商在第二期提供并销售新产品和该产品的再制造版本。在这一时期，原始物料供应商宣布新产品（再制造产品）的价格为 $p_{2n}^M(p_{2r}^M)$。p_{1n}^M、p_{2n}^M 和 p_{2r}^M 是决策变量。原始物料供应商决定产品的最优价格，从而使其利润最大化。

首先引入消费者效用从而推导出需求函数。通过逆向归纳法，在第二期，一个类型为 θ 的消费者从购买新产品中获得效用是 $U_{2n}^M = \theta - p_{2n}^M$，而该消费者从购买再制造产品中获得的效用是 $U_{2r}^M = \alpha\theta - p_{2r}^M$。当 $\theta \geqslant p_{2n}^M$ 时，消费者对这两种产品都有正的效用。当 $\theta \geqslant \dfrac{p_{2r}^M}{\alpha}$ 时，消费者可以从购买再制造产品中获得正效用。当 $\theta \geqslant \dfrac{p_{2n}^M - p_{2r}^M}{1 - \alpha}$ 时，消费者从购买新产品中获得的效用高于再制造产品。因此，图 4.5 显示了在第二期时，消费者基于 θ 和 α 的选择。在第一期，一个类型为 θ 的消费者从购买新产品中获得效用 $U_{1n}^M = \theta - p_{1n}^M$。

设 q_{1n}^M 表示第一期新产品的需求，q_{2n}^M 表示第二期新产品的需求，q_{2r}^M 表示第二期再制造产品的需求。根据前面的效用分析，需求函数可以描述如下。第一期

的需求函数为

$$q_{1n}^{M} = 1 - p_{1n}^{M} \tag{4.3.1}$$

第二期的需求函数为

$$q_{2n}^{M} = 1 - \frac{p_{2n}^{M} - p_{2r}^{M}}{1-\alpha} \tag{4.3.2}$$

$$q_{2r}^{M} = \frac{p_{2n}^{M} - p_{2r}^{M}}{1-\alpha} - \frac{p_{2r}^{M}}{\alpha} \tag{4.3.3}$$

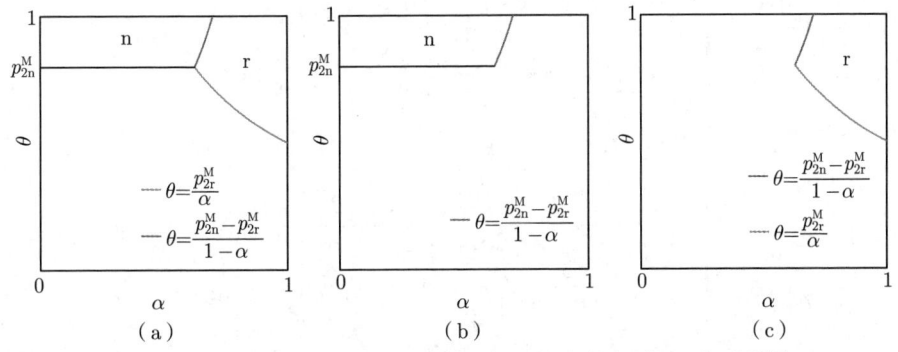

图 4.5　消费者购买新产品和再制造产品的支付意愿 (见文后彩图)
(a) 消费者的选择；(b) 消费者对新产品的支付意愿；(c) 消费者对再制造产品的支付意愿

原始物料供应商在一个两期模型中解决无外部竞争时的利润最大化问题。为了找到最优解，采用了逆向归纳法。因此，第二期原始物料供应商的问题表述为

$$\max_{p_{2n}^{M}, p_{2r}^{M}} \Pi_{2o}^{M} = (p_{2n}^{M} - C_n) q_{2n}^{M} + (p_{2r}^{M} - C_r) q_{2r}^{M} - \beta q_{1n}^{M} C_a - (\beta q_{1n}^{M} - q_{2r}^{M}) C_d \tag{4.3.4}$$

$$\text{s.t. } q_{2r}^{M} \leqslant \beta q_{1n}^{M} \tag{4.3.5}$$

第一期，原始物料供应商的目标是两期的总利润最大化。问题表述为

$$\max_{p_{1n}^{M}} \Pi_{o}^{M} = (p_{1n}^{M} - C_n) q_{1n}^{M} + \pi_{2o}^{M*} \tag{4.3.6}$$

通过逆向归纳法，得到原始物料供应商的最优定价策略，呈现在引理 4.3.1 中。

引理 4.3.1　设 $A = \dfrac{\alpha C_n - C_r + C_d}{\alpha(1-\alpha)}$, $B = \beta(1 - C_n - \beta C_a - \beta C_d)$，原始物

料供应商的最优定价策略如下：

$$p_{1n}^{M*} = \begin{cases} \dfrac{1+C_n - \alpha\beta C_n + \beta C_r + \beta C_a + 2\alpha\beta^2 - 2\alpha^2\beta^2}{2(1+\alpha\beta^2-\alpha^2\beta^2)}, & \text{当 } A > B \\ \dfrac{1+C_n+\beta C_a+\beta C_d}{2}, & \text{否则} \end{cases}$$

(4.3.7)

$$(p_{2n}^{M*}, p_{2r}^{M*}) = \begin{cases} \left(\dfrac{1+C_n}{2}, \dfrac{1-C_n+\alpha\beta C_n-\beta C_r}{2\beta(1+\alpha\beta^2-\alpha^2\beta^2)} - \dfrac{\beta C_a}{2} \right. \\ \left. \dfrac{1-\alpha\beta-C_n-\beta C_r-\beta C_a}{2}\right), & \text{当 } A > B \\ \left(\dfrac{1+C_n}{2}, \dfrac{\alpha+C_r-C_d}{2}\right), & \text{否则} \end{cases} \quad (4.3.8)$$

$$(p_{2n}^{M*}, p_{2r}^{M*}) = \begin{cases} \left(\dfrac{1+C_n}{2}, \dfrac{1-C_n+\alpha\beta C_n-\beta C_r}{2\beta(1+\alpha\beta^2-\alpha^2\beta^2)} - \dfrac{\beta C_a}{2} \right. \\ \left. \dfrac{1-\alpha\beta-C_n-\beta C_r-\beta C_a}{2}\right), & \text{当 } A > B \\ \left(\dfrac{1+C_n}{2}, \dfrac{\alpha+C_r-C_d}{2}\right), & \text{否则} \end{cases} \quad (4.3.9)$$

证明： 第二期的利润函数式 (4.3.4) 是关于 p_{2n}^M 和 p_{2r}^M 的联合凹函数，因为 $\dfrac{\partial^2 \Pi_{2o}^M}{\partial p_{2n}^M} = \dfrac{-2}{1-\alpha} < 0$, $\dfrac{\partial^2 \Pi_{2o}^M}{\partial p_{2r}^M} = \dfrac{-2}{\alpha(1-\alpha)} < 0$, $\dfrac{\partial^2 \Pi_{2o}^M}{\partial p_{2n}^M \partial p_{2r}^M} = \dfrac{2}{1-\alpha} > 0$, $\dfrac{\partial^2 \Pi_{2o}^M}{\partial p_{2r}^M \partial p_{2n}^M} = \dfrac{2}{1-\alpha} > 0$, 即

$$\begin{vmatrix} \dfrac{\partial^2 \Pi_{2o}^M}{\partial p_{2n}^M} & \dfrac{\partial^2 \Pi_{2o}^M}{\partial p_{2n}^M \partial p_{2r}^M} \\ \dfrac{\partial^2 \Pi_{2o}^M}{\partial p_{2r}^M \partial p_{2n}^M} & \dfrac{\partial^2 \Pi_{2o}^M}{\partial p_{2r}^M} \end{vmatrix} > 0$$

确定了一个负定的海塞矩阵。因此，第二期的利润函数是关于 p_{2n}^M 和 p_{2r}^M 的严格凹函数。据此构建的拉格朗日函数为 $L(p_{2n}^M, p_{2r}^M, \lambda^M) = \pi_{2o}^M(p_{2n}^M, p_{2r}^M) + \lambda^M(\beta q_{1n}^M - q_{2r}^M)$。$\lambda^M$ 为拉格朗日乘子。应用 KKT(Karush-Kuhn-Tucker) 条件进行求解，可得 $\dfrac{\partial L(p_{2n}^M, p_{2r}^M, \lambda^M)}{\partial p_{2n}^M} = \dfrac{C_n - C_r + C_d - 2p_{2n}^M + 2p_{2r}^M - \lambda}{1-\alpha} + 1 = 0$, $\dfrac{\partial L(p_{2n}^M, p_{2r}^M, \lambda^M)}{\partial p_{2r}^M} =$

$$\frac{-\alpha C_{\mathrm{n}} + C_{\mathrm{r}} - C_{\mathrm{d}} + 2\alpha p_{2\mathrm{n}}^{\mathrm{M}} - 2P_{2\mathrm{r}}^{\mathrm{M}} + \lambda}{\alpha(1-\alpha)} = 0$$。相应的互补松弛条件如下：$\lambda^{\mathrm{M}}(\beta q_{1\mathrm{n}}^{\mathrm{M}} - q_{2\mathrm{r}}^{\mathrm{M}}) = 0$。由等式 $\frac{\partial L(p_{2\mathrm{n}}^{\mathrm{M}}, p_{2\mathrm{r}}^{\mathrm{M}}, \lambda^{\mathrm{M}})}{\partial p_{2\mathrm{n}}^{\mathrm{M}}} = 0, \frac{\partial L(p_{2\mathrm{n}}^{\mathrm{M}}, p_{2\mathrm{r}}^{\mathrm{M}}, \lambda^{\mathrm{M}})}{\partial p_{2\mathrm{r}}^{\mathrm{M}}} = 0$，可以得到 $p_{2\mathrm{n}}^{\mathrm{M}*}, p_{2\mathrm{r}}^{\mathrm{M}*}$。

将 $p_{2\mathrm{n}}^{\mathrm{M}*}, p_{2\mathrm{r}}^{\mathrm{M}*}$ 代入两期总利润函数式 (4.3.6)，由于 $\frac{\partial^2 \Pi_o^{\mathrm{M}}}{\partial p_{1\mathrm{n}}^{\mathrm{M}}} = -2 < 0$，可以得到式 (4.3.6) 是关于 $p_{1\mathrm{n}}^{\mathrm{M}}$ 的严格凹函数，通过对 Π_o^{M} 关于 $p_{1\mathrm{n}}^{\mathrm{M}}$ 求导，可以得到 $p_{1\mathrm{n}}^{\mathrm{M}*}$。

因为拉格朗日多项式乘子可以为零或正数，有以下两种情况需要考虑。

（1）$q_{2\mathrm{r}}^{\mathrm{M}} = \beta q_{1\mathrm{n}}^{\mathrm{M}}$，这种情况下 $\lambda^{\mathrm{M}*} > 0$。将 $p_{1\mathrm{n}}^{\mathrm{M}*}$ 和 $p_{2\mathrm{r}}^{\mathrm{M}*}$ 代入表达式 (4.3.1) 和式 (4.3.3)，求得 $q_{1\mathrm{n}}^{\mathrm{M}}$ 和 $q_{2\mathrm{r}}^{\mathrm{M}}$，结合 $q_{2\mathrm{r}}^{\mathrm{M}} = \beta q_{1\mathrm{n}}^{\mathrm{M}}$，得到

$$\lambda^{\mathrm{M}*} = \frac{\alpha C_{\mathrm{n}}(1+\beta-\alpha\beta) - C_{\mathrm{r}} + C_{\mathrm{d}} - \alpha\beta(1-\alpha)}{1+\alpha\beta^2 - \alpha^2\beta^2} + \frac{\alpha\beta^2(1-\alpha)(C_{\mathrm{a}} + C_{\mathrm{d}})}{1+\alpha\beta^2-\alpha^2\beta^2}。$$

接着，检查 $\lambda^{\mathrm{M}*} > 0$，可以得到 $\frac{\alpha C_{\mathrm{n}} - C_{\mathrm{r}} + C_{\mathrm{d}}}{\alpha(1-\alpha)} > \beta(1-C_{\mathrm{n}} - \beta C_{\mathrm{a}} - \beta C_{\mathrm{d}})$。将 $\lambda^{\mathrm{M}*}$ 代入 $p_{1\mathrm{n}}^{\mathrm{M}*}, p_{2\mathrm{n}}^{\mathrm{M}*}$ 和 $p_{2\mathrm{r}}^{\mathrm{M}*}$，从而可得 $p_{2\mathrm{n}}^{\mathrm{M}*} = \frac{1+C_{\mathrm{n}}}{2}$，$p_{2\mathrm{r}}^{\mathrm{M}*} = \frac{1-C_{\mathrm{n}}+\alpha\beta C_{\mathrm{n}} - \beta C_{\mathrm{r}} - \beta C_{\mathrm{a}}}{2\beta(1+\alpha\beta^2-\alpha^2\beta^2)} - \frac{1-\alpha\beta - C_{\mathrm{n}} - \beta C_{\mathrm{r}} - \beta C_{\mathrm{a}}}{2}$ 和 $p_{1\mathrm{n}}^{\mathrm{M}*} = \frac{1+C_{\mathrm{n}}-\alpha\beta C_{\mathrm{n}} + \beta C_{\mathrm{r}} + \beta C_{\mathrm{a}} + 2\alpha\beta^2 - 2\alpha^2\beta^2}{2(1+\alpha\beta^2 - \alpha^2\beta^2)}$。

（2）$\gamma\beta q_{1\mathrm{n}}^{\mathrm{M}} > q_{2\mathrm{r}}^{\mathrm{M}}$，这种情况下 $\lambda^{\mathrm{M}*} = 0$。得到 $p_{1\mathrm{n}}^{\mathrm{M}*} = \frac{1+C_{\mathrm{n}}+\beta C_{\mathrm{a}}+\beta C_{\mathrm{d}}}{2}$，$p_{2\mathrm{n}}^{\mathrm{M}*} = \frac{1+C_{\mathrm{n}}}{2}$ 和 $p_{2\mathrm{r}}^{\mathrm{M}*} = \frac{\alpha+C_{\mathrm{r}}-C_{\mathrm{d}}}{2}$。同样地，通过代入 $p_{1\mathrm{n}}^{\mathrm{M}*}$ 和 $p_{2\mathrm{r}}^{\mathrm{M}*}$，检查 $\beta q_{1\mathrm{n}}^{\mathrm{M}} - q_{2\mathrm{r}}^{\mathrm{M}} > 0$，得到 $\frac{\alpha C_{\mathrm{n}} - C_{\mathrm{r}} + C_{\mathrm{d}}}{\alpha(1-\alpha)} < \beta(1-C_{\mathrm{n}} - \beta C_{\mathrm{a}} - \beta C_{\mathrm{d}})$。

引理 4.3.1 表明当 $\frac{\alpha C_{\mathrm{n}} - C_{\mathrm{r}} + C_{\mathrm{d}}}{\alpha(1-\alpha)} > \beta(1-C_{\mathrm{n}} - \beta C_{\mathrm{a}} - \beta C_{\mathrm{d}})$，所有回收的废旧物料都被原始物料供应商再制造。在完全再制造的情况下，再制造活动受到可再制造废旧物料的限制。否则，只有部分回收的废旧物料被原始物料供应商再制造。在这种情况下，再制造不受第一期新产品销售数量的限制。此情形下的所有均衡结果如表 4.10 所示。

2. 竞争市场情形

如命题 4.3.1 所示，本节研究考虑当原始物料供应商的再制造成本过高时，原始物料供应商回收率为 0 的情况，即 $\gamma = 0$。因此，独立物料供应商将回收原始物料供应商在第一期销售的废旧产品并进行再制造。独立物料供应商进入市场与原始供应商竞争。在竞争市场中，原始物料供应商面临独立物料供应商的外

表 4.10 模型 M 中均衡结果

企业的决策	模型 M ($\lambda^{M*} > 0$)	模型 M ($\lambda^{M*} = 0$)
q_{1n}^{M*}	$\dfrac{1 - C_n + \alpha\beta C_n - \beta C_r - \beta C_a}{2(1 + \alpha\beta^2 - \alpha^2\beta^2)}$	$\dfrac{1 - C_n - \beta C_a - \beta C_d}{2}$
q_{2n}^{M*}	$\dfrac{1 - C_n + \alpha\beta C_n - \alpha\beta^2 C_n + \alpha\beta^2 C_r}{2(1 + \alpha\beta^2 - \alpha^2\beta^2)} + \dfrac{\alpha\beta^2 C_a - \alpha\beta + \alpha\beta^2 - \alpha^2\beta^2}{2(1 + \alpha\beta^2 - \alpha^2\beta^2)}$	$\dfrac{1 - \alpha - C_n + C_r - C_d}{2(1 - \alpha)}$
q_{2r}^{M*}	$\dfrac{\beta(1 - C_n + \alpha\beta C_n - \beta C_r - \beta C_a)}{2(1 + \alpha\beta^2 - \alpha^2\beta^2)}$	$\dfrac{\alpha C_n - C_r + C_d}{2\alpha(1 - \alpha)}$
Π_o^{M*}	$\dfrac{(1 + \alpha\beta^2)(1 - C_n)^2 + \alpha^2\beta^2(2C_n - 1)}{4(1 + \alpha\beta^2 - \alpha^2\beta^2)} + \dfrac{(1 - C_n - \beta C_r - \beta C_a)(1 - C_n - \beta C_r - \beta C_a + 2\alpha\beta C_n)}{4(1 + \alpha\beta^2 - \alpha^2\beta^2)}$	$\dfrac{\alpha(1 - \alpha)((1 - C_n - \beta C_a - \beta C_d)^2 + 1 - 2C_n)}{4\alpha(1 - \alpha)} + \dfrac{(C_r - C_d)^2 + \alpha C_n(C_n - 2C_r + 2C_d)}{4\alpha(1 - \alpha)}$

部竞争（模型 D，图 4.4（b））。在这种情况下，原始物料供应商在第一期销售新产品。在第二期，原始物料供应商生产和销售新产品，再制造完全由独立物料供应商完成。然而，如前所述，在这样做的过程中，独立物料供应商的进入可能会通过转移消费者的选择对原始物料供应商创造一个竞争环境。此外，一家企业的定价会影响另一家企业的销售和收入。因此，这部分的目的是找出每种产品类型的最优价格，以使各方的利润最大化。在第一期，原始物料供应商为新产品设定价格 p_{1n}^D。这一期的新产品需求为 q_{1n}^D。在第二期，原始物料供应商对新产品收取 p_{2n}^D 的价格。独立物料供应商对再制造产品收取 p_{2r}^D 的价格。新产品和再制造产品的需求分别为 q_{2n}^D 和 q_{2r}^D。在不失一般性的前提下，首先建立需求函数。本节将消费者购买独立物料供应商生产的再制造产品的支付意愿建模为对原始物料供应商生产的新产品的支付意愿的 $\omega\alpha$ 比例，其中 $\alpha \in (0,1), \omega \in (0,1)$。在第二期，一个类型为 θ 的消费者享受购买每种产品的效用分别为 $U_{2n}^D = \theta - p_{2n}^D$，$U_{2r}^D = \omega\alpha\theta - p_{2r}^D$。当 $U_{2n}^D > U_{2r}^D$，即 $\theta > \dfrac{p_{2n}^D - p_{2r}^D}{1 - \omega\alpha}$，一个类型为 θ 的消费者将购买新产品。当 $\dfrac{p_{2r}^D}{\omega\alpha} < \theta < \dfrac{p_{2n}^D - p_{2r}^D}{1 - \omega\alpha}$，一个类型为 θ 的消费者将购买再制造产品。因此，消费者对每种产品的需求为

$$q_{1n}^D = 1 - p_{1n}^D \tag{4.3.10}$$

$$q_{2n}^D = 1 - \frac{p_{2n}^D - p_{2r}^D}{1 - \omega\alpha} \tag{4.3.11}$$

$$q_{2r}^D = \frac{p_{2n}^D - p_{2r}^D}{1 - \omega\alpha} - \frac{p_{2r}^D}{\omega\alpha} \tag{4.3.12}$$

从第二期的子博弈完美均衡开始求解。原始物料供应商的第二期目标函数为

$$\max_{p_{2n}^D} \Pi_{2o}^D = (p_{2n}^D - C_n)q_{2n}^D \tag{4.3.13}$$

独立物料供应商的第二期目标函数为

$$\max_{p_{2r}^D} \Pi_{2i}^D = (p_{2r}^D - C_i)q_{2r}^D - \beta q_{1n}^D C_a - (\beta q_{1n}^D - q_{2r}^D)C_d \tag{4.3.14}$$

$$\text{s.t. } q_{2r}^D \leqslant \beta q_{1n}^D \tag{4.3.15}$$

接着，求解企业两期的总目标函数。原始物料供应商两期的总目标函数为

$$\max_{p_{1n}^D} \Pi_o^D = (p_{1n}^D - C_n)q_{1n}^D + \pi_{2o}^{D*} \tag{4.3.16}$$

通过逆向归纳法，得到原始物料供应商和独立物料供应商的最优定价策略，呈现在引理 4.3.2 中。

引理 4.3.2 设 $C = \dfrac{\omega\alpha C_n - C_i + C_d - (1-\omega\alpha)(C_i - C_d - \omega\alpha)}{\omega\alpha(1-\omega\alpha)(4-\omega\alpha)}$，原始物料供应商和独立物料供应商的最优定价策略如下：

$$(p_{1n}^{D*}, p_{2n}^{D*}) = \begin{cases} \left(\dfrac{2\omega\alpha\beta(1-\omega\alpha)(1-C_n-\omega\alpha\beta)+(2-\omega\alpha)^2(1+C_n)}{2\omega^2\alpha^2+2(1-\omega\alpha)(4-\omega^2\alpha^2\beta^2)},\right. \\ \quad \left.\dfrac{C_n+(1-\omega\alpha)(\omega\alpha\beta p_{1n}^{D*}+1-\omega\alpha\beta)}{2-\omega\alpha}\right), \\ \qquad\qquad 当 \dfrac{\beta(1-C_n)}{2} < C \\ \left(\dfrac{1+C_n}{2}, \dfrac{2C_n+C_i-C_d+2-2\omega\alpha}{4-\omega\alpha}\right), \quad 其他 \end{cases} \tag{4.3.17}$$

$$p_{2r}^{D*} = \begin{cases} \dfrac{\omega\alpha\{C_n+[1-2\beta(1-\omega\alpha)(1-p_{1n}^{D*})]\}}{2-\omega\alpha}, & 当 \dfrac{\beta(1-C_n)}{2} < C \\ \dfrac{\omega\alpha(C_n+1-\omega\alpha)+2C_i-2C_d}{4-\omega\alpha}, & 其他 \end{cases} \tag{4.3.18}$$

证明：原始物料供应商第二期的利润函数式 (4.3.13) 是关于 p_{2n}^D 的严格凹函数，因为 $\dfrac{\partial^2 \Pi_{2o}^D}{\partial (p_{2n}^D)^2} = \dfrac{-2}{1-\omega\alpha} < 0$。式 (4.3.12) 关于 p_{2n}^D 最大化得到唯一解 p_{2n}^{D*}。因为 $\dfrac{\partial^2 \Pi_{2i}^D}{\partial (p_{2r}^D)^2} = \dfrac{-2}{\omega\alpha(1-\omega\alpha)} < 0$，所以独立物料供应商第二期的利润函数式 (4.3.14) 是关于 p_{2r}^D 的严格凹函数。为此构建相应的拉格朗日函数为 $L(p_{2r}^D, \lambda^D) = \Pi_{2i}^M(p_{2r}^D) + \lambda^D(\beta q_{1n}^D - q_{2r}^D)$。相应的 KKT 条件为 $\dfrac{\partial L(p_{2r}^D, \lambda^D)}{\partial p_{2r}^D} = \dfrac{C_i - C_d + \omega\alpha p_{2n}^D - 2P_{2r}^D + \lambda^D}{\omega\alpha(1-\omega\alpha)} = 0$，相应的互补松弛条件为 $\lambda^D(\beta q_{1n}^D - q_{2r}^D) = 0$。等式 $\dfrac{\partial L(p_{2r}^D, \lambda^D)}{\partial p_{2r}^D} = 0$ 产生 p_{2r}^{D*} 的解。

（1）$q_{2r}^D = \beta q_{1n}^D$。这种情况下 $\lambda^{D*} > 0$，将 p_{2n}^{D*} 和 p_{2r}^{D*} 代入表达式 (4.3.11) 和式 (4.3.12) 并解 $q_{2r}^D = \beta q_{1n}^D$，得到

$$\lambda^{D*} = \dfrac{\omega\alpha(1-\omega\alpha)[1-\beta(1-p_{1n}^D)(4-\omega\alpha)] + \omega\alpha C_n - (2-\omega\alpha)(C_i - C_d)}{2-\omega\alpha}。$$

将 λ^{D*} 代入 p_{2n}^{D*} 和 p_{2r}^{D*}，得到新产品的价格 $p_{2n}^{D*} = \dfrac{C_n + (1-\omega\alpha)(\omega\alpha\beta p_{1n}^D + 1 - \omega\alpha\beta)}{2-\omega\alpha}$

和再制造产品的价格 $p_{2r}^{D*} = \dfrac{\omega\alpha[C_n + (1-\omega\alpha)(2\beta p_{1n}^D + 1 - 2\beta)]}{2-\omega\alpha}$。将 p_{2n}^{D*} 和 p_{2r}^{D*} 代入总的两期利润函数式 (4.3.16)，得到其利润函数是关于 p_{1n}^D 的严格凹函数，因为 $\dfrac{\partial^2 \pi_o^D}{\partial p_{1n}^{D2}} = -2 - \dfrac{2\omega^2\alpha^2\beta^2(1-\omega\alpha)}{(2-\omega\alpha)^2} < 0$。对 π_o^D 关于 p_{1n}^D 求导，得到 $p_{1n}^{D*} = \dfrac{2\omega\alpha\beta(1-\omega\alpha)(1-C_n-\omega\alpha\beta) + (2-\omega\alpha)^2(1+C_n)}{2[\omega^2\alpha^2 + (1-\omega\alpha)(4-\omega^2\alpha^2\beta^2)]}$。代入 p_{1n}^{D*} 进 p_{2n}^{D*} 和 p_{2r}^{D*}，分别得到 p_{2n}^{D*} 和 p_{2r}^{D*}。

（2）$\gamma\beta q_{1n}^D > q_{2r}^D$。这种情况下，$\lambda^{D*} = 0$。这产生解 $p_{2n}^{D*} = \dfrac{2C_n + C_i - C_d + 2 - 2\omega\alpha}{4 - \omega\alpha}$，和 $p_{2r}^{D*} = \dfrac{\omega\alpha(C_n + 1 - \omega\alpha) + 2C_i - 2C_d}{4 - \omega\alpha}$。将 p_{2n}^{D*}, p_{2r}^{D*} 代入总的两期利润函数式 (4.3.16)，得到其利润函数是关于 p_{1n}^D 的严格凹函数，因为 $\dfrac{\partial^2 \Pi_o^D}{\partial p_{1n}^{D2}} = -2 < 0$。对 π_o^D 关于 p_{1n}^D 求导，得到 $p_{1n}^{D*} = \dfrac{1+C_n}{2}$。重新检查 $\beta q_{1n}^D - q_{2r}^D > 0$ 是否符合。代入 p_{1n}^{D*} 和 p_{2r}^{D*}，得到当 $\dfrac{\beta(1-C_n)}{2} > \dfrac{\omega\alpha C_n - C_i + C_d - (1-\omega\alpha)(C_i - C_d - \omega\alpha)}{\omega\alpha(1-\omega\alpha)(4-\omega\alpha)}$，该条件满足。

引理 4.3.2 表明当 $\dfrac{\beta(1-C_n)}{2} < \dfrac{\omega\alpha C_n - C_i + C_d - (1-\omega\alpha)(C_i - C_d - \omega\alpha)}{\omega\alpha(1-\omega\alpha)(4-\omega\alpha)}$ 时，独立物料供应商选择对回收的所有废旧物料进行再制造。但是，独立物料供应商提供的再制造产品数量受到原始物料供应商销售的新产品数量的影响。此外，独立物料供应商决定对回收的废旧物料进行部分再制造。但在这种情况下，独立物料供应商可以获得充足的可再制造原材料。这种情形下的均衡结果呈现在表 4.11 中。

4.3.3 模型分析

1. 垄断市场情形下的模型分析

在模型 M 均衡结果的基础上，下面的命题讨论了再制造的成本空间。

定理 4.3.1 模型 M 中再制造的成本空间有以下三种情况。

（1）如果 $C_r \geq \alpha C_n + C_d$，原始物料供应商仅生产新产品。

（2）如果 $\alpha C_n + C_d - \alpha\beta(1-\alpha)(1-C_n-\beta C_a - \beta C_d) < C_r < \alpha C_n + C_d$，原始物料供应商同时生产新产品和再制造产品，但是只再制造部分回收的废旧物料。

（3）如果 $\alpha - C_a - \dfrac{(1-C_n)(1-\alpha\beta+\alpha\beta^2)}{\alpha\beta^2} < C_r < \alpha C_n + C_d - \alpha\beta(1-\alpha)(1-C_n - \beta C_a - \beta C_d)$，原始物料供应商同时生产新产品和再制造产品，并且再制造全部回收的废旧物料。

表 4.11 模型 D 中均衡结果

		模型 D ($\lambda^{D*} > 0$)	模型 D ($\lambda^{D*} = 0$)
原始物料供应商的决策	q_{1n}^{D*}	$\dfrac{1-C_n}{2}$	$\dfrac{(1-C_n)[(2-\omega\alpha)^2 - 2\omega\alpha\beta(1-\omega\alpha)]}{2[(2-\omega\alpha)^2 - \omega^2\alpha^2\beta^2(1-\omega\alpha)]}$
	q_{2n}^{D*}	$\dfrac{2-2\omega\alpha-2C_n+\omega\alpha C_n+C_i-C_d}{(1-\omega\alpha)(4-\omega\alpha)}$	$\dfrac{(1-C_n)(2-\omega\alpha\beta)(2-\omega\alpha\beta)}{2[(2-\omega\alpha)^2-\omega^2\alpha^2\beta^2(1-\omega\alpha)]}$
	π_{2o}^{D*}	$\dfrac{(2-2\omega\alpha-2C_n+\omega\alpha C_n+C_i-C_d)^2}{(1-\omega\alpha)(4-\omega\alpha)^2}$	$\dfrac{(1-\omega\alpha)(1-C_n)^2(2-\omega\alpha)^2(2-\omega\alpha\beta)^2}{4[(2-\omega\alpha)^2-\omega^2\alpha^2\beta^2(1-\omega\alpha)]^2}$
	Π_o^{D*}	$\dfrac{(1-C_n^2)}{4}+\dfrac{(2-2\omega\alpha-2C_n+\omega\alpha C_n+C_i-C_d)^2}{(1-\omega\alpha)(4-\omega\alpha)^2}$	$\dfrac{(1-C_n)^2[(2-\omega\alpha)^2+4(1-\omega\alpha)(1-\omega\alpha\beta)]}{4[(2-\omega\alpha)^2-\omega^2\alpha^2\beta^2(1-\omega\alpha)]}$
独立物料供应商的决策		模型 D ($\lambda^{D*}>0$)	模型 D ($\lambda^{D*}=0$)
	q_{2r}^{D*}	$\dfrac{\omega\alpha(1-\omega\alpha)+\omega\alpha C_n-2C_i+\omega\alpha C_i+2C_d-\omega\alpha C_d}{\omega\alpha(1-\omega\alpha)(4-\omega\alpha)}$	$\dfrac{\beta(1-C_n)[(2-\omega\alpha)^2-2\omega\alpha\beta(1-\omega\alpha)]}{2[(2-\omega\alpha)^2-\omega^2\alpha^2\beta^2(1-\omega\alpha)]}$
	Π_{2i}^{D*}	$\dfrac{[\omega\alpha(1-\omega\alpha)+\omega\alpha C_n-2C_i+\omega\alpha C_i+2C_d-\omega\alpha C_d]^2}{\omega\alpha(1-\omega\alpha)(4-\omega\alpha)^2}-\dfrac{\beta(1-C_n)(C_a+C_d)}{2}$	$\dfrac{\beta(1-C_n)[(2-\omega\alpha)^2-2\omega\alpha\beta(1-\omega\alpha)]\omega\alpha\{C_n+[1-2\beta(1-\omega\alpha)](1-p_{1n}^{D*})\}}{2(2-\omega\alpha)[(2-\omega\alpha)^2-\omega^2\alpha^2\beta^2(1-\omega\alpha)]}-\dfrac{\omega\alpha(C_i-C_a)}{2(2-\omega\alpha)[(2-\omega\alpha)^2-\omega^2\alpha^2\beta^2(1-\omega\alpha)]}$

证明：只有当 $p_{2r}^{M*} \in (p_{2n}^{M*} - (1-\alpha), \alpha p_{2n}^{M*})$，市场上才会同时出现新产品和再制造产品。将具体的解析结果代入，得到当 $C_r \in \left\{\alpha - C_a - \dfrac{(1-C_n)(1-\alpha\beta+\alpha\beta^2)}{\alpha\beta^2}, \dfrac{1-C_n+\alpha\beta C_n - \beta C_a}{\beta}\right\}$，原始物料供应商进行完全再制造；当 $C_r \in \{C_n + C_d - (1-\alpha), \alpha C_n + C_d\}$，原始物料供应商进行部分再制造。否则，原始物料供应商只提供新产品。基于引理 3.1 中均衡结果的条件，可以通过代入法得到再制造成本 C_r 的范围。接着，求得再制造的成本空间并分析了制造成本 C_n 和消费者折扣因子 α 对再制造成本空间的影响。令 $C_r^{M*} = \alpha C_n + C_d$，$C_r^{M**} = \alpha C_n + C_d - \alpha\beta(1-\alpha)(1-C_n-\beta C_a - \beta C_d)$，$C_r^{M***} = \alpha - C_a - \dfrac{(1-C_n)(1-\alpha\beta+\alpha\beta^2)}{\alpha\beta^2}$。在部分再制造情况下，$\Delta^{M*} = C_r^{M*} - C_r^{M**} = \alpha\beta(1-\alpha)(1-C_n-\beta C_a-\beta C_d)$，$\dfrac{\partial \Delta^{M*}}{\partial \alpha} = \beta(1-2\alpha)(1-C_n-\beta C_a-\beta C_d)$，$\dfrac{\partial \Delta^{M*}}{\partial C_n} = -\alpha\beta(1-\alpha) < 0$。在完全再制造情况下，$\Delta^{M**} = C_r^{M**} - C_r^{M***} = \dfrac{(1+\alpha\beta^2-\alpha^2\beta^2)[(1-C_n)(1-\alpha\beta)+\alpha\beta^2(C_a+C_d)]}{\alpha\beta^2}$，$\dfrac{\partial \Delta^{M**}}{\partial C_n} = \dfrac{-(1-\alpha\beta)(1+\alpha\beta^2-\alpha^2\beta^2)}{\alpha\beta^2} < 0$。

定理 4.3.1 表明，如果再制造成本低且适中，原始物料供应商就会对再制造更感兴趣。在对回收的废旧物料进行部分再制造的情况下，制造成本 C_n 的增加会降低再制造的成本空间。然而，消费者折扣因子 α 的增加会导致再制造成本空间先增加后降低。令人惊讶的是，消费者对再制造产品的支付意愿过高时反而阻碍了企业从事再制造的动机。再制造成本空间是指原始物料供应商选择进行再制造时的再制造成本空间（再制造成本上界与下界之差）。在完全再制造的情况下，制造成本的增加会降低再制造的成本空间。这很直观，随着制造成本的增加，原始物料供应商在第一期减少了新产品的生产数量。因此，随着制造成本的增加，废旧物料的供应减少，再制造的成本空间降低。在分析了原始物料供应商再制造的成本空间之后，本章分析了制造成本、再制造成本及回收率对原始物料供应商生产决策和利润的影响。命题 4.3.2 和命题 4.3.3 根据表 4.10 中的均衡结果给出了分析的结果。

定理 4.3.2 模型 M 中制造成本 C_n 和再制造成本 C_r 对企业决策和利润的影响包括以下两个方面。

（1）在部分再制造情况下，C_n 下降导致 p_{1n}^{M*} 和 p_{2n}^{M*} 下降，但不影响 p_{2r}^{M*}。C_n 下降导致 Π_o^{M*} 增加。C_r 下降不影响 p_{1n}^{M*} 和 p_{2n}^{M*}，但会导致 p_{2r}^{M*} 下降。C_r 下降导致 Π_o^{M*} 增加。

（2）在完全再制造情况下，C_n 下降导致 p_{1n}^{M*}，p_{2n}^{M*} 和 p_{2r}^{M*} 下降。C_n 下降导致 Π_o^{M*} 增加。C_r 下降导致 p_{1n}^{M*} 和 p_{2r}^{M*} 下降，但不影响 p_{2n}^{M*}。C_r 下降导致 Π_o^{M*} 增加。

证明：基于引理 4.3.1 和模型 M 中的均衡结果，通过对 p_{1n}^{M*}，p_{2n}^{M*}，p_{2r}^{M*}，Π_o^{M*} 关于 C_n，C_r 求偏导。在部分再制造情况下，$\dfrac{\partial p_{1n}^{M*}}{\partial C_n} = \dfrac{1}{2}$，$\dfrac{\partial p_{2n}^{M*}}{\partial C_n} = \dfrac{1}{2}$，$\dfrac{\partial p_{2r}^{M*}}{\partial C_n} = 0$，$\dfrac{\partial \Pi_o^{M*}}{\partial C_n} = \dfrac{-[1-\alpha-C_n+C_r-C_d+(1-C_n-\beta C_a-\beta C_d)(1-\alpha)]}{2(1-\alpha)}$。对于 $\dfrac{\partial \Pi_o^{M*}}{\partial C_n}$，其分母大于 0，分子是关于 C_r 的线性函数，通过代入端点 $C_r = \alpha C_n + C_d - \alpha\beta(1-\alpha)(1-C_n-\beta C_a-\beta C_d)$ 和 $C_r = \alpha C_n + C_d$ 得到分子是严格为负的，因此 $\dfrac{\partial \Pi_o^{M*}}{\partial C_n} < 0$。接下来的证明同理可得。$\dfrac{\partial p_{1n}^{M*}}{\partial C_r} = 0$，$\dfrac{\partial p_{2n}^{M*}}{\partial C_r} = 0$，$\dfrac{\partial p_{2r}^{M*}}{\partial C_r} = \dfrac{1}{2}$，$\dfrac{\partial \Pi_o^{M*}}{\partial C_r} = \dfrac{-(\alpha C_n + C_r + C_d)}{2\alpha(1-\alpha)} < 0$。

在完全再制造情况下，$\dfrac{\partial p_{1n}^{M*}}{\partial C_n} = \dfrac{1-\alpha\beta}{2(1+\alpha\beta^2-\alpha^2\beta^2)} > 0$，$\dfrac{\partial p_{2n}^{M*}}{\partial C_n} = \dfrac{1}{2}$，$\dfrac{\partial p_{2r}^{M*}}{\partial C_n} = \dfrac{\alpha(1+\beta-\alpha\beta)}{2(1+\alpha\beta^2-\alpha^2\beta^2)} > 0$，$\dfrac{\partial p_{1n}^{M*}}{\partial C_r} = \dfrac{\beta}{2(1+\alpha\beta^2-\alpha^2\beta^2)} > 0$，$\dfrac{\partial p_{2n}^{M*}}{\partial C_r} = 0$，$\dfrac{\partial \Pi_o^{M*}}{\partial C_n} = \dfrac{-[(1-\alpha\beta)(1-C_n+\alpha\beta C_n-\beta C_r-\beta C_a)+(1-C_n)(1+\alpha\beta^2-\alpha^2\beta^2)]}{2(1+\alpha\beta^2-\alpha^2\beta^2)} < 0$，$\dfrac{\partial p_{2r}^{M*}}{\partial C_r} = \dfrac{\alpha(1-\alpha)\beta^2}{2(1+\alpha\beta^2-\alpha^2\beta^2)}$，$\dfrac{\partial \Pi_o^{M*}}{\partial C_r} = \dfrac{-\beta(1-C_n+\alpha\beta C_n-\beta C_r-\beta C_a)}{2(1+\alpha\beta^2-\alpha^2\beta^2)}$。

定理 4.3.2 表明，在部分再制造情况下，新产品的价格只受制造成本的影响，而再制造产品的价格只受再制造成本的影响。而在完全再制造情况下，制造成本不仅会影响新产品的价格，还会影响再制造产品的价格。再制造成本也影响着新产品和再制造产品的价格。有趣的是，在这种情况下，制造成本的降低同时降低了新产品和再制造产品的价格，相应地增加了新产品和再制造产品的数量。原因是再制造的数量受到前一期新产品销售的限制。因此，第一期新产品销售数量的增加，也会增加第二期再制造产品的供应。然而，再制造产品数量的增加并没有导致第二期新产品数量的减少。因为相对于再制造产品的低价，新产品的低价仍然对消费者具有吸引力。再制造成本的降低也降低了第一期销售的新产品和第二期再制造产品的价格。第二期再制造产品价格较低，导致对再制造产品的需求增加。在第一期的预期中，原始物料供应商有动机通过降低价格来增加新产品的销售。此外，在这两种情况下，制造成本的降低和再制造成本的降低均增加了原始物料供应商的利润。

定理 4.3.3 模型 M 中回收率（β）对企业决策和利润的影响如下：

（1）在部分再制造情况下，$p_{1\text{n}}^{\text{M}*}$ 随着 β 增加而增加。$p_{2\text{n}}^{M*}$，$p_{2\text{r}}^{M*}$，随着 β 增加保持不变。Π_o^{M} 随着 β 增加而降低。

（2）在完全再制造情况下，$p_{1\text{n}}^{\text{M}*}$ 随着 β 增加先降低后增加。$p_{2\text{n}}^{\text{M}*}$ 随着 β 增加保持不变。$p_{2\text{r}}^{\text{M}*}$ 随着 β 增加而降低。Π_o^{M} 随着 β 增加先增加后降低。

证明：基于定理 4.3.2 的解析结果，通过对 $p_{1\text{n}}^{M*}$，$p_{2\text{n}}^{M*}$，$p_{2\text{r}}^{M*}$，Π_o^{M*} 关于 β 求偏导得到这一命题。在部分再制造情况下，当且仅当 $-C_{\text{d}} < C_{\text{a}}$ 时，$\frac{\partial p_{1\text{n}}^{\text{M}*}}{\partial \beta} = \frac{C_{\text{a}} + C_{\text{d}}}{2} > 0$。$\frac{\partial p_{2\text{n}}^{\text{M}*}}{\partial \beta} = 0$，$\frac{\partial p_{2\text{r}}^{\text{M}*}}{\partial \beta} = 0$。

当且仅当 $-C_{\text{d}} < C_{\text{a}}$ 时，$\frac{\partial \Pi_o^{\text{M}*}}{\partial \beta} = \frac{-(C_{\text{a}} + C_{\text{d}})(1 - C_{\text{n}} - \beta C_{\text{a}} - \beta C_{\text{d}})}{2} < 0$。在完全再制造情况下，$\frac{\partial p_{1\text{n}}^{\text{M}*}}{\partial \beta} = \frac{2\alpha\beta(1-\alpha)(1-C_{\text{n}}) - (1 + \alpha\beta^2 - \alpha^2\beta^2)(\alpha C_{\text{n}} - C_{\text{r}} - C_{\text{a}})}{2(1 + \alpha\beta^2 - \alpha^2\beta^2)^2}$，对于 $\frac{\partial p_{1\text{n}}^{\text{M}*}}{\partial \beta}$，其分母严格为正，分子是关于 C_{r} 的线性函数，因此可以证实该偏导的符号，通过代入端点值 $C_{\text{r}} = \alpha - C_{\text{a}} - \frac{(1-C_{\text{n}})(1 - \alpha\beta + \alpha\beta^2)}{\alpha\beta^2}$，$\frac{\partial p_{1\text{n}}^{\text{M}*}}{\partial \beta} < 0$；$C_{\text{r}} = \alpha C_{\text{n}} + C_{\text{d}} - \alpha\beta(1-\alpha)(1 - C_{\text{n}} - \beta C_{\text{a}} - \beta C_{\text{d}})$，$\frac{\partial p_{1\text{n}}^{\text{M}*}}{\partial \beta} > 0$。因此 $\frac{\partial p_{1\text{n}}^{\text{M}*}}{\partial \beta}$ 随着 β 的增加先降低后增加。$\frac{\partial p_{2\text{n}}^{M*}}{\partial \beta} = 0$。$\frac{\partial p_{2\text{r}}^{\text{M}*}}{\partial \beta} = -\alpha(1-\alpha)[2\beta(\alpha C_{\text{n}} - C_{\text{r}} - C_{\text{a}}) + (1 - C_{\text{n}})(1 + \alpha\beta^2 - \alpha^2\beta^2)] < 0$。$\frac{\partial p_{2\text{r}}^{\text{M}*}}{\partial \beta}$ 的证明与 $\frac{\partial p_{1\text{n}}^{\text{M}*}}{\partial \beta}$ 一样。$\frac{\partial \Pi_o^{\text{M}*}}{\partial \beta} = \frac{(1 - C_{\text{n}} + \alpha\beta C_{\text{n}} - \beta C_{\text{r}} - \beta C_{\text{a}})[\alpha C_{\text{n}}(1 - \alpha\beta + \beta) - C_{\text{r}} - C_{\text{a}} - \alpha\beta + \alpha^2\beta]}{2(1 + \alpha\beta^2 - \alpha^2\beta^2)^2}$，注意到该式分母严格为正。因此其符号正负由分子决定。既然 $1 - C_{\text{n}} + \alpha\beta C_{\text{n}} - \beta C_{\text{r}} - \beta C_{\text{a}} > 0$，项 $\alpha C_{\text{n}}(1 - \alpha\beta + \beta) - C_{\text{r}} - C_{\text{a}} - \alpha\beta + \alpha^2\beta$ 关于 β 严格递增。当且仅当 $\beta < \frac{\alpha C_{\text{n}} - C_{\text{r}} - C_{\text{a}}}{\alpha(1-\alpha)(1 - C_{\text{n}})}$ 时，$\frac{\partial \Pi_o^{\text{M}*}}{\partial \beta} > 0$，否则，$\frac{\partial \Pi_o^{\text{M}*}}{\partial \beta} < 0$。

定理 4.3.3 表明，对于利用部分回收的废旧物料进行再制造的情况，β 的增加导致原始物料供应商总利润的减少。这是因为增加 β 并不会增加对再制造产品的需求。相反，较高的 β 增加了第一期末回收的废旧物料的处理成本。因此，原始物料供应商提高了新产品的价格，而导致消费者对新产品的需求急剧下降。原始物料供应商不能通过增加 β 获得更高的利润。在这种情况下，原始物料供应商就没有动机去提高回收率。在对回收的所有废旧物料进行再制造的情况下，当 β 低于某一阈值时，总利润随着 β 的增加而增加。相反，当 β 高于某一阈值时，总利润随着 β 的增加而减少。其原理是当 β 低于某一阈值时，随着 β 的增加，虽然再制造产品的价格下降，但是再制造产品的数量在第二期上升，第一期的新产品数量也上升。直觉上，产品销量增长带来的好处大于价格下降带来的损失，从而增加了原始物料供应商的利润，反之亦然。因此，只有当 β 低于某一阈值时，原始物料供应商才有动力提高对前一期所销售产品的回收。

2. 竞争市场情形下的模型分析

与定理 4.2.1～定理 4.2.3 类似，省略了证明过程。

定理 4.3.4 模型 D 中再制造的成本空间包括以下三种情况。

(1) 当 $C_i > \dfrac{\omega\alpha C_n + C_d + (1-\omega\alpha)(\omega\alpha + C_d)}{2-\omega\alpha}$，独立物料供应商不进行再制造。

(2) 当 $H < C_i \leqslant \dfrac{\omega\alpha C_n + C_d + (1-\omega\alpha)(\omega\alpha + C_d)}{2-\omega\alpha}$，独立物料供应商选择再制造，但是独立物料供应商只对回收的部分废旧物料进行再制造。

(3) 当 $0 < C_i \leqslant H$，独立物料供应商选择再制造，但是独立物料供应商对全部回收的废旧物料进行再制造。其中

$$H = \dfrac{2[(2-\omega\alpha)C_d + \omega\alpha(C_n + 1 - \omega\alpha)] - \omega\alpha\beta(1-\omega\alpha)(4-\omega\alpha)(1-C_n)}{2(2-\omega\alpha)}。$$

定理 4.3.4 表明，只有当再制造成本低于一定水平时，独立物料供应商才会进行再制造。另外，在部分再制造的情况下，制造成本 C_n 的增加会降低再制造的成本空间。消费者折扣因子 α 的增加导致再制造成本空间先降低后增加。在完全再制造的情况下，制造成本的增加会提高再制造的成本空间。其基本原理是原始物料供应商的制造成本越高，独立物料供应商的再制造成本优势在竞争市场中越明显。

定理 4.3.5 模型 D 中制造成本 C_n、再制造成本 C_i 对企业决策和利润的影响包括以下两种情况。

(1) 在部分再制造情况下，制造成本 C_n 的增加会导致 p_{1n}^{D*}，p_{2n}^{D*}，p_{2r}^{D*} 增加，但会导致 Π_o^{D*} 降低。再制造成本 C_i 的增加会使得 p_{1n}^{D*} 保持不变，导致 p_{2n}^{D*}，p_{2r}^{D*}，Π_o^{D*} 增加。

(2) 在完全再制造情况下，制造成本 C_n 的增加会导致 p_{1n}^{D*}，p_{2n}^{D*}，p_{2r}^{D*} 增加。制造成本的增加会导致 Π_o^{D*} 降低。再制造成本 C_i 的增加会使得 p_{1n}^{D*}，p_{2n}^{D*}，p_{2r}^{D*}，Π_o^{D*} 保持不变。

如定理 4.3.5 所述，在部分再制造的情况下，制造成本越高，每个时期新产品的价格就越高。与直觉相反，制造成本越高，第二阶段再制造产品的价格也越

高。这是因为新产品价格的增长大于再制造产品价格的增长，导致第二期新产品数量减少，而再制造产品数量增加。此外，新产品价格上涨带来的收益被新产品需求减少带来的损失主导。因此，原始物料供应商的总利润下降。第二期的再制造成本对新产品和再制造产品价格的影响也是如此。在完全再制造的情况下，制造成本的增加不仅会导致新产品价格的增加，也会导致再制造产品价格的增加。这一结果的解释与垄断市场的解释是一致的。然而，再制造成本并不影响原始物料供应商和独立物料供应商的决策。这一结果表明，当独立物料供应商采取再制造时，独立物料供应商的再制造受到原始物料供应商的限制。

定理 4.3.6 模型 D 中回收率（β）对企业决策和利润的影响包括以下两个方面。

（1）在部分再制造情况下，p_{1n}^{D*}，p_{2n}^{D*}，p_{2r}^{D*}，Π_o^{D*} 不受 β 影响。

（2）在完全再制造情况下，p_{1n}^{D*} 随着 β 增加而增加。p_{2n}^{D*}，p_{2r}^{D*} 和 Π_o^D 随着 β 增加而降低。

定理 4.3.6 表明，当回收的废旧物料只有部分被再制造时，第一期原始物料供应商的生产数量不能约束独立物料供应商的再制造活动。因此，原始物料供应商的总利润不受 β 的影响。当回收的废旧物料全都用于再制造时，β 的增加导致原始物料供应商总利润的减少。直观地说，β 的增加会导致第二期再制造产品数量的增加。由于再制造产品对新产品的替代效应，第二阶段的新产品数量减少。原始物料供应商不得不下调新产品价格，以阻碍第二期新产品减少的趋势。由于原始物料供应商预期第二期来自再制造产品的外部竞争，在第一期没有增加新产品数量的动机，而在第一期通过提高新产品价格来弥补数量上的损失。在这种情况下，原始物料供应商没有动机增加回收率。反而，原始物料供应商可能会通过产品技术和收集策略来降低独立物料供应商的回收率。

4.3.4 管理启示

本节在考虑垄断和竞争的情形下，基于回收率和竞争因素分析了供应商的再制造和定价策略。在垄断环境下，本节得到的结论是：当且仅当再制造成本不太高时，原始物料供应商才会选择再制造。然而，消费者购买再制造产品的意愿增加并不一定会增加企业的再制造成本空间。此外，较低的制造成本促进了新产品和再制造产品之间的互补关系，而不是竞争关系。此外，当原始物料供应商进行再制造时，它并不总是愿意提高回收率。在竞争的环境下，描述了独立物料供应商的进入对原始物料供应商战略的影响。当原始物料供应商选择不进行再制造时，独立物料供应商仅在再制造成本不超过一定阈值时才决定进行再制造。较高的制造成本增加了独立物料供应商再制造的成本空间。均衡的结果还表明，提高再制造产品的价格并不会减少对该产品的需求。最后，在竞争激烈的市场中，原始物料供应商会努力降低竞争对手的回收率。本节还观察到，在两种情况下，消费者购买再制造产品较高的意愿均有利于再制造。

4.4 考虑代工企业的再制造生产决策

在现实中，还存在一些企业仅对废旧产品进行简单的修复以低质量低价格的方式销售给消费者。本节将部分质量得到部分修复的产品称为翻新产品。与再制造产品相比，它们的质量水平并没有达到新产品或者再制造产品的质量水平，且低质量的翻新产品的生产成本更低，价格更低廉，有一定的消费群体。本节结合实际，进一步讨论了考虑翻新产品竞争下原始设备制造商与代工企业进行再制造生产合作，以及这种合作生产模式对第三方翻新商的生产决策的影响。

4.4.1 问题描述

正如 Thierry 等[67]的定义，翻新是一种修复操作，但其质量和性能低于新产品。它们由第三方生产，通过再加工和表面修复，从废旧产品中恢复部分价值的活动。一部分生产翻新产品的第三方甚至不受政府的监督，产品质量较差，因此所需的成本也低于同型的新产品和再制造产品。在调研中国重汽集团济南复强动力有限公司的过程中，在谈到关于重型卡车的发动机的再制造行业发展的问题时，相关负责人告诉我们，目前市场中存在着很多低质量的发动机翻新产品，价格非常低廉，抢占了部分再制造产品的市场份额，严重冲击企业高质量的再制造业务。

此外，虽然再制造产品具有诸多优势，并且在中国，政府还要求所有的再制造产品必须有明确的标识和原始设备制造商的质量认证，但是，消费者购买再制造产品的意愿仍然低于购买新产品的意愿[68-69]。例如，在苹果公司的网站上，一个苹果 XR plus 手机的售价为 749 美元，但是在其公司官网的再制造手机页面上显示一台再制造的 XR plus 手机的售价却仅为 499 美元。而且在苹果再制造的官方网页上明确显示，苹果的再制造产品的售价最高可达 85%。在其他行业的折扣可能更大。

基于上述原因，一些原始设备制造商并没有开展再制造业务，如惠普[70]。然而，另一些原始设备制造商考虑到翻新产品对于自己产品在品牌形象上的影响，以及再制造能够带来的经济和环境效益等因素，已经实施了再制造活动[71-72]。例如，富士康是苹果手机和 iPad 的主要制造商，目前苹果公司与它合作实施中国地区的再制造业务[73-74]。类似地，这种原始设备制造商与上游制造商之间合作进行再制造的情况也出现在 IBM、柯达等企业中[75]。为什么原始设备制造商喜欢与上游制造商合作实施再制造呢？主要的原因是，在长期的合作过程中，这些上游的合作伙伴能够保证产品的质量达到原始设备制造商的要求。此外，这些原型产品的制造商了解自己产品的质量与性能，也具备再制造的能力，对于使用过的产品或者退货产品更容易进行处理。

除了与上游制造商合作，原始设备制造商与第三方的合作是另一种选择。在欧洲市场，苹果公司委托 Phobio 公司实施再制造。而在此之前，Phobio 公司一直从事多种品牌旧产品（包括手机、平板等产品）的回收、维修和翻新业务[76]。事实上，对于这些第三方翻新商而言，它们在翻新和维修旧产品方面有丰富的经验，也具备从事再制造的能力，但是由于产品的认知度低，消费群体单一，企业很难进一步发展。有一些具备良好翻新能力的企业也在考虑与原始设备制造商合作，通过提高自己的品牌知名度和产品质量而获得更多的利润。

面对第三方翻新商的竞争，原始设备制造商需要抉择是否开展再制造业务，如何开展，如何兼顾利润与环境影响，以及能否减低翻新产品的竞争？对于制造商或者第三方而言，是否要与原始设备制造商合作实施再制造？

为了解决上述问题，本节考虑了原始设备制造商、上游制造商和第三方翻新商之间的复杂关系。其中，上游制造商为原始设备制造商生产新产品，第三方生产翻新产品。随着竞争加剧，进一步研究了制造商与原始设备制造商合作的再制造模式（模式 M）、翻新商与原始设备制造商合作的再制造模式（模式 P），并在每一种模式下讨论了多种产品的最优生产数量、翻新产品在不同合作模式下质量情况，以及不同模式下的环境影响。具体的模型及相关数学符号描述如下。

在一个多级供应链中，兼具竞争与合作关系，其中包含一个原始设备制造商（简记为 OEM）、一个制造商（简记为 M）和一个翻新商（简记为 P）。这里，原始设备制造商将新产品（用下标 n 表示）的生产委托给上游的合作伙伴——制造商，而第三方翻新商则独立地对旧产品的质量进行部分恢复，然后在市场中销售这种翻新产品（用下标 3 表示）。面对来自第三方的翻新产品的竞争，原始设备制造商需要同时考虑经济和环境效益去决策是否实施再制造活动。如果实施再制造活动，那么旧产品被再制造以后经过原始设备制造商的检验和认证，作为再制造产品（用下标 r 表示）被再次销售到市场中。如果原始设备制造商不实施再制造，那么本节将考虑市场中新产品和翻新产品的竞争。用 w_n 表示制造商向原始设备制造商收取的单位新产品的批发价格。根据前面的分析，旧产品的数量能够满足市场对翻新产品的要求，且本节主要讨论翻新产品对再制造行业的影响，因此本节忽略了回收环节对再制造过程和再制造产品需求的影响。在上述的竞争模式中，研究了新产品和翻新产品的古诺竞争模型。

如果原始设备制造商实施再制造，那么它需要考虑如何实施再制造的策略，即是与原来的合作伙伴制造商继续合作，还是与竞争对手翻新商合作实施再制造。这里，需要注意的是，本节假设一旦原始设备制造商决定了与制造商（或者第三方翻新商）进行合作，那么就不会再考虑与第三方翻新商（或者制造商）进行合作。记表示制造商（或者第三方翻新商）向原始设备制造商收取的单位再制造产品的批发价格。在两种合作模式中，研究了新产品、再制造产品和翻新产品之间的古诺竞争模型。

消费者在购买产品时，通常会考虑产品的质量和价格。而产品的质量可以通过别人购买后的使用体验和网上的评论被消费者了解。因此，假定产品的质量是可以被感知的。假设新产品的质量是最好的，记为 1。再制造产品的质量经过了检验和认证，被认为与同型的新产品的质量是一样的。翻新产品的质量较差，记为 α，且 $0 < \alpha < 1$，代表翻新产品相较于新产品或者再制造产品的质量折扣[52]。

在生产成本方面，假设质量相同的产品的生产成本是相同的。但是，对于再制造产品而言，虽然它的质量与新产品一样，但是因为它是对废旧产品的质量进行恢复，因此节约了原材料，其总成本低于新产品。而翻新产品虽然也是对废旧产品的质量进行恢复，但是因为其质量低于再制造产品，因此翻新产品的生产成本低于再制造产品。记 c_n 为新产品的生产总成本，c_r 为再制造产品回收和再制造的总成本，c_3 为翻新产品回收和再制造的总成本。这里，忽略不同制造商在回收和再制造技术上的差异，仅考虑再制造产品与翻新产品在质量上的差异而产生的生产成本的不同，即 $c_3 = \alpha c_r$。

假设消费者是异质的，并且均匀分布在区间 $[0, 1]$ 上。消费者在区间上的位置对应其类型，即 θ 型消费者对新产品的支付意愿为 θ；而 θ 型消费者对再制造产品的支付意愿为 $\delta\theta$，其中 δ 为恢复产品（再制造产品和翻新产品的总称）的折扣因子，且 $0 < \delta < 1$；θ 型消费者对翻新产品的支付意愿为 $\delta\alpha\theta$，其中 α 表示消费者对翻新产品质量的价值折扣。折扣因子 δ 反映了消费者对恢复产品的偏见，α 则反映了翻新产品质量对价值的影响。以上对于消费者对产品支付意愿的假设在先前的文献中很常见，如Atasu等[45]和Yan等[76]的研究。

根据上述分析，θ 型消费者从购买新产品中获得的效用为 $U_n = \theta - p_n$，从购买再制造中获得的效用为 $U_r = \delta\theta - p_r$，从购买翻新产品中获得效用为 $U_3 = \alpha\delta\theta - p_3$。因此，消费者购买新产品必须要满足 $U_i > 0$ 且 $U_i > U_j$，其中 $i = \{n, r, 3\}, j = \{n, r, 3\}/i$。

基于上述假设，本节研究了原始设备制造商、上游制造商和第三方翻新商之间的竞争与合作策略，并进一步分析了再制造业务对经济效益和环境收益的影响。具体来说，本节构建了制造商为原始设备制造商生产新产品，第三方生产翻新产品的基准模型，如图 4.6(a) 所示。随后，分析了原始设备制造商与制造商合作实施再制造的模式，即制造商同时生产新产品和再制造产品，如图 4.6(b) 所示。最后，分析了原始设备制造商与第三方合作实施再制造的模式，即第三方同时生产再制造产品和翻新产品，如图 4.6(c) 所示。所有模型中的数学符号及其含义在表 4.12 中展示。

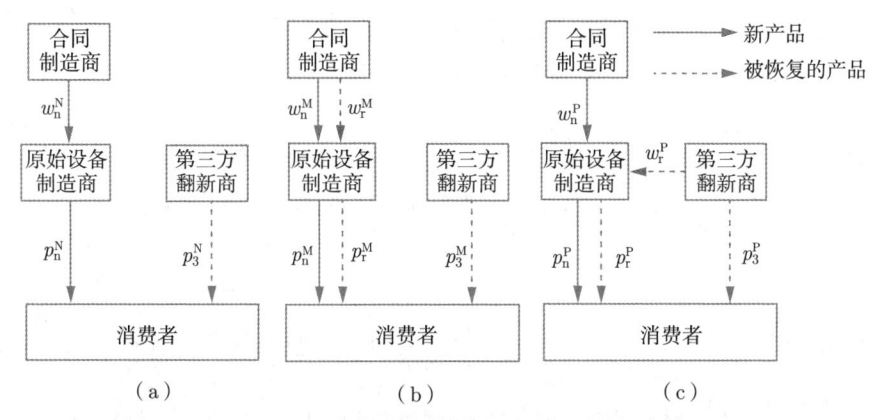

图 4.6　竞争与合作模式的结构示意图
（a）外包制造业务模式；（b）合同制造商外包再制造业务模式；（c）竞争企业外包再制造业务模式

表 4.12　模型中的基本数学符号及含义

符号	含义
p_n/q_n	新产品的单位销售价格及市场需求
p_r/q_r	再制造产品的单位销售价格及市场需求
p_3/q_3	翻新产品的单位销售价格及市场需求
w_n/w_r	新产品和再制造产品的批发价格
θ	消费者类型
$c/c_r/c_3$	制造新产品、再制造产品和翻新产品的单位成本
α	翻新产品的相对于新产品或再制造产品的质量折扣
δ	消费者对恢复产品（包括再制造产品或者翻新产品）的价值折扣
$N_1/M_2/P_2$	翻新产品进入市场的门槛
M_1/P_1	再制造产品进入市场的门槛
Π	总利润
E	总环境影响

4.4.2　模型构建

本节分析了三种模式下的原始设备制造商、制造商和第三方翻新商的利润函数，利用序贯博弈论的逆向归纳法求解各个模型中的均衡解。

1. 原始设备制造商外包制造业务模式（模型 N）

在没有再制造的情况下，第三方与原始设备制造商在市场中竞争，制造商承担着新产品的制造。此时市场中的产品是新产品和翻新产品。在这种竞争结构下，博弈的顺序如下：制造商首先决定新产品的批发价格 w_n，其次原始设备制造商和第三方同时决策新产品和翻新产品的生产数量 q_n 和 q_3。在此基础上，可以得到新产品和翻新产品的需求。

引理 4.4.1 （1）当 $\alpha\delta p_n > p_3$ 时，新产品和翻新产品共同瓜分市场，此时，新产品的需求为 $q_n = 1 - \dfrac{p_n - p_3}{1 - \alpha\delta}$，而翻新产品的需求为 $q_3 = \dfrac{p_n - p_3}{1 - \alpha\delta} - \dfrac{p_3}{\alpha\delta}$。

（2）当 $\alpha\delta p_n \leqslant p_3$ 时，消费者要么购买新产品要么就不购买，此时，新产品的需求为 $q_n = 1 - p_n$。

证明：根据前面的假设，消费者选择购买新产品必须要满足 $U_n > U_3$ 且 $U_n > 0$，即 $\theta > \dfrac{p_n - p_3}{1 - \alpha\delta}$ 且 $\theta > p_n$。消费者选择购买翻新产品必须满足 $U_3 > U_n$ 且 $U_3 > 0$，即 $\theta > \dfrac{p_3}{\alpha\delta}$ 且 $\theta < \dfrac{p_n - p_3}{1 - \alpha\delta}$。由此可以得到新产品和翻新产品的需求函数，当 $\alpha\delta p_n > p_3$ 时，$\theta \in \left(\dfrac{p_n - p_3}{1 - \alpha\delta}, 1\right]$ 类型的消费者选择购买新产品，$\theta \in \left(\dfrac{p_3}{\alpha\delta}, \dfrac{p_n - p_3}{1 - \alpha\delta}\right)$ 类型的消费者选择购买翻新产品。而前面的假设中提到消费者在区间 $[0,1]$ 上均匀分布。故可得引理 4.4.1 中（1）的结论。同理，当 $\alpha\delta p_n \leqslant p_3$ 时，消费者不会购买翻新产品。因此，只要满足 $\theta > p_n$，消费者就会购买新产品。由此，引理 4.4.1 中（2）结论得证。

由引理 4.4.1 可得新产品与翻新产品的需求逆函数，即

$$p_n = 1 - \alpha\delta q_3 - q_n \tag{4.4.1}$$

$$p_3 = \alpha\delta(1 - q_3 - q_n) \tag{4.4.2}$$

由此，原始设备制造商、制造商和第三方翻新商的利润函数分别可表示为

$$\max_{w_n} \Pi_M^N = (w_n - c)q_n \tag{4.4.3}$$

$$\max_{q_n} \Pi_{OEM}^N = (1 - \alpha\delta q_3 - q_n - w_n)q_n \tag{4.4.4}$$

$$\max_{q_3} \Pi_{3P}^N = (\alpha\delta(1 - q_3 - q_n) - \alpha c_r)q_3 \tag{4.4.5}$$

$$\text{s.t.} \quad q_n \geqslant 0, q_3 \geqslant 0$$

利用逆向求解法，进一步求得新产品和翻新产品的生产数量、销售价格，制造商向原始设备制造商收取的批发价格，以及三方在均衡市场结构中的利润情况。

定理 4.4.1 （1）当恢复产品的成本满足 $N_0 = \dfrac{\alpha\delta + 2c - 2}{\alpha} < c_r < \dfrac{\delta(6 - \alpha\delta + 2c)}{8 - \alpha\delta} = N_1$ 时，$w_n^N = \dfrac{2 + 2c - \alpha\delta + \alpha c_r}{4}$，$q_n^N = \dfrac{2 - 2c - \alpha\delta + \alpha c_r}{2(4 - \alpha\delta)}$，

$$q_3^N = \frac{\delta(6+2c-\alpha\delta)-(8-\alpha\delta)c_r}{4\delta(4-\alpha\delta)}, \quad p_n^N = \frac{(6+2c-\alpha\delta)(2-\alpha\delta)+\alpha(6-\alpha\delta)c_r}{4(4-\alpha\delta)},$$

$$p_3^N = \frac{\alpha[\delta(6+2c-\alpha\delta)+(8-3\alpha\delta)c_r]}{4(4-\alpha\delta)}, \quad \Pi_{\text{OEM}}^N = \frac{(2-2c-\alpha\delta+\alpha c_r)^2}{4(4-\alpha\delta)^2}, \quad \Pi_M^N =$$

$$\frac{(2-2c-\alpha\delta+\alpha c_r)^2}{8(4-\alpha\delta)}, \quad \Pi_{3P}^N = \frac{\alpha[\delta(6+2c-\alpha\delta)-(8-\alpha\delta)c_r]^2}{16\delta(4-\alpha\delta)^2},$$

$$\Pi_{3P}^N = \frac{\alpha[\delta(6+2c-\alpha\delta)-(8-\alpha\delta)c_r]^2}{16\delta(4-\alpha\delta)^2}.$$

（2）当恢复产品的成本满足 $c_r > \dfrac{\delta(6-\alpha\delta+2c)}{8-\alpha\delta}$ 时，翻新产品会退出市场，此时 $w_n^N = \dfrac{c+1}{2}$，$q_n^N = \dfrac{1-c}{4}$，$p_n^N = \dfrac{3+c}{4}$，$\Pi_{\text{OEM}}^N = \dfrac{(1-c)^2}{16}$，$\Pi_M^N = \dfrac{(1-c)^2}{8}$。

证明： 当 $\alpha\delta p_n > p_3$ 时，对 Π_{OEM}^N 关于 q_n 求一阶导得 $1-\alpha\delta q_3-2q_n-w_n$，其二阶导为 -2，同时 Π_{3P}^N 对 q_3 求一阶导得 $-\alpha[c_r+\delta(-1+2q_3+q_n)]$，其二阶导为 $-2\alpha\delta$。因此，Π_{OEM}^N 和 Π_{3P}^N 是分别关于 q_n 和 q_3 的凹函数，因此最优解是存在的。令 $\dfrac{\text{d}\Pi_{\text{OEM}}^N}{\text{d}q_n} = 0$ 且 $\dfrac{\text{d}\Pi_{3P}^N}{\text{d}q_3} = 0$，可得 $q_n = \dfrac{2-\alpha\delta+\alpha c_r-2w_n}{4-\alpha\delta}$，$q_3 = \dfrac{\delta-2c_r+\delta w_n}{\delta(4-\alpha\delta)}$。然后将上述两个表达式代入 Π_M^N，并对 w_n 求一阶导得 $\dfrac{2+2c-\alpha\delta+\alpha c_r-4w_n}{4-\alpha\delta}$，其二阶导为 $-\dfrac{4}{4-\alpha\delta} < 0$。故 Π_M^N 是关于 w_n 的凹函数，因此最优解也是存在的。令 $\text{d}\Pi_M^N/\text{d}w_n = 0$，由此可得（1）中所有的均衡解。

当 $\alpha\delta p_n \leqslant p_3$ 时，市场中只有新产品，那么 $\Pi_{\text{OEM}}^N = (1-q_n-w_n)q_n$，$\dfrac{\text{d}\Pi_{\text{OEM}}^N}{\text{d}q_n} = 1-2q_n-w_n$ 且 $\dfrac{\text{d}^2\Pi_{\text{OEM}}^N}{\text{d}q_n^2} = -2$。由此可得 $q_n = (1-w_n)/2$。代入 Π_M^N 表达式，可得 $\Pi_M^N = (w_n-c)(1-w_2)/2$。而 $\dfrac{\text{d}\Pi_M^N}{\text{d}w_n} = (1-2w_n+c)/2$，$\dfrac{\text{d}^2\Pi_M^N}{\text{d}w_n^2} = -1$，最终可得 $w_n = (1+c)/2$，由此可得（2）中所有的均衡解。

定理 4.4.1 给出了新产品和翻新产品共存下的市场结构。一旦翻新产品的成本超过阈值 $\dfrac{\alpha\delta(6-\alpha\delta+2c)}{8-\alpha\delta}$，那么翻新产品就会退出市场。

下面进一步讨论了翻新产品的质量对新产品批发价格、新产品和翻新产品的生产数量、三个利益相关方的利润的影响。

定理 4.4.2 （1）新产品的批发价格 w_n^N 随着 α 的增加而降低。

(2) 新产品的需求 q_n^N 随着 α 的增加先降低后增加,而翻新产品的需求 q_3^N 随着 α 的增加先增加后降低。

(3) 原始设备制造商的利润 Π_{3P}^N 随着 α 的增加先降低后增加,第三方翻新商的利润 Π_{3P}^N 随着 α 的增加先增加后降低,而制造商的利润 Π_M^N 随着 α 的增加而降低。

证明:(1) $\dfrac{\partial w_n^N}{\partial \alpha} = \dfrac{c_r - \delta}{4}$,但当 $N_0 < c_r < N_1$ 时,$c_r < \delta$,故 $\dfrac{\partial w_n^N}{\partial \alpha} < 0$。

(2) $\dfrac{\partial q_n^N}{\partial \alpha} = \dfrac{2c_r - (1+c)\delta}{(4-\alpha\delta)^2}$,当 $\dfrac{\partial q_n^N}{\partial \alpha} = \dfrac{2c_r - (1+c)\delta}{(4-\alpha\delta)^2}$ 时,$\dfrac{\partial q_n^N}{\partial \alpha} < 0$,但当 $\dfrac{(1+c)\delta}{2} < c_r < N_1$ 时,$\dfrac{\partial q_n^N}{\partial \alpha} > 0$。$\dfrac{\partial q_3^N}{\partial \alpha} = \dfrac{\delta + c\delta - 2c_r}{2(4-\alpha\delta)^2}$,当 $N_0 < c_r < \dfrac{(1+c)\delta}{2}$ 时,$\dfrac{\partial q_3^N}{\partial \alpha} > 0$,但当 $\dfrac{(1+c)\delta}{2} < c_r < N_1$ 时,$\dfrac{\partial q_3^N}{\partial \alpha} < 0$。

(3) $\dfrac{\partial \Pi_{OEM}^N}{\partial \alpha} = -\dfrac{(\delta + c\delta - 2c_r)(2 - 2c - \alpha\delta + \alpha c_r)}{(4-\alpha\delta)^3}$,当 $N_0 < c_r < \dfrac{(1+c)\delta}{2}$ 时,$\dfrac{\partial \Pi_{OEM}^N}{\partial \alpha} < 0$,但当 $\dfrac{(1+c)\delta}{2} < c_r < N_1$ 时,$\dfrac{\partial \Pi_{OEM}^N}{\partial \alpha} > 0$。$\dfrac{\partial \Pi_3^N}{\partial \alpha} = \dfrac{1}{16\delta(4-\alpha\delta)^3} \cdot [\delta(6 + 2c - \alpha\delta) - (8 - \alpha\delta)c_r][\delta(24 - 6\alpha\delta + \alpha^2\delta^2 + 2c(4+\alpha\delta))] - [(32 - 4\alpha\delta + \alpha^2\delta^2)c_r]$,当 $N_0 < c_r < \dfrac{\delta[24 - 6\alpha\delta + \alpha^2\delta^2 + 2c(4+\alpha\delta)]}{32 - 4\alpha\delta + \alpha^2\delta^2}$ 时,$\dfrac{\partial \Pi_3^N}{\partial \alpha} > 0$,当 $\dfrac{\delta[24 - 6\alpha\delta + \alpha^2\delta^2 + 2c(4+\alpha\delta)]}{32 - 4\alpha\delta + \alpha^2\delta^2} < c_r < N_1$ 时,$\dfrac{\partial \Pi_3^N}{\partial \alpha} < 0$。

$$\dfrac{\partial \Pi_M^N}{\partial \alpha} = -\dfrac{(2 - 2c - \alpha\delta + \alpha c_r)[\delta(6 + 2c - \alpha\delta) - (8 - \alpha\delta)c_r]}{8(4-\alpha\delta)^2} < 0。$$

翻新产品与新产品之间的质量差别使得原始设备制造商与第三方翻新商之间的行动互相影响。具体来说,当翻新产品的生产成本较高 $\left(\text{即} \dfrac{\alpha\delta}{32 - 4\alpha\delta + \alpha^2\delta^2} \cdot [24 - 6\alpha\delta + \alpha^2\delta^2 + 2c(4+\alpha\delta)] < c_3 < \dfrac{\alpha\delta(6 - \alpha\delta + 2c)}{8 - \alpha\delta}\right)$ 时,随着翻新产品质量的提高,生产成本将进一步增加,此时第三方的利润将会减少。此时,原始设备制造商会通过降低批发价格来增加生产数量,从而获得更多的利润。在这种情况下,第三方有动机降低产品质量以获得更多利润。当翻新产品的生产成本较低 $\left(\alpha\delta + 2c - 2 < c_3 < \dfrac{\alpha\delta(1+c)}{2}\right)$ 时,随着翻新产品质量的提高,其产品的市场竞争力增强,但是生产成本并不高,此时,第三方的利润会增加。然而,随着竞争的

加剧，新产品的市场需求减少，从而原始设备制造商的利润受损。当翻新产品的生产成本处于中等水平 $\left(\dfrac{\alpha\delta(1+c)}{2}<c_3<\dfrac{\alpha\delta\left[24-6\alpha\delta+\alpha^2\delta^2+2c(4+\alpha\delta)\right]}{32-4\alpha\delta+\alpha^2\delta^2}\right)$ 时，随着产品质量的提高，虽然产品的生产成本增加但是产品的竞争力也提高，销售价格也增加，对于第三方而言，质量提升带来的利润超过了成本提高带来的经济损失，因此，利润也不断增加。面对来自第三方的竞争，原始设备制造商会通过降低批发价格来订购更多的新产品以弥补损失。

然而，对于制造商来说，随着翻新产品质量的提高，它的利润总是会降低。原因是，只要翻新产品进入市场，那么新产品受到竞争，其批发价格会降低。此时，当翻新产品的成本较低时，提高质量会导致新产品的需求降低，因此制造商的利润下降；当生产成本一旦超过阈值，随着翻新产品质量的提高，它的市场份额增加，新产品批发价格降低且市场份额增幅较小。因此，制造商的利润仍然降低。但是，随着翻新产品的质量继续增加，原始设备制造商会增加新产品的预定数量，从而使制造商的利润虽然在降低，但减幅趋于平缓。

定理 4.4.3 当 $N_0<c_\mathrm{r}<N_1$ 时，随着翻新产品的质量降低，新产品的销售价格会越高，即 $\dfrac{\partial p_\mathrm{n}^\mathrm{N}}{\partial \alpha}<0$。

证明： 由于

$$\frac{\delta(6+2c-\alpha\delta)}{8-\alpha\delta}-\frac{\delta(20+4c-8\alpha\delta+\alpha^2\delta^2)}{24-8\alpha\delta+\alpha^2\delta^2}=-\frac{2(1-c)\delta(8-6\alpha\delta+\alpha^2\delta^2)}{(8-\alpha\delta)(24-8\alpha\delta+\alpha^2\delta^2)}<0,$$

因此，当 $N_0<c_\mathrm{r}<N_1$ 时，$\dfrac{\partial p_\mathrm{n}^\mathrm{N}}{\partial \alpha}<0$ 是恒成立的。

在竞争激烈的市场中，新产品的销售价格会受到翻新产品的质量的影响。因此，面对低质量的产品，原始设备制造商会提高新产品的销售价格，以差异化消费者市场，吸引高端消费者购买其产品。这种定价方式与凡勃伦效应（Veblen effect）的原理类似，通过加深消费者对品牌和产品质量的关注，进一步提高企业品牌形象，从而获得更多的经济利益。在现实中，苹果公司、IBM 公司和宝马公司等都采用这样的定价策略以提升自身产品价值。

第三方对回收的废旧产品进行部分的功能和质量的恢复后，将这种翻新产品以较低的价格再次销售给消费者，从而获得了经济利益，这是市场中众多小型翻新商的现状。然而，这些小型翻新商想要获得更多的利润和更高的品牌价值，就必须要提高产品的质量。这些现实的问题为第三方翻新商的发展带来了困扰。同时，这些低价也低质的翻新产品对于原始设备制造商生产的新产品的销售带来了冲击，因此，很多的原始设备制造商开始探索新的合作方式以改变目前的市场结构。

2. 原始设备制造商向制造商外包再制造业务模式（模型 M）

在原始设备制造商与制造商合作实施再制造的情形中，制造商同时生产新产品和再制造产品。此时，原始设备制造商仍然面临来自第三方的翻新产品的竞争。博弈的顺序如下。制造商同时为原始设备制造商制造新产品和再制造产品，并向原始设备制造商收取 w_n 和 w_r 的批发价格。然后，原始设备制造商决策新产品、再制造产品生产数量 q_n 和 q_r。与此同时，第三方决策翻新产品的生产数量 q_3。在这种情形下，消费者会从新产品、再制造产品和翻新产品中进行选择。下面的引理可以得出三种产品的需求函数。

引理 4.4.2 （1）当 $\dfrac{p_n - p_r}{p_r - p_3} > \dfrac{1-\delta}{(1-\alpha)\delta}$，$\delta p_n > p_r$ 且 $\alpha p_r > p_3$ 时，新产品、再制造产品和翻新产品在市场中共存。新产品的需求 $q_n = 1 - \dfrac{p_n - p_r}{1-\delta}$，再制造产品的需求 $q_r = \dfrac{p_n - p_r}{1-\delta} - \dfrac{p_r - p_3}{(1-\alpha)\delta}$，翻新产品的需求 $q_3 = \dfrac{p_r - p_3}{(1-\alpha)\delta} - \dfrac{p_3}{\alpha\delta}$。

（2）当 $\dfrac{p_n - p_r}{p_r - p_3} > \dfrac{1-\delta}{(1-\alpha)\delta}$，$\delta p_n > p_r$ 且 $\alpha p_r < p_3$ 时，新产品和再制造产品在市场中共存。新产品的需求 $q_n = 1 - \dfrac{p_n - p_r}{1-\delta}$，再制造产品的需求 $q_r = \dfrac{p_n - p_r}{1-\delta} - \dfrac{p_r}{\delta}$。

（3）当 $\dfrac{p_n - p_r}{p_r - p_3} < \dfrac{1-\delta}{(1-\alpha)\delta}$ 且 $p_3 < \alpha\delta p_n$ 时，新产品和翻新产品在市场中共存。新产品的需求 $q_n = 1 - \dfrac{p_n - p_3}{1-\alpha\delta}$，翻新产品的需求 $q_3 = \dfrac{p_n - p_3}{1-\alpha\delta} - \dfrac{p_3}{\alpha\delta}$。

（4）在其他情况下，只有新产品在市场中。此时，新产品的需求 $q_n = 1 - p_n$。

证明：消费者选择产品依赖于效用函数，即选择购买新产品要满足 $U_n > 0$，$U_n > U_r$ 且 $U_n > U_3$；选择购买再制造产品要满足 $U_r > 0$，$U_r > U_n$ 且 $U_r > U_3$；选择购买翻新产品要满足 $U_3 > 0$，$U_3 > U_n$ 且 $U_3 > U_r$。因此，当 $\dfrac{p_n - p_r}{p_r - p_3} > \dfrac{1-\delta}{(1-\alpha)\delta}$ 时，消费者购买新产品要满足 $\theta > p_n$ 且 $\theta > \dfrac{p_n - p_r}{1-\delta}$。消费者购买再制造产品要满足 $\theta > \dfrac{p_r}{\delta}$ 且 $\dfrac{p_r - p_3}{(1-\alpha)} < \theta < \dfrac{p_n - p_r}{1-\delta}$。消费者购买翻新产品要满足 $\theta > \dfrac{p_3}{\alpha\delta}$ 且 $\theta < \dfrac{p_r - p_3}{(1-\alpha)\delta}$。对上述范围进行比较，可得（1）和（2）中的结论。当 $\dfrac{p_n - p_r}{p_r - p_3} < \dfrac{1-\delta}{(1-\alpha)\delta}$ 时，消费者选择再制造产品的集合为空。消费者选择新产品要满足 $\theta > p_n$ 且 $\theta > \dfrac{p_n - p_3}{1-\alpha\delta}$，而消费者选择翻新产品要满足 $\theta > \dfrac{p_3}{\alpha\delta}$ 且 $\theta < \dfrac{p_n - p_3}{1-\alpha\delta}$。对上述范围进行对比可得（3）中的结果。

由引理 4.4.2 可得三个产品的逆需求函数，表示如下：

$$p_n = 1 - \alpha\delta q_3 - q_n - \delta q_r \tag{4.4.6}$$

$$p_r = \delta(1 - \alpha q_3 - q_n - q_r) \tag{4.4.7}$$

$$p_3 = \alpha\delta(1 - q_3 - q_n - q_r) \tag{4.4.8}$$

由此，原始设备制造商与制造商合作实施再制造情况下的三方的利润函数可表示如下：

$$\max_{w_n, w_r} \Pi_M^M = (w_n - c)q_n + (w_r - c_r)q_r \tag{4.4.9}$$

$$\max_{q_n, q_r} \Pi_{OEM}^M = (1 - \alpha\delta q_3 - q_n - \delta q_r - w_n)q_n + [\delta(1 - \alpha q_3 - q_n - q_r) - w_r]q_r \tag{4.4.10}$$

$$\max_{q_3} \Pi_{3P}^M = [\alpha\delta(1 - q_3 - q_n - q_r) - \alpha c_r]q_3 \tag{4.4.11}$$

$$\text{s.t.} \quad q_n \geqslant 0, q_r \geqslant 0, q_3 \geqslant 0$$

利用逆向求解法，可求得三种产品的生产数量、销售价格、制造商向原始设备制造商收取的批发价格，以及三方在均衡市场结构中的利润情况。

定理 4.4.4 （1）当再制造产品的成本满足 $M_0 < c_r < M_1$ 时，$w_n^M = \dfrac{2 + 2c - \alpha\delta + \alpha c_r}{4}$，$w_r^M = \dfrac{2\delta - \alpha\delta + 2c_r + \alpha c_r}{4}$，$q_n^M = \dfrac{1 - c - \delta + c_r}{4(1 - \delta)}$，$q_r^M = \dfrac{[c(4 - \alpha) - \alpha(1 - \delta)]\delta - [4 - \alpha(2 - \delta)]c_r}{4(4 - \alpha)(1 - \delta)\delta}$，$q_3^M = \dfrac{(6 - \alpha)(\delta - c_r)}{4(4 - \alpha)\delta}$，

$$p_n^M = \dfrac{12 + c(4 - \alpha) - 3\alpha - 5\alpha\delta + \alpha^2\delta + (5 - \alpha)\alpha c_r}{4(4 - \alpha)},$$

$p_r^M = \dfrac{(12 - 8\alpha + \alpha^2)\delta + (4 + 4\alpha - \alpha^2)c_r}{4(4 - \alpha)}$，$p_3^M = \dfrac{\alpha[(6 - \alpha)\delta + (10 - 3\alpha)c_r]}{4(4 - \alpha)}$，

$\Pi_{3P}^M = \dfrac{(6 - \alpha)^2\alpha(\delta - c_r)^2}{16(4 - \alpha)^2\delta}$，$\Pi_{OEM}^M = \dfrac{(1 - c - \delta + c_r)[4 - c(4 - \alpha) - \alpha - \alpha\delta + \alpha c_r]}{16(4 - \alpha)(1 - \delta)} +$

$\dfrac{(2 - \alpha)(\delta - c_r)\{[c(4 - \alpha) - \alpha(1 - \delta)]\delta - [4 - \alpha(2 - \delta)]c_r\}}{8(4 - \alpha)^2(1 - \delta)\delta}$，

$\Pi_M^M = \dfrac{(1 - c - \delta + c_r)(2 - 2c - \alpha\delta + \alpha c_r)}{16(1 - \delta)} +$

$\dfrac{(2 - \alpha)(\delta - c_r)\{[c(4 - \alpha) - \alpha(1 - \delta)]\delta - [4 - \alpha(2 - \delta)]c_r\}}{16(4 - \alpha)(1 - \delta)\delta}$。

(2) 当再制造产品的成本满足 $M_1 < c_r < M_2$ 时,再制造产品会退出市场。此时,

$w_n^M = \dfrac{2+2c-\alpha\delta+\alpha c_r}{4}$, $q_n^M = \dfrac{2-2c-\alpha\delta+\alpha c_r}{2(4-\alpha\delta)}$, $q_3^M = \dfrac{\delta(6+2c-\alpha\delta)-(8-\alpha\delta)c_r}{4\delta(4-\alpha\delta)}$,

$p_n^M = \dfrac{(6+2c-\alpha\delta)(2-\alpha\delta)+\alpha(6-\alpha\delta)c_r}{4(4-\alpha\delta)}$, $p_3^M = \dfrac{\alpha[\delta(6+2c-\alpha\delta)+(8-3\alpha\delta)c_r]}{4(4-\alpha\delta)}$,

$\Pi_{OEM}^M = \dfrac{(2-2c-\alpha\delta+\alpha c_r)^2}{4(4-\alpha\delta)^2}$, $\Pi_M^M = \dfrac{(2-2c-\alpha\delta+\alpha c_r)^2}{8(4-\alpha\delta)}$,

$$\Pi_{3P}^M = \dfrac{\alpha[\delta(6+2c-\alpha\delta)-(8-\alpha\delta)c_r]^2}{16\delta(4-\alpha\delta)^2}。$$

(3) 当再制造产品的成本满足 $c_r > M_2$ 时,翻新产品也会退出市场。此时,

$w_n^M = \dfrac{c+1}{2}$, $q_n^M = \dfrac{1-c}{4}$, $p_n^M = \dfrac{3+c}{4}$, $\Pi_{OEM}^M = \dfrac{(1-c)^2}{16}$, $\Pi_M^M = \dfrac{(1-c)^2}{8}$。

证明:(1) 当 $\dfrac{p_n-p_r}{p_r-p_3} > \dfrac{1-\delta}{(1-\alpha)\delta}$, $\delta p_n > p_r$ 且 $\alpha p_r > p_3$ 时,新产品、再制造产品和翻新产品在市场中共存。此时,$\dfrac{\partial \Pi_{OEM}^M}{\partial q_n} = 1-\alpha\delta q_3 - 2q_n - 2\delta q_r - w_n$,

$\dfrac{\partial^2 \Pi_{OEM}^M}{\partial q_n^2} = -2$;同时 $\dfrac{\partial \Pi_{OEM}^M}{\partial q_r} = \delta - \alpha\delta q_3 - 2\delta q_n - 2\delta q_r - w_r$,$\dfrac{\partial^2 \Pi_{OEM}^M}{\partial q_r^2} = -2\delta$。那么,混合偏导 $\dfrac{\partial^2 \Pi_{OEM}^M}{\partial q_n \partial q_r} = \dfrac{\partial^2 \Pi_{OEM}^M}{\partial q_r \partial q_n} = -2\delta$。故海塞矩阵

$$\boldsymbol{H}^{M1} = \begin{bmatrix} -2 & -2\delta \\ -2\delta & -2\delta \end{bmatrix}$$

故 Π_{OEM}^M 是关于 q_n 和 q_r 的联合凹函数,式 (4.4.10) 存在最优解。同理可得,$\dfrac{d\Pi_{3P}^M}{dq_3} = -\alpha[c_r + \delta(-1+2q_3+q_n+q_r)]$,$\dfrac{d^2 \Pi_{3P}^M}{dq_3^2} = -2\alpha\delta < 0$,故 Π_{3P}^M 是关于 q_3 的凹函数,因此式 (4.4.11) 也存在最优解。由此,令 $\dfrac{\partial \Pi_{OEM}^M}{\partial q_n} = 0$,$\dfrac{\partial \Pi_{OEM}^M}{\partial q_r} = 0$ 且 $\dfrac{d\Pi_{3P}^M}{dq_3} = 0$,联立方程组可得 $q_n = \dfrac{1-\delta-w_n+w_r}{2(1-\delta)}$,$q_3 = \dfrac{\delta-2c_r+w_r}{(4-\alpha)\delta}$,$q_r = \dfrac{-\alpha\delta+\alpha\delta^2+2\alpha c_r-2\alpha\delta c_r+4\delta w_n-\alpha\delta w_n-4w_r+\alpha\delta w_r}{2(4-\alpha)(1-\delta)\delta}$。再将结果代入式 (4.4.9) 中,分别对两个批发价格 w_n 和 w_r 求导,可得 $\dfrac{\partial \Pi_M^M}{\partial w_n} = \dfrac{-1-c+\delta+c_r+2w_n-2w_r}{2(-1+\delta)}$,

$$\frac{\partial^2 \Pi_{\mathrm{M}}^{\mathrm{M}}}{\partial w_{\mathrm{n}}^2} = \frac{1}{-1+\delta};$$

$$\frac{\partial \Pi_{\mathrm{M}}^{\mathrm{M}}}{\partial w_{\mathrm{r}}} = \frac{-4c\delta - \alpha\delta + c\alpha\delta + \alpha\delta^2 + [4+\alpha(2-3\delta)]c_{\mathrm{r}} - 2(-4+\alpha)\delta w_{\mathrm{n}} - 8w_{\mathrm{r}} + 2\alpha\delta w_{\mathrm{r}}}{2(-4+\alpha)(-1+\delta)\delta},$$

$\dfrac{\partial^2 \Pi_{\mathrm{M}}^{\mathrm{M}}}{\partial w_{\mathrm{r}}^2} = \dfrac{-4+\alpha\delta}{(4-\alpha)(1-\delta)}$。那么混合偏导 $\dfrac{\partial^2 \Pi_{\mathrm{M}}^{\mathrm{M}}}{\partial w_{\mathrm{n}} \partial w_{\mathrm{r}}} = \dfrac{\partial^2 \Pi_{\mathrm{M}}^{\mathrm{M}}}{\partial w_{\mathrm{r}} \partial w_{\mathrm{n}}} = \dfrac{1}{1-\delta}$。$\Pi_{\mathrm{M}}^{\mathrm{M}}$ 是关于 w_{n} 和 w_{r} 的联合凹函数，式 (4.4.9) 存在最优解。通过联立方程组 $\partial \Pi_{\mathrm{M}}^{\mathrm{M}} / \partial w_{\mathrm{n}} = 0$ 和 $\partial \Pi_{\mathrm{M}}^{\mathrm{M}} / \partial w_{\mathrm{r}} = 0$，可得定理 4.4.4 中（1）的均衡结果。

此外，由三种产品共存的条件：$\dfrac{p_{\mathrm{n}}-p_{\mathrm{r}}}{p_{\mathrm{r}}-p_3} > \dfrac{1-\delta}{(1-\alpha)\delta}$，$\delta p_{\mathrm{n}} > p_{\mathrm{r}}$ 和 $\alpha p_{\mathrm{r}} > p_3$，可解得当 $c+\delta-1 < c_{\mathrm{r}} < \dfrac{[c(4-\alpha)-\alpha(1-\delta)]\delta}{4-\alpha(2-\delta)}$ 时，定理 4.4.4 中（1）成立。令 $M_0 = c+\delta-1$，$M_1 = \dfrac{[c(4-\alpha)-\alpha(1-\delta)]\delta}{4-\alpha(2-\delta)}$。

而当 $\dfrac{p_{\mathrm{n}}-p_{\mathrm{r}}}{p_{\mathrm{r}}-p_3} > \dfrac{1-\delta}{(1-\alpha)\delta}$，$\delta p_{\mathrm{n}} > p_{\mathrm{r}}$ 且 $\alpha p_{\mathrm{r}} < p_3$ 时，新产品和再制造产品在市场中共存。然而，代入均衡结果后可得 $c_{\mathrm{r}} < \dfrac{[c(4-\alpha)-\alpha(1-\delta)]\delta}{4-\alpha(2-\delta)}$，$c_{\mathrm{r}} < \dfrac{[c(4-\alpha)+(5-\alpha)\alpha(1-\delta)]\delta}{4+\alpha(4-5\delta)-\alpha^2(1-\delta)}$ 和 $c_{\mathrm{r}} > \delta$。其中 $\delta - \dfrac{[c(4-\alpha)+(5-\alpha)\alpha(1-\delta)]\delta}{4+\alpha(4-5\delta)-\alpha^2(1-\delta)} = \dfrac{(1-c)(4-\alpha)\delta}{4+\alpha(4-5\delta)-\alpha^2(1-\delta)} > 0$，$\delta - \dfrac{[c(4-\alpha)-\alpha(1-\delta)]\delta}{4-\alpha(2-\delta)} = \dfrac{(1-c)(4-\alpha)\delta}{4-\alpha(2-\delta)} > 0$。因此，满足条件的解集为空。

（2）当 $\dfrac{p_{\mathrm{n}}-p_{\mathrm{r}}}{p_{\mathrm{r}}-p_3} < \dfrac{1-\delta}{(1-\alpha)\delta}$ 且 $p_3 < \alpha\delta p_{\mathrm{n}}$ 时，新产品和翻新产品在市场中共存。此时，与基准模型中的情况一致，不再赘述。均衡解成立的条件为

$$\frac{[c(4-\alpha)-\alpha(1-\delta)]\delta}{4-\alpha(2-\delta)} < c_{\mathrm{r}} < \frac{\delta[6+c(4-\alpha)-2\alpha-5\alpha\delta+\alpha^2\delta]}{10+\alpha^2\delta-\alpha(3+5\delta)}$$

这里，令 $M_2 = \dfrac{\delta[6+c(4-\alpha)-2\alpha-5\alpha\delta+\alpha^2\delta]}{10+\alpha^2\delta-\alpha(3+5\delta)}$，从而（2）的结论得证。

（3）除上述讨论的情况以外，市场中只有新产品存在。因此，这种情况与基准模型中定理 4.4.1 中（2）的情况一样，这里不再赘述。

定理 4.4.4 表明当再制造产品的成本与翻新产品的成本满足 $M_0 < c_{\mathrm{r}} < M_1$ 时，再制造产品将会进入市场，此时三种产品会共同瓜分市场。其中，$M_0 = c+\delta-1$，

$M_1 = \dfrac{[c(4-\alpha) - \alpha(1-\delta)]\delta}{4 - \alpha(2-\delta)}$。一旦再制造产品的成本超过阈值 M_1，那么再制造产品就会退出市场。然而，对于翻新产品而言，只有当成本超过阈值 M_2 时，它才会退出市场，其中，$M_2 = \dfrac{\delta[6 + c(4-\alpha) - 2\alpha - 5\alpha\delta + \alpha^2\delta]}{10 + \alpha^2\delta - \alpha(3 + 5\delta)}$。

定理 4.4.5　（1）在模型 M 中，$M_1 < M_2$，即再制造产品进入市场比翻新产品进入市场要难。

（2）与模型 N 相比，$M_2 < N_1$，即一旦原始设备制造与制造商合作实施再制造时，那么翻新产品进入市场的门槛也会被提高。

（3）与模型 N 相比，当再制造产品进入市场后，$\Pi_{\text{OEM}}^{\text{M}} > \Pi_{\text{OEM}}^{\text{N}}$，$\Pi_{\text{M}}^{\text{M}} > \Pi_{\text{M}}^{\text{N}}$，$\Pi_{\text{3P}}^{\text{M}} < \Pi_{\text{3P}}^{\text{N}}$。

证明：（1）由定理 4.4.4 易证，$M_1 < M_2$。

（2）$M_2 - N_1 = -\dfrac{(1-c)(6-\alpha)\delta(2+\alpha\delta)}{(8-\alpha\delta)[10 + \alpha^2\delta - \alpha(3+5\delta)]} < 0$。

（3）$\Pi_{\text{OEM}}^{\text{M}} - \Pi_{\text{OEM}}^{\text{N}} = \dfrac{(1 - c - \delta + c_r)[4 - c(4-\alpha) - \alpha - \alpha\delta + \alpha c_r]}{16(4-\alpha)(1-\delta)} - \dfrac{(2 - 2c - \alpha\delta + \alpha c_r)^2}{4(4-\alpha\delta)^2} + \dfrac{(2-\alpha)(\delta - c_r)\{[c(4-\alpha) - \alpha(1-\delta)]\delta - [4 - \alpha(2-\delta)]c_r\}}{8(4-\alpha)^2(1-\delta)\delta}$，令 $\Pi_{\text{OEM}}^{\text{M}} - \Pi_{\text{OEM}}^{\text{N}} = Q = 0$，然后可得是关于 c_r 的开口向上的二次函数，其两个解为 $c_{r1} = \dfrac{[c(4-\alpha) - \alpha(1-\delta)]\delta}{4-\alpha(2-\delta)}$ 和

$$c_{r2} = \dfrac{\delta\{c(4-\alpha)(16 - 8\alpha + \alpha^2\delta) + \alpha(1-\delta)[16 + 3\alpha^2\delta - 8\alpha(1+\delta)]\}}{64 - 16\alpha(2+\delta) + 4\alpha^2\delta(1+2\delta) + \alpha^3\delta(2-3\delta)},$$

且 $c_{r1} < c_{r2}$。而 $c_{r1} = M_1$，因此，在 $M_0 < c_r < M_1$ 中 $\Pi_{\text{OEM}}^{\text{M}} - \Pi_{\text{OEM}}^{\text{N}} > 0$。对于制造商而言，令 $\Pi_{\text{M}}^{\text{M}} - \Pi_{\text{M}}^{\text{N}} = W = 0$，然后可得是关于 c_r 的开口向上的二次函数，其两个解为 $c'_{r1} = c'_{r2} = \dfrac{[c(4-\alpha) - \alpha(1-\delta)]\delta}{4 - \alpha(2-\delta)}$，故在 $M_0 < c_r < M_1$ 中 $\Pi_{\text{M}}^{\text{M}} - \Pi_{\text{M}}^{\text{N}} > 0$。

对于 $\Pi_{\text{3P}}^{\text{M}} - \Pi_{\text{3P}}^{\text{N}} = \dfrac{(6-\alpha)^2\alpha(\delta - c_r)^2}{16(4-\alpha)^2\delta} - \dfrac{\alpha[\delta(6 + 2c - \alpha\delta) - (8 - \alpha\delta)c_r]^2}{16\delta(4-\alpha\delta)^2}$，令 $\Pi_{\text{3P}}^{\text{M}} - \Pi_{\text{3P}}^{\text{N}} = Y = 0$，然后可得是关于 c_r 的开口向下的二次函数，其两个解为 $c''_{r1} = \dfrac{\delta[24 + c(4-\alpha) + \alpha^2\delta - 5\alpha(1+\delta)]}{28 + \alpha^2\delta - \alpha(6 + 5\delta)}$，$c''_{r2} = \dfrac{[c(4-\alpha) - \alpha(1-\delta)]\delta}{4 - \alpha(2-\delta)}$，且 $c''_{r2} < c''_{r1}$。故在 $M_0 < c_r < M_1$ 中 $\Pi_{\text{3P}}^{\text{M}} - \Pi_{\text{3P}}^{\text{N}} < 0$。

定理 4.4.5 中（2）的结论表明再制造活动影响了第三方的翻新产品的生产。

结果表明，在这种合作模式下，高质量的再制造产品对翻新产品的生存条件产生极大冲击，激烈的竞争就会促使第三方降低生产成本，从而增加翻新产品的进入壁垒。

定理 4.4.5 中（3）的结论是原始设备制造商与制造商合作实施再制造的前提条件。两方的合作只有当原始设备制造商和制造商的利润都提高了，合作才会成立。与没有实施再制造的情况相比，一旦再制造产品进入市场，那么无论是原始设备制造商还是制造商的利润都增加了，但是第三方翻新商的利润会受损。对于第三方而言，面对来自新产品和再制造产品的双重竞争，其利润会下降。这些利润函数的变化在后面数值实验中会更加清楚的展示出来（图 4.7）。事实上，在现实中，富士康为苹果公司生产新产品，为了获得更多的利润，它愿意与苹果公司继续合作实施再制造活动。与模型 N 中定理 4.4.2 相类似，在模型 M 中，也讨论了翻新产品的质量对批发价格、生产数量，和三方的利润的影响。

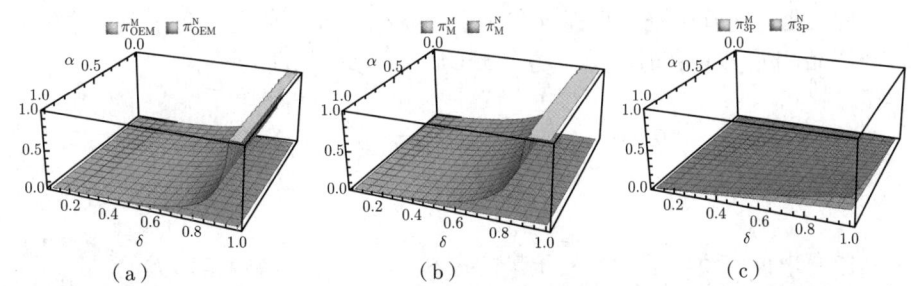

图 4.7 模型 M 和模型 N 中原始设备制造商、制造商和第三方利润的变化情况（见文后彩图）
（a）原始设备制造商；（b）制造商；（c）第三方翻新商

定理 4.4.6 （1）新产品的批发价格 w_n^M 和再制造产品的批发价格 w_r^M 都随 α 的增大而减小。

（2）新产品的需求 q_n^M 并没有受到 α 的影响，但再制造产品的需求 q_r^M 随着 α 的增大而减小，而翻新产品的需求 q_3^M 随着 α 的增大而增大。

（3）原始设备制造商的利润 Π_OEM^M 和制造商的利润 Π_M^M 都随着 α 的增大而减小，但第三方翻新商的利润 Π_3P^M 随着 α 的增大而增大。

证明： 当 $M_0 < c_\text{r} < M_1$ 时，$\dfrac{\partial w_\text{n}^\text{M}}{\partial \alpha} = \dfrac{\partial w_\text{r}^\text{M}}{\partial \alpha} = \dfrac{1}{4}(c_\text{r} - \delta) < 0$，（1）证毕。$\dfrac{\partial q_\text{n}^\text{M}}{\partial \alpha} = 0$，$\dfrac{\partial q_\text{r}^\text{M}}{\partial \alpha} = \dfrac{-\delta + c_\text{r}}{(4-\alpha)^2 \delta} < 0$，$\dfrac{\partial q_3^\text{M}}{\partial \alpha} = \dfrac{\delta - c_\text{r}}{2(4-\alpha)^2 \delta} > 0$，（2）证得。$\dfrac{\partial \Pi_\text{OEM}^\text{M}}{\partial \alpha} = -\dfrac{(2-\alpha)(\delta - c_\text{r})^2}{(4-\alpha)^3 \delta} < 0$，$\dfrac{\partial \Pi_\text{M}^\text{M}}{\partial \alpha} = -\dfrac{(12 - 8\alpha + \alpha^2)(\delta - c_\text{r})^2}{8(4-\alpha)^2 \delta} < 0$，

$$\frac{\partial \Pi_{3P}^M}{\partial \alpha} = \frac{(6-\alpha)(24-6\alpha+\alpha^2)(\delta-c_r)^2}{16(4-\alpha)^3 \delta} > 0_\circ$$

尽管原始设备制造商和制造商合作实施再制造的模式能够为双方都带来经济利益。但是由于第三方在这种合作模式中的利润会降低，因此，第三方一定会通过改善其产品质量以减少利润的损失。定理 4.4.6 分析了在上述的合作模式中，当第三方提高翻新产品的质量时，翻新产品的市场竞争力增强，显著的结果为其市场份额增大。此时，再制造产品的市场份额降低，其销售价格也下降 $\left(\frac{\partial p_r^M}{\partial \alpha} = \frac{c_r - \delta}{(4-\alpha)^2 \delta} < 0\right)$。虽然新产品的市场份额没有受到影响，但其价格会显著下降 $\left(\frac{\partial p_n^M}{\partial \alpha} = -\frac{(20-8\alpha+\alpha^2)(\delta-c_r)}{4(4-\alpha)^2} < 0\right)$。因此，无论是新产品还是再制造产品为原始设备制造商带来的经济效益都在下降。此外，由于新产品和再制造产品的批发价格在降低，对于制造商来说，其经济利润也在下降。

除此之外，本节还进一步检查了三个利益相关方的利润的变化率。当第三方的翻新产品的质量提高时，第三方利润的增幅是增大的

$$\left(\frac{\partial^2 \Pi_{3P}^M}{\partial \alpha^2} = \frac{3(8-\alpha)(\delta-c_r)^2}{2(4-\alpha)^4 \delta} > 0\right)_\circ$$

对于制造商来说，随着翻新产品质量的提高，其利润的减幅是增大的，$\frac{\partial^2 \Pi_M^M}{\partial \alpha^2} = \frac{(\delta-c_r)^2}{(4-\alpha)^3 \delta} > 0$。然而，对于原始设备制造商而言，随着翻新产品质量的提高，其利润的减幅却是减小的，即 $\frac{\partial^2 \pi_{OEM}^M}{\partial \alpha^2} = -\frac{2(1-\alpha)(\delta-c_r)^2}{(4-\alpha)^4 \delta} < 0$。这个有趣的发现说明了在原始设备制造商与制造商合作实施再制造的模式中，当竞争者的产品竞争加剧时，处于下游的原始设备制造商会将风险转移给上游的制造商。在这种合作的模式中，原始设备制造商承担了较小的风险。

总的来说，当原始设备制造商与制造商合作实施再制造时，第三方企业的利润会降低。但是，此时第三方提高翻新产品的质量会在一定程度上减少利润的损失，因此，第三方有动力去这样做。此外，由于第三方本身具备对产品再制造的能力，如果与原始设备制造商合作实施再制造，可能会改善提高自身品牌影响力。基于此，下一节继续讨论了第三方翻新商与原始设备制造商合作实施再制造的模式。

3. 原始设备制造商向竞争者外包再制造业务模式（模型 P）

这一部分我们将进一步讨论了原始设备制造商与第三方合作实施再制造的情况。在这种模式中，制造商为原始设备制造商提供新产品，并向其收取单位批发价格 w_n。而第三方同时生产再制造产品和翻新产品，然后以单位批发价格 w_r 将再制造产品卖给原始设备制造商。在这种模式中，博弈的顺序为：制造商和第三方分别将其生产的新产品和再制造产品销售给原始设备制造商。然后原始设备制造商同时确定新产品和再制造产品的生产数量 q_n 和 q_r，与此同时，第三方确定翻新产品的生产数量 q_3。与前面模型 M 相似，此时市场中存在的产品类型为新产品、再制造产品和翻新产品。消费者将会从这个产品中进行选择。此时，市场中的三个产品的逆需求函数仍然可以表示为式 (4.4.6) ~ 式 (4.4.8)。故原始设备制造商、制造商和第三方的利润函数可表示如下：

$$\max_{w_n} \Pi_M^P = (w_n - c) q_n \tag{4.4.12}$$

$$\max_{q_n, q_r} \Pi_{OEM}^P = (1 - \alpha\delta q_3 - q_n - \delta q_r - w_n) q_n + [\delta(1 - \alpha q_3 - q_n - q_r) - w_r] q_r \tag{4.4.13}$$

$$\max_{w_r, q_3} \Pi_{3P}^P = [\alpha\delta(1 - q_3 - q_n - q_r) - \alpha c_r] q_3 + (w_r - c_r) q_r \tag{4.4.14}$$

$$\text{s.t.} \quad q_n > 0, q_r > 0, q_3 > 0$$

利用逆向求解法，可求得新产品、再制造产品和翻新产品的生产数量、销售价格，制造商和第三方分别向原始设备制造商收取的批发价格，以及三方在均衡市场结构中的利润情况。

定理 4.4.7 （1）当再制造产品的生产成本满足 $P_0 < c_r < P_1$ 时，三种产品在市场中共存，此时

$$w_n^P = \frac{\alpha\delta - \alpha\delta^2 + (1 + c - \delta)(4 - 4\delta + 2\alpha\delta) + (4 - 2\alpha - 4\delta + 3\alpha\delta) c_r}{8 - (8 - 3\alpha)\delta}$$

$$w_r^P = \frac{\alpha(3 + c - 3\delta)\delta + [8 - 8\delta - \alpha(4 - 6\delta)] c_r}{8 - (8 - 3\alpha)\delta}$$

$$q_n^P = \frac{(1 - \delta)[4 - (4 - 3\alpha)\delta] + (4 - 2\alpha - 4\delta + 3\alpha\delta) c_r - c[4 - (4 - \alpha)\delta]}{2(1 - \delta)[8 - (8 - 3\alpha)\delta]}$$

$$q_r^P = \frac{\delta[2(2 - 3\alpha)(1 - \delta)^2 + c(4 - 2\alpha - 4\delta + 3\alpha\delta)] - [4(2 - 3\delta + \delta^2) - \alpha(8 - 15\delta + 6\delta^2)] c_r}{2(1 - \delta)\delta[8 - (8 - 3\alpha)\delta]}$$

$$q_3^P = \frac{(3 + c - 3\delta)\delta - (4 - 3\delta) c_r}{\delta[8 - (8 - 3\alpha)\delta]}$$

$$p_n^P = \frac{12 - 16\delta + 3\alpha\delta + 4\delta^2 + c[4 - (4-\alpha)\delta] + 2(2+\alpha-2\delta)c_r}{2(8-(8-3\alpha)\delta)}, p_r^P = \frac{\delta + c_r}{2}$$

$$p_3^P = \frac{\alpha\{\delta[2 - 2c(1-\alpha) + 6\alpha - 2\delta - 3\alpha\delta] + [16 - 14\delta - \alpha(8-9\delta)]c_r\}}{2[8-(8-3\alpha)\delta]}$$

$$\Pi_{3P}^P = \frac{\alpha[2-(2-\alpha)\delta][\delta(3+c-3\delta)-(4-3\delta)c_r]^2}{2(1-\delta)\delta[8-(8-3\alpha)\delta]^2}$$

$$\Pi_M^P = \frac{\{c[4-(4-\alpha)\delta]-(1-\delta)[4-(4-3\alpha)\delta]-(4-2\alpha-4\delta+3\alpha\delta)c_r\}^2}{2(1-\delta)[8-(8-3\alpha)\delta]^2}$$

$$\Pi_{OEM}^P = \left\{\frac{4 - 3\alpha\delta - 4\delta^2 + 6\alpha\delta^2 - c(4-4\delta+3\alpha\delta) - 2(2-3\alpha)(1-\delta)c_r}{2[8-(8-3\alpha)\delta]}\right\} \cdot$$

$$\left\{\frac{(1-\delta)[4-(4-3\alpha)\delta]+(4-2\alpha-4\delta+3\alpha\delta)c_r}{2(1-\delta)[8-(8-3\alpha)\delta]} - \frac{c[4-(4-\alpha)\delta]}{2(1-\delta)[8-(8-3\alpha)\delta]}\right\} +$$

$$\left\{\frac{\delta[8-8\delta-\alpha(6+2c-9\delta)]-(8-8\alpha-8\delta+9\alpha\delta)c_r}{2[8-(8-3\alpha)\delta]}\right\} \cdot$$

$$\left\{\frac{\delta[2(2-3\alpha)(1-\delta)^2 + c(4-2\alpha-4\delta+3\alpha\delta)]}{2(1-\delta)\delta[8-(8-3\alpha)\delta]} + \right.$$

$$\left.\frac{[\alpha(8-15\delta+6\delta^2)-4(2-3\delta+\delta^2)]c_r}{2(1-\delta)\delta[8-(8-3\alpha)\delta]}\right\}$$

（2）当再制造产品的生产成本满足 $P_1 < c_r < P_2$ 时，再制造产品就会退出市场，此时，只有新产品和翻新产品在市场中共存。此时

$$w_n^P = \frac{2+2c-\alpha\delta+\alpha c_r}{4}, \quad q_n^P = \frac{2-2c-\alpha\delta+\alpha c_r}{2(4-\alpha\delta)}$$

$$q_3^P = \frac{\delta(6+2c-\alpha\delta)-(8-\alpha\delta)c_r}{4\delta(4-\alpha\delta)}, \quad p_n^P = \frac{(6+2c-\alpha\delta)(2-\alpha\delta)+\alpha(6-\alpha\delta)c_r}{4(4-\alpha\delta)}$$

$$p_3^P = \frac{\alpha[\delta(6+2c-\alpha\delta)+(8-3\alpha\delta)c_r]}{4(4-\alpha\delta)}, \quad \Pi_{OEM}^P = \frac{(2-2c-\alpha\delta+\alpha c_r)^2}{4(4-\alpha\delta)^2}$$

$$\Pi_M^P = \frac{(2-2c-\alpha\delta+\alpha c_r)^2}{8(4-\alpha\delta)}, \quad \Pi_{3P}^P = \frac{\alpha[\delta(6+2c-\alpha\delta)-(8-\alpha\delta)c_r]^2}{16\delta(4-\alpha\delta)^2}$$

（3）当再制造产品的成本满足 $c_r > M_2$ 时，翻新产品也会退出市场。此时，

$$w_n^P = \frac{c+1}{2}, \quad q_n^P = \frac{1-c}{4}, \quad p_n^P = \frac{3+c}{4}, \quad \Pi_{OEM}^P = \frac{(1-c)^2}{16}, \quad \Pi_M^P = \frac{(1-c)^2}{8}。$$

证明：（1）当 $\dfrac{p_n - p_r}{p_r - p_3} > \dfrac{1-\delta}{(1-\alpha)\delta}$，$\delta p_n > p_r$ 且 $\alpha p_r > p_3$ 时，新产品、再制

造产品和翻新产品在市场中共存。此时，$\dfrac{\partial \Pi_{\text{OEM}}^{\text{P}}}{\partial q_{\text{n}}} = 1 - \alpha \delta q_3 - 2q_{\text{n}} - 2\delta q_{\text{r}} - w_{\text{n}}$，$\dfrac{\partial^2 \Pi_{\text{OEM}}^{\text{P}}}{\partial q_{\text{n}}^2} = -2$；同时，$\dfrac{\partial \Pi_{\text{OEM}}^{\text{P}}}{\partial q_{\text{r}}} = \delta - \alpha \delta q_3 - 2\delta q_{\text{n}} - 2\delta q_{\text{r}} - w_{\text{r}}$，$\dfrac{\partial^2 \Pi_{\text{OEM}}^{\text{P}}}{\partial q_{\text{r}}^2} = -2\delta$。那么，混合偏导 $\dfrac{\partial^2 \Pi_{\text{OEM}}^{\text{P}}}{\partial q_{\text{n}} \partial q_{\text{r}}} = \dfrac{\partial^2 \Pi_{\text{OEM}}^{\text{P}}}{\partial q_{\text{r}} \partial q_{\text{n}}} = -2\delta$。故 $\Pi_{\text{OEM}}^{\text{P}}$ 是关于 q_{n} 和 q_{r} 的联合凹函数，式（4.4.13）存在最优解。同理，$\dfrac{\mathrm{d} \Pi_{\text{3P}}^{\text{P}}}{\mathrm{d} q_3} = -c_{\text{r}} - \alpha \delta q_3 + w_{\text{r}}$，$\dfrac{\mathrm{d}^2 \Pi_{\text{3P}}^{\text{P}}}{\mathrm{d} q_3^2} = -\alpha \delta < 0$，故 $\Pi_{\text{3P}}^{\text{P}}$ 是关于 q_3 的凹函数，因此式（4.4.14）也存在最优解。由此，令 $\dfrac{\partial \Pi_{\text{OEM}}^{\text{P}}}{\partial q_{\text{n}}} = 0$，$\dfrac{\partial \Pi_{\text{OEM}}^{\text{P}}}{\partial q_{\text{r}}} = 0$，且 $\dfrac{\mathrm{d} \Pi_{\text{3P}}^{\text{P}}}{\mathrm{d} q_3} = 0$，联立方程组可得 $q_{\text{n}} = \dfrac{1 - \delta - w_{\text{n}} + w_{\text{r}}}{2(1 - \delta)}$，$q_{\text{r}} = \dfrac{c_{\text{r}} - \delta c_{\text{r}} + \delta w_{\text{n}} - 2w_{\text{r}} + \delta w_{\text{r}}}{2(1 - \delta)\delta}$，$q_3 = \dfrac{w_{\text{r}} - c_{\text{r}}}{\alpha \delta}$。将以上的结果代入式 (4.5.12) 和式 (4.5.14) 中，可得 $\dfrac{\partial \Pi_{\text{M}}^{\text{P}}}{\partial w_{\text{n}}} = \dfrac{1 + c - \delta - 2w_{\text{n}} + w_{\text{r}}}{2 - 2\delta}$，$\dfrac{\partial^2 \Pi_{\text{M}}^{\text{P}}}{\partial w_{\text{n}}^2} = \dfrac{1}{-1 + \delta} < 0$；$\dfrac{\partial \Pi_{\text{3P}}^{\text{P}}}{\partial w_{\text{r}}} = \dfrac{-\alpha \delta + \alpha \delta^2 + (-4 + 2\alpha + 4\delta - 3\alpha\delta)c_{\text{r}} - \alpha \delta w_{\text{n}} + 4w_{\text{r}} - 4\delta w_{\text{r}} + 2\alpha \delta w_{\text{r}}}{2\alpha(-1 + \delta)\delta}$，$\dfrac{\partial^2 \Pi_{\text{3P}}^{\text{P}}}{\partial w_{\text{r}}^2} = \dfrac{2 + (-2 + \alpha)\delta}{\alpha(-1 + \delta)\delta} < 0$。故 $\Pi_{\text{M}}^{\text{P}}$ 是关于 w_{n} 的凹函数，$\Pi_{\text{3P}}^{\text{P}}$ 是关于 w_{r} 的凹函数，式 (4.4.12) 和式 (4.4.14) 都存在最优解。通过联立方程组 $\dfrac{\partial \Pi_{\text{M}}^{\text{P}}}{\partial w_{\text{n}}} = 0$ 和 $\dfrac{\partial \Pi_{\text{3P}}^{\text{P}}}{\partial w_{\text{r}}} = 0$，可得定理 4.4.7 中（1）的均衡结果。

此外，由三种产品共存的条件：$\dfrac{p_{\text{n}} - p_{\text{r}}}{p_{\text{r}} - p_3} > \dfrac{1 - \delta}{(1 - \alpha)\delta}$，$\delta p_{\text{n}} > p_{\text{r}}$ 和 $\alpha p_{\text{r}} > p_3$，可解得当

$$\dfrac{c[4 - (4 - \alpha)\delta] - (1 - \delta)[4 - (4 - 3\alpha)\delta]}{(4 - 2\alpha - 4\delta + 3\alpha\delta)} < c_{\text{r}} < \dfrac{\delta[2(2 - 3\alpha)(1 - \delta)^2 + c(4 - 2\alpha - 4\delta + 3\alpha\delta)]}{4(2 - 3\delta + \delta^2) - \alpha(8 - 15\delta + 6\delta^2)}$$

时，定理 4.4.7 中（1）成立。令 $P_0 = \dfrac{c[4 - (4 - \alpha)\delta] - (1 - \delta)[4 - (4 - 3\alpha)\delta]}{(4 - 2\alpha - 4\delta + 3\alpha\delta)}$，$P_1 = \dfrac{\delta[2(2 - 3\alpha)(1 - \delta)^2 + c(4 - 2\alpha - 4\delta + 3\alpha\delta)]}{4(2 - 3\delta + \delta^2) - \alpha(8 - 15\delta + 6\delta^2)}$。而当 $\dfrac{p_{\text{n}} - p_{\text{r}}}{p_{\text{r}} - p_3} > \dfrac{1 - \delta}{(1 - \alpha)\delta}$，$\delta p_{\text{n}} > p_{\text{r}}$ 且 $\alpha p_{\text{r}} < p_3$ 时，新产品和再制造产品在市场中共存。然而，代入均衡结果后可得 $c_{\text{r}} < P_1$，$c_{\text{r}} < \dfrac{\delta\{4(-1 + \delta)^2 + c[4 - (4 - \alpha)\delta]\}}{8 - (12 - \alpha)\delta + 4\delta^2}$ 和 $c_{\text{r}} > \dfrac{\delta(3 + c - 3\delta)}{4 - 3\delta}$。

其中

$$\frac{\delta(3+c-3\delta)}{4-3\delta} > \frac{\delta\left\{4(-1+\delta)^2 + c[4-(4-\alpha)\delta]\right\}}{8-(12-\alpha)\delta+4\delta^2} >$$

$$\frac{\delta\left[2(2-3\alpha)(1-\delta)^2 + c(4-2\alpha-4\delta+3\alpha\delta)\right]}{4(2-3\delta+\delta^2)-\alpha(8-15\delta+6\delta^2)}$$

因此，满足条件的解集为空。

（2）当 $\dfrac{p_n - p_r}{p_r - p_3} < \dfrac{1-\delta}{(1-\alpha)\delta}$ 且 $p_3 < \alpha\delta p_n$ 时，新产品和翻新产品在市场中共存。此时，与基准模型中的情况一致，不再赘述。均衡解要满足的条件可化简为

$$\frac{\delta\left[2(2-3\alpha)(1-\delta)^2 + c(4-2\alpha-4\delta+3\alpha\delta)\right]}{4(2-3\delta+\delta^2)-\alpha(8-15\delta+6\delta^2)} < c_r <$$

$$\frac{\delta\left\{c[6-\alpha(2-\delta)-4\delta] + 2(1-\delta)(5-3\alpha-2\delta)\right\}}{16-8\alpha-18\delta+7\alpha\delta+4\delta^2} = P_2$$

从而定理 4.4.7 中（2）的结论得证。

（3）除上述讨论的情况以外，市场中只有新产品存在。因此，这种情况与基准模型中定理 4.4.2 中（2）的情况一样，这里也不再赘述。定理 4.4.7 展示了翻新产品的成本和翻新产品的质量满足 $P_0 < c_r < P_1$ 时，新产品、再制造产品和翻新产品才会在市场中共存。其中 $P_0 = \dfrac{c[4-(4-\alpha)\delta] - (1-\delta)[4-(4-3\alpha)\delta]}{(4-2\alpha-4\delta+3\alpha\delta)}$，

$P_1 = \dfrac{\delta\left[2(2-3\alpha)(1-\delta)^2 + c(4-2\alpha-4\delta+3\alpha\delta)\right]}{4(2-3\delta+\delta^2)-\alpha(8-15\delta+6\delta^2)}$。在原始设备制造商与第三方翻新商合作实施再制造的情形中，一旦再制造产品的生产成本超过阈值 P_1，再制造产品就会退出市场。而再制造产品的成本超过阈值

$$P_2 = \frac{\delta\left\{c[6-\alpha(2-\delta)-4\delta] + 2(1-\delta)(5-3\alpha-2\delta)\right\}}{16-8\alpha-18\delta+7\alpha\delta+4\delta^2}$$

时，翻新产品也会从市场中退出。

定理 4.4.8 （1）在模型 P 中，$P_1 < P_2$，即再制造产品进入市场仍然比翻新产品更难。

（2）与模型 N 相比，$P_2 < N_1$，即一旦原始设备制造商实施再制造，那么翻新产品进入市场的门槛会被提高。

证明：（1）
$$P_2 - P_1 = \frac{(1-c)(1-\delta)\left[32(1-\delta)^2 - 3\alpha^2\delta(4-5\delta) - 4\alpha(8-21\delta+13\delta^2)\right]}{(4-4\delta-\alpha(2-3\delta))(4(2-3\delta+\delta^2)-\alpha(8-15\delta+6\delta^2))} > 0$$

因此，$P_1 < P_2$。

（2）$P_2 - N_1 = -\dfrac{(1-c)\delta\left[16 - 2(4+5\alpha-\alpha^2)\delta - (8-16\alpha+3\alpha^2)\delta^2\right]}{(8-\alpha\delta)[4(2-3\delta+\delta^2)-\alpha(8-15\delta+6\delta^2)]} < 0$,

因此 $P_2 < N_1$。

与前面模型 M 中的定理 4.4.5 类似，发现在原始设备制造商与第三方合作实施再制造的模式中，再制造产品进入市场的门槛依然比翻新产品高。而且，与不实施再制造相比，模型 P 中的翻新产品进入市场的门槛显然被提高了。

既然合作模式都能够提高翻新产品进入市场的门槛，那么哪一种模式下，翻新产品进入市场的门槛更高？为解决这个问题，对比了合作模式下的翻新产品进入市场的条件。

定理4.4.9 对比原始设备制造商与制造商合作实施再制造的模式（模型 M）和原始设备制造商与第三方合作实施再制造的模式（模型 P）中翻新产品进入市场的门槛，可得以下结论。

(1) 当 $(5-\sqrt{17})/2 \leqslant \alpha < 1$ 时，$P_2 \leqslant M_2$。

(2) 当 $0 < \alpha < (5-\sqrt{17})/2$ 时，如果 $0 < \delta < \delta_1$，则 $M_2 < P_2$；如果 $\delta_1 < \delta < 1$，则 $P_2 < M_2$。

证明：

$$P_2 - M_2 = \frac{\delta\{c[6-\alpha(2-\delta)-4\delta]+2(1-\delta)(5-3\alpha-2\delta)\}}{16-8\alpha-18\delta+7\alpha\delta+4\delta^2} - \frac{\delta[6+c(4-\alpha)-2\alpha-5\alpha\delta+\alpha^2\delta]}{10+\alpha^2\delta-\alpha(3+5\delta)}$$

$$= \frac{(1-c)\delta[\alpha^3(2-\delta)\delta + \alpha^2(2-20\delta+9\delta^2) + 4(1-8\delta+4\delta^2) - 2\alpha(5-27\delta+12\delta^2)]}{(16-8\alpha-18\delta+7\alpha\delta+4\delta^2)[10+\alpha^2\delta-\alpha(3+5\delta)]}$$

其中分母 $(16-8\alpha-18\delta+7\alpha\delta+4\delta^2)[10+\alpha^2\delta-\alpha(3+5\delta)] > 0$ 是恒成立的，下面主要分析分子与 0 的大小。令分子等于 Q'，那么分子可被看成是关于 δ 的二次函数，即 $Q' = 4 - 10\alpha + 2\alpha^2 + (-32+54\alpha-20\alpha^2+2\alpha^3)\delta + (16-24\alpha+9\alpha^2-\alpha^3)\delta^2$。其中，二次函数的开口向上，当 $0 < \alpha < 1$ 时 $\Delta > 0$。因此，该二次方程有两个解 δ_1 和 δ_2，值分别为

$$\delta_1 = \frac{16-27\alpha+10\alpha^2-\alpha^3 - \sqrt{192-608\alpha+741\alpha^2-430\alpha^3+126\alpha^4-18\alpha^5+\alpha^6}}{(4-\alpha)^2(1-\alpha)}$$

和

$$\delta_2 = \frac{16-27\alpha+10\alpha^2-\alpha^3 + \sqrt{192-608\alpha+741\alpha^2-430\alpha^3+126\alpha^4-18\alpha^5+\alpha^6}}{(4-\alpha)^2(1-\alpha)},$$

且 $\delta_2 - \delta_1 = \dfrac{2\sqrt{192 - 608\alpha + 741\alpha^2 - 430\alpha^3 + 126\alpha^4 - 18\alpha^5 + \alpha^6}}{(4-\alpha)^2(1-\alpha)} > 0$,

$\delta_2 - 1 = \dfrac{-3\alpha + \alpha^2 + \sqrt{192 - 608\alpha + 741\alpha^2 - 430\alpha^3 + 126\alpha^4 - 18\alpha^5 + \alpha^6}}{(4-\alpha)^2(1-\alpha)} > 0$。

由 $\delta_1 > 0$，可解得 $0 < \alpha < (5 - \sqrt{17})/2$。当 $(5 - \sqrt{17})/2 \leqslant \alpha < 1$ 时，$\delta_1 \leqslant 0$。整理后可得结论。

定理 4.4.9 对比了两种合作模式中翻新产品进入市场的门槛大小。结果表明，在不同的合作模式下，翻新产品进入市场的门槛会受到自身产品质量和消费者对恢复产品的偏好的影响。由于翻新产品是由第三方生产的，因此讨论这个"门槛"要从第三方的角度看竞争的强度。产品之间竞争越激烈，那么进入的门槛就会越高。

当翻新产品的质量相对较高时，原始设备制造商与第三方合作实施再制造的模式有利于提高翻新产品进入市场的门槛（$P_2 < M_2$）。这意味着，当恢复产品的生产成本满足 $P_2 < c_r < M_2$ 时，如果原始设备制造商与第三方合作，那么翻新产品已经退出市场，但如果原始设备制造商与制造商合作，那么翻新产品仍然在市场中参与竞争。这是因为，当翻新产品的质量相对较好时，翻新产品与再制造产品之间的竞争加剧。对于第三方来说，一旦与原始设备制造商合作，两种产品之间的竞争会导致翻新产品进入市场的壁垒被提高。

当翻新产品的质量相对较低，且消费者对恢复产品的偏好相对较高时，原始设备制造商与第三方的合作仍然能够提高翻新产品进入市场的门槛（$P_2 < M_2$）。这是因为，产品的质量越低，产品之间的替代性就会较弱。当消费者对恢复产品的偏好相对较高时，新产品与高质量的再制造产品之间的竞争更加激烈。此时，相比与第三方合作，当原始设备制造商与制造商合作时，新产品与再制造产品之间的竞争日益突出，但第三方没有参与这个竞争，因此翻新产品受到的影响较小，翻新产品进入市场的门槛也较低。

然而，当翻新产品的质量较低并且消费者对恢复产品的偏好也较低时，原始设备制造商与制造商合作实施再制造的模式能够提高翻新产品进入市场的门槛（$M_2 < P_2$）。这意味着当恢复产品的成本满足 $M_2 < c_r < P_2$ 时，原始设备制造商与制造商合作的模式中翻新产品已经被逼迫退出市场了。这是因为，在这种情况中，翻新产品对与新产品和再制造产品的替代性都较差。对于第三方来说，与原始设备制造商合作中，差异性的产品结构更容易区分消费者类型并获得更多利润。因此，较弱的产品竞争导致翻新产品进入市场的门槛较低。但如果不合作，第三方的利润来源只有翻新产品，竞争比合作模式下更强。因此竞争导致了翻新产品进入市场的门槛提高。

尽管在两个合作模式中，再制造进入市场的门槛都比翻新产品要高，但是仍然需要进一步对比两个合作模型中再制造产品进入市场的门槛的大小。

定理 4.4.10 对比原始设备制造商与制造商合作实施再制造的模式（模型 M）和原始设备制造商与第三方合作实施再制造的模式（模型 P）中再制造产品进入市场的门槛，可得

(1) 当 $\frac{5}{6} \leqslant \delta < 1$ 时，$P_1 \geqslant M_1$。

(2) 当 $0 < \delta < \frac{5}{6}$ 时，如果 $0 < \alpha < \frac{4(3 - 3\delta - \sqrt{5 - 11\delta + 6\delta^2})}{4 - 3\delta}$，那么 $P_1 > M_1$；而如果 $\frac{4(3 - 3\delta - \sqrt{5 - 11\delta + 6\delta^2})}{4 - 3\delta} < \alpha < 1$，那么 $P_1 < M_1$。

证明： $P_1 - M_1 = \frac{(1-c)(1-\delta)\delta[16(1-\delta) - 24\alpha(1-\delta) + \alpha^2(4-3\delta)]}{[4 - \alpha(2-\delta)][4(2-3\delta+\delta^2) - \alpha(8-15\delta+6\delta^2)]}$，其中，分母大于 0，下面讨论分子与 0 的大小关系。令 $B_1 = 16(1-\delta) - 24\alpha(1-\delta) + \alpha^2(4-3\delta)$，则 B_1 是关于 α 的二次函数，且二次项系数大于 0，$\Delta = 64(5 - 11\delta + 6\delta^2)$，当 $\frac{5}{6} \leqslant \delta < 1$ 时，$\Delta \leqslant 0$，即 $B_1 \geqslant 0$ 是恒成立的。当 $0 < \delta < \frac{5}{6}$ 时，$\Delta > 0$，B_1 有两个解 $\alpha_1 = \frac{4(3 - 3\delta + \sqrt{5 - 11\delta + 6\delta^2})}{4 - 3\delta}$ 和 $\alpha_2 = \frac{4(3 - 3\delta - \sqrt{5 - 11\delta + 6\delta^2})}{4 - 3\delta}$，$\alpha_1 > \alpha_2 > 0$。而 $\alpha_1 - 1 = \frac{8 - 9\delta + 4\sqrt{5 - 11\delta + 6\delta^2}}{4 - 3\delta}$，当 $0 < \delta < \frac{5}{6}$ 时，$\alpha_1 - 1 > 0$。证毕。

定理 4.4.10 调查了两种合作再制造的模式中再制造产品进入市场的情况。再制造产品进入市场的门槛受到翻新产品质量和消费者对恢复产品整体的偏好的影响。在模型 M 中，再制造产品是由制造商生产；而在模型 P 中，再制造产品是由第三方生产，因此讨论这个进入的门槛要从合作方的角度看竞争的强度。产品之间竞争越不激烈，那么进入的壁垒就会越低。

当消费者对恢复产品的偏好比较高时，原始设备制造商与第三方合作实施再制造可以降低再制造进入市场的门槛，即 $P_1 > M_1$。此时当再制造产品的成本在 $M_1 < c_r < P_1$ 时，模型 M 中再制造产品已经退出市场了，但是模型 P 中再制造产品仍然在市场中参与竞争。事实上，随着消费者对再制造产品偏好的增加，新产品与高质量再制造产品之间的可替代性增加，两者之间的竞争更加激烈。在模型 M 中，对于制造商来说，新产品与再制造产品之间的竞争越激烈，再制造产品的市场进入门槛就越高。而在模型 P 中，对于第三方来说，再制造产品和翻新产品之间的竞争不那么激烈，则再制造产品进入市场的门槛相对较低。

当消费者对修复产品的偏好较低而翻新产品的质量较高时，原始设备制造商和制造商之间的合作可以降低再制造产品的市场进入的门槛，即 $P_1 < M_1$。此

时，当再制造产品的成本在 $P_1 < c_r < M_1$ 时，模型 P 中的再制造产品已经退出市场了，但是模型 M 中的再制造产品仍然在市场中参与竞争。究其原因，翻新产品质量越好，再制造产品与翻新产品之间的竞争就越激烈。在模型 P 中，对于第三方来说，激烈的竞争导致了再制造产品更高的市场进入壁垒。然而，在模型 M 中，对于制造商而言，新产品和再制造产品之间的竞争不那么激烈，这一进入门槛相对较低。

当消费者对修复产品的偏好较低且翻新产品的质量也较低时，原始设备制造商与第三方合作更有利于再制造产品进入市场，即 $P_1 > M_1$。在这种情况下，三种产品之间的可替代性较低，产品之间的竞争较弱。但是，通过对比可以看出，在模型 M 中，制造商生产的再制造产品将面临来自新产品的竞争，而在模型 P 中，第三方生产的再制造产品要面临来自翻新产品的竞争，而再制造产品相比翻新产品的优势明显。因此，面对来自新产品的竞争更加激烈。模型 M 中制造商会降低再制造产品成本，从而再制造产品进入市场的壁垒被提高。以上定理 4.4.9 和定理 4.4.10 分别讨论了在两种合作模式中，翻新产品和再制造产品进入市场的门槛。结果表明，虽然再制造产品的引入会提高翻新产品进入市场的门槛，但是两种合作模式中，不存在具有绝对优势的模式。无论是再制造产品进入市场的门槛，还是翻新产品进入市场的门槛，都与消费者对恢复产品的偏好和翻新产品的质量相关。下面，基于原始设备制造商与第三方合作实施再制造的模式，讨论合作成立的前提条件。与模型 M 中讨论的情况相似，只有当原始设备制造商和第三方的利润都提高了，他们才会愿意合作。为下面书写简便，定义如下三个表达式，即

$$G = \frac{\sqrt{8[2-(2-\alpha)\delta]}(4-\alpha\delta)(3+c-3\delta)\delta - \sqrt{(1-\delta)}[8-(8-3\alpha)\delta]\delta(6+2c-\alpha\delta)}{\sqrt{8[2-(2-\alpha)\delta]}(4-\alpha\delta)(4-3\delta) - \sqrt{(1-\delta)}[8-(8-3\alpha)\delta](8-\alpha\delta)}$$

$$T = 4(1-\delta)(4-\alpha\delta)\sqrt{8[2-(2-\alpha)\delta]} - [8-(2+\alpha)\delta][8-(8-3\alpha)\delta]\sqrt{(1-\delta)}$$

$$L = [8-(8-3\alpha)\delta]\left\{4\delta\left[10-2\alpha-\sqrt{2}\alpha\sqrt{(1-\delta)[2-(2-\alpha)\delta]}\right] - (8-2\alpha-\alpha^2)\delta^2 - 16\left[2-\sqrt{2}\sqrt{(1-\delta)[2-(2-\alpha)\delta]}\right]\right\}$$

定理 4.4.11 与没有实施再制造的模型 N 相比，存在

(1) 当 $P_0 < c_r < P_1$ 时，$\Pi_{OEM}^P > \Pi_{OEM}^N$。

(2) 当 $T < 0$ 且 $L > 0$ 时，在区域 $P_0 < c_r < G$ 上，$\Pi_{3P}^P > \Pi_{3P}^N$；当 $T \geqslant 0$，在区域 $P_0 < c_r < M_0$ 上，$\Pi_{3P}^P \geqslant \Pi_{3P}^N$；否则 $\Pi_{3P}^P < \Pi_{3P}^N$。

证明： 令 $\Pi_{OEM}^P - \Pi_{OEM}^N = Z$，则 Z 是关于 c_r 的二次函数，其中二次项系数为 $\dfrac{(8-8\alpha-8\delta+9\alpha\delta)[4(2-3\delta+\delta^2)-\alpha(8-15\delta+6\delta^2)]}{4(1-\delta)\delta[8-(8-3\alpha)\delta]^2} - \dfrac{\alpha^2}{4(4-\alpha\delta)^2} - \dfrac{(2-3\alpha)(4-2\alpha-4\delta+3\alpha\delta)}{2[8-(8-3\alpha)\delta]^2} > 0$，故开口向上，而

$$\Delta = -\frac{(1-c)^2 \left[192(1-\delta)^2 - 32\alpha \left(14 - 31\delta + 17\delta^2\right) + \alpha^4 \delta \left(12 - 37\delta + 25\delta^2\right) + 4\alpha^2 \left(80 - 189\delta + 108\delta^2 + 4\delta^3\right)\right]}{4(1-\delta)(4-\alpha\delta)^2 [8-(8-3\alpha)\delta]^2}$$

$$-\frac{4\alpha^3(1-c)^2 \left(16 - 34\delta + 9\delta^2 + 10\delta^3\right)}{4(1-\delta)(4-\alpha\delta)^2 [8-(8-3\alpha)\delta]^2} < 0$$

故（1）成立。

$$\Pi_{3P}^{P} - \Pi_{3P}^{N} = \frac{\alpha \left[2 - (2-\alpha)\delta\right] \left[\delta(3+c-3\delta) - (4-3\delta)c_r\right]^2}{2(1-\delta)\delta(8-(8-3\alpha)\delta)^2} -$$

$$\frac{\alpha[\delta(6+2c-\alpha\delta) - (8-\alpha\delta)c_r]^2}{16\delta(4-\alpha\delta)^2}$$

令 $\Pi_{3P}^{P} - \Pi_{3P}^{N} = K$，因此，$K > 0$ 的充分必要条件为

$$\frac{8\left[2-(2-\alpha)\delta\right](4-\alpha\delta)^2[(3+c-3\delta)\delta - (4-3\delta)c_r]^2}{(1-\delta)[8-(8-3\alpha)\delta]^2[\delta(6+2c-\alpha\delta) - (8-\alpha\delta)c_r]^2} > 1 \quad (4.4.15)$$

分母中 $\delta(6+2c-\alpha\delta) - (8-\alpha\delta)c_r > 0$ 的充分必要条件为 $c_r < \dfrac{\delta(6+2c-\alpha\delta)}{8-\alpha\delta}$，而 $M_0 - \dfrac{\delta(6+2c-\alpha\delta)}{8-\alpha\delta} \leqslant 0$ 且 $P_1 - \dfrac{\delta(6+2c-\alpha\delta)}{8-\alpha\delta} \leqslant 0$，因此，在 $P_0 < c_r < M_0$ 和 $M_1 < c_r < P_1$（$5/6 < \delta < 1$ 或者 $0 < \delta < 5/6, 0 < \alpha < \dfrac{4\left(3-3\delta-\sqrt{5-11\delta+6\delta^2}\right)}{4-3\delta}$）的区域，以及 $P_0 < c_r < P_1$（$0 < \delta < 5/6$，$\dfrac{4\left(3-3\delta-\sqrt{5-11\delta+6\delta^2}\right)}{4-3\delta} < \alpha < 1$）的区域均有 $c_r < \dfrac{\delta(6+2c-\alpha\delta)}{8-\alpha\delta}$ 是成立的，即 $\delta(6+2c-\alpha\delta) - (8-\alpha\delta)c_r > 0$ 是成立的。另外，分子中 $(3+c-3\delta)\delta - (4-3\delta)c_r > 0$ 是恒成立的。故对于式 (4.4.15) 两边同时开根号，可得

$$\frac{\sqrt{8\left[2-(2-\alpha)\delta\right]}(4-\alpha\delta)\left[(3+c-3\delta)\delta - (4-3\delta)c_r\right]}{\sqrt{(1-\delta)}[8-(8-3\alpha)\delta][\delta(6+2c-\alpha\delta) - (8-\alpha\delta)c_r]} > 1$$

因此，当 $c_r > G$ 时，$\Pi_{3P}^{P} - \Pi_{3P}^{N} < 0$，当 $c_r \leqslant G$ 时，$\Pi_{3P}^{P} - \Pi_{3P}^{N} \geqslant 0$。下面讨论 G 与 P_0，M_0，M_1，P_1 之间的大小关系。其中，$G - P_1 < 0$ 和 $G - M_1 < 0$ 都是恒成立的。因此，当 $M_1 < c_r < P_1$ 时，$\Pi_{3P}^{P} < \Pi_{3P}^{N}$。这意味着第三方将不会和原始设备制造商进行合作。

$$G - M_0 = \frac{(1-c)\left\{4(1-\delta)(4-\alpha\delta)\sqrt{8\left[2-(2-\alpha)\delta\right]} - [8-(2+\alpha)][8-(8-3\alpha)\delta]\sqrt{(1-\delta)}\right\}}{\sqrt{8(2-(2-\alpha)\delta)}(4-\alpha\delta)(4-3\delta) - \sqrt{(1-\delta)}(8-(8-3\alpha)\delta)(8-\alpha\delta)}$$

因此，当且仅当 $T \geqslant 0$ 时，$G \geqslant M_0$ 才会成立。由此可得，当 $T > 0$ 时，在 $P_0 < c_r < M_0$ ($\frac{5}{6} < \delta < 1$ 或者 $0 < \delta < \frac{5}{6}$) 的区域中 $\Pi_{3P}^P \geqslant \Pi_{3P}^N$，即合作模式成立。当 $T < 0$ 时，

$$G - P_0 = \frac{\frac{2(1-\delta)[32 - 4(8-\alpha)\delta + \alpha(8-3\alpha)\delta^2]\sqrt{8[2-(2-\alpha)\delta]}}{4 - 4\delta - \alpha(2-3\delta)}}{\sqrt{8[2-(2-\alpha)\delta]}(4-\alpha\delta)(4-3\delta) - \sqrt{(1-\delta)}[8-(8-3\alpha)\delta](8-\alpha\delta)} - \frac{\frac{[256 - 32(18-5\alpha)\delta + 8(48 - 25\alpha + 2\alpha^2)\delta^2 - (64 - 40\alpha - 2\alpha^2 + 3\alpha^3)\delta^3]\sqrt{(1-\delta)}}{4 - 4\delta - \alpha(2-3\delta)}}{\sqrt{8[2-(2-\alpha)\delta]}(4-\alpha\delta)(4-3\delta) - \sqrt{(1-\delta)}[8-(8-3\alpha)\delta](8-\alpha\delta)}$$

其中，只有当 $L > 0$ 时，$G > P_0$。整理上述结论可得定理 4.4.11 的结论。

定理 4.4.11 表明合作实施再制造的模式中原始设备制造商的利润总是增加的。结合前面模型 M 中定理 4.4.5（3）的结论可知，原始设备制造商总是愿意与制造商或者第三方合作实施再制造的。然而，与模型 M 中的情况不同的是，在模型 P 中，第三方并不总是愿意与原始设备制造商进行合作。这些利润的变化情况在 4.4.2 节中展示（图 4.8）。事实上，当原始设备制造商与第三方合作实施再制造时，当再制造产品能为原始设备制造商带来更多利润时，它会增加向第三方订购的再制造产品的数量。而此时，第三方内部两种产品之间的竞争会更加激烈，利润会下降。如果合作后的利润降低到小于没有合作时的利润，那么第三方会放弃与原始设备制造商进行合作。

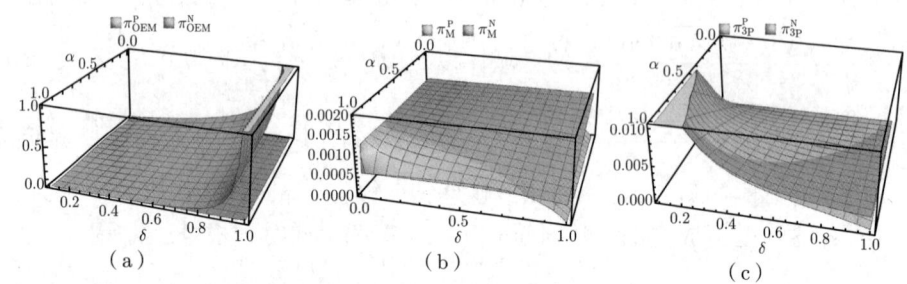

图 4.8　模型 M 和模型 P 中原始设备制造商、制造商和第三方利润的变化情况（见文后彩图）
（a）原始设备制造商；（b）制造商；（c）第三方翻新商

与前面类似，在模型 P 中，进一步讨论了翻新产品的质量对批发价格、生产数量和三方的利润的影响。

定理 4.4.12　（1）新产品的批发价格 w_n^P 和再制造产品的批发价格 w_r^P 都随 α 的增大而增大。

（2）新产品的需求 q_n^P 随着 α 的增加而增加，再制造产品的需求 q_r^P 随着 α 的增加而降低，而翻新产品的需求 q_3^P 随着 α 的增加而增加。

（3）原始设备制造商的利润 Π^P_{OEM} 随着 α 的增加而降低，而第三方翻新商的利润 Π^P_{3P} 和制造商的利润 Π^P_M 都随着 α 的增加而增加。

证明：（1）$\dfrac{\partial w^P_n}{\partial \alpha} = \dfrac{4(1-\delta)[\delta(3+c-3\delta)-(4-3\delta)c_r]}{[8-(8-3\alpha)\delta]^2} > 0$，

$\dfrac{\partial w^P_r}{\partial \alpha} = \dfrac{8(1-\delta)[\delta(3+c-3\delta)-(4-3\delta)c_r]}{[8-(8-3\alpha)\delta]^2} > 0$。

（2）$\dfrac{\partial q^P_n}{\partial \alpha} = \dfrac{2[(3+c-3\delta)\delta-(4-3\delta)c_r]}{[8-(8-3\alpha)\delta]^2} > 0$，

$\dfrac{\partial q^P_r}{\partial \alpha} = -\dfrac{2(4-3\delta)[\delta(3+c-3\delta)-(4-3\delta)c_r]}{\delta[8-(8-3\alpha)\delta]^2} < 0$，

$\dfrac{\partial q^P_3}{\partial \alpha} = -\dfrac{3[(3+c-3\delta)\delta-(4-3\delta)c_r]}{[8-(8-3\alpha)\delta]^2} < 0$。

（3）$\dfrac{\partial \Pi^P_{OEM}}{\partial \alpha} = \dfrac{2[\delta(3+c-3\delta)-(4-3\delta)c_r][4(8-15\delta+7\delta^2)-\alpha(32-66\delta+33\delta^2)]c_r}{\delta[8-(8-3\alpha)\delta]^3} -$

$\dfrac{\delta c(4-8\alpha-4\delta+9\alpha\delta)}{\delta[8-(8-3\alpha)\delta]^3} + \dfrac{(1-\delta)\delta(28-24\alpha-28\delta+33\alpha\delta)}{\delta[8-(8-3\alpha)\delta]^3}$，

故当 $c_r > c^* = \dfrac{\delta}{4(8-15\delta+7\delta^2)-\alpha(32-66\delta+33\delta^2)} \cdot [c(4-8\alpha-4\delta+9\alpha\delta) +$

$(1-\delta)(28-24\alpha-28\delta+33\alpha\delta)]$ 时，$\dfrac{\partial \Pi^P_{OEM}}{\partial \alpha} > 0$。而 $c^* - P_1 > 0$，因此，当 $P_0 < c_r < P_1$ 时，$\dfrac{\partial \Pi^P_{OEM}}{\partial \alpha} > 0$ 是恒成立的。

$\dfrac{\partial \Pi^P_M}{\partial \alpha} = \dfrac{4[\delta(3+c-3\delta)-(4-3\delta)c_r]\{(1-\delta)[4-(4-3\alpha)\delta]+(4-2\alpha-4\delta+3\alpha\delta)c_r-c[4-(4-\alpha)\delta]\}}{(8-(8-3\alpha)\delta)^3}$，

故当 $c_r > \dfrac{c[4-(4-\alpha)\delta]-(1-\delta)[4-(4-3\alpha)\delta]}{4-2\alpha-4\delta+3\alpha\delta} = P_0$ 时，$\dfrac{\partial \Pi^P_M}{\partial \alpha} > 0$ 是成立的。对于第三方翻新商来说，

$$\dfrac{\partial \Pi^P_{3P}}{\partial \alpha} = \dfrac{[8+(-8+5\delta)\delta][\delta(-3-c+3\delta)+(4-3\delta)c_r]^2}{\delta[8+(-8+3\alpha)\delta]^3} > 0$$

在模型 P 中，合作再制造的模式能够让原始设备制造商获得更多的利润。然而，如果此时第三方提高翻新产品的质量，那么原始设备制造商的利润会受损。这一点与模型 M 中的结论是相似的。但是，新产品的批发价格和再制造产品的批发价格却并没有随着翻新产品的质量的增加而减少。这是因为，翻新产品质量越好，翻新产品与再制造产品之间的竞争就越激烈。但不管怎样，翻新产品的成本总是低于再制造产品的。因此，第三方会通过提高单位批发价格的方式减少原始设备制造商的再制造订单数量，从而获得更多的利润。而再制造产品生产数量的减少，导

致了原始设备制造商向制造商订购更多新产品,制造商间接获利。此外,还可以发现,当翻新产品质量提高时,第三方利润的增长率会降低,即 $\frac{\partial^2 \Pi_{3P}^P}{\partial \alpha^2} < 0$。但是随着翻新产品质量的提高,原始设备制造商的利润的减幅是降低的,即 $\frac{\partial^2 \Pi_{OEM}^P}{\partial \alpha^2} < 0$。上述的分析表明,对于第三方而言,提高翻新产品的质量将增加利润。那么他会完全放弃翻新产品,只为原始设备制造商从事再制造活动吗?下面的定理讨论了这个问题。

定理 4.4.13 令 Π_{3P}^R 表示第三方完全放弃生产翻新产品后的利润。那么,$\Pi_{3P}^R < \lim_{\alpha \to 1} \Pi_{3P}^P$,即第三方不会完全放弃原有的翻新业务,而是会在一定程度上提高翻新产品的质量。

证明: 当第三方完全放弃翻新产品的生产时,市场中仅剩下新产品和再制造产品,且制造商为原始设备制造商生产新产品,第三方为原始设备制造商生产再制造产品。此时三方的利润函数分别为 $\max\limits_{w_n} \Pi_M^R = (w_n - c)q_n$,$\max\limits_{q_n} \Pi_{OEM}^R = (1 - q_n - \delta q_r)q_n + [\delta(1 - q_n - q_r) - w_r]q_r$,$\max\limits_{q_r} \Pi_{3P}^R = (w_r - c_r)q_r$。这里,博弈的顺序为:制造商和第三方分别给定新产品和再制造产品的批发价格,然后原始设备制造商决定新产品和再制造产品的生产数量。同样采用逆向求解的方法,可得,当 $c(2-\delta) + 2\delta - 2 < c_r < \frac{(1+c-\delta)\delta}{2-\delta}$ 时,$w_n^R = \frac{2+2c-2\delta+c_r}{4-\delta}$,$w_r^R = \frac{\delta+c\delta-\delta^2+2c_r}{4-\delta}$,$q_n^R = \frac{2-c(2-\delta)-2\delta+c_r}{2(4-5\delta+\delta^2)}$,$q_r^R = \frac{(1+c-\delta)\delta-(2-\delta)c_r}{2(4-\delta)(1-\delta)\delta}$,

$$\Pi_{OEM}^R = \frac{\delta[4+c^2(4-3\delta)+\delta-5\delta^2-2c(4-3\delta-\delta^2)]-2\delta[4-(4-c)\delta]c_r+(4-3\delta)c_r^2}{4(4-\delta)^2(1-\delta)\delta},$$

$\Pi_M^R = \frac{[2-c(2-\delta)-2\delta+c_r]^2}{2(4-\delta)^2(1-\delta)}$,$\Pi_{3P}^R = \frac{[\delta(1+c-\delta)-(2-\delta)c_r]^2}{2(4-\delta)^2(1-\delta)\delta}$。其中,令 $R_1 = \frac{(1+c-\delta)\delta}{2-\delta}$,可知 $R_1 - P_1 = \frac{(1-c)\alpha\delta(4-7\delta+3\delta^2)}{(2-\delta)[4(2-3\delta+\delta^2)-\alpha(8-15\delta+6\delta^2)]} > 0$。

$$\Pi_{3P}^R - \lim_{\alpha \to 1} \Pi_{3P}^P = \frac{[\delta(1+c-\delta)-(2-\delta)c_r]^2}{2(4-\delta)^2(1-\delta)\delta} - \frac{(2-\delta)[(3+c-3\delta)\delta-(4-3\delta)c_r]^2}{2(8-5\delta)^2(1-\delta)\delta},$$

令 $\Pi_{3P}^R - \lim_{\alpha \to 1} \Pi_{3P}^P = \varpi$,可得 ϖ 为关于 c_r 的二次函数,其中二次项系数小于 0,开口向下,$\Delta = 16(-1+c)^2(2-\delta)\delta^2(32-28\delta+5\delta^2)^2 > 0$,因此令 $\varpi = 0$,可得两个解,即

$$c_r^1 = \frac{256\delta - 448\delta^2 + (278+6c)\delta^3 - (77+3c)\delta^4 + 9\delta^5 - 2\sqrt{(1-c)^2(2-\delta)\delta^2(32-28\delta+5\delta^2)^2}}{256 - 448\delta + 284\delta^2 - 80\delta^3 + 9\delta^4}$$

$$c_{\text{r}}^2 = \frac{256\delta - 448\delta^2 + (278+6c)\delta^3 - (77+3c)\delta^4 + 9\delta^5 + 2\sqrt{(1-c)^2(2-\delta)\delta^2(32-28\delta+5\delta^2)^2}}{256 - 448\delta + 284\delta^2 - 80\delta^3 + 9\delta^4}$$

且 $c_{\text{r}}^1 < c_{\text{r}}^2$。而 $c_{\text{r}}^1 - P_1 > 0$，则在两个模型满足的范围内都有 $\Pi_{3\text{P}}^{\text{R}} < \lim\limits_{\alpha \to 1} \Pi_{3\text{P}}^{\text{P}}$。

定理 4.4.13 表明第三方虽然有动力在一定程度上提高翻新产品的质量，但仍然会保持两种产品的差异，从而获得更多的利润。从与它合作的原始设备制造商的角度看，如果第三方持续提高产品质量，原始设备制造商的利润会下降，从而终止合作。因此，保持两种差异性的产品的存在是最优选择。

4.4.3 模型分析

1. 决策分析

依据上面的均衡解，进一步讨论了原始设备制造商、制造商和第三方在考虑内部运营因素和外部市场环境情况下的最优合作策略。

引理 4.4.3 （1）当 $\dfrac{5}{6} < \delta < 1$ 或者当 $0 < \delta < \dfrac{5}{6}$ 且

$$0 < \alpha < \frac{4(3 - 3\delta - \sqrt{5 - 11\delta + 6\delta^2})}{4 - 3\delta}$$

时，$N_0 < P_0 < M_0 < M_1 < P_1 < N_1$。

（2）当 $0 < \delta < \dfrac{5}{6}$ 且 $\dfrac{4(3 - 3\delta - \sqrt{5 - 11\delta + 6\delta^2})}{4 - 3\delta} < \alpha < 1$ 时，那么 $N_0 < P_0 < M_0 < P_1 < M_1 < N_1$。

根据前面每个模型中的讨论易证，这里不再赘述。

引理 4.4.3 分析了三个模型中产品进入市场的约束条件，即三个模型成立的前提条件。结果表明，当消费者对恢复产品的偏好较高或者翻新产品的质量较差时，模型 M 的约束条件比模型 P 更加严格，如图 4.9(a) 所示。具体来说，当再制造产品的生产成本满足 $N_0 < c_{\text{r}} < P_0$ 或者 $P_1 < c_{\text{r}} < N_1$ 时，再制造产品不能进入市场，即只有模式 N 成立。当再制造产品的生产成本满足 $P_0 < c_{\text{r}} < M_0$ 时，原始设备制造商要么选择与第三方合作，要么放弃实施再制造，如图 4.9(a) 中 R1 所示，即模式 P 或者 N 成立。而当再制造产品的生产成本满足 $M_1 < c_{\text{r}} < P_1$，该合作不会增加第三方的利润，第三方也不会与原始设备制造商合作，即只有模式 N 成立。当再制造产品的生产成本满足 $M_0 < c_{\text{r}} < M_1$ 时，竞争和合作的模式都是成立的，如图 4.9(a) 中 R2 所示。相比之下，当消费者对恢复产品的偏好较低但翻新产品的质量较好时，模型 P 中翻新产品进入市场的门槛比模型 M 中高，如图 4.9(b) 所示。具体来说，当再制造产品的生产成本满足 $N_0 < c_{\text{r}} < P_0$ 和 $M_1 < c_{\text{r}} < N_1$ 时，再制造产品不会进入市场，即只有模式 N 是成立的。当再制造产品的生产成

本满足 $P_1 < c_r < M_1$ 时，原始设备制造商与制造商的合作能够带给双方更多的利润，故模式 M 成立。当再制造产品的生产成本满足 $P_0 < c_r < M_0$ 时，原始设备制造商要么选择与第三方合作，要么就放弃实施再制造活动，如图 4.9(b) 中 R3 所示，即模式 P 或者 N 成立。当再制造产品的生产成本满足 $M_0 < c_r < P_1$ 时，竞争和合作的模式都是成立的，如图 4.9(b) 中 R4 所示。

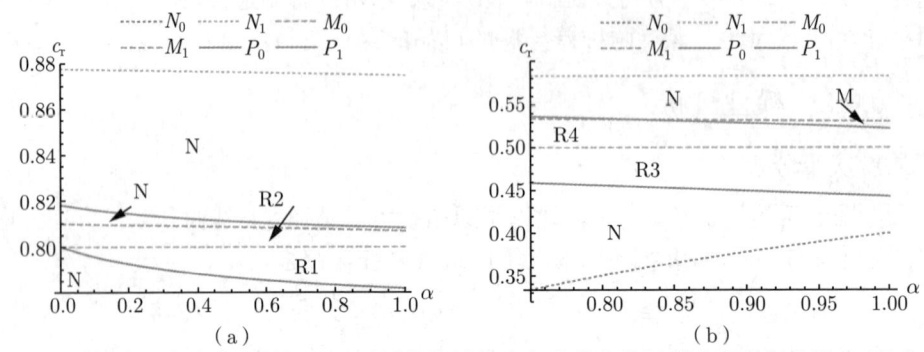

图 4.9 模型 D 中消费者折扣因子对原始物料供应商和独立物料供应商利润的影响（见文后彩图）

(a) 当 (i) $\frac{5}{6} < \delta < 1$ 或 (ii) $0 < \delta < \frac{5}{6}$ 且 $0 < \alpha < \frac{4(3-3\delta-\sqrt{5-11\delta+6\delta^2})}{4-3\delta} = F$；

(b) 当 $0 < \delta < \frac{5}{6}$ 且 $F < \alpha < 1$

划分区间的意义在于具体讨论原始设备制造商、制造商和第三方翻新商在不同条件下的决策情况。对于原始设备制造商而言，与制造商或者第三方进行再制造比实施再制造更加有利可图（这一点已在定理 4.4.5(3) 和定理 4.4.11 中证明）。因此，在具备合作条件的情况下，原始设备制造商将积极寻求与制造商或者第三方合作。对于制造商（或者第三方）而言，如果它放弃与原始设备制造商合作，那么原始设备制造商就会转向与第三方（或者制造商）进行合作。事实上，当制造商（或者第三方）考虑是否与原始设备制造商进行合作时，只要合作后的利润高于第三方（或者制造商）与原始设备制造商合作后的利润，那么它就会同意合作。在区域 R1 和 R3，原始设备制造商只能与第三方进行合作，因此，合作的决定权在第三方手中。当 $\Pi_{3P}^P > \Pi_{3P}^N$ 时，第三方就会与原始设备制造商合作（模式 P 成立）；否则，它就必须要放弃合作（模式 N 成立）。而在区域 R2 和区域 R4，三种模式的前提条件都是成立的。因此，下面具体讨论了决策的过程。

（1）原始设备制造商决定与制造商合作还是与第三方进行合作实施再制造活动。

（2）如果 $\Pi_{OEM}^P > \Pi_{OEM}^M$，那么原始设备制造商更愿意与第三方合作。接下来，由第三方决定是否同意合作，（2-i）当 $\Pi_{3P}^P > \Pi_{3P}^M$ 时，第三方会同意合作，即模式 P 成立；(2-ii) 否则，第三方将放弃合作。在这种情况下，原始设备制造商会考虑与制造商进行合作，由于 $\Pi_M^M > \Pi_M^N$（定理 4.4.5 中 (3) 的结论），即合作再制造一定能提高制造商的利润。因此，制造商与原始设备制造商的合作一定能达成，即模式 M 成立。

(3) 如果 $\Pi_{OEM}^P < \Pi_{OEM}^M$，那么原始设备制造商更愿意与制造商合作实施再制造。随后，由制造商来决定是否同意合作。然而，(3-i) 当 $\Pi_M^M > \Pi_M^P$ 时，制造商会同意与原始设备制造商进行合作，即模式 M 成立。(3-ii) 否则，制造商就会放弃合作。在这种情况下，原始设备制造商会转向与第三方合作。随后再由第三方决定是否愿意进行合作。(3-ii-I′) 如果 $\Pi_{3P}^P > \Pi_{3P}^N$，那么第三方会同意，即模式 P 成立。(3-ii-II′) 否则，第三方也会放弃与原始设备制造商进行合作，即模式 N 成立。

引理 4.4.4 当再制造产品的生产成本满足 $c_r \leqslant J$ 时，$\Pi_{3P}^P \geqslant \Pi_{3P}^M$，否则，$\Pi_{3P}^P < \Pi_{3P}^M$。

证明： $\Pi_{3P}^P - \Pi_{3P}^M > 0$ 的充分必要条件为

$$\frac{8(4-\alpha)^2\left[2-(2-\alpha)\delta\right]\left[(3+c-3\delta)\delta-(4-3\delta)c_r\right]^2}{(6-\alpha)^2(1-\delta)\left[8-(8-3\alpha)\delta\right]^2(\delta-c_r)^2} > 1 \quad (4.4.16)$$

在 $M_0 < c_r < M_1$ 上，$\delta > c_r$。式 (4.4.16) 分子中 $(3+c-3\delta)\delta-(4-3\delta)c_r > 0$ 的充分必要条件为 $c_r < \dfrac{(3+c-3\delta)\delta}{4-3\delta}$，而 $\dfrac{[c(4-\alpha)-\alpha(1-\delta)]\delta}{4-\alpha(2-\delta)} - \dfrac{(3+c-3\delta)\delta}{4-3\delta} = -\dfrac{2(1-c)(6-\alpha)(1-\delta)\delta}{[4-\alpha(2-\delta)](4-3\delta)} < 0$，故在 $M_0 < c_r < M_1$ 上，$(3+c-3\delta)\delta-(4-3\delta)c_r > 0$ 是恒成立的。因此，对式 (4.4.16) 两边同时开平方可得，

$$\frac{\sqrt{8\left[2-(2-\alpha)\delta\right]}(4-\alpha)\left[(3+c-3\delta)\delta-(4-3\delta)c_r\right]}{\sqrt{(1-\delta)\left[8-(8-3\alpha)\delta\right]}(\delta-c_r)(6-\alpha)} > 1$$

其中，令

$$J = \frac{\sqrt{8\left[2-(2-\alpha)\delta\right]}(4-\alpha)(3+c-3\delta)\delta - \sqrt{(1-\delta)\left[8-(8-3\alpha)\delta\right]}(6-\alpha)\delta}{\sqrt{8\left[2-(2-\alpha)\delta\right]}(4-\alpha)(4-3\delta) - \sqrt{(1-\delta)\left[8-(8-3\alpha)\delta\right]}(6-\alpha)}$$

故整理可得引理中的结论。

引理 4.4.5 当 (i) $0 < \delta < \dfrac{5}{6}$ 且 $0 < \alpha < \dfrac{4\left(3-3\delta-\sqrt{5-11\delta+6\delta^2}\right)}{4-3\delta}$ 或 (ii) $\dfrac{5}{6} < \delta < 1$ 时，如果 $\Gamma > 0$，有 $\Pi_{OEM}^P > \Pi_{OEM}^M$，若 $\Gamma \leqslant 0$，有 $\Pi_{OEM}^P < \Pi_{OEM}^M$；而当 $0 < \delta < \dfrac{5}{6}$ 且 $\dfrac{4\left(3-3\delta-\sqrt{5-11\delta+6\delta^2}\right)}{4-3\delta} < \alpha < 1$ 时，$\Pi_{OEM}^P < \Pi_{OEM}^M$。

证明：下面分两种情况讨论 $\Pi_{\text{OEM}}^{\text{P}}$ 和 $\Pi_{\text{OEM}}^{\text{M}}$ 的大小关系。当（i）$0 < \delta < \dfrac{5}{6}$ 且 $0 < \alpha < \dfrac{4\left(3 - 3\delta - \sqrt{5 - 11\delta + 6\delta^2}\right)}{4 - 3\delta}$ 或（ii）$\dfrac{5}{6} < \delta < 1$ 时，在 $M_0 < c_r < M_1$ 上进行讨论，下称为情况（1）。当 $0 < \delta < \dfrac{5}{6}$ 且 $\dfrac{4\left(3 - 3\delta - \sqrt{5 - 11\delta + 6\delta^2}\right)}{4 - 3\delta} < \alpha < 1$ 时，在 $M_0 < c_r < P_1$ 上进行讨论，下称为情况（2）。对于 $\Pi_{\text{OEM}}^{\text{P}} - \Pi_{\text{OEM}}^{\text{M}}$ 是关于 c_r 的二次函数，且二次项系数为

$$\frac{(4-3\delta)\left[16(1-\delta)^2 - 8\alpha(4-9\delta+5\delta^2) + \alpha^2(16-39\delta+24\delta^2)\right]}{4(1-\delta)\delta[8-(8-3\alpha)\delta]^2} - \frac{16 + \alpha^2(4-3\delta) - 8\alpha(2-\delta)}{16(4-\alpha)^2(1-\delta)\delta}$$

且 $\Delta = \dfrac{(-1+c)^2\alpha[\alpha(48-63\delta) + 48(-1+\delta) + \alpha^3(-1+\delta) + \alpha^2(-8+13\delta)]}{4(-4+\alpha)^2(-1+\delta)[8+(-8+3\alpha)\delta]^2} > 0$。令 $\Gamma = 4(4-\alpha)^2(4-3\delta)\left[16(1-\delta)^2 - 8\alpha(4-9\delta+5\delta^2) + \alpha^2(16-39\delta+24\delta^2)\right] - [8-(8-3\alpha)\delta]^2[16 - 8\alpha(2-\delta) + \alpha^2(4-3\delta)]$，故当 $\Gamma > 0$ 时，二次项次数大于 0，开口向上，否则，开口向下。令 $\Pi_{\text{OEM}}^{\text{P}} - \Pi_{\text{OEM}}^{\text{M}} = 0$，可得方程两个解 c_{r1}'' 和 c_{r2}''，且 $c_{r1}'' < c_{r2}''$。在情况（1）中，这部分的讨论在 $M_0 < c_r < M_1$ 区域进行，而 $c_{r1}'' - M_1 > 0$ 是恒成立的，因此当 $\Gamma > 0$ 时，$\Pi_{\text{OEM}}^{\text{P}} > \Pi_{\text{OEM}}^{\text{M}}$；当 $\Gamma \leqslant 0$ 时，$\Pi_{\text{OEM}}^{\text{P}} < \Pi_{\text{OEM}}^{\text{M}}$。在情况（2）中，这部分的讨论在 $M_0 < c_r < P_1$ 上进行。而 $c_{r1}'' - P_1 > 0$，且 $\Gamma \leqslant 0$，故 $\Pi_{\text{OEM}}^{\text{P}} < \Pi_{\text{OEM}}^{\text{M}}$ 恒成立。

引理 4.4.6 （1）在区域 R2 中，当且仅当 $\Omega > 0$ 时，在区域 $c_{r2} < c_r < M_1$，$\Pi_{\text{M}}^{\text{P}} > \Pi_{\text{M}}^{\text{M}}$。

（2）在区域 R4 中，当且仅当 $\varphi < 0$ 时，在区域 $c_{r2} < c_r < P_1$，$\Pi_{\text{M}}^{\text{P}} > \Pi_{\text{M}}^{\text{M}}$。

证明：与前面证明方式类似，这里不再赘述。

上述三种模式中的均衡结果在表 4.13 中展示。这些决策结果考虑了三个影响因素（包括不同的再制造成本、消费者对恢复产品的偏好，以及翻新产品的质量）对原始设备制造商、制造商和第三方翻新商的利润的作用。

定理 4.4.14 如果原始设备制造商选择先与制造商进行合作，但被制造商拒绝后，第三方也不会与之合作。正如表 4.13 所示，在区域 R2 和 R4 两个区域，如果 $\Pi_{\text{OEM}}^{\text{P}} < \Pi_{\text{OEM}}^{\text{M}}$ 时，原始设备制造商会优先选择与制造商进行合作。当且仅当 $v > 0$ 且 $\Omega < 0$ 时，在区域 $c_{r2} < c_r < M_1$ 上有 $\Pi_{\text{M}}^{\text{P}} > \Pi_{\text{M}}^{\text{M}}$，即制造商会拒绝与原始设备制造商进行合作。由于合作能够带给原始设备制造商更多的利润，因此它会转向第三方寻求合作。然而，在 $c_{r2} < c_r < M_1$ 区域，$\Pi_{\text{3P}}^{\text{P}} < \Pi_{\text{3P}}^{\text{N}}$ 恒成

立，从而可以得到第三方也不会与原始设备制造商进行合作。

表 4.13 利益相关方的决策结果

条件	$N_0<c_\mathrm{r}<P_0$	$P_0<c_\mathrm{r}<M_0$	$M_0<c_\mathrm{r}<M_1$			$M_1<c_\mathrm{r}<N_1$
			$\varGamma>0$	$\varGamma<0$		
				$v>0$	$v<0$	
$\dfrac{5}{6}<\delta<1$	N模式	① $T>0$, P模式 ② $L<0$, N模式 ③ $T>0$ 和 $L>0$, $P_0<c_\mathrm{r}<G$, P模式 $G<c_\mathrm{r}<M_0$, N模式	① $\eta<0$, M模式 ② $\eta>0$, $M_0<c_\mathrm{r}<J$, P模式 $J<c_\mathrm{r}<M_1$, P模式	模式M ① $\Omega>0$, M模式 ② $\Omega<0$, $M_0<c_\mathrm{r}<c_{\mathrm{r}2}$, M模式 $c_{\mathrm{r}2}<c_\mathrm{r}<M_1$, N模式	M模式	N模式
$0<\delta\leqslant\dfrac{5}{6}$ 且 $0<\alpha<\dfrac{4(3-3\delta-\sqrt{5-11\delta+6\delta^2})}{4-3\delta}$						

条件	$N_0<c_\mathrm{r}<P_0$	$P_0<c_\mathrm{r}<M_0$	$M_0<c_\mathrm{r}<P_1$		$P_1<c_\mathrm{r}<M_1$	$M_1<c_\mathrm{r}<N_1$
			$v>0$	$v<0$		
$0<\delta<\dfrac{5}{6}$ && $\dfrac{4(3-3\delta-\sqrt{5-11\delta+6\delta^2})}{4-3\delta}<\alpha<1$	N模式	① $T>0$, P模式 ② $L<0$, N模式 ③ $T>0$ 和 $L>0$, $P_0<c_\mathrm{r}<G$, P模式 $G<c_\mathrm{r}<M_0$, N模式	① $\varphi>0$, M模式 ② $\varphi<0$, $M_0<c_\mathrm{r}<c_{\mathrm{r}2}$, M模式 $c_{\mathrm{r}2}<c_\mathrm{r}<P_1$, N模式	M模式	M模式	N模式

2. 环境影响分析

本部分除了考虑利益相关方的经济利润，还进一步讨论了不同的竞争与合作模式中，多种产品组合下的环境影响，为决策者提供参考。根据 4.4.3 节中环境影响的定义，以及新产品、再制造产品与翻新产品生产过程的差异，假设再制造产品能够产生最少的环境影响，因为再制造产品来源于废旧产品，这是对原材料的再次使用，通过表面技术将废旧产品的质量进行恢复，使其再制造后的质量等于同型的新产品的质量。尽管翻新产品也来自于废旧产品，但是因其质量不能完全恢复，使用过程中产生环境污染[50]，故认为其环境影响大于再制造产品，并且环境影响小于新产品。由此，记新产品的单位环境影响为 e_n，再制造产品的单位环境影响为 e_r，翻新产品的单位环境影响为 e_3。每个模式中的总环境影响为 $E=q_\mathrm{n}e_\mathrm{n}+q_\mathrm{r}e_\mathrm{r}+q_3e_3$，其中 q_n, q_r, q_3 分别为新产品、再制造产品和翻新产品的生产数量。由于翻新产品也来自于对废旧产品的质量恢复，因此在生产过程中减少了环境影响，但由于其质量较低，故消费者在使用过程中产生的环境影响较再制造产品相对较高。因此，三种产品的单位环境影响满足 $e_\mathrm{n}>e_3>e_\mathrm{r}$ 且 $\alpha e_3=e_\mathrm{r}$。

定理 4.4.15 $E^\mathrm{M}<E^\mathrm{N}$，即与不实施合作再制造的模式相比，原始设备制造商与制造商合作实施再制造对环境的影响显著降低。

证明：在模型 N 中，新产品的生产数量为 $q_\mathrm{n}^\mathrm{N} = \dfrac{2 - 2c - \alpha\delta + \alpha c_\mathrm{r}}{2(4 - \alpha\delta)}$，翻新产品的生产数量为 $q_3^\mathrm{N} = \dfrac{\delta(6 + 2c - \alpha\delta) - (8 - \alpha\delta)c_\mathrm{r}}{4\delta(4 - \alpha\delta)}$；在模型 M 中，新产品的生产数量为 $q_\mathrm{n}^\mathrm{M} = \dfrac{1 - c - \delta + c_\mathrm{r}}{4(1 - \delta)}$，再制造产品的生产数量为

$$q_\mathrm{r}^\mathrm{M} = \frac{[c(4-\alpha) - \alpha(1-\delta)]\delta - [4 - \alpha(2-\delta)]c_\mathrm{r}}{4(4-\alpha)(1-\delta)\delta},$$

翻新产品的生产数量为 $q_3^\mathrm{M} = \dfrac{(6-\alpha)(\delta - c_\mathrm{r})}{4(4-\alpha)\delta}$。因此，

$$\begin{aligned}
E^\mathrm{N} - E^\mathrm{M} &= (q_\mathrm{n}^\mathrm{N} - q_\mathrm{n}^\mathrm{M})e_\mathrm{n} + (q_3^\mathrm{N} - q_3^\mathrm{M})e_3 + (q_\mathrm{r}^\mathrm{N} - q_\mathrm{r}^\mathrm{M})e_\mathrm{r} \\
&= \frac{[c(4-\alpha) - \alpha(1-\delta)]\delta - [4 - \alpha(2-\delta)]c_\mathrm{r}}{4(1-\delta)(4-\alpha\delta)}e_\mathrm{n} + \\
&\quad \frac{(2-4\alpha-2\delta+\alpha^2\delta)\{[c(4-\alpha)-\alpha(1-\delta)]\delta - [4-\alpha(2-\delta)]c_\mathrm{r}\}}{4(4-\alpha)(1-\delta)\delta(4-\alpha\delta)}e_3 \\
&= \frac{[c(4-\alpha)-\alpha(1-\delta)]\delta - [4-\alpha(2-\delta)]c_\mathrm{r}}{4(1-\delta)(4-\alpha\delta)}\left[e_\mathrm{n} + \frac{2-4\alpha-2\delta+\alpha^2\delta}{(4-\alpha)\delta}e_3\right] > \\
&\quad \frac{[c(4-\alpha)-\alpha(1-\delta)]\delta - [4-\alpha(2-\delta)]c_\mathrm{r}}{4(1-\delta)(4-\alpha\delta)}\frac{2(1-2\alpha)(1-\delta)}{(4-\alpha)\delta}e_3 > 0
\end{aligned}$$

是恒成立的。故 $E^\mathrm{M} < E^\mathrm{N}$。

事实上，在模型 M 中，一旦再制造产品进入市场，整个市场结构就发生了变化。与不实施再制造的模式相比，$q_\mathrm{n}^\mathrm{N} > q_\mathrm{n}^\mathrm{M}$ 且 $q_3^\mathrm{N} > q_3^\mathrm{M}$，即新产品和翻新产品的市场份额都下降了。此外，由于

$$q_\mathrm{n}^\mathrm{N} + q_3^\mathrm{N} - (q_\mathrm{n}^\mathrm{M} + q_\mathrm{r}^\mathrm{M} + q_3^\mathrm{M}) = \frac{[4 + \alpha(-2+\delta)]c_\mathrm{r} - \delta[c(4-\alpha) - \alpha + \alpha\delta]}{2(4-\alpha)\delta(4-\alpha\delta)} < 0,$$

故总体市场需求也下降了。这导致了环境影响的减少。然而，在原始设备制造商与第三方合作的情形中，尽管再制造产品占有一定市场份额，但翻新产品的市场份额并不总是下降的，因此这种合作模式并不一定会降低总的环境影响。在两种合作模式中，由于 $q_\mathrm{n}^\mathrm{M} < q_\mathrm{n}^\mathrm{P}$，故模式 M 中新产品的生产数量总是低于模式 P。下面的定理详细讨论了翻新产品质量（α）对于环境影响（E）的作用。

定理 4.4.16 （1）在没有实施再制造的模式中，环境影响 E^N 随着 α 的增大，先增加后减少。

(2) 在模式 M 中，当 $\alpha < 1/2$ 时，环境影响 E^M 随着 α 的增大而增加；否则，E^M 随着 α 的增大而减少。

(3) 在模式 P 中，当 $\dfrac{e_3}{e_n} < \dfrac{2\delta}{[\alpha(8-6\delta)+3\delta]}$ 时，环境影响 E^P 随着 α 的增大而增加；否则，E^P 随着 α 的增大而减少。

证明：$\dfrac{dE^N}{d\alpha} = \dfrac{(\delta + c\delta - 2c_r)(e_3 - 2e_n)}{2(-4+\alpha\delta)^2}$，其中 $e_3 - 2e_n < 0$，因此，当 $\dfrac{2c+\alpha\delta-2}{\alpha} < c_r < \dfrac{\delta + c\delta}{2}$ 时，$\dfrac{dE^N}{d\alpha} > 0$，而在 $\dfrac{\delta + c\delta}{2} < c_r < \dfrac{\delta(6+2c-\alpha\delta)}{8-\alpha\delta}$，$\dfrac{dE^N}{d\alpha} < 0$。

$\dfrac{dE^M}{d\alpha} = \dfrac{(\delta - c_r)(e_3 - 2e_r)}{2(-4+\alpha)^2 \delta}$，当 $\alpha < 1/2$ 时，$\dfrac{dE^M}{d\alpha} > 0$。

$\dfrac{dE^P}{d\alpha} = \dfrac{[(4-3\delta)c_r - \delta(3+c-3\delta)][3\delta e_3 - 2\delta e_n + 2(4-3\delta)e_r]}{\delta(8-(8-3\alpha)\delta)^2}$

在 $p_0 < c_r < p_1$ 上，$c_r > \dfrac{\delta(3+c-3\delta)}{4-3\delta}$ 成立。故当 $\dfrac{e_3}{e_n} < \dfrac{2\delta}{[\alpha(8-6\delta)+3\delta]}$ 时，$\dfrac{dE^P}{d\alpha} > 0$。

很显然，在模式 N 和模式 M 中随着产品质量的提高，总环境影响都会呈现先增大后减小的趋势。在模式 P 中，当翻新产品的质量提高时，其单位环境影响就会减少，其单位环境影响与新产品的单位环境影响的比值会降低，从而总的环境影响也会先增大后减小。

综上所述，在所有的模式中，在一定范围内提高产品质量会增加市场需求，从而导致环境影响的增加。但总的来说，提高产品质量最终会减少总的环境影响。这些理论结果说明，对于翻新行业，政府的监督部门应该予以监督干预，可以通过制定相关生产标准，监督生产过程，以有效降低整体的环境影响。

3. 数值实验

本部分通过数值实验的方式验证了上面的一些结论。下面讨论了相关参数对供应链成员的利润、决策结果和环境影响的作用。在所有的情况中，为了保证相关结果为正，令 $c = 0.9$，实验结果被展现在图 4.7、图 4.8 及图 4.10 ~ 图 4.13 中。

图 4.7 对比了原始设备制造商与制造商合作实施再制造前后，三个利益相关方之间的利润变换情况。从引理 4.4.3 可知，$N_0 < M_0 < M_1 < N_1$，因此，在图 4.7 中，选取 c_r 为 M_0 和 M_1 的中值，代入数值进行比较。图 4.7 中的结果与前文中定理 4.4.5 的结论是一致的，即在合作模式 M 中，无论消费者对恢复产品的偏好如何变化，或者翻新产品的质量如何变化，原始设备制造商与制造商的利润都会增加，但第三方翻新商的利润会受损。

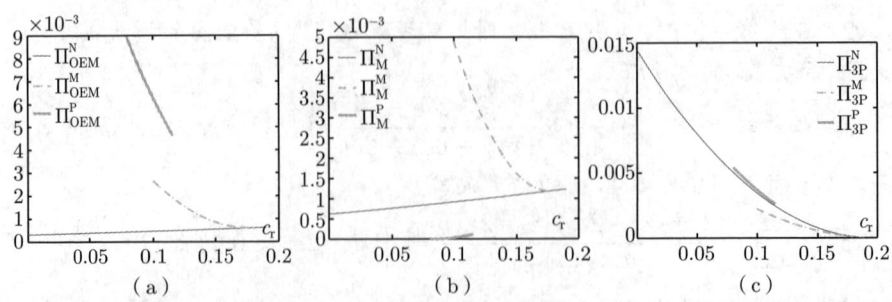

图 4.10 当 $\delta = 0.2$、$\alpha = 0.3$ 时原始设备制造商、制造商和第三方利润的变化情况 (见文后彩图)

(a) 原始设备制造商；(b) 制造商；(c) 第三方翻新商

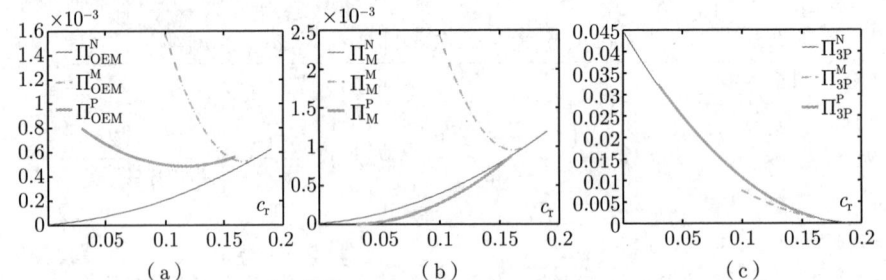

图 4.11 当 $\delta = 0.2$、$\alpha = 0.9$ 时原始设备制造商、制造商和第三方利润的变化情况 (见文后彩图)

(a) 原始设备制造商；(b) 制造商；(c) 第三方翻新商

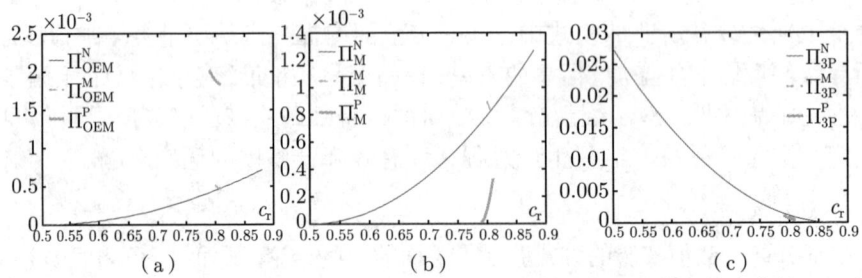

图 4.12 当 $\delta = 0.2$、$\alpha = 0.5$ 时原始设备制造商、制造商和第三方利润的变化情况 (见文后彩图)

(a) 原始设备制造商；(b) 制造商；(c) 第三方翻新商

同样地，图 4.8 展示了利润相关方在两种合作模式中的利润情况。与图 4.7 的结果不同的是，尽管与第三方合作仍然给原始设备制造商带来了更多的利润，但是制造商和第三方的利润变换是不确定的。为了更清楚地展示这一效果，在图 4.8(b) 和图 4.8(c) 中，我们采用了不同的范围，图 4.8(b) 中选取 $c_r = P_1$，而图 4.8(c) 中选取 $c_r = M_0$。

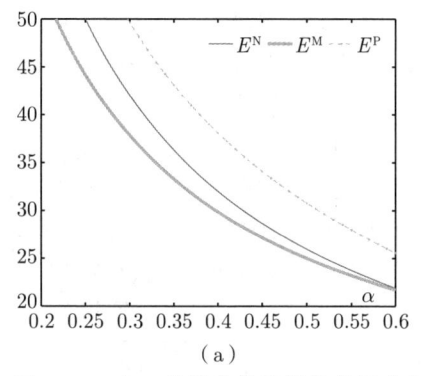

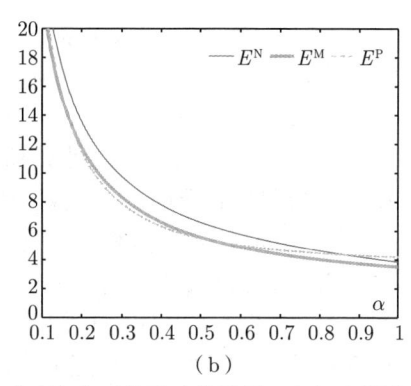

图 4.13　在三种模式的前提条件都成立时对比总环境影响的效果 (见文后彩图)
(a) $\delta = 0.2$；(b) $\delta = 0.9$

图 4.10 ~ 图 4.12 分别展示了消费者对恢复产品的偏好和翻新产品的质量对利益相关方利润的影响。其中，当消费者对恢复产品的偏好相对较低（选取 $\delta = 0.2$）时，在翻新产品的质量较好（图 4.11）和翻新产品的质量较差（图 4.10）两种情况下，不同的再制造成本对利益相关方的利润的影响。图 4.12 展示了当消费者对恢复产品的偏好较高（$\delta = 0.9$）时，三个利润相关方的利润情况。通过数值实验得到了一些有趣的结论：①原始设备制造商愿意与制造商或者第三方翻新商进行合作实施再制造活动。②当消费者对恢复产品的偏好较低时，但翻新产品的质量较高时，原始设备制造商更倾向于与制造商进行合作。③第三方翻新商并不总是愿意与原始设备制造商进行合作。这些与表 4.13 中反映的结果是一致的。

在环境影响方面，图 4.13 展示了翻新产品的质量对环境影响的作用。结果表明，无论消费者对恢复产品的偏好如何，原始设备制造商与制造商合作实施再制造的模式总是更有利于降低总体的环境影响。然而，原始设备制造商与第三方翻新商的合作模式并没有发现相似的结论。

4.4.4　管理启示

本节的研究工作是基于二级市场中翻新产品对原始设备制造商的再制造策略的影响为背景开展的。据目前情况，市场中广泛存在的第三方生产的翻新产品对于再制造行业的发展产生了阻碍作用，同时其低廉的价格也在一定程度上影响了新产品的生产和销售活动。因此，原始设备制造商面临着是否从事再制造业务，以及如何开展的相关困扰。基于此，本章先后建立了基准模型、原始设备制造商向制造商外包再制造业务的模型，以及原始设备制造商向第三方外包再制造业务的模型来考察原始设备制造商与代工企业之间的合作再制造策略。同时，也发现了一些有趣的管理启示。

首先，在两种合作模式中，再制造进入市场的门槛总是比翻新产品进入市场的门槛要高。但是，一旦再制造产品进入市场，翻新产品进入市场的门槛就会提高。因此，对于政府管理者来说，鼓励原始设备制造商实施再制造活动，帮助再制造产品进入市场是提高和优化产品质量的有效手段。例如，生产者责任延伸制度或者再制造产品的补贴政策能够鼓励企业之间合作实施再制造战略。

其次，原始设备制造商总是愿意与制造商或者第三方进行合作实施再制造。然而，在不同的条件下，合作并不总是能够达成的。其原因是三者的利润受到消费者对再制造产品的偏好、翻新产品的质量，以及再制造产品的成本等众多因素的影响。但无论如何，与不实施再制造相比，制造商再制造模式的环境影响是减少的，但是第三方合作实施再制造的模式则不一定。而且，合作也不会导致第三方完全放弃翻新业务。

最后，本章还检验了相关参数对结果的影响。结果表明，再制造产品一旦进入市场，第三方总是倾向于在一定范围内提高翻新产品的质量。此外，产品质量的提高可以减少环境影响。因此，对于政府的管理者来说，鼓励实施再制造是提高翻新产品质量和减少环境影响的有效手段。总体来说，在一定范围内，原始设备制造商外包再制造业务的情况下，可以提高原始设备制造商实施再制造的积极性，减少环境影响。

4.5 本章小结

本章在分析再制造供应链生产决策时，首先探索了原始设备制造商自己实施再制造时多产品多周期内的生产决策。在分级回收模式下，当对比了第三方再制造商和原始设备制造商分别实施回收和再制造策略时，对不同质量废旧产品的回收策略，以及再制造产品的最优定价策略。结果表明，当原始设备制造商开展回收和再制造业务时，在一定条件下，可以回收多个等级废旧产品且带来更多的经济效益和更少的环境影响。此外，当消费者对再制造产品的偏好较高且总回收成本适中时，原始设备制造商在新产品退出市场之前就开始回收和再制造业务可以带来更多的利润。

其次，我们分析第三方再制造商竞争下制造商的再制造生产决策。首先分析了垄断环境下，原始物料供应商选择再制造仅在再制造成本不高的情况下进行，消费者购买再制造产品的意愿增加并不一定会增加企业的再制造成本空间。此外，较低的制造成本促进了新产品和再制造产品之间的互补关系，而不是竞争关系。我们还发现，原始物料供应商在进行再制造时，并不总是愿意提高回收率。在竞争环境下，第三方独立物料供应商进行再制造对原始物料供应商战略有显著影响。当原始物料供应商选择不进行再制造时，独立物料供应商仅在再制造成本不超过一定阈值时才决定进行再制造。较高的制造成本增加了独立物料供应商再制造的成本空间。均衡结果表明，提高再制造产品的价格并不会减少对该产品的需求。在竞争激烈的市场中，原始物料供应商会努力降低竞争对手的回收率。在两种情况下，消费者购买再制造产品较高的意愿均有利于再制造。

最后，本章还研究了原始设备制造商与上游代工企业合作实施再制造的生产决策。本章建立了原始设备制造商仅外包制造业务、同时外包制造和再制造业务的合作再制造模型，分析了合作再制造策略的影响。结果表明，再制造产品的市场准入门槛总是高于翻新产品，但只要再制造产品进入市场，总是会提高翻新产品进入市场的门槛。原始设备制造商总是愿意与合同制造商或者第三方翻新商合作实施再制造，但合作并不总是能够达成。在两种合作模式中，第三方翻新商都倾向于提高翻新产品的质量。此外，原始设备制造商外包给合同制造商实施再制造的模式总是表现出较低的环境影响。

通过深入分析不同环境下企业的再制造生产决策，本章揭示了多产品、多周期、多主体的再制造供应链生产决策的复杂性及其对经济和环境的重要影响。

参考文献

[1] 郭军华，杨丽，李帮义，等. 不确定需求下的再制造产品联合定价决策 [J]. 系统工程理论与实践,2013,33(8):1949-1955.

[2] TSE T, ESPOSITO M, SOUFANI K. How businesses can support a circular economy[J]. Harvard Business Review, 2016, 1.

[3] USITC. Remanufactured goods: An overiew of the us and global industries, markets and trade usitc publication 4356[EB/OL]. (2012-10)[2024-09-27]. http://www.usitc.gov/publica-tions/332/pub4356.pdf.

[4] WANG L, CAI G, TSAY A A, et al. Design of the reverse channel for remanufacturing: must profit-maximization harm the environment[J]. Production and Operations Management, 2017, 26(8): 1585-1603.

[5] ZHU Q, TIAN Y. Developing a remanufacturing supply chain management system: a case of a successful truck engine remanufacturer in China[J]. Production Planning & Control, 2016, 27(9): 708-716.

[6] 京津冀再制造产业技术研究院. 中国再制造产业技术发展 (2019)[M]. 北京：机械工业出版社, 2020.

[7] ATASU A, GUIDE JR V D R, VAN WASSENHOVE L N. So what if remanufacturing cannibalizes my new product sales[J]. California Management Review, 2010, 52(2): 56-76.

[8] GUIDE JR V D R, VAN WASSENHOVE L N. Managing product returns for remanufacturing[J]. Production and Operations Management, 2001, 10(2): 142-155.

[9] MASHHADI A R, BEHDAD S. Optimal sorting policies in remanufacturing systems: Application of product life-cycle data in quality grading and end-of-use recovery[J].

Journal of Manufacturing Systems, 2017, 43: 15-24.

[10] CAI X, LAI M, LI X, et al. Optimal acquisition and production policy in a hybrid manufacturing/remanufacturing system with core acquisition at different quality levels[J]. European Journal of Operational Research, 2014, 233(2): 374-382.

[11] YANKOĞLU İ, DENIZEL M. The value of quality grading in remanufacturing under quality level uncertainty[J]. International Journal of Production Research, 2021, 59(3): 839-859.

[12] DANIEL V, GUIDE JR V D R, JAYARAMAN V. Product acquisition management: current industry practice and a proposed framework[J]. International Journal of Production Research, 2000, 38(16): 3779-3800.

[13] GUIDE JR V D R, TEUNTER R H, VAN WASSENHOVE L N. Matching demand and supply to maximize profits from remanufacturing[J]. Manufacturing & Service Operations Management, 2003, 5(4): 303-316.

[14] GALBRETH M R, BLACKBURN J D. Optimal acquisition and sorting policies for remanufacturing[J]. Production and Operations Management, 2006, 15(3): 384-392.

[15] BHATTACHARYA R, KAUR A. Allocation of external returns of different quality grades to multiple stages of a closed loop supply chain[J]. Journal of Manufacturing Systems, 2015, 37: 692-702.

[16] TEUNTER R H, FLAPPER S D P. Optimal core acquisition and remanufacturing policies under uncertain core quality fractions[J]. European Journal of Operational Research, 2011, 210(2): 241-248.

[17] MUTHA A, BANSAL S, GUIDE JR V D R. Managing demand uncertainty through core acquisition in remanufacturing[J]. Production and Operations Management, 2016, 25(8): 1449-1464.

[18] FERRER G, SWAINATHAN J M. Managing new and remanufactured products[J]. Management science, 2006, 52(1): 15-26.

[19] SUBRAMAN R, FERGUSON M E, BERIL TOKTAY L. Remanufacturing and the component commonality decision[J]. Production and Operations Management, 2013, 22(1): 36-53.

[20] BAKAL I S, AKCALI E. Effects of random yield in remanufacturing with price-sensitive supply and demand[J]. Production and operations management, 2006, 15(3): 407-420.

[21] VORASAYAN J, RYAN S M. Optimal price and quantity of refurbished products[J]. Production and Operations Management, 2006, 15(3): 369-383.

[22] JUNG K S, DAWANDE M, GEISMAR H N, et al. Supply planning models for a rema-nufacturer under just-in-time manufacturing environment with reverse logistics[J]. Annals of Operations Research, 2016, 240: 533-581.

[23] KENNÉ J P, DEJAX P, GHARBI A. Production planning of a hybrid manufacturing-rema-nufacturing system under uncertainty within a closed-loop supply chain[J]. International Journal of Production Economics, 2012, 135(1): 81-93.

[24] TANG O, GRUBBSTRÖM R W. The detailed coordination problem in a two-level

assembly system with stochastic lead times[J]. International journal of production economics, 2003, 81: 415-429.

[25] GUIDE JR V D R, JAYARAMAN V, SRIVASTAVA R, et al. Supply-chain management for recoverable manufacturing systems[J]. Interfaces, 2000, 30(3): 125-142.

[26] 刘志, 李帮义, 程晋石, 等. 基于模块化设计的制造/再制造生产决策 [J]. 计算机集成制造系统, 2016, 22(4): 935-944.

[27] ABBEY J D, GEISMAR H N, SOUZA G C. Improving remanufacturing core recovery and profitability through seeding[J]. Production and Operations Management, 2019, 28(3): 610-627.

[28] FERRER G, SWAMINATHAN J M. Managing new and differentiated remanufactured products[J]. European Journal of Operational Research, 2010, 203(2): 370-379.

[29] 孙浩, 叶俊, 胡劲松, 等. 不同决策模式下制造商与再制造商的博弈策略研究 [J]. 中国管理科学, 2017, 25(1): 160-169.

[30] BULMS S C, ZHU S X, TEUNTER R. Competition for cores in remanufacturing[J]. European Journal of Operational Research, 2014, 233(1): 105-113.

[31] KLEBER R, REIMANN M, SOUZA G C, et al. Two-sided competition with vertical differentiation in both acquisition and sales in remanufacturing[J]. European Journal of Operational Research, 2020, 284(2): 572-587.

[32] 伍颖, 熊中楷. 制造商与在位再制造商的再制造生产决策研究 [J]. 系统工程学报, 2015, 30(4): 554-565.

[33] 伍颖, 熊中楷. 竞争条件下制造商和再制造商的生产决策 [J]. 系统工程理论与实践, 2014, 34(2): 291-303.

[34] 许民利, 梁红燕, 简惠云. 产品质量和 WTP 差异下的制造/再制造生产决策 [J]. 控制与决策, 2016, 31(3): 467-476.

[35] 赵晓敏, 孟潇潇. 授权模式下制造商与再制造商的演化博弈决策 [J]. 中国管理科学, 2021, 29(2): 129-136.

[36] 杨爱峰, 詹倩颖, 宋明珠, 等. 授权模式下 OEM 和第三方的生产和回收定价竞争策略 [J]. 工业工程, 2019, 22(1): 36-44.

[37] 邹宗保, 王建军, 邓贵仕, 等. 基于成本对比的制造商与授权再制造商博弈模型 [J]. 系统工程学报, 2016, 31(3): 373-385.

[38] WANG Y, NIU B, GUO P. On the advantage of quantity leadership when outsourcing production to a competitive contract manufacturer[J]. Production and Operations Management, 2013, 22(1): 104-119.

[39] NIU B, CHEN K, FANG X, et al. Technology specifications and production timing in a co-opetitive supply chain[J]. Production and Operations Management, 2019, 28(8): 1990-2007.

[40] CHEN X, WANG X, XIA Y. Production coopetition strategies for competing manufacturers that produce partially substitutable products[J]. Production and Operations Management, 2019, 28(6): 1446-1464.

[41] ZHOU Q, MENG C, YUEN K F, et al. Remanufacturing authorization strategy for an

original equipment manufacturer-contract manufacturer supply chain: cooperation or competition?[J]. International Journal of Production Economics, 2021, 240: 108238.

[42] SAVASKAN R C, BHATTACHARYA S, VAN WASSENHOVE L N. Closed-loop supply chain models with product remanufacturing[J]. Management Science, 2004, 50(2): 239-252.

[43] TSAI W H, HSU J L, CHEN C H. Integrating activity-based costing and revenue management approaches to analyse the remanufacturing outsourcing decision with qualitative factors[J]. International Journal of Revenue Management, 2007, 1(4): 367-387.

[44] ZHAO Y, ZHOU H, WANG Y. Outsourcing remanufacturing and collecting strategies analysis with information asymmetry[J]. Computers & Industrial Engineering, 2021, 160: 107561.

[45] ATASU A, SARVARY M, VAN WASSENHOVE L N. Remanufacturing as a marketing strategy[J]. Management Science, 2008, 54(10): 1731-1746.

[46] NIU B, CHEN L, ZOU Z, et al. Demand signal transmission in a certified refurbishing supply chain: rules and incentive analysis[J]. Annals of Operations Research, 2019: 1-46.

[47] CHAI Q, XIAO Z, LAI K, et al. Can carbon cap and trade mechanism be beneficial for remanufacturing?[J]. International Journal of Production Economics, 2018, 203: 311-321.

[48] MAITI T, GIRI B C. A closed loop supply chain under retail price and product quality dependent demand[J]. Journal of Manufacturing Systems, 2015, 37: 624-637.

[49] OVCHINNIKOV A, BLASS V, RAZ G. Economic and environmental assessment of remanufacturing strategies for product+service firms[J]. Production and Operations Management, 2014, 23(5): 744-761.

[50] CHEN Y, CHEN F. On the competition between two modes of product recovery: remanufacturing and refurbishing[J]. Production and Operations Management, 2019, 28(12): 2983-3001.

[51] KERR W, RYAN C. Eco-efficiency gains from remanufacturing: a case study of photocopier remanufacturing at Fuji Xerox Australia[J]. Journal of Cleaner Production, 2001, 9(1): 75-81.

[52] ESENDURAN G, LIN Y T, XIAO W, et al. Choice of electronic waste recycling standard under recovery channel competition[J]. Manufacturing & Service Operations Management, 2020, 22(3): 495-512.

[53] ATASU A, VAN WASSENHOVE L N, Sarvary M. Efficient take-back legislation[J]. Production and Operations Management, 2009, 18(3): 243-258.

[54] CATERPILLAR. The benefits of remanufacturing[EB/OL]. 2018. https://www.caterpillar.com/en/company/sustainability/remanufacturing.

[55] FERGUSON M E, TOKTAY L B. The effect of competition on recovery strategies[J]. Production and operations management, 2006, 15(3): 351-368.

[56] MAJUMDER P, GROENEVELT H. Competition in remanufacturing[J]. Production

and operations management, 2001, 10(2): 125-141.

[57] ÖRSDEMIR A, KEMAHLOĞLU-ZIYA E, PARLAKTÜRK A K. Competitive quality choice and remanufacturing[J]. Production and Operations Management, 2014, 23(1): 48-64.

[58] AGRAWAL V V, ATASU A, VAN ITTERSUM K. Remanufacturing, third-party competition, and consumers' perceived value of new products[J]. Management Science, 2015, 61(1): 60-72.

[59] FERRER G, WHYBARK D C. Material planning for a remanufacturing facility[J]. Production and Operations Management, 2001, 10(2): 112-124.

[60] BITRAN G, CALDENTEY R. An overview of pricing models for revenue management[J]. Manufacturing & Service Operations Management, 2003, 5(3): 203-229.

[61] SAVASKAN R C, BHATTACHARYA S, VAN WASSENHOVE L N. Closed-loop supply chain models with product remanufacturing[J]. Management science, 2004, 50(2): 239-252.

[62] SOUZA G C. Closed-loop supply chains with remanufacturing[J]. In State-of-the-Art Decis-ion-Making Tools in the Information-Intensive Age, 2008, 130-153.

[63] GARVIN D A. What does product quality means[J]. Sloan Management Review, 1984, 26(1): 25-43.

[64] MOORTHY K S. Product and price competition in a duopoly[J]. Marketing Science, 1988, 7(2): 141-168.

[65] OVCHINNIKOV A. Revenue and cost management for remanufactured products[J]. Production and Operations Management, 2011, 20(6): 824-840.

[66] TOKTAY L B, WEI D. Cost allocation in manufacturing-remanufacturing operations[J]. Production and Operations Management, 2011, 20(6): 841-847.

[67] THIERRY M, SALOMON M, VAN NUNEN J, et al. Strategic issues in product recovery management[J]. California Management Review, 1995, 37(2): 114-136.

[68] GOVINDAN K, JIMÉNEZ-PARRA B, RUBIO S, et al. Marketing issues for remanufactured products[J]. Journal of Cleaner Production, 2019, 227: 890-899.

[69] ZHENG M, SHI X, XIA T, et al. Production and pricing decisions for new and remanufactured products with customer prejudice and accurate response[J]. Computers & Industrial Engineering, 2021: 107308.

[70] FANG C, YOU Z, YANG Y, et al. Is third-party remanufacturing necessarily harmful to the original equipment manufacturer[J]. Annals of Operations Research, 2020, 291(1): 317-338.

[71] HUANG Y, WANG Z. Pricing and production decisions in a closed-loop supply chain considering strategic consumers and technology licensing[J]. International Journal of Production Research, 2019, 57(9): 2847-2866.

[72] ZHAO J, WANG C, XU L. Decision for pricing, service, and recycling of closed-loop supply chains considering different remanufacturing roles and technology authorizations[J]. Computers & Industrial Engineering, 2019, 132: 59-73.

[73] ZOU Z B, WANG J J, DENG G S, et al. Third-party remanufacturing mode selection: Outsourcing or authorization[J]. Transportation Research Part E: Logistics and Transportation Review, 2016, 87: 1-19.
[74] ZHOU Q, YUEN K F. An investigation of original equipment manufacturer's optimal remanufacturing mode and engagement strategy[J]. International Transactions in Operational Research, 2021, 28(4): 1890-1916.
[75] HUANG Y, WANG Z. Information sharing in a closed-loop supply chain with technology licensing[J]. International Journal of Production Economics, 2017, 191: 113-127.
[76] YAN W, XIONG Y, XIONG Z, et al. Bricks vs. clicks: Which is better for marketing remanufactured products[J]. European Journal of Operational Research, 2015, 242(2): 434-444.

第 5 章
再制造供应链销售决策

在再制造供应链的价值创造过程中，如果没有销售环节，那么回收、生产和其他供应链环节都将无法正常运转。产品或者服务的需求影响着再制造原材料的供应、产量的计划和利润的产生等。此外，相比于新产品，顾客对再制造产品的认可更离不开销售的重要作用。再制造产品的营销活动不仅能够促进循环经济的发展，也能促使企业承担社会责任。再制造供应链销售决策决定着产品或服务的特点、价格水平、价值交付和目标市场等，这些决策相互交织但又各有侧重。本章结合这些决策问题分别研究了再制造产品的营销模式、再制造产品的渠道结构、再制造产品的渠道选择及再制造产品的差别定价。

5.1 问题背景与研究现状

再制造产品的营销模式决策是企业关于产品销售模式和租赁模式的决定。企业决定采用产品销售模式，即对产品所有权的出售。相比之下，企业决定采用产品租赁模式，则是对产品使用权的出租。营销模式决策之所以对再制造供应链重要，是因为产品的营销模式影响着废旧产品的回收质量以及对产品的需求。此外，随着经济的持续波动、资源的不断消耗、环境的逐渐恶化，如何充分利用企业的资源，减少资源的浪费，减少消费者的碳消耗是企业管理者目前亟须解决的问题。租赁模式实则是共享经济的一种形式。比如，在汽车行业，美国的汽车互联网租赁公司 zipcar、中国的神舟租车等；在交通行业，美国的 uber、中国的滴滴等。这种模式基于共享理念以解决日益严重的环境污染和资源短缺等问题。租赁模式面临的主要问题是资源分配不均衡，而销售模式面临的主要问题是产能不足。5.2

节以新能源汽车为例，探讨了再制造领域企业销售模式和租赁模式的决策问题。

过去的研究分析了新产品和旧产品租赁模式和销售模式的运营特点，选择租赁产品的企业对产品信息有更高的控制权，减少了旧产品回收中数量、质量和回收的不确定性[1-2]。Waldman[3]研究表明租赁是一个有利可图的选择，因为它允许垄断者废弃使用过的产品，从而减少它们对新产品的竞争威胁。Agrawal等[4]研究了公司的租赁和销售策略，发现每种策略的盈利能力和对环境的影响取决于产品的耐用性和消费者的类型。Desai和Purohit[5]研究了租赁和销售单位的折旧率对租赁和销售盈利能力的影响。他们解释说，租赁模式与销售模式的共存是耐用品公司的最佳策略，并通过一个案例进一步说明了分析结果的实际意义。这一系列的文献研究关注了新产品和旧产品的租赁和销售，但没有结合再造产品。本章通过引入提供再制造产品的企业来扩展这一类文献。

Robotis等[6]讨论了租赁新产品和再制造产品，并确定了最优租赁价格和期限。Aras等[7]分析了一个利润最大化企业可以租赁新产品和销售再造产品的多周期模型，考虑产品库存过剩和产品库存不足的情况。Loon等[8]提出了一个循环模式，其中企业可以向消费者租赁新产品和翻新产品，构建了成本成分并分析制造商的盈利能力和消费者的总拥有成本。同样，Steeneck和Sarin[9]调查了一家租赁新产品和循环旧产品的公司的部分耐用性设计，研究结果表明不同的耐用性水平影响新产品、再制造产品和循环零部件的最佳数量。Li和Xu[10]比较了技术产品在随机技术创新下的以旧换新模式和租赁模式，考虑了两种类型的价值衰减（功能折旧和技术陈旧），分析了消费者的支付意愿和以旧换新信用对消费者行为的影响，并解释了企业的盈利能力。影响再制造企业盈利能力的重要因素之一是成本。与大多数文献不同的是，本章认为再制造成本与回收产品的质量水平有关，而不是一个常数。

还有一部分考虑再制造的文献集中在销售产品的回收，但租赁产品的回收很少被关注。在产品再制造的文献中，产品回收的主要来源是之前销售的产品[11]。Guide等[12]开发了一个框架，确定最优回收价格和销售价格，以最大化利润。Atasu和Souza[13]考虑了产品回收包含组件或者物料质量回收，有利可图的组件或者物料回收，以及成本昂贵的回收，分析了三种产品回收形式对质量和环境影响的影响。Mutha等[14]讨论了再制造产品的回收策略和生命周期对第三方再制造企业(3PR)回收策略的影响。他们调查了3PR旧产品或核心零部件质量水平的不确定性的批回收模式，或已知质量水平的按排序等级回收模式，以及3PR有计划回收或响应回收以回收再制造核心零部件。在需求不确定的情况下，他们建立了一个双周期序列模型来平衡获取成本和再制造成本。Wang等[15]研究了零售商采用内部或外包的再制造策略，考虑了两种策略的成本结构，回收旧产品质量的不确定性，消费者对再制造产品的支付意愿，再制造产品蚕食新产品销售的可能性，以及渠道中的权力结构。考虑到再制造的不确定性，本章将废旧产品的回收来源分为两种营销模式：单一租赁模式和单一销售模式。

从营销策略的角度来看，现有文献结合了产品性能、旧产品管理和消费者行为，但这些研究讨论在二级市场上销售使用过的产品或直接丢弃并没有充分反映旧产品的剩余价值。本章考虑企业基于再制造的营销决策，以最大化旧产品的经济价值。从再制造战略的角度，通过与现有文献的比较，本章强调了与质量相关的再制造成本的关键作用，这激励企业做出更有利的经营决策。

再制造产品的销售渠道结构决策是企业关于产品通过分销模式和直销模式的决定。直销模式表明再制造产品由制造商直接销售给市场，而分销模式表明再制造产品需要通过中间商销售给市场。销售渠道结构决策关系到产品价值的实现和供应链决策效率的优化。

借助强大便捷的互联网技术，一些中间商构建了电商平台为消费者提供了基于平台零售商的分销渠道。而对于一些再制造企业，尚未具有独立构建平台的能力，因此，在此阶段，它们需要利用第三方平台零售商的优势，以提高自身的竞争实力和实现最大的利润。对于新产品，线上分销渠道已发展较为成熟。但是，对于再制造产品，企业是通过线下直销渠道还是通过线上分销渠道将其交付给消费者的问题目前尚未得到解决。因此，5.3 节探究了企业是否将再制造产品引入第三方平台零售商的渠道结构决策问题。

Yan等[16]比较了两种再制造产品销售渠道模型，结果表明制造商线上直销总是比通过第三方销售更加环保。邹宗保等[17]比较分析了新产品和再制造产品可能存在的五种销售渠道，发现通过两个零售商混合销售两种产品是较为理想的渠道结构。Gan等[18]考虑了消费者对再制造产品和在线渠道的偏好，研究了双渠道模式下的定价决策，同时分析了双渠道对比单一传统渠道的优势。Yang等[19]研究了考虑碳减排和再制造的制造商渠道决策模型，从利润和排放的角度比较了纯线上渠道、纯线下渠道和双渠道三种渠道结构。He等[20]考虑了含有线上和线下的三种分销渠道，分析了政府补贴水平对新产品和再制造产品的最优渠道与定价决策的影响。

关于线上销售，平台零售商作为一种新的线上销售模式越来越受到关注。例如，我国家电零售的主导品牌国美和苏宁均采用了考虑平台零售商的销售模式，将店内空间租给多个制造商。每个制造商都通过自己的销售团队来管理产品的销售过程，作为条件，需要将部分销售收入与这些零售商进行分享。许多学者也开始关注考虑平台零售商的销售渠道决策问题。Tian等[21]对比研究了新兴电子商务模式下市场、经销商和混合营销三种线上模型，发现最优渠道选择受到订单履行成本和上游竞争强度之间相互作用的共同影响。Tan和Carrillo[22]构建并研究了一个基于电子书销售的垂直差异化商品模型，比较和分析了销售代理模式与批发模式，以及代理模型的激励对齐条件。赵菊等[23]研究了在四种可能的供应商策略组合模式下基于混合式电商平台的渠道选择和价格与服务竞争策略。Shen等[24]分析了制造商如何与平台零售商和传统经销商进行互动，发现渠道成员对两种销售模式的选择受到中介费和零售渠道之间需求替代效应的影响。魏杰和常美静[25]针对由一个多渠道零售商和一个平台商组成的供应链，对比研究了电商平台代理和转售两种销售模式下的最优定价顺序。Jia和Li[26]研究了在一个包含电子零售商平台服务和自营店的闭环供应链系统中，平台费用和订单履行成本对四种销售渠道模式下的再制造最优决策和绩效的影响。

再制造产品的渠道选择决策是企业关于企业产品单渠道模式和多渠道模式的决定。单渠道模式意味着上游制造商仅通过下游零售商将产品出售给消费者。多渠道模式意味着制造商结合了直销和分销两种渠道结构将产品出售给消费者。销售渠道选择决策使得企业瞄准不同细分市场的客户将合适的产品通过合适的方式销售给他们。

随着再制造产业的发展，一些再制造企业具有独立构建平台的能力。因此，发展到该阶段，再制造企业构建了自有的网络平台从而为消费者提供线上直销渠道。通过构建网络直销模式，改变了传统的新产品与再制造产品共用一个零售商的线下分销渠道。在线下分析渠道中，新产品和再制造产品产生直接的竞争。在线上网络直销渠道中，新产品和再制造产品虽未产生直接竞争，但是由于它们面对的是同一个市场，仍然存在竞争。因此，5.4 节分析了企业是否为再制造产品构建独立的直销渠道选择问题。

再制造产品的出现引出了销售渠道选择问题[17]，渠道决策关系到产品价值的实现和供应链决策效率的优化。当前与再制造相关渠道选择方面的研究主要集中于回收渠道决策。Savaskan等[27]探讨了垄断环境下废旧产品回收渠道选择问题，提出了由制造商、零售商和第三方进行回收的三种回收模式，并指出零售商回收时效率最高。在此基础上，Savaskan和Van Wassenhove[28]研究了逆向渠道设计中分别由制造商与零售商回收废旧产品时影响渠道利润的驱动因素。Xiong等[29]考虑消费者选择偏好下，从不同角度对比制造商和零售商回收零部件模型，并得到均衡解和最优决策。Yang等[30]主要研究总量管制与贸易管制下的再制造闭环供应链，探究了碳排放对最优回收模式选择的影响。黄帝和周泓[31]基于一个回收再制造系统中研究了存在多种回收质量等级时的两阶段回收-再制造联合优化决策问题。曹柬等[32]将再制造成本作为内生变量，分别讨论了在制造商、零售商及回收商三种回收模式下的回收渠道决策问题。

Swaminathan和Tayur[33]基于电子商务背景下对比传统供应链渠道研究，认为多渠道管理是一个重要的研究领域。Huang和Swaminathan[34]研究了制造商同时通过传统渠道和网络销售渠道销售时的四种不同定价策略，比较分析并进一步扩展到双寡头情形。但斌和徐广业[35]设计了随机需求下有关双渠道协调的收益共享契约。王旭坪等[36]通过构建跨境电商双渠道需求模型，探讨了跨境电商双渠道零售模式的定价策略。王聪和杨德礼[37]对双渠道供应链博弈模型进一步拓展，依据第三方电子商务平台是否发放折扣券，构建了两种模式下由制造商、第三方电商平台和传统零售商构成的三方斯坦伯格博弈模型。在不同渠道权力结构下，孙书省等[38]构建制造商、实体店和电商之间的博弈模型研究制造商线上销售渠道的选择。上述文献是对新产品开辟网络渠道的研究，未涉及再制造策略。

综合文献：① 在产品再制造背景下有关渠道选择方面的研究重点关注回收渠道决策，涉及再制造产品销售渠道决策的文献还相对较少，更多的是分开研究网络直销渠道和再制造产品销售渠道选择问题。② 近年来，部分文献同时关注了两方面的影响，如文献[16, 20, 39]，但均假设供应链成员在实施再制造策略的前提下进行渠道竞争，并未涉及对销售再制造产品时成本差异的讨论，侧重于销售模式的创新和政府补贴政策的影响。③ 目前学界有关再制造产品成本的文献主要集中在成本与生产计划和回收策略的关系，关注成本对供应链渠道选择影响的研究相对缺乏。若补充成本因素对销售渠道决策的文献则非常具有现实意义。

再制造产品的差别定价决策是企业基于消费者细分而做的决定。当消费者第一次购买时，企业将其视为新客户；当消费者再次购买时，企业可认为其是忠诚客户。差别定价决策有助于企业进行更有效地竞争并为消费者提供更有针对性的产品或服务。

大数据的发展为企业实现差别定价创造了有利条件，使得企业能够根据消费者行为数据制定更精准而实时的定价策略。另外，大数据与个人隐私、企业利益，甚至国家安全密切相关，企业是否有动机投资于大数据则需要权衡多方面的战略目标，不仅需要考虑企业的盈利，还需要考虑企业的社会影响。在再制造领域，目前尚未建立完善的数字化生产模式。然而大数据对这类企业的全过程管理至关重要，企业何时对大数据投资，如何利用大数据促进业务流程再造、业务模式升级和组织结构转型是企业管理者亟须解决的问题。5.5 节基于大数据，研究了再制造领域企业差别定价策略。

关于市场营销问题中新产品和再制造产品之间的竞争如何影响各方的定价和产量决策[40-42]。Ferguson 和 Toktay[40]建立了一个模型分析了当内部新产品和再制造产品竞争存在时原始供应商如何决策，以及当原始供应商和第三方外部竞争存在时原始供应商如何决策，发现原始设备供应商通过再制造阻碍第三方的进入。Ferrer 和 Swaminathan[41]也考虑了垄断的环境和双头垄断的情形。对于前者，他们建议原始设备供应商应该降低第一期新产品的价格以提高第二期再制造核心件的可用性。对于后者，他们提出原始设备供应商应该增加再制造率，并且比第三方再制造产品设置一个更低的再制造产品价格。这些文献对各方是否采取再制造策略做出了不同的假设：垄断的原始设备供应商生产新产品和再制造产品 (如文献[40-41, 43-44])；第三方仅再制造并对原始设备供应商构成威胁 (如文献[41-42, 45])。文献[41, 43, 46] 研究了原始物料供应商和独立物料供应商之间的竞争性的定价策略。原始物料供应商独立物料供应商进行的伯川德类型的竞争。

近年来，一些学者探索了消费者购买行为。消费者选择再制造产品的行为可能蚕食新产品的销售[40-41,46-49]，然而再制造产品的存在也可能使得原始设备制造商缓解蚕食效应并提高盈利能力[50]。Abbey等[47]研究了消费者对再制造产品的支付意愿并观察了感知质量风险结构，质量对支付意愿的影响，以及对再制造产品折扣因子的量级和分布。绿色消费者对新产品和再制造产品也表现不同的购买行为。但是 Atasu等[51]在研究绿色消费者客户群、蚕食、竞争和扩散对制造商的再制造决策的影响中发现，绿色消费者在市场中的比例非常低。Ovchinnikov[43]探索了一个企业中消费者在新产品和再制造产品的转换行为。他们发现较低的价格反而会阻止顾客转换。再制造产品定价与客户行为相结合的研究才刚刚出现。本章对这一新的研究方向所做的贡献为通过调查在基本供应链约束下（如公司提供的特殊价格折扣）的客户行为，另外还将讨论基于客户购买行为的不同定价策略对公司利润和环境的影响，并对公司是否投资于客户购买行为分析的决策提供启发。

以上给出了关于再制造和定价问题的文献综述。从再制造策略的角度来看，物料再制造在文献中并未得到足够的重视。本章通过考虑基于再制造的公司的定价策略来最大化这些物料的经济价值和环境效益，从而对现有研究工作进行有益的补充。从定价策略的角度来看，与现有文献相比，本章强调了客户购买行为的关键作用，这将有利于启发企业做出更加科学合理的经营决策。

5.2 再制造产品营销模式决策

5.2.1 问题描述

消费者的行为除会影响到回收产品的数量外，还会影响到回收产品的质量。本节研究了在不同营销模式下消费者产品使用行为不同引起的回收产品质量差异对企业再制造和营销决策的影响问题。通常直接把租赁到期的产品或者生命到期的产品填埋进垃圾场增加了环境负担。如何管理这些使用过的产品是学术界和企业界关注的焦点。对企业而言，其中的选择之一是在这些产品被作为垃圾处理之前对其进行再制造，延续它们的生命价值。

用于再制造的回收产品通常源于之前不同的营销模式，包括租赁模式和销售模式。然而，在销售模式下，用于再制造的回收产品在回收的数量、质量和时间上具有高度不确定性[41]。相反，租赁模式为消费者返回废旧产品提供了一种动机，是企业控制再制造回收流程不确定性的一种策略。例如，施乐公司采取租赁策略，以确保其使用过的复印机能够收回[52]。还有许多企业，如卡特彼勒、通用电气、首汽等通过租赁产品，然后再制造这些租赁使用过的产品，以获取租赁产品的剩余价值[53]。在租赁模式下，消费者只有使用权而不拥有所有权。所有权归企业所有[1]。因此，消费者更愿意主动将租赁后的物品返还给企业。本节将考虑消费者对营销模式选择和产品使用情况不同而引起废旧产品质量差异的因素。

租赁正在改变传统的商业模式，卖出的是服务而不是产品。该模式降低了产品回收的不确定性。许多企业为部分产品提供租赁协议。例如，米其林将轮胎的使用"以英里为单位"出售给车队运营商。磨损的轮胎被送往米其林的区域工厂进行翻新和再利用[54]。施乐销售的是成像设备服务，而不是实物产品。因此，施乐可以不断地结合技术和其他变化，通过现场服务或更广泛的检修，保持对设备的所有权，改善消费者的体验[55]。雷诺作为一家电动汽车制造商，选择将电池出租给消费者，而不是卖给他们[3]。当电池不再工作时，制造商可以重新回收它们以备将来使用。Standridge和Corneal[56]估计到2035年，汽车后应用电池组的数量将从140万个增加到680万个。此外，根据德国非营利机构太阳能与氢研究中心（ZSW）的数据，2018年我国新能源汽车销量就已经达到120万辆，占同期全球市场的50%以上[57]。电动汽车电池寿命一般为5~8年，这意味着2015年前后投放市场的新能源汽车从2020年开始将逐渐面临电池的"退役"期。理论和实际数据都表明，新能源汽车的快速发展导致了电池降解的管理问题。如果这些电池使用到期或租赁到期后处理不当，将会给企业造成经济损失并产生严重的环境影响。

Standridge等[58]提出了三种管理汽车后应用电池组的形式：在车辆中重新利用再制造电池；为非车辆的、固定的存储应用重新利用电池；回收利用，提取贵金属、化学品和其他副产品。即使电池退化，大约80%的电池初始容量仍然保留[59]。高容量的保留，使企业能够在电池第一个生命周期后对使用过的电池进行再制造。电池的再制造使其类似于"新状态"被再使用。这样可以减少25%的新电池需求，创造经济价值[58]。由于消费者产品使用情况和电池退化程度的不同，回收的电池质量也不同。因此，企业面临的问题是，回收产品的质量水平在什么范围内更有利于企业进行再制造？

我国《新能源汽车动力电池回收利用管理暂行办法》规定，实施EPR，电池回收的主要责任由汽车制造商承担。汽车制造商现在不得不关心电池的回收问题。对于大多数公司来说，当它们销售新能源汽车时，它们只出售不包括电池在内的汽车所有权。电池可以被租赁或者被购买。最近,汽车制造商和电池供应商开始采用电池租赁模式,以降低运营商和消费者的成本。电池的成本是不能忽略的,因为它是昂贵的[60]。在澳大利亚优质再制造汽车电子部件供应商提出的混合电池再制造交换项目中,消费者购买混合动力汽车再制造电池组,它们花费的成本将比购买新产品低 60%~80%[61]。因此,企业面临着产品营销模式的选择,即销售还是租赁它们的产品。同时,企业也面临着再制造的决策问题。

由于企业面临实际的再制造和营销问题以及我们最近与提供产品再制造版本的电动汽车企业经理们的交流访谈,本节以电动汽车行业为例,考虑了一个电动汽车的供应商。电动汽车属于新能源汽车的范畴。除了电池,企业将汽车的其他所有权直接出售给消费者。企业通过两种营销模式营销电池。一种是直接出售所有权,另一种是出售产品的使用权。前者为销售模式,后者是租赁模式。销售和租赁的新产品在服务结束时都能从消费者那里回收并被再制造,然后再销售。回收的产品质量水平是参差不齐的。本节的研究目标是找出在何种条件下企业会出售其产品,在何种条件下企业会出租其产品,或选择两种模式的组合,以及在何种条件下企业会进行再制造,以及计算出新产品和再制造产品的最优销售或租赁数量,推导出具有不同质量水平的回收产品再制造后的最佳营销策略。

基于前面的实际问题,本节的研究问题为企业在两期中营销产品。在第一期,企业只出售新产品,或只出租新产品,或同时出售和出租新产品。在第二期,使用过的产品(在前期出售或出租的新产品)在再销售前需要被再制造。废旧产品的供应取决于前期新产品的销售或租赁。模型中假设回收的废旧产品仅部分被再制造。这个假设的合理性如下:在租赁模式下,因为消费者使用不当,所以并不是所有回收的产品都可以被再制造;在销售模式下,因为有些消费者选择继续使用产品,不愿意退回废旧产品,所以并不是所有在前期销售出的产品都可以被企业重新买回。特别地,本节考虑了新产品和再制造产品的三种营销模式:企业在第一期销售新产品,同时在第二期销售新产品和销售的再制造产品;企业在第一期租赁新产品,并在第二期同时租赁新产品和租赁再制造产品;企业在第一期销售和租赁新产品,并在第二期同时销售新产品和再制造产品。拟解决的问题如下:企业在何种条件下选择再制造?对于新产品和再制造产品的营销模式,企业是选择租赁模式还是销售模式是最优的?这些问题将在本节中得到答案。同时,假设如果消费者选择使用产品,他们能够根据获得的最大效用购买或租赁新产品或再制造产品。无论他们选择何种方式使用产品,他们都会定期更换产品。通常消费者对不同产品的估值是不同的。本节分析了这些情形,并提供有关企业对再制造决策和营销策略的见解。

这部分描述了关于产品、供应商和消费者的假设。为了解决与租赁和销售相关的再制造和营销问题,本节选择了新能源汽车行业作为研究案例。然而,读者应该注意到，本节的分析适用于可以出租和出售的可再制造的和耐用的商品。

（1）**关于产品的假设**。考虑的产品是可再制造的和耐用的产品，本节以电动汽车电池为例进行分析，以下简称电池。在消费市场上可以销售三种类型的电池：新电池、租赁再制造电池和销售再制造电池。再制造电池是之前被消费者使用，经过供应商回收并再制造，再由供应商提供给市场。因此，新电池和再制造电池的关键区别在于原材料，即原材料是新的还是使用过的。在不失一般性的前提下，使用过的产品只能被再制造一次。租赁（销售）再制造电池是前期租赁（销售）的新电池的再制造版本。因此，本节构建了一个两期模型。在这个模型中，电池可以持续两个生命周期。考虑到产品的有限生命周期，本节采用了大多数研究者使用的模型[62-64]。然而，时间不一致性的影响导致了销售与租赁的区别。在第一期，市场上只提供新电池。在第二期，如前所述，根据具体情况，市场上可能有三种类型的电池。下标 $k = \{1,2\}$ 表示对应的第一期和第二期。使用 "$\gamma \in (0,1)$" 作为现金贴现因子预示未来现金流的价值。

（2）**关于企业的假设**。供应商销售或租赁电动汽车电池，其目的是最大化其利润。该企业专注于三种营销模式：单一租赁模式、单一销售模式，以及租赁模式和销售模式的结合。令 $m \in \{L, S, C\}$ 分别表示三种营销模式。在单一租赁模式下，消费者只有使用权。在单一销售模式下，电池的所有权归消费者所有。在租赁和销售结合的模式下，供应商为新产品提供租赁服务，同时也可以销售新产品。本节的目的是研究企业的营销决策，选择单一销售模式，单一租赁模式，或租赁模式和销售模式组合，以及提出再制造的条件，并了解企业的决策如何受到回收产品质量水平的影响。

（3）**关于消费者的假设**。由于消费者对产品使用情况的不一致，导致前期使用的产品折旧速度不同，从而影响回收产品的质量[4-5,64]。本节根据Atasu和Souza[13]、Ferguson和Toktay[40]、Toktay和Wei[65]，假设使用过的产品在周期 1 结束时由于残值差异而具有不同的质量水平。也即在不同的市场模式中，回收产品的质量水平是不同的。令 v_{ij} 为回收产品在一定质量水平上的值，$i \in \{l, s\}$，$j \in \{n, r\}$，$v_{in} = 1$，$v_{ir} \in [0, 1)$。下标 l 和 s 分别代表供应商租赁和销售产品的决定。下标 n 和 r 分别代表新产品和再制造产品。其中，$v_{ij} = 0$ 代表回收产品完全退化或无残值，$v_{ij} = 1$ 为回收产品可能的最高质量或全新产品。一般来说，租赁产品的折旧率比销售产品的折旧率要高，因为在之前的租赁模式中，消费者不拥有电池的道德风险问题导致对产品更大的损害。因此，回收的销售产品的质量水平高于回收的租赁产品的质量水平，即 $v_{sj} \geqslant v_{lj}$。质量水平也代表了新产品、销售再制造产品和租赁再制造产品之间的可替代性程度。

设 c 为每期新产品的边际生产成本，则 $c(v_{sn}) = c(v_{ln}) = c$，设 $c(v_{ir}) > 0$ 是再制造产品的边际生产成本。更具体地说，$c(v_{sr}) = c - cv_{sr}^2$，其中 cv_{sr}^2 表示再制

造具有质量水平 v_{sr} 的回收的销售产品的成本节约，$2cv_{sr} < 1$ 表示回收的销售产品每单位质量的成本节约。$c(v_{lr}) = c - cv_{lr} - cv_{lr}^2$，其中 $cv_{lr} + cv_{lr}^2$ 代表再制造具有质量水平 v_{lr} 的回收的租赁产品的成本节约，而 $v_{lr} + 2cv_{lr} < 1$ 代表回收的租赁产品每单位质量的成本节约。再制造成本与不同的回收产品质量水平有关。回收产品质量越好，再制造成本越低，即 $c(v_{ir})$ 是随着 v_{ir} 的增加而降低。用回收产品生产再制造产品比直接生产新产品的成本要低，这一假设已经在几项研究中提出[13,53]。

根据Moorthy[66]的消费者偏好理论，一个类型为 θ 的消费者对质量的支付意愿是异构和均匀分布的。不失一般性，规范化 $\theta \in [0,1]$。与许多学者所采用的模型一致[62,67]，假设消费者在每一期内最多只能使用一个单位的产品。市场规模被标准化为 1。本节遵循的一般方法为消费者效用是由消费者的估价和产品提供的价值所决定。产品的质量水平为 v_{ij}，产品的价格为 p_{kij}^m，其中 p_{kij}^m 表示营销模式 m 下第 k 期的产品价格。根据由供应商决定的营销模式，p_{kij}^m 可以是租赁或销售价格。一个类型为 θ 的消费者获得的净效用为 $U_{kij}^m = v_{ij}\theta - p_{kij}^m$。$v_{ir}$ 也被解释为与新产品相比，消费者对再制造产品的相对支付意愿。如前所述，在模型中一个合理的假设是，在其他条件不变的情况下，每个消费者更喜欢新电池而不是销售再制造电池，更不是一个租赁再制造电池，即 $v_{in} \geqslant v_{sr} \geqslant v_{lr}$。第一期购买产品的消费者在该期购买产品所支付的价格反映了消费者在这两期获得的产品服务。因此，本节做出合理假设，即第一期的销售价格等于第一期和第二期的单期价格之和。如前所述，产品持续两期，因此在第二期的销售和租赁具有相同的市场效应。这种构造导出以下逆需求公式。

$$p_{2in}^m = 1 - q_{2in}^m - xv_{sr}q_{2sr}^m - yv_{lr}q_{2lr}^m$$
$$p_{2sr}^m = x[v_{sr}(1 - q_{2sn}^m - q_{2sr}^m) - yv_{lr}q_{2lr}^m]$$
$$p_{2lr}^m = yv_{lr}(1 - q_{2in}^m - xq_{2sr}^m - yq_{2lr}^m) \qquad (5.2.1)$$
$$p_{1ln}^m = y(1 - xq_{1sn}^m - yq_{1ln}^m)$$
$$p_{1sn}^m = x\{(1 - xq_{1sn}^m - yq_{1ln}^m) + \gamma[v_{sr}(1 - q_{2in}^m - q_{2sr}^m) - yv_{lr}q_{2lr}^m]\}$$

$x, y \in \{0, 1\}$ 是二分变量，表示供应商的决策。$x = 1, y = 0$ 表示供应商只选择销售模式。$x = 0, y = 1$ 表示供应商只采用租赁模式。$x = 1, y = 1$ 说明供应商选择销售和租赁的组合模式。相应的证明在以下各模式中具体给出。

博弈顺序 如前所述，本节采用逆向归纳法和子博弈完美均衡的方法求解所构建的两期模型。博弈的顺序如下。在每种营销模式下，第一期，企业决定新产品的产量，进而决定新产品的价格，然后消费者决定是否消费新产品；第二期，企业同时决定新产品和再制造产品的产量,进而决定两种产品的价格,然后消费者决定是否消费产品,以及是消费新产品还是再制造产品。本节用上标 (∗) 表示每个情形下相应决策变量的最优值。这部分使用的符号如表 5.1 所示。

表 5.1 营销模型中符号概述

符号	定义
γ	表示未来现金流价值的贴现因子
v_{ij}	决策 i 下产品 j 的质量水平
U_{kij}^m	在市场模式 m 下,决策 i 下某消费者对在 k 期对产品 j 的效用
$c(v_{ij})$	决策 i 下产品 j 的边际成本
p_{kij}^m	在市场模式 m 下,决策 i 下在时期 k 的产品 j 的价格
q_{kij}^m	市场模型 m 下,决策 i 下在周期 k 的产品 j 的需求
π_k^m	市场模型 m 下,在时期 k 的利润
π^m	市场模型 m 下的总利润

5.2.2 模型构建

本节为新产品和再制造产品构建了三种营销模式,并分析了这三种营销模式下的决策是如何受到回收产品质量水平的影响。在每期中供应商决定新产品和再制造产品的数量,以使其利润最大化。

1. 租赁模式下考虑消费者产品使用行为的再制造产品定价

本部分假设产品仅租赁给消费者(以上标 L 标识),各期中供应商决定电池的最优租赁数量,以使其利润最大化。设 q_{2ln}^L 和 q_{2lr}^L 分别表示新产品和租赁再制造产品第二期的需求,q_{1ln}^L 表示新产品第一期的需求。在第一期结束时,租赁产品由消费者返还。然而,一些返回的租赁产品被过度使用,无法被再制造。因此,在这种情况下,对于供应商而言所有回收的产品只有部分被进行再制造,即 $q_{2lr}^L < q_{1ln}^L$。在被再制造后,它们在市场上被再次出租。如前所述,返回的租赁产品的质量水平是 $v_{lr} \in [0,1)$。设 p_{2lj}^L 为第二期新产品或租赁再制造产品的租赁价格,p_{1ln}^L 为第一期新产品的租赁价格。根据式 (5.2.1),得到逆需求函数如下:

$$p_{1ln}^L = 1 - q_{1ln}^L \tag{5.2.2}$$

$$p_{2ln}^L = 1 - q_{2ln}^L - v_{lr} q_{2lr}^L \tag{5.2.3}$$

$$p_{2lr}^L = v_{lr}(1 - q_{2ln}^L - q_{2lr}^L) \tag{5.2.4}$$

逆需求函数的证明如下。

证明： 在单一租赁模式下，一个类型为 θ 的消费者在第二期从租赁的新产品中获得效用 $U_{2ln}^L = \theta - p_{2ln}^L$，但从租赁的再制造产品中获得效用 $U_{2lr}^L = v_{lr}\theta - p_{2lr}^L$。如果 $\theta^{L'} < \theta \leqslant 1$，$\theta^{L'} = \dfrac{p_{2ln}^L - p_{2lr}^L}{1 - v_{lr}}$，一个类型为 θ 的消费者将租赁新产品。如果 $\theta^{L''} \leqslant \theta \leqslant \theta^{L'}$，$\theta^{L''} = \dfrac{p_{2lr}^L}{v_{lr}}$，一个类型为 θ 的消费者将租赁再制造产品。如果 $0 \leqslant \theta < \theta^{L''}$，一个类型为 θ 的消费者不会租赁产品。新产品和租赁再制造产品的需求分别为 $q_{2ln}^L = 1 - \theta^{L'}$ 和 $q_{2lr}^L = \theta^{L'} - \theta^{L''}$。将 $\theta^{L'}$ 和 $\theta^{L''}$ 代入 q_{2ln}^L 和 q_{2lr}^L，并求解 p_{2ln}^L 和 p_{2lr}^L，得到第二期的逆需求函数。同理，$p_{1ln}^L = 1 - q_{1ln}^L$。在本节下文，用同样的方法证明了在单一销售模式和租赁与销售组合模式下的逆需求函数。（证毕）

供应商在第二期的利润可以表示为

$$\max_{q_{2ln}^L, q_{2lr}^L} \pi_2^L = (p_{2ln}^L - c)q_{2ln}^L + [p_{2lr}^L - c(1 - v_{lr} - v_{lr}^2)]q_{2lr}^L \tag{5.2.5}$$

$$\text{s.t.} \quad q_{2lr}^L < q_{1ln}^L \tag{5.2.6}$$

使用上标 $(*)$ 来表示相应决策变量的最优值，推导出第二期最优的新电池和租赁再制造电池的租赁数量为

$$q_{2ln}^{L*} = \frac{1 - v_{lr} - cv_{lr} - cv_{lr}^2}{2(1 - v_{lr})} \tag{5.2.7}$$

$$q_{2lr}^{L*} = \frac{c(v_{lr}^2 + 2v_{lr} - 1)}{2v_{lr}(1 - v_{lr})} \tag{5.2.8}$$

在得到第二期最优解后，接着计算第一期最优的租赁数量。因此，最大化供应商两期的总利润。供应商在第一期的利润为 $\pi_1^L = (p_{1ln}^L - c)q_{1ln}^L$。供应商在两期间的总利润为

$$\max_{q_{1ln}^L} \pi^L = (p_{1ln}^L - c)q_{1ln}^L + \gamma \pi_2^{L*} \tag{5.2.9}$$

可得

$$q_{1ln}^{L*} = \frac{1-c}{2} \tag{5.2.10}$$

最优租赁价格和总利润可以很容易地通过替换 q_{1ln}^{L*}、q_{2ln}^{L*} 和 q_{2lr}^{L*} 来计算，结果如表 5.2 所示。

表 5.2 各模型的最优解

参与者的解决方案	模型 L	模型 S
q_{1in}^{m*}	$\dfrac{1-c}{2}$	$\dfrac{1-c}{2} + \dfrac{\gamma[v_{sr}+c(1-v_{sr}^2)]}{4}$
q_{2in}^{m*}	$\dfrac{1-v_{lr}-cv_{lr}-cv_{lr}^2}{2(1-v_{lr})}$	$\dfrac{1-v_{sr}-cv_{sr}^2}{2(1-v_{sr})}$
q_{2ir}^{m*}	$\dfrac{c(v_{lr}^2+2v_{lr}-1)}{2v_{lr}(1-v_{lr})}$	$\dfrac{c(v_{sr}^2+v_{sr}-1)}{2v_{sr}(1-v_{sr})}$
p_{1in}^{m*}	$\dfrac{1+c}{2}$	$\dfrac{1+c}{2} + \dfrac{\gamma[v_{sr}+c(1-v_{sr}^2)]}{4}$
p_{2in}^{m*}	$\dfrac{1+c}{2}$	$\dfrac{1+c}{2}$
p_{2ir}^{m*}	$\dfrac{v+c(1-v_{lr}-v_{lr}^2)}{2}$	$\dfrac{v_{sr}+c(1-v_{sr}^2)}{2}$
π_2^{m*}	$\dfrac{1-2c-6c^2-5c^2v_{lr}-c^2v_{lr}^2}{4} + \dfrac{c^2(1+3v_{lr})}{4v_{lr}(1-v_{lr})} - \dfrac{c^2(1+3v_{lr})}{4v_{lr}(1-v_{lr})}$	$\dfrac{1-2c-c^2-3c^2v_{sr}-c^2v_{sr}^2}{4} - \dfrac{c^2}{4v_{sr}(1-v_{sr})}$
π^{m*}	$\dfrac{(1-c)^2}{4} + \gamma\left[\dfrac{1-2c-6c^2-5c^2v_{lr}-c^2v_{lr}^2}{4} + \dfrac{c^2(1+3v_{lr})}{4v_{lr}(1-v_{lr})} - \dfrac{c^2(1+3v_{lr})}{4v_{lr}(1-v_{lr})}\right]$	$\gamma\left[\left\{\dfrac{1-c}{2} + \dfrac{r[v_{sr}+c(1-v_{sr}^2)]}{4}\right\}^2 + \dfrac{1-2c-c^2-3c^2v_{sr}-c^2v_{sr}^2}{4} + \dfrac{c^2}{4v_{sr}(1-v_{sr})}\right]$

表 5.2 中模型 L 的结果证明如下。

证明：利润函数式 (5.2.5) 是 q_{2ln}^L 和 q_{2lr}^L 的联合凹函数，因为 $\dfrac{\partial^2 \pi_2^L}{\partial q_{2ln}^{L2}} = -2 < 0$，$\dfrac{\partial^2 \pi_2^L}{\partial q_{2lr}^{L2}} = -2v_{lr} < 0$，$\dfrac{\partial^2 \pi_2^L}{\partial q_{2ln}^L \partial q_{2lr}^L} = -2v_{lr} < 0$，$\dfrac{\partial^2 \pi_2^L}{\partial q_{2lr}^L \partial q_{2ln}^L} = -2v_{lr} < 0$，这意味着

$$\begin{vmatrix} -2 & -2v_{lr} \\ -2v_{lr} & -2v_{lr} \end{vmatrix} > 0$$

该式确定了一个负定的海塞矩阵。因此，可构建拉格朗日函数构建为 $L(q_{2ln}^L, q_{2lr}^L, \lambda^L) = \pi_2^L(q_{2ln}^L, q_{2lr}^L) + \lambda^L(q_{1ln}^L - q_{2lr}^L)$。KKT 条件为 $\dfrac{\partial L}{\partial q_{2ln}^L} = 1 - c - 2q_{2ln}^L - 2v_{lr}q_{2lr}^L = 0$，$\dfrac{\partial L}{\partial q_{2lr}^L} = v_{lr} - c(1 - v_{lr} - v_{lr}^2) - 2v_{lr}q_{2ln}^L - 2v_{lr}q_{2lr}^L - \lambda^L = 0$。互补松弛条件为 $\lambda^L(q_{1ln}^L - q_{2lr}^L) = 0$。因为只考虑了部分再制造的情况，拉格朗日乘子取 0。令等式 $\dfrac{\partial L}{\partial q_{2ln}^L} = 0$ 和 $\dfrac{\partial L}{\partial q_{2lr}^L} = 0$，得到解 q_{2ln}^{L*} 和 q_{2lr}^{L*}。

求式 (5.2.9) 关于 q_{1ln}^L 的一阶导数，有 $\dfrac{\partial \pi^L}{\partial q_{1ln}^L} = 1 - c - 2q_{1ln}^L$，将其设置为零并求解，得到 $q_{1ln}^{L*} = \dfrac{1-c}{2}$。式 (5.2.9) 关于 q_{1ln}^L 的二阶导数为 $\dfrac{\partial^2 \pi^L}{\partial q_{1ln}^L{}^2} = -2 < 0$，这意味着 q_{1ln}^{L*} 最大化利润。现在需要检查 $q_{1ln}^L - q_{2lr}^L > 0$，将 q_{1ln}^{L*} 和 q_{2lr}^{L*} 代入其中，发现当 $c - 3cv_{lr} + v_{lr} - v_{lr}^2 > 0$，条件满足。（证毕）

引理 5.2.1 为了保证正的需求和利润，回收租赁产品的质量水平 v_{lr} 和生产成本 c 满足以下约束条件，即

- $\sqrt{2} - 1 < v_{lr} < \dfrac{\sqrt{5}-1}{2}$
- $0 \leqslant c \leqslant \min\left\{\dfrac{v_{lr} - v_{lr}^2}{3v_{lr} - 1}, \dfrac{1 - v_{lr}}{v_{lr} + v_{lr}^2}, \dfrac{1}{1 + 2v_{lr}}\right\}$

证明：通过计算 $q_{2ln}^{L*} \geqslant 0$，$q_{2lr}^{L*} \geqslant 0$，$c(v_{lr}) > 0$，$q_{1ln}^{L*} > q_{2lr}^{L*}$，$c + 2cv_{lr} < 1$ 可以很容易地导出引理 5.2.1。（证毕）

引理 5.2.1 表明回收的租赁产品质量水平越高，生产成本空间越小。因此，供应商如果回收的租赁产品质量水平高，则应降低生产成本。接下来，命题 5.2.1 分析了回收的租赁产品质量水平对企业决策的影响。

命题 5.2.1 回收的租赁产品质量水平（v_{lr}）对企业的决策影响如下。

- 第二期租赁新产品的最优数量随着 v_{lr} 的增加而减少。
- 第二期租赁再制造产品的最优数量随着 v_{lr} 的增加而增加。

- 第二期租赁再制造产品的最优租赁价格随着 v_{lr} 的增加而增加。
- 企业在这两期的最优总利润也会随着 v_{lr} 的增加而增加。

证明：以引理 5.2.1 为前提，有

$$\frac{\partial q_{2ln}^{L*}}{\partial v_{lr}} = \frac{c(v_{lr}^2 - 2v_{lr} - 1)}{2(1-v_{lr})^2} < 0$$

$$\frac{\partial q_{2lr}^{L*}}{\partial v_{lr}} = \frac{c(3v_{lr}^2 - 2v_{lr} + 1)}{2v_{lr}^2(1-v_{lr})^2} > 0, \quad \frac{\partial p_{2lr}^{L*}}{\partial v_{lr}} = \frac{1-c-2cv_{lr}}{2} > 0$$

$$\frac{\partial \pi^{L*}}{\partial v_{lr}} = \frac{-\gamma c^2(v_{lr}^2 + 2v_{lr} - 1)(2v_{lr}^3 - 3v_{lr}^2 - 1)}{4v_{rl}^2(1-v_{lr})^2} > 0 \quad （证毕）$$

命题 5.2.1 表明，回收的租赁产品质量水平越高，第二期新产品的租赁数量越少，再制造产品的租赁数量越多，再制造产品的租赁价格也越高。从直观上看，回收的租赁产品质量水平越高，对消费者的吸引力就越大。因此，回收的租赁产品质量水平越高，消费者购买租赁再制造产品的意愿就越高。因此，如果回收的租赁产品质量水平较高，供应商可以对租赁再制造产品采用撇脂定价，以获得更高的利润。但是，消费者在第二期对租赁再制造产品的估价越高，则对新产品的租赁数量就越低。租赁再制造产品数量的增加对新产品产生了蚕食效应。尽管如此，蚕食效应并不会导致利润的减少。回收的租赁产品质量水平越高，两期的总利润越高。这意味着，当回收的租赁产品质量水平较高时，供应商可以通过再制造获得更高的利润。在这种情况下，供应商也减少了资源的使用，因为新产品的生产减少了。

如表 5.2 所示，第一期新产品租赁价格和租赁数量不受回收的租赁产品质量水平的影响。这是因为消费者的租赁行为发生在两个不同的时期，企业在该模型下实施部分再制造。一般来说，如果再制造产品的质量与新产品是"一样好"，则新产品和再制造产品的租赁价格是相同的[2]。但是，考虑到回收的租赁产品质量水平不同，新产品的租赁价格要高于租赁再制造产品价格。这背后的基本原理是再制造的成本节约带来了再制造产品的价格优势。

2. 销售模式下考虑消费者产品使用行为的再制造产品定价

本部分构建了供应商仅销售其产品的情形（以上标 S 标识），供应商在第一期销售 q_{1sn}^S 数量的新产品，在第二期销售额外的 q_{2sn}^S 数量的新产品，以及在第二期销售 q_{2sr}^S 数量的再制造产品。考虑到消费者行为的不确定性，在第一期末消费者只退回部分已售出的产品。因此，$q_{2sr}^S < q_{1sn}^S$。企业回收的销售产品质量水平为 $v_{sr} \in [0,1)$。设 p_{2sj}^S 为第二期新产品或销售再制造产品的销售价格，p_{1sn}^S 为第一期新产品的销售价格。每个消费者都将预期第二期企业提供给新客户和购买销售再制造产品客户的价格。因此，根据式 (5.2.1)，逆需求函数如下所示。

$$p_{1sn}^{S} = 1 - q_{1sn}^{S} + \gamma p_{2sr}^{S} \tag{5.2.11}$$

$$p_{2sn}^{S} = 1 - q_{2sn}^{S} - v_{sr} q_{2sr}^{S} \tag{5.2.12}$$

$$p_{2sr}^{S} = v_{sr}(1 - q_{2sn}^{S} - q_{2sr}^{S}) \tag{5.2.13}$$

首先解决在第二期供应商的问题。供应商在第二期的利润为

$$\max_{q_{2sn}^{S}, q_{2sr}^{S}} \pi_{2}^{S} = (p_{2sn}^{S} - c)q_{2sn}^{S} + (p_{2sr}^{S} - c(1 - v_{sr}^{2}))q_{2sr}^{S} \tag{5.2.14}$$

$$\text{s.t. } q_{2sr}^{S} < q_{1sn}^{S} \tag{5.2.15}$$

因此，供应商的最优第二期新电池和销售再制造电池数量为

$$q_{2sn}^{S*} = \frac{1 - v_{sr} - cv_{sr}^{2}}{2(1 - v_{sr})} \tag{5.2.16}$$

$$q_{2sr}^{S*} = \frac{c(v_{sr}^{2} + v_{sr} - 1)}{2v_{sr}(1 - v_{sr})} \tag{5.2.17}$$

供应商的第一期的利润函数为 $\pi_{1}^{S} = (p_{1sn}^{S} - c)q_{1sn}^{S}$。供应商在两期的总利润为

$$\max_{q_{1sn}^{S}} \pi^{S} = (p_{1sn}^{S} - c)q_{1sn}^{S} + \gamma \pi_{2}^{S*} \tag{5.2.18}$$

求解得到

$$q_{1sn}^{S*} = \frac{1 - c}{2} + \frac{\gamma(v_{sr} + c(1 - v_{sr}^{2}))}{4} \tag{5.2.19}$$

最优销售价格和总利润可以很容易地通过替换 q_{1sn}^{S*}、q_{2sn}^{S*} 和 q_{2sr}^{S*} 来计算，结果如表 5.2 所示。表 5.2 中模型 S 的结果证明如下。

证明：利润函数式 (5.2.14) 是关于 q_{2sn}^{S} 和 q_{2sr}^{S} 的联合凹函数，因为 $\frac{\partial^{2} \pi_{2}^{S}}{\partial q_{2sn}^{S2}} = -2 < 0$，$\frac{\partial^{2} \pi_{2}^{S}}{\partial q_{2sr}^{S2}} = -2v_{sr} < 0$，$\frac{\partial^{2} \pi_{2}^{S}}{\partial q_{2sn}^{S} \partial q_{2sr}^{S}} = -2v_{sr} < 0$，$\frac{\partial^{2} \pi_{2}^{S}}{\partial q_{2sr}^{S} \partial q_{2sn}^{S}} = -2v_{sr} < 0$，即

$$\begin{vmatrix} -2 & -2v_{sr} \\ -2v_{sr} & -2v_{sr} \end{vmatrix} > 0$$

确定一个负定的海塞矩阵。为此构建的拉格朗日函数为 $L(q_{2sn}^{S}, q_{2sr}^{S}, \lambda^{S}) = \pi_{2}^{S}(q_{2sn}^{S}, q_{2sr}^{S}) + \lambda^{S}(q_{1sn}^{S} - q_{2sr}^{S})$。KKT 条件为 $\frac{\partial L}{\partial q_{2sn}^{S}} = 1 - c - 2q_{2sn}^{S} - 2v_{sr} q_{2sr}^{S} = 0$，

$\frac{\partial L}{\partial q_{2sr}^S} = v_{sr} - c(1-v_{sr}^2) - 2v_{sr}q_{2sn}^S - 2v_{sr}q_{2sr}^S - \lambda^S = 0$。互补松弛条件为 $\lambda^S(q_{1sn}^S - q_{2sr}^S) = 0$。因为只考虑部分再制造，所以拉格朗日乘子取 0。令方程组 $\frac{\partial L}{\partial q_{2sn}^S} = 0$ 和 $\frac{\partial L}{\partial q_{2sr}^S} = 0$ 得到解 q_{2sn}^{S*} 和 q_{2sr}^{S*}。求式 (5.2.18) 对关于 q_{1sn}^S 的一阶导数，有 $\frac{\partial \pi^S}{\partial q_{1sn}^S} = 1 - c - 2q_{1sn}^S + \frac{\gamma[v_{sr} + c(1-v_{sr}^2)]}{2} + \gamma\lambda^S$。令其为零并求解，得到 $q_{1sn}^{S*} = \frac{1-c}{2} + \frac{\gamma[v_{sr} + c(1-v_{sr}^2)]}{4}$。求式 (5.2.18) 对关于 q_{1sn}^S 的二阶导数得到 $\frac{\partial^2 \pi^S}{\partial q_{1sn}^{S2}} = -2 < 0$。这表示 q_{1sn}^{S*} 使利润最大化。现在需要检查一下 $q_{1sn}^S - q_{2sr}^S > 0$。替换 q_{1sn}^{S*} 和 q_{2sr}^{S*}，发现如果 $c(2 - 4v_{sr} + \gamma v_{sr} - \gamma v_{sr}^2 - \gamma v_{sr}^3 + \gamma v_{sr}^4) + 2v_{sr} - 2v_{sr}^2 + \gamma v_{sr}^2 - \gamma v_{sr}^3 > 0$，该不等式条件满足。（证毕）

与引理 5.2.1 和命题 5.2.1 相似，提出了如下引理 5.2.2 和命题 5.2.2。因此，此处省略了相关证明。

引理 5.2.2 确保正的需求和利润，回收的销售产品的质量水平 v_{sr}，生产成本 c，和现金贴现因子 γ 满足以下约束条件，即

(1) $\frac{\sqrt{5}-1}{2} < v_{sr} < 1$；

(2) $0 \leqslant c \leqslant \min\left\{\frac{1}{2v_{sr}}, \frac{1-v_{sr}}{v_{sr}^2}, \frac{2v_{sr} - 2v_{sr}^2 + \gamma v_{sr}^2 - \gamma v_{sr}^3}{4v_{sr} - 2 - \gamma v_{sr} + \gamma v_{sr}^2 + \gamma v_{sr}^3 - \gamma v_{sr}^4}\right\}$。

引理 5.2.2 表明，如果回收的销售产品质量水平足够高，供应商选择再制造。回收的产品质量水平越高，生产成本空间越小。因此，供应商不能以牺牲产品质量来降低生产成本。接下来，分析了回收的销售产品质量水平对企业决策的影响。

命题 5.2.2 回收的销售产品质量水平（v_{sr}）对企业决策的影响如下。
(1) 第二期新产品的最优销售量随着 v_{sr} 的增大而减小。
(2) 第二期再制造产品的最优销售数量和销售价格随着 v_{sr} 的增加而增加。
(3) 第一期，新产品的最优销售数量和销售价格随着 v_{sr} 的增加也会增加。
(4) 企业在这两期的最优总利润随着 v_{sr} 的增加也会增加。

命题 5.2.2 表明，在第二期，回收的销售产品质量水平越高，消费者对新产品的需求越低，而对销售再制造产品的需求越高。这是因为更高的质量水平意味着消费者对销售再制造产品更高的支付意愿，这提高了消费者对销售再制造产品的需求。对于在第一期销售的新产品，虽然更高的质量水平提高了新产品的销售价格，但也提高了新产品在第一期的销量。这意味着，消费者对第二期销售再制造产品的估值越高，新产品在第一期的销量就越高。回收的销售产品质量水平增加导致两期总利润的增加。这就为供应商提供了提高回收的销售产品质量水平的

动机。该企业可以承诺，如果消费者返回高质量的销售的废旧产品，他们可以以折扣价购买新产品。根据表 5.2 记录的结果，如果供应商只获得了在第一期销售的部分产品，则新产品的第二期销售价格只与生产成本相关。在第二期新产品的销售价格高于销售再造品的销售价格。

3. 租赁和销售模式下考虑消费者产品使用行为的再制造产品定价

在组合营销模式下 (上标 C)，供应商在第二期销售三种类型的产品。因为第二期是最后一期，这意味着新产品的销售价格等于新产品的租赁价格，即 $p_{2in}^C = p_{2n}^C$。设 q_{2n}^C 为新产品第二期的需求。令 q_{2sr}^C 和 q_{2lr}^C 分别表示销售再制造产品和租赁再制造产品的第二期需求。

在第一期中，该企业营销新电池 q_{1n}^C，其中第一期销售的新产品数量是 $q_{1sn}^C = \omega q_{1n}^C$，第一期租赁的新产品数量是 $q_{1ln}^C = (1-\omega) q_{1n}^C$。$\omega$ 是第一期的销售比例。第一期新电池的租赁价格是 p_{1ln}^C。在第一期销售 (租赁) 的部分新电池在第二期成为销售 (租赁) 再制造产品，即 $q_{1sn}^C > q_{2sr}^C$ ($q_{1ln}^C > q_{2lr}^C$)。

根据式 (5.2.1)，第一期和第二期的逆需求函数为

$$p_{1ln}^C = 1 - q_{1n}^C \tag{5.2.20}$$

$$p_{1sn}^C = 1 - q_{1n}^C + \gamma P_{2sr}^C \tag{5.2.21}$$

$$p_{2n}^C = 1 - q_{2n}^C - v_{sr} q_{2sr}^C - v_{lr} q_{2lr}^C \tag{5.2.22}$$

$$p_{2sr}^C = v_{sr}(1 - q_{2sn}^C) - v_{sr} q_{2sr} - v_{lr} q_{2lr}^C \tag{5.2.23}$$

$$p_{2lr}^C = v_{lr}(1 - q_{2sn}^C - q_{2sr}^C - q_{2lr}^C) \tag{5.2.24}$$

供应商在第二期的利润可表示为

$$\max_{q_{2n}^C, q_{2sr}^C, q_{2lr}^C} \pi_2^C = (p_{2n}^C - c)q_{2n}^C + [p_{2sr}^C - c(1-v_{sr}^2)]q_{2sr}^C + [p_{2lr}^C - c(1-v_{lr}-v_{lr}^2)]q_{2lr}^C \tag{5.2.25}$$

$$\text{s.t. } q_{2sr}^C < \omega q_{1n}^C \tag{5.2.26}$$

$$q_{2lr}^C < (1-\omega) q_{1n}^C \tag{5.2.27}$$

三种产品第二期的最优数量为

$$q_{2n}^{C*} = \frac{1 - v_{sr} - cv_{sr}^2}{2(1-v_{sr})} \tag{5.2.28}$$

$$q_{2sr}^{C*} = \frac{c[-(1-v_{sr}^2)(1-v_{lr}) + (1-v_{lr}-v_{lr}^2)(1-v_{sr}) + (v_{sr}-v_{lr})]}{2(1-v_{lr})(v_{sr}-v_{lr})} \quad (5.2.29)$$

$$q_{2lr}^{C*} = \frac{c[(1-v_{sr}^2)v_{lr} - (1-v_{lr}-v_{lr}^2)v_{sr}]}{2v_{lr}(v_{sr}-v_{lr})} \quad (5.2.30)$$

供应商两期的总利润为

$$\max_{q_{1n}^C,\omega} \pi^C = \omega(p_{1sn}^C - c)q_{1n}^C + (1-\omega)(p_{1ln}^C - c)q_{1n}^C + \gamma\pi_2^{C*} \quad (5.2.31)$$

这产生

$$\omega^* = 1 \quad (5.2.32)$$

$$q_{1n}^{C*} = \frac{1-c}{2} + \frac{\gamma(c + v_{sr} - cv_{sr}^2)}{4} \quad (5.2.33)$$

以上结果表明，在部分再制造的情况下，企业选择在第一期销售全部的新产品。因此，租赁和销售的组合模式被简化为单一的销售模式。这种组合模式与单一销售模式是一致的。组合营销模式结果的证明如下。

证明：利润函数式 (5.2.25) 是关于 q_{2n}^C，q_{2sr}^C 和 q_{2lr}^C 的联合凹函数，因为 $\frac{\partial^2 \pi_2^C}{\partial q_{2n}^{C2}} = -2 < 0$，$\frac{\partial^2 \pi_2^C}{\partial q_{2sr}^{C2}} = -2v_{sr} < 0$，$\frac{\partial^2 \pi_2^C}{\partial q_{2lr}^{C2}} = -2v_{lr} < 0$，$\frac{\partial^2 \pi_2^C}{\partial q_{2n}^C \partial q_{2sr}^C} = -2v_{sr} < 0$，$\frac{\partial^2 \pi_2^C}{\partial q_{2n}^C \partial q_{2lr}^C} = -2v_{lr} < 0$，$\frac{\partial^2 \pi_2^C}{\partial q_{2sr}^C \partial q_{2n}^C} = -2v_{sr} < 0$，$\frac{\partial^2 \pi_2^C}{\partial q_{2sr}^C \partial q_{2lr}^C} = -2v_{lr} < 0$，$\frac{\partial^2 \pi_2^C}{\partial q_{2lr}^C \partial q_{2n}^C} = -2v_{lr} < 0$，$\frac{\partial^2 \pi_2^C}{\partial q_{2lr}^C \partial q_{2sr}^C} = -2v_{lr} < 0$，这意味着

$$\begin{vmatrix} -2 & -2v_{sr} \\ -2v_{sr} & -2v_{sr} \end{vmatrix} > 0, \quad \begin{vmatrix} -2 & -2v_{sr} & -2v_{lr} \\ -2v_{sr} & -2v_{sr} & -2v_{lr} \\ -2v_{lr} & -2v_{lr} & -2v_{lr} \end{vmatrix} < 0$$

这确定了一个负定的海塞矩阵。为此构建的拉格朗日函数是 $L(q_{2n}^C, q_{2sr}^C, q_{2lr}^C, \lambda^{C'}, \lambda^{C''}) = \pi_2^C(q_{2n}^C, q_{2sr}^C, q_{2lr}^C) + \lambda^{C'}(\omega q_{1n}^C - q_{2sr}^C) + \lambda^{C''}[(1-\omega)q_{1n}^C - q_{2lr}^C]$。KKT 条件为 $\frac{\partial L}{\partial q_{2n}^C} = 1 - c - 2q_{2n}^C - 2v_{sr}q_{2sr}^C - 2v_{lr}q_{2lr}^C = 0$，$\frac{\partial L}{\partial q_{2sr}^C} = v_{sr} - c(1 - v_{sr}^2) - 2v_{sr}q_{2n}^C - 2v_{sr}q_{2sr}^C - 2v_{lr}q_{2lr}^C - \lambda^{C'} = 0$，$\frac{\partial L}{\partial q_{2lr}^C} = v_{lr} - c(1 - v_{lr} - v_{lr}^2) - 2v_{lr}q_{2n}^C - 2v_{lr}q_{2sr}^C - 2v_{lr}q_{2lr}^C - \lambda^{C''} = 0$。互补松弛条件为 $\lambda^{C'}(\omega q_{1n}^C - q_{2sr}^C) = 0$，$\lambda^{C''}[(1-\omega)q_{1n}^C - q_{2lr}^C] = 0$。因为只考虑部分再制造，拉格朗日乘子取 0。由方

程组 $\frac{\partial L}{\partial q_{2n}^C} = 0$, $\frac{\partial L}{\partial q_{2sr}^C} = 0$ 产生解 q_{2n}^{C*}, q_{2sr}^{C*} 和 q_{2lr}^{C*}。接着，求式 (5.2.31) 关于 q_{1n}^C 的一阶导数，得到 $\frac{\partial \pi^C}{\partial q_{1n}^C} = 1 - c - 2q_{1n}^C + \frac{\gamma\omega[v_{sr} + c(1 - v_{sr}^2)]}{2}$。将上式设为零并求解，得到 $q_{1n}^{C*} = \frac{1-c}{2} + \frac{\gamma\omega[v_{sr} + c(1 - v_{sr}^2)]}{4}$。求式 (5.2.31) 对关于 q_{1n}^C 的二阶导数得到 $\frac{\partial^2 \pi_1^C}{\partial q_{1n}^C{}^2} = -2 < 0$。这表示 q_{1n}^{C*} 使利润最大化。总的利润 $\frac{\partial \pi^C}{\partial \omega} = \frac{\gamma[v_{sr} + c(1 - v_{sr}^2)]\{2 - 2c + \gamma\omega[v_{sr} + c(1 - v_{sr}^2)]\}}{8} > 0$, $\omega^* = 1$。（证毕）

5.2.3 模型分析

1. 租赁与销售模式的对比分析

本部分比较了租赁模式和销售模式在价格、数量和利润方面的差异。不同模式之间决策的差异分别受到回收产品的相对质量水平的影响。

命题 5.2.3 租赁模式和销售模式的比较如下。

- 当且仅当 $v_{sr} < \sqrt{v_{lr} + v_{lr}^2}$ 时，销售再制造产品的价格高于租赁再制造产品的价格。

- 当且仅当 $\frac{\sqrt{4(2v_{lr} + v_{lr}^2) + 1} - 1}{2} < v_{sr} < 1$ 时，销售再制造产品的数量高于租赁再制造产品的数量。

- 当且仅当 $\frac{\sqrt{4(2v_{lr} + v_{lr}^2) + 1} - 1}{2} < v_{sr} < 1$ 时，单一销售模式比单一租赁模式更有利可图。

证明：通过计算两种模式得到的供应商最优决策的差异，可以比较租赁模式和销售模式，得到：当且仅当 $v_{sr} < \sqrt{v_{lr} + v_{lr}^2}$, $p_{2sr}^{S*} - p_{2lr}^{L*} = \frac{v_{sr} - v_{lr} - cv_{sr}^2 + cv_{lr} + cv_{lr}^2}{2} > 0$。当且仅当 $\frac{\sqrt{4(2v_{lr} + v_{lr}^2) + 1} - 1}{2} < v_{sr} < 1$, $\sqrt{2} - 1 < v_{lr} < \frac{\sqrt{5} - 1}{2}$, $q_{2sr}^{S*} - q_{2lr}^{L*} = \frac{c[(v_{sr}^2 + v_{sr} - 1)(v_{lr} - v_{lr}^2) - (v_{lr}^2 + 2v_{lr} - 1)(v_{sr} - v_{sr}^2)]}{2v_{sr}v_{lr}(1 - v_{sr})(1 - v_{lr})} > 0$。当且仅当 $\frac{\sqrt{4(2v_{lr} + v_{lr}^2) + 1} - 1}{2} < v_{sr} < 1$, $\sqrt{2} - 1 < v_{lr} < \frac{\sqrt{5} - 1}{2}$ 时，

$$\pi^{S*} - \pi^{L*} = \frac{\gamma(c + v_{sr} - cv_{sr}^2)(4 - 4c + \gamma c - \gamma cv_{sr}^2 - \gamma v_{sr})}{16} +$$

$$\frac{\gamma c^2[(v_{sr}^2 + v_{sr} - 1)^2(v_{lr} - v_{lr}^2) - (v_{lr}^2 + 2v_{lr} - 1)^2(v_{sr} - v_{sr}^2)]}{4v_{sr}v_{lr}(1 - v_{sr})(1 - v_{lr})} > 0$$。（证毕）

命题 5.2.3 通过比较租赁模式和销售模式下的决策和利润表明：如果销售模式下再制造的成本节约小于租赁模式下再制造的成本节约，则销售再制造产品的价格高于租赁再制造产品的价格。两类再制造产品之间的价格差异随回收销售产品质量水平增大而增大，随回收租赁产品质量水平增大而减小。因此，回收销售产品质量水平越高，销售再制造产品的利润越大。反之，回收租赁产品质量水平越高，租赁再制造产品的利润越大。但是，销售再制造产品价格较高，并不意味着销售再制造产品的数量低于租赁再制造产品的数量。此外，如果回收的销售产品质量水平足够高，并且高于回收的租赁产品质量水平，那么单一销售模式比单一租赁模式更有利可图。

租赁模式下的回收产品质量水平上界小于销售模式下的回收产品质量水平下界。回收的产品质量水平的上（下）界表示供应商愿意重新制造回收产品的最高（最低）质量水平。因此，这一结果表明，供应商愿意在回收产品质量水平较高时再制造回收销售产品，而在较低质量水平时再制造回收 1 租赁产品。

2. 数值分析与灵敏度分析

本部分进行了数值分析并呈现了供应商的最优解。此外，对以下参数进行灵敏度分析：回收的产品质量水平（消费者对再制造产品的相对支付意愿的灵敏度分析与回收的产品质量影响一致）和生产成本。

1）在租赁回收产品质量的灵敏度分析

在单一租赁模式下得到的最优决策和回收的租赁产品质量水平（消费者对租赁再制造产品相对于新产品的支付愿意）的灵敏度分析。作为输入，使用参数值 $\gamma = 0.9$ 和 $c = 0.25$。因此代入 γ 和 c，将供应商的最优决策简化为关于变量 v_{lr} 的函数。最优结果如图 5.1（a）～图 5.3（a）所示。

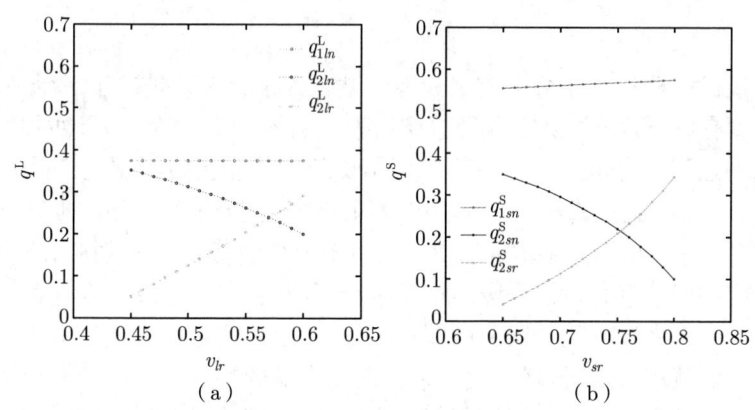

图 5.1 给定 c 和 γ，v_{ir} 对最优产量的影响（见文后彩图）
(a) q^L；(b) q^S

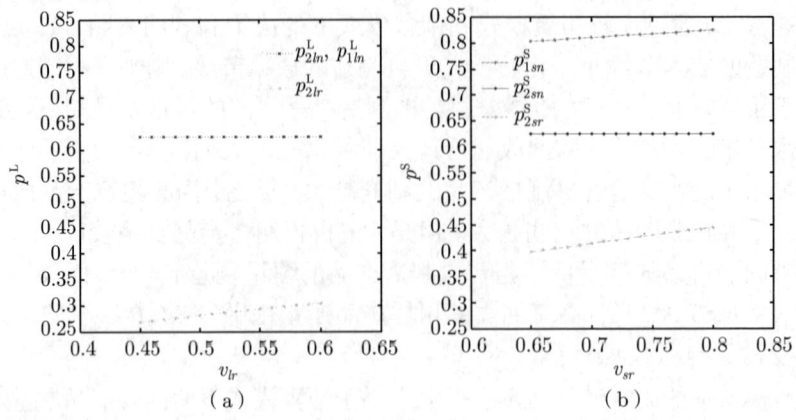

图 5.2 给定 c 和 γ，v_{ir} 对最优价格的影响（见文后彩图）
(a) p^L；(b) p^S

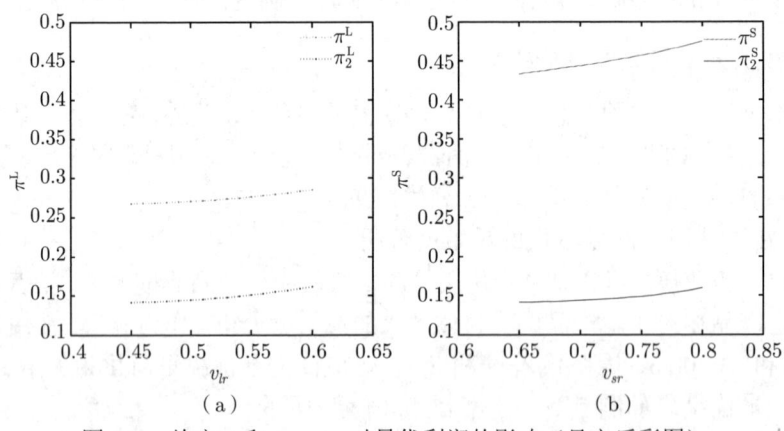

图 5.3 给定 c 和 γ，v_{ir} 对最优利润的影响（见文后彩图）
(a) π^L；(b) π^S

（1）最优解分析。在给定成本和现金贴现因子参数的情况下解释所得结果，这些结果具有以下含义。供应商将选择在第一期租赁新产品，如果回收的租赁产品质量水平达到一定范围，则在第二期租赁新产品和租赁再制造产品。

从图 5.1（a）可以看出，第一期租赁的新产品数量要高于第二期租赁的再制造产品数量。这个结果的基本原理如下。由于部分消费者不正常使用产品，供应商只能在第一期结束时对部分废旧产品进行回收再制造。因此，企业可以通过增加消费者的成本来改善租赁服务的管理。例如，供应商可以对消费者不当使用产品的行为收取费用。在 v_{lr} 较低时，第二期新产品的租赁数量高于租赁再制造产品的租赁数量，反之亦然。在这种情况下，供应商应选择适当的回收的租赁产品质量水平进行再制造，以减轻对新产品的蚕食效应。

从图 5.2（a）可以看出，其他条件不变，无论 v_{lr} 怎么变化，租赁再制造产品在第二期的租赁价格均低于新产品在第二期的租赁价格。这是因为再制造的成本节约带来了再制造产品的价格优势。

（2）质量的灵敏度分析。从图 5.1（a）和图 5.2（a）可以看出，对于不同的 v_{lr}，新产品在第一期的租赁数量和租赁价格是相同的。在租赁模式下，企业在各个时期的生产活动是相互独立的。因此，在再制造不受限于第一期的情况下，v_{lr} 不会影响新产品在第一期的租赁数量和租赁价格。

可以看出，在第二期，新产品的租赁数量随着 v_{lr} 的增加呈下降趋势，再制造产品的租赁数量随着 v_{lr} 的增加呈上升趋势。再制造产品的租赁价格随着 v_{lr} 的增加不断上升。原因如下：回收的租赁产品质量水平会影响消费者对租赁再制造产品的接受程度。如果 v_{lr} 较高，则消费者支付租赁再制造产品的意愿较高，这将增加租赁再制造产品的需求。然而，租赁再制造产品需求的增加将会蚕食新产品的租赁数量，从而减少第二期新产品的数量。同时，回收的租赁产品的高质量水平使供应商能够为再制造产品设定较高的价格。

在图 5.3（a）中，租赁模式下的最优利润作为 v_{lr} 的函数。两期的总利润随着 v_{lr} 的增加而增加。这一结果的隐含意义是，回收的租赁产品的质量水平越高，供应商的利润越高，供应商再制造的动机就越强。因此，为了提高回收的租赁产品质量水平，减少资源的使用，供应商可以采取一些策略防止消费者在租赁期间不当使用产品。

2）销售回收产品质量的灵敏度分析

为了确保分析的一致性，仍然保持参数 $\gamma = 0.9$，和 $c = 0.25$。因此，通过将这些数值代入，在销售模式下，供应商的最优解只受回收的销售产品质量水平（消费者对销售再制造产品相对于新产品的支付愿意）的影响。

（1）最优解分析。图 5.1（b）～图 5.3（b）分别展示了新产品和销售再制造产品的最优销售决策。对于给定的成本和现金贴现因子，如果回收的销售产品质量水平在一定范围内，供应商将选择在第一期销售新产品，并在第二期同时销售新产品和销售再制造产品。观察图 5.1（b）得出以下结论。第一期新产品的最优销量高于第二期再制造产品的销量。这是因为在销售过程中对产品的回收缺乏控制。企业可以提供激励来减少产品回收的不确定性。例如，供应商可以为消费者设计一种以旧换新策略，以促进他们返回废旧产品的意愿。当 v_{sr} 较高时，第二期再制造产品的销量大于新产品的销量，反之亦然。在这种情况下，第二期再制造产品的销量与新产品销量之差随着 v_{sr} 的增大而增大。虽然较高的回收率降低了新产品的销量，但也使消费者购买更多的销售再制造产品，从而减少了原材料的使用。这对企业来说是一种节省资源的方法。与消费者感知再制造产品不如新产品这一事实一致，图 5.2（b）显示新产品在第二期的销售价格高于销售再制造产品的销售价格。

（2）质量灵敏度分析。从图 5.1（b）中，观察到随着 v_{sr} 的增加，第一期新产品的最优销量或第二期再制造产品的最优销量也在增加，第二期新产品的最优销量则在减少。这个结果的基本原理如下。如果 v_{sr} 较高，消费者更愿意购买销售再制造产品。在这种情况下，销售再制造产品对新产品的替代效应增强，导致第一期新产品销量增加，第二期销售再制造产品销量减少。再制造产品销量的增加进一步促进了供应商在第一期生产更多的新产品。如图 5.2（b）所示，随着 v_{sr} 的增加，在第一期新产品的销售价格和在第二期再制造产品的销售价格都随之上升。在第二期新产品的销售价格不随 v_{sr} 的变化而变化。这是因为当 v_{sr} 较高时，消费者认为新产品和销售再制造产品之间的差异不明显，所以他们愿意为销售再制造产品支付更高的价格。高回收销售产品质量水平增加了消费者在第一期对新产品的预期价值，从而增加了消费者购买新产品的意愿。从图 5.3（b）可以看出，随着 v_{sr} 的增加，两期的总利润随之增加。随着 v_{sr} 的增加，第一期新产品和第二期再制造产品的需求和销售价格随之增加，导致两种产品产生的利润增加。虽然在第二期 v_{sr} 的增加会减少新产品所产生的利润，但是利润的增加大于利润的减少，从而增加了总利润。

3）租赁模式与销售模式的对比分析

对于给定的成本和现金贴现因子，租赁模式与销售模式之间的比较如图 5.1～图 5.3 所示。

从图 5.1 可以看出，在第一期，新产品的销售数量要高于新产品的租赁数量。第二期新产品的销售数量和租赁数量的差异取决于两种模式下回收产品质量水平的大小。销售再制造产品与租赁再制造产品之间的数量差异也取决于回收产品质量水平值的大小。当回收的销售产品质量水平高于回收的租赁产品质量水平时，消费者感知到销售再制造产品的价值高于租赁再制造产品的价值，因此更愿意购买销售再制造产品。消费者支付意愿的这种差异使企业产生更大的动机在第一期去销售更多的新产品，而不是租赁更多的新产品。

图 5.2 显示了新产品在第一期的销售价格高于其租赁价格。新产品在第二期的销售价格与新产品在第二期的租赁价格相同。销售再制造产品的价格高于租赁再制造产品的价格。这是因为回收的销售产品质量水平高于回收的租赁产品质量水平。消费者有为更高的质量付费更高的意愿。因此，企业可以为销售再制造产品设定更高的价格。

图 5.3 显示了当回收的销售产品质量水平高于回收的租赁产品质量水平时，销售模式比租赁模式更有利可图。这是因为当回收的销售产品质量水平更高，企业可以在第一期销售新产品和在第二期销售再制造产品获得更高的利润。租赁模式和销售模式的盈利能力取决于回收产品的质量水平。回收产品的质量水平越高，

利润越高。

4）生产成本的灵敏度分析

本节分析了生产成本对最优决策变量和目标函数的影响。为了保持除参数 c 以外的所有参数固定，使用参数值 $\gamma = 0.9, v_{lr} = 0.6, v_{sr} = 0.8$。最优结果如图 5.4 ~ 图 5.6 所示。从图 5.4 可以看出，只有当生产成本在一定范围内，企业才会决定再制造。这是因为当生产成本超过这个阈值时，企业无法从再制造产品的销售或租赁中获益。因此，这里只讨论在企业同时提供新产品和再制造产品的情况下，生产成本对决策变量和目标函数的影响。

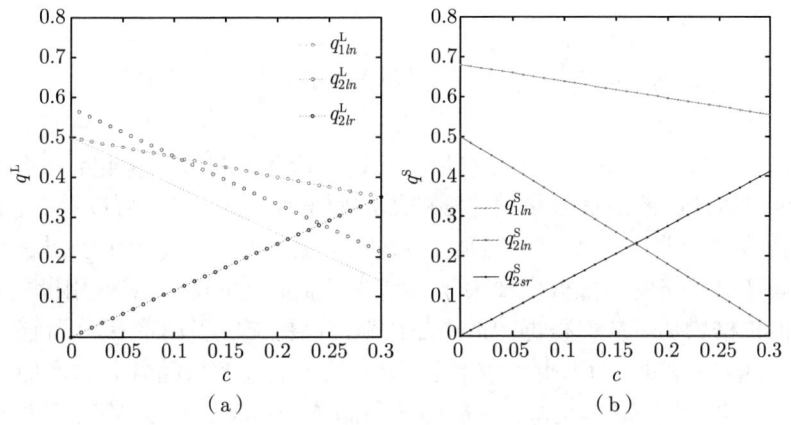

图 5.4 给定 v_{ij} 和 γ，c 对最优产量的影响（见文后彩图）
(a) q^{L}；(b) q^{S}

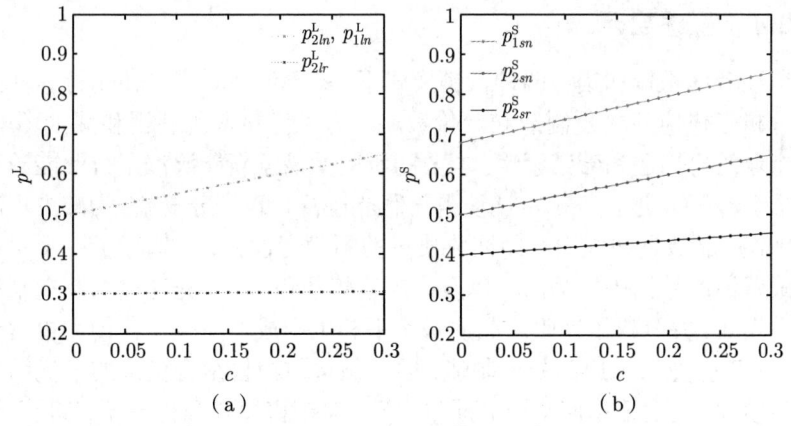

图 5.5 给定 v_{ij} 和 γ，c 对最优价格的影响（见文后彩图）
(a) p^{L}；(b) p^{S}

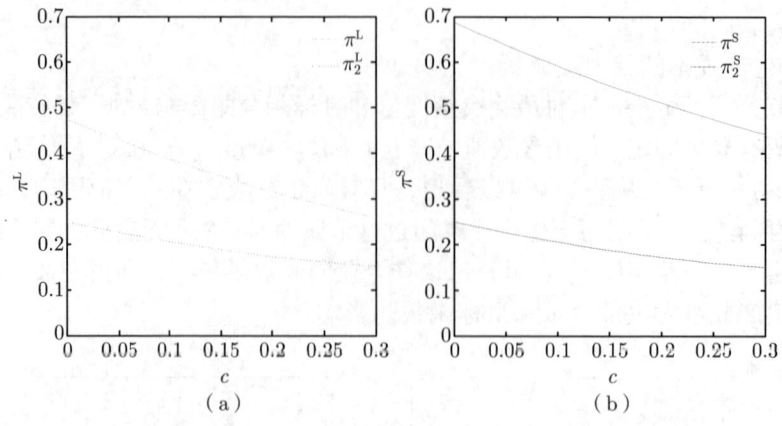

图 5.6　给定 v_{ij} 和 γ，c 对最优利润的影响（见文后彩图）
(a) π^{L}；(b) π^{S}

从图 5.4（a）和图 5.4（b）可以看出，新产品的最优数量随着 c 的增加而减少，再制造产品的最优数量随着 c 的增加而增加。从图 5.5 可以看出，所有类型产品的价格随着 c 的增加而增加。从图 5.5 还可以看出，生产成本的增加所导致的新产品价格的增加效应要大于再制造产品价格的增加效应。因此，成本增加引起的价格增加效应使得再制造产品比新产品更能吸引消费者。再制造产品的最优数量随着 c 的增加而增加。相反，新产品的最优数量随着 c 的增加而减少。由图 5.6 可知，生产成本越低，供应商的利润越大。这是因为再制造产品所获得的利润收益主导了由新产品数量减少所带来的利润损失。因此，较低的生产成本有利于供应商的利润，所以供应商会尽量降低生产成本。

5.2.4　管理启示

本节在考虑租赁和销售两种营销模式下，基于消费者产品使用行为和回收产品质量分析了供应商的再制造和定价策略。为了优化资源利用和减少环境影响，考虑了企业的再制造和营销策略。本节的研究受最近新能源汽车行业能源和资源问题的推动。然而，过程不确定性使得再制造运营管理十分复杂。为减少再制造时间、再制造产品数量和废旧产品回收质量的不确定性，本节构建了一个企业采用三种模式营销产品：销售、租赁，以及同时销售和租赁。首先通过再制造来洞察企业的营销模式，并分析了回收产品质量水平和生产成本对企业营销和再营销模式的影响。由于企业只采用部分再制造，因此租赁与销售组合模式的最优结果可简化为销售模式。其次根据回收产品质量水平，对销售模式和租赁模式进行了比较。通过模型分析和数值分析产生了以下管理启示。在每一种营销模式下，当回收产品的质量水平较高时，供应商可以通过再制造实现更高的利润，减少资源的使用。因此，企业可以承诺，如果消费者在单一销售模式下退回高质量的废旧产品，就可以以折扣价购买新产品,并采取一些策略来防止消费者在单一租赁模式下不当使用产品。此外,当生产成本超过特定阈值时,销售或租赁再制造产品不利于企业利润的提高。因此,只有在合理的生产成本范围内,企业才会在不同营销模式下采用再制造策略。通过对不同营销模式的比较,首先,发现了单一销售模式下的可再制造质量水平的范围要大于单一租赁模式下的可再制造质量水平的范围。在单一销售模式下,企业拥有更多的可再制造空间。其次,证明了销售模式下回收的产品质量水平的下界高于租赁模式下回收的产品质量水平的上界。因此,只有当回收的销售产品质量水平相对较高时,供应商才会选择在销售模式中进行再制造。相反,只有当回收的租赁产品质量水平较低时,供应商才会在租赁模式中进行再制造。最后,描述了回收的产品质量水平对企业盈利能力的影响。具体来说,当回收的销售产品质量水平与回收的租赁产品质量水平相比足够高时,销售模式比租赁模式更有利可图。

5.3 再制造产品渠道结构决策

经济的快速增长一方面改善了人民的生活水平,另一方面也带来了巨大的资源与能源消耗。再制造在产品级实现了资源循环再生利用,因而具有显著的经济效益、社会效益和环境效益,是一种典型的绿色生产模式[68]。例如,华为公司和苹果在生产中使用部分再制造零部件,可以实现 30%~50% 的成本节约[52]。本节分别从制造商、平台零售商及整个供应链系统、消费者剩余视角,研究考虑平台零售商的再制造销售渠道决策模型,为企业再制造销售渠道决策提供一定的参考。

5.3.1 问题描述与基本假设

1. 问题描述

本部分研究一个由制造商、平台零售商和消费者组成的三级供应链结构,假定制造商是主从博弈的领导者,平台零售商是跟随者。制造商生产新产品并实施废旧产品的回收和再制造。平台零售商既可以作为经销商从制造商处批发产品,然后以零售价格销售给消费者,也可以为制造商直接销售提供在线销售平台。如图 5.7 所示,本文考虑两种情形。

(1) 平台零售商作为经销商,既销售新产品,也销售再制造产品(简称 RR 模式)。首先,制造商以批发价格 w_n 和 w_r 向平台零售商出售新产品和再制造产品。然后,平台零售商再确定 2 种产品的最优需求量 q_n 和 q_r,使其利润最大化,并确定相应的零售价格 p_n 和 p_r。

(2) 平台零售商仅销售新产品,制造商通过平台直接销售再制造产品(简称 RP 模式)。针对新产品,制造商首先确定批发价格 w_n,平台零售商再以零售价

格 p_n 销售给消费者，确定新产品最优需求量 q_n 使其利润最大；针对再制造产品，制造商通过平台进行直接销售，确定最优需求量 q_r 和零售价格 p_r。在此情形下，平台零售商收取比例 k 的平台服务费用。

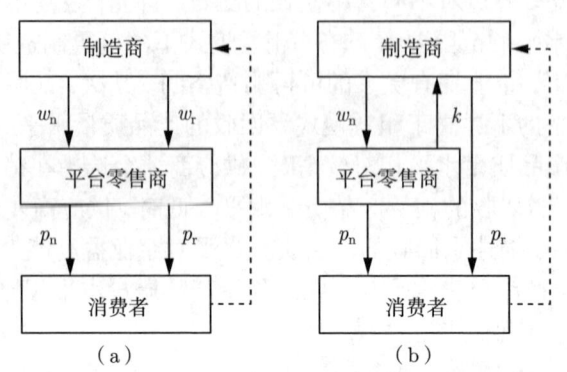

图 5.7　考虑平台零售商的再制造渠道结构
(a) RR 模式；(b) RP 模式

2. 基本假设

本部分研究基于如下假设。

(1) 潜在的市场总规模为 1，依据再制造文献[29, 69]中的共同假设，新产品和再制造产品同质无差异，但消费者是异质的。即当消费者购买新产品的支付意愿为 ρ 时，购买再制造产品的支付意愿较低，为 $\delta\rho$，其中 $\delta(0<\delta<1)$ 为消费者对再制造产品的消费者价值折扣；消费者购买新产品和再制造产品的效用分别为 $u_n = \rho - p_n$ 和 $u_r = \delta\rho - p_r$，仅当效用非负时，消费者才会购买，且最多只能购买 1 件产品。

(2) C_n 表示生产新产品的平均单位成本；v 表示再制造的平均单位节约成本，其中 $0 < v < C_n < 1$，该模型建立了制造商在生产再制造产品过程中的成本优势，这一假设在以往的研究中已被广泛接受，参考文献[70-71]。

(3) 将渠道运营成本、回收成本等其他成本标准化为 0，这些假设旨在简化模型的数学推导，同时保留问题中的基本定性结果。

(4) $0 < k < 1$ 表示平台零售商提供在线市场时收取一定比例的平台服务费率。

(5) 再制造产品的供应受新产品的约束，因此在稳定状态下再制品的市场需求量不高于新产品，即 $q_n > q_r > 0$。

(6) 决策问题建模为单个时期，且供应链所有成员都是独立的、风险中性的、利润最大化的，同时对信息有平等的获取权。

依据假设 (1)，由消费者效用函数推导出新产品和再制造产品的逆需求函

数分别为 $p_n = 1 - q_n - q_r, p_r = \delta(1 - q_n - q_r)$。$\Pi_{ri}^j$ 和 Π_{mi}^j 分别表示平台零售商和制造商在 j 模式 i 决策下的利润，$j \in \{\text{RR}, \text{RP}\}$ 分别对应如图 5.7 所示的两种销售渠道模型。

5.3.2 模型构建

1. RR 模式

制造商选择将新产品和再制造产品都通过平台零售商进行销售，此时平台零售商作为经销商，考虑销售两种产品。制造商和平台零售商的利润函数分别为

$$\max_{w_n, w_r} \Pi_m^{\text{RR}} = (w_n - C_n) q_n + (w_r - C_n + v) q_r \tag{5.3.1}$$

$$\max_{q_n, q_r} \Pi_r^{\text{RR}} = (p_n - w_n) q_n + (p_r - w_r) q_r \tag{5.3.2}$$

$$\text{s.t.} \quad q_n \geqslant q_r \geqslant 0 \tag{5.3.3}$$

根据主从博弈模型的逆序求解思想，为得到制造商的最优决策，应首先确定平台零售商新产品和再制造产品的最优市场需求量相对于制造商批发价格的最优反应函数。易证明上述问题属于凹规划问题，因此模型存在唯一最优解，通过 KKT 优化条件构造 Lagrangian 函数进行分析，可得制造商和平台零售商的最优决策区域，见命题 5.3.1 和命题 5.3.2。

命题 5.3.1 在 RR 模式下，当给定批发价格 w_n 和 w_r，平台零售商的最优决策有 3 个区域，分别给出了新产品和再制造产品的最优需求量。

决策 RR-1：若 $0 < w_n < w_{n1}^{\text{RR}}$，$q_{n1}^{\text{RR}} = \dfrac{1}{2}(1 - w_n)$，$q_{r1}^{\text{RR}} = 0$。

决策 RR-2：若 $w_{n1}^{\text{RR}} < w_n < w_{n2}^{\text{RR}}$，$q_{n2}^{\text{RR}} = \dfrac{-\delta - w_n + w_r + 1}{2(1 - \delta)}$，$q_{r2}^{\text{RR}} = \dfrac{\delta w_n - w_r}{2\delta(1 - \delta)}$。

决策 RR-3：若 $w_{n2}^{\text{RR}} < w_n < 1$，$q_{n3}^{\text{RR}} = q_{R3}^{\text{RR}} = \dfrac{\delta - w_n - w_r + 1}{2(3\delta + 1)}$。

其中，$w_{n1}^{\text{RR}} = \dfrac{w_r}{\delta}$，$w_{n2}^{\text{RR}} = \dfrac{(1 - \delta)\delta + (\delta + 1)w_r}{2\delta}$。

在已知平台零售商决策行为的基础上，制造商预期平台零售商将依据命题 1 的特征做出反应。如果制造商预期平台零售商将做出决策 RR-i，则其对应的最优决策也记为决策 RR-i。可得到如下结论。

命题 5.3.2 在 RR 模式下，制造商的最优决策有 3 个区域，其最优新产品、再制造产品批发价格如下。

决策 RR-1：若 $0 < v < v_1^{\text{RR}}$，$w_{n1}^{\text{RR}} = \dfrac{1}{2}(C_n + 1)$，$w_{r1}^{\text{RR}} = \dfrac{1}{2}\delta(C_n + 1)$。

决策 RR-2：若 $v_1^{RR} \leqslant v \leqslant v_2^{RR}$，$w_{n2}^{RR} = \frac{1}{2}(C_n + 1)$，$w_{r2}^{RR} = \frac{1}{2}(C_n + \delta - v)$。

决策 RR-3：若 $v_2^{RR} < v < C_n$，$w_{n3}^{RR} = \frac{2(\delta+1)C_n - \delta^2 + 4\delta - (\delta+1)v + 1}{6\delta + 2}$，$w_{r3}^{RR} = \frac{\delta(2C_n + 2\delta - v)}{3\delta + 1}$。

其中，$v_1^{RR} = (1-\delta)C_n$，$v_2^{RR} = \frac{(1-\delta)(C_n+\delta)}{\delta + 1}$。

依据命题 5.3.1 和命题 5.3.2 将供应链成员的最优决策代入其最优问题，如表 5.3 所示，分别得到制造商和平台零售商的最优反应。

表 5.3　RR 模式的均衡结果

决策结果	RR-1	RR-2	RR-3
q_{ni}^{RR*}	$\frac{1-C_n}{4}$	$\frac{1-v-\delta}{4(1-\delta)}$	$\frac{1+v+\delta-2C_n}{4(1+3\delta)}$
q_{ri}^{RR*}	0	$\frac{v-C_n+\delta C_n}{4\delta(1-\delta)}$	$\frac{1+v+\delta-2C_n}{4(1+3\delta)}$
w_{ni}^{RR*}	$\frac{1+C_n}{2}$	$\frac{1+C_n}{2}$	$\frac{1+4\delta-\delta^2-v(1+\delta)+2(1+\delta)C_n}{2+6\delta}$
w_{ri}^{RR*}	$\frac{\delta(1+C_n)}{2}$	$\frac{\delta+C_n-v}{2}$	$\frac{\delta(-v+2\delta+2C_n)}{1+3\delta}$
p_{ni}^{RR*}	$\frac{3+C_n}{4}$	$\frac{3+C_n}{4}$	$\frac{3-v+10\delta-v\delta-\delta^2+2C_n+2\delta C_n}{4(1+3\delta)}$
p_{ri}^{RR*}	$\frac{\delta(3+C_n)}{4}$	$\frac{3\delta+C_n-v}{4}$	$\frac{\delta(1-v+5\delta+2C_n)}{2(1+3\delta)}$

证明在 RR 模式中，制造商和平台零售商的优化问题求解参考命题 5.3.3 和命题 5.3.4。

2. RP 模式

平台零售商仅销售新产品，制造商将再制造产品通过平台零售商提供的在线平台进行直接销售。制造商和平台零售商的利润函数分别为

$$\max_{q_r, w_n} \Pi_m^{RP} = (w_n - C_n)q_n + [(1-k)p_r - C_n + v]q_r \tag{5.3.4}$$

$$\max_{q_n} \Pi_r^{RP} = (p_n - w_n)q_n + kp_r q_r \tag{5.3.5}$$

$$\text{s.t. } q_n \geqslant q_n \geqslant 0 \tag{5.3.6}$$

同理，运用逆序归纳法，用 KKT 优化条件构造拉格朗日函数分析上述问题，可得制造商和平台零售商的最优决策区域，见命题 5.3.3、命题 5.3.4。

命题 5.3.3 在 RP 模式下，当给定批发价格，平台零售商的最优决策有 3 个区域，分别给出了新产品和再制造产品的最优需求量。

决策 RP-1：若 $0 < w_n < w_{n1}^{RP}$，$q_{n1}^{RP} = \frac{1}{2}(1 - w_n)$，$q_{r1}^{RP} = 0$。

决策 RP-2：若 $w_{n1}^{RP} < w_n < w_{n2}^{RP}$，

$$q_{n2}^{RP} = \frac{(1-k)(2w_n - 2) + (1+k)(v - C_n) + \delta(1 - k^2)}{(1-k)(\delta + k\delta - 4)}。$$

决策 RP-3：若 $w_{n3}^{RP} < w_n < 1$，$q_{n3}^{RP} = q_{r3}^{RP} = \frac{1 - w_n}{\delta + \delta k + 2}$。

其中，$w_{n1}^{RP} = \frac{2(C_n - v) - (1-k)\delta}{(1-k)\delta}$，$w_{n2}^{RP} = \frac{\delta(1-\delta) + (1+\delta)w_r}{2\delta}$。

在已知在平台零售商决策行为的基础上，制造商预期平台零售商将依据命题 5.3.3 的特征做出反应。如果制造商预期平台零售商将做出决策 RP-i，则其对应的最优决策也记为决策 RP-i。当满足 $\frac{2-\delta}{\delta} - 2\sqrt{\frac{1-\delta}{\delta^2}} < k < 1$ 时，海塞矩阵 $H(q_n, q_r)$ 负定，Π_r^{RP} 是关于 q_n 的凹函数，可得到如下结论。

命题 5.3.4 在 RP 模式下，制造商的最优决策有 4 个区域，其最优新产品批发价格如下。决策 RP-1：当 $0 < v < v_1^{RP}$，$w_{n1}^{RP} = \frac{1 + C_n}{2}$。决策 RP-2-1：当 $v_1^{RP} < v < v_2^{RP}$，$w_{n2-1}^{RP} = \frac{2(C_n - v) - \delta(1 - k)}{\delta(1 - k)}$。决策 RP-2-2：当 $v_2^{RP} < v < v_3^{RP}$，$w_{n2-2}^{RP} = \frac{k[\delta^2 - 8 - 2v(4-\delta) - 4\delta] + k^2(8 + v - \delta)\delta + [8 + (k+1)(k - v3)\delta]C_n - k^3\delta^2 + 8 - 4\delta + v\delta + \delta^2}{2(k-1)[\delta(3+k) - 8]}$。

决策 RP-3：当 $v_3^{RP} \leq v \leq C_n$，

$$w_{n3}^{RP} = \frac{2 + 3\delta - k\delta - (1-k^2)\delta^2 + (2C_n - v)(2 + \delta + k\delta)}{4 + 2(-3+k)\delta}。$$

其中，

$$v_1^{PR} = \frac{3(-1+k)\delta + [4 + (-1+k)\delta]C_n}{4},$$

$$v_2^{RP} = \frac{(-1+k)(-6 + \delta + k\delta)\delta - [8 + (-3+k)\delta]C_n}{-8 + \delta + k\delta},$$

$$v_3^{RP} = \frac{(-1+k)[-2 + (-3+k)\delta] + [-8 + (3 - 5k)\delta]C_n}{-8 + (-3+k)\delta}。$$

为确保再制造节约成本 v 非负，要求 $C_n > \frac{3\delta - 3k\delta}{4 - \delta + k\delta}$。

依据命题 5.3.3 和命题 5.3.4 将供应链成员的最优决策代入其最优问题，如表 5.4 所示，分别得到制造商和平台零售商的最优反应。

表 5.4　RP 模式的均衡结果

决策结果	RP-1	RP-2-1	RP-2-2	RP-3
q_{ni}^{RP*}	$\dfrac{1-C_n}{4}$	0	$\dfrac{2(1-k-v-\delta+k\delta+kC_n)}{(k-1)[(3+k)\delta-8]}$	$\dfrac{k\delta+2C_n-1-v-\delta}{2(k\delta-2-3\delta)}$
q_{ri}^{RP*}	0	0	$\dfrac{[v+(1-k)\delta][(1+k)\delta-6]+[8+(k-3)\delta]C_n}{2(1-k)\delta[(3+k)\delta-8]}$	$\dfrac{k\delta+2C_n-1-v-\delta}{2(k\delta-2-3\delta)}$
w_{ni}^{RP*}	$\dfrac{1+C_n}{2}$	$\dfrac{2v+\delta-k\delta-2C_n}{(k-1)\delta}$	$\dfrac{[v-4+k^2(8+v-\delta)]\delta+8+k[(2v+\delta)(\delta-4)-8]+(1-k^3)\delta^2+[8+(k+1)(k-3)\delta]C_n}{2(k-1)[(3+k)\delta-8]}$	$\dfrac{-2-3\delta+k\delta+\delta^2-k^2\delta^2+(v-2C_n)(2+\delta+k\delta)}{2(k-3)\delta-4}$
p_{ni}^{RP*}	$\dfrac{(3+C_n)}{4}$	$\dfrac{v-C_n}{(k-1)\delta}$	$\dfrac{12-k^2(\delta-2)\delta+k[(6+v)\delta-12]-4v+\delta^2+[8+k(\delta-4)-3\delta]C_n+(v-8)\delta}{2(k-1)((3+k)\delta-8)}$	$\dfrac{v+(k+v-4)\delta-3+(1-k)\delta^2-2(1+\delta)C_n}{2(k-3)\delta-4}$
p_{ri}^{RP*}	$\dfrac{\delta(3+C_n)}{4}$	$\dfrac{v-C_n}{k-1}$	$\dfrac{(k-1)\delta(-6+\delta+k\delta)+v(5+k)\delta+[8-3(1+k)\delta]C_n-8v}{2(k-1)[(3+k)\delta-8]}$	$\dfrac{\delta(1-v+2\delta+2C_n)}{2-(k-3)\delta}$

证明： 在 RP 模式中，制造商优化问题的拉格朗日函数和 KKT 条件为

$$L = (w_n - C_n)q_n + [(1-k)\delta(1-q_n-q_r) - C_n + v]q_r + \lambda_1 q_r - \lambda_2(q_r - q_n) \quad (A_1)$$

$$\frac{\partial L}{\partial q_r} = v - C_n + (1-k)\delta(1-q_n-q_r) - (1-k)\delta q_r + \lambda_1 - \lambda_2 = 0 \quad (A_2)$$

$$\lambda_1 q_r = \lambda_2(q_r - q_n) = 0 \quad (A_3)$$

$$q_n \geqslant q_r \geqslant 0 \quad (A_4)$$

在 RP 模式中，平台零售商优化问题的条件为

$$M = (1 - q_n - \delta q_r - w_n)q_n + k\delta(1-q_n-q_r)q_r + \lambda_3 q_n \quad (A_5)$$

$$\frac{\partial M}{\partial q_n} = 1 - 2q_n - \delta q_r - k\delta q_r - w_n + \lambda_3 = 0 \quad (A_6)$$

$$\lambda_3 q_n = 0 \quad (A_7)$$

$$q_n > 0 \quad (A_8)$$

由于 $\lambda_1, \lambda_2, \lambda_3$ 可以为 0 或正数，有四种情形讨论：同时由 (A_7)、(A_8) 互补松弛条件知 $\lambda_3 = 0$。① 当 $\lambda_1 > 0, \lambda_2 = 0$ 时，由 (A_3) 得 $q_{r1} = 0$；将已知条件代入 (A_6) 得 $q_{n1} = \dfrac{1-w_n}{2}$；上述代入 (A_2) 中，$\lambda_1 = \dfrac{-2v - \delta + k\delta + 2C_n - \delta w_n + k\delta w_n}{2}$，约束条件 $\lambda_1 > 0$ 求得 w_n 范围：$0 < w_n < \dfrac{2v + \delta - k\delta - 2C_n}{-\delta + k\delta}$。② 当 $\lambda_1 = 0, \lambda_2 = 0$ 时，将 $\lambda_1 = \lambda_2 = 0$ 代入 (A_2)、(A_6) 中得 $q_{r2} = \dfrac{2v + \delta - k\delta - 2C_n + \delta w_n - k\delta w_n}{(-1+k)\delta(-4+\delta+k\delta)}$，

$$q_{n2} = \frac{-2 + 2k + v + kv + \delta - k^2\delta - (1+k)C_n - 2(-1+k)w_n}{(1-k)(-4+\delta+k\delta)}$$ 由 (A_4) 求得 w_n 范围为

$$\frac{2v + \delta - k\delta - 2C_n}{-\delta + k\delta} \leqslant w_n \leqslant \frac{(2v - \delta + k\delta + v\delta + kv\delta + \delta^2 - k^2\delta^2 - 2C_n - \delta C_n - k\delta C_n)}{-3\delta + 3k\delta}。$$

③ 当 $\lambda_1 = 0, \lambda_2 > 0$ 时，将 $\lambda_1 = 0, q_n = q_r$ 代入 (A_2)、(A_6) 中得

$$q_{n3} = q_{r3} = \frac{1-w_n}{2+\delta+k\delta},$$

$$\lambda_2 = \frac{[kv\delta + \delta^2 - k^2\delta^2 - (2+\delta+k\delta)C_n - 3(-1+k)\delta w_n + 2v - \delta + k\delta + v\delta]}{2+\delta+k\delta}$$

根据约束条件 $\lambda_2 > 0$ 求得 w_n 范围为

$$w_n > \frac{v(2+\delta+k\delta) + \delta(-1+k+\delta-k^2\delta) - (2+\delta+k\delta)C_n}{3(-1+k)\delta}$$

综上所述得到命题 5.3.3。

（1）在情形①中假设制造商倾向于让平台零售商选择 $\{q_{n1}, q_{r1}\}$，因此其优化问题为 $\max\limits_{q_r, w_n} \Pi_m^{RP} = (w_n - C_n)q_{n1} + [(1-k)p_r - C_n + v]q_{r1}$。当 $0 < w_n < \dfrac{2v + \delta - k\delta - 2C_n}{-\delta + k\delta}$ 时，$w_{n1} = \dfrac{1 + C_n}{2}$，此时 $0 < v < \dfrac{3(-1+k)\delta + [4 + (-1+k)\delta]C_n}{4}$；若考虑 $v \geqslant \dfrac{3(-1+k)\delta + [4 + (-1+k)\delta]C_n}{4}$ 最优批发价格无限接近于 $w_{n1} = \dfrac{2v + \delta - k\delta - 2C_n}{-\delta + k\delta}$，此时被 $w_{n2\text{-}1} = \dfrac{2v + \delta - k\delta - 2C_n}{-\delta + k\delta}$ 所主导（在下述场景中得到）。

（2）在情形②中假设制造商倾向于让平台零售商选择 $\{q_{n2}, q_{r2}\}$，因此其优化问题为

$$\max_{q_r, w_n} \Pi_m^{RP} = (w_n - C_n)q_{n2} + [(1-k)p_r - C_n + v]q_{r2}$$

当 $\dfrac{2v + \delta - k\delta - 2C_n}{-\delta + k\delta} \leqslant w_n \leqslant \dfrac{[\delta(-1+k+\delta-k^2\delta) + v(2+\delta+k\delta) - (2+\delta+k\delta)C_n]}{3(-1+k)\delta}$

时，情形②-1：$w_{n2\text{-}1} = \dfrac{2v + \delta - k\delta - 2C_n}{-\delta + k\delta}$，此时

$$0 < v < \dfrac{(-1+k)\delta(-6 + \delta + k\delta) - [8 + (-3+k)\delta]C_n}{-8 + \delta + k\delta}。$$

情形②-2：

$$w_{n2\text{-}2} = \dfrac{\{k[-8 + 2v(-4+\delta) - 4\delta + \delta^2] + k^2(8+v-\delta)\delta + [8 + (-3-2k+k^2)\delta]C_n + 8 - 4\delta + v\delta + \delta^2 - k^3\delta^2\}}{2(-1+k)[-8 + (3+k)\delta]}$$

此时

$$\dfrac{(-1+k)\delta(-6+\delta+k\delta) - [8 + (-3+k)\delta]C_n}{-8 + \delta + k\delta} \leqslant$$

$$v \leqslant \dfrac{(-1+k)\delta[-2 + (-3+k)\delta] + [-8 + (3-5k)\delta]C_n}{-8 + (-3+k)\delta}。$$

情形②-3：$w_{n2\text{-}3} = \dfrac{v(2+\delta+k\delta) + \delta(-1+k+\delta-k^2\delta) - (2+\delta+k\delta)C_n}{3(-1+k)\delta}$，此时

$$\dfrac{(-1+k)\delta[-2 + (-3+k)\delta] + [-8 + (3-5k)\delta]C_n}{-8 + (-3+k)\delta} < v < C_n。$$

（3）在情形③中假设制造商倾向于让平台零售商选择 $\{q_{n3}, q_{r3}\}$，因此其优

化问题为 $\max\limits_{q_r,w_n} \Pi_m^{RP} = (w_n - C_n)q_{n3} + [(1-k)p_r - C_n + v]q_{r3}$。当

$$\frac{v(2+\delta+k\delta) + \delta(-1+k+\delta-k^2\delta) - (2+\delta+k\delta)C_n}{3(-1+k)\delta} < w_n < 1,$$

$$w_{n3} = \frac{-2 - 3\delta + k\delta + \delta^2 - k^2\delta^2 + v(2+\delta+k\delta) - 2(2+\delta+k\delta)C_n}{-4 + 2(-3+k)\delta},$$ 此时

$$\frac{(-1+k)\delta[1+(3+k)\delta] + 4(1+k\delta)C_n}{4+(3+k)\delta} < v < C_n。$$

为确保 v 非负，要求 $C_n > \dfrac{3\delta - 3k\delta}{4 - \delta + k\delta}$。易证

$$\frac{3(-1+k)\delta + [4+(-1+k)\delta]C_n}{4} <$$

$$\frac{(-1+k)\delta(-6+\delta+k\delta) - [8+(-3+k)\delta]C_n}{-8+\delta+k\delta} <$$

$$\frac{(-1+k)\delta[1+(3+k)\delta] + 4(1+k\delta)C_n}{4+(3+k)\delta} <$$

$$\frac{\{(-1+k)\delta[-2+(-3+k)\delta] + [-8+(3-5k)\delta]C_n\}}{-8+(-3+k)\delta}$$

发现若

$$\frac{\{(-1+k)\delta[1+(3+k)\delta] + 4(1+k\delta)C_n\}}{4+(3+k)\delta} <$$

$$v < \frac{\{(-1+k)\delta[-2+(-3+k)\delta] + [-8+(3-5k)\delta]C_n\}}{-8+(-3+k)\delta},$$

则 $\Pi_{m3}^{RP} - \Pi_{m2\text{-}2}^{RP} < 0$，对制造商而言 $w_{2\text{-}2}^{RP}$ 比 w_3^{RP} 优；若

$$\frac{\{(-1+k)\delta[-2+(-3+k)\delta] + [-8+(3-5k)\delta]C_n\}}{-8+(-3+k)\delta} < v < C_n$$

则 $\Pi_{m3}^{RP} - \Pi_{m2\text{-}3}^{RP} > 0$，对制造商而言 w_3^{RP} 比 $w_{2\text{-}3}^{RP}$ 优。

综上所述，整理得到命题 5.3.4。

5.3.3 模型分析

1. 均衡决策分析

推论 5.3.1 在两种销售渠道模式中均存在一个阈值 $\bar{v}(\bar{v}=v_1^{RR}$ 或 $\bar{v}=v_2^{RP})$，当 $v > \bar{v}$ 时，新产品和再制造产品被同时销售，否则仅新产品被销售。制造商选择 RP 模式提高了其从事再制造产品销售的门槛，即 $v_2^{RP} > v_1^{RR}$。

比较发现，当制造商与平台零售商决定是否销售再制造产品时，都受到单位再制造节约成本的影响，当 $0<v<\bar{v}$ 时，两种销售模式下再制造利润均为零，各渠道成员主要依赖新产品收益。此外，若制造商选择将再制造产品通过平台零售商提供的在线平台进行销售，相比于传统销售模式，提高了其决定是否从事回收再制造废旧产品的阈值。背后的经济直觉是，RP 模式中再制造产品的销售不仅由再制造节约成本和消费者对再制造产品的价值折扣共同决定，还受到平台零售商提供在线市场时所收推荐费率 k 的影响。因此，制造商需要与平台零售商分享再制造利润，缩小了再制造产品销售的决策空间。

推论 5.3.2 制造商实施再制造策略时，在 RR 模式下，再制造产品的零售价格 p_r 随着单位再制造节约成本 v 的增加而减少，但当制造商部分再制造（RR-2）时，p_n 与 v 无关，当制造商完全再制造（RR-3）时，新产品的零售价格 p_n 随着 v 的增加而减少；在 RP 模式下，新产品和再制造产品的零售价格 p_n 和 p_r 均随着单位再制造节约成本 v 的增加而减少。

推论 5.3.2 表明，在两种再制造销售模式下，促进再制造成本节约有利于降低新产品和再制造产品的零售价格。再制造成本降低导致的再制造产品零售价格下降，使得制造商和平台零售商在价格博弈中会同时压低新产品的价格，以追求整体收益最大。有趣的是，当制造商部分再制造时，新产品零售价格在 RP 模式中受相关成本、再制品价值折扣及推荐费率的共同影响；而在 RR 模式中仅与新产品的生产成本有关，不受再制造产品销售的影响。

推论 5.3.3 在 RR 模式下，当制造商从事再制造时，再制造产品的市场需求量 q_r 均随着单位再制造节约成本 v 的增加而增加，但当制造商部分再制造（RR-2）时，新产品的市场需求量 q_n 随着 v 的增加而减少，当制造商完全再制造（RR-3）时，q_n 随着 v 的增加而增加；在 RP 模式下，当制造商分别部分再制造（RP-2-2）和完全再制造（RP-3）时，再制造产品和新产品的市场需求量有关单位再制造节约成本的变化趋势与 RR 模式下相同。

推论 5.3.3 表明，与再制造销售渠道选择无关，就再制造产品而言，单位再制造节约成本的增加使得需求市场逐渐扩大，这与生产再制造产品成本节约导致的相应零售价格降低有关（参考推论 2）。反之，如果单位再制造节约成本足够低（$v<v_1^{RR}$ 或 $v<v_2^{RP}$），再制造变得越来越无利可图，制造商将退出再制造；就新产品而言，上述结果背后的经济直觉如下。新产品和再制造产品同时具有补充和替代的特征。当只有部分可用的新产品被回收和再制造时，同类相食的影响显著，两种产品是纯粹的替代品，再制造产品市场需求量的提高蚕食了制造商新产品的销售。而当制造商完全再制造时，所有可用的新产品都被回收和再制造，再制造所节约的成本克服了同类相食的负面影响。

推论 5.3.4 制造商实施再制造策略时，在 RP 模式下，新产品和再制造

产品的批发价格 w_n 和 w_r 均随着单位再制造节约成本 v 的增加而减少；在 RR 模式下，当制造商部分再制造（RR-2）时，w_n 与 v 无关，当制造商完全再制造（RR-3）时，新产品的批发价格 w_n 随着 v 的增加而减少。

推论 5.3.4 的结果与推论 5.3.2 类似，此处不再赘述。可见，无论制造商选择 RR 或者 RP 模式都能促进再制造产品的销售，降低再制造产品的零售和批发价格，有利于废旧产品的循环利用，实现资源节约和环境保护。

2. 数值算例

本部分分别从供应链成员及整个系统、消费者剩余、社会福利视角探讨不同再制造销售渠道的优劣，同时采用数值算例方式对两种销售模式下制造商和平台零售商的最优决策进行进一步的分析。易证得 $v_1^{RR} < v_2^{RR} < v_1^{RP} < v_2^{RP} < v_3^{RP}$，故有 6 种不同的均衡解方案可供比较，如表 5.5 所示。

表 5.5　不同模式下渠道成员的最优决策区域

	决策区域	决策 RR − i	决策 RP − i
场景 1	$0 < v < v_1^{RR}$	1	1
场景 2	$v_1^{RR} < v < v_2^{RR}$	2	1
场景 3	$v_2^{RR} < v < v_1^{RR}$	3	1
场景 4	$v_1^{RP} < v < v_2^{RP}$	3	2-1
场景 5	$v_2^{RP} < v < v_3^{RP}$	3	2-2
场景 6	$v_3^{RP} < v < C_n$	3	3

为了使研究有意义（避免 $q_r = 0$ 的情形），只需对场景 5 和场景 6 分析。注意，在满足相关约束的条件下设置图 5.8～图 5.10 中 $\delta = 1/2$, $C_n = 17/20$, $k = 3/10$，在场景 5（记为再制造较低成本节约的情形，上标 j/L）中 $18/35 < v < 499/935$，在场景 6（记为再制造较高成本节约的情形，上标 j/H）中 $499/935 < v < 17/20$。

基于制造商、平台零售商和整个供应链系统的角度，探究再制造节约成本 v 对其经济效益的影响，如图 5.8 和图 5.9 所示。

由图 5.8 可知，渠道成员同时销售两种产品的情形下，就制造商而言，选择 RR 模式优于 RP 模式；就平台零售商而言，当再制造节约成本足够低时，倾向于选择 RR 模式，当再制造节约成本较高时，更倾向于 RP 模式。具体地说，在区间 $(18/35, 499/925)$ 内，即再制造较低成本节约的情形下，$\Pi_R^{RP/L*}$ 与 $\Pi_R^{RR/L*}$ 有一个交点。存在某一阈值 v^V，当 $v \in \left(\dfrac{18}{35}, v^V\right)$ 时 $\Pi_R^{RR} > \Pi_R^{RP}$，当 $v \in \left(v^V, \dfrac{17}{20}\right)$ 时 $\Pi_R^{RR} < \Pi_R^{RP}$。有趣的是，在两种销售模式中平台零售商的利润、$\Pi_M^{RR/L*}$、$\Pi_M^{RP/H*}$、$\Pi_M^{RR/H*}$ 均随着再制造节约成本 v 的增加而增加，但是 $\Pi_M^{RP/L*}$ 随着 v 的增加而减少。

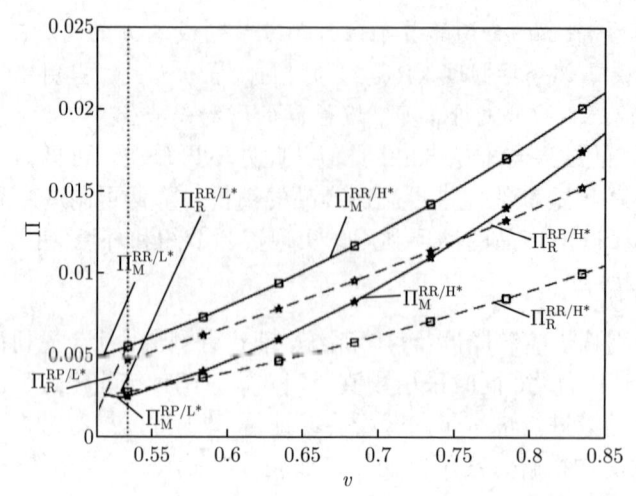

图 5.8　在两种销售渠道下的制造商和平台零售商利润

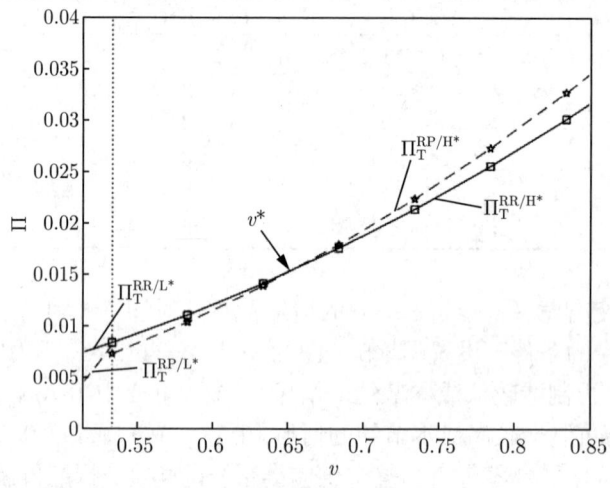

图 5.9　在两种销售渠道下的供应链系统总利润

由图 5.9 可知，渠道成员同时销售两种产品的情形下，当再制造节约成本相对较低时，相比 RP 模式，选择 RR 模式更有利于提升供应链的总体绩效；当再制造节约成本相对较高时，倾向于 RP 模式。具体地说，在 v 的区间 $\left(\dfrac{18}{35}, v^*\right)$ 内，$\Pi_T^{RR} > \Pi_T^{RP}$；在 v 的区间 $\left(v^*, \dfrac{17}{20}\right)$ 内，$\Pi_T^{RR} < \Pi_T^{RP}$。随着再制造节约成本 v 的增加，当制造商再制造具有足够优势时，选择将再制造产品通过平台零售商提供的在线平台进行销售可以增加整个供应链的利润，从而限制双重边缘化问题的损失。

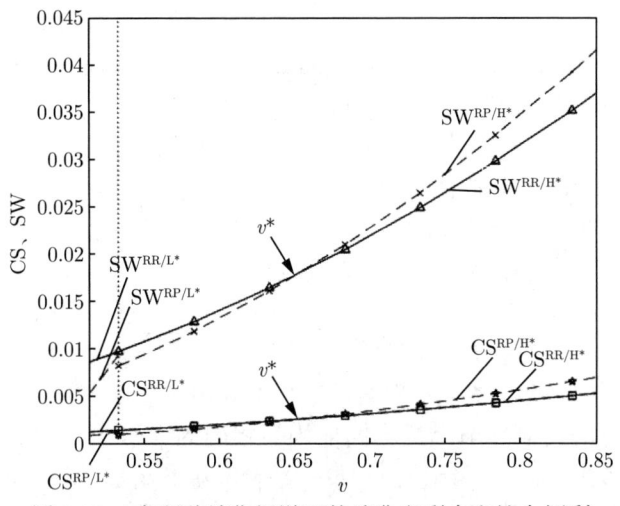

图 5.10 在两种销售渠道下的消费者剩余和社会福利

从企业和社会层面，探究再制造节约成本差异的情况下，通过数值算例分析对消费者剩余和社会福利的影响，比较其在两种销售模式下的大小关系，从而进行最优渠道决策，如图 5.10 所示。消费者剩余（consumer surplus，CS）表示为

$$\mathrm{CS} = \int_{\frac{p_\mathrm{n}-p_\mathrm{r}}{1-\delta}}^{1}(v-p_\mathrm{n})\mathrm{d}v + \int_{\frac{p_\mathrm{r}}{\delta}}^{\frac{p_\mathrm{n}-p_\mathrm{r}}{1-\delta}}(\delta v - p_\mathrm{r})\mathrm{d}v = \frac{(p_\mathrm{n}-p_\mathrm{r})^2}{2(1-\delta)} + \frac{p_\mathrm{r}^{\,2}}{2\delta} - p_\mathrm{n} + \frac{1}{2}。$$

社会福利（social welfare，SW）表示为 $\mathrm{SW} = \Pi_\mathrm{M} + \Pi_\mathrm{R} + \mathrm{CS}$。

由图 5.10 可知，渠道成员同时销售 2 种产品的情形下，从消费者剩余的角度考虑：当再制造节约成本相对较低时，倾向于 RR 模式；当再制造节约成本相对较高时，更倾向于 RP 模式。从社会福利的角度考虑，与上述情况相同。具体地说，在 v 的区间 $\left(\dfrac{18}{35}, v^*\right)$ 内，$\mathrm{CS}^\mathrm{RR} > \mathrm{CS}^\mathrm{RP}$ 且 $\mathrm{SW}^\mathrm{RR} > \mathrm{SW}^\mathrm{RP}$；在 v 的区间 $\left(v^*, \dfrac{17}{20}\right)$ 内，$\mathrm{CS}^\mathrm{RR} < \mathrm{CS}^\mathrm{RP}$ 且 $\mathrm{SW}^\mathrm{RR} < \mathrm{SW}^\mathrm{RP}$。同时观察到，再制造节约成本的阈值 v^* 在图 5.9 和图 5.10 的情形下是相等的。

在两种最优决策区域，消费者剩余和社会福利都随着再制造节约成本的增加而增加。变化趋势与图 5.9 中供应链系统总利润相似。

5.3.4　管理启示

再制造产品和新产品销售渠道的决策关系到产品价值的实现和供应链系统效率的优化。随着平台零售商提供在线平台模式的出现，对比传统线上零售，本文构建了 RR 模式和 RP 模式两种销售渠道模型。将再制造产品销售与新兴平台零售商模式结合起来,研究再制造节约成本如何影响渠道成员对销售新产品和再制品的渠道选择,以及均衡决策对再制品最优需求量、产品最优价格、渠道成员经济效益、消费者剩余和社会福利的影响问题。

通过求解和比较分析不同模型的均衡解,采用数值仿真得到以下管理启示。在考虑平台零售商的再制造销售渠道决策中,从经济效益的视角来看:制造商一直倾向于新产品和再制造产品均由平台零售商销售;而平台零售商的决策依赖于再制造节约成本,当再制造节约成本较小时,平台零售商倾向于同时销售新产品和再制造产品,否则倾向于仅销售新产品,并同时为制造商提供平台由其直接销售再制造产品;供应链系统的渠道决策偏好与平台零售商相似。此外,从消费者剩余和社会福利的视角来看:发现渠道选择偏好始终与供应链系统一致,其中区分两种渠道偏好的再制造节约成本阈值均是相同的。

本研究只考虑了由单一制造商和单一平台零售商组成的供应链系统,后期可以将这两个模型拓展到制造商与多个零售商互动的情况,同时可以引入基于环境效益视角的对比分析。

5.4 再制造产品渠道选择决策

5.4.1 问题描述

1. 引言

再制造是对废旧产品实施专业化修复和改造使其质量与性能达到新产品标准的一种绿色制造模式。再制造产品不但能恢复旧产品价值还能有效减少环境污染。例如,华为公司和苹果公司在生产中使用部分再制造零部件,可以实现30%~50%的成本节约[1]。同时伴随电子商务的发展普及,为提升市场竞争力,企业纷纷选择开通网络渠道,逐步形成了传统零售渠道与网络直销渠道并存的双渠道供应链。

鉴于此,本文分别从供应链成员及整个系统、消费者剩余、社会福利视角探讨不同销售渠道的优劣,建立单渠道再制造产品线下分销模式与双渠道再制造产品网络直销模式的优化决策模型,得到基于再制造产品销售成本分析的供应链销售渠道的最优决策,为企业销售渠道选择提供参考。

2. 模型描述与假设

1)模型描述

本文研究一个制造商、一个零售商和众多消费者组成的两级供应链结构,假定制造商是主从博弈的领导者,生产新产品和再制造产品(以下简称再制品),同时负责市场上废旧产品的回收。零售商为追随者,负责零售渠道的销售。根据新产品与再制品销售渠道的不同分别建立了单渠道与双渠道供应链决策模型(图

5.11)。其中，图 5.11（a）SD 模型表示单渠道闭环供应链线下分销模式 SD，此时制造商以价格 w_n 和 w_r 分别将新产品和再制品批发给下游的零售商，然后零售商分别以价格 p_n 和 p_r 将两种产品销售至市场；图 5.11（b）DD 模型表示双渠道闭环供应链网络直销模式 DD，此时制造商将新产品以价格 w_n 批发给零售商，零售商再以 p_n 的销售价格将产品转售给消费者。制造商还通过自己的网络直销渠道以价格 p_r 向消费者直接销售再制品。

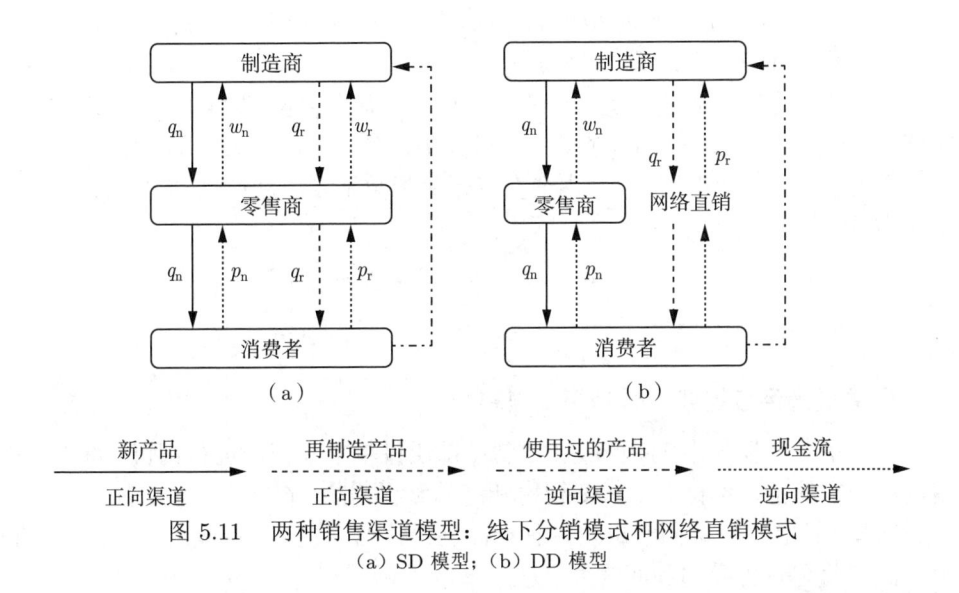

图 5.11　两种销售渠道模型：线下分销模式和网络直销模式
（a）SD 模型；（b）DD 模型

为方便模型表示，用 p_k^j/w_k^j 表示产品 k 在模型 j 中的零售价格/批发价格，q_k^j 表示产品 k 在模型 j 中的需求量，π_i^j 表示供应链成员 i 在模型 j 中的利润，其中 $k \in \{n,r\}$ 分别代表新产品、再制品，$i \in \{M,R,T\}$ 分别表示制造商、零售商和整个闭环供应链系统，$j \in \{SD, DD\}$ 分别表示单渠道闭环供应链线下分销模式 SD 和双渠道闭环供应链网络直销模式 DD。类似文献[16]，此处将再制造成本划分为两部分：生产再制品的成本（包括回收废旧产品和再制造的成本）和销售再制品的成本。

2）基本假设

假设 1：潜在的市场总规模为 1，依据再制造文献[72-76]中的共同假设，消费者是异质的，其中 $\delta \in (0,1)$ 表示消费者对再制品的价值折扣，即当消费者购买新产品的支付意愿为 v 时，购买再制品的支付意愿较低，为 $\delta v, v \in (0,1)$。消费者购买新产品和再制品的效用分别为 $\mu_n = v - p_n$ 和 $\mu_r = \delta v - p_r$。仅当效用非负时，消费者才会购买，且最多只能购买一件产品。

假设 2：将制造商生产再制品的边际成本归一化为零，生产新产品的边际成

本为 $c_p = c > 0$。该模型建立了制造商在生产再制品过程中的成本优势，这一假设在以往的研究中已被广泛接受，参考文献[70, 77]。

假设 3：消费者在两个不同渠道之间没有偏好。

假设 4：通过制造商网络直销渠道销售再制品的边际成本和通过零售商的边际成本均为 c_r。通过零售商分销渠道销售新产品的边际成本为 c_n。为了避免最优销售量为负的无效情况，满足 $0 < c + c_n < 1$ 和 $0 < c_r < 1$。

假设 5：再制造产品的供应受新产品的约束，因此在稳定状态下再制品的市场需求量不高于新产品，即 $q_n \geqslant q_r \geqslant 0$。

假设 6：与大多数关于运营管理的文献[71, 78] 一样，决策问题建模为单个时期，且供应链所有成员都是独立的、风险中性的、利润最大化的，同时对信息有平等的获取权。依据假设 1，由消费者效用函数推导出新产品和再制品的逆需求函数分别为

$$p_n = 1 - q_n - \delta q_r; \quad p_r = \delta(1 - q_n - q_r).$$

5.4.2 模型构建

1. 单渠道供应链线下分销模式（SD）

在线下分销模式中，新产品和再制品都通过单个零售商进行销售。首先，制造商以一定的批发价格向零售商销售新产品和再制品。在销售阶段，对于给定的 w_n 和 w_r，独立零售商同时决定两种产品的最优需求量 q_n 和 q_r，以使其利润最大。制造商和零售商的利润为

$$\max_{w_n^{SD}, w_r^{SD}} \pi_M^{SD} = (w_n^{SD} - c) q_n^{SD} + w_r^{SD} q_r^{SD} \tag{5.4.1}$$

$$\max_{q_n^{SD}, q_r^{SD}} \pi_R^{SD} = \left(p_n^{SD} - w_n^{SD} - c_n\right) q_n^{SD} + \left(p_r^{SD} - w_r^{SD} - c_r\right) q_r^{SD} \tag{5.4.2}$$

$$\text{s.t. } q_n \geqslant q_r \geqslant 0 \tag{5.4.3}$$

1）零售商决策

易证明上述问题属于凹规划问题，因此模型存在最优解，利用逆序归纳法确定子对策的完全均衡。分别将零售商和制造商的市场逆需求函数代入式 (5.4.2)，并通过 KKT 优化条件构造拉格朗日问题求解零售商的优化决策为

$$\Gamma_R^{SD} = (1 - q_n - \delta q_r - w_n - c_n) q_n + (\delta - \delta q_n - \delta q_r - w_r - c_r) q_r + \lambda_1 q_r - \lambda_2 (q_r - q_n)$$

对上式分别求解关于 q_n 和 q_r 的一阶偏导数并令其等于 0，可得

$$\begin{cases} \dfrac{\partial \varGamma_{\mathrm{R}}^{\mathrm{SD}}}{\partial q_{\mathrm{n}}} = -2q_{\mathrm{n}} + 1 - w_{\mathrm{n}} - c_{\mathrm{n}} - 2\delta q_{\mathrm{r}} + \lambda_2 = 0 \\ \dfrac{\partial \varGamma_{\mathrm{R}}^{\mathrm{SD}}}{\partial q_{\mathrm{r}}} = -2\delta q_{\mathrm{r}} + \delta - w_{\mathrm{r}} - c_{\mathrm{r}} - 2\delta q_{\mathrm{n}} + \lambda_1 - \lambda_2 = 0 \end{cases}$$

引入互补松弛条件 $\lambda_1 q_{\mathrm{r}} = \lambda_2 (q_{\mathrm{r}} - q_{\mathrm{n}})$，由于拉格朗日乘子 λ_1 和 λ_2 非负，分四种情形讨论可得。

命题 5.4.1 在制造商将再制品的销售活动转包给零售商的策略中，当给定 $w_{\mathrm{n}}^{\mathrm{SD}}$，零售商的数量决策有 3 个区域，分别给出了新产品和再制品的最优需求量。

决策 SD-1：当 $w_{\mathrm{n}} > \dfrac{(1+\delta)(w_{\mathrm{r}} + c_{\mathrm{r}}) - \delta^2 + \delta}{2\delta} - c_{\mathrm{n}}$ 时，有

$$q_{\mathrm{n1}}^{\mathrm{SD}} = q_{\mathrm{r1}}^{\mathrm{SD}} = \dfrac{1 + \delta - (w_{\mathrm{n}} + w_{\mathrm{r}}) - (c_{\mathrm{n}} + c_{\mathrm{r}})}{2(1+3\delta)}$$

决策 SD-2：当 $\dfrac{w_{\mathrm{r}} + c_{\mathrm{r}} - \delta c_{\mathrm{n}}}{\delta} \leqslant w_{\mathrm{n}} \leqslant \dfrac{(1+\delta)(w_{\mathrm{r}} + c_{\mathrm{r}}) - \delta^2 + \delta}{2\delta} - c_{\mathrm{n}}$ 时，有

$$q_{\mathrm{n2}}^{\mathrm{SD}} = \dfrac{w_{\mathrm{r}} - w_{\mathrm{n}} + c_{\mathrm{r}} - c_{\mathrm{n}} + 1 - \delta}{2(1-\delta)}, \quad q_{\mathrm{r2}}^{\mathrm{SD}} = \dfrac{\delta(w_{\mathrm{n}} + c_{\mathrm{n}}) - w_{\mathrm{r}} - c_{\mathrm{r}}}{2\delta(1-\delta)}$$

决策 SD-3：当 $w_{\mathrm{n}} < \dfrac{w_{\mathrm{r}} + c_{\mathrm{r}} - \delta c_{\mathrm{n}}}{\delta}$ 时，有

$$q_{\mathrm{n3}}^{\mathrm{SD}} = \dfrac{1 - w_{\mathrm{n}} - c_{\mathrm{n}}}{2}, \quad q_{\mathrm{r3}}^{\mathrm{SD}} = 0$$

2）制造商决策

在已知零售商决策行为的基础上，制造商预期独立零售商将依据命题 5.4.1 的特征做出反应。如果制造商预期零售商将做出决策 SD-2，则其对应的最优决策也记为决策 SD-2。分别将零售商和制造商的市场逆需求函数代入式 (5.4.2)，证明过程参考命题 5.4.1。可得到如下结论。

命题 5.4.2 在制造商将再制品的销售活动转包给零售商的策略中，制造商的数量决策有 3 个区域，其最优新/再制造产品批发价格如下。

决策 SD-1：当 $0 < c_{\mathrm{r}} < c_1^{\mathrm{SD}}$ 时，有

$$w_{\mathrm{n1}}^{\mathrm{SD}} = \dfrac{(1+\delta)(c_{\mathrm{n}} + c_{\mathrm{r}} + c) - \delta^2 + 4\delta + 1}{2(1+3\delta)} - c_{\mathrm{n}}, \quad w_{\mathrm{r1}}^{\mathrm{SD}} = \dfrac{\delta(c_{\mathrm{n}} + c) - (1+2\delta)c_{\mathrm{r}} + 2\delta^2}{1+3\delta}$$

决策 SD-2：当 $c_1^{\mathrm{SD}} \leqslant c_{\mathrm{r}} \leqslant c_2^{\mathrm{SD}}$ 时，有

$$w_{\mathrm{n2}}^{\mathrm{SD}} = \dfrac{1 + c - c_{\mathrm{n}}}{2}, \quad w_{\mathrm{r2}}^{\mathrm{SD}} = \dfrac{\delta - c_{\mathrm{r}}}{2}$$

决策 SD-3：当 $c_2^{\text{SD}} < c_r < 1$ 时，有

$$w_{n3}^{\text{SD}} = \frac{1+c-c_n}{2}, \quad w_{r3}^{\text{SD}} = \frac{\delta(c_n+c+1)}{2} - c_r$$

其中，$c_1^{\text{SD}} = \dfrac{2\delta(c_n+c)+\delta^2-\delta}{1+\delta}$，$c_2^{\text{SD}} = \delta(c_n+c)$。

分析表 5.6 发现 ① c_r 对再制品销售的影响：在单渠道闭环供应链分销模式 SD 中存在一个阈值 c_2^{SD}，当 $c_r > c_2^{\text{SD}}$ 时，再制品最优需求量为 0，渠道成员主要依赖新产品收益。② c_r 对定价决策的影响：随着零售商再制品销售成本的增加，在三种决策场景下，新产品和再制品的最优销售价格、最优新产品批发价格不减$\left(\text{即 } \dfrac{\partial p_n^{\text{SD}*}}{\partial c_r} \geqslant 0, \dfrac{\partial p_r^{\text{SD}*}}{\partial c_r} \geqslant 0, \dfrac{\partial w_n^{\text{SD}*}}{\partial c_r} \geqslant 0 \right)$；再制品的最优批发价格减少$\left(\text{即 } \dfrac{\partial w_r^{\text{SD}*}}{\partial c_r} < 0 \right)$。③ c_r 对收益的影响：再制品在较高销售成本的场景下（决策 SD-2），$\dfrac{\partial \pi_{R2}^{\text{SD}*}}{\partial c_r} < 0$，$\dfrac{\partial \pi_{M2}^{\text{SD}*}}{\partial c_r} < 0$，$\dfrac{\partial \pi_{T2}^{\text{SD}*}}{\partial c_r} < 0$ 在边界内总是正确的。然而，在较低销售成本的场景下（决策 SD-1），再制品的消费者价值折扣会影响供应链渠

表 5.6　SD 模式中供应链成员的均衡决策

均衡	决策 SD-1 ($c_r < c_1^{\text{SD}}$)	决策 SD-2 ($c^{\text{SD}-1} \leqslant c_r \leqslant c^{\text{SD}-2}$)	决策 SD-3 ($c_r > c^{\text{SD}-2}$)
$q_n^{\text{SD}*}$	$\dfrac{1+\delta-c-c_n-c_r}{4(1+3\delta)}$	$\dfrac{c_r-c-c_n+1-\delta}{4(1-\delta)}$	$\dfrac{(1-c-c_n)}{4}$
$q_r^{\text{SD}*}$	$\dfrac{1+\delta-c-c_n-c_r}{4(1+3\delta)}$	$\dfrac{\delta(c_n+c)-c_r}{4\delta(1-\delta)}$	0
$w_n^{\text{SD}*}$	$\dfrac{(1+\delta)(c_r+c)-\delta^2+4\delta+1-(1+5\delta)c_n}{2(1+3\delta)}$	$\dfrac{1+c-c_n}{2}$	$\dfrac{1+c-c_n}{2}$
$w_r^{\text{SD}*}$	$\dfrac{\delta(c_n+c)-(1+2\delta)c_r+2\delta^2}{1+3\delta}$	$\dfrac{\delta-c_r}{2}$	$\dfrac{\delta(c_n+c)+\delta-2c_r}{2}$
$p_n^{\text{SD}*}$	$\dfrac{(1+\delta)(c_n+c_r+c)+3+10\delta-\delta^2}{4+12\delta}$	$\dfrac{3+c+c_n}{4}$	$\dfrac{3+c+c_n}{4}$
$p_r^{\text{SD}*}$	$\dfrac{\delta(1+c+5\delta+c_n+c_r)}{2(1+3\delta)}$	$\dfrac{3\delta+c_r}{4}$	$\dfrac{\delta(3+c+c_n)}{4}$
$\pi_M^{\text{SD}*}$	$\dfrac{(c+c_n+c_r-1-\delta)^2}{8(1+3\delta)}$	$\dfrac{X}{8\delta(1-\delta)}$	$\dfrac{(1-c-c_n)^2}{8}$
$\pi_R^{\text{SD}*}$	$\dfrac{(c+c_n+c_r-1-\delta)^2}{16(1+3\delta)}$	$\dfrac{(c+c_n+c_r-1-\delta)^2}{16(1+3\delta)}$	$\dfrac{(1-c-c_n)^2}{16}$

注：$X = \delta c_n^2 + 2\delta(c-c_r+\delta-1)c_n + c_r^2 - 2c\delta c_r + \delta[1+c^2+2c(\delta-1)-\delta]$

道成员的利润。也就是说，当 $0 < \delta \leqslant \delta'$，$\dfrac{\partial \pi_{\mathrm{R1}}^{\mathrm{SD}*}}{\partial c_\mathrm{r}} < 0$，$\dfrac{\partial \pi_{\mathrm{M1}}^{\mathrm{SD}*}}{\partial c_\mathrm{r}} < 0$，$\dfrac{\partial \pi_{\mathrm{T1}}^{\mathrm{SD}*}}{\partial c_\mathrm{r}} < 0$；否则，情况正好相反。其中 $\delta' = c_\mathrm{n} + c_\mathrm{r} + c - 1$。

2. 双渠道供应链网络直销模式（DD）

当制造商通过自有网络渠道直接销售再制品，通过独立零售商销售新产品时，制造商和零售商之间的互动关系可以用逆向归纳来分析。一方面，制造商首先向零售商提供新产品。给定 w_n，零售商确定 q_n 以使其利润最大化。另一方面，制造商通过自有网络渠道向消费者直接销售再制品，决定再制品的最优需求量 q_r。制造商和零售商的利润如下：

$$\max_{w_\mathrm{n}^{\mathrm{DD}}, q_\mathrm{r}^{\mathrm{DD}}} \pi_\mathrm{M}^{\mathrm{DD}} = \left(w_\mathrm{n}^{\mathrm{DD}} - c\right) q_\mathrm{n}^{\mathrm{DD}} + \left(p_\mathrm{r}^{\mathrm{DD}} - c_\mathrm{r}\right) q_\mathrm{r}^{\mathrm{DD}} \tag{5.4.4}$$

$$\max_{q_\mathrm{n}^{\mathrm{DD}}} \pi_\mathrm{R}^{\mathrm{DD}} = \left(p_\mathrm{n}^{\mathrm{DD}} - w_\mathrm{n}^{\mathrm{DD}} - c_\mathrm{n}\right) q_\mathrm{n}^{\mathrm{DD}} \tag{5.4.5}$$

$$\mathrm{s.t.} \ q_\mathrm{n} \geqslant q_\mathrm{r} \geqslant 0 \tag{5.4.6}$$

1）零售商决策

将零售商和制造商的市场逆需求函数分别代入式 (5.4.5)，求解过程参考命题 5.4.1。

命题 5.4.3 在制造商直接通过自有网络渠道销售再制品的渠道战略中，制造商和零售商的数量决策有三个区域，分别给出了新产品和再制造产品的最优需求量。

决策 DD-1：当 $w_\mathrm{n} > \dfrac{(2+\delta)c_\mathrm{r} - 3\delta c_\mathrm{n} - \delta^2 + \delta}{3\delta}$ 时，有

$$q_{\mathrm{n}1}^{\mathrm{DD}} = q_{\mathrm{r}1}^{\mathrm{DD}} = \dfrac{1 - w_\mathrm{n} - c_\mathrm{n}}{2 + \delta}$$

决策 DD-2：当 $\dfrac{2c_\mathrm{r} - \delta c_\mathrm{n} - \delta}{\delta} \leqslant w_\mathrm{n} \leqslant \dfrac{(2+\delta)c_\mathrm{r} - 3\delta c_\mathrm{n} - \delta^2 + \delta}{3\delta}$ 时，有

$$q_{\mathrm{n}2}^{\mathrm{DD}} = \dfrac{2 - 2w_\mathrm{n} - 2c_\mathrm{n} - \delta + c_\mathrm{r}}{4 - \delta}, \ q_{\mathrm{r}2}^{\mathrm{DD}} = \dfrac{\delta + \delta w_\mathrm{n} + \delta c_\mathrm{n} - 2c_\mathrm{r}}{\delta(4 - \delta)}$$

决策 DD-3：当 $w_\mathrm{n} < \dfrac{2c_\mathrm{r} - \delta c_\mathrm{n} - \delta}{\delta}$ 时，有

$$q_{\mathrm{n}3}^{\mathrm{DD}} = \dfrac{1 - w_\mathrm{n} - c_\mathrm{n}}{2}, \ q_{\mathrm{r}3}^{\mathrm{DD}} = 0$$

2）制造商决策

命题 5.4.4 在制造商直接通过自有网络渠道销售再制品的渠道战略中，制造商的数量决策有四个区域，其最优新零部件批发价格如下。

决策 DD-1：当 $0 < c_r \leqslant c_1^{DD}$ 时，有

$$w_{n1}^{DD} = \frac{(2+\delta)(c_r+c) - (2+5\delta)c_n - \delta^2 + 3\delta + 2}{4 + 6\delta}$$

决策 DD-2-1：当 $c_1^{DD} < c_r \leqslant c_2^{DD}$ 时，有

$$w_{n2-1}^{DD} = \frac{(8-2\delta)c - (8-4\delta)c_n - \delta c_r + \delta^2 - 4\delta + 8}{16 - 6\delta}$$

决策 DD-2-2：当 $c_2^{DD} < c_r \leqslant c_3^{DD}$ 时，有

$$w_{n2-2}^{DD} = \frac{2c_r - \delta c_n - \delta}{\delta}$$

决策 DD-3：当 $c_3^{DD} < c_r < 1$ 时，有

$$w_{n3}^{DD} = \frac{1 + c - c_n}{2}$$

其中 $c_3^{DD} = \dfrac{\delta(c_n + c + 3)}{4}$，$c_2^{DD} = \dfrac{2\delta(c_n + c) - \delta^2 + 6\delta}{(8 - \delta)}$

$$c_1^{DD} = \frac{[(c_n + c - 1)^2 \delta^2 (16 + 18\delta - 9\delta^2)]^{\frac{1}{2}} + 9\delta^2 + 6\delta^3 + \delta(16 + 9\delta)(c_n + c)}{2(8 + 9\delta + 3\delta^2)}$$

将上述供应链成员的最优决策代回其最优问题，分别得到表 5.7 中制造商和零售商的最优反应价格及利润。分析表 5.7 发现以下三个结论。① c_r 对再制品销售的影响：在双渠道闭环供应链直销模式 DD 中，存在一个阈值 c_2^{DD}，当 $c_r > c_2^{DD}$ 时，再制品最优需求量为 0，渠道成员主要依赖新产品收益。② c_r 对定价决策的影响：随着制造商再制品销售成本的增加，在四种决策场景下，新产品和再制品的最优销售价格不减（即 $\dfrac{\partial p_n^{DD*}}{\partial c_r} \geqslant 0$，$\dfrac{\partial p_r^{DD*}}{\partial c_r} \geqslant 0$）；新产品的最优批发价格是变动的（即 $\dfrac{\partial w_{n3}^{DD*}}{\partial c_r} > 0$，$\dfrac{\partial w_{n2-2}^{DD*}}{\partial c_r} < 0$，$\dfrac{\partial w_{n2-1}^{DD*}}{\partial c_r} > 0$，$\dfrac{\partial w_{n1}^{DD*}}{\partial c_r} = 0$）。③ c_r 对收益的影响：再制造产品在较高销售成本的场景下（决策 DD-2-1），$\dfrac{\partial \pi_{R2-1}^{DD*}}{\partial c_r} > 0$，$\dfrac{\partial^2 \pi_{M2-1}^{DD*}}{\partial c_r^2} > 0$，$\dfrac{\partial \pi_{T2-1}^{DD*}}{\partial c_r} > 0$，在边界内总是正确的。与 SD 模型相似，在较低销售成本的场景下（决策 DD-1），再制品的消费者价值折扣会影响供应链渠道成员的利润。也就是说，当 $0 < \delta \leqslant \delta'$ 时，$\dfrac{\partial \pi_{R1}^{DD*}}{\partial c_r} < 0$，$\dfrac{\partial \pi_{M1}^{DD*}}{\partial c_r} < 0$，$\dfrac{\partial \pi_{T1}^{DD*}}{\partial c_r} < 0$；否则，情况正好相反。其中 $\delta' = c_n + c_r + c - 1$。

表 5.7　DD 模式中供应链成员的均衡决策

均衡	决策 DD-1 $c_r \leqslant c_1^{DD}$	决策 DD-2-1 $c_1^{DD} < c_r \leqslant c_2^{DD}$	决策 DD-2-2 $c_2^{DD} < c_r \leqslant c_3^{DD}$	决策 DD-3 $c_r > c_3^{DD}$
q_n^{DD*}	$\dfrac{1+\delta-c-c_n-c_r}{2(2+3\delta)}$	$\dfrac{2(c_r-c-c_n+1-\delta)}{8-3\delta}$	$\dfrac{\delta-c_r}{\delta}$	$\dfrac{(1-c-c_n)}{4}$
q_r^{DD*}	$\dfrac{1+\delta-c-c_n-c_r}{2(2+3\delta)}$	$\dfrac{\delta(6+2c-\delta)+2\delta c_n+(\delta-8)c_r}{2\delta(8-3\delta)}$	0	0
w_n^{DD*}	$\dfrac{(2+\delta)(c_r+c)-(2+5\delta)c_n+3\delta+2}{4+6\delta}$	$\dfrac{(8-2\delta)c-(8-4\delta)c_n-\delta c_r+\delta^2-4\delta+8}{16-6\delta}$	$\dfrac{2c_r-\delta c_n-\delta}{\delta}$	$\dfrac{1+c-c_n}{2}$
p_n^{DD*}	$\dfrac{(1+\delta)(c_n+c+c_r)+3+4\delta-\delta^2}{4+6\delta}$	$\dfrac{(4-2\delta)(c+c_n)+\delta^2+(4-\delta)c_r-8\delta+12}{16-6\delta}$	$\dfrac{c_r}{\delta}$	$\dfrac{3+c+c_n}{4}$
p_r^{DD*}	$\dfrac{\delta(1+c+2\delta+c_n+c_r)}{2+3\delta}$	$\dfrac{2\delta(c+c_n)-\delta^2+6\delta+(8-5\delta)c_r}{16-6\delta}$	c_r	$\dfrac{\delta(3+c+c_n)}{4}$
π_M^{DD*}	$\dfrac{(c+c_n+c_r-1-\delta)^2}{4(2+3\delta)}$	$\dfrac{Y}{4\delta(8-3\delta)}$	$\dfrac{(\delta+\delta c+\delta c_n-2c_r)(c_r-\delta)}{\delta^2}$	$\dfrac{(1-c-c_n)^2}{8}$
π_R^{DD*}	$\dfrac{(c+c_n+c_r-1-\delta)^2}{4(2+3\delta)^2}$	$\dfrac{4(c+c_n-c_r+\delta-1)^2}{(8-3\delta)^2}$	$\dfrac{(\delta-c_r)^2}{\delta^2}$	$\dfrac{(1-c-c_n)^2}{16}$

注：$X = \delta c_n^2 + 2\delta(c-c_r+\delta-1)c_n + c_r^2 - 2c\delta c_r + \delta[1+c^2+2c(\delta-1)-\delta]$。

5.4.3 模型分析

在 5.4.2 节，分别推导了两种不同渠道模型下零售商和制造商的最优决策，以及再制品销售成本对产品定价和收益的影响。现在对均衡结果进行进一步的分析。易证 $c_1^{\text{SD}} < c_2^{\text{SD}} < c_1^{\text{DD}} < c_2^{\text{DD}} < c_3^{\text{DD}}$，故有 6 种不同的均衡解方案可供比较。同时采用数值算例方式对所得结果进行验证，研究内生变量 c_r 是如何影响此类优化决策的。注意，在图 5.12～图 5.16 中我们设置消费者对再制品的价值折扣 $\delta = 0.5$，生产新产品的边际成本 $c = 0.4$，销售新产品的边际成本 $c_n = 0.3$。

推论 5.4.1 在两种销售渠道模式中，均存在一个阈值 c_r，当 $0 < c_r \leqslant \overline{c_r}$ ($\overline{c_r} = c_2^{\text{SD}}$ 或 $\overline{c_r} = c_2^{\text{DD}}$)，同时存在新产品和再制品两种销售渠道，否则仅销售新产品。同时，阈值 c_2^{SD} 小于 c_2^{DD}。

比较发现，首先，制造商与零售商在销售再制品时都存在一个成本上限 c_2^{DD}，当 $c_r > \overline{c_r}$ 时，两种销售模式下再制造利润均为零，各渠道成员主要依赖新产品收益。其次，还发现线下分销模式中所能接受的再制品销售成本上限低于网络直销模式（即 $c_2^{\text{SD}} < c_2^{\text{DD}}$）。这一理论背后的经济直觉如下：在通过零售商销售再制品的单渠闭环供应链模型中，制造商和零售商之间的纵向竞争导致了双重边缘化问题。所有渠道成员都独立地寻求自身利润最大化，这导致了与垂直整合的渠道相比，零售价格更高，销售数量和利润更低。传统零售渠道下销售再制品的竞争相比网络直销渠道较激烈，所能接受的成本上限也较低。

1. 对产品需求量的影响

本部分探究两种不同销售渠道下，再制造产品销售成本 c_r 对再制品和新产品最优需求量的影响。比较结果如表 5.8 所示。

表 5.8 销售渠道对产品需求量的影响

决策场景		结果比较	
场景 1	$c_r \leqslant c_1^{\text{SD}}$	$q_{r1}^{\text{DD}} \geqslant q_{r1}^{\text{SD}}$	$q_{n1}^{\text{DD}} \geqslant q_{n1}^{\text{SD}}$
场景 2	$c_1^{\text{SD}} < c_r \leqslant c^*$	$q_{r1}^{\text{DD}} \geqslant q_{r2}^{\text{SD}}$	$q_{n1}^{\text{DD}} > q_{n2}^{\text{SD}}$
	$c^* < c_r \leqslant c_2^{\text{SD}}$		$q_{n1}^{\text{DD}} < q_{n2}^{\text{SD}}$
场景 3	$c_2^{\text{SD}} < c_r \leqslant c_1^{\text{DD}}$	$q_{r1}^{\text{DD}} > q_{r3}^{\text{SD}}$	$q_{n1}^{\text{DD}} \leqslant q_{n3}^{\text{SD}}$
场景 4	$c_1^{\text{DD}} < c_r \leqslant c_\Delta$	$q_{r2-1}^{\text{DD}} > q_{r3}^{\text{SD}}$	$q_{n2-1}^{\text{DD}} \leqslant q_{n3}^{\text{SD}}$
	$c_\Delta < c_r \leqslant c_2^{\text{DD}}$		$q_{n2-1}^{\text{DD}} \geqslant q_{n3}^{\text{SD}}$
场景 5	$c_2^{\text{DD}} < c_r \leqslant c_3^{\text{DD}}$	—	$q_{n2-2}^{\text{DD}} \geqslant q_{n3}^{\text{SD}}$
场景 6	$c_r > c_3^{\text{DD}}$	—	$q_{n3}^{\text{DD}} = q_{n3}^{\text{SD}}$

推论 5.4.2 再制品最优需求量一直受双重边缘化影响，SD 模式下再制品需求量始终不高于 DD 模式；具体地说，$q_r^{\text{DD}} \geqslant q_r^{\text{SD}}$。

推论 5.4.3 再制造产品销售成本影响两种模式下新产品需求量的大小关系如下。

(1) 当销售成本相对适中时,SD 模式下新产品销量不低于 DD 模式。具体地说,若 $c^* < c_r \leqslant c_\Delta$,则 $q_n^{DD} \leqslant q_n^{SD}$。

(2) 当销售成本相对较低或者较高时,情况正好相反。具体地说,若 $0 < c_r \leqslant c^*$ 或 $c_\Delta < c_r < c_3^{DD}$,则 $q_n^{DD} \geqslant q_n^{SD}$。其中 $c^* = \dfrac{\delta(-1+5c+\delta+5c_n)}{4+\delta}$,$c_\Delta = \dfrac{5\delta + 3\delta c + 3\delta c_n}{8}$。

(3) 当销售成本足够高时,不存在渠道选择偏好。具体地说,若 $c_3^{DD} < c_r < 1$,则 $q_n^{DD} = q_n^{SD}$。

为更直观地解释两种最优需求量对 c_r 的灵敏度,采用数值算例做进一步分析。如图 5.12 和图 5.13 所示,依据决策场景将划为 $(0, 0.3]$、$(0.3, 0.35]$、$(0.35, (407+3\sqrt{91})/1060]$、$((407+3\sqrt{91})/1060, 0.46]$、$(0.46, 0.4625]$、$(0.4625, 1]$ 六个区间分段表示(由于场景一和场景六的趋势相同,为清晰显示只取 $c_r \in [0.1, 0.6]$ 部分)。

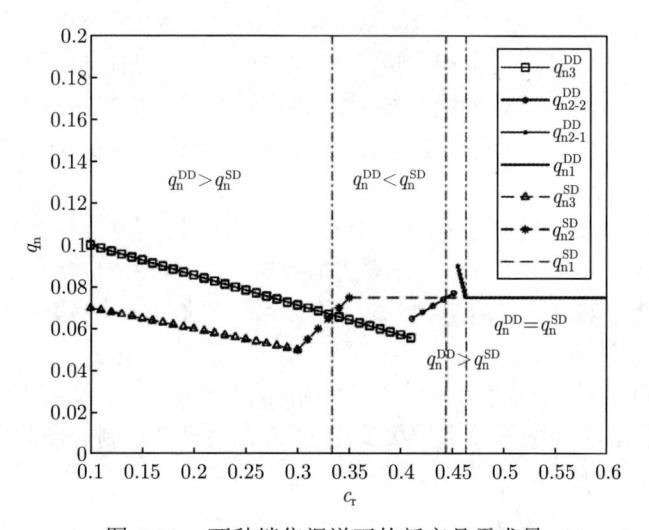

图 5.12 两种销售渠道下的新产品需求量

由图 5.12 可知,当 $c_r \in (0, 0.46]$ 时 DD 模型下的再制品最优需求量始终高于 SD 模型。首先注意到,SD 模型中零售商的利润主要来源于两种产品的销售。相比制造商直销渠道,由于考虑再制品对所售新产品同类相残的影响($\delta \to 1$ 两种产品的替代效应更强,竞争更激烈),零售商对销售再制品的动机更低,这一现象验证了事实。

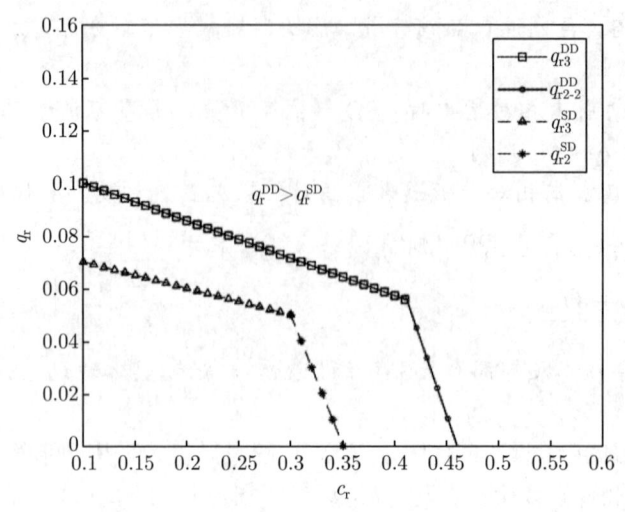

图 5.13 两种销售渠道下的再制品需求量

大量有关双渠道的研究表明，由于双重边缘化问题的影响，制造商和零售商之间的纵向竞争会导致销售数量降低。这一观点在以往研究中普遍得到了证实。例如，直销再制品时新产品和再制品的需求量均大于分销再制品时新产品和再制品的需求量[39]。但通过对理论和数值结果分析发现：新产品需求量在直销和分销两种模式下的大小关系受双重边缘化问题和再制品销售成本的共同影响，这与以往研究结果不同。

由图 5.13 可知，当 $c_r \in (0, 1/3] \cup (71/160, 1)$ 时，直销渠道 DD 下的新产品最优需求量高于分销渠道 SD。有趣的是，在 $c_r \in (1/3, 71/160]$ 时，情况相反。背后的经济直觉如下：随着 c_r 增加，当 $c_r \in (1/3, 0.35]$ 分销渠道中再制品需求量大幅降低，零售商收益主要依赖新产品销售，开始出现 q_n^{SD} 大于 q_n^{DD}；当 $c_r \in (0.35, 71/160]$ 时，分销渠道中仅销售新产品，$q_n^{SD} \gg q_n^{DD}$；当 $c_r \in (71/160, 0.4625]$，再制品销售成本的增加导致直销渠道中 q_r^{DD} 大幅降低，制造商收益主要依赖新产品销售，此时 $q_n^{SD} < q_n^{DD}$。

2. 对经济效益的影响

本部分基于制造商、零售商和整个供应链系统的角度，探究销售成本有差异的情况下，c_r 对其经济效益的影响。在研究两种产品销售渠道同时存在（即考虑再制造策略）时，再制品的最优渠道选择问题。由于销售成本超过上限零售商（制造商）有权选择是否继续开通再制品销售渠道（$q_{r3}^{SD} = q_{r3}^{DD} = q_{r2-2}^{DD} = 0$），故仅需对场景一和场景二分析，比较结果如表 5.9 所示。

推论 5.4.4 若考虑再制造策略，就制造商而言，更倾向于选择双渠道直销模式 DD；就零售商而言，更倾向于选择单渠道分销模式 SD。具体地说，$\pi_M^{DD} \geqslant \pi_M^{SD}$，

$\pi_{\mathrm{R}}^{\mathrm{DD}} \leqslant \pi_{\mathrm{R}}^{\mathrm{SD}}$。

表 5.9 销售渠道对经济绩效的影响

决策场景	结果比较		
$c_{\mathrm{r}} \leqslant c_1^{\mathrm{SD}}$	$\pi_{\mathrm{M1}}^{\mathrm{DD}} \geqslant \pi_{\mathrm{M1}}^{\mathrm{SD}}$	$\pi_{\mathrm{R1}}^{\mathrm{DD}} \leqslant \pi_{\mathrm{R1}}^{\mathrm{SD}}$	$\pi_{\mathrm{T1}}^{\mathrm{DD}} \geqslant \pi_{\mathrm{T1}}^{\mathrm{SD}}$
$c_1^{\mathrm{SD}} < c_{\mathrm{r}} \leqslant c_2^{\mathrm{SD}}$	$\pi_{\mathrm{M1}}^{\mathrm{DD}} \geqslant \pi_{\mathrm{M2}}^{\mathrm{SD}}$	$\pi_{\mathrm{R1}}^{\mathrm{DD}} \leqslant \pi_{\mathrm{R2}}^{\mathrm{SD}}$	$\pi_{\mathrm{T1}}^{\mathrm{DD}} \geqslant \pi_{\mathrm{T1}}^{\mathrm{SD}}$

推论 5.4.5 若考虑再制造策略,制造商直销再制造产品更有利于提升供应链的总体绩效。具体地说,$\pi_{\mathrm{T}}^{\mathrm{DD}} \geqslant \pi_{\mathrm{T}}^{\mathrm{SD}}$。

由上述结论可知,当 $c_{\mathrm{r}} \leqslant c_1^{\mathrm{SD}}$ 时,供应链成员的销售渠道选择不受再制造产品销售成本的影响,制造商始终偏好直销模式,零售商始终偏好分销模式。但从提升系统总体绩效的角度考虑,应与制造商的渠道偏好相同。可通过数值算例做进一步分析,令 $\Delta\Pi_{ik} = \pi_i^{\mathrm{DD}} - \pi_i^{\mathrm{SD}}$,其中 $i \in \{\mathrm{M}, \mathrm{R}, \mathrm{T}\}$,$k \in \{1, 2\}$ 分别表示决策场景一和场景二。

由图 5.14 可得,在 $c_{\mathrm{r}} \in (0, 0.35]$ 区间内,$\Delta\Pi_{\mathrm{M}k} > 0$,$\Delta\Pi_{\mathrm{T}k} > 0$,$\Delta\Pi_{\mathrm{R}k} < 0$。同时发现对比制造商,零售商对渠道的偏好差异程度受 c_{r} 变化的影响较小,即 $|\Delta\Pi_{\mathrm{R}k}| < |\Delta\Pi_{\mathrm{M}k}|$。随着再制品销售成本的增加,当 $c_{\mathrm{r}} \in (0, 0.3]$ 时,渠道成员和供应链系统对两种销售渠道的偏好差异程度逐渐缩小;当 $c_{\mathrm{r}} \in (0.3, 0.35]$ 时,零售商对渠道的偏好差异开始增加,制造商持续缩小,但系统仍然保持下降趋势。因此,若考虑再制造策略,那么选择直销渠道可以增加整个供应链的利润,从而限制双重边缘化的损失。

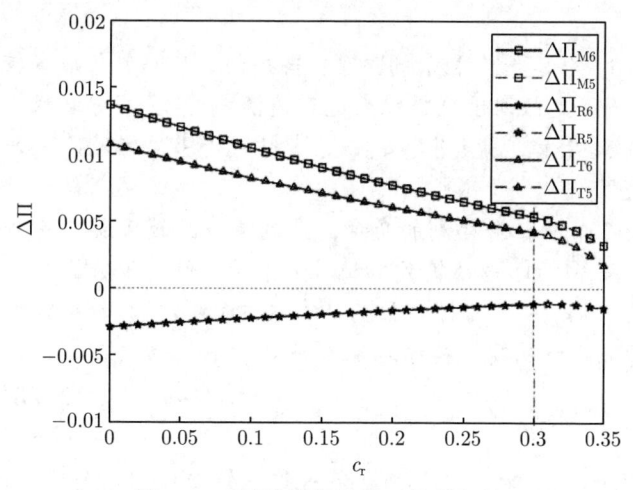

图 5.14 两种销售渠道下的利润差

3. 有关消费者剩余和社会福利

本部分从消费者和社会层面，探究销售成本差异的情况下，通过数值算例分析 c_r 对消费者剩余和社会福利的影响，比较其在两种销售模式下的大小关系，从而进行最优渠道决策。消费者剩余（consumer surplus，CS）表示为

$$\mathrm{CS} = \int_{\frac{p_n-p_r}{1-\delta}}^{1}(v-p_n)\mathrm{d}v + \int_{\frac{p_r}{\delta}}^{\frac{p_n-p_r}{1-\delta}}(\delta v - p_r)\mathrm{d}v = \frac{(p_n-p_r)^2}{2(1-\delta)} + \frac{p_r^2}{2\delta} - p_n + \frac{1}{2}$$

社会福利（social welfare, SW）表示为 $\mathrm{SW} = \pi_M + \pi_R + \mathrm{CS}$。各场景下的比较结果如表 5.10 所示。

表 5.10 销售渠道对消费者剩余和社会福利的影响

决策场景		结果比较	
场景 1	$c_r \leqslant c_2^{\mathrm{SD}}$	$\mathrm{CS}_1^{\mathrm{DD}} \geqslant \mathrm{CS}_1^{\mathrm{SD}}$	$\mathrm{SW}_1^{\mathrm{DD}} \geqslant \mathrm{SW}_1^{\mathrm{SD}}$
场景 2	$c_2^{\mathrm{SD}} < c_r \leqslant c_1^{\mathrm{SD}}$	$\mathrm{CS}_1^{\mathrm{DD}} \geqslant \mathrm{CS}_2^{\mathrm{SD}}$	$\mathrm{SW}_1^{\mathrm{DD}} \geqslant \mathrm{SW}_2^{\mathrm{SD}}$
场景 3	$c_1^{\mathrm{SD}} < c_r \leqslant c''$ $c'' < c_r \leqslant c_3^{\mathrm{DD}}$	$\mathrm{CS}_1^{\mathrm{DD}} \geqslant \mathrm{CS}_3^{\mathrm{SD}}$	$\mathrm{SW}_1^{\mathrm{DD}} \geqslant \mathrm{SW}_3^{\mathrm{SD}}$ $\mathrm{SW}_1^{\mathrm{DD}} \leqslant \mathrm{SW}_3^{\mathrm{SD}}$
场景 4	$c_3^{\mathrm{DD}} < c_r \leqslant c^{\Delta}$ $c^{\Delta} < c_r \leqslant c_2^{\mathrm{DD}}$	$\mathrm{CS}_{2\text{-}1}^{\mathrm{DD}} \geqslant \mathrm{CS}_3^{\mathrm{SD}}$	$\mathrm{SW}_{2\text{-}1}^{\mathrm{DD}} \leqslant \mathrm{SW}_3^{\mathrm{SD}}$ $\mathrm{SW}_{2\text{-}1}^{\mathrm{DD}} \geqslant \mathrm{SW}_3^{\mathrm{SD}}$
场景 5	$c_2^{\mathrm{DD}} < c_r \leqslant c_1^{\mathrm{DD}}$	$\mathrm{CS}_{2\text{-}2}^{\mathrm{DD}} \geqslant \mathrm{CS}_3^{\mathrm{SD}}$	$\mathrm{SW}_{2\text{-}2}^{\mathrm{DD}} \geqslant \mathrm{SW}_3^{\mathrm{SD}}$
场景 6	$c_r > c_1^{\mathrm{DD}}$	$\mathrm{CS}_3^{\mathrm{DD}} = \mathrm{CS}_3^{\mathrm{SD}}$	$\mathrm{SW}_3^{\mathrm{DD}} = \mathrm{SW}_3^{\mathrm{SD}}$

分析表 5.10 可知，在决策场景六中（即 $c_r > c_3^{\mathrm{DD}}$），两种销售模型下的 CS 和 SW 均相等。说明当再制品销售成本超过某一阈值，消费者则不存在明显的销售渠道偏好。

推论 5.4.6 从消费者剩余的角度，当再制造产品销售成本较低时，相比单渠道分销模式 SD 更倾向于选择双渠道直销模式 DD；当销售成本较高时，不存在渠道选择偏好。具体地说，若 $0 < c_r < c_3^{\mathrm{DD}}$，则 $\mathrm{CS}^{\mathrm{DD}} \geqslant \mathrm{CS}^{\mathrm{SD}}$；若 $c_3^{\mathrm{DD}} < c_r < 1$，则 $\mathrm{CS}^{\mathrm{DD}} = \mathrm{CS}^{\mathrm{SD}}$。

推论 5.4.7 从社会福利的角度，再制造产品销售成本影响两种模式下社会福利的大小关系。① 当销售成本相对适中时，倾向于选择线下分销模式 SD。具体地说，若 $c'' < c_r \leqslant c^{\Delta}$，则 $\mathrm{SW}^{\mathrm{DD}} \leqslant \mathrm{SW}^{\mathrm{SD}}$。② 当销售成本相对较低或者较高时，情况正好相反。具体地说，若 $0 < c_r \leqslant c''$ 或 $c^{\Delta} < c_r < c_3^{\mathrm{DD}}$，则 $\mathrm{SW}^{\mathrm{DD}} \geqslant \mathrm{SW}^{\mathrm{SD}}$。其中 $c'' = 1 + \delta - c - c_n - \dfrac{(1-c-c_n)(2+3\delta)\sqrt{7(7+9\delta)}}{2(7+9\delta)}$，$c^{\Delta} = \dfrac{\delta(192-60\delta)(c_n+c+1) + 2\delta^2(3\delta-4) + \delta\sqrt{21\delta}(8-3\delta)(1-c-c_n)}{2(3\delta^2-64\delta+192)}$。③ 当销售成本足够高时，不存在渠道选择偏好。具体地说，若 $c_3^{\mathrm{DD}} < c_r < 1$，则 $\mathrm{SW}^{\mathrm{DD}} = \mathrm{SW}^{\mathrm{SD}}$。

数值算例的设置同图 5.12 和图 5.13（由于场景一和场景六的趋势相同，为清晰显示只取 $c_r \in [0.2, 0.6]$ 部分）。分析图 5.15 可得：当 $c_r \in (0, 0.4625]$ 时 DD 模型下的消费者剩余远大于 SD 模型，选择双渠道直销模式优于单渠道分销模式；当 $c_r \in [0.4625, 1)$ 时两者相等，对两种销售渠道不存在明显偏好。故无论销售成本大小，在 $c_r \in (0, 1)$ 内，对消费者来说始终更倾向于制造商直销渠道。如图 5.16 所示，当 $c_r \in (0, 0.390] \cup (0.434, 1)$ 时，DD 模型下的社会福利高于 SD 模型；否则相反。注意，仅在区间 $c_r \in (0, 0.35]$（$c_r \in (0, 0.46]$）内，SD 模型（DD 模型）同时存在两种产品的销售渠道。

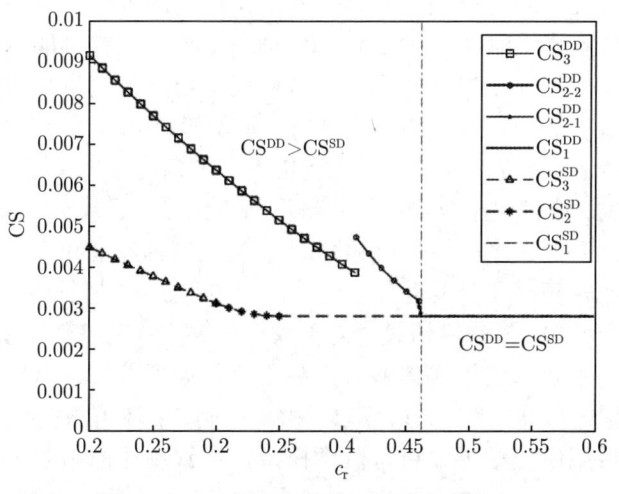

图 5.15　两种销售渠道下的消费者剩余

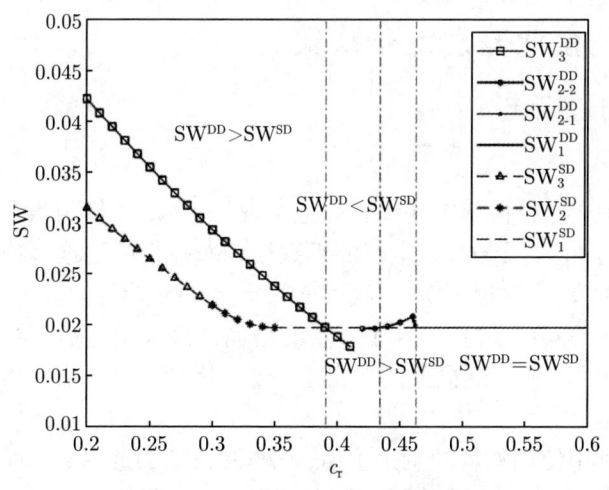

图 5.16　两种销售渠道下的社会福利

5.4.4 管理启示

再制造产品和新产品销售渠道的决策关系到产品价值的实现和供应链系统效率的优化。本书构建了单渠道供应链线下分销模式和双渠道供应链网络直销模式两种渠道模型,不同于再制造背景下通常对回收渠道中成本的关注,研究再制造产品销售成本如何影响渠道成员对销售新产品与再制品时的销售渠道选择问题。将网络渠道与再制造策略结合起来,并评估了这些决策对再制品销售成本控制、产品最优需求量、渠道成员经济效益、消费者剩余和社会福利的影响。通过求解和比较分析不同模型的均衡解,采用数值仿真得到以下管理启示。① 再制品销售成本存在一定的阈值,不符合开工条件下两种销售模式中再制造利润均为零,各成员主要依赖新产品收益。② 通过对成本的控制能有效缓解双重边缘化问题的影响。不同于以往研究中直销模式下新产品销量高于分销模式的结果,发现再制造产品销售成本相对适中时,情况恰好相反。③ 比较同时销售新产品和再制品情形下的经济效益,从供应链系统的角度考虑,其渠道选择偏好始终与制造商一致,更倾向于双渠道供应链网络直销模式;基于零售商考虑,其销售渠道偏好与制造商、供应链系统相悖。④ 从社会福利的角度考虑,当再制品销售成本较低或较高时,双渠道直销模式优于单渠道分销模式,否则情况相反。基于消费者剩余考虑,消费者始终倾向于双渠道供应链网络直销模式。本书假设消费者通过网络平台和线下实体购买产品不存在渠道偏好,但现实中消费者偏好可能呈现不同的分布。此外,只考虑了由单一制造商和单一零售商组成的闭环供应链系统,后期研究中可以将这两个模型扩展到制造商与多个零售商互动的情况。

5.5 再制造企业差别定价决策

5.5.1 问题描述

1. 引言

在汽车行业,物料再制造并没有完全实现。例如,我们与汽车制造商的经验交流表明至少有 30% 用于汽车生产的钢铁被浪费掉,但是这些物料并没有使用到生命周期的尽头。钢铁占生产一辆汽车总原材料的 72%~88%。我国的企业汽车年销售量数千万[79]。随着对汽车需求的增加,汽车制造商需要更多的钢铁产品,同时,资源的浪费问题也可能变得更严重。因此,汽车消费市场具有巨大的物料再制造潜能。

为了充分利用使用物料的剩余价值,汽车制造商的选择之一是将这些物料销售给物料供应商。因此,本节的研究为闭环供应链中供应商物料产品的生产和销售问题，即汽车制造商使用的物料产品被供应商回收并进行再制造。之前的研究显示企业已经部署了多元化的再制造方式。对于原始设备制造商，它们可以选择不进行再制造[48]。对于独立再制造商或者第三方再制造商，它们可以实施再制造[27]。独立再制造商和原始设备制造商同时存在形成了一个竞争环境。本节将原始物料供应商视为原始设备制造商，而独立物料供应商视为独立再制造商。原始物料供应商制造新物料产品，独立物料供应商生产再制造物料产品。因此，当存在竞争时企业如何制定产品价格。

在消费者市场上，消费者对再制造产品的支付意愿低于新产品的支付意愿，因为消费者对再制造产品质量的感知价值低于对新产品质量的感知价值[47,80]。因此，假定消费者对再制造产品的支付意愿是新产品的一定比例，这个比例被称为消费者折扣因子。相应地，从事再制造的企业可以通过提供一个比新产品低的再制造产品价格吸引一部分消费者。从而一部分原计划购买新产品的消费者会转而购买再制造产品。企业的价格和消费者支付意愿对消费者购买行为具有显著的影响。为了制定使得企业获得最大利润并实现最小环境影响的最优价格，对消费者的购买行为进行分析成为必不可少的工作。对消费者行为分析使得企业能够针对不同类型的消费者进行差别定价。因此，企业在什么条件下会对消费者购买行为分析进行投资。

本节的研究目的是在不同定价模型下，分析成本节约和消费者折扣因子对企业最优决策的影响，探讨不同的定价模型对企业利润和环境的影响，并找到企业投资消费者购买行为分析的条件。因此，呈现了一个双寡头模型（原始物料供应商和独立物料供应商）。原始物料供应商使用原始原材料生产新产品，独立物料供应商利用使用的物料生产再制造产品。接着，原始物料供应商和独立物料供应商竞争决定产品价格，相应地决定各自的产量。在一个单期的模型中，产品价格不会发生改变。但是，在一个两期模型中，消费者购买行为起着关键的作用。企业可以基于消费者购买行为对不同类型的消费者设定不同的价格。假设消费者是理性的。因此，消费者基于自己的最大化效用来选择从哪一个供应商处购买产品。针对这一问题，本节构建了两个模型：一是没有差别定价的基准模型；二是基于消费者购买行为的差别定价模型。

通过对这些模型的分析提出了以下现实启示。首先，两种模型中，原始物料供应商的总利润随消费者折扣因子的增加而降低；独立物料供应商的总利润随消费者折扣因子先降低后增加。成本节约增加导致独立物料供应商盈利能力提高，从而提高了独立物料供应商生产再制造产品的动机。此外，如果消费者折扣因子高，那么差别定价更有利于独立物料供应商利润的提高。其次，通过对比两种模型，发现了当成本节约较小时，在消费者折扣因子高的情况下，通过差别定价模型，原始物料供应商可以获得更高的利润并实现更低的环境影响。在这种情况下，原始物料供应商对消费者购买行为分析的投资意愿更强。相反地，通过差别定价模型，独立物料供应商能够获得更高的利润并实现更低的环境影响。在这种情况下，独立物料供应商对消费者购买行为分析的投资意愿更强。此外，从盈利的角度，高的消费者折扣因子使得原始物料供应商对消费者购买行为分析投资动机更强。相反地，从环境可持续的角度，高的消费者折扣因子使得独立物料供应商对消费者购买行为分析投资动机更强。最后，当成本节约和消费者折扣因子相对低时，如果原始物料供应商和独立物料供应商均采用差别定价模型，总的环境影响增加。否则，原始物料供应商和独立物料供应商总的环境影响和总利润降低。因此，为了促进企业降低总的环境影响，政策制定者可以利用补贴政策补贴企业因降低环境影响而产生的利润损失。

2. 模型假设

1）关于企业的假设

本节建立了一个原始物料供应商和独立物料供应商相互竞争的两期模型。为了清晰地比较不同供应商的定价策略、利润和环境影响，假设原始物料供应商进行制造，独立物料供应商采用再制造。企业能获得充足的用于制造的新原料和用于再制造的使用过的物料。在模型中，用下标 $t \in \{1,2\}$ 分别表示第一期和第二期。通常情况下，再制造产品的生产成本比新产品的生产成本要低，即 $C_r < C_n$[27,42,81]。下标 n 和 r 表示新产品和再制造产品。C_s 表示每单位再制造产品相对于每单位新产品的成本节约，$C_s \equiv C_n - C_r$。C_n、C_r 和 C_s 均为外生变量。

2）关于消费者的假设

遵循 Moorthy[66] 的消费者偏好，消费者对质量的支付意愿 θ 是异质的，并服从均匀分布。不失一般性，将其标准化为 $\theta \in [0,1]$。一个类型 θ 的消费者对新产品的估值为 θ。将消费者购买再制造产品的意愿建模为占消费者购买新产品的意愿的 α 比例，其中 $\alpha \in (0,1)$，称 α 为消费者折扣因子。虽然大多数再制造产品并不比新产品差，但是消费者对质量具有异质的估值[82]。在现实中，消费者愿意为新产品花更多的钱，因为消费者经常认为再制造的产品质量低劣。消费者折扣因子 α 是恒定的[40,46,83,98]。在每一期中，消费者最多使用一个单位的产品。市场规模标准化为 1。

3）关于环境影响的假设

每单位新产品（或再制造产品）对每期的环境影响为 e_n (e_r)。环境影响是指产品生命周期中在生产/使用/处理过程中产生的环境影响的总和[84-85]。为了简单起见，使用了每单位产品对环境的总影响。由于再制造活动可以对已使用的物料和产品进行再利用，因此每单位再制造产品对环境的总影响低于每单位新产品对环境的总影响，即 $e_r < e_n$。每家企业总的环境影响取决于产品的产量和每

单位产品环境总影响的乘积[86-87]。

4）博弈顺序

博弈的时间顺序如下。在第零期，原始物料供应商和独立物料供应商同时决定是否投资于消费者购买行为分析以在未来对不同类型的消费者采取差别定价。如果企业决定投资，那么投资额为 V。在第一期，原始物料供应商对新产品定价，独立物料供应商对再制造产品定价。在第二期，如果所有的企业选择对消费者购买行为分析不投资，企业会继续对它们的产品设定与前一期相同的价格。如果企业对消费者购买行为分析投资，它们会通过观察消费者的早期购买行为，对不同类型的消费者采取差别定价。接着，消费者选择从之前购买产品的企业购买，或者转向另一家企业。本节的定义概括如下。

5）指示变量

t：时间指示变量，($t \in \{1, 2\}$)。

x：模型指示变量，($x \in \{A, B\}$)。

y：参与者指示变量，($y \in \{o, i\}$)。

z：消费者指示变量，($z \in \{l, v\}$)。

θ：消费者对质量的支付意愿，($\theta \in [0, 1]$)。

6）参数变量

α：消费者折扣因子，即消费者购买再制造产品的意愿与购买新产品的意愿之比。

C_n：新产品的单位生产成本。

C_r：再制造产品的单位生产成本。

C_s：每件再制造产品相对于每件新产品节省的成本。

e_n：每单位新产品的环境影响。

e_r：每单位再制造产品对环境的影响。

7）决策变量

P_{tn}^x：模型 x 下 t 时期新产品价格。

P_{tr}^x：模型 x 下 t 时期再制造产品价格。

q_{tn}^x：模型 x 下 t 时期新产品的数量需求。

q_{tr}^x：模型 x 下 t 时期再制造产品的数量需求。

δ_{nz}：原始供应商提供给 z 型消费者的每件产品的折扣。

δ_{rz}：独立供应商提供给 z 型消费者的每件产品的折扣。

8）决策目标

Π_{ty}^x：模型 x 下 t 时期，参与者 $y's$ 的利润目标。

E_y^x：模型 x 下，参与者 $y's$ 的环境影响。

5.5.2 模型构建

本节构建并分析了两种定价模型，一种是不考虑基于消费者购买行为的企业差别定价，另一种是考虑基于消费者购买行为的企业差别定价。本节的主要目标是找到在不同模型下成本节约和消费者折扣因子对企业定价决策和利润的影响，分析基于消费者购买行为的差别定价对企业的盈利能力和环境的影响，确定企业投资消费者购买行为分析对公司的利润和环境都有好处的条件。从一个企业没有差别定价的基准模型开始（5.5.2.1 节）开始（模型 A，图 5.17（a））。接下来，考虑了一个企业基于消费者购买行为的差别定价模型（5.5.2.2 节）（模型 B，图 5.17（b））。通过对模型之间的比较（5.5.3 节）以观察各方所制定的定价策略是如何影响其利润和环境的。

1. 不考虑消费者购买行为的再制造产品定价

考虑到企业不会在消费者购买行为分析上投入资金以区分消费者类型，本节研究了两家企业都不采用差别定价的基准模型（模型 A，图 5.17（a））。因此，两期决策是独立并相同的。设 P_{tn}^{A} 和 P_{tr}^{A} 分别表示在 t 期，原始物料供应商的新产品价格和独立物料供应商的再制造产品价格。需求函数可以由消费者购买每种产品的最大效用来表示。遵循 Moorthy[66] 的一般方法是，消费者效用是由消费者的内在价值和产品提供的价值所得到的。U_0 是消费者对所有产品产生的基本效用。假设 U_0 足够高，所以所有消费者在每个时期购买产品。因此，整个市场规模保持稳定。一个类型为 θ 的消费者从购买新产品中获得效用 $U_{tn}^{A} = U_0 + \theta - P_{tn}^{B}$，从再制造产品中获得效用 $U_{tr}^{A} = U_0 + \alpha\theta - P_{tr}^{B}$。如果 $U_{tn}^{A} > U_{tr}^{B}$，消费者 θ 将会购买新产品，否则，消费者 θ 将会购买再制造产品。因此，得到如下新产品和再制造产品的需求函数，即

$$q_{tn}^{A} = 1 - \frac{P_{tn}^{A} - P_{tr}^{A}}{1 - \alpha} \tag{5.5.1}$$

$$q_{tr}^{A} = \frac{P_{tn}^{A} - P_{tr}^{A}}{1 - \alpha} \tag{5.5.2}$$

设 π_{to}^{A} 和 π_{ti}^{A} 表示原始物料供应商和独立物料供应商每期的利润。$\pi_{o}^{A} = \sum_{t=1}^{2} \pi_{to}^{A}$ $\left(\pi_{i}^{A} = \sum_{t=1}^{2} \pi_{ti}^{A}\right)$ 是原始物料供应商（独立物料供应商）两期的总利润。原始物料供应商决定新产品的价格，其单期的目标函数为

$$\max \pi_{to}^{A} = (P_{tn}^{A} - C_{n})q_{tn}^{A} \tag{5.5.3}$$

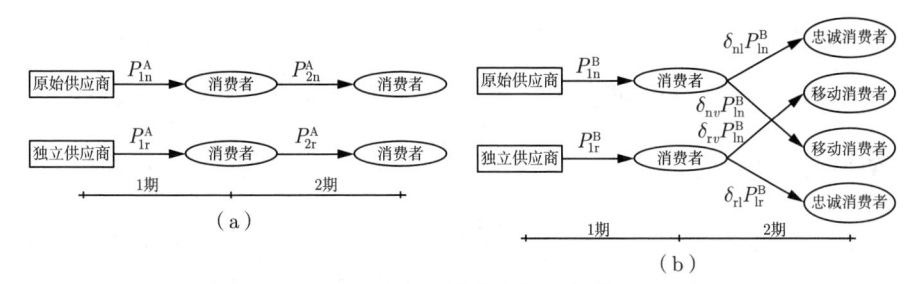

图 5.17 对新产品和再制造产品没有或有差别定价
(a) 模型 A; (b) 模型 B

独立物料供应商决定再制造产品的价格，其单期的目标函数为

$$\max \pi_{ti}^{A} = (P_{tr}^{A} - C_r)q_{tr}^{A} \tag{5.5.4}$$

原始物料供应商（或独立物料供应商）总的环境影响为 $E_o^A = e_n q_n^A$ ($E_i^A = e_r q_r^A$)。q_n^A (q_r^A) 为新产品（或再制造产品）在两期的总需求。原始物料供应商和独立物料供应商总的环境影响为 $E^A = E_o^A + E_i^A$。通过计算得到了纳什均衡解，以及各方的利润和环境影响，得到的结果如下：

$$P_{tn}^{A*} = \frac{2 - 2\alpha + 2C_n + C_r}{3} \tag{5.5.5}$$

$$P_{tr}^{A*} = \frac{1 - \alpha + C_n + 2C_r}{3} \tag{5.5.6}$$

$$q_{tn}^{A*} = \frac{2 - 2\alpha - C_n + C_r}{3(1-\alpha)} \tag{5.5.7}$$

$$q_{tr}^{A*} = \frac{1 - \alpha + C_n - C_r}{3(1-\alpha)} \tag{5.5.8}$$

$$\pi_o^{A*} = \frac{2(2 - 2\alpha - C_n + C_r)^2}{9(1-\alpha)} \tag{5.5.9}$$

$$\pi_i^{A*} = \frac{2(1 - \alpha + C_n - C_r)^2}{9(1-\alpha)} \tag{5.5.10}$$

$$E_o^{A*} = \frac{2e_n(2 - 2\alpha - C_n + C_r)}{3(1-\alpha)} \tag{5.5.11}$$

$$E_i^{A*} = \frac{2e_r(1 - \alpha + C_n - C_r)}{3(1-\alpha)} \tag{5.5.12}$$

$$E^{A*} = \frac{2[(1-\alpha)(2e_n + e_r) - (C_n - C_r)(e_n - e_r)]}{3(1-\alpha)} \tag{5.5.13}$$

证明：将式 (5.5.1) 和式 (5.5.2) 代入式 (5.5.3) 和式 (5.5.4)，对 π_{to}^A 关于 P_{tn}^A 求导使得最大化 π_{to}^A，得到唯一解 $P_{tn}^A = \dfrac{1-\alpha + P_{tr}^A + C_n}{2}$。对 π_{ti}^A 关于 P_{tr}^A 求导使得最大化 π_{ti}^A，得到唯一解 $P_{tr}^A = \dfrac{P_{tn}^A + C_r}{2}$。两个最优反应曲线恰好相交一次。首先考虑 $P_{tn}^A = \dfrac{1-\alpha + P_{tr}^A + C_n}{2}$ 和 $P_{tr}^A = \dfrac{P_{tn}^A + C_r}{2}$。得到交点处的值为 $P_{tn}^{A*} = \dfrac{2-2\alpha+2C_n+C_r}{3}$ 和 $P_{tr}^{A*} = \dfrac{1-\alpha+C_n+2C_r}{3}$。检查 $P_{tn}^{A*} \geqslant C_n$ 和 $P_{tr}^{A*} \geqslant C_r$ 是否满足，发现当 $0 < \alpha \leqslant 1-\dfrac{C_s}{2}$，可以满足。因此当 $0 < \alpha \leqslant 1-\dfrac{C_s}{2}$，解得唯一的纳什均衡。在这种情况下，使用替代法求得均衡需求、均衡利润和均衡环境影响。（证毕）

基于此解决方案，进行了以下观察。首先，如果 $C_s < \dfrac{1-\alpha}{2}$，原始物料供应商的总利润高于独立物料供应商的总利润，反之亦然。接下来，命题 5.5.1 观察了消费者折扣因子对企业利润的影响。

命题 5.5.1 在该基准模型中，各方两期的总利润关于消费者折扣因子（α）的变化关系如下：

- 如果 $0 < \alpha \leqslant 1-\dfrac{C_s}{2}$，原始物料供应商的总利润随消费者折扣因子的增加而减少。
- 如果 $0 < \alpha < 1-C_s$，独立物料供应商的总利润随消费者折扣因子的增加而减少。
- 如果 $1-C_s < \alpha \leqslant 1-\dfrac{C_s}{2}$，独立物料供应商的总利润随消费者折扣因子的增加而增加。

证明：原始供应商两期的总利润为 π_o^{A*}。$\dfrac{\partial \pi_o^{A*}}{\partial \alpha} = \dfrac{2[(C_n-C_r)^2-(2-2\alpha)^2]}{9(1-\alpha)^2}$，当 $0 < \alpha \leqslant 1-\dfrac{C_s}{2}$，$\dfrac{\partial \pi_o^{A*}}{\partial \alpha} < 0$，这与前面的均衡条件一致。独立供应商两期的总利润为 π_i^{A*}。$\dfrac{\partial \pi_i^{A*}}{\partial \alpha} = \dfrac{2[(C_n-C_r)^2-(1-\alpha)^2]}{9(1-\alpha)^2}$，当 $0 < \alpha < 1-C_s$，$\dfrac{\partial \pi_i^{A*}}{\partial \alpha} < 0$；当 $\alpha > 1-C_s$，$\dfrac{\partial \pi_i^{A*}}{\partial \alpha} > 0$。与上面的均衡条件一致，当 $\alpha < 1-C_s$，$\dfrac{\partial \pi_i^{A*}}{\partial \alpha} < 0$；当 $1-C_s < \alpha \leqslant 1-\dfrac{C_s}{2}$，$\dfrac{\partial \pi_i^{A*}}{\partial \alpha} > 0$。（证毕）

命题 5.5.1 显示随着消费者折扣因子增加，原始物料供应商的总利润下降，但是独立物料供应商的总利润并不总是提高。直观地，随着消费者折扣因子增加，消费者对新产品和再制造产品的感知价值的差异下降，从而加强了企业之间的竞争。为了减少消费者损失，两家企业会定一个更低的价格。此外，高的消费者折扣因子导致消费者对再制造产品需求的增加，而对新产品的需求下降。因此，原始物料供应的总利润随消费者折扣因子的增加而下降。然而，当消费者折扣因子相对较低（$0 < \alpha < 1 - C_s$）时，独立物料供应商的总利润随着消费者折扣因子的增加而降低。否则，独立物料供应商的总利润随着消费者折扣因子的增加而增加。这一结果的合理性如下：当消费者折扣因子相对低时，随着消费者折扣因子的增加，对再制造产品需求的增加是以再制造产品价格的下降为主导的，结果，独立物料供应商的总利润下降。相反地，再制造产品价格的下降是由再制造产品需求的增加所主导的，因此，独立物料供应商的总利润增加。此外，当成本节约上升时，独立物料供应商的利润随消费者折扣因子增加而减少的范围缩小，独立物料供应商的利润随消费者折扣因子增加而增加的范围扩大。这一结果表明，成本节约的增加必然导致消费者折扣因子范围的扩大，从而增加独立物料供应商的盈利能力，增强了独立物料供应商生产再制造产品的动机。

2. 考虑消费者购买行为的再制造产品定价

本部分研究了基于消费者购买行为的企业差别定价模型（模型 B，图 5.17（b）），即企业对消费者购买行为分析进行投资，投资额为 V。为了找到子博弈完美均衡，首先分析了第二期企业的决策。在这一期，原始物料供应商给继续购买新产品的忠诚消费者一个折扣价格 $P_{2nl} = \delta_{nl} P_{1n}^{B}$，下标 l 代表了消费者的重复购买行为；原始物料供应商给从独立物料供应商转移而来的不稳定消费者一个折扣价格 $P_{2nv} = \delta_{nv} P_{1n}^{B}$，下标 v 代表了消费者的转移购买行为。独立物料供应商响应原始物料供应商的策略，给继续购买再制造产品的忠诚消费者一个折扣价格 $P_{2rl} = \delta_{rl} P_{1r}^{B}$，给从原始物料供应商转移而来的不稳定消费者一个折扣价格 $P_{2rv} = \delta_{rv} P_{1r}^{B}$。$\delta$ 是企业对具有不同购买行为的消费者提供的价格折扣。首先分析了消费者第二期的购买决策。假设 θ_1 为第一期购买新产品和再制造产品无差异的消费者。P_{1n}^{B}（P_{1r}^{B}）是第一期新产品（再制造产品）的价格。如果 $U_0 + \theta - \delta_{nl} P_{1n}^{B} > U_0 + \alpha\theta - \delta_{rv} P_{1r}^{B}$，即 $\theta > \bar{\theta}_2 = \dfrac{\delta_{nl} P_{1n}^{B} - \delta_{rv} P_{1r}^{B}}{1 - \alpha}$，在第一期购买新产品的理性消费者 $\theta \in (\theta_1, 1]$ 会继续购买 q_{2nl} 的新产品，否则则会转移到独立供应商购买再制造产品，转移的需求量为 q_{2rv}。如果 $U_0 + \alpha\theta - \delta_{rl} P_{1r}^{B} > U_0 + \theta - \delta_{nv} P_{1n}^{B}$，即 $\theta < \underline{\theta}_2 = \dfrac{\delta_{nv} P_{1n}^{B} - \delta_{rl} P_{1r}^{B}}{1 - \alpha}$，在第一期购买再制造产品的理性消费者 $\theta \in (0, \theta_1]$ 会继续购买 q_{2rl} 的再制造产品，否则将转移到原始物料供应商购买新产品，转移的需求量为 q_{2nv}。在第二期每类产品的总需求为 q_{2n}^{B} 和 q_{2r}^{B}。消费者的选择取决于它们的最大净效用。那么，每类消费者对产品的需求为

$$q_{2nl} = 1 - \frac{\delta_{nl}P_{1n}^{B} - \delta_{rv}P_{1r}^{B}}{1-\alpha} \tag{5.5.14}$$

$$q_{2nv} = \theta_1 - \frac{\delta_{nv}P_{1n}^{B} - \delta_{rl}P_{1r}^{B}}{1-\alpha} \tag{5.5.15}$$

$$q_{2rl} = \frac{\delta_{nv}P_{1n}^{B} - \delta_{rl}P_{1r}^{B}}{1-\alpha} \tag{5.5.16}$$

$$q_{2rv} = \frac{\delta_{nl}P_{1n}^{B} - \delta_{rv}P_{1r}^{B}}{1-\alpha} - \theta_1 \tag{5.5.17}$$

令 π_{2o}^{B} 和 π_{2i}^{B} 分别表示原始物料供应商和独立物料供应商第二期的利润。原始物料供应商和独立物料供应商以最大化利润为目标决定价格折扣。问题表述如下：

$$\max \pi_{2o}^{B} = (P_{2nl} - C_n)q_{2nl} + (P_{2nv} - C_n)q_{2nv} \tag{5.5.18}$$

和

$$\max \pi_{2i}^{B} = (P_{2rl} - C_r)q_{2rl} + (P_{2rv} - C_r)q_{2rv} \tag{5.5.19}$$

原始物料供应商的均衡价格折扣为

$$\delta_{nl}^{*} = \frac{(1-\alpha)(2-\theta_1) + 2C_n + C_r}{3P_{1n}^{B}} \text{ 和 } \delta_{nv}^{*} = \frac{2(1-\alpha)\theta_1 + 2C_n + C_r}{3P_{1n}^{B}}$$

独立物料供应商的均衡价格折扣为

$$\delta_{rl}^{*} = \frac{(1-\alpha)\theta_1 + C_n + 2C_r}{3P_{1r}^{B}} \text{ 和 } \delta_{rv}^{*} = \frac{(1-\alpha)(1-2\theta_1) + C_n + 2C_r}{3P_{1r}^{B}}$$

原始物料供应商和独立物料供应商第二期的利润分别为

$$\pi_{2o}^{B*} = \frac{[5(\theta_1)^2 - 4\theta_1 + 4](1-\alpha)^2 - 2(C_n - C_r)[(2+\theta_1)(1-\alpha) - C_n + C_r]}{9(1-\alpha)}$$

和

$$\pi_{2i}^{B*} = \frac{[5(\theta_1)^2 - 4\theta_1 + 1](1-\alpha)^2 + 2(C_n - C_r)[(1-\theta_1)(1-\alpha) + C_n - C_r]}{9(1-\alpha)}$$

使用逆向归纳法，在第一期，消费者效用不仅取决于当前的产品价格，还取决于消费者对未来产品价格的预期。因为一个类型为 θ_1 的消费者在购买新产品和再制造产品之间无差异，如果 $\theta > \theta_1$，消费者将购买新产品，否则，消费者将购买再制造产品。设 q_{1n}^{B} 和 q_{1r}^{B} 分别是第一期消费者对新产品和再造品的需求。

在第二期，当 $(\underline{\theta}_2, \theta_1]$，在 $(\theta_1, \overline{\theta}_2)$ 中的消费者将从独立物料供应商转移到原始物料供应商，而 $\theta_1 \in (\underline{\theta}_2, \overline{\theta}_2)$ 中的消费者将从原始物料供应商转移到独立物料供应商。因此，当消费者 θ_1 在第一期购买新产品时，该消费者的总期望效用为 $2U_0 + \theta_1 - P_{1n}^B + \alpha\theta_1 - \delta_{rv}P_{1r}^B$。

当消费者 θ_1 在第一期购买再制造产品时，该消费者的总期望效用为 $2U_0 + \alpha\theta_1 - P_{1r}^B + \theta_1 - \delta_{nv}P_{1n}^B$。当 $\dfrac{P_{1n}^B}{P_{1r}^B} = \dfrac{1-\delta_{rv}}{1-\delta_{nv}}$，一个类型为 θ_1 的消费者在购买新产品和再制造产品之间无差异，因此，$\theta_1 = \dfrac{1-\alpha-(C_n-C_r)-3(P_{1n}^B - P_{1r}^B)}{4(1-\alpha)}$。

原始物料供应商第一期的利润为 $\pi_{1o}^B = (P_{1n}^B - C_n)q_{1n}^B$，因此原始物料供应商总的利润为

$$\max \pi_o^B = (P_{1n}^B - C_n)q_{1n}^B + \pi_{2o}^{B*} \tag{5.5.20}$$

独立物料供应商第一期的利润为 $\pi_{1i}^B = (P_{1r}^B - C_r)q_{1r}^B$，因此独立物料供应商总的利润为

$$\max \pi_i^B = (P_{1r}^B - C_r)q_{1r}^B + \pi_{2i}^{B*} \tag{5.5.21}$$

原始物料供应商和独立物料供应商分别的环境影响为 $E_o^B = e_n q_n^B$ 和 $E_i^B = e_r q_r^B$。q_n^B (q_r^B) 是两期对新 (再制造) 产品的总需求。$E^B = E_o^B + E_i^B$ 是原始物料供应商和独立物料供应商对环境的总影响。推导出这种情况下的均衡解，结果如下：

$$P_{1n}^{B*} = \frac{19(1-\alpha) + 18C_n + 6C_r}{24} \tag{5.5.22}$$

$$P_{1r}^{B*} = \frac{13(1-\alpha) + 6C_n + 18C_r}{24} \tag{5.5.23}$$

$$\delta_{nl}^{B*} = \frac{25(1-\alpha) + 30C_n + 18C_r}{2[19(1-\alpha) + 18C_n + 6C_r]} \tag{5.5.24}$$

$$\delta_{nv}^{B*} = \frac{7(1-\alpha) + 18C_n + 6C_r}{19(1-\alpha) + 18C_n + 6C_r} \tag{5.5.25}$$

$$\delta_{rl}^{B*} = \frac{7(1-\alpha) + 18C_n + 30C_r}{2[13(1-\alpha) + 6C_n + 18C_r]} \tag{5.5.26}$$

$$\delta_{rv}^{B*} = \frac{(1-\alpha) + 6C_n + 18C_r}{13(1-\alpha) + 6C_n + 18C_r} \tag{5.5.27}$$

$$q_{1n}^{B*} = \frac{9 - 9\alpha - 2C_n + 2C_r}{16(1-\alpha)} \tag{5.5.28}$$

$$q_{1r}^{B*} = \frac{7 - 7\alpha + 2C_n - 2C_r}{16(1-\alpha)} \tag{5.5.29}$$

$$q_{nl}^{*} = \frac{25 - 25\alpha - 18C_n + 18C_r}{48(1-\alpha)} \tag{5.5.30}$$

$$q_{nv}^{*} = \frac{7 - 7\alpha - 6C_n + 6C_r}{24(1-\alpha)} \tag{5.5.31}$$

$$q_{rl}^{*} = \frac{7 - 7\alpha + 18C_n - 18C_r}{48(1-\alpha)} \tag{5.5.32}$$

$$q_{rv}^{*} = \frac{1 - \alpha + 6C_n - 6C_r}{24(1-\alpha)} \tag{5.5.33}$$

$$q_{2n}^{B*} = \frac{13 - 13\alpha - 10C_n + 10C_r}{16(1-\alpha)} \tag{5.5.34}$$

$$q_{2r}^{B*} = \frac{3 - 3\alpha + 10C_n - 10C_r}{16(1-\alpha)} \tag{5.5.35}$$

$$\pi_o^{B*} = \frac{1847(1-\alpha)^2 - 12[149(1-\alpha) - 45(C_n - C_r)](C_n - C_r)}{2304(1-\alpha)} \tag{5.5.36}$$

$$\pi_i^{B*} = \frac{599(1-\alpha)^2 + 12[59(1-\alpha) + 45(C_n - C_r)](C_n - C_r)}{2304(1-\alpha)} \tag{5.5.37}$$

$$E_o^{B*} = \frac{e_n(11 - 11\alpha - 6C_n + 6C_r)}{8(1-\alpha)} \tag{5.5.38}$$

$$E_i^{B*} = \frac{e_r(5 - 5\alpha + 6C_n - 6C_r)}{8(1-\alpha)} \tag{5.5.39}$$

$$E^{B*} = \frac{(1-\alpha)(11e_n + 5e_r) - 6(C_n - C_r)(e_n - e_r)}{8(1-\alpha)} \tag{5.5.40}$$

证明：将式 (5.5.14) ~ 式 (5.5.17) 代入式 (5.5.18) 和式 (5.5.19)，然后对式 (5.5.18) 和式 (5.5.19) 求关于 δ_{nl}, δ_{nv}, δ_{rl}, δ_{rv} 的一阶偏导得到

$$\delta_{nl}^{*} = \frac{(2-\theta_1)(1-\alpha) + 2C_n + C_r}{3P_{1n}}, \quad \delta_{nv}^{*} = \frac{2(1-\alpha)\theta_1 + 2C_n + C_r}{3P_{1n}},$$

$$\delta_{rl}^{*} = \frac{(1-\alpha)\theta_1 + C_n + 2C_r}{3P_{1r}}, \quad \delta_{rv}^{*} = \frac{(1-2\theta_1)(1-\alpha) + C_n + 2C_r}{3P_{1r}}.$$

式 (5.5.20) 和式 (5.5.21) 关于 P_{1n}^{B} 和 P_{1r}^{B} 的一阶偏导得到

$$P_{1n}^{B*} = \frac{19(1-\alpha) + 18C_n + 6C_r}{24} \text{ 和 } P_{1r}^{B*} = \frac{13(1-\alpha) + 6C_n + 18C_r}{24}.$$

通过替代检查 $\underline{\theta}_2 < \theta_1 < \overline{\theta}_2$,得到 $0 < \alpha < 1 - \dfrac{6C_s}{7}$。因此,当 $0 < \alpha < 1 - \dfrac{6C_s}{7}$,上面的均衡是唯一解。其他的均衡价格、价格折扣、需求和参与者的利润与环境影响都可以通过代入法求得。(证毕)

根据这个情况下的结果,可以观察到原始物料供应商和独立物料供应商为不稳定的消费者提供的价格折扣比为忠诚的消费者提供的折扣要低 ($\delta_{nv} < \delta_{nl}, \delta_{rv} < \delta_{rl}$)。直观地,两家企业都希望通过更低的价格折扣从竞争对手那里吸引更多不稳定的消费者。此外,当消费者折扣因子较低 ($0 < \alpha < 1 - 2C_s$) 和成本节约较低 $\left(0 < C_s < \dfrac{1}{2}\right)$ 时,从独立物料供应商转移到原始物料供应商的不稳定消费者的数量 (q_{2nv}) 要高于从原始物料供应商转移到独立物料供应商的不稳定消费者的数量 (q_{2rv})。否则当 $\max\{0, 1 - 2C_s\} < \alpha < 1 - \dfrac{6C_s}{7}$,$q_{2rv}$ 高于 q_{2nv}。原因如下:当成本节约和消费者折扣因子较低时,原始物料供应商在提供较低的价格折扣给竞争对手不稳定的消费者方面具有更大的优势,从而吸引更多的独立物料供应商的消费者,反之亦然。可以进一步观察到,如果 $C_s < \dfrac{1-\alpha}{2}$,则原始物料供应商的总利润高于独立物料供应商的总利润,反之亦然。

下面的引理描述了在均衡情况下与前一期相比第二期的变化。

引理 5.5.1 企业第二期基于消费者购买行为的均衡结果如下:

- 如果 $0 < \alpha < 1 - \dfrac{6C_s}{7}$,对于忠诚的和不稳定的消费者来说,新(再制造)产品的价格会降低。

- 如果 $0 < \alpha < 1 - 2C_s$,其中 $0 < C_s < \dfrac{1}{2}$,则新产品需求增加,再制造产品需求减少;如果 $\max\{0, 1 - 2C_s\} < \alpha < 1 - \dfrac{6C_s}{7}$,则新产品需求减少,再制造产品需求增加。

- 如果 $0 < \alpha < 1 - \dfrac{6C_s}{7}$,原始物料供应商和独立物料供应商的利润下降。

证明:第二期的价格折扣如下:

$$\delta_{nl}^{B*} = \dfrac{25(1-\alpha) + 30C_n + 18C_r}{2[19(1-\alpha) + 18C_n + 6C_r]} < 1,$$

$$\delta_{nv}^{B*} = \dfrac{7(1-\alpha) + 18C_n + 6C_r}{19(1-\alpha) + 18C_n + 6C_r} < 1,$$

$$\delta_{rl}^{B*} = \dfrac{7(1-\alpha) + 18C_n + 30C_r}{2[13(1-\alpha) + 6C_n + 18C_r]} < 1,$$

$$\delta_{rv}^{B*} = \dfrac{(1-\alpha) + 6C_n + 18C_r}{13(1-\alpha) + 6C_n + 18C_r} < 1。$$

第二期需求和第一期的需求差为

$$q_{2n}^{B*} - q_{1n}^{B*} = \frac{1-\alpha-2C_n+2C_r}{4(1-\alpha)}, \quad q_{2r}^{B*} - q_{1r}^{B*} = \frac{-(1-\alpha-2C_n+2C_r)}{4(1-\alpha)},$$

当 $0 < \alpha < 1-2C_s, 0 < C_s < \dfrac{1}{2}$ 时,有 $q_{2n}^{B*} - q_{1n}^{B*} > 0, q_{2r}^{B*} - q_{1r}^{B*} < 0$;当 $\max\{0, 1-2C_s\} < \alpha < 1-\dfrac{6C_s}{7}$ 时,有 $q_{2n}^{B*} - q_{1n}^{B*} < 0, q_{2r}^{B*} - q_{1r}^{B*} > 0$。原始供应商第二期的利润和第一期的利润差为 $\pi_{2o}^{B*} - \pi_{1o}^{B*} = \dfrac{-\{205(1-\alpha)^2 + 36[19(1-\alpha) - 11(C_n-C_r)](C_n-C_r)\}}{2304(1-\alpha)} < 0$,$\left(\pi_{2r}^{B*} - \pi_{1r}^{B*} = \dfrac{-\{493(1-\alpha)^2 + 36[3(1-\alpha) - 11(C_n-C_r)](C_n-C_r)\}}{2304(1-\alpha)} < 0\right)$。

（证毕）

引理 5.5.1 指出,与第一期相比,基于消费者购买行为的差别定价降低了第二期中原始物料供应商和独立物料供应商的利润,原因如下。根据上一期的消费者购买行为,原始物料供应商和独立物料供应商都会在第二期降低给忠诚消费者和不稳定消费者的产品价格。尽管低价格导致对新产品和再制造产品的需求增加或减少。每种产品需求的变化总是以价格下降为主导。因此,即使产品需求的增加也不能弥补因价格下降而造成的损失,结果是第二期的原始物料供应商和独立物料供应商的利润均相对于前一期下降。

命题 5.5.2 给出了消费者折扣因子对企业利润的影响。

命题 5.5.2 在基于消费者购买行为的差别定价模型中,各方利润相对于消费者折扣因子(α）的变化如下:

- 如果 $0 < \alpha < 1 - \dfrac{6C_s}{7}$,原始物料供应商的总利润随着消费者折扣因子的增加而下降。

- 如果 $0 < \alpha < 1 - \dfrac{6\sqrt{8985}C_s}{599}$,独立物料供应商的总利润随着消费者折扣因子的增加而下降。

- 如果 $1 - \dfrac{6\sqrt{8985}C_s}{599} < \alpha < 1 - \dfrac{6C_s}{7}$,独立物料供应商的总利润随着消费者折扣因子的增加而增加。

证明:原始供应商的两期总利润为 π_o^{B*},$\dfrac{\partial \pi_o^{B*}}{\partial \alpha} = \dfrac{540[(C_n-C_r)^2 - 1847(1-\alpha)^2]}{2304(1-\alpha)^2}$。当 $0 < \alpha < 1 - \dfrac{6\sqrt{27705}C_s}{1847}$ 时,与前面的均衡条件 $0 < \alpha < 1 - \dfrac{6C_s}{7}$ 一致,当 $0 < \alpha < 1 - \dfrac{6C_s}{7}$,$\dfrac{\partial \pi_o^{B*}}{\partial \alpha} < 0$。独立供应商的两期总利润为 π_i^{B*},$\dfrac{\partial \pi_i^{B*}}{\partial \alpha} =$

$$\frac{540[(C_n-C_r)^2-599(1-\alpha)^2]}{2304(1-\alpha)^2}$$。当 $0<\alpha<1-\frac{6\sqrt{8985}C_s}{599}$,$\frac{\partial \pi_i^{B*}}{\partial \alpha}<0$;当 $\alpha>1-\frac{6\sqrt{8985}C_s}{599}$,$\frac{\partial \pi_i^{B*}}{\partial \alpha}>0$。与前面的均衡条件一致,那么当 $0<\alpha<1-\frac{6\sqrt{8985}C_s}{599}$ 时,$\frac{\partial \pi_i^{B*}}{\partial \alpha}<0$;当 $1-\frac{6\sqrt{8985}C_s}{599}<\alpha<1-\frac{6C_s}{7}$ 时,$\frac{\partial \pi_i^{B*}}{\partial \alpha}>0$。(证毕)

如上面的命题所述,消费者折扣因子越高,原始物料供应商的总利润越低。理由是较高的消费者折扣因子会导致原始物料供应商的客户流失。为了防止客户流失严重,原始物料供应商不得不降低新产品的价格。因此,高的消费者折扣因子导致的损失导致原始物料供应商的总利润下降。独立物料供应商的总利润随着消费者折扣因子的增加先减少然后增加,需要通过分析消费者折扣因子对每个时期独立物料供应商的利润的影响来解释此结果。对于 $0<\alpha<1-\frac{6C_s}{7}$,独立物料供应商的第一期利润随着消费者折扣因子的增加而减少。对于 $0<\alpha<1-\frac{6\sqrt{689}C_s}{53}$,$C_s<\frac{53}{6\sqrt{689}}$,独立物料供应商的第二期利润随着消费者折扣因子的增加而减少。对于 $\max\left\{0,1-\frac{6\sqrt{689}C_s}{53}\right\}<\alpha<1-\frac{6C_s}{7}$,独立物料供应商的第二期利润随着消费者折扣因子的增加而增加。当消费者折扣因子低时,独立物料供应商的第一期利润和第二期利润都随着消费者折扣因子的增加而减少,或者随着消费者折扣因子增加,独立物料供应商的第二期利润的增加被独立物料供应商的第一期利润降低所占优。在这种情况下,随着消费者折扣因子的提高,独立物料供应商会获得较低的总利润。相反,独立物料供应商获得更高的总利润。此外,与模型 A 相比,在其他条件不变的情况下,基于消费者购买行为的差别定价扩大了模型 B 中独立物料供应商利润随消费者折扣因子的增加而增加的范围。因此,当消费者折扣因子相对较高时,差别定价更有利于独立物料供应利润的增加。此外,更大的成本节约缩小了独立物料供应商的总利润下降的范围,扩大了独立物料供应商的总利润上升的范围。

5.5.3 模型分析

1. 再制造产品定价对比分析

为了找出企业投资于消费者购买行为分析的条件,现在比较模型 B 和模型 A 中企业的相对盈利能力和相对环境影响。如果 $\pi^{B*}>\pi^{A*}$ 和 $E^{B*}<E^{A*}$,企业将有动机投资于消费者购买行为分析。此外,如果 $V<\overline{V}=\pi^{B*}-\pi^{A*}$,企业将采取行动投资于消费者购买行为分析。

命题 5.5.3 模型 B 和模型 A 的利润和环境影响的关系如图 5.18 所示。

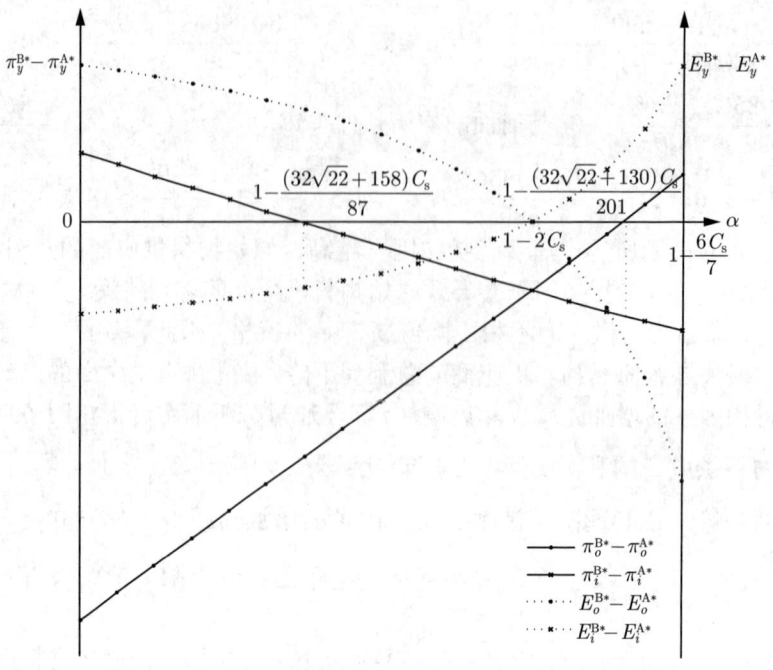

图 5.18　模型 A 和模型 B 之间的利润和环境影响比较

- 如果 $0 < \alpha < 1 - 2C_s$，其中 $0 < C_s < \dfrac{1}{2}$，那么 $\pi_o^{B*} < \pi_o^{A*}$，$E_o^{B*} > E_o^{A*}$。

  如果 $\max\{0, 1-2C_s\} < \alpha < 1 - \dfrac{(32\sqrt{22}+130)C_s}{201}$，其中 $0 < C_s < \dfrac{201}{32\sqrt{22}+130}$，那么 $\pi_o^{B*} < \pi_o^{A*}$，$E_o^{B*} < E_o^{A*}$。

  如果 $\max\left\{0, 1-\dfrac{(32\sqrt{22}+130)C_s}{201}\right\} < \alpha < 1 - \dfrac{6C_s}{7}$，那么 $\pi_o^{B*} > \pi_o^{A*}$，$E_o^{B*} < E_o^{A*}$。

- 如果 $0 < \alpha < 1 - \dfrac{(32\sqrt{22}+158)C_s}{87}$，其中 $0 < C_s < \dfrac{87}{32\sqrt{22}+158}$，那么 $\pi_i^{B*} > \pi_i^{A*}$，$E_i^{B*} < E_i^{A*}$。

  如果 $\max\left\{0, 1-\dfrac{(32\sqrt{22}+158)C_s}{87}\right\} < \alpha < 1-2C_s$，其中 $0 < C_s < \dfrac{1}{2}$，那么 $\pi_i^{B*} < \pi_i^{A*}$，$E_i^{B*} < E_i^{A*}$。

  如果 $\max\{0, 1-2C_s\} < \alpha < 1 - \dfrac{6C_s}{7}$，那么 $\pi_i^{B*} < \pi_i^{A*}$，$E_i^{B*} > E_i^{A*}$。

证明：比较模型 B 和模型 A 中的差值。

$$\pi_o^{B*} - \pi_o^{A*} = \frac{4(C_n - C_r)(65 - 65\alpha + 7C_n - 7C_r) - 201(1-\alpha)^2}{2304(1-\alpha)},$$

当 $0 < \alpha < 1 - \frac{6C_s}{7}$，$\frac{201}{32\sqrt{22}+130} < C_s < 1$，$\pi_o^{B*} - \pi_o^{A*} > 0$；

当 $0 < \alpha < 1 - \frac{(32\sqrt{22}+130)C_s}{201}$，$0 < C_s < \frac{201}{32\sqrt{22}+130}$，$\pi_o^{B*} - \pi_o^{A*} < 0$；

当 $1 - \frac{(32\sqrt{22}+130)C_s}{201} < \alpha < 1 - \frac{6C_s}{7}$，$\pi_o^{B*} - \pi_o^{A*} > 0$。

$$E_o^{B*} - E_o^{A*} = \frac{(1 - \alpha - 2(C_n - C_r))e_n}{24(1-\alpha)},$$

当 $0 < \alpha < 1 - 2C_s$，$0 < C_s < \frac{1}{2}$，$E_o^{B*} - E_o^{A*} > 0$；

当 $\max\{0, 1-2C_s\} < \alpha < 1 - \frac{6C_s}{7}$，$E_o^{B*} - E_o^{A*} < 0$。$\pi_i^{B*} - \pi_i^{A*} = \frac{87(1-\alpha)^2 - 4(C_n - C_r)(79 - 79\alpha - 7C_n + 7C_r)}{2304(1-\alpha)}$，

当 $0 < \alpha < 1 - \frac{6C_s}{7}$，$\frac{87}{32\sqrt{22}+158} < C_s < 1$，$\pi_i^{B*} - \pi_i^{A*} < 0$；

当 $0 < \alpha < 1 - \frac{(32\sqrt{22}+158)C_s}{87}$，$0 < C_s < \frac{87}{32\sqrt{22}+158}$，$\pi_i^{B*} - \pi_i^{A*} > 0$；

当 $1 - \frac{(32\sqrt{22}+158)C_s}{87} < \alpha < 1 - \frac{6C_s}{7}$，$\pi_i^{B*} - \pi_i^{A*} < 0$。$E_i^{B*} - E_i^{A*} = \frac{-(1 - \alpha - 2(C_n - C_r))e_r}{24(1-\alpha)}$，

当 $0 < \alpha < 1 - 2C_s$，$0 < C_s < \frac{1}{2}$，$E_i^{B*} - E_i^{A*} < 0$；

当 $\max\{0, 1-2C_s\} < \alpha < 1 - \frac{6C_s}{7}$，$E_o^{B*} - E_o^{A*} > 0$。（证毕）

命题 5.5.3 表示当成本节约比较小 $\left(0 < C_s < \frac{87}{32\sqrt{22}+158}\right)$ 时，如果消费者折扣因子相对高 $\left(1 - \frac{(32\sqrt{22}+130)C_s}{201} < \alpha < 1 - \frac{6C_s}{7}\right)$，则原始物料供应商通过基于消费者购买行为的差别定价，可以获得更高的利润并且对环境造成更小的影响。如果消费者折扣因子相对较低 $\left(0 < \alpha < 1 - \frac{(32\sqrt{22}+158)C_s}{87}\right)$，则独立物料供应商通过基于消费者购买行为的差别定价来增加利润并减少对环境的影响。这是因为消费者折扣因子相对较高时，原始物料供应商从独立物料供应商吸引的不稳定消费者要比独立物料供应商从原始物料供应商吸引的不稳定消费者要

少一些。此外，与模型 A 相比，差别定价降低了模型 B 的原始物料供应商在第二期的价格，从而降低了原始物料供应商在第二期的利润。因此，在模型 B 中，原始物料供应商在第一期以较高的价格获得了比模型 A 中更大的市场份额。此时，原始物料供应商第一期利润的损失被第一期利润的获得所主导，从而原始物料供应商的总利润增加。而且，新产品在第一期的市场份额的增长低于第二期的下降，因此原始物料供应商对环境的影响降低。相似地，当成本节约比较低时，如果消费者折扣因子相对较低，独立物料供应商从原始物料供应商吸引的不稳定消费者比原始物料供应商从独立物料供应商吸引的不稳定消费者要少。同时，相比模型 A，差别定价加剧了模型 B 的价格竞争，导致独立物料供应商第二期利润下降。因此，模型 B 中基于消费者购买行为的差别定价提高了第一期新产品的价格和需求。在这种情况下，独立供应商的第一期利润获得大于第二期利润损失，增加了其两期利润。另外，第二期的再制造产品市场份额的下降大于第一期的增加，故独立供应商的环境影响减小。因此，当成本节约很小时，如果消费者折扣因子较高，原始物料供应商不仅可以获得更高的利润，还可以通过投资于消费者购买行为分析来降低对环境的影响。在消费者折扣因子较低的情况下，独立物料供应商可以通过投资消费者购买行为分析来获得更高的利润，减少对环境的影响。

推论 5.5.1 与消费者折扣因子(α)相关的各方利润和环境影响的差异如下。

- 模型 B 和模型 A 中原始物料供应商的总利润差($\pi_o^{B*} - \pi_o^{A*}$)随着消费者折扣因子的增加而增加，模型 B 和模型 A 中原始物料供应商的环境影响($E_o^{B*} - E_o^{A*}$)随着消费者折扣因子的增加而降低。

- 模型 B 和模型 A 中独立物料供应商的总利润差($\pi_i^{B*} - \pi_i^{A*}$)随着消费者折扣因子的增加而降低，模型 B 和模型 A 中独立物料供应商的环境影响($E_i^{B*} - E_i^{A*}$)随着消费者折扣因子的增加而增加。

证明：

$$\frac{\partial(\pi_o^{B*} - \pi_o^{A*})}{\partial \alpha} = \frac{201(1-\alpha)^2 + 28(C_n - C_r)^2}{2304(1-\alpha)^2} > 0$$

$$\frac{\partial(E_o^{B*} - E_o^{A*})}{\partial \alpha} = \frac{-(C_n - C_r)e_n}{12(1-\alpha)^2} < 0$$

$$\frac{\partial(\pi_i^{B*} - \pi_i^{A*})}{\partial \alpha} = \frac{28(C_n - C_r)^2 - 87(1-\alpha)^2}{2304(1-\alpha)^2} < 0$$

$$\frac{\partial(E_i^{B*} - E_i^{A*})}{\partial \alpha} = \frac{(C_n - C_r)e_r}{12(1-\alpha)^2} > 0 \text{（证毕）}$$

推论 5.5.1 表明当消费者折扣因子较高时，基于消费者购买行为的差别定价导致的原始物料供应商的总利润增加将会加强，但环境影响的降低将会减弱。这一结果表明，尽管较高的消费者折扣因子会导致原始物料供应商的总利润增加程度增高，但环境影响的减少程度降低。因此，较高的消费者折扣因子会给原始物料供应商以基于利润的激励，促使其投资于消费者购买行为分析。相反地，当消费者折扣因子较高时，差别定价会使得独立物料供应商的总利润增长减少，但对环境影响的减少增强。这一结果表明，虽然较高的消费者折扣因子会导致独立物料供应商的总利润的增长程度较低，但它提高了降低环境影响的程度。因此，较高的消费者折扣因子有利于独立物料供应商基于环境可持续性而投资于消费者购买行为分析。

推论 5.5.2 模型 B 和模型 A 的总环境影响关系如下。

- 如果 $0 < \alpha < 1 - 2C_s$，$0 < C_s < \frac{1}{2}$，模型 B 对环境的总影响高于模型 A。
- 如果 $\max\{0, 1 - 2C_s\} < \alpha < 1 - \frac{6C_s}{7}$，模型 B 对环境的总影响低于模型 A。

证明： $\frac{\partial (E^{B*} - E^{A*})}{\partial \alpha} = \frac{(1 - \alpha - 2(C_n - C_r))(e_n - e_r)}{24(1 - \alpha)}$，当 $0 < \alpha < 1 - 2C_s$，$0 < C_s < \frac{1}{2}$，$E^{B*} - E^{A*} > 0$；当 $\max\{0, 1 - 2C_s\} < \alpha < 1 - \frac{6C_s}{7}$，$E^{B*} - E^{A*} < 0$。（证毕）

推论 5.5.2 说明了当成本节约和消费者折扣因子相对较低时，总环境影响会随着企业采取基于消费者购买行为的差别定价而增加。这是因为成本节约和消费者折扣因子相对较低时，新产品环境影响的增加大于再制造产品环境影响的减少。相反地，基于消费者购买行为的差别定价降低了企业对环境的总体影响。这一结果是由于新产品减少了对环境的影响。但在这种情况下，基于消费者购买行为的差别定价也会导致企业的总利润减少。因此，为了帮助企业努力减少对环境的影响，政策制定者可以利用补贴政策来补偿企业的利润损失。

2. 数值分析

本部分用数值分析来验证本章的分析结果。为了得到最优解并比较不同模型下企业的决策，使用了参数值 $C_s = 0.15, 0.35, 0.55$ 表示再制造成本节约的低、中、高水平。$\alpha = 0.25, 0.45, 0.65$ 代表消费者折扣因子的低、中、高水平。设 $C_n = 0.65$，$e_n = 0.05$，$e_r = 0.01$。表 5.11 呈现了参数设置。表 5.12 汇总并比较了均衡利润。表 5.12 中的正号"+"被解释为利润增加，而负号"−"被解释为利润减少。表 5.13 总结和比较了环境影响。表 5.13 中的正号"+"被解释为环境影响的增加，表 5.13 中的负号"−"被解释为环境影响的减少，表 5.13 中的"0"被解释为环境影响固定不变。

表 5.11　参数设置

参数	参数值
C_s	0.15（低）；0.35（中）；0.55（高）
α	0.25（低）；0.45（中）；0.65（高）
C_n	0.65
e_n	0.05
e_r	0.01

表 5.12　利润值及利润的比较

参数		原始供应商总利润			独立供应商总利润			两者的利润比较	
		π_o^{B*}	π_o^{A*}	$\pi_o^{B*}-\pi_o^{A*}$	π_i^{B*}	π_i^{A*}	$\pi_i^{B*}-\pi_i^{A*}$	$\pi_o^{D*}-\pi_i^{B*}$	$\pi_o^{A*}-\pi_i^{A*}$
$C_s=0.15$	$\alpha=0.25$	0.4919	0.54	−0.0481	0.2481	0.24	+0.0081	+0.2438	+0.3
	$\alpha=0.45$	0.3341	0.3646	−0.0305	0.1987	0.198	+0.0007	+0.1354	+0.1666
	$\alpha=0.65$	0.1792	0.1921	−0.0129	0.1522	0.1587	−0.0065	+0.0270	+0.0334
$C_s=0.35$	$\alpha=0.25$	0.3679	0.3919	−0.024	0.3408	0.3585	−0.0177	+0.0271	+0.0334
	$\alpha=0.45$	0.2215	0.2273	−0.0058	0.3027	0.3273	−0.0246	−0.0812	−0.1
	$\alpha=0.65$	0.091	0.0778	+0.0132	0.2806	0.3111	−0.0305	−0.1896	−0.2333
$C_s=0.55$	$\alpha=0.25$	0.2689	0.2674	+0.0015	0.4585	0.5007	−0.0422	−0.1896	−0.2333
	$\alpha=0.45$	0.143	0.1222	+0.0208	0.4409	0.4889	−0.048	−0.2979	−0.3667
	$\alpha=0.65$	0.0563	0.0143	+0.042	0.4626	0.5143	−0.0517	−0.4063	−0.5

表 5.13　环境影响值及环境影响的比较

参数		原始物料供应商的环境影响			独立物料供应商的环境影响			两者的环境影响比较	
		E_o^{B*}	E_o^{A*}	$E_o^{B*}-E_o^{A*}$	E_i^{B*}	E_i^{A*}	$E_i^{B*}-E_i^{A*}$	$E_o^{B*}-E_i^{B*}$	$E_o^{A*}-E_i^{A*}$
$C_s=0.15$	$\alpha=0.25$	0.0612	0.06	+0.0012	0.0078	0.008	−0.0002	+0.0534	+0.052
	$\alpha=0.45$	0.0585	0.0576	+0.0009	0.0083	0.0085	−0.0002	+0.0502	+0.0491
	$\alpha=0.65$	0.0527	0.0524	+0.0003	0.0095	0.0095	0	+0.0432	+0.0429
$C_s=0.35$	$\alpha=0.25$	0.0512	0.0511	+0.0001	0.0098	0.0098	0	+0.0414	+0.0413
	$\alpha=0.45$	0.0449	0.0455	−0.0006	0.011	0.0109	+0.0001	+0.0339	+0.0346
	$\alpha=0.65$	0.0313	0.0333	−0.002	0.0138	0.0133	+0.0005	+0.0175	+0.02
$C_s=0.55$	$\alpha=0.25$	0.0412	0.0422	−0.001	0.0118	0.0116	+0.0002	+0.0294	+0.0306
	$\alpha=0.45$	0.0312	0.0333	−0.0021	0.0138	0.0133	+0.0005	+0.0174	+0.02
	$\alpha=0.65$	0.0098	0.0143	−0.0045	0.018	0.0171	+0.0009	−0.0082	−0.0028

从表 5.12 和表 5.13 可以看出，原始物料供应商在再制造成本节约更高、消费者折扣因子更高的情况下，可以实现更高的利润和更低的环境影响。反之，独立物料供应商可以通过降低再制造成本节约和降低消费者折扣因子来获得更高

的利润和更低的环境影响。通过比较原始物料供应商和独立物料供应商的利润,可以发现,在模型 B 和模型 A 中,当再制造的成本节约较低和消费者折扣因子较低时,原始物料供应商的利润高于独立物料供应商。通过比较原始物料供应商和独立物料供应商对环境的影响,两种模型的变化是一致的。特别地,只有在再制造的成本节约程度高、消费者折扣因子高的情况下,原始物料供应商对环境的影响才会低于独立物料供应商。

3. 灵敏度分析

本部分对关于参数再制造成本节约和消费者折扣因子对均衡价格、价格折扣、需求和利润的灵敏度进行了分析。

1)关于消费者折扣因子的灵敏度分析

为了理解不同定价模型中消费者折扣因子的影响,作为输入,引入如下参数值 $C_n = 0.6$,$C_s = 0.4$,$e_n = 0.05$,$e_r = 0.01$。

图 5.19(a)~图 5.22(a)(图 5.19(b)~图 5.22(b))展示了模型 A(模型 B)中关于消费者折扣因子的灵敏度分析结果。

图 5.19(a) 和图 5.20(a) 描述了在模型 A 中,随着消费者折扣因子的变化,价格和需求的变化。直观上,消费者折扣因子的增加会导致再制造产品需求的增加,以及再制造产品价格的下降。有趣的是,消费者折扣因子的增加会导致新产品价格的下降,并且每个时期新产品的需求也会减少。其原因如下,当消费者折扣因子增加时,消费者购买再制造产品的意愿增加,企业之间的竞争加剧,因此,新产品和再制造产品的价格下降。显然,再制造产品价格的下降会增加对再制造产品的需求。但是,对再造品需求的增加会蚕食新产品的销售,从而减少对新产品的需求。

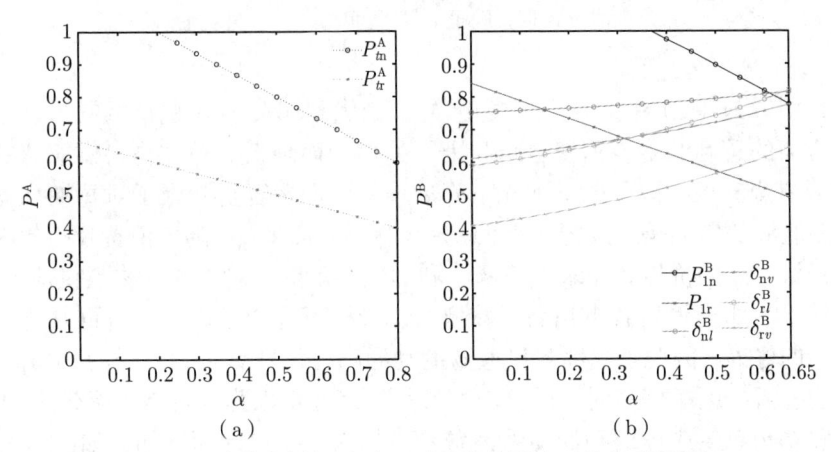

图 5.19 消费者折扣因子 α 对价格的影响(见文后彩图)
(a) P^A;(b) P^B

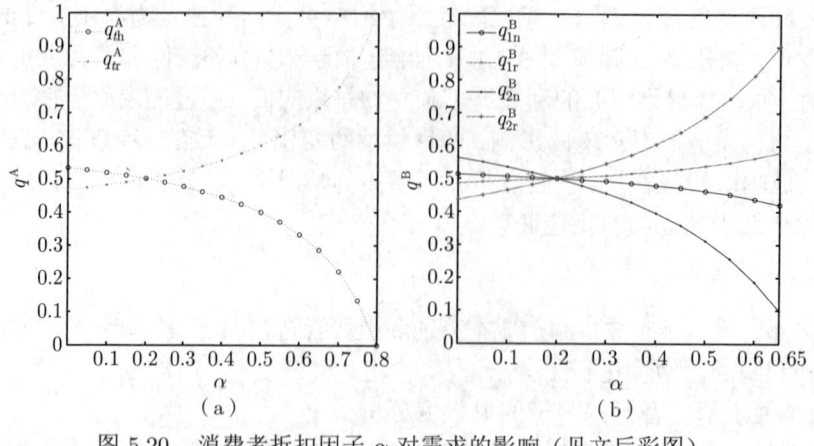

图 5.20 消费者折扣因子 α 对需求的影响（见文后彩图）
(a) q^A；(b) q^B

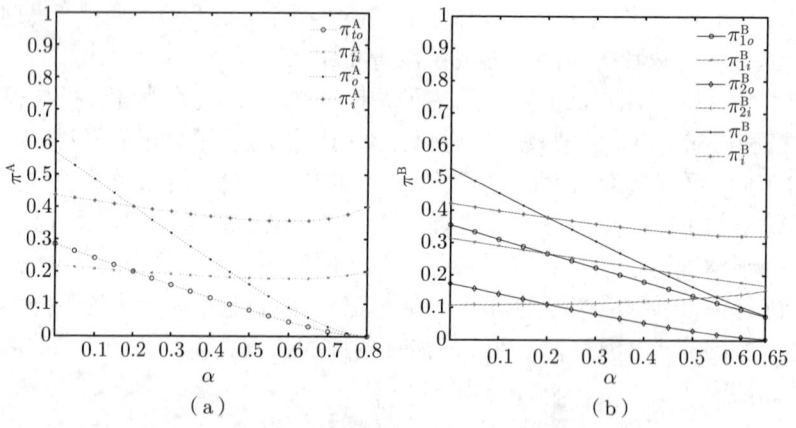

图 5.21 消费者折扣因子 α 对利润的影响（见文后彩图）
(a) π^A；(b) π^B

在图 5.21（a）中，给出了模型 A 中最优利润关于 α 的函数图形。原始物料供应商的总利润随着消费者折扣因子的增加而降低。独立物料供应商的总利润随着消费者折扣因子的增加先下降后增加。消费者折扣因子对每期独立物料供应商利润的影响是一致的。对于原始物料供应商来说，随着消费者折扣因子的增加，新产品的价格和需求会下降，利润也会下降。对于独立物料供应商来说，这一结果表明当消费者折扣因子较低时，价格下降的损失大于对再制造产品需求增加的好处，因此独立物料供应商的利润随着消费者折扣因子的增加而下降。当消费者折扣因子较高时，需求增加带来的好处足以弥补价格下降带来的损失，因此独立物料供应商的利润随着消费者折扣因子的增加而增加。如图 5.22（a）所示，在模型 A 中，消费者折扣因子的增加减少了原始物料供应商的环境影响和总的环境影响,但增加了独立物料供应商的环境影响。这是因为随着消费者折扣因子的增加,对新产品的需求减少,而对再制造产品的需求增加。因此,新产品对环境的影响降低,再制造产品对环境的影响增加。但是,与再制造产品对环境影响的增加相比,新产品对环境的影响降低的程度更大,从而降低了总的环境影响。

从图 5.19(b)和图 5.20(b)可以看出,模型 B 的价格和需求是如何随着消费者折扣因子的变化而变化的。在第一期,新产品和再制造产品的价格随着消费者折扣因子的增加而下降。在第二期,公司提供的价格折扣随着消费者折扣因子的增加而增加。此外,从曲线的斜率可以观察到,当消费者折扣因子增加时,原始物料供应商给予不稳定消费者的价格折扣要高于给予忠诚消费者的价格折扣。每期对新产品的需求随着消费者折扣因子的增加而下降,而对再制造产品的需求随着消费者折扣因子的增加而增加。此外,与第一期相比,第二期的需求对消费者折扣因子的变化更为敏感。

根据图 5.21(b)可以观察到模型 B 的利润相对于消费者折扣因子的变化。原始物料供应商在每期的利润或总利润随着消费者折扣因子的增加而减少。在第一期,独立物料供应商的利润随着消费者折扣因子的增加而减少,但第二期的利润随着消费者折扣因子的增加而增加。在两期内,独立物料供应商的利润随着消费者折扣因子首先下降然后增加。当消费者折扣因子较高时,虽然消费者折扣因子的增加会减少再制造产品在第一期产生的利润,但第二期利润的增加大于第一期利润的减少,从而增加了独立物料供应商的总利润。图 5.22(b)显示了消费者折扣因子对模型 B 环境影响的变化方向与模型 A 一致。但模型 B 的变化比较平缓。

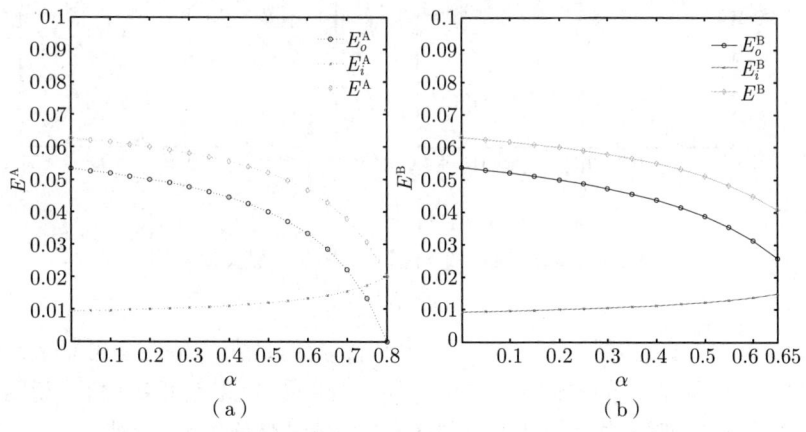

图 5.22 消费者折扣因子 α 对环境的影响(见文后彩图)
(a) E^A;(b) E^B

2）关于再制造成本节约的灵敏度分析

通过保持除 C_s 以外的所有参数不变，分析了再制造成本节约对决策变量和目标函数均衡值的影响。因此，使用参数值 $C_n = 0.6, \alpha = 0.7, e_n = 0.05, e_r = 0.01$。图 5.23（a）～图 5.26（a）（图 5.23（b）～图 5.26（b））为模型 A（模型 B）中对 C_s 的灵敏度分析结果。

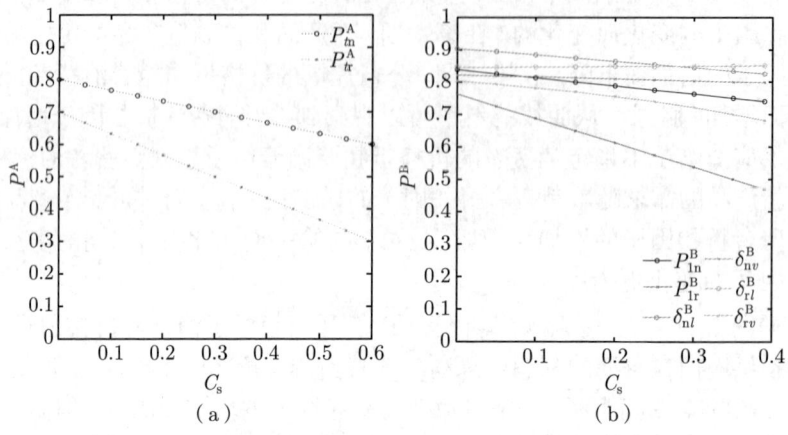

图 5.23　成本节约 C_s 对价格的影响（见文后彩图）
(a) P^A；(b) P^B

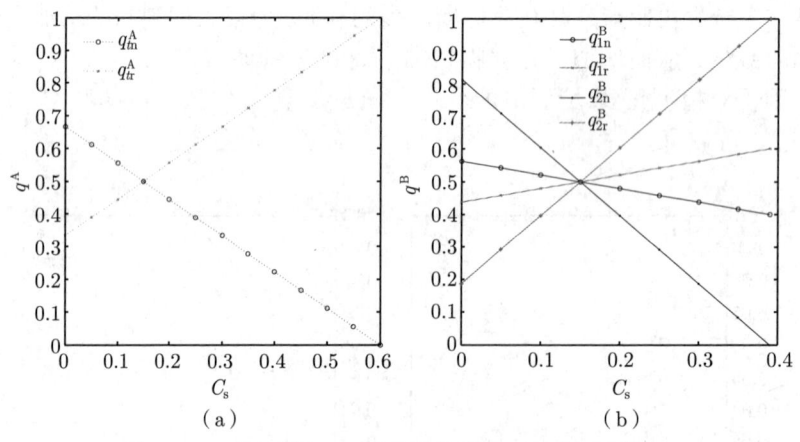

图 5.24　成本节约 C_s 对需求的影响（见文后彩图）
(a) q^A；(b) q^B

从图 5.23（a）和图 5.23（b）可以看出，无论是新产品还是再制造产品，两种模型中的价格都随着成本节约的增加而下降。图 5.23 也可以很好的说明成本节约对新产品价格的降低作用小于对再制造产品价格的降低作用。此外，从图 5.23（b）中可以看出，原始物料供应商提供给不稳定和忠诚消费者的价格折扣随着成本节约的增加而减少。独立物料供应商提供给忠诚消费者的价格折扣随着成本节约的增加而增加，而独立物料供应商提供给不稳定消费的价格折扣随着成本节约的增加而减少。

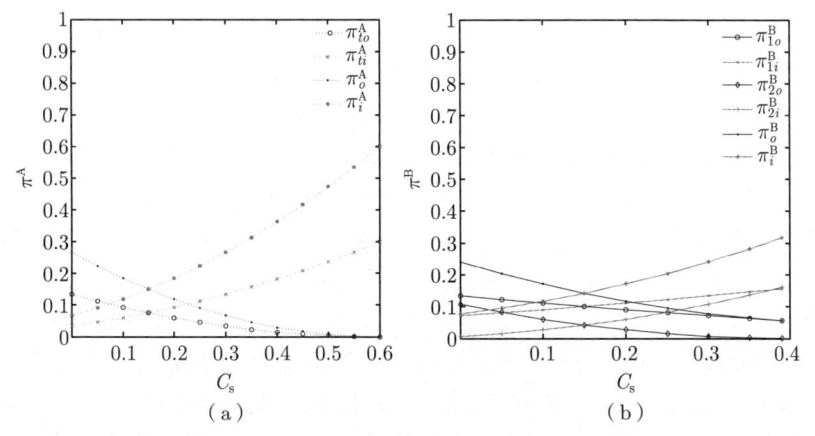

图 5.25 成本节约 C_s 对利润的影响（见文后彩图）
(a) π^A；(b) π^B

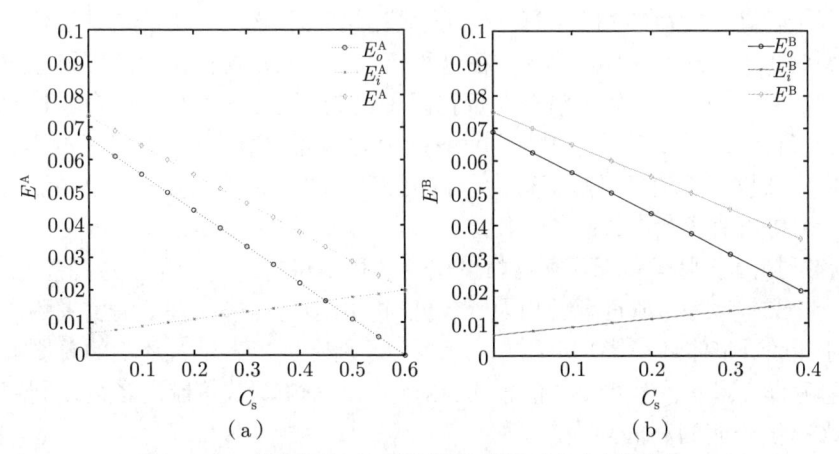

图 5.26 成本节约 C_s 对环境的影响（见文后彩图）
(a) E^A；(b) E^B

从图 5.24 可以看出，随着成本节约增加，对新产品的需求呈下降趋势，对再制造产品的需求呈上升趋势。从图 5.24（a）可以看出，在模型 A 的各个时期，成本节约对需求的影响是相同的。从图 5.24（b）可以看出，在模型 B 中，与第一期的需求相比，第二期的需求对成本节约的变化更加敏感。

从图 5.25 可以看出，在两种模型中，随着成本节约的增加，原始物料供应商的利润减少，独立物料供应商的利润增加。

如图 5.26 所示，两个模型中成本节约的增加降低了原始物料供应商对环境的影响，降低了总的环境影响，但增加了独立供应商的环境影响。

5.5.4 管理启示

在本节中，首先研究了成本节约和消费者折扣因子对企业盈利能力的影响。其次，研究了不同定价策略对企业盈利能力和环境的影响。因此，引入了一个制造和销售新产品的原始物料供应商与一个再制造和销售再制造产品的独立物料供应商。基于消费者购买行为对面临独立物料供应商竞争的原始物料供应商展开了研究。本章的模型捕捉了一些驱动定价策略选择的关键因素。虽然本章的研究是由物料供应商推动的，但它也可以应用于许多企业管理者对 EPR 有充分认识，愿意从事再制造相关项目的工业领域。本章的主要结论总结如下：首先，在这两种定价策略下，原始物料供应商的两期利润随消费者折扣因子的增加而呈下降趋势，而独立供应商的利润随消费者折扣因子的增加呈先下降后上升趋势。其次，当成本节约增加时，独立物料供应商生产再制造产品的动力更大。而且，如果消费者折扣因子相对较高，差别定价更有利于独立物料供应商利润的增加。再次，通过对两种定价模型的比较，可以发现，在成本节约较小的情况下，如果消费者折扣因子较高，原始物料供应商可以通过基于消费者购买行为的差别定价获得更高的利润，产生较小的环境影响。在这种情况下，原始物料供应商更愿意投资于消费者购买行为分析。如果消费者折扣因子较低，则独立物料供应商通过基于消费者购买行为的差别定价来增加利润，减少对环境的影响。在这种情况下，独立物料供应商投资于消费者购买行为分析更有利可图。从次，从公司盈利能力的角度来看，高的消费者折扣因子促使原始物料供应商采取差别定价。反之，较高的消费者折扣因子则有利于独立物料供应商从环境可持续性的角度选择差别价格。最后，当成本节约和消费者折扣因子较低时，由于企业采取基于消费者购买行为的差别定价，整体环境影响会增加。相反，差别定价减少了对环境的总影响和企业的总利润。因此，为了帮助企业减少对环境的影响，政策制定者可以利用补贴政策来补偿企业的利润损失。

5.6 本章小结

针对再制造产品的销售管理，本章讨论了再制造产品的营销模式、销售渠道、定价策略，并结合了具体的行业特征、渠道力量、消费者行为等关键因素。本章研究成果为再制造供应链中再制造产品的营销管理实践提供科学参考依据，具体如下。

在研究再制造产品营销模式中，本章考虑了租赁和销售两种营销模式下，基于消费者产品使用行为和回收产品质量的企业再制造与定价策略问题。本章分别构建了一个企业采用三种模式（销售、租赁，以及同时销售和租赁）营销其产品的博弈模型，观察了企业的营销模式，分析了回收的产品质量水平和生产成本对企业营销和再营销模式的影响。然后根据回收的产品质量水平，对销售模式和租赁模式进行了比较。研究提供了以下管理启示。在每一种营销模式下，当回收的产品质量水平较高时，企业可以通过再制造实现更高的利润，减少资源的使用。因此，企业可以承诺，如果消费者在单一销售模式下退回高质量的废旧产品，则可以以折扣价购买新产品，以及采取一些策略来防止消费者在租赁模式下不当使用产品。此外，当生产成本超过特定阈值时，销售或租赁再制造产品不利于企业利润的提高。因此，只有在合理的生产成本范围内，企业才会在两种营销模式中采用再制造策略。通过对不同营销模式的比较，首先，发现了单一销售模式下的可再制造质量水平的范围要大于单一租赁模式下的可再制造质量水平的范围。在单一销售模式下，企业拥有更大的可再制造空间。其次，证明了销售模式下回收产品质量水平的下界高于租赁模式下回收产品质量水平的上界。因此，只有当回收的销售产品质量水平相对较高时，企业才会选择在销售模式中进行再制造。相反地，只有当回收的租赁产品质量水平较低时，企业才会在租赁模式中进行再制造。最后，描述了回收产品质量水平对企业盈利能力的影响。具体的结论为当回收销售产品质量水平与回收租赁产品质量水平相比足够高时，销售模式比租赁模式更有利。

在研究再制造产品渠道结构中，本章主要基于再制造生产成本节约进行讨论。将再制造销售渠道研究定位于新兴的平台零售商领域，主要讨论两种基本销售模式。在经销商模式中，平台零售商充当经销商角色。制造商以批发价格向平台零售商出售产品，然后由平台零售商为消费者确定零售价格并销售；在线市场模式中，平台零售商向制造商提供在线市场服务，在线市场销售使得制造商能确定零售价格，但需要与平台零售商分享收入，该模式下的平台零售商不产生任何直接库存或交付成本，同时也失去了设定零售价格的权力。本章先详细介绍所研究的问题和假设，分别构建了纯经销商模式（RR 模式）和基于在线市场混合模式（RP 模式）两种销售渠道模型，得到两种模型下供应链成员的最优决策和利润，并进行模型的对比，主要研究了再制造生产成本节约、平台推荐费率如何影响供应链成员对销售新产品和再制造产品的渠道选择，分析了再制造节约成本对销售渠道决策的影响，最后结合算例进行补充分析。主要结论表明，在考虑平台零售商的再制造销售渠道决策中，从经济效益的视角来看：制造商始终倾向于再制造产品和新产品均由平台零售商销售；而平台零售商的决策则依赖于再制造节约成本，当再制造节约成本较低时，平台零售商倾向于同时销售再制造产品和新产品，否则倾向于仅销售新产品，并同时为制造商提供平台由其直接销售再制造产品；供应链系统的渠道决策偏好与平台零售商相似。此外，从消费者剩余和社会福利的视角来看：发现渠道选择偏好始终与供应链系统一致，其中区分两种渠道偏好的再制造节约成本阈值均是相同的。

在研究再制造产品渠道选择中，本章主要基于再制造产品销售成本进行讨论。再制造产品和新产品销售渠道的选择关系到产品价值的实现和供应链决策效率的优化。在制造商将新产品统一通过线下零售商渠道销售的前提下，对再制造产品销售渠道进行选择，本章分别构建了供应链线下分销模式（SD模式）和网络直销模式（DD模式）两种销售渠道模型。得到两种模型中供应链成员的最优决策和利润，并进行对比分析，研究再制造产品销售成本如何影响渠道成员对销售新产品和再制品的渠道选择，以及渠道选择对再制造产品销售成本控制、产品最优需求量、渠道成员经济效益、消费者剩余和社会福利的影响问题。主要结论表明，再制造产品销售成本存在一定的阈值，不符合开工条件下两种销售模式中再制造利润均为零，各成员主要依赖新产品收益。通过对成本的控制能有效缓解双重边际问题的影响，不同于以往研究中直销模式下新产品销量高于分销模式的结果，发现当再制造产品销售成本相对适中时，新产品销量在直销模式中反而低于分销模式。比较同时销售新产品和再制造产品情形下的经济效益，从供应链系统的角度考虑，其渠道选择偏好始终与制造商一致，更倾向于双渠道供应链网络直销模式。基于零售商考虑，其销售渠道偏好与制造商、供应链系统相悖。从社会福利的角度考虑，当再制品销售成本较低或较高时，双渠道直销模式优于单渠道分销模式，否则情况相反。基于消费者剩余考虑，消费者始终倾向于双渠道供应链网络直销模式。

在研究再制造产品差别定价中，本章考虑了基于消费者购买行为的再制造产品定价问题。研究了成本节约和消费者折扣因子对企业盈利能力的影响。接着，分析了不同定价策略对企业盈利能力和环境的影响。因此，引入了一个制造和销售新产品的原始物料供应商与一个再制造和销售再制造产品的独立物料供应商。基于消费者购买行为对面临独立物料供应商竞争的原始物料供应商展开了研究。虽然该研究是由物料供应商推动的，但它也可以应用于许多企业管理者对EPR有充分认识，愿意从事再制造相关项目的工业领域。研究得到的管理启示如下。首先，在这两种定价策略下，原始物料供应商的两期利润随消费者折扣因子的增加而呈下降趋势，而独立供应商的利润随消费者折扣因子的增加呈先下降后上升趋势。其次，当成本节约增加时，独立物料供应商生产再制造产品的动机加强。如果消费者折扣因子相对较高，考虑消费者购买行为的差别定价更有利于独立物料供应商利润的增加。再次，通过对两种定价模型的比较可以发现，在成本节约较小的情况下，如果消费者折扣因子较高，则原始物料供应商可以通过基于消费者购买行为的差别定价获得更高的利润，产生更小的环境影响。在这种情况下，原始物料供应商更愿意投资于消费者购买行为分析。如果消费者折扣因子较低，则独立物料供应商通过基于消费者购买行为的差别定价来增加利润，减少环境影响。在这种情况下，独立物料供应商投资于消费者购买行为分析更有利可图。从次，从公司盈利能力的角度来看，高的消费者折扣因子促使原始物料供应商采取差别定价。反之，较高的消费者折扣因子则有利于独立物料供应商从环境可持续性的角度选择差别价格。最后，当成本节约和消费者折扣因子较低时，由于企业采取基于消费者购买行为的差别定价，整体环境影响会增加。相反地，差别定价减少了对环境的总影响和企业的总利润。因此，为了帮助企业减少对环境的影响，政策制定者可以利用补贴政策来补偿企业的利润损失。

参考文献

[1] ÖSTLIN J, SUNDIN E, BJÖRKMAN M. Importance of closed-loop supply chain relationships for product remanufacturing[J]. International Journal of Production Economics, 2008, 115(2): 336-348.

[2] THIERRY M, SALOMON M, VAN NUNEN J, et al. Strategic issues in product recovery management[J]. California Management Review, 1995, 37(2): 114-135.

[3] WALDMAN M. Eliminating the market for secondhand goods: an alternative explanation for leasing[J]. Journal of Law & Economics, 1997, 40(1): 61-92.

[4] AGRAWAL V V, FERGUSON M, TOKATAY L B, et al. Is leasing greener than selling?[J]. Management Science, 2012, 58(3): 523-533.

[5] DESAI P, PUROHIT D. Leasing and selling: optimal marketing strategies for a durable goods firm[J]. Management Science, 1998, 44(11-2): S19-S34.

[6] ROBOTIS A, BHATTACHARYA S, VAN WASSENHOVE L N. Lifecycle pricing for installed base management with constrained capacity and remanufacturing[J]. Production and Operations Management, 2012, 21(2): 236-252.

[7] ARAS N, GÜLLÜ R, YÜRÜLMEZ S. Optimal inventory and pricing policies for remanufacturable leased products[J]. International Journal of Production Economics, 2011, 133(1): 262-271.

[8] LOON P V, DELAGARDE C, VAN WASSENHOVE L N. The role of second-hand markets in circular business: a simple model for leasing versus selling consumer products[J]. International Journal of Production Research, 2018, 56(1-2): 960-973.

[9] STEENECK D W, SARIN S C. Product design for leased products under remanufacturing[J]. International Journal of Production Economics, 2018, 202: 132-144.

[10] LI K J, XU S H. The comparison between trade-in and leasing of a product with technology innovations[J]. Omega, 2015, 54: 134-146.

[11] SOUZA G C. Closed-loop supply chains: a critical review, and future research[J]. Decision Sciences, 2013, 44(1): 7-38.

[12] GUIDE JR V D R, TEUNTER R H, VAN WASSENHOVE L N. Matching demand and supply to maximize profits from remanufacturing[J]. Manufacturing & Service Operations Management, 2003, 5(4): 303-316.

[13] ATASU A, SOUZA G C. How does product recovery affect quality choice[J]. Production and Operations Management, 2013, 22(4): 991-1010.

[14] MUTHA A, BANSAL S, GUIDE JR V D R. Managing demand uncertainty through core acquisition in remanufacturing[J]. Production and Operations Management, 2016, 25(8): 1449-1464.

[15] WANG L, CAI G, TSAY A A, et al. Design of the reverse channel for remanufacturing: Must profit-maximization harm the environment?[J]. Production and Operations Management, 2017, 26(8): 1585-1603.

[16] YAN W, XIONG Y, XIONG Z, et al. Bricks vs. clicks: Which is better for marketing remanufactured products?[J]. European Journal of Operational Research, 2015, 242(2): 434-444.

[17] 邹宗保, 王建军, 邓贵仕. 再制造产品销售渠道决策分析 [J]. 运筹与管理, 2017, 26(6): 1-9.

[18] GAN S S, PUJAWAN I N, WIDODO B. Pricing decision for new and remanufactured product in a closed-loop supply chain with separate sales-channel[J]. International Journal of Production Economics, 2017, 190: 120-132.

[19] YANG L, WANG G, CHAI Y. Manufacturer's channel selection considering carbon emission reduction and remanufacturing[J]. Journal of Systems Science and Systems Engineering, 2018, 27(4): 497-518.

[20] HE P, HE Y, XU H. Channel structure and pricing in a dual-channel closed-loop supply chain with government subsidy[J]. International Journal of Production Economics, 2019, 213: 108-123.

[21] TIAN L, VAKHARIA A J, TAN Y, et al. Marketplace, reseller, or hybrid: strategic analysis of an emerging e-commerce model[J]. Production and Operations Management, 2018, 27(8): 1595-1610.

[22] TAN Y, CARRILLO J E. Strategic analysis of the agency model for digital goods[J]. Production and Operations Management, 2017, 26(4): 724-741.

[23] 赵菊, 刘龙, 王艳, 等. 基于电商平台的供应商竞争和模式选择研究 [J]. 系统工程理论与实践, 2019, 39(8): 2058-2069.

[24] SHEN Y, WILLEMS S P, DAI Y. Channel selection and contracting in the presence of a retail platform[J]. Production and Operations Management, 2019, 28(5): 1173-1185.

[25] 魏杰, 常美静. 基于电商平台的定价顺序和销售模式选择 [J]. 系统工程, 2021, 39(1): 94-100.

[26] JIA D, LI S. Optimal decisions and distribution channel choice of closed-loop supply chain when e-retailer offers online marketplace[J]. Journal of Cleaner Production, 2020, 265: 121767.

[27] SAVASKAN R C, BHATTACHARYA S, VAN WASSENHOVE L N. Closed-loop supply

chain models with product remanufacturing[J]. Management Science, 2004, 50(2): 239-252.

[28] SAVASKAN R C, VAN WASSENHOVE L N. Reverse channel design: the case of competing retailers[J]. Management Science, 2006, 52(1): 1-14.

[29] XIONG Y, ZHAO Q, ZHOU Y. Manufacturer-remanufacturing vs supplier-remanufacturing in a closed-loop supply chain[J]. International Journal of Production Economics, 2016, 176(1): 21-28.

[30] YANG L, HU Y, HUANG L. Collecting mode selection in a remanufacturing supply chain under cap-and-trade regulation[J]. European Journal of Operational Research, 2020, 287 (2): 480-496.

[31] 黄帝, 周泓. 考虑不同回收质量等级的再制造系统回收生产决策 [J]. 中国管理科学, 2018, 26(10): 102-112.

[32] 曹柬, 杨晓丽, 吴思思, 等. 考虑再制造成本的闭环供应链回收渠道决策 [J]. 工业工程与管理, 2020, 25(1): 152-160.

[33] SWAMINATHAN J M, TAYUR S R. Models for supply chains in e-business[J]. Management Science, 2003, 49(10): 1387-1406.

[34] HUANG W, SWAMINATHAN J M. Introduction of a second channel: implications for pricing and profits[J]. European Journal of Operational Research, 2009, 194(1): 258-279.

[35] 但斌, 徐广业. 随机需求下双渠道供应链协调的收益共享契约 [J]. 系统工程学报, 2013, 28(4): 514-521.

[36] 王旭坪, 孙自来, 詹红鑫. 不同权力结构对跨境电商双渠道供应链的影响 [J]. 系统工程学报, 2017, 32(3): 385-396.

[37] 王聪, 杨德礼. 电商平台折扣券对制造商双渠道策略的影响研究 [J]. 系统工程理论与实践, 2018, 38(6): 1525-1535.

[38] 孙书省, 浦徐进, 韩广华. 考虑线下权力结构的制造商线上销售模式选择研究 [J]. 中国管理科学, 2019, 27(5): 119-129.

[39] 刘勇, 熊中楷. 新产品分销下再制造产品直销与分销渠道研究 [J]. 工业工程与管理, 2011, 16(4): 40-45.

[40] FERGUSON M E, TOKTAY L B. The effect of competition on recovery strategies[J]. Production and Operations Management, 2006, 15(3): 351-368.

[41] FERRER G, SWAMINATHAN J M. Managing new and remanufactured products[J]. Management Science, 2006, 52(1): 15-26.

[42] ÖRSDEMIR A, KEMAHLIOĞLU-ZIYA E, PARLAKTÜRK A K. Competitive quality choice and remanufacturing[J]. Production and Operations Management, 2014, 23(1): 48-64.

[43] OVCHINNIKOV A. Revenue and cost management for remanufactured products[J]. Production and Operations Management, 2011, 20(6): 824-840.

[44] YAN X, CHAO X, LU Y, et al. Optimal policies for selling new and remanufactured products[J]. Production and Operations Management, 2017, 26(9): 1746-1759.

[45] AGRAWAL V V, ATASU A, VAN ITTERSUM K. Remanufacturing, third-party competition, and consumers' perceived value of new products[J]. Management Science, 2015, 61(1): 60-72.

[46] VORASAYAN J, RYAN S M. Optimal price and quantity of refurbished products[J]. Production and Operations Management, 2006, 15(3): 369-383.

[47] ABBEY J D, KLEBER R, SOUZA G C, et al. The role of perceived quality risk in pricing remanufactured products[J]. Production and Operations Management, 2017, 26(1): 100-115.

[48] WANG L, CAI G, TSAY A A, et al. Design of the reverse channel for remanufacturing: must profit-maximization harm the environment?[J]. Production and Operations Management, 2017, 26(8): 1585-1603.

[49] YIN R, TANG C S. Optimal temporal customer purchasing decisions under trade-in programs with up-front fees[J]. Decision Sciences, 2014, 45(3): 373-400.

[50] ABBEY J D, BLACKBURN J D, GUIDE V D R. Optimal pricing for new and remanufactured products[J]. Journal of Operations Management, 2015, 36(1): 130-146.

[51] ATASU A, SARVARY M, VAN WASSENHOVE L N. Remanufacturing as a marketing strategy[J]. Management Science, 2008, 54(10): 1731-1746.

[52] TOFFEL M. Strategic management of product recovery[J]. California Management Review, 2004, 46 (2): 120-141.

[53] FERGUSON M, GUIDE V D R, KOCA E, et al. The value of quality grading in remanufacturing[J]. Production and Operations Management, 2009, 18(3): 300-314.

[54] STAHEL W. The circular economy[N]. Nature News, 2016, 531 (7595): 435-438.

[55] ABBEY J D, GUIDE V D R, SOUZA G C. Delayed differentiation for multiple lifecycle products[J]. Production and Operations Management, 2013, 22(3): 588-602.

[56] STANDRIDGE C R, CORNEAL L. Remanufacturing, repurposing, and recycling of post-vehicle-application lithium-ion batteries[R]. Mineta National Transit Research Consortium, 2014.

[57] HUANG E. China buys one out of every two electric vehicles sold globally. Germany's nonprofit Centre for Solar Energy and Hydrogen Research Baden-Württemberg[EB/OL]. (2019-02-18)[2024-09-29]. https: //qz.com/1552991/china-buys-one-out-of-every-two-electric-veh-icles-sold-globally/.

[58] STANDRIDGE C R, CORNEAL L, BAINE N, et al. Advances in repurposing and recycling of post-vehicle-application lithium-ion batteries[R]. Mineta National Transit Research Consortium, 2016.

[59] ZHANG Y, WANG C Y, TANG X. Cycling degradation of an automotive lifepo4 lithium-ion battery[J]. Journal of Power Sources, 2011, 196(3): 1513-1520.

[60] AVCI B, GIROTRA K, NETESSINE S. Electric vehicles with a battery switching station: adoption and environmental impact[J]. Management Science, 2015, 61(4): 772-794.

[61] 澳大利亚开始建设投资 1.6 亿美元的混合动力可再生能源项目 [J]. 中外能源, 2017, 22(12):

90.

[62] BULOW J I. Durable-goods monopolists[J]. Journal of Political Economy, 1982, 90(21): 314-332.

[63] BHASKARAN S R, GILBERT S M. Implications of channel structure for leasing or selling durable goods[J]. Marketing Science, 2009, 28(5): 918-934.

[64] DESAI P S, PUROHIT D. Competition in durable goods markets: the strategic consequences of leasing and selling[J]. Marketing Science, 1999, 18(1): 42-58.

[65] TOKTAY L B, WEI D. Cost allocation in manufacturing-remanufacturing operations[J]. Production and Operations Management, 2011, 20(6): 841-847.

[66] MOORTHY K S. Product and price competition in a duopoly[J]. Marketing Science, 1988, 7(2): 141-168.

[67] BHASKARAN S R, GILBERT S M. Implications of channel structure and operational mode upon a manufacturer's durability choice[J]. Production and Operations Management, 2015, 24(7): 1071-1085.

[68] LI K, LIU J, FU H, et al. An integrated system with multiple product lifecycles for remanufacturing (IS-MPLR): new opportunities and challenges[J]. International Journal of Computer Integrated Manufacturing, 2021, 34(1): 20-40.

[69] LI K, ZHOU T, LIU B. The comparison between selling and leasing for new and remanufactured products with quality level in the electric vehicle industry[J]. Journal of Industrial and Management Optimization, 2021, 17(3): 1505-1529.

[70] WU X, ZOU Z. Buyer-specific versus uniform pricing in a closed-loop supply chain with third-party remanufacturing[J]. European Journal of Operational Research, 2018, 273(2): 548-560.

[71] QIAN Z, CHAI J, LI H, et al. Implications of product upgrading confronting supplier remanufacturing[J]. International Journal of Production Research, 2020, 58(19): 5870-5892.

[72] SHI T, CHHAJED D, WAN Z, et al. Distribution channel choice and divisional conflict in remanufacturing operations[J]. Production and Operations Management, 2020, 29(7): 1702-1719.

[73] HUANG X, ATASU A, TOKTAY L B. Design implications of extended producer responsibility for durable products[J]. Management Science, 2019, 65(6): 2573-2590.

[74] LI G, REIMANN M, ZHANG W. When remanufacturing meets product quality improvement: the impact of production cost[J]. European Journal of Operational Research, 2018, 271(3): 913-925.

[75] JIN M, NIE J, YANG F, et al. The impact of third-party remanufacturing on the forward supply chain: a blessing or a curse[J]. International Journal of Production Research, 2017, 55(22): 6871-6882.

[76] KOVACH J J, ATASU A, BANERJEE S. Salesforce incentives and remanufacturing[J]. Production and Operations Management, 2018, 27(3): 516-530.

[77] HUANG Y, WANG Z. Values of information sharing: a comparison of supplier-remanuf-

acturing and manufacturer-remanufacturing scenarios[J]. Transportation Research Part E: Logistics and Transportation Review, 2017, 106: 20-44.

[78] WU X, ZHOU Y. Does the entry of third-party remanufacturers always hurt original equipment manufacturers[J]. Decision Sciences, 2016, 47(4): 762-780.

[79] MARKLINES. China-flash report, Sales volume[EB/OL]. (2019-01-07) [2024-09-29]. http://www.marklines.com/en/statistics/flash_salesfig_China_2018.

[80] GARVIN D A. What does "product quality" really mean[J]. MIT Sloan Management Review, 1984, 26(1): 25-43.

[81] BITRAN G, CALDENTEY R. An overview of pricing models for revenue management[J]. Manufacturing & Service Operations Management, 2003, 5(3): 203-229.

[82] HENDEL I, LIZZERI A. Interfering with secondary markets[J]. Rand Journal of Economics, 1999, 30: 1-21.

[83] DEBO L G, TOKTAY L B, VAN WASSENHOVE L N . Market segmentation and product technology selection for remanufacturable products[J]. Management Science, 2005, 51(8): 1193-1205.

[84] AN R, YU B, LI R, et al. Potential of energy savings and CO_2 emission reduction in china's iron and steel industry[J]. Applied Energy, 2018, 226(15): 862-880.

[85] KARALI N, XU T, SATHAYE J. Reducing energy consumption and CO_2 emissions by energy efficiency measures and international trading: a bottom-up modeling for the US iron and steel sector[J]. Applied Energy, 2014, 120(1): 133-146.

[86] GUTOWSKI T G, SAHNI S, BOUSTANI A, et al. Remanufacturing and energy savings[J]. Environmental Science & Technology, 2011, 45(10): 4540-4547.

[87] THOMAS V M. The environmental potential of reuse: an application to used books[J]. Sustainability Science, 2011, 6(1): 109-116.

第6章

智能制造环境下的再制造决策

新一代信息技术与制造业深度融合，丰富了产品价值内涵，改变了产品构成要素、企业合作方式、行业生态结构，正在引发影响深远的产业变革。智能制造成为制造业发展的必然趋势，为再制造行业的发展带来了新的机遇与挑战。制造商通过应用工业机器人、物联网、工业智能软件等提升生产过程的智能化，从而提高生产效率。另外，通过传感器嵌入产品，提升产品的智能网联水平，企业能够对智能网联产品的生命周期过程数据进行合理地收集、清洗及分析并获得旧产品的回收信息和质量信息，这显著降低了再制造决策的不确定性，减少了再制造成本。机遇与挑战并存，智能制造为再制造供应链系统管理提供机遇的同时也带来了新的管理问题。与传统制造相比，在以智能产品为再制造对象的闭环供应链中，制造商作为智能制造的实施者，能够掌握产品全生命周期的信息，而其他供应链成员因无法获得此信息导致供应链成员间信息不对称。制造商作为产品全生命周期数据的拥有者，在供应链中的地位也有了新的变化，这种变化将会进一步影响供应链中的竞争与合作关系。如何调整自身的制造和再制造策略以适应智能制造环境成为制造商需要进一步思考的战略决策。基于此，本章针对智能制造环境下的再制造决策，首先研究智能制造对制造和再制造决策的影响机理；其次在智能制造环境下研究考虑成本信息的再制造决策问题；最后研究智能制造环境下考虑差异定价的再制造决策问题。

6.1 问题背景与研究现状

信息技术发展引发的产业变革，促使制造商开始逐渐向智能制造转型升级。《中国制造 2025》对制造业也提出了信息化和智能化的要求，重点强调要将新一代信息技术与制造业深度融合，以实现传统的机械制造向智能制造转型。许多企业已经进行了智能制造转型的实践。例如，中国的制造企业三一重工利用新一代信息技术实现智能生产，建立了可视化管控中心。美国通用电气公司利用传感器设备，创建数据反馈机制，采用大数据分析技术改进和创新产品服务。欧洲空客公司应用物联网技术构建了规模庞大、效率较高的供应链和生产体系。智能制造的实质就是将整个产品生命周期中获取的数据转化为制造智能，从而对制造的各个方面产生积极影响。

智能制造的核心基础是工业物联网，工业物联网通过大量的传感器彼此互联，收集海量数据上传至数字平台并进行清洗、分析，从而将人、物、环境紧密地连接在一起。智能制造对生产过程的影响主要体现在制造商通过应用工业机器人、物联网、工业智能软件等提升生产过程的智能化，从而提高生产效率。研究发现利用嵌入式信息设备提供的动态信息，智能制造可以在设备级、过程级和系统级不同层面有效节约生产成本[1]。并且智能制造通过对能耗的实时检测和分析，能够节约生产过程中的资源和能源消耗[2]。麦肯锡全球公司的调查数据显示，在制造业中利用大数据可以降低产品开发和组装成本高达50%，并可导致运营资本减少7%[3]。

智能制造对工业物联网的要求催生了以传感器嵌入式产品为代表的智能产品的制造生产，这驱动了智能再制造的发展。我国再制造行业的领头人徐滨士院士提到，智能再制造的核心是智能信息数据的收集和管理。目前传统的再制造对象多为具有高附加价值的核心零部件，如汽车的发动机、曲轴等。在以发动机、曲轴等传统产品为再制造对象的闭环供应链中，产品本身无法获得自己全生命周期的质量信息和回收信息。实际上，这些信息能够深刻影响闭环供应链中再制造企业的决策行为。智能制造环境下，通过传感器嵌入产品，提升产品的智能网联水平，企业能够对智能网联产品的生命周期过程数据进行实时观测，从而能够分析产品健康状态和实现产品全生命周期管理。因此，智能制造催生出的传感器嵌入式产品具备较高的再制造价值。

与传统产品再制造相比，在智能制造背景下，智能产品的出现有效缓解了闭环供应链中的不确定性，减少了再制造成本。制造商作为传感器嵌入式产品的生产商和再制造商，能够掌握产品全生命周期的信息，在供应链中的地位也有了新的变化。此外，制造商通过对产品全生命周期数据进行合理地收集、清洗及分析能够获得旧产品的回收信息和质量信息。其中，通过旧产品的回收信息能够对消费者的回收行为进行判断和区分；通过旧产品的质量信息能够判断产品在回收后的再制造成本，从而在闭环供应链中具备成本信息优势。

智能制造的优势为再制造的发展带来新机遇，同时也带来了新的管理问题。企业需要探究在制造和再制造混合的系统中，智能制造对制造和再制造决策的影响机理，以实现智能制造效益最大化。此外，供应链成员关于产品全生命周期数据具有不对称信息，从而导致供应链成员间信息不对称问题。制造商作为产品全生命周期数据的拥有者，在供应链中的地位也有了新的变化，并且进一步影响供应链中的竞争与合作关系。在智能制造环境下，制造商还需要调整自身的运营策略以适应智能制造环境。例如，制造商通过旧产品的回收信息实现了对消费者回收行为的判断和区分之后需要重新思考营销策略以最大化利用回收信息。制造商通过旧产品的质量信息能够判断产品在回收后的再制造成本，因此，如何充分利用此优势获得更大的经济效益也成为新的管理问题。

近些年，智能制造对制造企业管理的影响受到了普遍关注。制造企业实施智能制造，为生产设备增加传感器和通信能力，能够提高制造机器和工艺的状况意识、减少操作停机时间、提高自动化水平和产品质量[4]。Davis等[5]研究提出基于先进传感器的数据分析、建模和仿真，智能制造能够促进企业制造过程各个方面的实时理解、推理、规划和管理。Georgakopoulos等[6]的研究从物联网和云服务为制造业带来的商业价值出发，发现通过物联网连接的机器、传感器和手持设备捕捉越来越详细的数据，使用云服务对这些数据进行分析，可以推动业务和运营转型，降低劳动和生产力成本，增加利润。Qi和Tao[7]研究发现基于云计算的大数据分析技术能够改进制造工艺，使制造更加精益，更加具有竞争力。Kusiak[8]的研究表明智能制造可以提高工业效率、盈利能力和可持续性。

制造商还能够通过传感器嵌入产品等手段实施智能制造，实时获取产品重要参数的信息，并利用软件分析智能网联产品的生命周期数据，提高产品服务及再制造的准确性。因此，许多学者从智能制造对再制造过程影响的角度进行了大量研究。Shin等[9]提出了利用数据驱动的方法可实现将产品生命周期的数据应用于指导和改进产品的性能。Yang等[10]认为产品生命周期的数字化将彻底改变产品制造和再制造行业以及相应的商业模式。Robotis等[11]针对可再制造产品质量状况的不确定性，提出了利用产品全生命周期信息可精准确定回收产品的质量和重用性的理论。Ondemir和Guputa[12]提出传感器和射频识别标签与产品结合，能够在产品全生命周期内监控关键组件，并在产品到达回收设施时提供收集的生命周期信息。Joshi和Gupta[13]提出了一种按订单再制造按订单拆卸系统，该系统接收嵌入产品的传感器和射频识别(RFID)标签信息，以确定回收的废旧产品状况。Zhou和Piramuthu[14]研究表明对报废产品条件和数量的全面了解以及对剩余寿命的确定消除了昂贵的初步拆卸和检查操作，并实现了最佳的再制造规划。

制造商实施智能制造，容易导致供应链成员间信息不对称问题。以往闭环供应链中对信息不对称性问题的研究多集中于原始设备制造商和零售商之间。原始设备制造商一般为供应链中的上游企业，零售商为下游企业，由于两者在供应链中的地位不同，往往会产生信息的不对称性。在原始设备制造商和零售商构成的二级供应链中，魏光兴等[15]假定零售商可能偏好自利型也可能偏好利他型，制造商只能对零售商的偏好类型进行预测。在此基础上，研究了这种信息不确定性对产品绿色度和定价策略的影响。张盼和熊中楷[16]假定回收活动是原始设备制造商的私有信息，在回收成本信息不对称的情况下，研究原始设备制造商和零售商的合作策略。Wei 等[17]假定新产品成本和再制造产品成本是上游原始设备制造商的私有信息，然后得到了信息对称和不对称时的供应链中各成员的最优决策。Zhang 等[18]在回收成本是下游零售商私有信息的情况下，研究了信息对称和不对称时的最优合同机制，并分析了信息对于供应链中各成员的影响。Huang 和 Wang[19]将供应商引入闭环供应链，假定需求信息是零售商的私人信息，分别在两种再制造模式（原始设备制造商进行再制造、供应商进行再制造）下，对供应链成员的决策进行研究，得到了信息共享对供应商和原始设备制造商有利，但对零售商不利的结论。刘启明[20]假定零售商是闭环供应链中的领导者，在再制造成本是原始设备制造商的私有信息的情形下，研究了当原始设备制造商选择共享或不共享信息时，供应链成员的最优决策和利润的变化。Zhang 和 Xiong[21]在原始设备制造商只进行回收再制造，零售商销售产品且拥有产品需求信息的背景下，探究旧产品的回收效率对信息共享的影响，研究发现当原始设备制造商的旧产品回收效率高于阈值时，零售商会在没有激励的情况下自愿共享信息。

在闭环供应链中，并非只有原始设备制造商和零售商之间存在信息不对称性。一些学者对其他类型的闭环供应链中存在的信息不对称性问题也进行了研究，但是相关研究较少。向泽华和许民利[22]建立了原始设备制造商和互联网回收平台组成的闭环供应链，其中互联网回收平台具备回收优势，并分别在回收平台共享信息和不共享信息的情况下，探究了回收模式对供应链各成员利润的影响。郭少英等[23]提出了由一个供应商和一个原始设备制造商构成的闭环供应链，假定市场需求不确定，综合考虑原始设备制造商的回收价格以及再制造成本等因素，分别在信息对称和不对称的情形下探究原始设备制造商与供应商的最优决策。

基于智能产品的特点及再制造闭环供应链的研究现状，本节主要从以下三个方面开展研究：①制造商实施智能制造对再制造决策的影响，考虑了智能制造的生产效益和产品效益，研究制造商的制造和再制造策略。②原始设备制造商通过传感器嵌入式产品收集的产品回收信息对消费者进行分类，在新产品和再制造产品差别定价的基础上，在不同类型的消费者中对再制造产品也采取差异性定价的策略。本节将探究基于回收信息的差异性定价策略对闭环供应链成员最优决策的影响。③原始设备制造商通过传感器嵌入式产品收集的产品质量信息确定旧产品的再制造成本，从而在与再制造商的竞争中具有成本信息优势。本节将基于传感器嵌入式产品回收再制造在闭环供应链中产生的新的信息不对称性问题，探讨原始设备制造商和再制造商之间不同的再制造成本与横向的信息不对称性对供应链成员最优决策的影响，丰富闭环供应链中关于横向信息不对称性的研究。

6.2 智能制造对再制造决策的影响

6.2.1 问题描述

本节探讨制造商实施智能制造对再制造决策的影响机理，为智能制造环境下的供应链再制造决策提供管理启示。本节假设智能制造的生产效益导致制造商新产品成本降低，产品效益导致再制造产品成本降低，研究了由制造商、零售商和消费者组成的三级供应链中的三种场景，如图 6.1 所示。

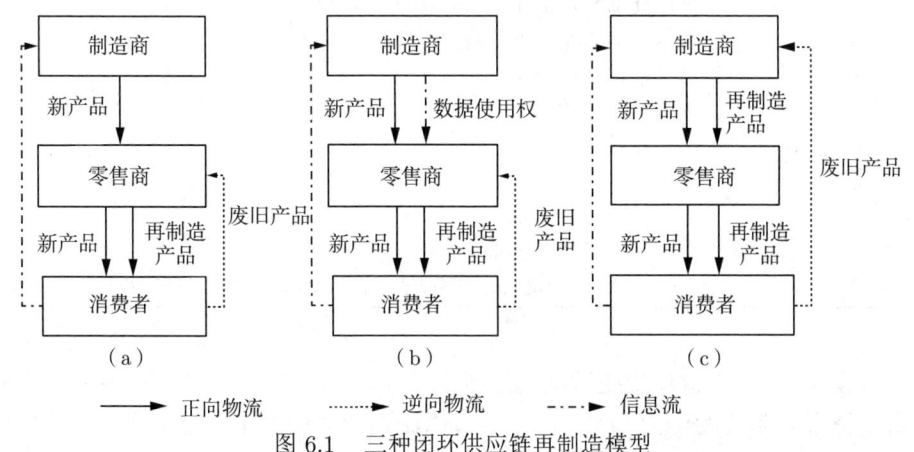

图 6.1　三种闭环供应链再制造模型

(a) 模型 NR；(b) 模型 IR；(c) 模型 MR

在制造商再制造模型（模型 NR）中，假设制造商只生产新产品，零售商销售产品并从事回收和再制造。假设制造商能够获得智能制造的生产效益。考虑传统情形，假定零售商没有产品生命周期数据的使用权。在此情形下，产品健康状态信息是制造商的私有信息，从而形成一个信息不对称的制造商授权零售商再制造决策模型。在零售商再制造模型（模型 IR）中，假设制造商只生产新产品，零售商销售产品并从事回收和再制造。假设制造商能够获得智能制造的生产效益。与模型 NR 不同的是，模型 IR 假定零售商可以从制造商处购买产品生命周期数据的使用权，通过投入一定的成本，获得智能制造的产品效益。由于制造商和零售商均能掌握产品健康状态信息，从而形成一个信息对称的制造商授权零售商再制造决策模型。在制造商和零售商合作再制造（模型 MR）中，假设制造商既生产新产品，也从事再制造，零售商只从事销售而不参与回收和再制造。在此情形下，制造商同时获得智能制造的生产效益和产品效益。

表 6.1 给出本节中使用的相关参数和决策变量。此外，本节对研究问题做了以下假设。

表 6.1 参数和决策变量

符号	定义
c_n	新产品的基准生产成本
c_r	再制造产品的基准生产成本
v	消费者对新产品的支付意愿
δ	消费者对再制造产品的价值折扣
k	制造商智能投资固定成本的敏感系数
F	产品生命周期信息获取成本
α_1	智能化对新产品生产成本的边际效应
α_2	智能化对再制造产品生产成本的边际效应
w_n	新产品的批发价格
w_r	再制造产品的批发价格
q_n	新产品数量
q_r	再制造产品数量
p_n	新产品的零售价格
p_r	再制造产品的零售价格
Π_j^i	j 在模型 i 中的利润，j=R(零售商)/M(制造商)，i=NR/IR/MR

假设 1：假设制造商实施智能制造投资成本为 $ke^2/2$。其中，k 为系数；e 为制造商实施智能制造的努力水平。由于本节以制造商实施智能制造为前提，这里假定 $e=1$，从而制造商实施智能制造的投资成本简化为 $k/2 \triangleq \Delta$。假设制造商实施智能制造所带来的生产效益体现在降低新产品的单位生产成本，此时新产品单位成本为 $(1-\alpha_1)c_n(0<\alpha_1<1)$。假设制造商实施智能制造所带来的产品效益体现在降低再制造产品的单位生产成本，此时再制造产品单位成本为 $(1-\alpha_2)c_r(0<\alpha_2<1)$。假定 $c_n>c_r$。

假设 2：由于制造商是智能制造的实施者，假设在零售商从事再制造的情形下，零售商若想通过获取产品生命周期数据降低再制造成本，则需向制造商支付固定费用 F。

假设 3：假设消费者购买新产品的支付意愿为 v，$v \in U(0,1)$。尽管再制造产品的质量不低于原型新产品，但消费者对新产品和再制造产品通常存在质量感知差异，对新产品的支付意愿一般高于再制造产品。假设消费者对再制造产品的支付意愿为 δv，$0<\delta<1$。消费者购买新产品获得的净效用为 $v-p_n$，购买再制造产品的净效用为 $\delta v-p_r$，不购买任何类型产品净效用为 0。消费者的购买

行为依赖于其获得的效用值。当 $v-p_n > \delta v - p_r$ 且 $v-p_n \geqslant 0$ 时，消费者选择购买新产品；当 $v-p_n < \delta v - p_r$ 且 $\delta v - p_r \geqslant 0$ 时，消费者选择购买再制造产品。为简化分析，将市场规模标准化为 1。通过分析消费者效用，可得新产品和再制造产品的逆需求函数分别为

$$p_n = 1 - q_n - \delta q_r \tag{6.2.1}$$

$$p_r = \delta(1 - q_n - q_r) \tag{6.2.2}$$

假设 4：假设制造商为市场的领导者，零售商为跟随者，即在零售商从事回收和再制造的模型 NR 和 IR 中，首先制造商决策新产品的批发价格，其次零售商根据此批发价格，决策新产品的采购数量和再制造产品的生产数量；在制造商进行回收再制造的模型 MR 中，首先制造商决策新产品和再制造产品的批发价格，其次零售商决策新产品和再制造产品的采购数量。

假设 5：假设市场需求量是稳定的[24]，再制造活动发生在废旧产品回收之后，并假设产品最多只能被再制造一次。再制造产品的数量受前一阶段新产品数量的限制，在稳态期内可表示为 $q_r \leqslant q_n$。制造商和零售商均以利润最大化为目标，拥有完全的市场信息，并且均为风险中性[25]。

6.2.2 模型构建

1. 模型 NR: 信息不对称的零售商再制造决策模型

在模型 NR 中，如图 6.1（a）所示，制造商将生产的新产品批发给零售商，再由零售商销售给消费者。制造商获得智能制造的生产效益，新产品单位成本为 $(1-\alpha_1)c_n (0 < \alpha_1 < 1)$。在新产品生命周期末，零售商对废旧产品进行回收再制造。考虑传统情形，假定零售商没有从制造商处购买产品生命周期数据的使用权，$F=0$。在此场景中，零售商无法获得产品健康状态信息，从而无法实现产品效益，因此 $\alpha_2 = 0$。此时，制造商和零售商分别追求各自的利润最大化，构建模型为

$$\max \Pi_M^{NR} = [w_n - (1-\alpha_1)c_n]q_n - \Delta \tag{6.2.3}$$

$$\max \Pi_R^{NR} = (p_n - w_n)q_n + (p_r - c_r)q_r \\ \text{s.t. } q_n \geqslant q_r \geqslant 0 \tag{6.2.4}$$

采用逆向归纳法分析制造商和零售商之间的博弈关系。在给定新产品批发价格的前提下，零售商的利润是关于 q_n、q_r 的联合凹函数。定理 6.2.1 给出零售商最优反应策略。

定理 6.2.1 在信息不对称的零售商再制造情形下,已知新产品批发价格,零售商的最优反应策略如下。

(1) 如果 $c_r > \delta w_n$,则 $q_n^{NR-1} = \dfrac{1-w_n}{2}$,$q_r^{NR-1} = 0$。

(2) 如果 $\delta w_n > c_r > \dfrac{2\delta w_n - \delta(1-\delta)}{(1+\delta)}$,则 $q_n^{NR-2} = \dfrac{1-w_n-\delta+c_r}{2(1-\delta)}$,$q_r^{NR-2} = \dfrac{\delta w_n - c_r}{2\delta(1-\delta)}$。

(3) 如果 $\dfrac{2\delta w_n - \delta(1-\delta)}{(1+\delta)} > c_r$,则 $q_n^{NR-3} = q_r^{NR-3} = \dfrac{1+\delta-w_n-c_r}{2(1+3\delta)}$。

证明:在模型 NR 中,根据拉格朗日乘子法和 KKT 最优化条件,零售商的最优化问题可以表示为

$$L(q_n, q_r, \lambda_1, \lambda_2) = [(1-q_n^{NR}-\delta q_r^{NR})-w_n]q_n^{NR} + [\delta(1-q_n^{NR}-q_r^{NR})-c_r]q_r^{NR} + \lambda_1 q_r^{NR} + \lambda_2(q_n^{NR}-q_r^{NR})$$

$$\frac{\partial L}{\partial q_n^{NR}} = 1 - 2q_n^{NR} - 2\delta q_r^{NR} - w_n + \lambda_2 = 0$$

$$\frac{\partial L}{\partial q_r^{NR}} = \delta - 2\delta q_n^{NR} - 2\delta q_r^{NR} - c_r + \lambda_1 - \lambda_2 = 0$$

$$\lambda_1 q_r^{NR} = 0$$

$$\lambda_2(q_n^{NR} - q_r^{NR}) = 0$$

$$q_n^{NR} \geqslant q_r^{NR} \geqslant 0$$

因为拉格朗日乘子必须满足非负的条件,即 $\lambda_1, \lambda_2 \geqslant 0$,有四种情况需要分析。

情形 1:如果 $\lambda_2 = 0$,$\lambda_1 > 0$,则 $q_n^{NR} = \dfrac{1-w_n}{2}$,$q_r^{NR} = 0$。因为 $\lambda_1 = c_r - \delta w_n > 0$,所以 $\delta w_n < c_r$。

情形 2:如果 $\lambda_1 = \lambda_2 = 0$,则 $q_n^{NR} = \dfrac{1-\delta-w_n+c_r}{2(1-\delta)}$,$q_r^{NR} = \dfrac{\delta w_n - c_r}{2\delta(1-\delta)}$。因为 $q_n^{NR} \geqslant q_r^{NR} \geqslant 0$,所以 $\dfrac{2\delta w_n - \delta(1-\delta)}{1+\delta} \leqslant c_r \leqslant \delta w_n$。

情形 3:如果 $\lambda_1 = 0$,$\lambda_2 > 0$,则 $q_n^{NR} = q_r^{NR} = \dfrac{1+\delta-w_n-c_r}{2(1+3\delta)}$。因为 $\lambda_2 = \dfrac{2\delta w_n - (1+\delta)c_r - \delta + \delta^2}{1+3\delta} > 0$,则 $\dfrac{2\delta w_n - \delta(1-\delta)}{1+\delta} > c_r$。

情形 4:如果 $\lambda_2 > 0$,$\lambda_1 > 0$,则 $q_n^{NR} = q_r^{NR} = 0$,这种情形无意义,不考虑。证毕。

定理 6.2.1 表明,在制造商新产品批发价格给定的前提下,基准再制造成本

c_r 影响零售商的产品数量决策。当 c_r 较大时，再制造无成本优势，零售商不会进行再制造。随着 c_r 的降低，零售商将选择部分再制造、完全再制造策略，其中完全再制造策略主要受前一阶段新产品生产数量的限制。

将零售商对制造商的最优反应函数代入制造商的利润函数，可得如下结果。

定理 6.2.2 在信息不对称的零售商再制造情形下，制造商和零售商的均衡决策如下。

(1) 当 $\delta > \dfrac{2}{3}$ 时，存在以下三种情况。

① 记 $\dfrac{\delta[1+(1-\alpha_1)c_n]}{2} \triangleq c_1^{\mathrm{NR}}$，如果 $c_r > c_1^{\mathrm{NR}}$，则 $w_n^{\mathrm{NR\text{-}1}} = \dfrac{1+(1-\alpha_1)c_n}{2}$，$q_n^{\mathrm{NR\text{-}1}} = \dfrac{1-(1-\alpha_1)c_n}{4}$，$q_r^{\mathrm{NR\text{-}1}} = 0$。

② 记 $\dfrac{2\delta + 7\delta^2 + \delta^3 - 2\delta[1-(1-\alpha_1)c_n]\sqrt{2\delta(1+3\delta)} + \delta(2+5\delta)(1-\alpha_1)c_n}{4+12\delta+\delta^2} \triangleq c_1^{\mathrm{NR}'}$，如果 $c_1^{\mathrm{NR}'} < c_r \leqslant c_1^{\mathrm{NR}}$，则 $w_n^{\mathrm{NR\text{-}2\text{-}1}} = \dfrac{c_r}{\delta}$，$q_n^{\mathrm{NR\text{-}2\text{-}1}} = \dfrac{\delta - c_r}{2\delta}$，$q_r^{\mathrm{NR\text{-}2\text{-}1}} = 0$。

③ 如果 $c_r \leqslant c_1^{\mathrm{NR}'}$，则 $w_n^{\mathrm{NR\text{-}3}} = \dfrac{1+\delta-c_r+(1-\alpha_1)c_n}{2}$，$q_n^{\mathrm{NR\text{-}3}} = q_r^{\mathrm{NR\text{-}3}} = \dfrac{1+\delta-c_r-(1-\alpha_1)c_n}{4(1+3\delta)}$。

(2) 当 $\delta \leqslant \dfrac{2}{3}$ 时，存在以下四种情况。

① 如果 $c_r > c_1^{\mathrm{NR}}$，则 $w_n^{\mathrm{NR\text{-}1}} = \dfrac{1+(1-\alpha_1)c_n}{2}$，$q_n^{\mathrm{NR\text{-}1}} = \dfrac{1-(1-\alpha_1)c_n}{4}$，$q_r^{\mathrm{NR\text{-}1}} = 0$。

② 记 $\dfrac{\delta[1-\delta+(1-\alpha_1)c_n]}{2-\delta} \triangleq c_2^{\mathrm{NR}}$，如果 $c_2^{\mathrm{NR}} < c_r \leqslant c_1^{\mathrm{NR}}$，则 $w_n^{\mathrm{NR\text{-}2\text{-}1}} = \dfrac{c_r}{\delta}$，$q_n^{\mathrm{NR\text{-}2\text{-}1}} = \dfrac{\delta - c_r}{2\delta}$，$q_r^{\mathrm{NR\text{-}2\text{-}1}} = 0$。

③ 记 $\dfrac{2\delta^2 - [1-(1-\alpha_1)c_n][1+\delta-\sqrt{(1+3\delta)(1-\delta)}]}{2\delta} \triangleq c_3^{\mathrm{NR}}$，如果 $c_3^{\mathrm{NR}} < c_r \leqslant c_2^{\mathrm{NR}}$，则 $w_n^{\mathrm{NR\text{-}2\text{-}2}} = \dfrac{1-\delta+c_r+(1-\alpha_1)c_n}{2}$，$q_n^{\mathrm{NR\text{-}2\text{-}2}} = \dfrac{1-\delta+c_r-(1-\alpha_1)c_n}{4(1-\delta)}$，$q_r^{\mathrm{NR\text{-}2\text{-}2}} = \dfrac{\delta[1-\delta+(1-\alpha_1)c_n]-(2-\delta)c_r}{4\delta(1-\delta)}$。

④ 如果 $c_r \leqslant c_3^{\mathrm{NR}}$，则 $w_n^{\mathrm{NR\text{-}3}} = \dfrac{1+\delta-c_r+(1-\alpha_1)c_n}{2}$，$q_n^{\mathrm{NR\text{-}3}} = q_r^{\mathrm{NR\text{-}3}} = \dfrac{1+\delta-c_r-(1-\alpha_1)c_n}{4(1+3\delta)}$。

证明：根据逆向求解法，在定理 6.2.1 的基础上对制造商的利润函数进行分析。制造商在模型 NR 中的最优化问题为 $\max \Pi_M^{NR} = [w_n - (1-\alpha_1)c_n]q_n - \Delta$。

情形 1：将 $q_n^{NR} = \dfrac{1-w_n}{2}$，$q_r^{NR} = 0$ 代入制造商的利润函数中，并且满足约束条件 $c_r > \delta w_n$。容易得到：当 $c_r > \dfrac{\delta[1+(1-\alpha_1)c_n]}{2}$ 时，$w_n^{NR\text{-}1*} = \dfrac{1+(1-\alpha_1)c_n}{2}$。当 $c_r \leqslant \dfrac{\delta[1+(1-\alpha_1)c_n]}{2}$ 时，w_n^{NR*} 无限接近 $\dfrac{c_r}{\delta}$。

情形 2：将 $q_n^{NR} = \dfrac{1-\delta-w_n+c_r}{2(1-\delta)}$，$q_r^{NR} = \dfrac{\delta w_n - c_r}{2\delta(1-\delta)}$ 代入制造商的利润函数中，该利润函数是 w_n 的严格凹函数，并且满足限制条件 $\dfrac{2\delta w_n - \delta(1-\delta)}{1+\delta} \leqslant c_r \leqslant \delta w_n$。此时，我们对利润函数求 w_n 的导数，令导数等于 0，容易得出当 $c_r > \dfrac{\delta[1-\delta+(1-\alpha_1)c_n]}{(2-\delta)}$ 时，$w_n^{NR\text{-}2\text{-}1*} = \dfrac{c_r}{\delta}$。当 $\dfrac{\delta[1-\delta+(1-\alpha_1)c_n]}{(2-\delta)} \geqslant c_r \geqslant \delta(1-\alpha_1)c_n$ 时，$w_n^{NR\text{-}2\text{-}2*} = \dfrac{1-\delta+c_r+(1-\alpha_1)c_n}{2}$。当 $c_r < \delta(1-\alpha_1)c_n$ 时，$w_n^{NR\text{-}2\text{-}3*} = \dfrac{\delta(1-\delta)+(1+\delta)c_r}{2\delta}$。

情形 3：将 $q_n^{NR} = q_r^{NR} = \dfrac{1+\delta-w_n-c_r}{2(1+3\delta)}$ 代入制造商的利润函数中，并且满足约束条件 $\dfrac{2\delta w_n - \delta(1-\delta)}{1+\delta} > c_r$。因为制造商利润函数关于 w_n 是严格凹的，因此容易得到，当 $c_r < \dfrac{\delta[2\delta+(1-\alpha_1)c_n]}{(1+2\delta)}$ 时，制造商最优的新产品批发价格为 $w_n^{NR\text{-}3*} = \dfrac{1+\delta-c_r+(1-\alpha_1)c_n}{2}$。

对这三种情况下 c_r 的阈值进行比较，得出，不同的消费者价格折扣范围，区间端点大小关系不同。具体关系如图 6.2 所示。

当 $\delta < \dfrac{1}{3}$ 时，存在以下五种情况。

（1）当基准再制造成本属于区间 1 时，零售商选择完全再制造策略。制造商的最优批发价格为 $w_n^{NR\text{-}3}$。代入 $w_n^{NR\text{-}3}$ 到 $q_n^{NR} = q_r^{NR} = \dfrac{1+\delta-w_n-c_r}{2(1+3\delta)}$，则 $q_n^{NR\text{-}3} = q_r^{NR\text{-}3} = \dfrac{1+\delta-c_r-(1-\alpha_1)c_n}{4(1+3\delta)}$。

（2）当基准再制造成本属于区间 2 时，制造商在区间 2 中该点的左侧，即 $\delta(1-\alpha_1)c_n < c_r < \dfrac{2\delta^2 - [1-(1-\alpha_1)c_n][1+\delta-\sqrt{(1+3\delta)(1-\delta)}]}{2\delta}$ 时，得出

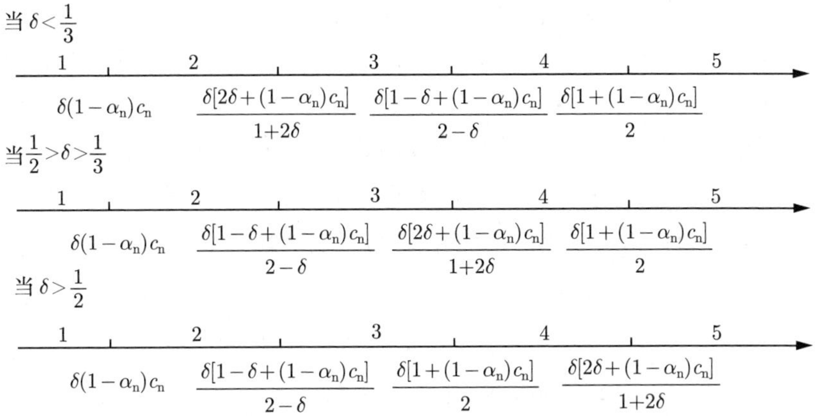

当 $\delta < \dfrac{1}{3}$

```
  1            2                   3                   4                   5
──┼────────────┼───────────────────┼───────────────────┼───────────────────┼──→
  δ(1-αₙ)cₙ   δ[2δ+(1-αₙ)cₙ]      δ[1-δ+(1-αₙ)cₙ]     δ[1+(1-αₙ)cₙ]
              ─────────────        ─────────────        ─────────────
                 1+2δ                  2-δ                   2
```

当 $\dfrac{1}{2} > \delta > \dfrac{1}{3}$

```
  1            2                   3                   4                   5
──┼────────────┼───────────────────┼───────────────────┼───────────────────┼──→
  δ(1-αₙ)cₙ   δ[1-δ+(1-αₙ)cₙ]     δ[2δ+(1-αₙ)cₙ]      δ[1+(1-αₙ)cₙ]
              ─────────────        ─────────────        ─────────────
                 2-δ                  1+2δ                   2
```

当 $\delta > \dfrac{1}{2}$

```
  1            2                   3                   4                   5
──┼────────────┼───────────────────┼───────────────────┼───────────────────┼──→
  δ(1-αₙ)cₙ   δ[1-δ+(1-αₙ)cₙ]     δ[1+(1-αₙ)cₙ]       δ[2δ+(1-αₙ)cₙ]
              ─────────────        ─────────────        ─────────────
                 2-δ                   2                    1+2δ
```

图 6.2 不同消费者价格折扣区间的区间端点之间的关系

$\Pi_{\mathrm{M}}^{\mathrm{NR}\text{-}3} > \Pi_{\mathrm{M}}^{\mathrm{NR}\text{-}2\text{-}2}$，制造商最优的批发价格为 $w_{\mathrm{n}}^{\mathrm{NR}\text{-}3}$。在区间 2 中右侧，即 $\dfrac{\delta[1-\delta+(1-\alpha_1)c_{\mathrm{n}}]}{2-\delta} > c_{\mathrm{r}} > \dfrac{2\delta^2 - [1-(1-\alpha_1)c_{\mathrm{n}}][1+\delta-\sqrt{(1+3\delta)(1-\delta)}]}{2\delta}$ 时，得出 $\Pi_{\mathrm{M}}^{\mathrm{NR}\text{-}3} < \Pi_{\mathrm{M}}^{\mathrm{NR}\text{-}2\text{-}2}$。制造商最优的批发价格为 $w_{\mathrm{n}}^{\mathrm{NR}\text{-}2\text{-}2}$。

（3）当基准再制造成本属于区间 3 时，制造商的最优批发价格为 $w_{\mathrm{n}}^{\mathrm{NR}\text{-}2\text{-}2}$。

（4）当基准再制造成本属于区间 4 时，制造商的最优批发价格为 $w_{\mathrm{n}}^{\mathrm{NR}\text{-}2\text{-}1}$ 或 $w_{\mathrm{n}}^{\mathrm{NR}\text{-}2\text{-}3}$。并且在 c_{r} 属于区间 4 时，$\Pi_{\mathrm{M}}^{\mathrm{NR}\text{-}2\text{-}1} > \Pi_{\mathrm{M}}^{\mathrm{NR}\text{-}2\text{-}3}$，因此在 c_{r} 属于区间 4 时，制造商的最优批发价格为 $w_{\mathrm{n}}^{\mathrm{NR}\text{-}2\text{-}1}$。

（5）当基准再制造成本属于区间 5 时，制造商的最优批发价格为 $w_{\mathrm{n}}^{\mathrm{NR}\text{-}2\text{-}1}$ 或 $w_{\mathrm{n}}^{\mathrm{NR}\text{-}1}$，并且在 c_{r} 属于区间 5 时，$\Pi_{\mathrm{M}}^{\mathrm{NR}\text{-}1} > \Pi_{\mathrm{M}}^{\mathrm{NR}\text{-}2\text{-}1}$，因此在 c_{r} 属于区间 5 时，制造商的最优批发价格为 $w_{\mathrm{n}}^{\mathrm{NR}\text{-}1}$。

当 $\dfrac{1}{3} < \delta < \dfrac{1}{2}$ 时，存在以下五种情况。

（1）当基准再制造成本属于区间 1 时，制造商最优的批发价格为 $w_{\mathrm{n}}^{\mathrm{NR}\text{-}3}$，零售商此时会选择完全再制造策略，将 $w_{\mathrm{n}}^{\mathrm{NR}\text{-}3}$ 代入 $q_{\mathrm{n}}^{\mathrm{NR}} = q_{\mathrm{r}}^{\mathrm{NR}} = \dfrac{1+\delta-w_{\mathrm{n}}-c_{\mathrm{r}}}{2(1+3\delta)}$ 中，得出 $q_{\mathrm{n}}^{\mathrm{NR}\text{-}3} = q_{\mathrm{r}}^{\mathrm{NR}\text{-}3} = \dfrac{1+\delta-c_{\mathrm{r}}-(1-\alpha_1)c_{\mathrm{n}}}{4(1+3\delta)}$。

（2）当基准再制造成本属于区间 2 时，制造商在区间 2 中该点的左侧，即 $\delta(1-\alpha_1)c_{\mathrm{n}} < c_{\mathrm{r}} < \dfrac{2\delta^2 - [1-(1-\alpha_1)c_{\mathrm{n}}][1+\delta-\sqrt{(1+3\delta)(1-\delta)}]}{2\delta}$，得出 $\Pi_{\mathrm{M}}^{\mathrm{NR}\text{-}3} > \Pi_{\mathrm{M}}^{\mathrm{NR}\text{-}2\text{-}2}$，制造商最优的批发价格为 $w_{\mathrm{n}}^{\mathrm{NR}\text{-}3}$。在区间 2 中右侧，即 $\dfrac{\delta[1-\delta+(1-\alpha_1)c_{\mathrm{n}}]}{(2-\delta)} > c_{\mathrm{r}} > \dfrac{2\delta^2 - [1-(1-\alpha_1)c_{\mathrm{n}}][1+\delta-\sqrt{(1+3\delta)(1-\delta)}]}{2\delta}$ 时，

得出 $\Pi_M^{NR-3} < \Pi_M^{NR-2-2}$。制造商最优的批发价格为 w_n^{NR-2-2}。

（3）当基准再制造成本属于区间 3 时，制造商最优的批发价格为 w_n^{NR-2-1} 或 w_n^{NR-3}，分别代入制造商的利润函数 Π_M^{NR-2-1} 和 Π_M^{NR-3} 中，比较两利润函数得出 $\Pi_M^{NR-2-1} > \Pi_M^{NR-3}$，因此在 c_r 属于区间 3 时，制造商的最优价格为 w_n^{NR-2-1}。

（4）当基准再制造成本属于区间 4 时，制造商的最优价格为 w_n^{NR-2-1}。

（5）当基准再制造成本属于区间 5 时，制造商的最优价格为 w_n^{NR-2-1} 或 w_n^{NR-1}。因为 $\Pi_M^{NR-2-1} > \Pi_M^{NR-1}$，所以在 c_r 属于区间 5 时，制造商的最优批发价格为 w_n^{NR-1}。

当 $\delta > \dfrac{1}{2}$ 时，存在以下五种情况。

（1）当基准再制造成本属于区间 1 时，即 $c_r < \delta(1-\alpha_1)c_n$ 时，根据情形 1、情形 2、情形 3 中求出的最优批发价格，可得出在基准再制造成本属于区间 1 时，制造商最优的批发价格可以为 w_n^{NR-2-3} 或 w_n^{NR-3}，分别代入制造商的利润表达式得到 Π_M^{NR-2-3} 和 Π_M^{NR-3}，比较两个利润表达式可得 $\Pi_M^{NR-2-3} < \Pi_M^{NR-3}$。因此，在 $c_r < \delta(1-\alpha_1)c_n$ 时，制造商最优的批发价格为 w_n^{NR-3}，零售商此时会选择完全再制造策略，将 w_n^{NR-3} 代入 $q_n^{NR} = q_r^{NR} = \dfrac{1+\delta-w_n-c_r}{2(1+3\delta)}$ 中，得出 $q_n^{NR-3} = q_r^{NR-3} = \dfrac{1+\delta-c_r-(1-\alpha_1)c_n}{4(1+3\delta)}$。

（2）当基准再制造成本属于区间 2 时，制造商的最优批发价格为 w_n^{NR-2-2} 或 w_n^{NR-3}，此时零售商将选择部分再制造和完全再制造策略，将 w_n^{NR-2-2} 或 w_n^{NR-3} 分别代入制造商利润函数中得出 Π_M^{NR-2-2} 和 Π_M^{NR-3}，通过比较两利润函数易得，当 $\delta > \dfrac{2}{3}$ 时，在区间 2 中，$\Pi_M^{NR-2-2} < \Pi_M^{NR-3}$，因此在区间 2 中，$w_n^{NR-3}$ 为制造商的最优批发价格。当 $\dfrac{1}{2} < \delta \leqslant \dfrac{2}{3}$ 时，在区间 2 中存在一点 $\bar{c}_r = \dfrac{2\delta^2 - [1-(1-\alpha_1)c_n][1+\delta-\sqrt{(1+3\delta)(1-\delta)}]}{2\delta}$，在区间 2 中 $\bar{c}_r$ 的左侧，即 $\delta(1-\alpha_1)c_n < c_r < \bar{c}_r$，得出 $\Pi_M^{NR-3} > \Pi_M^{NR-2-2}$，制造商最优的批发价格为 w_n^{NR-3}。在区间 2 中右侧，即 $\dfrac{\delta[1-\delta+(1-\alpha_1)c_n]}{2-\delta} > c_r > \bar{c}_r$，得出 $\Pi_M^{NR-3} < \Pi_M^{NR-2-2}$。制造商最优的批发价格为 w_n^{NR-2-2}。

（3）当基准再制造成本属于区间 3 时，制造商的最优批发价格为 w_n^{NR-2-1} 或 w_n^{NR-3}，分别将 w_n^{NR-2-1} 或 w_n^{NR-3} 代入制造商的利润函数 Π_M^{NR-2-1} 和 Π_M^{NR-3} 中，并且经比较，当 $\dfrac{2}{3} > \delta > \dfrac{1}{2}$ 时，$\Pi_M^{NR-2-1} > \Pi_M^{NR-3}$。当 $\dfrac{2}{3} < \delta < 1$ 时，

$\Pi_{\mathrm{M}}^{\mathrm{NR}\text{-}2\text{-}1} < \Pi_{\mathrm{M}}^{\mathrm{NR}\text{-}3}$。因此在基准再制造成本 c_r 属于区间 3 时，若 $\frac{2}{3} > \delta > \frac{1}{2}$，则 $w_\mathrm{n}^{\mathrm{NR}\text{-}2\text{-}1}$ 为制造商最优的批发价格。否则当 $\delta > \frac{2}{3}$ 时，在区间 3 中存在一点

$$c_\mathrm{r} = \frac{2\delta + 7\delta^2 + \delta^3 - 2\delta[1 - (1-\alpha_1)c_\mathrm{n}]\sqrt{2\delta(1+3\delta)} + \delta(2+5\delta)(1-\alpha_1)c_\mathrm{n}}{4 + 12\delta + \delta^2}$$

，在区间 3 中该点的左侧，$w_\mathrm{n}^{\mathrm{NR}\text{-}3}$ 为制造商最优的批发价格，在区间 3 中该点的右侧，$w_\mathrm{n}^{\mathrm{NR}\text{-}2\text{-}1}$ 为制造商最优的批发价格。

（4）当基准再制造成本属于区间 4 时，制造商的最优批发价格为 $w_\mathrm{n}^{\mathrm{NR}\text{-}1}$ 或 $w_\mathrm{n}^{\mathrm{NR}\text{-}2\text{-}1}$ 或 $w_\mathrm{n}^{\mathrm{NR}\text{-}3}$。分别代入制造商的利润函数 $\Pi_\mathrm{M}^{\mathrm{NR}\text{-}1}$、$\Pi_\mathrm{M}^{\mathrm{NR}\text{-}2\text{-}1}$ 和 $\Pi_\mathrm{M}^{\mathrm{NR}\text{-}3}$ 中，并比较三个利润函数的大小关系，得出 $\Pi_\mathrm{M}^{\mathrm{NR}\text{-}1} > \Pi_\mathrm{M}^{\mathrm{NR}\text{-}2\text{-}1}, \Pi_\mathrm{M}^{\mathrm{NR}\text{-}1} > \Pi_\mathrm{M}^{\mathrm{NR}\text{-}3}$。因此，$w_\mathrm{n}^{\mathrm{NR}\text{-}1}$ 为制造商最优的批发价格，此时零售商不会选择从事再制造。

（5）当基准再制造成本属于区间 5 时，制造商的最优批发价格为 $w_\mathrm{n}^{\mathrm{NR}\text{-}1}$ 或 $w_\mathrm{n}^{\mathrm{NR}\text{-}2\text{-}1}$，通过比较 $\Pi_\mathrm{M}^{\mathrm{NR}\text{-}1}$ 和 $\Pi_\mathrm{M}^{\mathrm{NR}\text{-}2\text{-}1}$，得出 $\Pi_\mathrm{M}^{\mathrm{NR}\text{-}1} > \Pi_\mathrm{M}^{\mathrm{NR}\text{-}2\text{-}1}$，因此，在 c_r 属于区间 5 时，$w_\mathrm{n}^{\mathrm{NR}\text{-}1}$ 为制造商最优的批发价格。

总结，在 $\delta > \frac{2}{3}$ 时，随着基准再制造成本 c_r 的减小，制造商的最优批发价格依次为 $w_\mathrm{n}^{\mathrm{NR}\text{-}1}$，$w_\mathrm{n}^{\mathrm{NR}\text{-}2\text{-}1}$，$w_\mathrm{n}^{\mathrm{NR}\text{-}3}$。

在 $\delta \leqslant \frac{2}{3}$ 时，随着基准再制造成本 c_r 的减小，制造商的最优批发价格依次为 $w_\mathrm{n}^{\mathrm{NR}\text{-}1}$，$w_\mathrm{n}^{\mathrm{NR}\text{-}2\text{-}1}$，$w_\mathrm{n}^{\mathrm{NR}\text{-}2\text{-}2}$，$w_\mathrm{n}^{\mathrm{NR}\text{-}3}$。证毕。

在定理 6.2.2 的证明过程中，采用逆向求解法首先把零售商不进行再制造、部分再制造、完全再制造三种最优决策方案分别代入制造商的利润函数中，得到三种情形下制造商的最优新产品批发价格；然后结合消费者对再制造产品的价值折扣 δ，分析和比较基准再制造成本 c_r 属于不同区间时三种最优新产品批发价格对应的利润大小，从而确定制造商在对应区间内的唯一最优新产品批发价格。通过分析发现，制造商的最优策略根据 δ 值的不同存在明显差异。定理 6.2.2 表明，制造商的最优批发价格和 c_r 的大小会影响零售商的再制造行为。在 $\delta \leqslant \frac{2}{3}$ 时，依据制造商的最优批发价格，零售商会根据 c_r 的大小选择不进行再制造、部分再制造和完全再制造三种行为。在 $\delta > \frac{2}{3}$ 时，依据制造商的最优批发价格，零售商根据 c_r 的大小只会选择不进行再制造和完全再制造这两种行为。

若令 $\alpha_1 = 0$，$\Delta = 0$，则模型 NR 退化为制造商未获得智能制造效益的传统情形。根据定理 6.2.1 和定理 6.2.2，对比此传统情形与制造商实施智能制造获得产品效益的情形，可得以下推论。

推论 6.2.1 在模型 NR 中，与制造商未获得智能制造效益的传统情形相

比，制造商实施智能制造会导致新产品批发价格降低，且新产品需求数量增加。然而，实施智能制造对再制造产品需求量的影响需分情况讨论：在零售商部分再制造情形下，若 $\delta \leqslant \dfrac{2}{3}$，即当消费者的再制造产品支付意愿较低时，实施智能制造会导致再制造产品需求量降低；否则，再制造产品需求量增加。

证明：根据定理 6.2.2 中的均衡结果，与未获得智能制造效益的传统情形相比，实施智能制造导致批发价格的变化如下。

(1) 当 $\delta > \dfrac{2}{3}$ 时，存在以下两种情况。

① $\dfrac{1+(1-\alpha_1)c_n}{2} - \dfrac{1+c_n}{2} = -\dfrac{\alpha_1 c_n}{2}$；

② $\dfrac{1-\delta+c_r+(1-\alpha_1)c_n}{2} - \dfrac{1-\delta+c_r+c_n}{2} = -\dfrac{\alpha_1 c_n}{2}$。

(2) 当 $\delta \leqslant \dfrac{2}{3}$ 时，存在以下三种情况。

① $\dfrac{1+(1-\alpha_1)c_n}{2} - \dfrac{1+c_n}{2} = -\dfrac{\alpha_1 c_n}{2}$；

② $\dfrac{1-\delta+c_r+(1-\alpha_1)c_n}{2} - \dfrac{1-\delta+c_r+c_n}{2} = -\dfrac{\alpha_1 c_n}{2}$；

③ $\dfrac{1+\delta-c_r+(1-\alpha_1)c_n}{2} - \dfrac{1+\delta-c_r+c_n}{2} = -\dfrac{\alpha_1 c_n}{2}$。

与未获得智能制造效益的传统情形相比，实施智能制造导致新产品需求 q_n 的变化如下。

(1) 当 $\delta > \dfrac{2}{3}$ 时，存在以下两种情况。

① $\dfrac{1-(1-\alpha_1)c_n}{4} - \dfrac{1-c_n}{4} = \dfrac{\alpha_1 c_n}{4}$；

② $\dfrac{1+\delta-c_r-(1-\alpha_1)c_n}{4(1+3\delta)} - \dfrac{1+\delta-c_r-c_n}{4(1+3\delta)} = \dfrac{\alpha_1 c_n}{4(1+3\delta)}$。

(2) 当 $\delta \leqslant \dfrac{2}{3}$ 时，存在以下三种情况。

① $\dfrac{1-(1-\alpha_1)c_n}{4} - \dfrac{1-c_n}{4} = \dfrac{\alpha_1 c_n}{4}$；

② $\dfrac{1-\delta+c_r-(1-\alpha_1)c_n}{4(1-\delta)} - \dfrac{1-\delta+c_r-c_n}{4(1-\delta)} = \dfrac{\alpha_1 c_n}{4(1-\delta)}$；

③ $\dfrac{1+\delta-c_r-(1-\alpha_1)c_n}{4(1+3\delta)} - \dfrac{1+\delta-c_r-c_n}{4(1+3\delta)} = \dfrac{\alpha_1 c_n}{4(1+3\delta)}$。

与未获得智能制造效益的传统情形相比，实施智能制造导致再制造产品需求 q_r 的变化如下。

（1）当 $\delta > \dfrac{2}{3}$ 时，$\dfrac{1+\delta-c_r-(1-\alpha_1)c_n}{4(1+3\delta)} - \dfrac{1+\delta-c_r-c_n}{4(1+3\delta)} = \dfrac{\alpha_1 c_n}{4(1+3\delta)}$；

（2）当 $\delta \leqslant \dfrac{2}{3}$ 时，存在以下两种情况。

① $\dfrac{\delta[1-\delta+(1-\alpha_1)c_n]-(2-\delta)c_r}{4\delta(1-\delta)} - \dfrac{\delta[1-\delta+c_n]-(2-\delta)c_r}{4\delta(1-\delta)} = -\dfrac{\alpha_1 c_n}{4\delta(1-\delta)}$；

② $\dfrac{1+\delta-c_r-(1-\alpha_1)c_n}{4(1+3\delta)} - \dfrac{1+\delta-c_r-c_n}{4(1+3\delta)} = \dfrac{\alpha_1 c_n}{4(1+3\delta)}$。

与制造商未获得智能制造效益的传统情形相比，制造商实施智能制造后，单位新产品批发价格降低 $\dfrac{\alpha_1 c_n}{2}$。批发价格降低导致新产品需求量增加，当零售商不进行再制造时，新产品需求量增加 $\dfrac{\alpha_1 c_n}{4}$；当零售商完全再制造时，新产品需求量增加 $\dfrac{\alpha_1 c_n}{4(1+3\delta)}$；只有当 $\delta \leqslant \dfrac{2}{3}$ 且基准再制造成本 c_r 属于 $(c_3^{NR}, c_2^{NR}]$ 区间范围内，零售商才会采取部分再制造，此时实施智能制造使新产品需求量增加 $\dfrac{\alpha_1 c_n}{4(1-\delta)}$。由于模型 NR 中智能制造的效益对零售商实施再制造没有产生作用，再制造产品需求量的变化主要受到智能制造生产效益的影响，然而此影响未必总是正面的。在零售商完全再制造的情形下，实施智能制造使再制造产品需求量增加 $\dfrac{\alpha_1 c_n}{4(1+3\delta)}$，其主要原因是基准再制造成本较低，完全再制造仍然有利可图。当 $\delta \leqslant \dfrac{2}{3}$ 且基准再制造成本 c_r 属于 $(c_3^{NR}, c_2^{NR}]$ 时，零售商采取部分再制造，再制造产品需求量降低 $\dfrac{\alpha_1 c_n}{4\delta(1-\delta)}$，其原因在于消费者对再制造产品的认可度低，若基准再制造成本较高，过多地生产再制造产品反而降低零售商的利润。

推论 6.2.2 在模型 NR 中，与制造商未获得智能制造效益的传统情形相比，实施智能制造会使零售商参与再制造的成本阈值进一步降低。

证明：根据定理 6.2.2，与未获得智能制造效益的传统情形相比，实施智能化导致零售商参与再制造成本阈值的变化如下。

（1）当 $\delta > \dfrac{2}{3}$ 时，

$$\dfrac{2\delta+7\delta^2+\delta^3-2\delta[1-(1-\alpha_1)c_n]\sqrt{2\delta(1+3\delta)}+\delta(2+5\delta)(1-\alpha_1)c_n}{4+12\delta+\delta^2} -$$

$$\dfrac{2\delta+7\delta^2+\delta^3-2\delta(1-c_n)\sqrt{2\delta(1+3\delta)}+\delta(2+5\delta)c_n}{4+12\delta+\delta^2}$$

$$= -\dfrac{2\delta\alpha_1 c_n\sqrt{2\delta(1+3\delta)}+\delta(2+5\delta)\alpha_1 c_n}{4+12\delta+\delta^2}。$$

（2）当 $\delta \leqslant \dfrac{2}{3}$ 时，$\dfrac{\delta[1-\delta+(1-\alpha_1)c_n]}{2-\delta} - \dfrac{\delta(1-\delta+c_n)}{2-\delta} = \dfrac{\delta\alpha_1 c_n}{2-\delta}$。证毕。

基准再制造成本是影响零售商参与再制造的重要因素。只有在基准再制造成本小于某一阈值时，零售商参与再制造才有可能盈利。与不实施智能制造相比，制造商实施智能制造后，若 $\delta > \dfrac{2}{3}$，即当消费者对再制造产品支付意愿较高时，零售商参与再制造的成本阈值降低 $\dfrac{2\delta\alpha_1 c_n \sqrt{2\delta(1+3\delta)} + \delta(2+5\delta)\alpha_1 c_n}{4+12\delta+\delta^2}$；若 $\delta \leqslant \dfrac{2}{3}$，即当消费者对再制造产品支付意愿较低时，零售商参与再制造的成本阈值降低 $\dfrac{\delta\alpha_1 c_n}{2-\delta}$。推论 6.2.2 表明，在模型 NR 中制造商实施智能制造对零售商参与再制造的积极性具有负面影响。

2. 模型 IR：信息对称的零售商再制造决策模型

模型 IR 如图 6.1（b）所示。与模型 NR 相同的是，模型 IR 假设制造商将生产的新产品批发给零售商，再由零售商销售给消费者。制造商获得智能制造的生产效益，新产品的生产成本为 $(1-\alpha_1)c_n (0<\alpha_1<1)$。在产品生命周期末，零售商对废旧产品进行回收再制造。与模型 NR 不同的是，模型 IR 假定零售商从制造商处购买产品生命周期数据的使用权，支付成本 $F>0$。在此场景中，制造商和零售商均能获取和使用产品健康状态信息，信息是对称的，零售商再制造时获得智能制造的产品效益，因此再制造产品的生产成本为 $(1-\alpha_2)c_r (0<\alpha_2<1)$。制造商和零售商的优化问题均为利润最大化，构建的优化模型为

$$\max \Pi_M^{IR} = [w_n - (1-\alpha_1)c_n]q_n - \Delta + F \tag{6.2.5}$$

$$\max \Pi_R^{IR} = (p_n - w_n)q_n + [p_r - (1-\alpha_2)c_r]q_r - F$$
$$\text{s.t. } q_n \geqslant q_r \geqslant 0 \tag{6.2.6}$$

采用逆向归纳法进行分析，过程与模型 NR 类似。信息对称的零售商再制造情形下，给定制造商新产品批发价格，定理 6.2.3 给出零售商最优反应策略。

定理 6.2.3 信息对称的零售商再制造情形下，已知新产品批发价格，零售商的最优反应策略如下。

（1）如果 $c_r > \dfrac{\delta w_n}{1-\alpha_2}$，则 $q_n^{IR-1} = \dfrac{1-w_n}{2}$，$q_r^{IR-1} = 0$。

（2）如果 $\dfrac{\delta w_n}{1-\alpha_2} \geqslant c_r \geqslant \dfrac{2\delta w_n - \delta(1-\delta)}{(1+\delta)(1-\alpha_2)}$，则 $q_n^{IR-2} = \dfrac{1-w_n-\delta+(1-\alpha_2)c_r}{2(1-\delta)}$，$q_r^{IR-2} = \dfrac{\delta w_n - (1-\alpha_2)c_r}{2\delta(1-\delta)}$。

(3) 如果 $\dfrac{2\delta w_{\mathrm{n}} - \delta(1-\delta)}{(1+\delta)(1-\alpha_2)} > c_{\mathrm{r}}$，则 $q_{\mathrm{n}}^{\mathrm{IR\text{-}3}} = q_{\mathrm{r}}^{\mathrm{IR\text{-}3}} = \dfrac{1+\delta - w_{\mathrm{n}} - (1-\alpha_2)c_{\mathrm{r}}}{2(1+3\delta)}$。

证明：与定理 6.2.1 类似。

定理 6.2.3 给出零售商的最优新产品购买数量和再制造产品生产数量决策。零售商的再制造决策受基准再制造成本的影响。若基准再制造成本较大，则零售商不会进行再制造；若基准再制造成本适中，则零售商采取部分再制造策略；若基准再制造成本较小，则零售商会采取完全再制造策略，回收再制造尽可能多的废旧产品。制造商实施智能制造使新产品和再制造产品生产成本下降，加剧市场中新产品和再制造产品之间竞争的复杂性。将零售商最优反应策略代入制造商的最优化模型中，可得如下结果。

定理 6.2.4 在信息对称的零售商再制造情形下，制造商和零售商的均衡决策如下。

(1) 当 $\delta > \dfrac{2}{3}$ 时，存在以下三种情况。

① 定义 $\dfrac{\delta[1+(1-\alpha_1)c_{\mathrm{n}}]}{2(1-\alpha_2)} \triangleq c_1^{\mathrm{IR}}$，如果 $c_{\mathrm{r}} > c_1^{\mathrm{IR}}$，则 $w_{\mathrm{n}}^{\mathrm{IR\text{-}1}} = \dfrac{1+(1-\alpha_1)c_{\mathrm{n}}}{2}$，$q_{\mathrm{n}}^{\mathrm{IR\text{-}1}} = \dfrac{1-(1-\alpha_1)c_{\mathrm{n}}}{4}$，$q_{\mathrm{r}}^{\mathrm{IR\text{-}1}} = 0$。

② 定义 $\dfrac{2\delta + 7\delta^2 + \delta^3 - 2\delta[1-(1-\alpha_1)c_{\mathrm{n}}]\sqrt{2\delta(1+3\delta)} + \delta(2+5\delta)(1-\alpha_1)c_{\mathrm{n}}}{4+12\delta+\delta^2} \triangleq c_1^{\mathrm{IR}'}$，如果 $c_1^{\mathrm{IR}'} < c_{\mathrm{r}} \leqslant c_1^{\mathrm{IR}}$，则 $w_{\mathrm{n}}^{\mathrm{IR\text{-}2\text{-}1}} = \dfrac{(1-\alpha_2)c_{\mathrm{r}}}{\delta}$，$q_{\mathrm{n}}^{\mathrm{IR\text{-}2\text{-}1}} = \dfrac{\delta - (1-\alpha_2)c_{\mathrm{r}}}{2\delta}$，$q_{\mathrm{r}}^{\mathrm{IR\text{-}2\text{-}1}} = 0$。

③ 如果 $c_{\mathrm{r}} \leqslant c_1^{\mathrm{IR}'}$，则 $w_{\mathrm{n}}^{\mathrm{IR\text{-}3}} = \dfrac{1+\delta-(1-\alpha_2)c_{\mathrm{r}}+(1-\alpha_1)c_{\mathrm{n}}}{2}$，$q_{\mathrm{n}}^{\mathrm{IR\text{-}3}} = q_{\mathrm{r}}^{\mathrm{IR\text{-}3}} = \dfrac{1+\delta-(1-\alpha_2)c_{\mathrm{r}}-(1-\alpha_1)c_{\mathrm{n}}}{4(1+3\delta)}$。

(2) 当 $\delta \leqslant \dfrac{2}{3}$ 时，存在以下四种情况。

① 如果 $c_{\mathrm{r}} > c_1^{\mathrm{IR}}$，则 $w_{\mathrm{n}}^{\mathrm{IR\text{-}1}} = \dfrac{1+(1-\alpha_1)c_{\mathrm{n}}}{2}$，$q_{\mathrm{n}}^{\mathrm{IR\text{-}1}} = \dfrac{1-(1-\alpha_1)c_{\mathrm{n}}}{4}$，$q_{\mathrm{r}}^{\mathrm{IR\text{-}1}} = 0$。

② 定义 $\dfrac{\delta[1-\delta+(1-\alpha_1)c_{\mathrm{n}}]}{(2-\delta)(1-\alpha_2)} \triangleq c_2^{\mathrm{IR}}$，如果 $c_2^{\mathrm{IR}} < c_{\mathrm{r}} \leqslant c_1^{\mathrm{IR}}$，则 $w_{\mathrm{n}}^{\mathrm{IR\text{-}2\text{-}1}} = \dfrac{(1-\alpha_2)c_{\mathrm{r}}}{\delta}$，$q_{\mathrm{n}}^{\mathrm{IR\text{-}2\text{-}1}} = \dfrac{\delta-(1-\alpha_2)c_{\mathrm{r}}}{2\delta}$，$q_{\mathrm{r}}^{\mathrm{IR\text{-}2\text{-}1}} = 0$。

③ 定义 $\dfrac{2\delta^2 - [1-(1-\alpha_1)c_{\mathrm{n}}][1+\delta-\sqrt{(1+3\delta)(1-\delta)}]}{2\delta(1-\alpha_2)} \triangleq c_3^{\mathrm{IR}}$，如果

$c_3^{\text{IR}} < c_r \leqslant c_2^{\text{IR}}$,则 $w_n^{\text{IR-2-2}} = \dfrac{1-\delta+(1-\alpha_2)c_r+(1-\alpha_1)c_n}{2}$,$q_n^{\text{IR-2-2}} = \dfrac{1-\delta+(1-\alpha_2)c_r-(1-\alpha_1)c_n}{4(1-\delta)}$,$q_r^{\text{IR-2-2}} = \dfrac{\delta[1-\delta+(1-\alpha_1)c_n]-(2-\delta)(1-\alpha_2)c_r}{4\delta(1-\delta)}$。

④ 如果 $c_r \leqslant c_3^{\text{IR}}$,则 $w_n^{\text{IR-3}} = \dfrac{1+\delta-(1-\alpha_2)c_r+(1-\alpha_1)c_n}{2}$,$q_n^{\text{IR-3}} = q_r^{\text{IR-3}} = \dfrac{1+\delta-(1-\alpha_2)c_r-(1-\alpha_1)c_n}{4(1+3\delta)}$。

证明:与定理 6.2.2 类似。

分析发现,与模型 NR 相同,制造商新产品的最优批发价格决策也受到消费者对再制造产品支付意愿的影响。而新产品批发价格及 c_r 会影响零售商的最优产品数量决策。若消费者对再制造产品支付意愿较低,即 $\delta \leqslant \dfrac{2}{3}$,给定制造商新产品批发价格的前提下,零售商在 $c_r \in (c_2^{\text{IR}}, c_n)$ 时选择不进行再制造,在 $c_r \in (c_3^{\text{IR}}, c_2^{\text{IR}}]$ 时选择进行部分再制造,在 $c_r \in (0, c_3^{\text{IR}}]$ 时选择进行完全再制造。若消费者对再制造产品支付意愿较高,即 $\delta > \dfrac{2}{3}$,给定制造商新产品批发价格的前提下,零售商在 $c_r \in (c_1^{\text{IR}'}, c_n)$ 选择不进行再制造,在 $c_r \in (0, c_1^{\text{IR}'}]$ 时选择进行完全再制造。将定理 6.2.4 中的均衡数量决策分别代入式 (6.2.1) 和式 (6.2.2),得到 $\delta \leqslant \dfrac{2}{3}$ 和 $\delta > \dfrac{2}{3}$ 两种情形下的新产品和再制造产品的零售价格。将定理 6.2.4 中的均衡价格和数量决策代入式 (6.2.5) 和式 (6.2.6),得到 $\delta \leqslant \dfrac{2}{3}$ 和 $\delta > \dfrac{2}{3}$ 两种情形下制造商和零售商的利润。

信息对称的零售商再制造情形下,若令 $\alpha_1 = \alpha_2 = 0$,且 $\Delta = 0, F = 0$,则模型 IR 退化为制造商未获得智能制造效益的传统情形。根据定理 6.2.3 和定理 6.2.4,可得以下推论。

推论 6.2.3 在模型 IR 中,与制造商未获得智能制造效益的传统情形相比,实施智能制造对新产品批发价格的影响需分情况讨论:在零售商进行完全再制造情形下,满足 $\alpha_2 c_r > \alpha_1 c_n$ 时,新产品批发价格升高;否则新产品批发价格降低。

证明:与推论 6.2.1 类似。

与制造商未获得智能制造效益的传统情形相比,制造商实施智能制造后,由于模型 IR 中制造商获得智能制造的生产效益,零售商获得智能制造的产品效益。新产品批发价格的变化同时受到智能制造生产效益和产品效益的影响,然而此影响未必总是使批发价格降低。当零售商不进行再制造时,单位新产品批发价格降低 $\dfrac{\alpha_1 c_n}{2}$ 或 $\dfrac{\alpha_2 c_r}{\delta}$。当 $\delta \leqslant \dfrac{2}{3}$ 时,若零售商采取部分再制造,新产品批发价格降

低 $\frac{\alpha_2 c_r + \alpha_1 c_n}{2}$。当零售商完全再制造时，若 $\alpha_2 c_r > \alpha_1 c_n$，新产品批发价格升高 $\frac{\alpha_2 c_r - \alpha_1 c_n}{2}$；否则，新产品批发价格降低 $\frac{\alpha_1 c_n - \alpha_2 c_r}{2}$。推论 6.2.3 表明，在模型 IR 中，虽然制造商获得了智能制造的生产效益，但制造商并不一定需要降低新产品的批发价格。若零售商再制造时可获得的智能制造的产品效益较大，在零售商采取部分再制造时，制造商可以提高其新产品的批发价格。

推论 6.2.4 在模型 IR 中，与制造商未获得智能制造效益的传统情形相比，实施智能制造对产品需求量的影响分三种情形讨论。当零售商不进行再制造时，新产品需求量增大。当零售商进行完全再制造时，新产品和再制造产品需求量均增大。当零售商进行部分再制造时，若 $\alpha_1 c_n < \alpha_2 c_r$，新产品需求量减小，再制造产品需求量增大；若 $\alpha_1 c_n > \alpha_2 c_r > \frac{\delta \alpha_1 c_n}{2-\delta}$，新产品和再制造产品需求量均增大；若 $\alpha_2 c_r < \frac{\delta \alpha_1 c_n}{2-\delta}$，新产品数量增大，再制造产品数量减小。

证明：与推论 6.2.1 类似。

与制造商未获得智能制造效益的传统情形相比，制造商实施智能制造后，若零售商不进行再制造，新产品的需求量增加 $\frac{\alpha_1 c_n}{4}$ 或 $\frac{\alpha_2 c_r}{2\delta}$。若零售商进行完全再制造，新产品的需求量增加 $\frac{\alpha_1 c_n + \alpha_2 c_r}{4(1+3\delta)}$，再制造产品需求量增加 $\frac{\alpha_1 c_n + \alpha_2 c_r}{4(1+3\delta)}$。在模型 IR 中，制造商和零售商均能掌握产品生命周期信息，制造商获得智能制造的生产效益，零售商再制造时获得智能制造的产品效益。因此，当 $\delta \leqslant \frac{2}{3}$ 且基准再制造成本 c_r 属于 $(c_3^{IR}, c_2^{IR}]$ 时，零售商才会进行部分再制造，此时新产品和再制造产品的需求受到智能制造的生产效益和产品效益的影响。当智能制造的产品效益大于生产效益时，即 $\alpha_2 c_r > \alpha_1 c_n$，新产品需求量减小 $\frac{\alpha_2 c_r - \alpha_1 c_n}{4(1-\delta)}$，再制造产品需求量增加 $\frac{(2-\delta)\alpha_2 c_r - \delta \alpha_1 c_n}{4\delta(1-\delta)}$；当智能制造的产品效益小于生产效益，但大于某一阈值时，即 $\alpha_1 c_n > \alpha_2 c_r > \frac{\delta \alpha_1 c_n}{2-\delta}$，新产品需求量增大 $\frac{\alpha_1 c_n - \alpha_2 c_r}{4(1-\delta)}$，再制造产品需求量增大 $\frac{(2-\delta)\alpha_2 c_r - \delta \alpha_1 c_n}{4\delta(1-\delta)}$。当智能制造的产品效益过小，小于某一阈值时，即 $\alpha_2 c_r < \frac{\delta \alpha_1 c_n}{2-\delta}$，新产品数量增大 $\frac{\alpha_1 c_n - \alpha_2 c_r}{4(1-\delta)}$，再制造产品需求量减小 $\frac{\delta \alpha_1 c_n - (2-\delta)\alpha_2 c_r}{4\delta(1-\delta)}$。推论 6.2.4 表明，当智能制造的生产效益较大，但依然存在智能制造的产品效益时，新产品和再制造产品需求量均增大。但当产品

效益过小时，为了发挥新产品的成本优势，避免再制造产品对新产品的蚕食，实施智能制造使新产品需求增大，再制造产品需求减小。

推论6.2.5 在模型 IR 中，与制造商未获得智能制造效益的传统情形相比，实施智能制造对零售商参与再制造成本阈值的影响需分情况讨论。如果 $\delta > \dfrac{2}{3}$，实施智能制造使零售商参与再制造的成本阈值更低。如果 $\delta \leqslant \dfrac{2}{3}$，当 $\dfrac{(1-\delta+c_n)\alpha_2}{c_n} > \alpha_1$，实施智能制造使零售商参与再制造的成本阈值更高；否则，成本阈值更低。

证明：与推论 6.2.2 类似。

基准再制造成本 c_r 是影响零售商参与再制造的重要因素，只有 c_r 小于某一阈值时，零售商建立逆向供应链回收再制造废旧产品才有可能盈利。在模型 IR 中，消费者对再制造产品的支付意愿 δ 影响零售商参与再制造的成本阈值。与制造商未获得智能制造产品效益的传统情形相比，制造商实施智能制造后，若 $\delta > \dfrac{2}{3}$，即消费者对再制造产品的支付意愿较高时，零售商参与再制造的成本阈值降低 $\dfrac{2\delta\alpha_1 c_n\sqrt{2\delta(1+3\delta)} + \delta(2+5\delta)\alpha_1 c_n}{4+12\delta+\delta^2}$；若当 $\delta \leqslant \dfrac{2}{3}$，即消费者对再制造产品的支付意愿较低时，零售商参与再制造的成本阈值还受智能制造对新产品和再制造产品边际效应相对大小的影响。当 $\dfrac{(1-\delta+c_n)\alpha_2}{c_n} > \alpha_1$，零售商参与再制造的成本阈值增大 $\dfrac{\delta\alpha_2(1-\delta+c_n)-\delta\alpha_1 c_n}{(2-\delta)(1-\alpha_2)}$。当 $\dfrac{(1-\delta+c_n)\alpha_2}{c_n} \leqslant \alpha_1$，零售商参与再制造的成本阈值降低 $\dfrac{\delta\alpha_1 c_n - \delta\alpha_2(1-\delta+c_n)}{(2-\delta)(1-\alpha_2)}$。推论 6.2.5 表明，在消费者对再制造产品认可度较大时，模型 IR 中制造商实施智能制造对零售商参与再制造具有负面影响。然而在消费者对再制造产品认可度较小时，此影响未必总是负面的，若智能制造的生产效益较小，制造商实施智能制造对零售商参与再制造具有正面影响。

3. 模型 MR：制造商再制造决策模型

如图 6.1（c）所示，在模型 MR 中，制造商将生产的新产品批发给零售商，再由零售商销售给消费者。制造商获得智能制造的生产效益，新产品的生产成本为 $(1-\alpha_1)c_n (0<\alpha_1<1)$。与模型 NR 和模型 IR 不同，在模型 MR 中，在产品生命周期末，制造商对废旧产品进行回收再制造。制造商获得智能制造的产品效益，因此制造商的单位再制造成本为 $(1-\alpha_2)c_r (0<\alpha_2<1)$。制造商和零售商均追求利润最大化，构建的优化模型为

$$\max \Pi_M^{MR} = [w_n - (1-\alpha_1)c_n]q_n + [w_r - (1-\alpha_2)c_r]q_r - \Delta \tag{6.2.7}$$

$$\max \Pi_R^{MR} = (p_n - w_n)q_n + (p_r - w_r)q_r$$
$$\text{s.t. } q_n \geqslant q_r \geqslant 0 \tag{6.2.8}$$

制造商作为市场主导者首先决策新产品和再制造产品的批发价格。作为市场的跟随者，零售商在已知新产品和再制造产品批发价格的前提下，做出最优决策反应。采用逆向求解法对制造商和零售商之间的动态博弈进行分析。零售商关于新产品和再制造产品的最优数量决策在定理 6.2.5 中给出。

定理 6.2.5 制造商再制造情形下，已知新产品批发价格，零售商的最优反应策略如下。

(1) 如果 $w_r > \delta w_n$，则 $q_n^{MR\text{-}1} = \dfrac{1-w_n}{2}$，$q_r^{MR\text{-}1} = 0$。

(2) 如果 $\dfrac{2\delta w_n - \delta(1-\delta)}{(1+\delta)} \leqslant w_r \leqslant \delta w_n$，则 $q_n^{MR\text{-}2} = \dfrac{1-w_n-\delta+w_r}{2(1-\delta)}$，$q_r^{MR\text{-}2} = \dfrac{\delta w_n - w_r}{2\delta(1-\delta)}$。

(3) 如果 $w_r < \dfrac{2\delta w_n - \delta(1-\delta)}{1+\delta}$，则 $q_n^{MR\text{-}3} = q_r^{MR\text{-}3} = \dfrac{1+\delta-w_n-w_r}{2(1+3\delta)}$。

证明： 与定理 6.2.1 类似。

零售商再制造情形下，其销售的再制造产品由自己生产。零售商优化模型中减去的是再制造产品的生产成本。制造商再制造情形下，零售商最优化模型中减去的是再制造产品的采购成本。定理 6.2.5 表明，零售商的采购数量决策主要由新产品与再制造产品批发价格之间的关系决定。若再制造产品的批发价格相对较大，零售商将不会采购再制造产品，只销售新产品。若再制造产品的批发价格相对适中，零售商将采购部分再制造产品。若再制造产品的批发价格相对较小，零售商将采购完全的再制造产品。将零售商的最优反应策略代入制造商的利润最大化模型，可得定理 6.2.6 如下。

定理 6.2.6 制造商再制造情形下，制造商和零售商的均衡决策如下。

(1) 定义 $\dfrac{\delta(1-\alpha_1)c_n}{(1-\alpha_2)} \triangleq c_1^{MR}$，如果 $c_r > c_1^{MR}$，则 $w_n^{MR\text{-}1} = \dfrac{1+(1-\alpha_1)c_n}{2}$，$w_r^{MR\text{-}1} = \dfrac{\delta[1+(1-\alpha_1)c_n]}{2}$，$q_n^{MR\text{-}1} = \dfrac{1-(1-\alpha_1)c_n}{4}$，$q_r^{MR\text{-}1} = 0$。

(2) 定义 $\dfrac{\delta[\delta-1+2(1-\alpha_1)c_n]}{(1+\delta)(1-\alpha_2)} \triangleq c_2^{MR}$，如果 $c_2^{MR} \leqslant c_r \leqslant c_1^{MR}$，则 $w_n^{MR\text{-}2} = \dfrac{1+(1-\alpha_1)c_n}{2}$，$w_r^{MR\text{-}2} = \dfrac{\delta+(1-\alpha_2)c_r}{2}$，$q_n^{MR\text{-}2} = \dfrac{1-\delta-(1-\alpha_1)c_n+(1-\alpha_2)c_r}{4(1-\delta)}$，$q_r^{MR\text{-}2} = \dfrac{\delta(1-\alpha_1)c_n-(1-\alpha_2)c_r}{4\delta(1-\delta)}$。

(3) 如果 $c_{\mathrm{r}} < c_2^{\mathrm{MR}}$，则 $w_{\mathrm{n}}^{\mathrm{MR-3}} = \dfrac{1 + 4\delta - \delta^2 + (1+\delta)[(1-\alpha_1)c_{\mathrm{n}} + (1-\alpha_2)c_{\mathrm{r}}]}{2(1+3\delta)}$，

$w_{\mathrm{r}}^{\mathrm{MR-3}} = \dfrac{\delta[2\delta + (1-\alpha_1)c_{\mathrm{n}} + (1-\alpha_2)c_{\mathrm{r}}]}{(1+3\delta)}$，$q_{\mathrm{n}}^{\mathrm{MR-3}} = q_{\mathrm{r}}^{\mathrm{MR-3}} = \dfrac{1 + \delta - (1-\alpha_1)c_{\mathrm{n}} - (1-\alpha_2)c_{\mathrm{r}}}{4(1+3\delta)}$。

证明：与定理 6.2.2 类似。

制造商的最优批发价格决策受基准再制造成本 c_{r} 影响。通过分析发现，在不同基准再制造成本区间，制造商的最优批发价格影响零售商的采购数量决策。依据制造商的最优批发价格，零售商会根据 c_{r} 选择再制造产品的采购策略。在 $c_{\mathrm{r}} \in (c_1^{\mathrm{MR}}, c_{\mathrm{n}})$ 时，零售商不采购再制造产品；在 $c_{\mathrm{r}} \in [c_2^{\mathrm{MR}}, c_1^{\mathrm{MR}}]$ 时采购部分再制造产品；在 $c_{\mathrm{r}} \in (0, c_2^{\mathrm{MR}})$ 时采购完全再制造产品。

制造商再制造情形下，若令 $\alpha_1 = \alpha_2 = 0$，且 $\Delta = 0$，则模型 MR 退化为制造商未获得智能制造两方面效益的传统情形。根据定理 6.2.5 和定理 6.2.6，可得以下推论。

推论 6.2.6 在模型 MR 中，与制造商未获得智能制造效益的传统情形相比，实施智能制造会导致新产品和再制造产品批发价格降低。然而，实施智能制造对产品需求量的影响需分情况讨论。在制造商不进行再制造产品的情形下，新产品需求量增大。在制造商部分再制造产品的情形下，若 $\alpha_1 c_{\mathrm{n}} < \alpha_2 c_{\mathrm{r}}$，则新产品需求量减小，再制造产品需求量增大；若 $\alpha_1 c_{\mathrm{n}} > \alpha_2 c_{\mathrm{r}} > \delta \alpha_1 c_{\mathrm{n}}$，则新产品和再制造产品需求量增大；若 $\alpha_2 c_{\mathrm{r}} < \delta \alpha_1 c_{\mathrm{n}}$，新产品数量增大，再制造产品数量减小。在制造商完全再制造产品的情形下，新产品和再制造产品需求量增大。

证明：与推论 6.2.1 类似。

在模型 MR 中，制造商同时获得智能制造的生产效益和产品效益。推论 6.2.6 指出，在模型 MR 中，制造商实施智能制造后导致新产品和再制造产品批发价格均降低。在制造商不进行再制造时，新产品批发价格降低 $\dfrac{\alpha_1 c_{\mathrm{n}}}{2}$；在制造商进行部分再制造时，新产品批发价格降低 $\dfrac{\alpha_1 c_{\mathrm{n}}}{2}$，再制造产品批发价格降低 $\dfrac{\alpha_2 c_{\mathrm{r}}}{2}$；在制造商进行完全再制造时，新产品批发价格降低 $\dfrac{(1+\delta)(\alpha_1 c_{\mathrm{n}} + \alpha_2 c_{\mathrm{r}})}{2(1+3\delta)}$，再制造产品批发价格降低 $\dfrac{\delta(\alpha_1 c_{\mathrm{n}} + \alpha_2 c_{\mathrm{r}})}{1+3\delta}$。

然而，实施智能制造并不一定使新产品和再制造产品需求量均增大。在制造商不进行再制造时，新产品需求量增加 $\dfrac{\alpha_1 c_{\mathrm{n}}}{4}$。在制造商部分再制造产品时，若智能制造的产品效益大于生产效益，即 $\alpha_1 c_{\mathrm{n}} < \alpha_2 c_{\mathrm{r}}$，实施智能制造使新产品需

求量降低 $\frac{\alpha_2 c_r - \alpha_1 c_n}{4(1-\delta)}$,再制造产品需求量增加 $\frac{\alpha_2 c_r - \delta\alpha_1 c_n}{4\delta(1-\delta)}$。若智能制造的产品效益小于生产效益,但大于某一阈值,即 $\alpha_1 c_n > \alpha_2 c_r > \delta\alpha_1 c_n$,新产品需求量增加 $\frac{\alpha_1 c_n - \alpha_2 c_r}{4(1-\delta)}$,再制造产品需求量增大 $\frac{\alpha_2 c_r - \delta\alpha_1 c_n}{4\delta(1-\delta)}$。此时,虽然智能制造的生产效益更大,但智能制造的产品效益使得提高再制造产品的采购量对零售商利润更有利。若智能制造的产品效益小于某一阈值,即 $\alpha_2 c_r < \delta\alpha_1 c_n$,新产品需求量增加 $\frac{\alpha_1 c_n - \alpha_2 c_r}{4(1-\delta)}$,再制造产品需求量减小 $\frac{\delta\alpha_1 c_n - \alpha_2 c_r}{4\delta(1-\delta)}$,此时,智能制造的产品效益太小,与生产新产品相比,再制造活动给制造商带来的经济效益更小。在制造商进行完全再制造时,新产品和再制造产品需求量均增加 $\frac{\alpha_1 c_n + \alpha_2 c_r}{4(1+3\delta)}$。推论 6.2.6 表明,若智能制造的生产效益更大,但智能制造的产品效益存在,且大于某一阈值时,实施智能制造使新产品和再制造产品需求均增大。当智能制造的产品效益过小时,零售商购买较多的再制造产品将会损害其利润,此时,实施智能制造使再制造产品需求量更低。

推论 6.2.7 在模型 MR 中,与制造商未获得智能制造效益的传统情形相比,若 $\alpha_1 < \alpha_2$,则实施智能制造使制造商参与再制造的成本阈值升高,否则,参与再制造的成本阈值降低。

证明: 与推论 6.2.2 类似。

制造商在基准再制造成本 c_r 小于某一阈值时,才可能建立逆向供应链渠道进行回收再制造。在传统情形中,制造商未获得智能制造的生产效益和产品效益。在模型 MR 中,与制造商未获得智能制造效益的传统情形相比,制造商实施智能制造,改变了其参与再制造的成本阈值,此改变取决于智能制造对新产品和再制造产品生产成本的边际效应。若智能制造对新产品生产成本的边际效应大于对再制造产品生产成本的边际效应,即 $\alpha_1 > \alpha_2$,制造商参与再制造的成本阈值降低 $\frac{(\alpha_1 - \alpha_2)\delta c_n}{1-\alpha_2}$。因为制造商生产的新产品具有更强的成本竞争优势,且再制造产品会蚕食零售商对其新产品的需求,导致再制造活动损害企业的利润。若智能制造对新产品生产成本的边际效应小于对再制造产品生产成本的边际效应,即 $\alpha_1 < \alpha_2$,制造商参与再制造的成本阈值增大 $\frac{(\alpha_2 - \alpha_1)\delta c_n}{1-\alpha_2}$。推论 6.2.7 表明,在智能制造对新产品生产过程影响更大时,模型 MR 中制造商实施智能制造对其参与再制造具有负面影响,然而,在智能制造对再制造过程效益更大时,此影响是正面的。

6.2.3 模型分析

1. 最优决策比较

本节对模型 NR、模型 IR 和模型 MR 中的最优决策进行比较。假设智能制造对再制造产品生产成本的边际效应 α_2 小于某一阈值，即 $0 < \alpha_2 < 1 - \dfrac{c_1^{\mathrm{MR}}}{c_3^{\mathrm{IR}}}$，表示智能制造的产品效益是有限的，产品的再制造成本为 $(1-\alpha_2)c_r$。此阈值使 $c_1^{\mathrm{MR}} < c_3^{\mathrm{IR}}$，也便于接下来的分析和讨论。根据模型 NR，模型 IR 和模型 MR 中参与再制造的成本阈值，得出定理 6.2.7 如下。

定理 6.2.7 在模型 NR 中，若 $\delta \leqslant \dfrac{2}{3}$，则零售商参与再制造的成本阈值为 c_2^{NR}，即当 $c_r < c_2^{\mathrm{NR}}$ 时，零售商才可能参与再制造；若 $\delta > \dfrac{2}{3}$，则零售商参与再制造的成本阈值为 $c_1^{\mathrm{NR}'}$。在模型 IR 中，若 $\delta \leqslant \dfrac{2}{3}$，则零售商参与再制造的成本阈值为 c_2^{IR}；若 $\delta > \dfrac{2}{3}$，则零售商参与再制造的成本阈值为 $c_1^{\mathrm{IR}'}$。在模型 MR 中，制造商参与再制造的成本阈值为 c_1^{MR}。且 $c_1^{\mathrm{IR}'} = c_1^{\mathrm{NR}'} > c_2^{\mathrm{IR}} > c_2^{\mathrm{NR}} > c_1^{\mathrm{MR}}$。

证明：制造商参与再制造的成本阈值为 $c_1^{\mathrm{MR}} = \dfrac{\delta(1-\alpha_1)c_n}{1-\alpha_2}$，在模型 NR 中，当消费者对再制造产品的支付意愿 $\delta < \dfrac{2}{3}$ 时，零售商参与再制造的成本阈值为

$$c_2^{\mathrm{NR}} = \dfrac{\delta[1-\delta+(1-\alpha_1)c_n]}{(2-\delta)},$$

在消费者对再制造产品的支付意愿 $\delta > \dfrac{2}{3}$ 时为

$$c_1^{\mathrm{NR}'} = \dfrac{2\delta + 7\delta^2 + \delta^3 - 2\delta[1-(1-\alpha_1)c_n]\sqrt{2\delta(1+3\delta)} + \delta(2+5\delta)(1-\alpha_1)c_n}{4+12\delta+\delta^2}.$$

在模型 IR 中，当消费者对再制造产品的支付意愿 $\delta < \dfrac{2}{3}$ 时，零售商参与再制造的成本阈值为 $c_2^{\mathrm{IR}} = \dfrac{\delta[1-\delta+(1-\alpha_1)c_n]}{(2-\delta)(1-\alpha_2)}$，在消费者对再制造产品的支付意愿 $\delta > \dfrac{2}{3}$ 时，为

$$c_1^{\mathrm{IR}'} = \dfrac{2\delta + 7\delta^2 + \delta^3 - 2\delta[1-(1-\alpha_1)c_n]\sqrt{2\delta(1+3\delta)} + \delta(2+5\delta)(1-\alpha_1)c_n}{4+12\delta+\delta^2},$$

$c_1^{\mathrm{NR}'} - c_2^{\mathrm{NR}} > 0$，$c_2^{\mathrm{NR}} - c_1^{\mathrm{MR}} > 0$，$c_1^{\mathrm{NR}'} = c_1^{\mathrm{IR}'}$，$c_2^{\mathrm{IR}} - c_2^{\mathrm{NR}} > 0$，即 $c_1^{\mathrm{NR}'} = c_1^{\mathrm{IR}'} > c_2^{\mathrm{IR}} > c_2^{\mathrm{NR}} > c_1^{\mathrm{MR}}$。

定理 6.2.7 说明，制造商参与再制造的成本阈值比零售商参与再制造的成本阈值低。从经济学的角度解释，制造商再制造情形下，单位再制造产品收益为批发价格减去成本；而零售商再制造情形下，单位再制造产品收益为零售价格减去成本。在一般情况下，零售价格大于批发价格，因此，当单位基准再制造成本较小时，制造商才有可能参与再制造。在零售商再制造情形下，零售商参与再制造的

成本阈值主要受消费者对再制造产品支付意愿的影响。当消费者对再制造产品支付意愿较高时,信息对称和不对称情形下零售商参与再制造的成本阈值相等,且大于消费者对再制造产品支付意愿较低时的该阈值。当消费者对再制造产品支付意愿较低时,零售商参与再制造的成本阈值还受信息对称性的影响。信息对称情形下零售商参与再制造的成本阈值高于信息不对称情形下的该阈值。定理 6.2.7 表明,在消费者对再制造产品认可度较高时,是否拥有产品生命周期信息并不影响零售商参与再制造的成本阈值。在消费者对再制造产品认可度较低时,拥有产品生命周期数据使用权使零售商参与再制造的成本阈值较高,提高了零售商参与再制造的积极性。

接下来,通过对模型 NR 和模型 MR 中均衡数量决策的比较,研究零售商再制造时不购买产品健康数据使用权的前提下,再制造主体对均衡数量决策的影响。通过对模型 IR 和模型 MR 中均衡数量决策的比较,研究零售商再制造时购买产品健康数据使用权的前提下,再制造主体对均衡数量决策的影响。在定理 6.2.2、定理 6.2.4 和定理 6.2.6 中最优数量决策的基础上,可得如下结果。

定理 6.2.8 模型 NR 和模型 MR 中均衡数量关系如下。

(1) 如果 $c_r > c_1^{\mathrm{NR}}$,则 $q_n^{\mathrm{MR}} = q_n^{\mathrm{NR}}$,$q_r^{\mathrm{MR}} = q_r^{\mathrm{NR}} = 0$。

(2) 如果 $c_1^{\mathrm{NR}} \geqslant c_r > c_2^{\mathrm{NR}}$,则 $q_n^{\mathrm{MR}} < q_n^{\mathrm{NR}}$,$q_r^{\mathrm{MR}} = q_r^{\mathrm{NR}} = 0$。

(3) 如果 $c_2^{\mathrm{NR}} \geqslant c_r > c_2^{\mathrm{MR}}$,则 $q_n^{\mathrm{MR}} > q_n^{\mathrm{NR}}$,$q_r^{\mathrm{MR}} < q_r^{\mathrm{NR}}$。

(4) 如果 $c_2^{\mathrm{MR}} \geqslant c_r$,则 $q_n^{\mathrm{MR}} > q_n^{\mathrm{NR}}$,$q_r^{\mathrm{MR}} > q_r^{\mathrm{NR}}$。

模型 IR 和模型 MR 中均衡数量关系如下。

(1) 如果 $c_r > c_1^{\mathrm{IR}}$,则 $q_n^{\mathrm{MR}} = q_n^{\mathrm{IR}}$,$q_r^{\mathrm{MR}} = q_r^{\mathrm{IR}} = 0$。

(2) 如果 $c_1^{\mathrm{IR}} \geqslant c_r > c_2^{\mathrm{IR}}$,则 $q_n^{\mathrm{MR}} < q_n^{\mathrm{IR}}$,$q_r^{\mathrm{MR}} = q_r^{\mathrm{IR}} = 0$。

(3) 如果 $c_2^{\mathrm{IR}} \geqslant c_r > c_2^{\mathrm{MR}}$,则 $q_n^{\mathrm{MR}} > q_n^{\mathrm{IR}}$,$q_r^{\mathrm{MR}} < q_r^{\mathrm{IR}}$。

(4) 如果 $c_2^{\mathrm{MR}} \geqslant c_r$,则 $q_n^{\mathrm{MR}} = q_n^{\mathrm{IR}}$,$q_r^{\mathrm{MR}} = q_r^{\mathrm{IR}}$。

证明:根据定理 6.2.2 与定理 6.2.6,易得以下结论。

若 $c_r > \dfrac{\delta[1+(1-\alpha_1)c_n]}{2}$,则 $q_n^{\mathrm{MR}} = q_n^{\mathrm{NR}} = \dfrac{1-(1-\alpha_1)c_n}{4}$,$q_r^{\mathrm{MR}} = q_r^{\mathrm{NR}} = 0$。

若 $\dfrac{\delta[1-\delta+(1-\alpha_1)c_n]}{(2-\delta)} \leqslant c_r \leqslant \dfrac{\delta[1+(1-\alpha_1)c_n]}{2}$,则 $q_n^{\mathrm{MR}} = \dfrac{1-(1-\alpha_1)c_n}{4}$,$q_n^{\mathrm{NR}} = \dfrac{\delta - c_r}{2\delta}$,$q_n^{\mathrm{MR}} - q_n^{\mathrm{NR}} < 0$,$q_r^{\mathrm{MR}} = q_r^{\mathrm{NR}} = 0$。

若 $\dfrac{\delta[1-\delta+(1-\alpha_1)c_n]}{(2-\delta)} > c_r > \dfrac{2\delta^2 - [1+\delta-\sqrt{(1+3\delta)(1-\delta)}][1-(1-\alpha_1)c_n]}{2\delta}$,

则 $q_n^{\mathrm{MR}} = \dfrac{1-(1-\alpha_1)c_n}{4}$,$q_n^{\mathrm{NR}} = \dfrac{1-\delta-(1-\alpha_1)c_n+c_r}{4(1-\delta)}$,$q_n^{\mathrm{MR}} - q_n^{\mathrm{NR}} > 0$。$q_r^{\mathrm{MR}} =$

0,$q_r^{NR} = \dfrac{\delta[1-\delta+(1-\alpha_1)c_n]-(2-\delta)(1-\alpha_2)c_r}{4\delta(1-\delta)}$,$q_r^{MR} < q_r^{NR}$。

若 $\dfrac{2\delta^2-[1+\delta-\sqrt{(1+3\delta)(1-\delta)}][1-(1-\alpha_1)c_n]}{2\delta} \geqslant c_r > \delta(1-\alpha_1)c_n$,则 $q_n^{MR} = \dfrac{1-(1-\alpha_1)c_n}{4}$,$q_n^{NR} = \dfrac{1+\delta-(1-\alpha_1)c_n-c_r}{4(1+3\delta)}$,$q_n^{MR}-q_n^{NR} > 0$。$q_r^{MR} = 0$,$q_r^{NR} = \dfrac{1+\delta-(1-\alpha_1)c_n-c_r}{4(1+3\delta)}$,$q_r^{MR} < q_r^{NR}$。

若 $\delta(1-\alpha_1)c_n \geqslant c_r > \dfrac{\delta[\delta-1+2(1-\alpha_1)c_n]}{(1+\delta)}$,$q_n^{MR} = \dfrac{1-\delta-(1-\alpha_1)c_n+c_r}{4(1-\delta)}$,则 $q_n^{NR} = \dfrac{1+\delta-(1-\alpha_1)c_n-c_r}{4(1+3\delta)}$,$q_n^{MR}-q_n^{NR} > 0$。$q_r^{NR} = \dfrac{1+\delta-(1-\alpha_1)c_n-c_r}{4(1+3\delta)}$,$q_r^{MR} = \dfrac{\delta(1-\alpha_1)c_n-c_r}{4\delta(1-\delta)}$,$q_r^{MR}-q_r^{NR} < 0$。

若 $c_r < \dfrac{\delta[\delta-1+2(1-\alpha_1)c_n]}{(1+\delta)}$,则 $q_n^{MR} = q_n^{NR} = q_r^{NR} = q_r^{MR} = \dfrac{1+\delta-(1-\alpha_1)c_n-c_r}{4(1+3\delta)}$。

根据定理 6.2.4 与定理 6.2.6,易得以下结论。

若 $c_r > \dfrac{\delta[1+(1-\alpha_1)c_n]}{2(1-\alpha_2)}$,则 $q_n^{MR} = q_n^{NR} = \dfrac{1-(1-\alpha_1)c_n}{4}$,$q_r^{MR} = q_r^{NR} = 0$。

若 $\dfrac{\delta[1-\delta+(1-\alpha_1)c_n]}{(2-\delta)} \leqslant c_r \leqslant \dfrac{\delta[1+(1-\alpha_1)c_n]}{2}$,则 $q_n^{MR} = \dfrac{1-(1-\alpha_1)c_n}{4}$,$q_n^{NR} = \dfrac{\delta-(1-\alpha_2)c_r}{2\delta}$,$q_n^{MR}-q_n^{NR} < 0$,$q_r^{MR} = q_r^{NR} = 0$。

若 $\dfrac{\delta[1-\delta+(1-\alpha_1)c_n]}{(2-\delta)(1-\alpha_2)} > c_r > \dfrac{2\delta^2-[1+\delta-\sqrt{(1+3\delta)(1-\delta)}][1-(1-\alpha_1)c_n]}{2\delta(1-\alpha_2)}$,则 $q_n^{MR} = \dfrac{1-(1-\alpha_1)c_n}{4}$,$q_n^{NR} = \dfrac{1-\delta-(1-\alpha_1)c_n+(1-\alpha_2)c_r}{4(1-\delta)}$,$q_n^{MR}-q_n^{NR} > 0$,$q_r^{MR} = 0$,$q_r^{NR} = \dfrac{\delta[1-\delta+(1-\alpha_1)c_n]-(2-\delta)(1-\alpha_2)c_r}{4\delta(1-\delta)}$,$q_r^{MR} < q_r^{NR}$。

若 $\dfrac{2\delta^2-[1+\delta-\sqrt{(1+3\delta)(1-\delta)}][1-(1-\alpha_1)c_n]}{2\delta(1-\alpha_2)} \geqslant c_r > \dfrac{\delta(1-\alpha_1)c_n}{(1-\alpha_2)}$,则 $q_n^{MR} = \dfrac{1-(1-\alpha_1)c_n}{4}$,$q_n^{NR} = \dfrac{1+\delta-(1-\alpha_1)c_n-(1-\alpha_2)c_r}{4(1+3\delta)}$,$q_n^{MR}-q_n^{NR} > 0$,$q_r^{MR} = 0$,$q_r^{NR} = \dfrac{1+\delta-(1-\alpha_1)c_n-(1-\alpha_2)c_r}{4(1+3\delta)}$,$q_r^{MR} < q_r^{NR}$。

若 $\dfrac{\delta(1-\alpha_1)c_n}{(1-\alpha_2)} \geqslant c_r > \dfrac{\delta[\delta-1+2(1-\alpha_1)c_n]}{(1+\delta)(1-\alpha_2)}$，则 $q_n^{\mathrm{MR}} - q_n^{\mathrm{NR}} = \dfrac{1-\delta-(1-\alpha_1)c_n+(1-\alpha_2)c_r}{4(1-\delta)} - \dfrac{1+\delta-(1-\alpha_1)c_n-(1-\alpha_2)c_r}{4(1+3\delta)} > 0$。$q_r^{\mathrm{NR}} = \dfrac{1+\delta-(1-\alpha_1)c_n-(1-\alpha_2)c_r}{4(1+3\delta)}$，$q_r^{\mathrm{MR}} = \dfrac{\delta(1-\alpha_1)c_n-(1-\alpha_2)c_r}{4\delta(1-\delta)}$，$q_r^{\mathrm{MR}} - q_r^{\mathrm{NR}} < 0$。

若 $c_r < \dfrac{\delta[\delta-1+2(1-\alpha_1)c_n]}{(1+\delta)(1-\alpha_2)}$，则 $q_n^{\mathrm{MR}} = q_n^{\mathrm{NR}} = q_r^{\mathrm{NR}} = q_r^{\mathrm{MR}} = \dfrac{1+\delta-(1-\alpha_1)c_n-(1-\alpha_2)c_r}{4(1+3\delta)}$。

若零售商再制造时不购买产品生命周期数据使用权，制造商和零售商信息不对称。比较模型 NR 和模型 MR 中的均衡数量决策，得出当再制造主体不同时，新产品和再制造产品的数量关系。对于新产品而言，在基准再制造成本较低时，制造商再制造情形下的新产品数量更高；在基准再制造成本适中时，零售商再制造情形下的新产品数量更高；在基准再制造成本较高时，两种再制造情形下的新产品数量相等。对于再制造产品而言，在基准再制造成本较高时，零售商可以回收和再制造更多数量的废旧产品；在基准再制造成本较低时，制造商可以回收和再制造更多数量的废旧产品。定理 6.2.8 表明，若零售商再制造时不购买产品生命周期数据使用权，即制造商和零售商存在信息不对称问题，再制造废旧产品的数量受基准再制造成本和再制造主体的影响。当基准再制造成本较小时，想要回收再制造更多数量的废旧产品，则应由制造商自建闭环供应链，否则，应由零售商开展再制造业务。

若零售商再制造时购买产品生命周期数据使用权，制造商和零售商均拥有产品生命周期信息。比较模型 IR 和模型 MR 中均衡数量关系得出，当再制造主体不同时，新产品和再制造产品的数量关系。当基准再制造成本较低时，制造商再制造情形下和零售商再制造情形下新产品需求量相同；当基准再制造成本适中时，制造商再制造情形下新产品需求量更高；当基准再制造较高时，零售商再制造情形下新产品需求量更高。若制造商和零售商均拥有产品生命周期数据使用权，零售商再制造总能回收和再制造更多数量的废旧产品。定理 6.2.8 说明，若零售商再制造时购买产品生命周期数据使用权，即制造商和零售商均拥有产品信息，想要回收并再制造更多数量的废旧产品，实现资源的再利用，则应由零售商回收再制造。

为了更好地说明定理 6.2.8 中的结果，给出了图 6.3。其中，$\delta = 0.6$，$\alpha_1 = 0.4$，$\alpha_2 = 0.1$，$c_n = 0.8$。图 6.3（a）是模型 NR 和模型 MR 中最优新产品数量的对比，图 6.3（b）是模型 NR 和模型 MR 中最优再制造产品数量的对比，图

6.3（c）是模型 IR 和模型 MR 中最优新产品数量的对比，图 6.3（d）是模型 IR 和模型 MR 中最优再制造产品数量的对比。数值实验发现，图 6.3 与定理 6.2.8 中的比较结果一致。

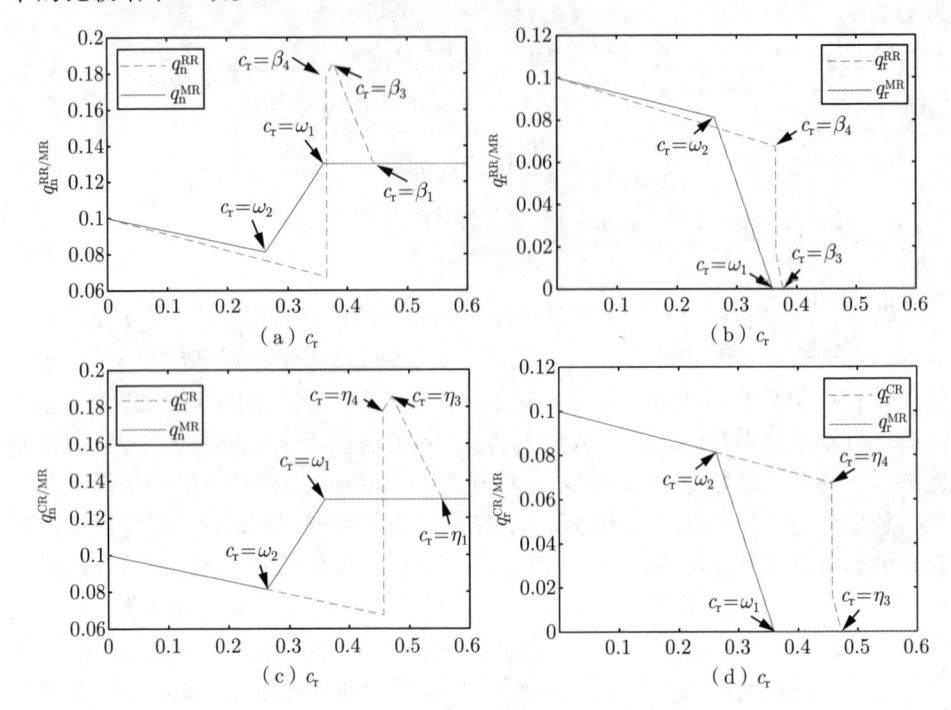

图 6.3　不同模型中均衡数量的比较
（a）模型 RR 和模型 MR 中 q_n 的比较；（b）模型 RR 和模型 MR 中 q_r 的比较；（c）模型 CR 和模型 MR 中 q_n 的比较；（d）模型 CR 和模型 MR 中 q_r 的比较

2. 利润分析

制造商和零售商的优化目标均是最大化利润。本节首先从制造商利润的视角，分析制造商再制造和授权再制造决策。其次从零售商利润视角，分析零售商对再制造主体的偏好。

制造商的再制造或授权再制造决策取决于其在不同主体进行再制造时的利润。同时，在考虑制造商授权零售商再制造时，零售商可能购买或不购买产品生命周期数据使用权。通过比较模型 NR 和模型 MR 中制造商的利润，分析若零售商再制造时不购买产品生命周期数据使用权，制造商的再制造或授权再制造策略；通过比较模型 IR 和模型 MR 中制造商的利润，分析若零售商再制造时购买产品生命周期数据使用权，制造商的再制造或授权再制造策略。

制造商在模型 NR 和模型 MR 中的利润在表 6.2 中给出。比较两种情形下的利润，得出制造商的最优再制造决策如下。

表 6.2 模型 NR 和 MR 中制造商的利润

条件	Π_M^{NR}	Π_M^{MR}
$c_r > c_1^{NR}$	$\dfrac{[1-(1-\alpha_1)c_n]^2}{8} - \Delta$	$\dfrac{[1-(1-\alpha_1)c_n]^2}{8} - \Delta$
$c_1^{NR} \geqslant c_r > c_2^{NR}$	$\dfrac{[c_r - \delta(1-\alpha_1)c_n](\delta - c_r)}{2\delta^2} - \Delta$	$\dfrac{[1-(1-\alpha_1)c_n]^2}{8} - \Delta$
$c_2^{NR} \geqslant c_r > c_3^{NR}$	$\dfrac{[1-\delta+c_r-(1-\alpha_1)c_n]^2}{8(1-\delta)} - \Delta$	$\dfrac{[1-(1-\alpha_1)c_n]^2}{8} - \Delta$
$c_3^{NR} \geqslant c_r > c_1^{MR}$	$\dfrac{[1+\delta-c_r-(1-\alpha_1)c_n]^2}{8(1+3\delta)} - \Delta$	$\dfrac{[1-(1-\alpha_1)c_n]^2}{8} - \Delta$
$c_1^{MR} \geqslant c_r > c_2^{MR}$	$\dfrac{[1+\delta-c_r-(1-\alpha_1)c_n]^2}{8(1+3\delta)} - \Delta$	$\dfrac{I}{8\delta(1-\delta)} - \Delta$
$c_2^{MR} \geqslant c_r$	$\dfrac{[1+\delta-c_r-(1-\alpha_1)c_n]^2}{8(1+3\delta)} - \Delta$	$\dfrac{[1+\delta-(1-\alpha_1)c_n-(1-\alpha_2)c_r]^2}{8(1+3\delta)} - \Delta$

注：$I = \delta[(1-\alpha_1)c_n]^2 - 2\delta[1-(1-\alpha_2)c_r - \delta](1-\alpha_1)c_n + \delta - \delta^2 + [(1-\alpha_2)c_r]^2$。

定理 6.2.9 从制造商利润视角，若零售商再制造时不购买产品生命周期数据使用权，信息不对称使得制造商总是更倾向于自己进行再制造。

证明： 若 $c_r > \dfrac{\delta[1+(1-\alpha_1)c_n]}{2}$，则 $\Pi_M^{MR} = \dfrac{[1-(1-\alpha_1)c_n]^2}{8} - \Delta$，$\Pi_M^{NR} = \dfrac{[1-(1-\alpha_1)c_n]^2}{8} - \Delta$。$\Pi_M^{MR} - \Pi_M^{NR} = 0$。

若 $\dfrac{\delta[1-\delta+(1-\alpha_1)c_n]}{(2-\delta)} \leqslant c_r \leqslant \dfrac{\delta[1+(1-\alpha_1)c_n]}{2}$，则 $\Pi_M^{MR} = \dfrac{[1-(1-\alpha_1)c_n]^2}{8} - \Delta$，$\Pi_M^{NR} = \dfrac{[c_r - \delta(1-\alpha_1)c_n](\delta - c_r)}{2\delta^2} - \Delta$，$\Pi_M^{MR} - \Pi_M^{NR} > 0$。

若 $\dfrac{\delta[1-\delta+(1-\alpha_1)c_n]}{(2-\delta)} > c_r \geqslant \dfrac{2\delta^2 - [1+\delta - \sqrt{(1+3\delta)(1-\delta)}][1-(1-\alpha_1)c_n]}{2\delta}$，则 $\Pi_M^{MR} = \dfrac{[1-(1-\alpha_1)c_n]^2}{8} - \Delta$，$\Pi_M^{NR} = \dfrac{[1-\delta+c_r-(1-\alpha_1)c_n]^2}{8(1-\delta)} - \Delta$。$\Pi_M^{MR} - \Pi_M^{NR} > 0$。

若 $\dfrac{2\delta^2 - [1+\delta - \sqrt{(1+3\delta)(1-\delta)}][1-(1-\alpha_1)c_n]}{2\delta} \geqslant c_r > \delta(1-\alpha_1)c_n$，则 $\Pi_M^{MR} = \dfrac{[1-(1-\alpha_1)c_n]^2}{8} - \Delta$，$\Pi_M^{NR} = \dfrac{[1+\delta-c_r-(1-\alpha_1)c_n]^2}{8(1+3\delta)} - \Delta$。$\Pi_M^{MR} - \Pi_M^{NR} > 0$。

若 $\delta(1-\alpha_1)c_n \geqslant c_r > \dfrac{\delta[\delta - 1 + 2(1-\alpha_1)c_n]}{(1+\delta)}$，

则 $\Pi_M^{MR} = \dfrac{\delta[(1-\alpha_1)c_n]^2 - 2\delta(1-c_r-\delta)(1-\alpha_1)c_n + \delta - \delta^2 + c_r^2}{8\delta(1-\delta)} - \Delta$，

$$\Pi_{\mathrm{M}}^{\mathrm{NR}} = \frac{[1+\delta-c_{\mathrm{r}}-(1-\alpha_1)c_{\mathrm{n}}]^2}{8(1+3\delta)} - \Delta, \quad \Pi_{\mathrm{M}}^{\mathrm{MR}} - \Pi_{\mathrm{M}}^{\mathrm{NR}} > 0_\circ$$

若 $c_{\mathrm{r}} < \dfrac{\delta[\delta-1+2(1-\alpha_1)c_{\mathrm{n}}]}{(1+\delta)}$，则 $\Pi_{\mathrm{M}}^{\mathrm{MR}} = \dfrac{[1+\delta-(1-\alpha_2)c_{\mathrm{r}}-(1-\alpha_1)c_{\mathrm{n}}]^2}{8(1+3\delta)} - \Delta$，

$$\Pi_{\mathrm{M}}^{\mathrm{NR}} = \frac{[1+\delta-c_{\mathrm{r}}-(1-\alpha_1)c_{\mathrm{n}}]^2}{8(1+3\delta)} - \Delta, \quad \Pi_{\mathrm{M}}^{\mathrm{MR}} - \Pi_{\mathrm{M}}^{\mathrm{NR}} > 0_\circ$$

定理 6.2.9 指出，若零售商实施再制造时不购买产品生命周期数据使用权，制造商自己实施再制造时的利润始终大于授权零售商再制造的利润，因为当制造商授权下游零售商再制造时，制造商获得智能制造的生产效益，但智能制造的产品效益无法通过零售商获得；当制造商进行再制造时，可以同时获得智能制造的生产效益和产品效益。因此，制造商再制造总是对其利润更有利的再制造策略，将再制造业务授权给零售商反而会降低其利润。定理 6.2.9 表明，制造商实施智能制造后，若授权零售商再制造，则零售商不购买产品健康数据使用权，则制造商建立逆向供应链进行回收再制造更符合其经济效益。

制造商在模型 IR 和模型 MR 中的利润在表 6.3 中给出。比较两种再制造情形下的利润，得出若零售商再制造时购买产品生命周期数据使用权，制造商的最优再制造决策如下。

表 6.3　模型 IR 和 MR 中制造商的利润

条件	$\Pi_{\mathrm{M}}^{\mathrm{IR}}$	$\Pi_{\mathrm{M}}^{\mathrm{MR}}$
$c_{\mathrm{r}} > c_1^{\mathrm{IR}}$	$\dfrac{[1-(1-\alpha_1)c_{\mathrm{n}}]^2}{8} - \Delta + F$	$\dfrac{[1-(1-\alpha_1)c_{\mathrm{n}}]^2}{8} - \Delta$
$c_1^{\mathrm{IR}} \geqslant c_{\mathrm{r}} > c_2^{\mathrm{IR}}$	$\dfrac{J}{2\delta^2} - \Delta + F$	$\dfrac{[1-(1-\alpha_1)c_{\mathrm{n}}]^2}{8} - \Delta$
$c_2^{\mathrm{IR}} \geqslant c_{\mathrm{r}} > c_3^{\mathrm{IR}}$	$\dfrac{[1-\delta+(1-\alpha_2)c_{\mathrm{r}}-(1-\alpha_1)c_{\mathrm{n}}]^2}{8(1-\delta)} - \Delta + F$	$\dfrac{[1-(1-\alpha_1)c_{\mathrm{n}}]^2}{8} - \Delta$
$c_3^{\mathrm{IR}} \geqslant c_{\mathrm{r}} > c_1^{\mathrm{MR}}$	$\dfrac{[1+\delta-(1-\alpha_2)c_{\mathrm{r}}-(1-\alpha_1)c_{\mathrm{n}}]^2}{8(1+3\delta)} - \Delta + F$	$\dfrac{[1-(1-\alpha_1)c_{\mathrm{n}}]^2}{8} - \Delta$
$c_1^{\mathrm{MR}} \geqslant c_{\mathrm{r}} > c_2^{\mathrm{MR}}$	$\dfrac{[1+\delta-(1-\alpha_2)c_{\mathrm{r}}-(1-\alpha_1)c_{\mathrm{n}}]^2}{8(1+3\delta)} - \Delta + F$	$\dfrac{I}{8\delta(1-\delta)} - \Delta$
$c_2^{\mathrm{MR}} \geqslant c_{\mathrm{r}}$	$\dfrac{[1+\delta-(1-\alpha_2)c_{\mathrm{r}}-(1-\alpha_1)c_{\mathrm{n}}]^2}{8(1+3\delta)} - \Delta + F$	$\dfrac{[1+\delta-(1-\alpha_1)c_{\mathrm{n}}-(1-\alpha_2)c_{\mathrm{r}}]^2}{8(1+3\delta)} - \Delta$

注：$I = \delta[(1-\alpha_1)c_{\mathrm{n}}]^2 - 2\delta[1-(1-\alpha_2)c_{\mathrm{r}}-\delta](1-\alpha_1)c_{\mathrm{n}} + \delta - \delta^2 + [(1-\alpha_2)c_{\mathrm{r}}]^2$；
$J = [(1-\alpha_2)c_{\mathrm{r}} - \delta(1-\alpha_1)c_{\mathrm{n}}][\delta - (1-\alpha_2)c_{\mathrm{r}}]_\circ$

定理 6.2.10　从制造商利润视角，若零售商再制造时购买产品生命周期数据使用权，在 $c_{\mathrm{r}} \leqslant c_2^{\mathrm{MR}}$ 时，制造商倾向于授权下游零售商再制造；当 $c_{\mathrm{r}} > c_2^{\mathrm{MR}}$

且生命周期数据使用权购买成本大于某一阈值时,制造商倾向于授权再制造,否则,更倾向于自己进行再制造。

证明: 若 $c_r > \dfrac{\delta[1+(1-\alpha_1)c_n]}{2(1-\alpha_2)}$,则 $\Pi_M^{MR} = \dfrac{[1-(1-\alpha_1)c_n]^2}{8} - \Delta$,$\Pi_M^{NR} = \dfrac{[1-(1-\alpha_1)c_n]^2}{8} - \Delta + F$,$\Pi_M^{MR} - \Pi_M^{IR} < 0$。此时,制造商和零售商均未实施再制造。

若 $\dfrac{\delta[1-\delta+(1-\alpha_1)c_n]}{(2-\delta)(1-\alpha_2)} \leqslant c_r \leqslant \dfrac{\delta[1+(1-\alpha_1)c_n]}{2(1-\alpha_2)}$,则 $\Pi_M^{MR} = \dfrac{[1-(1-\alpha_1)c_n]^2}{8} - \Delta$,$\Pi_M^{IR} = \dfrac{[(1-\alpha_2)c_r - \delta(1-\alpha_1)c_n][\delta - (1-\alpha_2)c_r]}{2\delta^2} - \Delta + F$。令 $\Pi_M^{MR} - \Pi_M^{IR} < 0$,$F > \dfrac{[(1-\alpha_2)c_r - \delta(1-\alpha_1)c_n][\delta - (1-\alpha_2)c_r]}{2\delta^2} - \dfrac{[1-(1-\alpha_1)c_n]^2}{8}$,否则,$\Pi_M^{MR} - \Pi_M^{IR} > 0$。

若 $\dfrac{\delta[1-\delta+(1-\alpha_1)c_n]}{(2-\delta)(1-\alpha_2)} > c_r > \dfrac{2\delta^2 - [1+\delta - \sqrt{(1+3\delta)(1-\delta)}][1-(1-\alpha_1)c_n]}{2\delta(1-\alpha_2)}$,则 $\Pi_M^{MR} = \dfrac{[1-(1-\alpha_1)c_n]^2}{8} - \Delta$,$\Pi_M^{IR} = \dfrac{[1-\delta+(1-\alpha_2)c_r - (1-\alpha_1)c_n]^2}{8(1-\delta)} - \Delta + F$。令 $\Pi_M^{MR} - \Pi_M^{IR} < 0$,$F > \dfrac{[1-\delta+(1-\alpha_2)c_r - (1-\alpha_1)c_n]^2}{8(1-\delta)} - \dfrac{[1-(1-\alpha_1)c_n]^2}{8}$,否则,$\Pi_M^{MR} - \Pi_M^{IR} > 0$。

若 $\dfrac{2\delta^2 - [1+\delta - \sqrt{(1+3\delta)(1-\delta)}][1-(1-\alpha_1)c_n]}{2\delta(1-\alpha_2)} \geqslant c_r > \dfrac{\delta(1-\alpha_1)c_n}{(1-\alpha_2)}$,则 $\Pi_M^{MR} = \dfrac{[1-(1-\alpha_1)c_n]^2}{8} - \Delta$,$\Pi_M^{IR} = \dfrac{[1+\delta-(1-\alpha_2)c_r - (1-\alpha_1)c_n]^2}{8(1+3\delta)} - \Delta + F$。令 $\Pi_M^{MR} - \Pi_M^{IR} < 0$,$F > \dfrac{[1+\delta-(1-\alpha_2)c_r - (1-\alpha_1)c_n]^2}{8(1+3\delta)} - \dfrac{[1-(1-\alpha_1)c_n]^2}{8}$,否则,$\Pi_M^{MR} - \Pi_M^{IR} > 0$。

若 $\dfrac{\delta(1-\alpha_1)c_n}{(1-\alpha_2)} \geqslant c_r > \dfrac{\delta[\delta - 1 + 2(1-\alpha_1)c_n]}{(1+\delta)(1-\alpha_2)}$,令 $\Pi_M^{MR} - \Pi_M^{IR} < 0$,

$$F > \dfrac{[1+\delta-(1-\alpha_2)c_r - (1-\alpha_1)c_n]^2}{8(1+3\delta)} - \dfrac{\delta[(1-\alpha_1)c_n]^2 - 2\delta[1-(1-\alpha_2)c_r - \delta](1-\alpha_1)c_n + \delta - \delta^2 + [(1-\alpha_2)c_r]^2}{8\delta(1-\delta)},$$

否则,$\Pi_M^{MR} - \Pi_M^{IR} > 0$。

若 $c_r < \dfrac{\delta[\delta - 1 + 2(1-\alpha_1)c_n]}{(1+\delta)(1-\alpha_2)}$，$\Pi_M^{MR} = \dfrac{[1+\delta-(1-\alpha_2)c_r-(1-\alpha_1)c_n]^2}{8(1+3\delta)} - \Delta$，

则 $\Pi_M^{IR} = \dfrac{[1+\delta-(1-\alpha_2)c_r-(1-\alpha_1)c_n]^2}{8(1+3\delta)} - \Delta + F$。$\Pi_M^{MR} - \Pi_M^{IR} < 0$。

$$f_1 = \max\left\{\dfrac{4[(1-\alpha_2)c_r - \delta(1-\alpha_1)c_n][\delta-(1-\alpha_2)c_r] - \delta^2[1-(1-\alpha_1)c_n]^2}{8\delta^2},\right.$$

$$\dfrac{[1-\delta+(1-\alpha_2)c_r-(1-\alpha_1)c_n]^2 - (1-\delta)[1-(1-\alpha_1)c_n]^2}{8(1-\delta)},$$

$$\dfrac{[1+\delta-(1-\alpha_2)c_r-(1-\alpha_1)c_n]^2 - (1+3\delta)[1-(1-\alpha_1)c_n]^2}{8(1+3\delta)},$$

$$\dfrac{[1+\delta-(1-\alpha_2)c_r-(1-\alpha_1)c_n]^2}{8(1+3\delta)} -$$

$$\left.\dfrac{\delta[(1-\alpha_1)c_n]^2 - 2\delta[1-(1-\alpha_2)c_r-\delta](1-\alpha_1)c_n + \delta - \delta^2 + [(1-\alpha_2)c_r]^2}{8\delta(1-\delta)}\right\}。$$

因此，若 $c_r \geq \dfrac{\delta[\delta-1+2(1-\alpha_1)c_n]}{(1+\delta)(1-\alpha_2)}$，当 $F > f_1$，制造商倾向于授权再制造；若 $c_r < \dfrac{\delta[\delta-1+2(1-\alpha_1)c_n]}{(1+\delta)(1-\alpha_2)}$，制造商倾向于授权再制造。

定理 6.2.10 指出，若零售商实施再制造时购买产品生命周期数据使用权，制造商的再制造决策受产品生命周期数据购买成本和基准再制造成本的影响。当基准再制造成本较小时，制造商授权下游零售商再制造获得的利润更高。当基准再制造成本较大时，只有零售商再制造情形下的生命周期数据获取成本大于某一阈值，制造商授权零售商再制造才能获得更高的利润。否则建立自身的逆向物流渠道进行回收再制造更符合制造商的经济效益。定理 6.2.10 表明，制造商实施智能制造后，当基准再制造成本较小且数据购买成本较大时，制造商授权下游零售商再制造对其利润更有益。当基准再制造成本较大时，制造商应该建立逆向物流渠道进行回收再制造。

图 6.4 描述制造商在不同再制造情形下的利润比较结果。其中，$\delta = 0.6$，$\alpha_1 = 0.4$，$\alpha_2 = 0.1$，$c_n = 0.8$，$\Delta = 0.02$，$F = 0.01$。图 6.4（a）是模型 NR 和模型 MR 中制造商利润对比，图 6.4（b）是模型 IR 和模型 MR 中制造商利润对比。数值实验的结果与上述定理 6.2.9 和定理 6.2.10 所得结果一致。

从零售商利润视角，比较零售商在制造商再制造和零售商再制造两种情形下的利润，可得出零售商对再制造主体的偏好。通过比较模型 NR 和模型 MR 中零售商的利润，分析若零售商被授权再制造时不购买生命周期数据使用权，零售商对再制造主体的偏好。表 6.4 给出零售商在模型 NR 和模型 MR 中的利润。

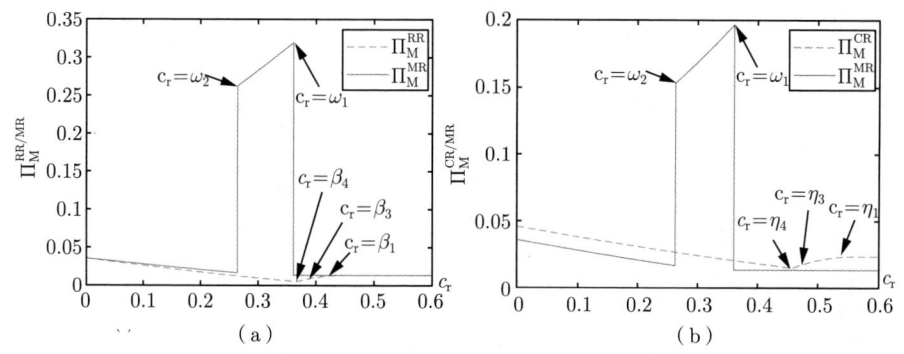

图 6.4 不同模型中制造商利润比较

（a）模型 RR 和模型 MR 中制造商的利润比较；（b）模型 CR 和模型 MR 中制造商的利润比较

表 6.4 模型 NR 和 MR 中零售商的利润

条件	Π_R^{NR}	Π_R^{MR}
$c_r > c_1^{NR}$	$\dfrac{[1-(1-\alpha_1)c_n]^2}{16}$	$\dfrac{[1-(1-\alpha_1)c_n]^2}{16}$
$c_1^{NR} > c_r > c_2^{NR}$	$\dfrac{[\delta-c_r]^2}{4\delta^2}$	$\dfrac{[1-(1-\alpha_1)c_n]^2}{16}$
$c_2^{NR} > c_r > c_3^{NR}$	$\dfrac{A}{16(1-\delta)}$	$\dfrac{[1-(1-\alpha_1)c_n]^2}{16}$
$c_3^{NR} > c_r > c_1^{MR}$	$\dfrac{[1+\delta-c_r-(1-\alpha_1)c_n]^2}{16(1+3\delta)}$	$\dfrac{[1-(1-\alpha_1)c_n]^2}{16}$
$c_1^{MR} > c_r > c_2^{MR}$	$\dfrac{[1+\delta-c_r-(1-\alpha_1)c_n]^2}{16(1+3\delta)}$	$\dfrac{I}{16\delta(1-\delta)}$
$c_2^{MR} > c_r$	$\dfrac{[1+\delta-c_r-(1-\alpha_1)c_n]^2}{16(1+3\delta)}$	$\dfrac{[1+\delta-(1-\alpha_1)c_n-(1-\alpha_2)c_r]^2}{16(1+3\delta)}$

注：$A = 4\delta(1-\delta) + \delta(1-\alpha_1)c_n[1-\delta+c_r+(1-\alpha_1)c_n] + 4c_r^2$；
$I = \delta[(1-\alpha_1)c_n]^2 - 2\delta[1-(1-\alpha_2)c_r - \delta](1-\alpha_1)c_n + \delta - \delta^2 + [(1-\alpha_2)c_r]^2$。

定理 6.2.11 从零售商的利润视角来看，若零售商再制造时不购买产品生命周期数据使用权，当 $c_r > c_3^{NR}$ 时，零售商倾向于被授权再制造，否则，零售商倾向于制造商再制造。

证明：若 $c_r > \dfrac{\delta[1+(1-\alpha_1)c_n]}{2}$，则 $\Pi_R^{MR} - \Pi_R^{NR} = 0$。

若 $\dfrac{\delta[1-\delta+(1-\alpha_1)c_n]}{2-\delta} \leqslant c_r \leqslant \dfrac{\delta[1+(1-\alpha_1)c_n]}{2}$，则 $\Pi_R^{MR} = \dfrac{[1-(1-\alpha_1)c_n]^2}{16}$，$\Pi_R^{NR} = \dfrac{(\delta-c_r)^2}{4\delta^2}$，$\Pi_R^{MR} - \Pi_R^{NR} < 0$。

若 $\dfrac{\delta[1-\delta+(1-\alpha_1)c_n]}{(2-\delta)} > c_r > \dfrac{2\delta^2 - [1+\delta - \sqrt{(1+3\delta)(1-\delta)}][1-(1-\alpha_1)c_n]}{2\delta}$,

则 $\Pi_R^{MR} = \dfrac{[1-(1-\alpha_1)c_n]^2}{16}$,

$\Pi_R^{NR} = \dfrac{4\delta(1-\delta) + \delta(1-\alpha_1)c_n[1-\delta+(1-\alpha_1)c_n+c_r] + 4c_r^2}{8(1-\delta)}$, $\Pi_R^{MR} - \Pi_R^{NR} < 0$。

若 $\dfrac{2\delta^2 - [1+\delta - \sqrt{(1+3\delta)(1-\delta)}][1-(1-\alpha_1)c_n]}{2\delta} \geqslant c_r > \delta(1-\alpha_1)c_n$, 则

$\Pi_R^{MR} = \dfrac{[1-(1-\alpha_1)c_n]^2}{16}$, $\Pi_R^{NR} = \dfrac{[1+\delta-(1-\alpha_1)c_n - c_r]^2}{16(1+3\delta)}$。$\Pi_R^{MR} - \Pi_R^{NR} > 0$。

若 $\delta(1-\alpha_1)c_n \geqslant c_r > \dfrac{\delta[\delta-1+2(1-\alpha_1)c_n]}{(1+\delta)}$,则

$\Pi_R^{MR} = \dfrac{\delta[(1-\alpha_1)c_n]^2 - 2\delta(1-c_r-\delta)(1-\alpha_1)c_n + \delta - \delta^2 + c_r^2}{16\delta(1-\delta)}$,

$\Pi_R^{NR} = \dfrac{[1+\delta - (1-\alpha_1)c_n - c_r]^2}{16(1+3\delta)}$, $\Pi_R^{MR} - \Pi_R^{NR} > 0$。

若 $c_r < \dfrac{\delta[\delta-1+2(1-\alpha_1)c_n]}{(1+\delta)}$, $\Pi_R^{MR} = \dfrac{[1+\delta-(1-\alpha_1)c_n-c_r]^2}{16(1+3\delta)}$, $\Pi_R^{NR} = \dfrac{[1+\delta-(1-\alpha_1)c_n-c_r]^2}{16(1+3\delta)}$, $\Pi_R^{MR} - \Pi_R^{NR} > 0$。

定理 6.2.11 指出，若零售商再制造时不购买产品生命周期数据使用权，制造商和零售商信息不对称。零售商再制造偏好受基准再制造成本的影响。若基准再制造成本较大，则零售商在被授权再制造时利润更大，因此零售商偏好被授权再制造。因为被授权再制造情形下，零售商无法获得智能制造的产品效益，自己进行再制造时单位再制造产品成本为 c_r，此成本比制造商再制造产品的批发价格低，因此被授权再制造对其更有益。若基准再制造成本较小，零售商在制造商再制造情形下利润更大，因此零售商偏好制造商再制造。主要因为当基准再制造成本较低时，零售商进行完全再制造策略会回收再制造尽可能多的废旧产品，从而蚕食新产品的市场需求，因此制造商会提高新产品批发价格，导致双方利润均受到损害。定理 6.2.11 表明，制造商实施智能制造后，若零售商再制造时不购买产品健康数据使用权，当基准再制造成本较大时，零售商倾向被授权再制造，否则，零售商更倾向于制造商建立逆向回收渠道从事回收再制造。

零售商在模型 IR 和模型 MR 两种情形中的利润如表 6.5 所示。从零售商的利润视角分析，若零售商再制造时购买产品生命周期数据使用权，零售商对再制造主体的偏好，得到定理 6.2.12 如下。

表 6.5　模型 IR 和 MR 中零售商的利润

条件	Π_R^{IR}	Π_R^{MR}
$c_r > c_1^{IR}$	$\dfrac{[1-(1-\alpha_1)c_n]^2}{16} - F$	$\dfrac{[1-(1-\alpha_1)c_n]^2}{16}$
$c_1^{IR} > c_r > c_2^{IR}$	$\dfrac{[\delta-(1-\alpha_2)c_r]^2}{4\delta^2} - F$	$\dfrac{[1-(1-\alpha_1)c_n]^2}{16}$
$c_2^{IR} > c_r > c_3^{IR}$	$\dfrac{C}{16(1-\delta)} - F$	$\dfrac{[1-(1-\alpha_1)c_n]^2}{16}$
$c_3^{IR} > c_r > c_1^{MR}$	$\dfrac{[1+\delta-(1-\alpha_2)c_r-(1-\alpha_1)c_n]^2}{16(1+3\delta)} - F$	$\dfrac{[1-(1-\alpha_1)c_n]^2}{16}$
$c_1^{MR} > c_r > c_2^{MR}$	$\dfrac{[1+\delta-(1-\alpha_2)c_r-(1-\alpha_1)c_n]^2}{16(1+3\delta)} - F$	$\dfrac{I}{16\delta(1-\delta)}$
$c_2^{MR} > c_r$	$\dfrac{[1+\delta-(1-\alpha_2)c_r-(1-\alpha_1)c_n]^2}{16(1+3\delta)} - F$	$\dfrac{[1+\delta-(1-\alpha_1)c_n-(1-\alpha_2)c_r]^2}{16(1+3\delta)}$

注：$I = \delta[(1-\alpha_1)c_n]^2 - 2\delta[1-(1-\alpha_2)c_r-\delta](1-\alpha_1)c_n + \delta - \delta^2 + [(1-\alpha_2)c_r]^2$；
$C = 4\delta(1-\delta) + \delta(1-\alpha_1)c_n[1-\delta+(1-\alpha_2)c_r+(1-\alpha_1)c_n] + 4(1-\alpha_2)^2 c_r^2$。

定理 6.2.12　从零售商利润视角来看，若零售商再制造时购买产品生命周期数据使用权，当 $c_r \leqslant c_3^{IR}$ 时，零售商倾向于制造商再制造；当 $c_r > c_3^{IR}$ 且产品生命周期数据使用权购买成本小于某一阈值时，零售商倾向于被授权再制造，否则，倾向于制造商再制造。

证明： 若 $c_r > \dfrac{\delta[1+(1-\alpha_1)c_n]}{2(1-\alpha_2)}$，则 $\Pi_R^{MR} - \Pi_R^{IR} = F > 0$。

若 $\dfrac{\delta[1-\delta+(1-\alpha_1)c_n]}{(2-\delta)(1-\alpha_2)} \leqslant c_r \leqslant \dfrac{\delta[1+(1-\alpha_1)c_n]}{2(1-\alpha_2)}$，则 $\Pi_R^{MR} = \dfrac{[1-(1-\alpha_1)c_n]^2}{16}$，$\Pi_R^{IR} = \dfrac{[\delta-(1-\alpha_2)c_r]^2}{4\delta^2} - F$。令 $\Pi_R^{MR} - \Pi_R^{IR} < 0$，则

$$F < \dfrac{16[\delta-(1-\alpha_2)c_r]^2 - [1-(1-\alpha_1)c_n]^2}{64\delta^2},$$

否则，$\Pi_R^{MR} - \Pi_R^{IR} \geqslant 0$。

若 $\dfrac{\delta[1-\delta+(1-\alpha_1)c_n]}{(2-\delta)(1-\alpha_2)} > c_r > \dfrac{2\delta^2 - [1+\delta-\sqrt{(1+3\delta)(1-\delta)}][1-(1-\alpha_1)c_n]}{2\delta(1-\alpha_2)}$，

则 $\Pi_R^{MR} = \dfrac{[1-(1-\alpha_1)c_n]^2}{16}$，

$\Pi_R^{IR} = \dfrac{4\delta(1-\delta) + \delta(1-\alpha_1)c_n[1-\delta+(1-\alpha_1)c_n+(1-\alpha_2)c_r] + 4(1-\alpha_2)^2 c_r^2}{8(1-\delta)} - F$。

令 $\Pi_R^{MR} - \Pi_R^{IR} < 0$,则

$$F < \frac{8\delta(1-\delta) + \delta(1-\alpha_1)c_n[1-\delta+(1-\alpha_1)c_n+(1-\alpha_2)c_r] + 4(1-\alpha_2)^2 c_r^2}{16(1-\delta)},$$

否则,$\Pi_R^{MR} - \Pi_R^{IR} \geqslant 0$。

若 $\dfrac{2\delta^2 - [1+\delta - \sqrt{(1+3\delta)(1-\delta)}][1-(1-\alpha_1)c_n]}{2\delta(1-\alpha_2)} \geqslant c_r > \dfrac{\delta(1-\alpha_1)c_n}{(1-\alpha_2)}$,则

$$\Pi_R^{MR} = \frac{[1-(1-\alpha_1)c_n]^2}{16},\quad \Pi_R^{IR} = \frac{[1+\delta-(1-\alpha_1)c_n-(1-\alpha_2)c_r]^2}{16(1+3\delta)} - F。$$ 令

$\Pi_R^{MR} - \Pi_R^{IR} < 0$,则 $F < \dfrac{[1+\delta-(1-\alpha_1)c_n-(1-\alpha_2)c_r]^2}{16(1+3\delta)} - \dfrac{[1-(1-\alpha_1)c_n]^2}{16}$,

否则 $\Pi_R^{MR} - \Pi_R^{IR} \geqslant 0$。

若 $\dfrac{\delta(1-\alpha_1)c_n}{(1-\alpha_2)} \geqslant c_r > \dfrac{\delta[\delta-1+2(1-\alpha_1)c_n]}{(1+\delta)(1-\alpha_2)}$,则

$$\Pi_R^{MR} = \frac{\delta[(1-\alpha_1)c_n]^2 - 2\delta[1-(1-\alpha_2)c_r - \delta](1-\alpha_1)c_n + \delta - \delta^2 + [(1-\alpha_2)c_r]^2}{16\delta(1-\delta)},$$

$$\Pi_R^{IR} = \frac{[1+\delta-(1-\alpha_1)c_n-(1-\alpha_2)c_r]^2}{16(1+3\delta)} - F。$$

令 $\Pi_R^{MR} - \Pi_R^{IR} < 0$,则

$$F < \frac{[1+\delta-(1-\alpha_1)c_n-(1-\alpha_2)c_r]^2}{16(1+3\delta)} -$$

$$\frac{\delta[(1-\alpha_1)c_n]^2 - 2\delta[1-(1-\alpha_2)c_r-\delta](1-\alpha_1)c_n + \delta - \delta^2 + [(1-\alpha_2)c_r]^2}{16\delta(1-\delta)}。$$

若 $c_r < \dfrac{\delta[\delta-1+2(1-\alpha_1)c_n]}{(1+\delta)(1-\alpha_2)}$,则 $\Pi_R^{MR} = \dfrac{[1+\delta-(1-\alpha_1)c_n-(1-\alpha_2)c_r]^2}{16(1+3\delta)}$,

$\Pi_R^{IR} = \dfrac{[1+\delta-(1-\alpha_1)c_n-(1-\alpha_2)c_r]^2}{16(1+3\delta)} - F$。令 $\Pi_R^{MR} - \Pi_R^{IR} < 0$,则 $F <$

$\dfrac{[1+\delta-(1-\alpha_1)c_n-(1-\alpha_2)c_r]^2}{16(1+3\delta)} - \dfrac{[1+\delta-(1-\alpha_1)c_n-(1-\alpha_2)c_r]^2}{16(1+3\delta)}$,否则

$\Pi_R^{MR} - \Pi_R^{IR} \geqslant 0$。

定理 6.2.12 指出,制造商和零售商信息对称情形下,零售商的再制造偏好受零售商产品生命周期数据购买成本和基准再制造成本的影响。当基准再制造成本较小时,零售商的利润在制造商再制造情形下更高。此时,零售商偏好制造商

再制造，而不期望被授权再制造。当基准再制造成本较大时，产品生命周期数据获取成本小于某一阈值时，零售商的利润在被授权再制造时更高，因此偏好被授权再制造，否则，偏好制造商再制造。定理 6.2.12 表明，制造商实施智能制造后，若零售商再制造时购买产品生命周期数据使用权，当基准再制造成本较小时，零售商偏好制造商建立逆向物流渠道进行回收再制造。当基准再制造成本较大且数据购买成本较小时，制造商授权再制造对零售商利润更有益。

图 6.5 描述零售商在不同再制造情形下的利润对比，其中参数取值与图 6.4 中相同。图 6.5（a）是模型 NR 和模型 MR 中零售商利润对比，图 6.5（b）是模型 IR 和模型 MR 中零售商利润对比。数值实验的结果更好地解释了上述定理 6.2.11 和定理 6.2.12。

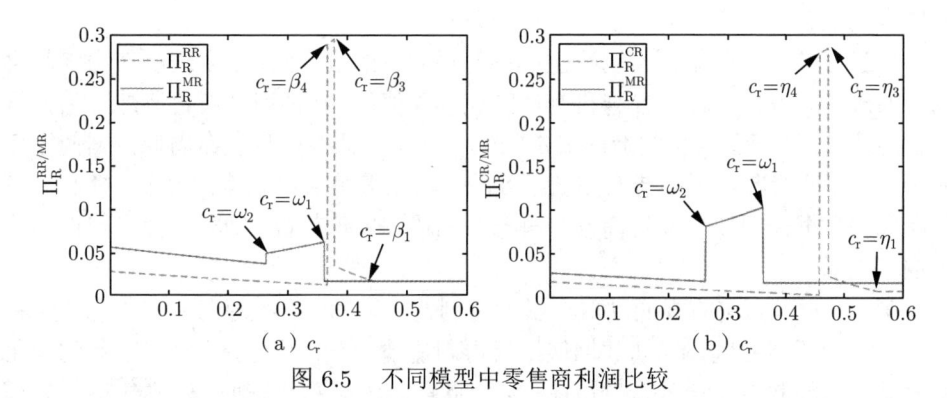

图 6.5　不同模型中零售商利润比较
（a）模型 RR 和模型 MR 中零售商的利润比较；(b) 模型 CR 和模型 MR 中零售商的利润比较

从制造商和零售商利润视角来看，研究发现当制造商偏好将再制造业务授权下游零售商进行时，下游零售商可能并没有意愿从事再制造，而是更偏好制造商进行再制造，自身仅销售产品。在基准再制造成本较低时，制造商偏好授权下游零售商再制造，而此时下游零售商偏好制造商进行再制造。在基准再制造成本较高时，若零售商数据获取成本大于某一阈值，制造商偏好授权零售商再制造，而零售商偏好制造商再制造。制造商和零售商进行再制造决策时可能需要协调，以实现供应链互利共赢。

6.2.4　管理启示

本节以制造商实施智能制造为背景，探讨了智能制造产生的生产效益和产品效益对再制造决策的影响。分别建立了信息不对称的零售商再制造决策模型、信息对称的零售商再制造决策模型及制造商再制造决策模型。在三种再制造决策模型中，通过对三种再制造决策模型的理论分析，得出制造商和零售商的最优决策与管理学启示。

第一，制造商实施智能制造会影响再制造主体实施再制造的积极性。若零售商再制造时不购买产品生命周期数据使用权，实施智能制造使零售商参与再制造的成本阈值降低。信息不对称导致智能制造对零售商实施再制造的积极性具有负面影响。若零售商再制造时购买产品生命周期数据使用权，此成本阈值的变化与消费者对再制造产品的支付意愿，以及智能制造对新产品和再制造产品生产成本的边际效应有关。若消费者对再制造产品支付意愿较大，智能制造使零售商参与再制造的成本阈值降低。若消费者对再制造产品支付意愿较小，则当实施智能制造对新产品的影响小于某一阈值时，零售商参与再制造的成本阈值升高，否则，参与再制造的成本阈值降低。制造商再制造情形下，若实施智能制造对新产品成本的边际效应小于对再制造产品的边际效应，实施智能制造使制造商参与再制造的成本阈值升高，否则降低。

通过比较三种场景下再制造主体参与再制造的成本阈值。发现制造商参与再制造的成本阈值比零售商参与再制造的成本阈值低。在消费者对再制造产品认可度较高时，零售商参与再制造的成本阈值不受是否拥有产品生命周期数据使用权的影响。在消费者对再制造产品认可度较低时，零售商再制造情形下，拥有产品生命周期数据使用权使零售商参与再制造的成本阈值较高，即零售商参与再制造更加积极。

第二，制造商实施智能制造会影响再制造主体回收再制造废旧产品数量。在零售商不购买产品生命周期数据使用权再制造情形下，再制造产品需求量的变化主要受到智能制造生产效益的影响，然而此影响未必总是正面。若零售商实施部分再制造，智能制造使再制造产品需求量降低。在零售商购买产品生命周期数据使用权再制造和制造商再制造情形下，再制造产品需求量的变化受到智能制造生产效益和产品效益的影响。若智能制造的产品效益过小，为了获得智能制造的生产效益，发挥新产品的成本优势，实施再制造使再制造产品需求数量减小。

研究发现，若零售商再制造时不购买产品生命周期数据使用权，制造商和零售商信息不对称。当基准再制造成本较小时，想要回收再制造更多数量的废旧产品，则应由制造商实施再制造；当基准再制造成本较大时，想要再制造更多数量的废旧产品，则应由零售商实施再制造。若零售商再制造时不购买产品生命周期数据使用权，制造商和零售商信息对称，想要回收并再制造更多数量的废旧产品，实现资源的再利用，零售商回收再制造始终是明智的。

第三，从利润视角来看，制造商实施智能制造会影响制造商和零售商关于再制造主体的偏好问题。研究发现，从制造商利润视角来看，若零售商再制造时不购买产品生命周期数据使用权，则制造商和零售商信息不对称导致制造商倾向于自己实施再制造。若零售商再制造时购买产品生命周期数据使用权，制造商和零售商信息对称。制造商关于再制造主体的偏好受基准再制造成本和产品生命周期数据获取成本的影响。当基准再制造成本较低时,与自身进行再制造相比,制造商倾向于授权零售商再制造;当基准再制造成本较高,且产品生命周期数据获取成本大于某一阈值时,制造商倾向于授权零售商再制造。从零售商利润视角来看,若零售商再制造时不购买产品生命周期数据使用权,零售商对再制造主体的偏好只与基准再制造成本有关。当基准再制造成本较大时,零售商偏好被授权再制造;当基准再制造成本较小时,零售商偏好制造商实施再制造。若零售商再制造时购买产品生命周期数据使用权,则零售商关于再制造主体的偏好也受基准再制造成本和产品生命周期数据获取成本的影响。当基准再制造成本较低时,零售商倾向于制造商再制造;当基准再制造成本较高,且产品生命周期数据获取成本小于某一阈值时,零售商倾向于被授权再制造,否则,零售商偏好制造商再制造。

6.3 智能制造环境下考虑成本信息的再制造决策

6.3.1 问题描述

在再制造的研究与生产实践中,由第三方再制造商与原始设备制造商组成的闭环供应链模式是十分常见的。智能制造环境下,当再制造商进入市场后,其生产的传感器嵌入式产品再制造品(以下简称"再制造产品")与原始设备制造商的传感器嵌入式产品新品(以下简称"新产品")及再制造产品进行双重竞争,形成区别于原始设备制造商作为唯一再制造主体的市场结构。在由第三方再制造商与原始设备制造商组成的闭环供应链模式中,原始设备制造商通过在第一阶段生产传感器嵌入式产品新品获取旧的传感器嵌入式产品(以下简称"旧产品")的质量信息,从而确定旧产品的再制造成本,与再制造商之间产生了横向的信息不对称性。本节在此基础上,研究不同再制造主体之间再制造成本差异和信息不对称性对原始设备制造商与再制造商产量决策的影响。本节先详细介绍所研究的问题和假设,构建研究模型,然后分别在信息对称和不对称的条件下对模型进行求解分析,最后结合算例进行补充分析。

本节构建了原始设备制造商和再制造商组成的供应链,基于双方不同的再制造成本探究了信息不对称性对供应链成员生产决策和市场结构的影响。信息不对称性体现在原始设备制造商和再制造商之间横向的再制造成本信息不对称,即原始设备制造商能够通过传感器嵌入式产品获得产品的全生命周期信息,包括产品的实时质量状态,从而能够准确判断每个产品在生命周期末进行回收再制造时的再制造成本,而再制造商只能在回收后通过对旧产品的质量评估确定其再制造成本。因此,原始设备制造商在供应链中具备信息优势,能同时掌握双方的再制造成本,而再制造商只能预测原始设备制造商的再制造成本。本章中的具体符号与含义如下。

p_n, q_n：分别代表新产品的价格和需求。

p_{ro}, q_{ro}：分别代表原始设备制造商生产的再制造产品的价格和需求。

p_{ri}, q_{ri}：分别代表再制造商生产的再制造产品的价格和需求。

Q：市场潜在需求。

δ：消费者对再制造产品的偏好，$\delta < 1$。

θ：消费者对新产品的支付意愿，θ 服从 $[0,1]$ 上的均匀分布。

C_n：新产品的生产成本。

j, k：成本或产量的水平高低，$j, k \in \{H, L\}$ 且 $j \neq k$。

C_{ro}, C_{ri}：分别代表原始设备制造商和再制造商的再制造成本，$C_{ro} = C_{ri}^H$ 或 $C_{ro} = C_{ri}^L$。

α：信息不对称时，再制造商对原始设备制造商再制造成本的预测精度。

λ：回收率。

Π_{OEM}, Π_{IR}：分别代表原始设备制造商和再制造商的利润。

本节的相关假设如下。

假设 1：市场潜在需求为 Q，且市场潜在需求远大于消费者对新产品和再制造产品的总需求。

假设 2：消费者对原始设备制造商和再制造商生产的再制造产品无偏好差异，即两者为完全替代产品且价格相同；每个产品只可以使用一个周期，最多只参与一次再制造。

假设 3：再制造商的再制造成本与原始设备制造商的再制造成本不同，原始设备制造商的再制造成本有两种可能：$C_{ro} = C_{ri}^H > C_{ri}$ 或 $C_{ro} = C_{ri}^L < C_{ri}$。

假设 4：$\lambda q_n \geq q_{ro} + q_{ri}$，$\lambda$ 为回收率，为了简化模型，令 $\lambda = 1$，即旧产品完全被回收。当 $q_n = q_{ro} + q_{ri}$ 表示回收的旧产品全部进行再制造。

假设 5：原始设备制造商和再制造商都能感知到自身的再制造成本，原始设备制造商通过传感器收集的信息能够确定再制造商的再制造成本，而再制造商不能确定原始设备制造商的再制造成本。在信息不对称下，当 $C_{ro} = C_{ri}^j$ 时，再制造商对原始设备制造商的再制造成本和产量预测情况为 $P(C_{ro} = C_{ri}^j) = \alpha$, $P(C_{ro} = C_{ri}^k) = 1 - \alpha$, $P(q_n = q_{n,j}) = \alpha$, $P(q_n = q_{n,k}) = 1 - \alpha$。

6.3.2 模型构建

在再制造成本差异化的基础上，针对第三方再制造商与原始设备制造商组成的闭环供应链，建立了两阶段竞争模型，原始设备制造商在第一阶段生产传感器嵌入式产品新品，在第二阶段与再制造商一起回收旧产品进行再制造。原始设备

制造商决策 q_n 和 q_{ro}，同时再制造商决定 q_{ri}。其中，新产品和再制造产品的逆需求函数为 $p_n = Q - q_n - \delta(q_{ro} + q_{ri}), p_r = \delta(Q - q_n - q_{ro} - q_{ri})$。

当原始设备制造商与再制造商共享成本信息时，建立了信息对称下的利润最大化模型，当原始设备制造商的再制造成本是其私有信息时，建立了信息不对称下的利润最大化模型，如图 6.6 所示。

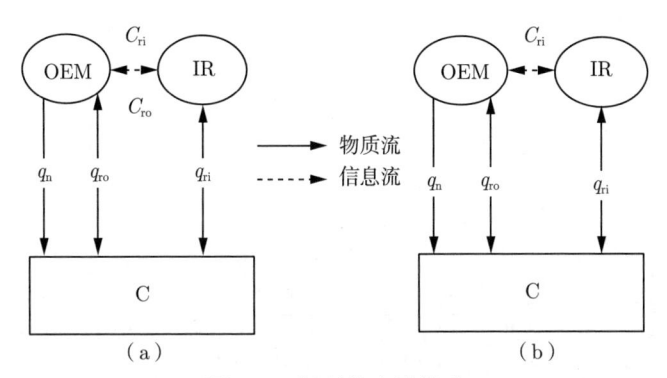

图 6.6　闭环供应链模式

（a）信息对称下的供应链模式；（b）信息不对称下的供应链模式

1. 信息对称下的竞争模型

原始设备制造商选择和再制造商共享再制造成本信息，则双方的利润最大化模型为

$$\Pi_{\text{OEM}} = [Q - q_n - \delta(q_{ro} + q_{ri}) - C_n]q_n + [\delta(Q - q_n - q_{ro} - q_{ri}) - C_{ro}]q_{ro} \tag{6.3.1}$$

$$\Pi_{\text{IR}} = [\delta(Q - q_n - q_{ro} - q_{ri}) - C_{ri}]q_{ri} \tag{6.3.2}$$

$$\text{s.t.} q_n \geqslant q_{ro} + q_{ri}, q_{ro} \geqslant 0, q_{ri} \geqslant 0$$

原始设备制造商和再制造商同时进行决策，原始设备制造决策 q_n 和 q_{ro}，制造商决策 q_{ri}。通过 KKT 条件求解双方最优产量，得到定理 6.3.1～定理 6.3.3。

定理 6.3.1　当 $C_{ro} = C_{ri}^H > C_{ri}$ 且 $\delta Q > C_{ri}$ 时，存在以下两种情况。

（1）当 $\dfrac{2C_{ri} - \delta Q}{\delta} < C_n < \dfrac{\delta Q(1-\delta) + (2+\delta)C_{ri}}{3\delta}$ 时，原始设备制造商和再制造商的最优决策为 $q_n^{1\text{-}1*}$，$q_{ro}^{1\text{-}1*}$，$q_{ri}^{1\text{-}1*}$。此时，回收的旧产品不能完全进行再制造，再制造商垄断再制造市场。

（2）当 $C_n > \dfrac{\delta Q(1-\delta) + (2+\delta)C_{ri}}{3\delta}$ 时，原始设备制造商和再制造商的最优决策为 $q_n^{1\text{-}2*}$，$q_{ro}^{1\text{-}2*}$，$q_{ri}^{1\text{-}2*}$。此时，回收的旧产品完全用于再制造，再制造商垄断再制造市场。

定理 6.3.1 说明了当 $C_{\text{ro}} = C_{\text{ri}}^{\text{H}} > C_{\text{ri}}$ 时，原始设备制造商和再制造商的市场结构。定理 6.3.1 中的两种情况分别对应图 6.7 所示的两个区域。每种情形下原始设备制造商和再制造商的最优决策如表 6.6 所示。

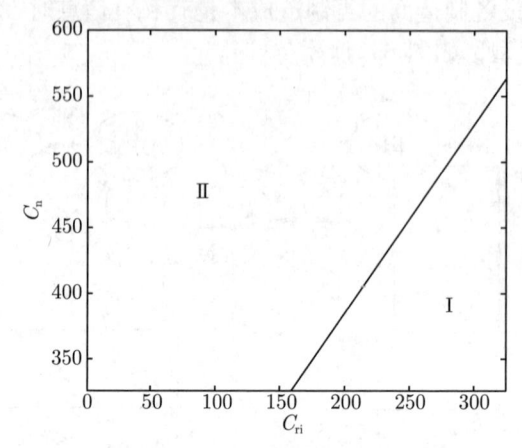

图 6.7　定理 6.3.1 中不同市场结构对应的区域图

表 6.6　定理 6.3.1 中的供应链成员最优决策

	I ($m=1$)	II ($m=2$)
q_{n}^{1-m*}	$\dfrac{(2-\delta)Q - 2C_{\text{n}} + C_{\text{ri}}}{4-\delta}$	$\dfrac{\delta Q - C_{\text{ri}}}{3\delta}$
q_{ro}^{1-m*}	0	0
q_{ri}^{1-m*}	$\dfrac{\delta Q - C_{\text{ri}}}{3\delta}$	$\dfrac{\delta Q - C_{\text{ri}}}{3\delta}$
p_{n}^{1-m*}	$\dfrac{(2-\delta)Q + (2-\delta)C_{\text{n}} + C_{\text{ri}}}{4-\delta}$	$\dfrac{(2-\delta)\delta Q + (1+\delta)C_{\text{ri}}}{3\delta}$
p_{r}^{1-m*}	$\dfrac{\delta Q + \delta C_{\text{n}} + (2-\delta)C_{\text{ri}}}{4-\delta}$	$\dfrac{\delta Q + 2C_{\text{ri}}}{3}$

注：$Q = 1000$，$C_{\text{ro}} = C_{\text{ri}}^{\text{H}} = 350$，$\delta = 0.7$。

证明： 在目标式 (6.3.1) 中，分别对 q_{n} 和 q_{ro} 求导，得到海塞矩阵的行列式

$$\boldsymbol{H}_{4-1} = \begin{vmatrix} -2 & -2\delta \\ -2\delta & -2\delta \end{vmatrix} = 4\delta(1-\delta) > 0$$

同时在目标式 (6.3.2) 中对 q_{ri} 求导，$\dfrac{\mathrm{d}^2 \Pi_{\text{IR}}}{\mathrm{d} q_{\text{ri}}^2} = -2\delta < 0$，可得 Π_{OEM} 和 Π_{IR} 均存在最优解。进而构建式 (6.3.1) 和式 (6.3.2) 的拉格朗日函数。

$$L_{\text{OEM}} = [Q - q_{\text{n}} - \delta(q_{\text{ro}} + q_{\text{ri}}) - C_{\text{n}}]q_{\text{n}} + [\delta(Q - q_{\text{n}} - q_{\text{ro}} - q_{\text{ri}}) - C_{\text{ro}}]q_{\text{ro}} + l_1(q_{\text{n}} - q_{\text{ro}} - q_{\text{ri}}) + l_2 q_{\text{ro}}$$

$$L_{\text{IR}} = [\delta(Q - q_{\text{n}} - q_{\text{ro}} - q_{\text{ri}}) - C_{\text{ri}}]q_{\text{ri}} + l_3 q_{\text{ri}}$$

KKT 条件为

$$\frac{\partial L_{\text{OEM}}}{\partial q_{\text{n}}} = -2q_{\text{n}} - 2\delta q_{\text{ro}} - \delta q_{\text{ri}} + Q - C_{\text{n}} + l_1 = 0$$

$$\frac{\partial L_{\text{OEM}}}{\partial q_{\text{ro}}} = -2\delta q_{\text{n}} - 2\delta q_{\text{ro}} - \delta q_{\text{ri}} + \delta Q - C_{\text{ro}} - l_1 + l_2 = 0$$

$$\frac{\partial L_{\text{IR}}}{\partial q_{\text{ri}}} = -\delta q_{\text{n}} - \delta q_{\text{ro}} - 2\delta q_{\text{ri}} + \delta Q - C_{\text{ri}} + l_3 = 0$$

$$l_1(q_{\text{n}}^* - q_{\text{ro}}^* - q_{\text{ri}}^*) = 0, l_2 q_{\text{ro}}^* = 0, l_3 q_{\text{ri}}^* = 0$$

从而得到

$$q_{\text{n}}^* = \frac{(1-\delta)Q - C_{\text{n}} + C_{\text{ro}} + 2l_1 - l_2}{2(1-\delta)},$$

$$q_{\text{ro}}^* = \frac{2(1-\delta)C_{\text{ri}} + 3\delta C_{\text{n}} - (1-\delta)\delta Q - (4-\delta)C_{\text{ro}} - 2(2+\delta)l_1 + (4-\delta)l_2 - 2(1-\delta)l_3}{6\delta(1-\delta)},$$

$$q_{\text{ri}}^* = \frac{\delta Q + C_{\text{ro}} - 2C_{\text{ri}} + l_1 - l_2 + 2l_3}{3\delta}。$$

由于产量约束条件有 3 个，因此最优解理论上有 8 种情况，排除原始设备制造商和再制造商的产量同时为 0 的情况，还有 6 种可行情况，分别为

$q_{\text{n}}^* > q_{\text{ro}}^* + q_{\text{ri}}^*$, $q_{\text{ro}}^* > 0$, $q_{\text{ri}}^* > 0$, $l_1 = l_2 = l_3 = 0$

$q_{\text{n}}^* > q_{\text{ro}}^* + q_{\text{ri}}^*$, $q_{\text{ro}}^* > 0$, $q_{\text{ri}}^* = 0$, $l_1 = l_2 = 0$, $l_3 > 0$

$q_{\text{n}}^* > q_{\text{ro}}^* + q_{\text{ri}}^*$, $q_{\text{ro}}^* = 0$, $q_{\text{ri}}^* > 0$, $l_1 = l_3 = 0$, $l_2 > 0$

$q_{\text{n}}^* = q_{\text{ro}}^* + q_{\text{ri}}^*$, $q_{\text{ro}}^* > 0$, $q_{\text{ri}}^* > 0$, $l_1 > 0$, $l_2 = l_3 = 0$

$q_{\text{n}}^* = q_{\text{ro}}^* + q_{\text{ri}}^*$, $q_{\text{ro}}^* > 0$, $q_{\text{ri}}^* = 0$, $l_1 > 0$, $l_2 = 0$, $l_3 > 0$

$q_{\text{n}}^* = q_{\text{ro}}^* + q_{\text{ri}}^*$, $q_{\text{ro}}^* = 0$, $q_{\text{ri}}^* > 0$, $l_1 > 0$, $l_2 > 0$, $l_3 = 0$

通过解方程组得到每种情况下的最优解。在 $C_{\text{ro}} = C_{\text{ri}}^{\text{H}} > C_{\text{ri}}$ 的条件下对上述情况中的最优解进行分析，排除约束条件矛盾的情况，得到了定理 6.3.1。定理 6.3.2 和定理 6.3.3 的证明过程与定理 6.3.1 类似，在 $C_{\text{ro}} = C_{\text{ri}}^{\text{L}} < C_{\text{ri}}$ 的条件下对上述情况中的最优解进行分析，排除约束条件矛盾的情况，然后整理归纳，下文不再赘述。

推论 6.3.1　当 $C_{\text{ro}} > C_{\text{ri}}$ 时，原始设备制造商的再制造产量为 0。这说明，在信息对称的条件下，当原始设备制造商的再制造成本高于再制造商时，再制造商凭借成本优势垄断再制造市场。在区域 I，q_{n}^* 是 δ 的减函数，q_{ri}^* 是 δ 的增函数。在区域 II，q_{n}^* 和 q_{ri}^* 均是 δ 的增函数。

证明：对定理 6.3.1 中各种情形下的最优产量决策做关于 δ 的灵敏度分析，得到 $\dfrac{\mathrm{d}q_{\text{n}}^{1\text{-}1*}}{\mathrm{d}\delta} = \dfrac{-2Q - 2C_{\text{n}} + C_{\text{ri}}}{4-\delta} < 0$，$\dfrac{\mathrm{d}q_{\text{ri}}^{1\text{-}1*}}{\mathrm{d}\delta} = \dfrac{\delta^2 Q + \delta^2 C_{\text{n}} + 4(2-\delta)C_{\text{ri}}}{4-\delta} > 0$，

$$\frac{\mathrm{d}q_\mathrm{n}^{1\text{-}2*}}{\mathrm{d}\delta} = \frac{\mathrm{d}q_\mathrm{ri}^{1\text{-}2*}}{\mathrm{d}\delta} = \frac{C_\mathrm{ri}}{3\delta^2} > 0。$$推论 6.3.2 和推论 6.3.3 分别对定理 6.3.2 和定理 6.3.3 中各种情形下的最优产量做关于 δ 的灵敏度分析，证明方法类似，下文不再赘述。

定理 6.3.2 当 $C_\mathrm{ro} = C_\mathrm{ri}^\mathrm{L} < C_\mathrm{ri}$ 且 $C_\mathrm{ri} < \delta Q < 2C_\mathrm{ri} - C_\mathrm{ri}^\mathrm{L}$ 时，存在以下四种情况。

(1) $\dfrac{C_\mathrm{ri}^\mathrm{L}}{\delta} < C_\mathrm{n} < \dfrac{(1-\delta)\delta Q + (1+\delta)C_\mathrm{ri}^\mathrm{L}}{2\delta}$ 时，原始设备制造商和再制造商的最优决策为 $q_\mathrm{n}^{2\text{-}1*}$，$q_\mathrm{ro}^{2\text{-}1*}$，$q_\mathrm{ro}^{2\text{-}1*}$。此时，回收的旧产品不能完全进行再制造，原始设备制造商垄断市场。

(2) $\dfrac{(1-\delta)\delta Q + (1+\delta)C_\mathrm{ri}^\mathrm{L}}{2\delta} < C_\mathrm{n} < \dfrac{(1+3\delta)C_\mathrm{ri} - \delta C_\mathrm{ri}^\mathrm{L} - 2\delta^2 Q}{\delta}$ 时，原始设备制造商和再制造商的最优决策为：$q_\mathrm{n}^{2\text{-}2*}$，$q_\mathrm{ro}^{2\text{-}2*}$，$q_\mathrm{ri}^{2\text{-}2*}$。此时，回收的旧产品完全用于再制造，原始设备制造商垄断市场。

(3) $\dfrac{(1+3\delta)C_\mathrm{ri} - \delta C_\mathrm{ri}^\mathrm{L} - 2\delta^2 Q}{\delta} < C_\mathrm{n} < \dfrac{(1-\delta)\delta Q + 2(1+2\delta)C_\mathrm{ri} - 3\delta C_\mathrm{ri}^\mathrm{L}}{3\delta}$ 时，原始设备制造商和再制造商的最优决策为 $q_\mathrm{n}^{2\text{-}3*}$，$q_\mathrm{ro}^{2\text{-}3*}$，$q_\mathrm{ri}^{2\text{-}3*}$。此时，回收的旧产品完全用于再制造，原始设备制造商和再制造商形成双重竞争。

(4) $C_\mathrm{n} > \dfrac{(1-\delta)\delta Q + 2(1+2\delta)C_\mathrm{ri} - 3\delta C_\mathrm{ri}^\mathrm{L}}{3\delta}$ 时，原始设备制造商和再制造商的最优决策为 $q_\mathrm{n}^{2\text{-}4*}$，$q_\mathrm{ro}^{2\text{-}4*}$，$q_\mathrm{ri}^{2\text{-}4*}$。此时，回收的旧产品完全用于再制造，再制造商垄断再制造市场。

定理 6.3.2 说明了当 $C_\mathrm{ro} = C_\mathrm{ri}^\mathrm{L} < C_\mathrm{ri}$ 且市场规模较小时，原始设备制造商和再制造商的市场结构。定理 6.3.2 中的四种情况分别对应图 6.8 的四个区域。每种情形下原始设备制造商和再制造商的最优决策如表 6.7 所示。

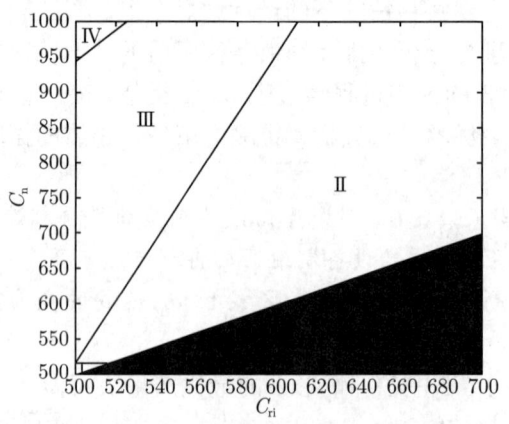

图 6.8 定理 6.3.2 中不同市场结构对应的区域

表 6.7　定理 6.3.2 中的供应链成员最优决策

	I($m=1$)	II($m=2$)	III($m=3$)	IV($m=4$)
q_n^{2-m*}	$\dfrac{(1-\delta)Q-C_n+C_{ri}^L}{2(1-\delta)}$	$\dfrac{(1+\delta)Q-C_n-C_{ri}^L}{2(1+3\delta)}$	$\dfrac{(1+3\delta)Q-C_{ri}^L-C_n-2C_{ri}}{2(1+5\delta)}$	$\dfrac{\delta Q-C_{ri}}{3\delta}$
q_{ro}^{2-m*}	$\dfrac{\delta C_n-C_{ri}^L}{2\delta(1-\delta)}$	$\dfrac{(1+\delta)Q-C_n-C_{ri}^L}{2(1+3\delta)}$	$\dfrac{(1-\delta)\delta Q-3\delta C_n+}{2(1+2\delta)C_{ri}-3\delta C_{ri}^L}$ $\dfrac{}{2\delta(1+5\delta)}$	0
q_{ri}^{2-m*}	0	0	$\dfrac{2\delta^2 Q+\delta C_{ri}^L-(1+3\delta)C_{ri}+\delta C_n}{\delta(1+5\delta)}$	$\dfrac{\delta Q-C_{ri}}{3\delta}$
p_n^{2-m*}	$\dfrac{Q+C_n}{2}$	$\dfrac{(1+4\delta-\delta^2)Q+}{(1+\delta)C_n+(1+\delta)C_{ri}^L}$ $\dfrac{}{2(1+3\delta)}$	$\dfrac{(1+6\delta-3\delta^2)Q+}{(1+\delta)C_{ri}^L+(1+\delta)C_n+}$ $\dfrac{2(1+\delta)C_{ri}}{2(1+5\delta)}$	$\dfrac{(2-\delta)\delta Q+(1+\delta)C_{ri}}{3\delta}$
p_r^{2-m*}	$\dfrac{\delta Q+C_{ri}^L}{2}$	$\dfrac{2\delta^2 Q+\delta C_n+\delta C_{ri}^L}{1+3\delta}$	$\dfrac{\delta(2\delta Q+C_{ri}^L+C_n+2C_{ri})}{1+5\delta}$	$\dfrac{\delta Q+2C_{ri}}{3}$

注：$Q=1000$，$C_{ro}=C_{ri}^L=300$，$\delta=0.7$，黑色区域代表无意义的部分，同图 6.9。

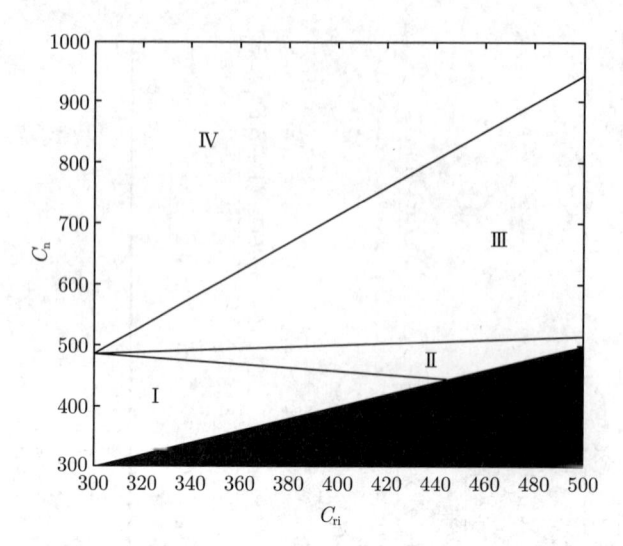

图 6.9　定理 6.3.3 中不同市场结构对应的区域图

推论 6.3.2　当 $C_{ro} < C_{ri}$ 且市场规模较小时，新产品成本较高会使得原始设备制造商的再制造产量为 0。只有市场上参与回收的旧产品全部用于再制造，再制造商的再制造产量才不为 0，这说明当信息对称时，再制造商若想在高再制造成本和低市场规模的条件下占有再制造市场份额，必须提高再制造率，使得回收的旧产品全部进行再制造。在区域 I 与区域 IV 中，q_n^* 和 q_{ri}^* 均是 δ 的增函数。

定理 6.3.3　当 $C_{ro} = C_{ri}^L < C_{ri}$ 且 $\delta Q > 2C_{ri} - C_{ri}^L$ 时，存在以下四种情况。

(1) $\dfrac{2C_{ri} - \delta Q}{\delta} < C_n < \dfrac{(1-\delta)\delta Q + (4-\delta) C_{ri}^L - 2(1-\delta) C_{ri}}{3\delta}$ 时，原始设备制造商和再制造商的最优决策为 $q_n^{3\text{-}1*}$，$q_{ro}^{3\text{-}1*}$，$q_{ri}^{3\text{-}1*}$。此时，回收的旧产品不能完全进行再制造，再制造商垄断再制造市场。

(2) $\dfrac{(1-\delta)\delta Q + (4-\delta) C_{ri}^L - 2(1-\delta) C_{ri}}{3\delta} < C_n < \dfrac{(1-\delta)\delta Q + (1+2\delta) C_{ri}^L + (1-\delta) C_{ri}}{3\delta}$ 时，原始设备制造商和再制造商的最优决策为 $q_n^{3\text{-}2*}$，$q_{ro}^{3\text{-}2*}$，$q_{ri}^{3\text{-}2*}$。此时，回收的旧产品不能完全进行再制造，原始设备制造商和再制造商形成双重竞争。

(3) $\dfrac{(1-\delta)\delta Q + (1+2\delta) C_{ri}^L + (1-\delta) C_{ri}}{3\delta} < C_n < \dfrac{(1-\delta)\delta Q + 2(1+2\delta) C_{ri} - 3\delta C_{ri}^L}{3\delta}$ 时，原始设备制造商和再制造商的最优决策为 $q_n^{3\text{-}3*}$，$q_{ro}^{3\text{-}3*}$，$q_{ri}^{3\text{-}3*}$。此时，回收的旧产品完全用于再制造，原始设备制造商和再制造商形成双重竞争。

(4) $C_n > \dfrac{(1-\delta)\delta Q + 2(1+2\delta) C_{ri} - 3\delta C_{ri}^L}{3\delta}$ 时，原始设备制造商和再制造

商的最优决策为 $q_{\mathrm{n}}^{3\text{-}4*}$, $q_{\mathrm{ro}}^{3\text{-}4*}$, $q_{\mathrm{ri}}^{3\text{-}4*}$。此时，回收的旧产品完全用于再制造，再制造商垄断再制造市场。

定理 6.3.3 说明了当 $C_{\mathrm{ro}} = C_{\mathrm{ri}}^{\mathrm{L}} < C_{\mathrm{ri}}$ 且市场规模较大时，原始设备制造商和再制造商的市场结构。定理 6.3.3 中的四种情况分别对应图 6.9 的四个区域。每种情形下原始设备制造商和再制造商的最优决策如表 6.8 所示。

推论 6.3.3 在信息对称的条件下，当 $C_{\mathrm{ro}} < C_{\mathrm{ri}}$ 且市场规模较大时，再制造商始终占有再制造市场份额，与市场规模较小时相比，其再制造产量有所提高，这说明较大的市场规模对于再制造商是有利的。通过对比区域 I 和区域 II 对应的市场结构可以发现，当旧产品不能完全进行再制造时，新产品成本高于阈值，原始设备制造商才能占有一定的再制造市场份额，这与推论 6.3.2 中的结论有所不同。通过区域 III 和区域 IV 所对应的市场结构可以发现，当旧产品完全进行再制造时，新产品成本较高导致再制造商会垄断再制造市场。在区域 I，q_{n}^* 是 δ 的减函数，q_{ri}^* 是 δ 的增函数。在区域 IV，q_{n}^* 和 q_{ri}^* 均是 δ 的增函数。

2. 信息不对称下的竞争模型

再制造商的再制造成本为双方的共有信息，原始设备制造商的再制造成本为其私有信息。则双方的利润最大化模型为

$$\Pi_{\mathrm{OEM}} = [Q - q_{\mathrm{n}} - \delta(q_{\mathrm{ro}} + q_{\mathrm{ri}}) - C_{\mathrm{n}}]q_{\mathrm{n}} + \left[\delta(Q - q_{\mathrm{n}} - q_{\mathrm{ro}} - q_{\mathrm{ri}}) - C_{\mathrm{ri}}^j\right]q_{\mathrm{ro}} \tag{6.3.3}$$

$$\Pi_{\mathrm{IR}} = \alpha\left[\delta(Q - q_{\mathrm{n},j} - q_{\mathrm{ro},j} - q_{\mathrm{ri}}) - C_{\mathrm{ri}}\right]q_{\mathrm{ri}} +$$
$$(1-\alpha)\left[\delta(Q - q_{\mathrm{n},k} - q_{\mathrm{ro},k} - q_{\mathrm{ri}}) - C_{\mathrm{ri}}\right]q_{\mathrm{ri}} \tag{6.3.4}$$

$$\text{s.t. } q_{\mathrm{n}} \geqslant q_{\mathrm{ro}} + q_{\mathrm{ri}}, q_{\mathrm{ro}} \geqslant 0, q_{\mathrm{ri}} \geqslant 0$$

原始设备制造商在第一阶段生产传感器嵌入式产品新品因而具备信息优势，能够准确判断再制造商的再制造成本，而再制造商只能预测原始设备制造商的再制造成本和产量，原始设备制造商决策 q_{n} 和 q_{ro}，再制造商决策 q_{ri}。通过 KKT 条件求解双方最优产量，得到定理 6.3.4~定理 6.3.6。

定理 6.3.4 当 $\delta Q > C_{\mathrm{ri}}^j$ 且 $C_{\mathrm{ri}} < \dfrac{\delta Q + 3f(\alpha) + 2C_{\mathrm{ri}}^j}{6}$ 时，存在以下两种情况。

(1) 当 $C_{\mathrm{n}} < \dfrac{2(2+\delta)C_{\mathrm{ri}} - \delta^2 Q - (2+\delta)f(\alpha)}{2\delta}$ 时，原始设备制造商和再制造商的最优决策为 $q_{\mathrm{n}}^{4\text{-}1*}$, $q_{\mathrm{ro}}^{4\text{-}1*}$, $q_{\mathrm{ri}}^{4\text{-}1*}$。此时，回收的旧产品不能完全进行再制造，再制造商垄断再制造市场。

表 6.8 定理 6.3.3 中的供应链成员最优决策

	I ($m=1$)	II ($m=2$)	III ($m=3$)	IV ($m=4$)
$q_n^{3\text{-}m*}$	$\dfrac{(2-\delta)Q-2C_n+C_{ri}}{4-\delta}$	$\dfrac{(1-\delta)Q-C_n+C_{ri}^L}{2(1-\delta)}$ $\dfrac{-(1-\delta)\delta Q-(4-\delta)C_{ri}^L+}{3\delta C_n+2(1-\delta)C_{ri}}$ $\dfrac{}{6\delta(1-\delta)}$	$\dfrac{(1+3\delta)Q-C_{ri}^L-C_n-2C_{ri}}{2(1+5\delta)}$ $\dfrac{(1-\delta)\delta Q-3\delta C_{ri}^L+}{2(1+2\delta)C_{ri}-3\delta C_n}$ $\dfrac{}{2\delta(1+5\delta)}$	$\dfrac{\delta Q - C_{ri}}{3\delta}$
$q_{ro}^{3\text{-}m*}$	0		$\dfrac{2\delta^2 Q + \delta C_{ri}^L + \delta C_n -}{(1+3\delta)C_{ri}}$ $\dfrac{}{\delta(1+5\delta)}$	0
$q_{ri}^{3\text{-}m*}$	$\dfrac{\delta Q + \delta C_n - 2C_{ri}}{\delta(4-\delta)}$	$\dfrac{\delta Q + C_{ri}^L - 2C_{ri}}{3\delta}$		$\dfrac{\delta Q - C_{ri}}{3\delta}$
$p_n^{3\text{-}m*}$	$\dfrac{(2-\delta)Q+C_{ri}+}{(2-\delta)C_n}$ $\dfrac{}{4-\delta}$	$\dfrac{(3-\delta)Q+3C_n-}{C_{ri}^L+2C_{ri}}$ $\dfrac{}{6}$	$\dfrac{(1+6\delta-3\delta^2)Q+(1+\delta)C_{ri}^L+}{(1+\delta)C_n+2(1+\delta)C_{ri}}$ $\dfrac{}{2(1+5\delta)}$	$\dfrac{(2-\delta)\delta Q+}{(1+\delta)C_{ri}}$ $\dfrac{}{3\delta}$
$p_r^{3\text{-}m*}$	$\dfrac{\delta Q + \delta C_{ri}}{(2-\delta)C_{ri}}$ $\dfrac{}{4-\delta}$	$\dfrac{(5\delta-3)Q+3C_{ri}}{C_{ri}^L+2C_{ri}}$ $\dfrac{}{6}$	$\dfrac{\delta(2\delta Q+C_{ri}^L+C_n+2C_{ri})}{1+5\delta}$	$\dfrac{\delta Q + 2C_{ri}}{3}$

(2) $C_{\mathrm{n}} > \dfrac{2(2+\delta)C_{\mathrm{ri}} - \delta^2 Q - (2+\delta)f(\alpha)}{2\delta}$ 时，原始设备制造商和再制造商的最优决策为 $q_{\mathrm{n}}^{4\text{-}2*}$，$q_{\mathrm{ro}}^{4\text{-}2*}$，$q_{\mathrm{ri}}^{4\text{-}2*}$。此时，回收的旧产品全部用于再制造，再制造商垄断再制造市场。

其中，$f(\alpha) = \alpha C_{\mathrm{ri}}^j + (1-\alpha)C_{\mathrm{ri}}^k$，下同。

定理 6.3.4 说明了当再制造商的再制造成本处于低水平时，原始设备制造商和再制造商的市场结构。定理 6.3.4 中的两种情况分别对应图 6.10（a）和图 6.10（b）的 2 个区域。每种情形下原始设备制造商和再制造商的最优决策如表 6.9 所示。

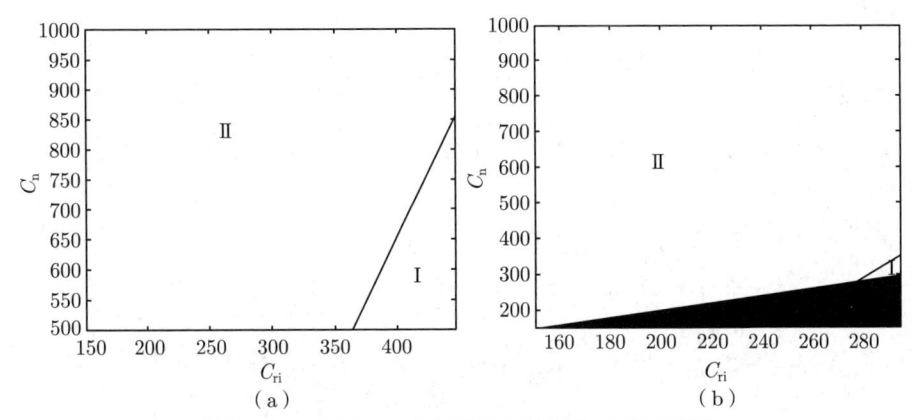

图 6.10 定理 6.3.4 中不同市场结构对应的区域

(a) $C_{\mathrm{ro}} = C_{\mathrm{ri}}^{\mathrm{H}} > C_{\mathrm{ri}}$；(b) $C_{\mathrm{ro}} = C_{\mathrm{ri}}^{\mathrm{L}} < C_{\mathrm{ri}}$

表 6.9 定理 6.3.4 中的供应链成员最优决策

	I($m=1$)	II ($m=2$)
$q_{\mathrm{n}}^{4\text{-}m*}$	$\dfrac{(2-\delta)Q + 2C_{\mathrm{ri}} - 2C_{\mathrm{n}} - f(\alpha)}{4}$	$\dfrac{\delta Q - 2C_{\mathrm{ri}} + f(\alpha)}{2\delta}$
$q_{\mathrm{ro}}^{4\text{-}m*}$	0	0
$q_{\mathrm{ri}}^{4\text{-}m*}$	$\dfrac{\delta Q - 2C_{\mathrm{ri}} + f(\alpha)}{2\delta}$	$\dfrac{\delta Q - 2C_{\mathrm{ri}} + f(\alpha)}{2\delta}$
$p_{\mathrm{n}}^{4\text{-}m*}$	$\dfrac{(2-\delta)Q + 2C_{\mathrm{n}} + 2C_{\mathrm{ri}} - f(\alpha)}{4}$	$\dfrac{(1-\delta)\delta Q + 2(1+\delta)C_{\mathrm{ri}} - (1+\delta)f(\alpha)}{2\delta}$
$p_{\mathrm{r}}^{4\text{-}m*}$	$\dfrac{\delta^2 Q + 2(2-\delta)C_{\mathrm{ri}} + 2\delta C_{\mathrm{n}} - (2-\delta)f(\alpha)}{4}$	$2C_{\mathrm{ri}} - f(\alpha)$

证明： 由于 $j = \mathrm{H}$ 与 $j = \mathrm{L}$ 是对称的两种情况，这里仅对 $j = \mathrm{H}$ 的情况给出证明，$j = \mathrm{L}$ 时的证明与之类似，不再赘述。在目标式 (6.3.3) 中分别对 q_{n} 和 q_{ro}

求导,得到海塞矩阵 $H_{4\text{-}1} = \begin{vmatrix} -2 & -2\delta \\ -2\delta & -2\delta \end{vmatrix} = 4\delta(1-\delta) > 0$。制造商对原始设备制造商的产量预测为 $q_{n,H} = \dfrac{(1-\delta)Q - C_n + C_{ri}^H}{2(1-\delta)}$,$q_{n,L} = \dfrac{(1-\delta)Q - C_n + C_{ri}^L}{2(1-\delta)}$,

$q_{ro,H} = \dfrac{\delta C_n - C_{ri}^H - \delta(1-\delta)q_{ri}}{2\delta(1-\delta)}$,$q_{ro,H} = \dfrac{\delta C_n - C_{ri}^L - \delta(1-\delta)q_{ri}}{2\delta(1-\delta)}$。

将上述各式代入式 (6.3.4) 中,并对 q_{ri} 求导,得到 $\dfrac{d^2\Pi_{IR}}{dq_{ri}^2} = -2\delta < 0$。因此可得,$\Pi_{OEM}$ 和 Π_{IR} 均存在最优解。进而构建式 (6.3.3) 和式 (6.3.4) 的拉格朗日函数。

$L_{OEM} = [Q - q_n - \delta(q_{ro} + q_{ri}) - C_n]q_n + [\delta(Q - q_n - q_{ro} - q_{ri}) - C_{ri}^j]q_{ro} + l_1(q_n - q_{ro} - q_{ri}) + l_2 q_{ro}$

$L_{IR} = \alpha[\delta(Q - q_{n,j} - q_{ro,j} - q_{ri}) - C_{ri}]q_{ri} + (1-\alpha)[\delta(Q - q_{n,k} - q_{ro,k} - q_{ri}) - C_{ri}]q_{ri} + l_3 q_{ri}$

KKT 条件为

$\dfrac{\partial L_{OEM}}{\partial q_n} = -2q_n - 2\delta q_{ro} - \delta q_{ri} + Q - C_n + l_1 = 0$

$\dfrac{\partial L_{OEM}}{\partial q_{ro}} = -2\delta q_n - 2\delta q_{ro} - \delta q_{ri} + \delta Q - C_{ro} - l_1 + l_2 = 0$

$\dfrac{\partial L_{IR}}{\partial q_{ri}} = -2\delta q_{ri} + f(\alpha) + \delta Q - 2C_{ri} + 2l_3 = 0$

$l_1(q_n^* - q_{ro}^* - q_{ri}^*) = 0$,$l_2 q_{ro}^* = 0$,$l_3 q_{ri}^* = 0$

进而得到 $q_n^* = \dfrac{(1-\delta)Q - C_n + C_{ri}^H + 2l_1 - l_2}{2(1-\delta)}$,

$q_{ro}^* = \dfrac{2(1-\delta)C_{ri} + 2\delta C_n - (1-\delta)f(\alpha) - (1-\delta)\delta Q - 2C_{ri}^H - 2(1+\delta)l_1 + 2l_2 - 2(1-\delta)l_3}{4\delta(1-\delta)}$,

$q_{ri}^* = \dfrac{\delta Q - 2C_{ri} + f(\alpha) + 2l_3}{3\delta}$。

进一步的求解步骤与定理 6.3.1 的证明相似。

注:在图 6.10 中,$Q = 1000$,$C_{ri}^L = 150$,$C_{ri}^H = 500$,$\delta = 0.6$,$\alpha = 0.6$。同图 6.11 与图 6.12。

推论 6.3.4 当再制造商的再制造成本低于阈值 $\overline{C_{ri}} = \dfrac{\delta Q + 3f(\alpha)C_{ri}^k + 2C_{ri}^j}{6}$ 时,不论新产品的成本大小如何,再制造商都能凭借低水平的再制造成本垄断再制造市场。当 $C_{ro} = C_{ri}^H > C_{ri}$,即原始设备制造商的再制造成本高于再制造商时,再制造商的再制造产量是预测精度 α 的增函数。在区域 I,q_n^* 是 δ, C_n 的减函数，当 $C_{\mathrm{ri}} < \dfrac{f(\alpha)}{2}$ 时，q_{ri}^* 是 δ 的减函数，当 $\dfrac{f(\alpha)}{2} < C_{\mathrm{ri}} < \overline{C_{\mathrm{ri}}}$ 时，q_{ri}^* 是 δ 的增函数。在区域 II，新产品产量不会受到新产品成本的影响，当 $C_{\mathrm{ri}} < \dfrac{f(\alpha)}{2}$ 时，q_{n}^* 和 q_{ri}^* 均是 δ 的减函数，当 $\dfrac{f(\alpha)}{2} < C_{\mathrm{ri}} < \overline{C_{\mathrm{ri}}}$ 时，q_{n}^* 和 q_{ri}^* 均是 δ 的增函数。

证明： $\dfrac{\mathrm{d}q_{\mathrm{n}}^{4\text{-}1*}}{\mathrm{d}\delta} = -\dfrac{Q}{4} < 0$, $\dfrac{\mathrm{d}q_{\mathrm{ri}}^{4\text{-}1*}}{\mathrm{d}\delta} = \dfrac{2C_{\mathrm{ri}} - f(\alpha)}{2\delta^2}$, $\dfrac{\mathrm{d}q_{\mathrm{ri}}^{4\text{-}1*}}{\mathrm{d}\delta} = \dfrac{2C_{\mathrm{ri}} - f(\alpha)}{2\delta^2}$, $\dfrac{\mathrm{d}q_{\mathrm{ri}}^{4\text{-}1*}}{\mathrm{d}\alpha} = \dfrac{\mathrm{d}q_{\mathrm{ri}}^{4\text{-}2*}}{\mathrm{d}\alpha} = \dfrac{C_{\mathrm{ri}}^j - C_{\mathrm{ri}}^k}{2\delta}$。

定理 6.3.5 当 $\delta Q > C_{\mathrm{ri}}^j$ 且 $\dfrac{\delta Q + 3f(\alpha) + 2C_{\mathrm{ri}}^j}{6} < C_{\mathrm{ri}} < \dfrac{\delta Q + f(\alpha)}{2}$ 时，存在以下四种情况。

(1) $C_{\mathrm{n}} < \dfrac{(1-\delta)\delta Q + 2C_{\mathrm{ri}}^j + (1-\delta)f(\alpha) - 2(1-\delta)C_{\mathrm{ri}}}{2\delta}$ 时，原始设备制造商和再制造商的最优决策为 $q_{\mathrm{n}}^{5\text{-}1*}$, $q_{\mathrm{ro}}^{5\text{-}1*}$, $q_{\mathrm{ri}}^{5\text{-}1*}$。此时，回收的旧产品不能完全进行再制造，再制造商垄断再制造市场。

(2) $\dfrac{(1-\delta)\delta Q + 2C_{\mathrm{ri}}^j + (1-\delta)f(\alpha) - 2(1-\delta)C_{\mathrm{ri}}}{2\delta} < C_{\mathrm{n}} < \dfrac{(1-\delta)\delta Q + 2(1-\delta)C_{\mathrm{ri}} + 2(1+\delta)C_{\mathrm{ri}}^j - (1-\delta)f(\alpha)}{4\delta}$ 时，原始设备制造商和再制造商的最优决策为 $q_{\mathrm{n}}^{5\text{-}2*}$, $q_{\mathrm{ro}}^{5\text{-}2*}$, $q_{\mathrm{ri}}^{5\text{-}2*}$。此时，回收的旧产品不能完全进行再制造，原始设备制造商和再制造商形成双重竞争。

(3) $\dfrac{(1-\delta)\delta Q + 2(1-\delta)C_{\mathrm{ri}} + 2(1+\delta)C_{\mathrm{ri}}^j - (1-\delta)f(\alpha)}{4\delta} < C_{\mathrm{n}} < \dfrac{2(1+2\delta)C_{\mathrm{ri}} - \delta^2 Q - \delta C_{\mathrm{ri}}^j - (1+2\delta)f(\alpha)}{\delta}$ 时，原始设备制造商和再制造商的最优决策为 $q_{\mathrm{n}}^{5\text{-}3*}$, $q_{\mathrm{ro}}^{5\text{-}3*}$, $q_{\mathrm{ri}}^{5\text{-}3*}$。此时，回收的旧产品完全用于再制造，原始设备制造商和再制造商形成双重竞争。

(4) 当 $C_{\mathrm{n}} > \dfrac{2(1+2\delta)C_{\mathrm{ri}} - \delta^2 Q - \delta C_{\mathrm{ri}}^j - (1+2\delta)f(\alpha)}{\delta}$ 时，原始设备制造商和再制造商的最优决策为 $q_{\mathrm{n}}^{5\text{-}4*}$, $q_{\mathrm{ro}}^{5\text{-}4*}$, $q_{\mathrm{ri}}^{5\text{-}4*}$。此时，回收的旧产品完全用于再制造，再制造商垄断市场。

定理 6.3.5 说明了再制造商的再制造成本处于中等水平时，原始设备制造商和再制造商的市场结构。定理 6.3.5 中的四种情况分别对应图 6.11（a）和图 6.11（b）的四个区域。每种情形下原始设备制造商和再制造商的最优决策如表 6.10 所示。

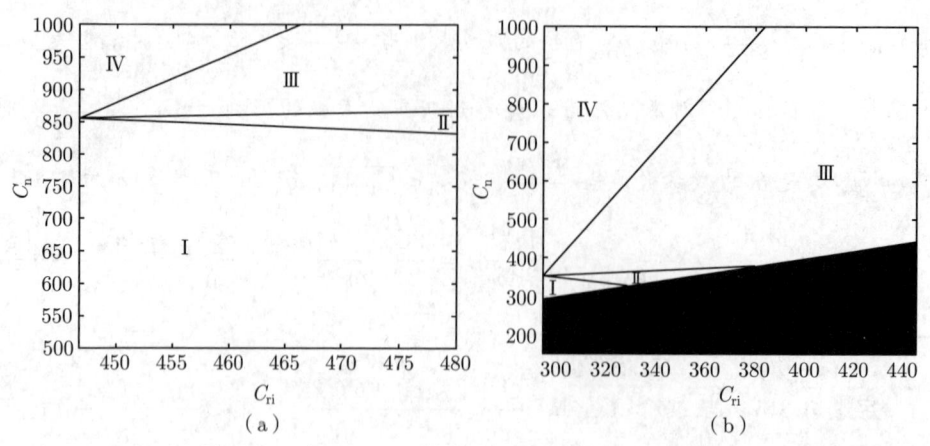

图 6.11 定理 6.3.5 中不同市场结构对应的区域图

(a) $C_{ro} = C_{ri}^{H} > C_{ri}$; (b) $C_{ro} = C_{ri}^{L} < C_{ri}$

推论 6.3.5 新产品生产成本较高或较低时,原始设备制造商的再制造产量都为 0,再制造商垄断再制造市场。对比区域 II 和区域 I,可以发现,当再制造商的再制造成本处于中等水平时,原始设备制造商降低新产品生产成本反而会降低其再制造产量。当原始设备制造商的再制造成本高于再制造商的再制造成本时,与信息对称的条件下相比,信息不对称的条件下,再制造商不能凭借成本优势始终垄断再制造市场,信息不对称性能够帮助原始设备制造商弥补成本劣势从而占据一定的再制造市场份额。当 $C_{ro} = C_{ri}^{H} > C_{ri}$,即原始设备制造商的再制造成本高于再制造商时,$q_{ri}^{*}$ 是预测精度 α 的增函数。在区域 I,q_{n}^{*} 是 δ 的减函数,q_{ri}^{*} 是 δ 的增函数。在区域 II,q_{n}^{*} 是 δ 的减函数,q_{ro}^{*} 和 q_{ri}^{*} 均是 δ 的增函数。在区域 III,q_{n}^{*},q_{ro}^{*} 和 q_{ri}^{*} 均是 δ 的增函数。在区域 IV,q_{n}^{*} 和 q_{ri}^{*} 均是 δ 的增函数。

证明: $\dfrac{dq_{n}^{5\text{-}1*}}{d\delta} = -\dfrac{Q}{4} < 0$, $\dfrac{dq_{ri}^{5\text{-}1*}}{d\delta} = \dfrac{2C_{ri} - f(\alpha)}{2\delta^{2}}$; $\dfrac{dq_{n}^{5\text{-}2*}}{d\delta} = \dfrac{2\left(C_{ri}^{j} - C_{n}\right)}{4(1-\delta)^{2}} < 0$,

$\dfrac{dq_{ro}^{5\text{-}2*}}{d\delta} = \dfrac{2\delta^{2}\left(C_{n} - C_{ri}^{j}\right) + (1-\delta)^{2} f(\alpha)}{4\delta^{2}(1-\delta)^{2}} > 0$, $\dfrac{dq_{ri}^{5\text{-}2*}}{d\delta} = \dfrac{2C_{ri} - f(\alpha)}{2\delta^{2}}$; $\dfrac{dq_{n}^{5\text{-}3*}}{d\delta} =$

$\dfrac{3C_{n} - Q + 3C_{ri}^{j} - 3f(\alpha) + 6C_{ri}}{2(1+3\delta)^{2}} > 0$, 由于

$C_{n} > \dfrac{(1-\delta)\delta Q + 2(1-\delta)C_{ri} + 2(1+\delta)C_{ri}^{j} - (1-\delta)f(\alpha)}{4\delta} > \dfrac{Q - 3C_{ri}^{j} + 3f(\alpha) - 6C_{ri}}{3}$,

因此,$\dfrac{dq_{n}^{5\text{-}3*}}{d\delta} > 0$, $\dfrac{dq_{ro}^{5\text{-}3*}}{d\delta} = \dfrac{-2C_{ri} + f(\alpha) - C_{n} - C_{ri}^{j} - (2+3\delta)\delta Q}{2(1+3\delta)^{2}} < 0$, $\dfrac{dq_{ri}^{5\text{-}3*}}{d\delta} =$

$\dfrac{2C_{ri} - f(\alpha)}{2\delta^{2}}$; $\dfrac{dq_{n}^{5\text{-}4*}}{d\delta} = \dfrac{dq_{ri}^{5\text{-}4*}}{d\delta} = \dfrac{2C_{ri} - f(\alpha)}{2\delta^{2}}$; $\dfrac{dq_{ri}^{5\text{-}n*}}{d\alpha} = \dfrac{C_{ri}^{j} - C_{ri}^{k}}{2\delta}$。

表 6.10　定理 6.3.5 中的供应链成员最优决策

	I ($m=1$)	II ($m=2$)	III ($m=3$)	IV ($m=4$)
q_n^{5-m*}	$\dfrac{(2-\delta)Q+2C_{ri}-2C_n-f(\alpha)}{4}$	$\dfrac{(1-\delta)Q-C_n+C_{ri}^j-f(\alpha)}{2(1-\delta)}$	$\dfrac{(1+2\delta)Q-C_n-C_{ri}^j-2C_{ri}+f(\alpha)}{2(1+3\delta)}$	$\dfrac{\delta Q-2C_{ri}+f(\alpha)}{2\delta}$
q_{ro}^{5-m*}	0	$\dfrac{2(1-\delta)C_{ri}-2C_{ri}^j-(1-\delta)f(\alpha)+2\delta C_n-2C_{ri}^j-(1-\delta)\delta Q+}{4\delta(1-\delta)}$	$\dfrac{2(1+2\delta)C_{ri}-\delta C_n-\delta C_{ri}^j-\delta^2 Q-(1+2\delta)f(\alpha)}{2(1+3\delta)}$	0
q_{ri}^{5-m*}	$\dfrac{\delta Q-2C_{ri}+f(\alpha)}{2\delta}$	$\dfrac{\delta Q-2C_{ri}+f(\alpha)}{2\delta}$	$\dfrac{\delta Q-2C_{ri}+f(\alpha)}{2\delta}$	$\dfrac{\delta Q-2C_{ri}+f(\alpha)}{2\delta}$
p_n^{5-m*}	$\dfrac{(2-\delta)Q+2C_n+2C_{ri}-f(\alpha)}{4}$	$\dfrac{(2-\delta)Q+2C_n+2C_{ri}-f(\alpha)}{4}$	$\dfrac{(-2\delta^2+3\delta+1)Q+(1+\delta)\cdot[C_n+C_{ri}^j+2C_{ri}-f(\alpha)]}{2(1+3\delta)}$	$\dfrac{(1-\delta)\delta Q+2(1+\delta)C_{ri}-(1+\delta)f(\alpha)}{2\delta}$
p_r^{5-m*}	$\dfrac{\delta^2 Q+4C_{ri}-(2-\delta)f(\alpha)}{4}$	$\dfrac{\delta Q+2C_{ri}+2C_{ri}^j-f(\alpha)}{4}$	$\dfrac{\delta[\delta Q+C_n+C_{ri}^j+2C_{ri}-f(\alpha)]}{1+3\delta}$	$2C_{ri}-f(\alpha)$

定理 6.3.6 当 $\delta Q > C_{ri}^j$ 且 $C_{ri} > \dfrac{\delta Q + f(\alpha)}{2}$ 时，存在以下两种情况。

(1) $\dfrac{C_{ri}^j}{\delta} < C_n < \dfrac{(1-\delta)\delta Q + (1+\delta)C_{ri}^j}{2\delta}$ 时，原始设备制造商和再制造商的最优决策为 q_n^{6-1*}，q_{ro}^{6-1*}，q_{ri}^{6-1*}。此时，回收的旧产品不能完全进行再制造，原始设备制造商垄断再制造市场。

(2) $\dfrac{(1-\delta)\delta Q + (1+\delta)C_{ri}^j}{2\delta} < C_n < (1+\delta)Q - C_{ri}^j$ 时，原始设备制造商和再制造商的最优决策为 q_n^{6-2*}，q_{ro}^{6-2*}，q_{ri}^{6-2*}。此时，回收的旧产品完全用于再制造，原始设备制造商垄断再制造市场。

定理 6.3.6 说明了再制造商的再制造成本处于高水平时，原始设备制造商和再制造商的市场结构。定理 6.3.6 中的两种情况分别对应图 6.12（a）和图 6.12（b）的两个区域。每种情形下原始设备制造商和再制造商的最优决策如表 6.11 所示。

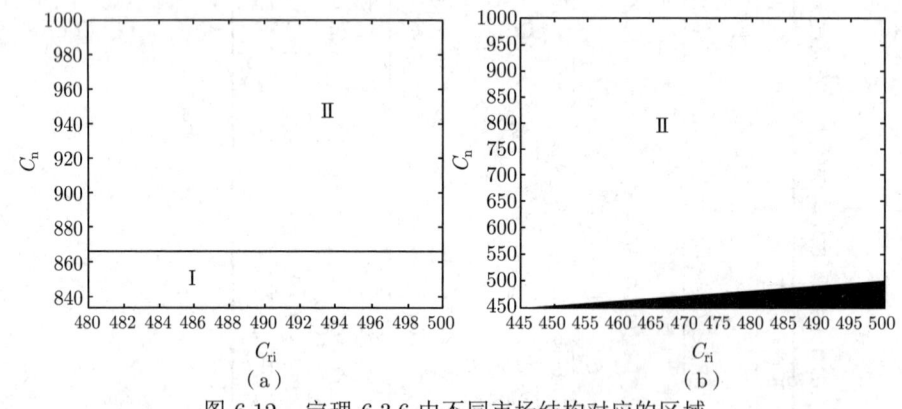

图 6.12 定理 6.3.6 中不同市场结构对应的区域
(a) $C_{ro} = C_{ri}^H > C_{ri}$；(b) $C_{ro} = C_{ri}^L < C_{ri}$

表 6.11 定理 6.3.6 中的供应链成员最优决策

	I($m=1$)	II ($m=2$)
q_n^{6-m*}	$\dfrac{(1-\delta)Q - C_n + C_{ri}^j}{2(1-\delta)}$	$\dfrac{(1+\delta)Q - C_n - C_{ri}^j}{2(1+3\delta)}$
q_{ro}^{6-m*}	$\dfrac{(1+\delta)Q - C_n - C_{ri}^j}{2(1+3\delta)}$	$\dfrac{(1+\delta)Q - C_n - C_{ri}^j}{2(1+3\delta)}$
q_{ri}^{6-m*}	0	0
p_n^{6-m*}	$\dfrac{Q + C_n}{2}$	$\dfrac{(1+4\delta-\delta^2)Q + (1+\delta)C_n + (1+\delta)C_{ri}^j}{2(1+3\delta)}$
p_r^{6-m*}	$\dfrac{\delta Q + C_{ri}^j}{2}$	$\dfrac{\delta(2\delta Q + C_n + C_{ri}^j)}{1+3\delta}$

推论 6.3.6 当再制造商的再制造成本超过阈值 $\dfrac{\delta Q + f(\alpha)}{2}$ 时，无论新产品的生产成本大小如何，再制造商的产量为 0，此时，原始设备制造商垄断市场。当原始设备制造商的再制造成本高于再制造商的再制造成本时，在信息不对称的条件下，原始设备制造商有机会垄断再制造市场，而在信息对称的条件下，原始设备制造商的产量始终为 0，这进一步说明了，信息不对称性对于原始设备制造商的再制造生产是有利的。在区域 I，q_n^* 是 δ 的减函数，q_{ro}^* 是 δ 的增函数。在区域 II，当 $\dfrac{C_n + C_{ri}^j}{1+\delta} < Q < \dfrac{3(C_n + C_{ri}^j)}{2}$ 时，q_n^* 和 q_{ro}^* 均是 δ 的增函数，当 $Q > \dfrac{3(C_n + C_{ri}^j)}{2}$ 时，q_n^* 和 q_{ro}^* 均是 δ 的减函数。

证明：$\dfrac{\mathrm{d}q_n^{6\text{-}1*}}{\mathrm{d}\delta} = \dfrac{-C_n + C_{ri}^j}{2(1-\delta)^2} < 0$，$\dfrac{\mathrm{d}q_{ro}^{6\text{-}1*}}{\mathrm{d}\delta} = \dfrac{\delta^2 C_n + (1-2\delta)C_{ri}^j}{2\delta^2(1-\delta)^2} > \dfrac{\delta C_{ri}^j + (1-2\delta)C_{ri}^j}{2\delta^2(1-\delta)^2} > 0$；$\dfrac{\mathrm{d}q_n^{6\text{-}2*}}{\mathrm{d}\delta} = \dfrac{\mathrm{d}q_{ro}^{6\text{-}2*}}{\mathrm{d}\delta} = \dfrac{-2Q + 3C_n + 3C_{ri}^j}{2(1-\delta)^2}$。

6.3.3 模型分析

1. 对比分析

当信息对称时，定理 6.3.1~定理 6.3.3 讨论了原始设备制造商和再制造商在不同的再制造成本关系下的市场结构。说明了在竞争环境下，当原始设备制造商的再制造成本高于再制造商时，再制造商能通过较低的再制造成本将原始设备制造商排斥出再制造市场，从而在再制造市场中占有绝对优势。当原始设备制造商的再制造成本低于再制造商的再制造成本时，原始设备制造商的再制造产品产量不总为 0，并有垄断再制造市场的可能。较高的市场规模对再制造商是有利的，若市场规模较低，制造商需要提高再制造率使得回收的旧产品全部进行再制造以便占有一定的再制造市场份额。

当信息不对称时，定理 6.3.4~定理 6.3.6 分别在再制造商的再制造成本处于低中高三种水平下讨论了原始设备制造商和再制造商在不同的新产品成本范围内所对应的市场结构。信息不对称条件下，原始设备制造商降低再制造成本有利于形成双重竞争的市场结构。当原始设备制造商的再制造成本高于再制造商的成本时：①原始设备制造商的再制造产量不总为 0，并且当再制造商的再制造成本超过阈值时，原始设备制造商有垄断再制造市场的可能，这说明与信息对称时相比，原始设备制造商生产传感器嵌入式产品带来的信息优势能够使其占据更多的再制造市场份额；②再制造商通过提高预测精度可以提高再制造产量；③再制造商还需要努力提高再制造水平，降低再制造成本，以免被排斥出市场。

2. 算例分析

考虑到最优决策的形成条件，本节在每种定理下的最优决策中代入的数值如表 6.12 所示，探究新产品成本对原始设备制造商和再制造商产量决策和利润的影响，分别得到了图 6.13~图 6.18。

表 6.12　定理 6.3.1~ 定理 6.3.6 的算例数值

	Q	δ	C_{ro}	C_{ri}
定理 6.3.1	1000	0.7	325	200
定理 6.3.2	1000	0.7	300	510
定理 6.3.3	1000	0.7	300	400
定理 6.3.4	1000	0.6	500	400
定理 6.3.5	1000	0.6	500	470
定理 6.3.6	1000	0.6	500	490

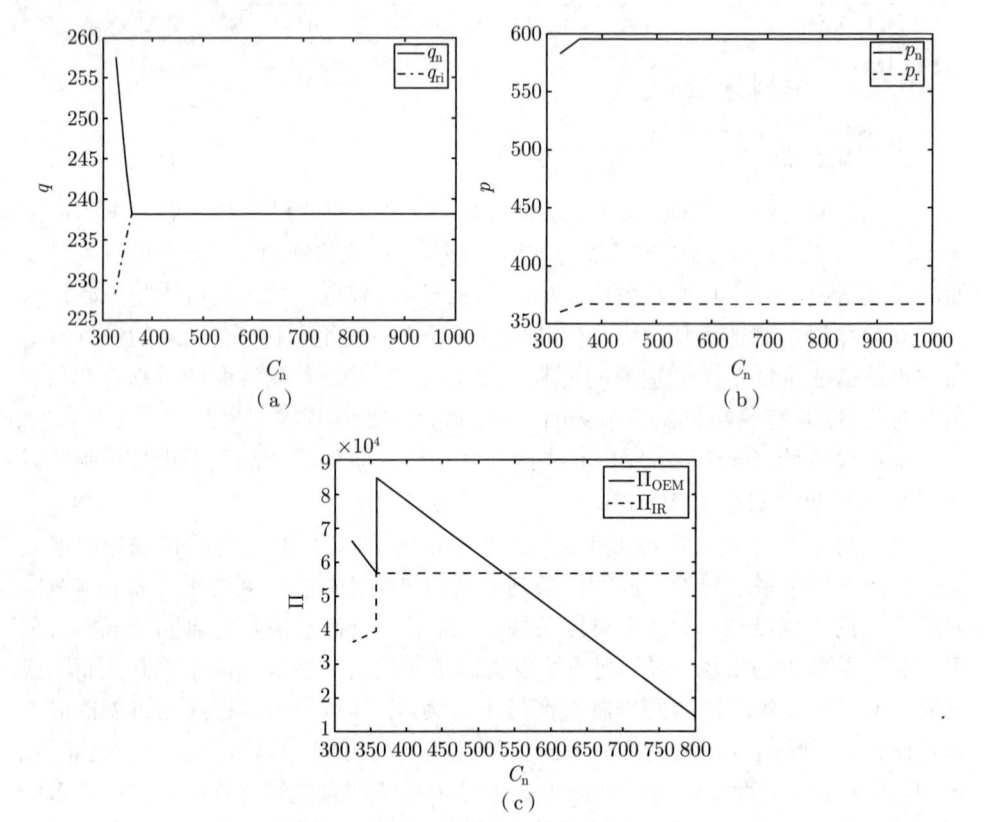

图 6.13　定理 6.3.1 中供应链成员最优决策与新产品成本的关系

(a) 产量与新产品成本的关系；(b) 价格与新产品成本的关系；(c) 利润与新产品成本的关系

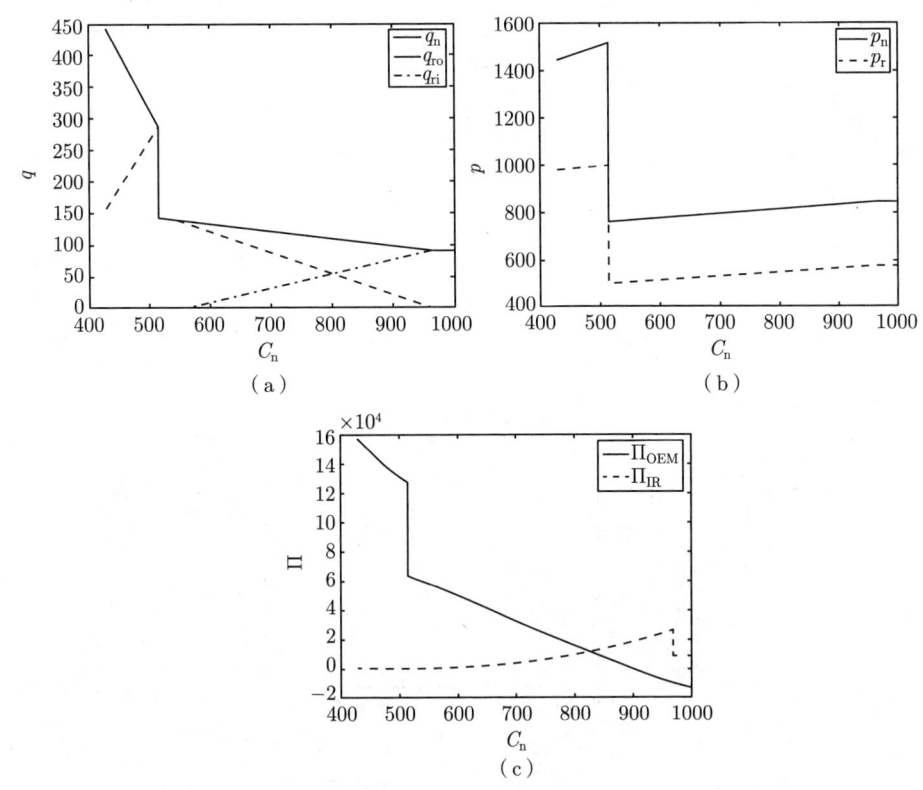

图 6.14 定理 6.3.2 中供应链成员最优决策与新产品成本的关系

(a) 产量与新产品成本的关系；(b) 产量与新产品成本的关系；(c) 产量与新产品成本的关系

其中，当信息不对称时，在定理 6.3.1 中，$C_{ro} = C_{ri}^{H} > C_{ri}$，在定理 6.3.2 与定理 6.3.3 中，$C_{ro} = C_{ri}^{L} < C_{ri}$。当信息对称时，在定理 6.3.4～定理 6.3.6 中，$C_{ro} = C_{ri}^{H} > C_{ri}$ 与 $C_{ro} = C_{ri}^{L} < C_{ri}$ 所对应的情况是类似的，这里只代入 $C_{ro} = C_{ri}^{H} > C_{ri}$ 时的数值进行讨论。

在定理 6.3.1 中，当 $\dfrac{2C_{ri} - \delta Q}{\delta} < C_n < \dfrac{\delta Q(1-\delta) + (2+\delta)C_{ri}}{3\delta}$ 时，随着新产品生产成本的提高，q_n^* 和 Π_{OEM}^* 呈下降趋势，q_{ri}^* 和 Π_{IR}^* 呈上升趋势，q_n^* 和 q_r^* 呈上升趋势。当新产品的生产成本达到阈值 $\dfrac{\delta Q(1-\delta) + (2+\delta)C_{ri}}{3\delta}$ 时，回收的旧产品全部进行再制造，q_n^*，q_{ri}^*，p_n^*，p_r^* 均不会受到新产品生产成本的影响，Π_{OEM}^* 骤升然后随着新产品的生产成本的提高而降低，Π_{IR}^* 骤升然后保持不变。这说明，在新产品成本逐渐变化达到阈值 $\dfrac{\delta Q(1-\delta) + (2+\delta)C_{ri}}{3\delta}$ 时，原始设备制造商应当控制新产品成本使其不再变化以保证和再制造商的竞争处于均衡的状态，此时，双方的利润达到最大化，产量和价格不会再发生变化。

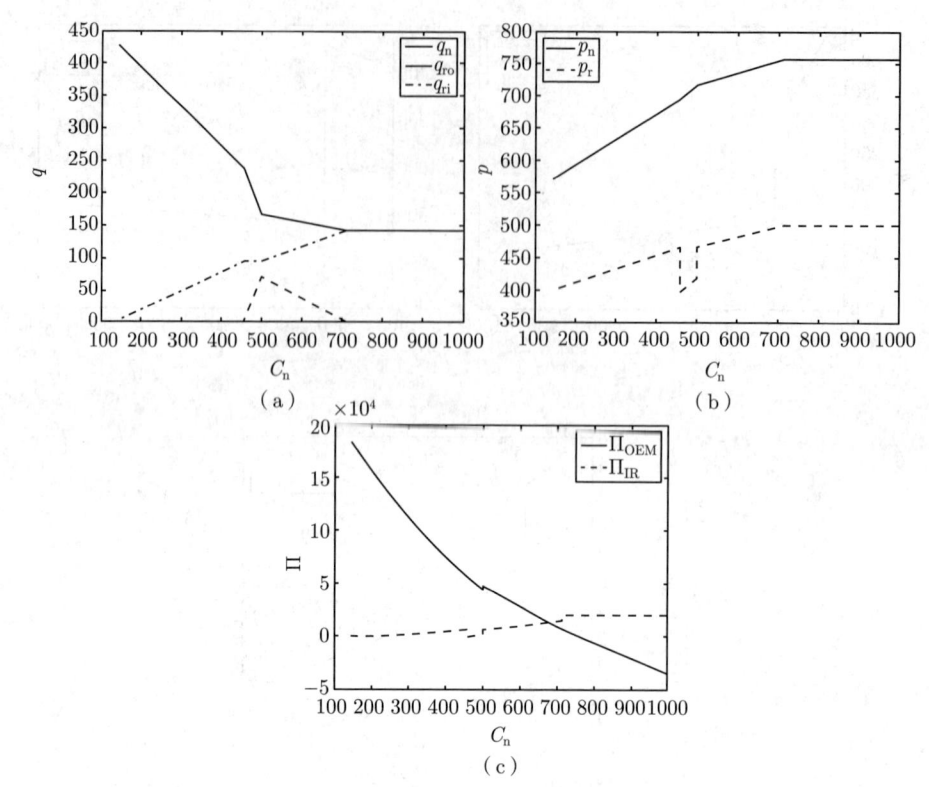

图 6.15　定理 6.3.3 中供应链成员最优决策与新产品成本的关系
（a）产量与新产品成本的关系；（b）产量与新产品成本的关系；（c）产量与新产品成本的关系

在定理 6.3.2 中，随着新产品成本的增加，q_n^* 和 Π_{OEM}^* 整体呈下降趋势，q_{ro}^* 先增加后减少，q_{ri}^* 和 Π_{IR}^* 整体呈上升趋势。当原始设备制造商垄断市场时，其利润最大，随着新产品生产成本的增加，当原始设备制造商回收的旧产品完全进行再制造时，p_n^* 和 p_r^* 骤减，q_n^*、q_{ro}^* 和 Π_{OEM}^* 骤减，而后随着新产品成本的增加，再制造商进入市场与原始设备制造商进行双重竞争，p_n^*、p_r^*、q_{ri}^* 和 Π_{IR}^* 逐渐上升，当新产品成本达到阈值 $C_n = \dfrac{(1-\delta)\delta Q + 2(1+2\delta)C_{\text{ri}} - 3\delta C_{\text{ri}}^{\text{L}}}{3\delta}$ 时，再制造商垄断再制造市场，回收的旧产品全部进行再制造，Π_{IR}^* 骤减。这说明了：①当原始设备制造商垄断再制造市场时，原始设备制造商回收的旧产品全部用于再制造对于消费者而言是有利的，但对于原始设备制造商是不利的，在这种情况下，原始设备制造商为了保持较高的利润不会提高再制造率；②随着新产品生产成本的升高，原始设备制造商的优势变弱，再制造商逐渐占有更多的再制造市场份额，当再制造商垄断再制造市场时，会导致再制造商利润骤减，因此再制造商更倾向于双重竞争的市场结构，而非追求垄断再制造市场。

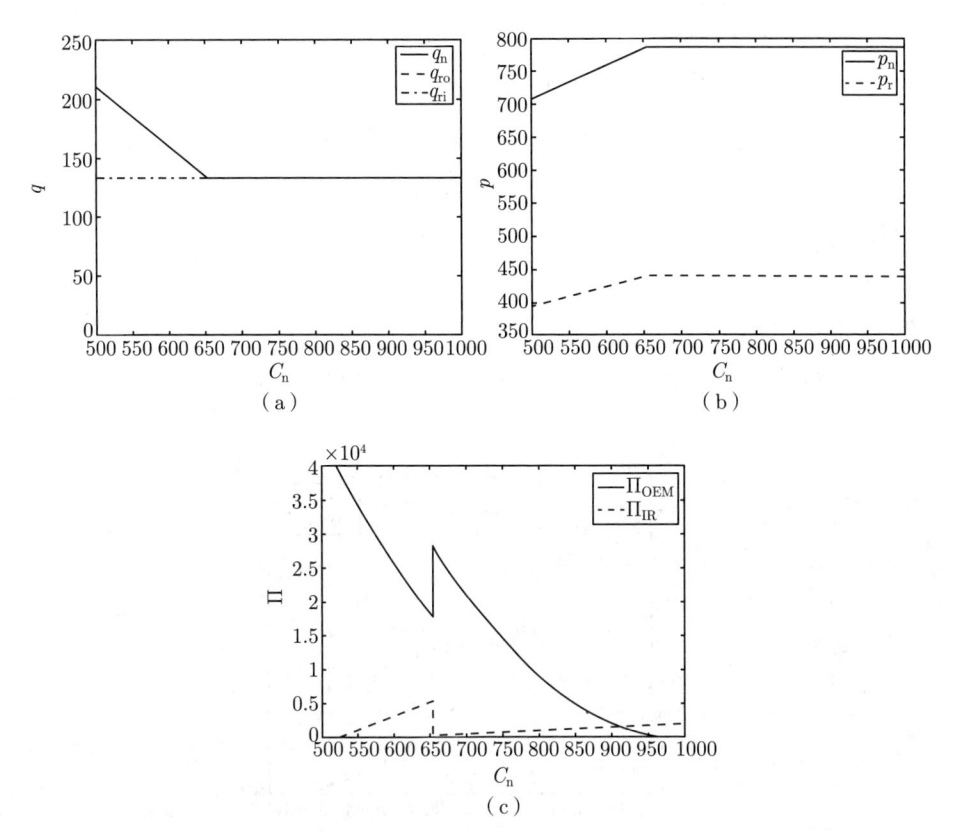

图 6.16　定理 6.3.4 中供应链成员最优决策与新产品成本的关系

（a）产量与新产品成本的关系；（b）产量与新产品成本的关系；（c）产量与新产品成本的关系

在定理 6.3.3 中，随着新产品生产成本的提高，q_n^* 和 Π_{OEM}^* 整体呈下降趋势，q_{ri}^* 和 Π_{IR}^* 整体呈上升趋势，q_{ro}^* 先增加后减少。当新产品生产成本达到阈值 $\dfrac{(1-\delta)\delta Q+(4-\delta)C_{ri}^{L}-2(1-\delta)C_{ri}}{3\delta}$ 时，原始设备制造商开始生产再制造产品打破再制造商的垄断地位，再制造产品价格 p_r^* 和 Π_{IR}^* 骤减然后上升，q_n^* 降低的速度加快，q_{ri}^* 不变。当原始设备制造商的再制造产量达到峰值时，p_r^*、Π_{OEM}^* 和 Π_{IR}^* 骤升。当新产品的生产成本达到阈值 $\dfrac{(1-\delta)\delta Q+2(1+2\delta)C_{ri}-3\delta C_{ri}^{L}}{3\delta}$ 时，再制造商再次垄断再制造市场且回收的旧产品全部进行再制造，p_n^*、p_r^*、q_n^*、q_{ri}^* 均不会受到新产品生产成本的影响，Π_{IR}^* 的利润骤升。这说明，当市场规模较大时，再制造商更倾向于垄断再制造市场并将回收的旧产品完全用于再制造；原始设备制造商生产再制造产品打破再制造商的垄断地位对消费者是有利的，因为此时再制造产品的价格最低；原始设备制造商的再制造产量达到最大值时对原始设备制造商和再制造商都是有利的，但对消费者不利。

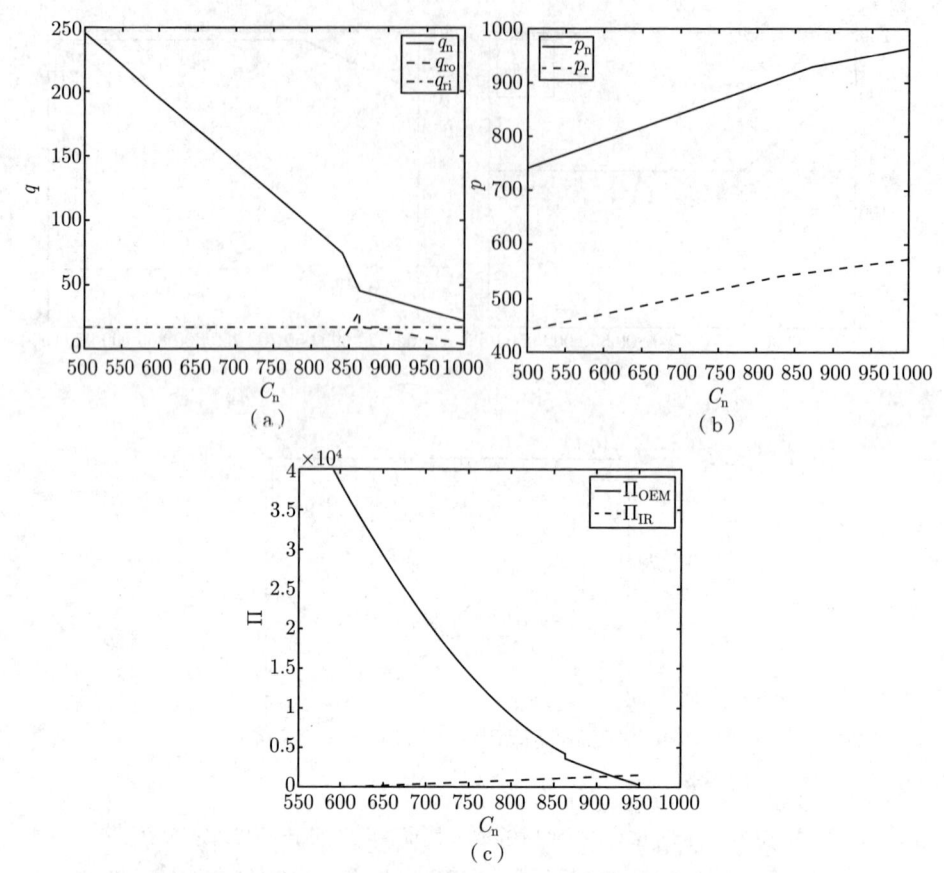

图 6.17　定理 6.3.5 中供应链成员最优决策与新产品成本的关系
（a）产量与新产品成本的关系；（b）价格与新产品成本的关系；（c）利润与新产品成本的关系

在定理 6.3.4 中，再制造商垄断再制造市场，原始设备制造商只生产销售新产品，q_{ri}^* 不会受到新产品生产成本的影响。当

$$C_n < \frac{2(2+\delta)C_{ri} - \delta^2 Q - (2+\delta)\alpha C_{ri}^j - (2+\delta)(1-\alpha)C_{ri}^k}{2\delta}$$

时，q_n^* 和 Π_{OEM}^* 与新产品成本呈负相关，p_n^*，p_r^* 和 Π_{IR}^* 与生产成本呈正相关。随着新产品生产成本的增加，当

$$C_n > \frac{2(2+\delta)C_{ri} - \delta^2 Q - (2+\delta)\alpha C_{ri}^j - (2+\delta)(1-\alpha)C_{ri}^k}{2\delta}$$

时，回收的旧产品全部进行再制造，原始设备制造商的利润骤升然后逐渐下降，再制造商的利润骤减然后逐渐上升，新产品产量和价格，以及再制造产品的价格不会发生变化。

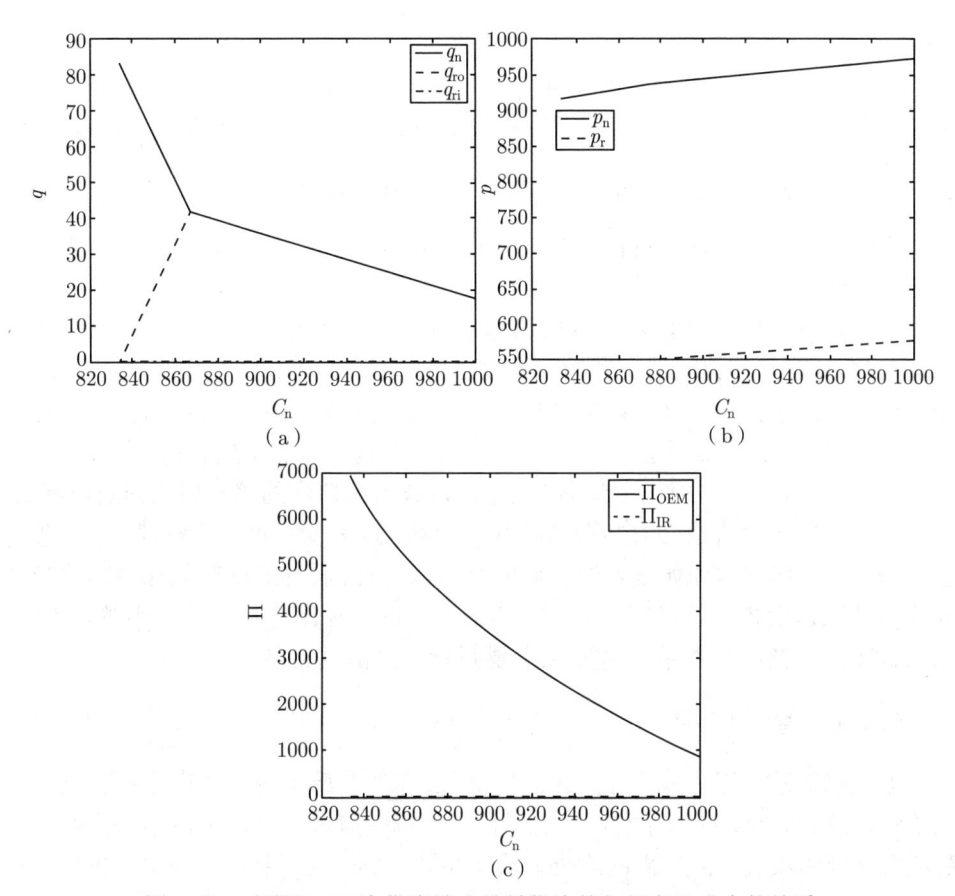

图 6.18　定理 6.3.6 中供应链成员最优决策与新产品成本的关系
（a）产量与新产品成本的关系；（b）价格与新产品成本的关系；（c）利润与新产品成本的关系

在定理 6.3.5 中，随着新产品的生产成本的提高，q_n^* 和 Π_{OEM}^* 整体呈下降趋势，p_n^* 和 p_r^* 整体呈上升趋势，q_{ri}^* 不变，但 Π_{IR}^* 增加，q_{ro}^* 先增加后减少。当新产品成本达到阈值 $\dfrac{(1-\delta)\delta Q + 2C_{\text{ri}}^j + (1-\delta)\alpha C_{\text{ri}}^j + (1-\delta)(1-\alpha)C_{\text{ri}}^k - 2(1-\delta)C_{\text{ri}}}{2\delta}$ 时，原始设备制造商开始生产再制造产品打破制造商在再制造市场中的垄断地位，此时新产品产量降低的速率突然变快，再制造产品价格不再变化；当新产品成本达到阈值 $\dfrac{(1-\delta)\delta Q + 2(1-\delta)C_{\text{ri}} + 2(1+\delta)C_{\text{ri}}^j - (1-\delta)\alpha C_{\text{ri}}^j - (1-\delta)(1-\alpha)C_{\text{ri}}^k}{4\delta}$ 时，原始设备制造商的再制造产量达到峰值然后骤减，此时，新产品产量降低的速率变缓，原始设备制造商的利润骤减，再制造产品价格逐渐升高。可以看出，在这一过程中，原始设备制造商的再制造产品产量的升高主要蚕食新产品的市场和原始设备制造商自身的利润，对再制造商的再制造产品及利润不会造成负面影响。

在定理 6.3.6 中，再制造商的再制造产品的生产成本处于高水平，再制造商被排斥出市场。随着新产品生产成本的提高，q_n^* 和 Π_{OEM}^* 呈下降趋势，p_n^* 和 p_r^* 整体呈上升趋势，q_{ro}^* 先上升，当新产品的生产成本达到阈值 $\dfrac{(1-\delta)\delta Q + (1+\delta)C_{\text{ri}}^j}{2\delta}$ 时，原始设备制造商回收的旧产品全部用于再制造，q_{ro}^* 随着新产品生产成本的升高开始降低。

通过算例分析可以看出，当再制造商垄断再制造市场且回收的旧产品全部被再制造时，新产品和再制造产品的产量和价格均不会受到新产品生产成本的影响。在信息对称的条件下，当市场规模较小时，再制造商垄断再制造市场会使得自身的利润骤降，原始设备制造商将回收的旧产品全部进行再制造会使得自身的利润骤降；当市场规模较大时，原始设备制造商打破再制造商的垄断地位开始再制造，会使得再制造产品价格和再制造商的利润骤降。在信息不对称的条件下，制造商进入再制造市场打破原始设备制造商的垄断地位时，会导致新产品和再制造产品的价格及原始设备制造商利润骤减；当再制造商的再制造成本处于中等水平时，原始设备制造商的再制造产量增加主要蚕食新产品的市场。

6.3.4 管理启示

本节以传感器嵌入式产品为再制造对象，基于传感器嵌入式产品能够收集产品质量信息的特点，认为原始设备制造商通过第一阶段生产传感器嵌入式产品新品能够确定回收旧产品的再制造成本从而在第二阶段的再制造市场中具备一定的信息优势。在此背景下，建立原始设备制造商和再制造商的竞争模型，基于双方不同的再制造成本分析了成本信息的不对称性对双方产量决策和市场结构的影响，结合算例分析探究传感器嵌入式产品新品的生产成本与新产品，以及再制造产品的产量、价格和利润的关系。主要结论表明，原始设备制造商降低再制造成本有利于形成双重竞争的市场结构。当原始设备制造商的再制造成本低于再制造商时，若原始设备制造商共享信息，较大的市场规模对再制造商是有利的，而市场规模较小时，再制造商只有将回收的旧产品全部进行再制造，其产量才不为 0，再制造商垄断再制造市场会使得自身利润骤减，原始设备制造商垄断再制造市场且回收的旧产品全部被再制造会使得自身的利润骤减；当原始设备制造商的再制造成本高于再制造商的再制造成本时，原始设备制造商可以凭借信息优势弥补较高的再制造成本带来的劣势，从而占据一定的再制造市场份额，因此，在没有额外的奖励下，原始设备制造商不会主动共享信息，此时再制造商应提高预测精度来提高自身的再制造产量。

6.4 智能制造环境下考虑差异定价的再制造决策

6.4.1 问题描述

本节将原始设备制造商作为再制造主体，构建了单一原始设备制造商的直销模式（记为 MC 模式）以及原始设备制造商和零售商组成的分销模式（记为 MRC 模式）。智能制造环境下，原始设备制造商通过生产传感器嵌入式产品新品（以下简称"新产品"）获得旧的传感器嵌入式产品（以下简称"旧产品"）的回收信息，从而将消费者划分为主动参与回收和不参与回收两类，不仅基于消费者偏好对新产品和传感器嵌入式产品再制造品（以下简称"再制造产品"）采取不同的价格，还根据消费者不同的回收行为在两类消费者中对再制造产品进行差别定价。在再制造产品需求来源不同的情形下，利用博弈论构建供应链定价决策模型，研究旧产品回收规模、再制造产品偏好和差别定价策略对供应链成员决策和利润的影响。本节首先详细介绍所研究的问题和假设，构建研究模型，其次分别在无差别定价策略和差别定价策略下对模型进行求解分析，并进行模型的对比，最后结合算例进行补充分析。

本节以 MC 和 MRC 两种供应链模式为背景，首先考虑了不采取再制造产品差别定价策略的基础模型，其次基于消费者细分重点研究了旧产品回收和再制造产品差别定价的模型。具体的符号及含义如下所示。

p_{1n}, q_{1n}：分别代表第一阶段新产品的价格和需求。

w_{1n}：第一阶段 MRC 模式下新产品的批发价格。

p_i：第二阶段新产品和再制造产品的销售价格，$i = \text{n,r}$。

q_i^j：第二阶段新产品和再制造产品 j 类消费者中的需求，$i = \text{n,r}$，$j = R, \bar{R}$。

q：第二阶段新产品和再制造产品总需求。

C_i：新产品和再制造产品的单位生产成本，$i = \text{n,r}$。

w_i：第二阶段 MRC 模式下的新产品和再制造产品的批发价格，$i = \text{n,r}$。

U_i^j：j 类消费者对新产品和再制造产品的效用，$i = \text{n,r}$，$j = R, \bar{R}$。

δ：消费者对再制造产品的偏好，$\delta < 1$。

θ：消费者对新产品的支付意愿，θ 服从 $[0,1]$ 上的均匀分布。

β：参与回收活动的消费者购买再制造产品的价格与再制造产品销售价格的比值，$1 - \beta$ 为折扣率。

R：旧产品的回收量，即参与回收的消费者规模。

v：旧产品在旧产品市场的单位价格。

N：代表无差别定价下的基础模型。

Π_k^l：在供应链下供应链成员 k 的利润。$k = \text{OEM, R}$，$l = 1, 2$ 分别代表分销型和直销型供应链模式。

在再制造产品差别定价的模型中,原始设备制造商根据第一阶段末的回收信息将第二阶段的消费者划分为参与回收和不参与回收两类,回收量是参与回收的消费者规模。参与回收的消费者可以以 βp_r 的价格购买再制造产品,未参与回收的消费者以 p_r 的价格购买再制造产品。由于两阶段的决策是独立的,第一阶段仅生产新产品,且新产品产量仅对第二阶段的回收量产生影响,因此,本节的研究主体为第二阶段的决策问题,相关假设如下。

假设 1:再制造产品的价格低于新产品的价格且市场规模为 1。当市场上不出现再制造产品时,新产品的需求满足 $q_n = 1 - p_n$。

假设 2:每个消费者在一个阶段内最多只购买一个产品,最多只返还一个废旧产品,参与回收的消费者在第二阶段选择购买新产品或者再制造产品。

假设 3:未被进行再制造的旧产品在旧产品市场具有一定残值,参与回收的消费规模 $R > q_r$ 时,再制造主体以单位价格 v 向旧产品市场出售未进行再制造的旧产品;反之,以单位价格 v 向旧产品市场购买旧产品。

假设 4:第一阶段的旧产品不能被完全回收,即 $R < q_{1n}$。则在 MC 模式中,回收量 $R < \dfrac{1-C_n}{2}$。在 MRC 模式中,回收量 $R < \dfrac{1-C_n}{4}$。

证明:在第一阶段,MC 模式中,原始设备制造商的利润最大化模型为 $\Pi_{\text{OEM}} = (p_{1n} - C_n)q_{1n} = (p_{1n} - C_n)(1 - p_n)$,易得 $p_{1n}^* = \dfrac{1+C_n}{2}$,$q_{1n}^* = \dfrac{1-C_n}{2}$。令回收量 $R < q_{1n}^*$,得到 $R < \dfrac{1-C_n}{2}$。在 MRC 模式中,制造商和零售商的利润最大化模型分别是:$\Pi_{\text{OEM}} = (w_{1n} - C_n)q_{1n} = (w_{1n} - C_n)(1 - p_n)$,$\Pi_R = (p_{1n} - w_{1n})q_{1n} = (p_{1n} - w_{1n})(1 - p_n)$,易得 $p_{1n}^* = \dfrac{3+C_n}{4}$,$q_{1n}^* = \dfrac{1-C_n}{4}$,$w_{1n}^* = \dfrac{1+C_n}{2}$。令回收量 $R < q_{1n}^*$ 得到 $R < \dfrac{1-C_n}{4}$。

在第一阶段下的 MC 模式中,原始设备制造商生产新产品并销售。在 MRC 模式中,原始设备制造商生产新产品,并批发给零售商进行销售,原始设备制造商是斯塔克伯格(stackelberg)博弈中的主导者,决定批发价格 w_{1n},零售商是跟随者,决定新产品的售价 p_{1n}。在第二阶段的 MC 模式中,原始设备制造商回收旧产品进行再制造,同时生产销售新产品和再制造产品。在 MRC 模式中,原始设备制造商仅生产新产品和再制造产品,以一定的批发价格批发给零售商,并共享旧产品回收信息,零售商销售新产品和再制造产品。原始设备制造商对新产品和再制造产品的批发价格 w_n 和 w_r 做出决策,零售商作为跟随者,再对新产品和再制造产品的价格 p_n 和 p_r 做出反应,供应链成员的目标是使各自的利润最大化。本节的供应链模式如图 6.19 所示。

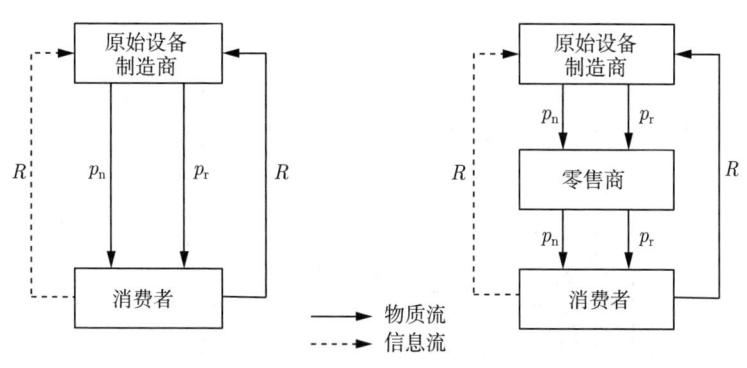

图 6.19 闭环供应链模式

在无差别定价的模型中,不对市场上的消费者进行区分,也不采取差别定价策略。消费者对新产品和再制造产品的效用分别为 $U_n = \theta - p_n$,$U_r = \delta\theta - p_r$,根据消费者效用进而得到新产品与再制造产品的需求函数为:当 $\delta p_n > p_r$ 时,$q_n = \dfrac{1 - \delta - p_n + p_r}{1 - \delta}$,$q_r = \dfrac{\delta p_n - p_r}{\delta(1 - \delta)}$。

在再制造产品差别定价的模型中,根据旧产品的回收信息将第二阶段的消费者划分为参与回收和不参与回收两类,分别记为 R 和 $\bar{R}(R + \bar{R} = 1)$。R 类消费者对新产品和再制造产品的效用分别为 $U_n^R = \theta - p_n$,$U_r^R = \delta\theta - \beta p_r$。$\bar{R}$ 类消费者对新产品和再制造产品的效用分别为 $U_n^{\bar{R}} = \theta - p_n$,$U_r^{\bar{R}} = \delta\theta - p_r$。

通过计算分析发现,在 $R < q_{1n}$ 的条件下,新产品和再制造产品的需求函数如表 6.13 所示。

在表 6.13 中,由于(1)中的再制造产品的需求量为 0,因此本节舍去这种情形,只对(2)(3)进行讨论,分别记为情形 1 和情形 2。在情形 1 中,再制造产品的需求只来自参与回收活动的消费者,在情形 2 中,再制造产品的需求同时来自参与回收和不参与回收的两类消费者。

下文首先对无差别定价策略的模型进行分析,其次将情形 1 和情形 2 的需求代入供应链成员的利润函数中,从而对再制造产品差别定价的模型进行重点研究。

6.4.2 模型构建

本节建立了无差别定价策略和采取再制造产品差别定价策略的两类模型,然后得到了供应链成员的最优决策和利润。在无差别定价策略下,讨论了消费者偏好对最优决策和利润的影响。在采取差别定价策略下,重点讨论了消费者偏好、再制造产品折扣,以及回收规模对最优决策和利润的影响。最后通过两类模型的对比,探讨了与无差别定价策略相比,采取再制造产品差别定价策略对供应链成员决策和利润的影响。

表 6.13 差别定价策略下的需求函数

	(1) $\delta p_n < \beta p_r$	(2) $\beta p_r < \delta p_n < p_r$	(3) $p_r < \delta p_n$
q_r^R	0	$\dfrac{\delta p_n - \beta p_r}{\delta(1-\delta)} R$	$\dfrac{\delta p_n - \beta p_r}{\delta(1-\delta)} R$
q_n^R	$(1-p_n)R$	$\dfrac{1-\delta-p_n+\beta p_r}{1-\delta} R$	$\dfrac{1-\delta-p_n+\beta p_r}{1-\delta} R$
$q_r^{\bar R}$	0	0	$\dfrac{\delta p_n - p_r}{\delta(1-\delta)}(1-R)$
$q_n^{\bar R}$	$(1-p_n)(1-R)$	$(1-p_n)(1-R)$	$\dfrac{1-\delta-p_n+p_r}{1-\delta}(1-R)$
q_r	0	$\dfrac{\delta p_n - \beta p_r}{\delta(1-\delta)} R$	$\dfrac{\delta p_n - \beta p_r}{\delta(1-\delta)} R + \dfrac{\delta p_n - p_r}{\delta(1-\delta)}(1-R)$
q_n	$1-p_n$	$\dfrac{1-\delta-p_n+\beta p_r}{1-\delta} R + (1-p_n)(1-R)$	$\dfrac{1-\delta-p_n+\beta p_r}{1-\delta} R + \dfrac{1-\delta-p_n+p_r}{1-\delta}(1-R)$

1. 无差别定价策略模型

不区分市场上的消费者且不采取差别定价策略时，在 MC 模式下，旧产品回收量即参与回收的消费者规模 $R < \dfrac{1-C_\text{n}}{2}$，原始设备制造商的利润最大化模型为

$$\max_{p_\text{n},p_\text{r}} \Pi_\text{OEM} = (p_\text{n} - C_\text{n}) q_\text{n} + (p_\text{r} - C_\text{r}) q_\text{r} + (R - q_\text{r}) v \tag{6.4.1}$$

$$\max_{w_\text{n},w_\text{r}} \Pi_\text{OEM} = (w_\text{n} - C_\text{n}) q_\text{n} + (w_\text{r} - C_\text{r}) q_\text{r} + (R - q_\text{r}) v \tag{6.4.2}$$

$$\max_{p_\text{n},p_\text{r}} \Pi_\text{R} = (p_\text{n} - w_\text{n}) q_\text{n} + (p_\text{r} - w_\text{r}) q_\text{r} \tag{6.4.3}$$

在 MC 模式中，以原始设备制造商利润最大化为目标，采用多元函数求极值的方法，得到定理 6.4.1。在 MRC 模式中，原始设备制造商和零售商进行斯塔克伯格博弈，采用逆向归纳法得到定理 6.4.2。

定理 6.4.1 不采取差别定价策略时，在 MC 模式中，原始设备制造商的最优价格决策为 $p_\text{n}^{1\text{-N}*}$，$p_\text{r}^{1\text{-N}*}$。

定理 6.4.1 中原始设备制造商的最优决策如表 6.14 所示。其中，$\delta > \dfrac{C_\text{r}+v}{C_\text{n}}$，保证了 $\delta p_\text{n}^{1\text{-N}*} > p_\text{r}^{1\text{-N}*}$。

证明：在 MC 模式中，将无差别定价策略下的新产品和再制造产品需求代入式 (6.4.1) 中，分别对 p_n，p_r 求导，得到式 (6.4.1) 的海塞矩阵行列式为

$$\boldsymbol{H}_{3\text{-}1} = \begin{vmatrix} -\dfrac{2}{1-\delta} & \dfrac{2}{1-\delta} \\ \dfrac{2}{1-\delta} & -\dfrac{2}{\delta(1-\delta)} \end{vmatrix} = \dfrac{4}{\delta(1-\delta)} > 0$$

因此 Π_OEM 在 $p_\text{n}^{1\text{-N}*}$，$p_\text{r}^{1\text{-N}*}$ 处取得最大值，令 $\dfrac{\partial \Pi_\text{OEM}}{\partial p_\text{n}} = 0$，$\dfrac{\partial \Pi_\text{OEM}}{\partial p_\text{r}} = 0$，得到 $p_\text{n}^{1\text{-N}*}$，$p_\text{r}^{1\text{-N}*}$，令 $\delta p_\text{n}^{1\text{-N}*} > p_\text{r}^{1\text{-N}*}$，得到 $\delta > \dfrac{C_\text{r}+v}{C_\text{n}}$。

定理 6.4.2 不采取差别定价策略时，在 MRC 模式中，原始设备制造商的最优价格决策为 $p_\text{n}^{2\text{-N}*}$，$p_\text{r}^{2\text{-N}*}$；零售商的最优价格决策为 $w_\text{n}^{2\text{-N}*}$，$w_\text{r}^{2\text{-N}*}$。

定理 6.4.2 中供应链各成员的最优决策如表 6.14 所示。其中，$\delta > \dfrac{C_\text{r}+v}{C_\text{n}}$，保证了 $\delta p_\text{n}^{2\text{-N}*} > p_\text{r}^{2\text{-N}*}$，此时，$p_\text{n}^{2\text{-N}*} > w_\text{n}^{2\text{-N}*} > C_\text{n}$，$p_\text{r}^{2\text{-N}*} > w_\text{r}^{2\text{-N}*} > C_\text{r}$。

证明：在 MRC 模式中，将无差别定价策略下的新产品和再制造产品需求代入式 (6.4.3) 中，分别对 p_n，p_r 求导，得到式 (6.4.3) 的海塞矩阵行列式为

$$H_{3\text{-}2} = \begin{vmatrix} -\dfrac{2}{1-\delta} & \dfrac{2}{1-\delta} \\ \dfrac{2}{1-\delta} & -\dfrac{2}{\delta(1-\delta)} \end{vmatrix} = \dfrac{1}{\delta(1-\delta)} > 0$$

表 6.14　无差别定价策略的最优决策

	MC 模式 ($l=1$)	MRC 模式 ($l=2$)
$p_n^{l\text{-}N*}$	$\dfrac{1+C_n}{2}$	$\dfrac{3+C_n}{4}$
$p_r^{l\text{-}N*}$	$\dfrac{\delta+C_r+v}{2}$	$\dfrac{3\delta+C_r+v}{4}$
$w_n^{l\text{-}N*}$	—	$\dfrac{1+C_n}{2}$
$w_r^{l\text{-}N*}$	—	$\dfrac{\delta+C_r+v}{2}$
$q_n^{l\text{-}N*}$	$\dfrac{1-\delta-C_n+C_r+v}{2(1-\delta)}$	$\dfrac{1-\delta-C_n+C_r+v}{4(1-\delta)}$
$q_r^{l\text{-}N*}$	$\dfrac{\delta C_n - C_r - v}{2\delta(1-\delta)}$	$\dfrac{\delta C_n - C_r - v}{4\delta(1-\delta)}$
$q^{l\text{-}N*}$	$\dfrac{\delta - C_r - v}{2\delta}$	$\dfrac{\delta - C_r - v}{4\delta}$
$\Pi_{\text{OEM}}^{l\text{-}N*}$	$\dfrac{(1-C_n)^2}{4(1-\delta)} + \dfrac{(1-C_n)^2}{4} + Rv +$ $\dfrac{(\delta-C_r-v)(2\delta C_n-\delta-C_r-v)}{4\delta(1-\delta)}$	$\dfrac{(1-C_n)^2}{8(1-\delta)} + \dfrac{(1-C_n)^2}{8} + Rv +$ $\dfrac{(\delta-C_r-v)(2\delta C_n-\delta-C_r-v)}{8\delta(1-\delta)}$
$\Pi_R^{l\text{-}N*}$	—	$\dfrac{(1-C_n)^2}{16(1-\delta)} + \dfrac{(1-C_n)^2}{16} +$ $\dfrac{(\delta-C_r-v)(2\delta C_n-\delta-C_r-v)}{16\delta(1-\delta)}$

因此零售商的利润有最大值，令 $\dfrac{\partial \Pi_R}{\partial p_n}=0$，$\dfrac{\partial \Pi_R}{\partial p_r}=0$，得到 $p_n=\dfrac{1+w_n}{2}$，$p_r=\dfrac{\delta+w_r}{2}$，将其代入式 (6.4.2) 中，分别对 w_n，w_r 求导，得到式 (6.4.2) 的海塞矩阵行列式为

$$H_{3\text{-}3} = \begin{vmatrix} -\dfrac{1}{1-\delta} & \dfrac{1}{1-\delta} \\ \dfrac{1}{1-\delta} & -\dfrac{1}{\delta(1-\delta)} \end{vmatrix} = \dfrac{1}{\delta(1-\delta)} > 0$$，因此 OEM 的利润有最大值，令 $\dfrac{\partial \Pi_{\text{OEM}}}{\partial w_n}=0$，$\dfrac{\partial \Pi_{\text{OEM}}}{\partial w_r}=0$，得到 w_n^*、w_r^*，将其代入 $p_n=\dfrac{1+w_n}{2}$，$p_r=\dfrac{\delta+w_r}{2}$，得到 $p_n^{2\text{-}N*}$，$p_r^{2\text{-}N*}$，令 $\delta p_n^{2\text{-}N*} > p_r^{2\text{-}N*}$，得到 $\delta > \dfrac{C_r+v}{C_n}$。

推论 6.4.1 无差别定价策略下，新产品的价格和批发价格只与新产品生产成本有关。再制造产品的价格和批发价格均是 C_r 及 δ 的增函数。新产品的需求是 δ 的减函数，再制造产品的需求和总需求均是 δ 的增函数。在两种模式下，制造商和零售商的利润均是 δ 的增函数。

证明：在 MC 模型中，$\dfrac{\mathrm{d}p_n^{1\text{-N}*}}{\mathrm{d}\delta} = 0$，$\dfrac{\mathrm{d}p_r^{1\text{-N}*}}{\mathrm{d}\delta} = \dfrac{1}{2} > 0$，$\dfrac{\mathrm{d}q_n^{1\text{-N}*}}{\mathrm{d}\delta} = \dfrac{C_r + v - C_n}{2(1-\delta)^2} < 0$，$\dfrac{\mathrm{d}q_r^{1\text{-N}*}}{\mathrm{d}\delta} = \dfrac{\delta^2 C_n + (1-2\delta)(C_r+v)}{2\delta^2(1-\delta)^2} > \dfrac{\delta(C_r+v) + (1-2\delta)(C_r+v)}{2\delta^2(1-\delta)^2} = \dfrac{(1-\delta)(C_r+v)}{2\delta^2(1-\delta)^2} > 0$，$\dfrac{\mathrm{d}q^{1\text{-N}*}}{\mathrm{d}\delta} = \dfrac{\delta + C_r + v}{4\delta^2}$，

$$\dfrac{\mathrm{d}\Pi_{\text{OEM}}^{1\text{-N}*}}{\mathrm{d}\delta} = \dfrac{\delta^2 C_n^2 - 2\delta^2 C_n(C_r+v) - (1-2\delta)(C_r+v)^2}{4\delta^2(1-\delta)^2}$$

$$= \dfrac{(\delta C_n - C_r - v)^2 + 2(1-\delta)(C_r+v)(\delta C_n - C_r - v)}{4\delta^2(1-\delta)^2} > 0。$$

MRC 模式证明方法同上，这里不再赘述。

2. 差别定价策略模型

在 MC 模式下，原始设备制造商根据旧产品的回收信息将第二阶段的消费者划分为参与回收和不参与回收两类，进一步在两类消费者中对再制造产品采取差别定价的策略。其中，回收量即参与回收的消费者规模 $R < \dfrac{1-C_n}{2}$。原始设备制造商的利润最大化模型为

$$\max_{p_n, p_r} \Pi_{\text{OEM}} = (p_n - C_n)q_n + (p_r - C_r)q_r^{\bar{R}} + (\beta p_r - C_r)q_r^R + (R - q_r)v \quad (6.4.4)$$

在 MRC 模式下，原始设备制造商与零售商共享旧产品回收信息，将第二阶段的消费者划分为参与回收和不参与回收两类，零售商在两类消费者中对再制造产品采取差别定价的策略。其中，旧产品回收量，即参与回收的消费者规模 $R < \dfrac{1-C_n}{4}$。原始设备制造商和零售商的利润最大化模型分别为

$$\max_{w_n, w_r} \Pi_{\text{OEM}} = (w_n - C_n)q_n + (w_r - C_r)\left(q_r^R + q_r^{\bar{R}}\right) + (R - q_r)v \quad (6.4.5)$$

$$\max_{p_n, p_r} \Pi_R = (p_n - w_n)q_n + (p_r - w_r)q_r^{\bar{R}} + (\beta p_r - w_r)q_r^R \quad (6.4.6)$$

分别在 MC 模式和 MRC 模式中，将两种情形下的需求函数代入供应链各成员的利润最大化模型，进行求解得到定理 6.4.3 和定理 6.4.4。

定理 6.4.3 在 MC 模式中，当再制造产品需求仅来自参与回收的消费者时，原始设备制造商的最优价格决策为 p_n^{1-1*}, p_r^{1-1*}。当再制造产品需求同时来自两类消费者时，原始设备制造商的最优价格决策为 p_n^{1-2*}, p_r^{1-2*}。

在 MC 模式下两种情形中的供应链成员最优决策如表 6.15 所示。当再制造产品需求仅来自参与回收的消费者时，$R < \dfrac{1-C_n}{2}$，$\dfrac{C_r+v}{C_n} < \delta < \dfrac{C_r+v}{\beta(C_n+1)-1}$，$\dfrac{\delta+C_r+v}{1+C_n} < \beta < \dfrac{\delta+C_r+v}{2C_r}$。$R < \dfrac{1-C_n}{2}$ 是消费者分类的前提条件，$\beta < \dfrac{\delta+C_r+v}{2C_r}$ 保证了 $p_r^{1-1*} > C_r$，即制造商能从再制造中获得收益，$\dfrac{C_r+v}{C_n} < \delta \leqslant \dfrac{C_r+v}{\beta(C_n+1)-1}$ 和 $\dfrac{\delta+C_r+v}{1+C_n} < \beta$ 保证了 $\beta p_r^{1-1*} < \delta p_n^{1-1*} < p_r^{1-1*} < p_n^{1-1*}$。当再制造产品需求同时来自于两类消费者时，$R < \dfrac{1-C_n}{4}$，$C_r + v < \dfrac{\delta[(1-\delta+C_n)(B-\delta A^2) - A(1-\delta)(1-\delta A)]}{A(1-\delta)(1-\delta A) + \delta(B - \delta A^2)}$，前者是消费者分类的前提，后者保证了 $\delta p_n^{1-2*} > p_r^{1-2*}$。其中，$A = \beta R + 1 - R$，$B = \beta^2 R + 1 - R$（下同）。

证明：将表 6.15 中情形 1 的需求函数代入式 (6.4.4) 中，分别对 p_n，p_r 求导，得到式 (6.4.4) 的海塞矩阵为 $\boldsymbol{H}_{3\text{-}4} = \begin{vmatrix} -\dfrac{2(1-\delta+\delta R)}{1-\delta} & \dfrac{2\beta R}{1-\delta} \\ \dfrac{2\beta R}{1-\delta} & -\dfrac{2\beta^2 R}{\delta(1-\delta)} \end{vmatrix} = \dfrac{4\beta^2 R}{\delta(1-\delta)} > 0$，因此 Π_{OEM} 在 (p_n^{1-1*}, p_r^{1-1*}) 处取得最大值，令 $\dfrac{\partial \Pi_{\text{OEM}}}{\partial p_n} = 0$，$\dfrac{\partial \Pi_{\text{OEM}}}{\partial p_r} = 0$，得到 p_n^{1-1*}，p_r^{1-1*}，令 $p_r^{1-1*} > C_r$，$\beta p_r^{1-1*} < \delta p_n^{1-1*} \leqslant p_r^{1-1*}$ 且 $p_r^{1-1*} < p_n^{1-1*}$。

情形 2 的证明方法与之类似，这里仅给出情形 2 中的原始设备制造商的海塞矩阵，证明其是 p_n，p_r 的联合凹函数。当再制造产品需求同时来自两类消费者时，式 (6.4.4) 的海塞矩阵为

$\boldsymbol{H}_{3\text{-}5} = \begin{vmatrix} -\dfrac{2}{1-\delta} & \dfrac{2(\beta R + 1 - R)}{1-\delta} \\ \dfrac{2(\beta R + 1 - R)}{1-\delta} & -\dfrac{2(\beta^2 R + 1 - R)}{\delta(1-\delta)} \end{vmatrix} = \dfrac{4(\beta^2 R + 1 - R) - 4\delta(\beta R + 1 - R)}{\delta(1-\delta)} = \dfrac{4(B-\delta A^2)}{\delta(1-\delta)}$，由于 $B - \delta A^2 = R(1-R) \cdot (1-\beta)^2 > 0$，因此 $\boldsymbol{H}_{3\text{-}5} = \dfrac{4(B-\delta A^2)}{\delta(1-\delta)} > 0$，$\Pi_{\text{OEM}}$ 在 (p_n^{1-2*}, p_r^{1-2*}) 处取得最大值。

表 6.15 MC 模式下的最优决策

	情形 1 ($s=1$)	情形 2 ($s=2$)
p_n^{1-s*}	$\dfrac{1+C_n}{2}$	$\dfrac{1-\delta+C_n-C_r-v}{2}+\dfrac{A^2(1-\delta)(\delta+C_r+v)}{2(B-\delta A^2)}$
p_r^{1-s*}	$\dfrac{\delta+C_r+v}{2\beta}$	$\dfrac{A(1-\delta)(\delta+C_r+v)}{2(B-\delta A^2)}$
q_n^{1-s*}	$\dfrac{C_r+v-\delta C_n}{2(1-\delta)}R+\dfrac{1-C_n}{2}$	$\dfrac{1-\delta-C_n+C_r+v}{2(1-\delta)}-\dfrac{A^2(1-\delta)(\delta+C_r+v)}{2\delta(B-\delta A^2)}$
q_r^{1-s*}	$\dfrac{\delta C_n-C_r-v}{2\delta(1-\delta)}R$	$1-\dfrac{A^2(1-\delta)(\delta+C_r+v)}{2\delta(B-\delta A^2)}$
q^{1-s*}	$\dfrac{\delta C_n-C_r-v}{2\delta}R+\dfrac{1-C_n}{2}$	$\left[\dfrac{1-C_n}{2}-\dfrac{(B-A^2)(\delta+C_r+v)}{2(B-\delta A^2)}\right]\dfrac{1-\delta-C_n+C_r+v}{2(1-\delta)}-\dfrac{(C_r+v)(1-\delta+C_n-C_r-v)}{2(1-\delta)}-$
Π_{OEM}^{1-s*}	$\dfrac{(1-C_n)^2}{4}+Rv+$ $\dfrac{(\delta C_n-C_r-v)^2 R}{4\delta(1-\delta)}$	$\dfrac{A^2(\delta+C_r+v)\delta C_n-C_r-v)}{4\delta(B-\delta A^2)}-\dfrac{A^2(1-\delta)(\delta+C_r+v)(C_r+v)}{2\delta(B-\delta A^2)}+\dfrac{(1-C_n)^2}{4}+Rv$

定理 6.4.4 在 MRC 模式中，当再制造产品需求仅来自参与回收的消费者时，原始设备制造商的最优价格决策为 p_n^{2-1*}，p_r^{2-1*}；零售商的最优价格决策为 w_n^{2-1*}，w_r^{2-1*}。当再制造产品需求同时来自于两类消费者时，原始设备制造商的最优价格决策为 p_n^{2-2*}，p_r^{2-2*}；零售商的最优价格决策为 w_n^{2-2*}，w_r^{2-2*}。

在 MRC 模式下两种情形中的供应链成员最优决策如表 6.16 所示。当再制造产品需求仅来自参与回收的消费者时，$R < \dfrac{1-C_n}{4}$，$\dfrac{C_r+v}{C_n} < \delta < \dfrac{C_r+v}{\beta C_n - 3(1-\beta)}$，$\dfrac{3\delta+C_r+v}{3+C_n} < \beta < \dfrac{2\delta}{\delta+C_r+v} + \dfrac{1}{2}$，其中，$R < \dfrac{1-C_n}{4}$ 是消费者分类的前提条件，$C_r - v < \dfrac{C_r+v}{C_n} < \delta$ 保证了 $w_r^{2-1*} > C_r$，意味着当消费者对再制造产品偏好过低时，原始设备制造商不能从生产再制造产品中获益。$\beta < \dfrac{2\delta}{\delta+C_r+v} + \dfrac{1}{2}$ 保证了 $p_r^{2-1*} > w_r^{2-1*}$，意味着零售商并不期望较高的 β 即较低的再制造产品价格折扣率，反而只有折扣率高于一定值时零售商才能从再制造的销售中获得收益。$\dfrac{C_r+v}{C_n} < \delta < \dfrac{C_r+v}{\beta C_n - 3(1-\beta)}$，$\dfrac{3\delta+C_r+v}{3+C_n} < \beta$ 保证了 $\beta p_r^{2-1*} < \delta p_n^{2-1*} < p_r^{2-1*} < p_n^{2-1*}$。当再制造产品需求同时来自于两类消费者时，$R < \dfrac{1-C_n}{4}$，$C_r + v < \dfrac{\delta[A^2(3\delta-1-\delta A C_n) - BA(\delta-C_n) - B(2-A)]}{A[(1-\delta)A + \delta(B-A^2)]}$，前者是消费者分类的前提，后者保证了 $\delta p_n^{2-2*} > p_r^{2-2*}$。

证明：将情形 1 下的需求函数代入式 (6.4.6) 中，在式 (6.4.6) 中分别对 p_n，p_r 求导，得到式 (6.4.6) 的海塞矩阵的行列式为 $\boldsymbol{H}_{3-6} = \begin{vmatrix} -\dfrac{2(1-\delta+\delta R)}{1-\delta} & \dfrac{2\beta R}{1-\delta} \\ \dfrac{2\beta R}{1-\delta} & -\dfrac{2\beta^2 R}{\delta(1-\delta)} \end{vmatrix} =$

$\dfrac{4\beta^2 R}{\delta(1-\delta)} > 0$。因此 Π_R 有最大值，令 $\dfrac{\partial \Pi_R}{\partial p_n} = 0$，$\dfrac{\partial \Pi_R}{\partial p_r} = 0$，得到 $p_n = \dfrac{1+w_n}{2}$，$p_r = \dfrac{\delta+w_r}{2\beta}$。将其代入式 (6.4.5) 后，分别对 w_n，w_r 求导，得到式 (6.4.5) 的海塞矩阵的行列式为 $\boldsymbol{H}_{3-7} = \begin{vmatrix} -\dfrac{(1-\delta+\delta R)}{1-\delta} & \dfrac{R}{1-\delta} \\ \dfrac{R}{1-\delta} & -\dfrac{R}{\delta(1-\delta)} \end{vmatrix} = \dfrac{R}{\delta(1-\delta)} > 0$。因此 Π_{OEM} 有最大值，令 $\dfrac{\partial \Pi_{\text{OEM}}}{\partial w_n} = 0$，$\dfrac{\partial \Pi_{\text{OEM}}}{\partial w_r} = 0$，得到 w_n^{2-1*}，w_r^{2-1*}，将其代

表 6.16 MRC 模式下的最优决策

	情形 1($s=1$)	情形 2($s=2$)
$p_n^{2\text{-}s*}$	$\dfrac{3+C_n}{4}$	$\dfrac{2B-(B-A^2)(C_n+v)}{4(B-\delta A^2)}+\dfrac{\delta(1+\delta)(B-A^2)}{4(1-\delta)(B-\delta A^2)}+\dfrac{(1+C_n)(1-\delta)-2\delta}{4(1-\delta)}$
$p_r^{2\text{-}s*}$	$\dfrac{3\delta+C_r+v}{4\beta}$	$\dfrac{A[\delta(1-3\delta)+(1-\delta)(C_r+v)]}{4(B-\delta A^2)}+\dfrac{\delta B}{2A(B-\delta A^2)}$
$w_n^{2\text{-}s*}$	$\dfrac{1+C_n}{2}$	$\dfrac{1-\delta+C_n}{2}+\dfrac{\delta[2B-A^2(1+\delta)]}{2A^2(1-\delta)}$
$w_r^{2\text{-}s*}$	$\dfrac{\delta+C_r+v}{2}$	$\dfrac{C_r+v}{2}+\dfrac{\delta[2B-A^2(1+\delta)]}{2A^2(1-\delta)}$
$q_n^{2\text{-}s*}$	$\dfrac{C_r+v-\delta C_n}{4(1-\delta)}R+\dfrac{1-C_n}{4}$	$\dfrac{1-\delta+C_n+C_r+v}{4(1-\delta)}$
$q_r^{2\text{-}s*}$	$\dfrac{\delta C_n-C_r-v}{4\delta(1-\delta)}R$	$\dfrac{1-\delta+C_n-C_r-v}{4(1-\delta)}-\dfrac{\delta A^2}{2(B-\delta A^2)}$
$q^{2\text{-}s*}$	$\dfrac{\delta C_n-C_r-v}{4\delta}R+\dfrac{1-C_n}{4}$	$1-\dfrac{B}{2(B-\delta A^2)}$
$\Pi_{\text{OEM}}^{2\text{-}s*}$	$\dfrac{(1-C_n)^2}{8}+Rv+$ $\dfrac{(\delta C_n-C_r-v)^2 R}{8\delta(1-\delta)}$	$\dfrac{(1-\delta)(1-\delta-C_n-C_r-v)}{8}-\dfrac{(C_n-C_r-v)(1-\delta-C_n+C_r+v)}{8(1-\delta)}+Rv$ $\left[\dfrac{C_r+v}{2}+\dfrac{\delta[2B-A^2(1+\delta)]}{4A^2(1-\delta)}\right]\left[\dfrac{(B-A^2)(\delta+C_r+v)}{4(B-\delta A^2)}+\dfrac{\delta A^2[2B-A^2(1+\delta)]}{4(1-\delta)(B-\delta A^2)}+\dfrac{1-\delta-C_n+C_r+v}{4(1-\delta)}-\dfrac{(1-C_n)^2}{8}\right]$
$\Pi_R^{2\text{-}s*}$	$\dfrac{(1-C_n)^2}{16}+$ $\dfrac{(\delta C_n-C_r-v)^2 R}{16\delta(1-\delta)}$	$\dfrac{\delta B}{2A(B-\delta A^2)}+\dfrac{A[\delta(1-3\delta)+(1-\delta)(C_r+v)]}{4(B-\delta A^2)}-\dfrac{\delta B^2}{2(B-\delta A^2)}-\left[\dfrac{\delta A(3+C_n)}{4\delta(1-\delta)}-\dfrac{\delta A^2}{4\delta(1-\delta)(B-\delta A^2)}\right]+\dfrac{\delta A(B-A^2)(\delta+C_r+v)}{4\delta(1-\delta)(B-\delta A^2)}-$ $\dfrac{AB[\delta(1-3\delta)+(1-\delta)(C_r+v)]}{4\delta(1-\delta)(B-\delta A^2)}-2\delta A(1-\delta)(C_r+v)+\dfrac{(1-C_n)^2}{16}$

入 $p_n = \dfrac{1+w_n}{2}$，$p_r = \dfrac{\delta + w_r}{2\beta}$，得到 $p_n^{2\text{-}1*}$，$p_r^{2\text{-}1*}$。令 $w_n^{2\text{-}1*} > C_n$，$w_r^{2\text{-}1*} > C_r$，$\beta p_r^{2\text{-}1*} < \delta p_n^{2\text{-}1*} < p_r^{2\text{-}1*}$ 且 $p_r^{2\text{-}1*} < p_n^{2\text{-}1*}$。

情形 2 的证明方法与情形 1 类似，这里仅给出情形 2 中的零售商和原始设备制造商的海塞矩阵。式 (6.4.6) 的海塞矩阵的行列式为

$$H_{3\text{-}8} = \begin{vmatrix} -\dfrac{2}{1-\delta} & \dfrac{2(\beta R + 1 - R)}{1-\delta} \\ \dfrac{2(\beta R + 1 - R)}{1-\delta} & -\dfrac{2(\beta^2 R + 1 - R)}{\delta(1-\delta)} \end{vmatrix} = \dfrac{4(B - \delta A^2)}{\delta(1-\delta)} > 0。$$

式 (6.4.5) 的海塞矩阵的行列式为

$$H_{3\text{-}9} = \begin{vmatrix} -\dfrac{1}{1-\delta} & \dfrac{1}{1-\delta} \\ \dfrac{1}{1-\delta} & -\dfrac{\delta B + (1-2\delta)A^2}{\delta(1-\delta)(B - \delta A^2)} \end{vmatrix} = \dfrac{A^2}{\delta(B - \delta A^2)} > 0。$$

因此，零售商的利润函数和制造商的利润函数有最大值。

推论 6.4.2 当再制造产品的需求仅来自于参与回收活动的消费者时，新产品的价格和批发价格只与新产品生产成本有关。再制造产品的价格是 δ 的增函数，是 β 的减函数。新产品需求是 R 和 δ 的减函数，再制造产品需求和总需求是 R 和 δ 的增函数，新产品和再制造产品的需求不会受到 β 影响。

证明：以 MC 模式为例，在情形 1 中，由 $\dfrac{\beta p_r^{1\text{-}1*}}{\delta} < p_n^{1\text{-}1*}$ 得 $\delta C_n > C_r + v$，在 $q_n^{1\text{-}1*}$，$q_r^{1\text{-}1*}$，$q^{1\text{-}1*}$ 中对 δ 求一阶导，即 $\dfrac{\mathrm{d}q_n^{1\text{-}1*}}{\mathrm{d}\delta} = \dfrac{C_r + v - \delta C_n}{2(1-\delta)} < 0$，$\dfrac{\mathrm{d}q_r^{1\text{-}1*}}{\mathrm{d}\delta} = \dfrac{\delta C_n - C_r - v}{2\delta(1-\delta)} > 0$，$\dfrac{\mathrm{d}q^{1\text{-}1*}}{\mathrm{d}\delta} = \dfrac{\delta C_n - C_r - v}{2\delta} > 0$。在 $q_n^{1\text{-}1*}$，$q_r^{1\text{-}1*}$，$q^{1\text{-}1*}$ 中对求一阶导，即 $\dfrac{\mathrm{d}q_n^{1\text{-}1*}}{\mathrm{d}\delta} = \dfrac{C_r + v - \delta C_n}{2(1-\delta)}R < 0$，$\dfrac{\mathrm{d}q_r^{1\text{-}1*}}{\mathrm{d}\delta} = \dfrac{\delta^2 C_n + (C_r + v)(1-2\delta)}{2\delta^2(1-\delta)^2}R > \dfrac{\delta(C_r + v) + (C_r + v)(1-2\delta)}{2\delta^2(1-\delta)^2} = \dfrac{R(C_r + v)}{2\delta^2(1-\delta)} > 0$，$\dfrac{\mathrm{d}q^{1\text{-}1*}}{\mathrm{d}\delta} = \dfrac{C_r + v}{2\delta^2}R > 0$。MRC 模式的证法相似。

推论 6.4.2 说明当消费者对再制造产品的偏好较低时，较低的 β 即较高的再制造产品价格折扣会导致较高的再制造产品定价，对参与回收的消费者采取再制造产品差别定价的策略并不能直接增加新产品和再制造产品的需求。较大的参与回收的消费者规模会降低新产品的需求，但是会提高再制造产品需求，由于再

制造产品需求提高的幅度高于新产品需求降低的幅度，所以产品总需求会得到提高，同样地，随着消费者对再制造产品偏好的增加，新产品和再制造产品需求的变化也是如此。这说明当再制造产品需求仅来自于参与回收活动的消费者时，再制造产品价格折扣不会影响新产品和再制造产品需求，但是参与回收的消费者规模的增加会提高再制造产品需求以及产品总需求。

推论 6.4.3 当再制造产品的需求仅来自于参与回收活动的消费者时，在 MC 模式和 MRC 模式中，原始设备制造商和零售商的利润都是 δ 和 R 的增函数。

证明：情形 1，$\dfrac{d\Pi_{\text{OEM}}^{1\text{-}1*}}{d\delta} = \dfrac{R(\delta C_n - C_r - v)\left[\delta(C_n - C_r - v) + (1-\delta)(C_r + v)\right]}{4\delta^2(1-\delta)^2} > 0$，$\dfrac{d\Pi_{\text{OEM}}^{2\text{-}1*}}{d\delta} = \dfrac{R(\delta C_n - C_r - v)\left[\delta(C_n - C_r - v) + (1-\delta)(C_r + v)\right]}{8\delta^2(1-\delta)^2} > 0$，$\dfrac{d\Pi_{\text{R}}^{2\text{-}1*}}{d\delta} = \dfrac{R(\delta C_n - C_r - v)\left[\delta(C_n - C_r - v) + (1-\delta)(C_r + v)\right]}{16\delta^2(1-\delta)^2} > 0$，$\dfrac{d\Pi_{\text{OEM}}^{1\text{-}1*}}{dR} = \dfrac{(\delta C_n - C_r - v)^2}{4\delta(1-\delta)} + v > 0$，$\dfrac{d\Pi_{\text{OEM}}^{2\text{-}1*}}{dR} = \dfrac{(\delta C_n - C_r - v)^2}{8\delta(1-\delta)} + v > 0$，$\dfrac{d\Pi_{\text{R}}^{2\text{-}1*}}{dR} = \dfrac{(\delta C_n - C_r - v)^2}{16\delta(1-\delta)} + v > 0$。

结合推论 6.4.2，可知随着消费者对再制造产品偏好和参与回收的消费者规模的增加，在两种模式中，原始设备制造商和零售商从新产品中获得的利润逐渐降低，但是从再制造产品中获得的利润会得到提高，且从再制造产品中提高的利润要高于从新产品中减少的利润。由此，可以看出，在再制造产品差别定价的策略下，MRC 模式下的各成员为了使各自的利润最大化有着一致的目标，即提高消费者偏好以及鼓励消费者参与旧产品的回收活动，从而扩大参与回收活动的消费者规模。

推论 6.4.4 当再制造产品的需求仅来自于参与回收活动的消费者时，在 MRC 模式中，$\Pi_{\text{OEM}}^{2\text{-}1*} > \Pi_{\text{R}}^{2\text{-}1*}$，$\Pi_{\text{OEM}}^{1\text{-}1*} > \Pi_{\text{OEM}}^{2\text{-}1*} + \Pi_{\text{R}}^{2\text{-}1*}$。

证明：$\Pi_{\text{OEM}}^{2\text{-}1*} - \Pi_{\text{R}}^{2\text{-}1*} = \dfrac{R(\delta C_n - C_r - v)^2}{16\delta(1-\delta)} + \dfrac{(1-C_n)^2}{16} + Rv > 0$，$\Pi_{\text{OEM}}^{1\text{-}1*} - \Pi_{\text{OEM}}^{2\text{-}1*} - \Pi_{\text{R}}^{2\text{-}1*} = \dfrac{R(\delta C_n - C_r - v)^2}{8\delta(1-\delta)} + \dfrac{(1-C_n)^2}{8} > 0$。

推论 6.4.4 说明在 MRC 模式中，由于原始设备制造商是斯坦克伯格博弈的领导者，具有先动优势，因而能够获得较高的利润。MC 模式中，原始设备制造商拥有新产品和再制造产品的所有决策权，MRC 模式中，原始设备制造商的产品决策权被零售商削弱。因此可以说明，集中决策下的供应链整体收益更高。

推论 6.4.5 当再制造需求同时自于两类消费者时，在 MC 模式下，新产

品价格是 δ 的减函数；当 $\beta \in \left(0, \dfrac{1}{4A} + \delta A\right)$ 时，新产品价格和再制造产品价格都是 β 的增函数；当 $\beta \in \left(\dfrac{1}{4A} + \delta A, \dfrac{1}{2A} + \delta A\right)$ 时，新产品价格是 β 的增函数，再制造产品价格是 β 的减函数；当 $\beta \in \left(\dfrac{1}{2A} + \delta A, 1\right)$ 时，新产品价格和再制造产品价格都是 β 的减函数。

证明：$\dfrac{\partial p_n^{1\text{-}2*}}{\partial \delta} = -\dfrac{(B-A^2)\left[B+A^2(C_r+v)\right]}{2(B-\delta A^2)^2} < 0$,

$$\dfrac{\partial p_n^{1\text{-}2*}}{\partial \beta} = \dfrac{AR(1-\delta)(\delta+C_r+v)[1-2A(\beta-\delta A)]}{2(B-\delta A^2)^2},$$

$$\dfrac{\partial p_r^{1\text{-}2*}}{\partial \beta} = \dfrac{R(1-\delta)(\delta+C_r+v)[1-4A(\beta-\delta A)]}{4(B-\delta A^2)^2},$$

当 $\beta \in \left(0, \dfrac{1+4\delta A^2}{4A}\right)$，$\dfrac{\partial p_n^{1\text{-}2*}}{\partial \beta} > 0$ 时，$\dfrac{\partial p_r^{1\text{-}2*}}{\partial \beta} > 0$，当 $\beta \in \left(\dfrac{1+4\delta A^2}{4A}, \dfrac{1+2\delta A^2}{2A}\right)$ 时，$\dfrac{\partial p_n^{1\text{-}2*}}{\partial \beta} > 0$，$\dfrac{\partial p_r^{1\text{-}2*}}{\partial \beta} < 0$，当 $\beta \in \left(\dfrac{1+2\delta A^2}{2A}, 1\right)$，$\dfrac{\partial p_n^{1\text{-}2*}}{\partial \beta} < 0$ 时，$\dfrac{\partial p_r^{1\text{-}2*}}{\partial \beta} < 0$。

推论 6.4.5 说明与再制造产品需求仅来自于参与回收的消费者时相比，当再制造产品需求同时来源于参与回收和不参与回收的两类消费者时，新产品和再制造产品的价格不仅与 δ 有关，还会受到再制造产品价格折扣率 $1-\beta$ 的影响，并且再制造产品价格折扣率的提高并不总是导致产品价格的提高。

推论 6.4.6 当再制造需求来自于两类消费者时，在 MC 模式下，$C_n > C_r + v$ 时，新产品的需求是 δ 的减函数，与 β 和 R 无关；再制造产品的需求和产品总需求是 δ 的增函数，是 β 的减函数；当 $R < \min\left\{\dfrac{1-C_n}{2}, \dfrac{1}{1+\beta}\right\}$ 时，再制造产品的需求和产品总需求是 R 的增函数。反之，是减函数。

证明：在情形 2 下的产量决策进行灵敏度分析，$\dfrac{\partial q_n^{1\text{-}2*}}{\partial \delta} = \dfrac{C_r+v-C_n}{2(1-\delta)^2} < 0$,

$\dfrac{\partial q_n^{1\text{-}2*}}{\partial \beta} = \dfrac{\partial q_n^{1\text{-}2*}}{\partial R} = 0$,

$\dfrac{\partial q_r^{1\text{-}2*}}{\partial \delta} = \dfrac{-[A^2-B-A^2(C_r+v)]\delta^2 + 2A^2(C_r+v)\delta - B(C_r+v)}{2\delta^2(B-\delta A^2)^2} + \dfrac{C_n-C_r-v}{2(1-\delta)^2}$,

令 $f_1 = [A^2-B-A^2(C_r+v)]\delta^2 + 2A^2(C_r+v)\delta - B(C_r+v)$，$a = A^2-B-A^2(C_r+v) < 0$，$b^2-4ac = 4(A^2-B)(C_r+v)[A^2(C_r+v)+B] < 0$，因此，

$f_1 < 0$，即 $\dfrac{\mathrm{d}q_\mathrm{r}^{1\text{-}2*}}{\mathrm{d}\delta} > 0$，同理 $\dfrac{\mathrm{d}q^{1\text{-}2*}}{\mathrm{d}\delta} = -\dfrac{f_1}{2\delta^2(B-\delta A^2)^2} > 0$，$\dfrac{\mathrm{d}q_\mathrm{r}^{1\text{-}2*}}{\mathrm{d}\beta} = \dfrac{\mathrm{d}q^{1\text{-}2*}}{\mathrm{d}\beta} =$
$-\dfrac{\delta AR(1-\delta)(1-\beta)(1-R)(\delta+C_\mathrm{r}+v)}{\delta^2(B-\delta A^2)^2} < 0$，$\dfrac{\mathrm{d}q_\mathrm{r}^{1\text{-}2*}}{\mathrm{d}R} = \dfrac{\mathrm{d}q^{1\text{-}2*}}{\mathrm{d}R} =$
$-\dfrac{\delta A(1-\delta)(1-\beta)(\delta+C_\mathrm{r}+v)[2B-(1+\beta)A]}{2\delta^2(B-\delta A^2)^2}$，令 $\dfrac{\mathrm{d}q_\mathrm{r}^{1\text{-}2*}}{\mathrm{d}R} = \dfrac{\mathrm{d}q^{1\text{-}2*}}{\mathrm{d}R} > 0$，即
$2B-(1+\beta)A = (1-\beta)(1-R-R\beta) > 0$，得到 $R < \dfrac{1}{1+\beta}$。

推论 6.4.6 说明当再制造需求来自于两类消费者时，再制造产品价格折扣率和参与回收的消费者规模不会影响新产品需求，但是会通过影响再制造产品需求来影响总需求。新产品需求随着消费者偏好的增加而减少，但是再制造产品需求会得到提高，且提高量大于新产品需求的减少量，因此，产品总需求会增加。随着 β 的减少即再制造产品价格折扣率的提高，再制造产品需求和总需求会增加，结合推论 6.4.5，当 β 较高时，适当地提高再制造产品价格折扣率有利于原始设备制造商从再制造中获得更高的利润。当参与回收的消费者规模较小时，原始设备制造商通过鼓励消费者参与回收活动可以增加产品需求，但是当参与回收的消费者规模达到一定的阈值时，原始设备制造商则不再希望消费者返还旧产品，以免降低市场对产品的需求。由此可见，在这种模式下，原始设备制造商应提前建立有限回收奖励机制，当参与回收的消费者规模较小时，对参与回收的消费者予以奖励，当参与回收的消费者规模大于一定阈值时，不再鼓励回收。

推论 6.4.7 当再制造需求同时来自于两类消费者时，在 MRC 模式下，①新产品和再制造产品的批发价格是 δ 的增函数；当 $\beta \in \left(0, \dfrac{\sqrt{1-R}-(1-R)}{R}\right)$ 时，新产品和再制造产品的批发价格是 β 的减函数，当 $\beta \in \left(\dfrac{\sqrt{1-R}-(1-R)}{R}, 1\right)$ 时，新产品和再制造产品的批发价格是 β 的增函数。②新产品的价格是 δ 的减函数，是 β 的增函数。

证明：在情形 2 中，① $\dfrac{\mathrm{d}w_\mathrm{n}^{2\text{-}2*}}{\mathrm{d}\delta} = \dfrac{B}{A^2(1-\delta)^2} - \dfrac{1}{(1-\delta)^2} = \dfrac{B-A^2}{A^2(1-\delta)^2} > 0$，
$\dfrac{\mathrm{d}w_\mathrm{n}^{2\text{-}2*}}{\mathrm{d}\beta} = \dfrac{\mathrm{d}w_\mathrm{r}^{2\text{-}2*}}{\mathrm{d}\beta} = \dfrac{\delta R[R\beta^2+2(1-R)\beta-(1-R)]}{(1-\delta)(\beta R+1-R)^2}$，令 $f_2 = R\beta^2+2(1-R)\beta-(1-R)$，当 $\beta \in \left(0, \dfrac{\sqrt{1-R}-(1-R)}{R}\right)$ 时，$f_2 < 0$，当 $\beta \in \left(\dfrac{\sqrt{1-R}-(1-R)}{R}, 1\right)$ 时，$f_2 > 0$；$\dfrac{\mathrm{d}w_\mathrm{r}^{2\text{-}2*}}{\mathrm{d}\delta} = \dfrac{2B-A^2\left[-(1-\delta)^2+2\right]}{2A^2(1-\delta)^2} > \dfrac{2B-2A^2}{2A^2(1-\delta)^2} = \dfrac{B-A^2}{A^2(1-\delta)^2} > 0$。

② $\dfrac{\mathrm{d}p_\mathrm{n}^{2\text{-}2*}}{\mathrm{d}\delta} = -\dfrac{(B-A^2)[B(1+\delta)+A^2(1-\delta)(C_\mathrm{r}+v)]}{4(1-\delta)(B-\delta A)^2} < 0$; $\dfrac{\mathrm{d}p_\mathrm{n}^{2\text{-}2*}}{\mathrm{d}\beta} = \dfrac{RA(1-\beta)(1-R)[(C_\mathrm{r}+v)+\delta(1+\delta)]}{2(B-\delta A^2)^2} > 0$。

推论 6.4.7 中①说明了随着消费者对再制造产品偏好的增加，为了实现利润最大化，原始设备制造商会提高新产品和再制造产品的批发价格。当 β 低于一定的阈值时，β 的降低（即再制造产品价格折扣率的提高）会使得新产品和再制造产品批发价格增加，这对于零售商而言是不利的，一方面批发价格的增加会提高零售商的成本，另一方面，较低的 β（即较高的再制造产品价格折扣率）会使得零售商单位再制造收益降低，因此，当 β 低于一定的阈值时，原始设备制造商与零售商不易达成合作。

然而当 β 高于一定阈值时，随着 β 的降低即折扣率的提高，批发价格会降低，零售商虽然以较低的价格销售部分再制造产品，但是原始设备制造商会降低新产品和再制造产品的批发价格从而降低零售商的成本，因此，原始设备制造商和零售商在 β 较高（即再制造产品价格折扣率较低）的情况下更容易达成合作。②说明了消费者偏好，以及再制造产品价格折扣率对新产品和再制造产品定价的影响。β 的增加，即再制造产品价格折扣率的降低会导致新产品价格的提高。但是，消费者对再制造产品偏好的增加会使得零售商降低新产品的价格，结合推论 6.4.6 可知，零售商从新产品销售中获得的单位收益会减少。

推论6.4.8 当再制造需求同时来自于两类消费者时，在 MRC 模式下，新产品需求与 β 无关，当 $C_\mathrm{n} > C_\mathrm{r}+v$ 时，新产品需求是 δ 的减函数。当 $\beta < \delta A - \dfrac{B-\delta A^2}{2\delta A^2}$ 时，再制造产品需求是 β 的增函数，反之则是其减函数。当 $C_\mathrm{n} < C_\mathrm{r}+v$ 时，再制造产品需求是 δ 的减函数。当 $C_\mathrm{n} > C_\mathrm{r}+v$ 且 $\delta < \dfrac{B\sqrt{C_\mathrm{n}-C_\mathrm{r}-v}-A\sqrt{2B}}{A\left(A\sqrt{C_\mathrm{n}-C_\mathrm{r}-v}-\sqrt{2B}\right)}$ 时，再制造产品需求是 δ 的增函数。产品总需求是 δ 和 β 的减函数；当 $R < \min\left\{\dfrac{1-C_\mathrm{n}}{4}, \dfrac{1}{1+\beta}\right\}$ 时，产品总需求是 R 的增函数。

证明：在情形 2 中，$\dfrac{\partial q_\mathrm{n}^{2\text{-}2*}}{\partial \beta} = 0$，$\dfrac{\partial q_\mathrm{n}^{2\text{-}2*}}{\partial \delta} = \dfrac{C_\mathrm{r}+v-C_\mathrm{n}}{4(1-\delta)^2}$，当 $C_\mathrm{n} > C_\mathrm{r}+v$ 时，$\dfrac{\partial q_\mathrm{n}^{2\text{-}2*}}{\partial \delta} < 0$；$\dfrac{\partial q_\mathrm{r}^{2\text{-}2*}}{\partial \beta} = \dfrac{-\delta AR[(B-\delta A^2)+2\delta A^2(\beta-\delta A)]}{(B-\delta A^2)^2}$，当 $\beta < \delta A - \dfrac{B-\delta A^2}{2\delta A^2}$ 时，$\dfrac{\partial q_\mathrm{r}^{2\text{-}2*}}{\partial \beta} > 0$；$\dfrac{\partial q_\mathrm{r}^{2\text{-}2*}}{\partial \delta} = \dfrac{(C_\mathrm{n}-C_\mathrm{r}-v)(B-\delta A^2)^2 - 2A^2 B(1-\delta)^2}{4(1-\delta)^2(B-\delta A^2)}$，当 $C_\mathrm{n} <$

$C_\mathrm{r} + v$ 时，$\dfrac{\partial q_\mathrm{r}^{2\text{-}2*}}{\partial \delta} < 0$，当 $C_\mathrm{n} > C_\mathrm{r} + v$ 且 $\delta < \dfrac{B\sqrt{C_\mathrm{n} - C_\mathrm{r} - v} - A\sqrt{B}}{A\left(A\sqrt{C_\mathrm{n} - C_\mathrm{r} - v} - \sqrt{B}\right)}$

时，$\dfrac{\partial q_\mathrm{r}^{2\text{-}2*}}{\partial \delta} > 0$；$\dfrac{\partial q^{2\text{-}2*}}{\partial \delta} = \dfrac{BA^2}{2(B - \delta A^2)^2} < 0$，$\dfrac{\partial q^{2\text{-}2*}}{\partial \beta} = -\dfrac{AR\delta(B - \beta A)}{(B - \delta A^2)^2} =$
$-\dfrac{AR\delta(1 - R)(1 - \beta)}{(B - \delta A^2)^2} < 0$，$\dfrac{\partial q^{2\text{-}2*}}{\partial R} = -\dfrac{A\delta(1 - \beta)[2B - (1 + \beta)A]}{2(B - \delta A^2)^2} > 0$，令
$\dfrac{\partial q^{2\text{-}2*}}{\partial R} > 0$，即 $2B - (1 + \beta)A = (1 - \beta)[1 - R(1 + \beta)] > 0$，得到 $R < \dfrac{1}{1 + \beta}$。

推论 6.4.8 表明采取再制造产品差别定价策略后，新产品需求不会受到再制造产品折扣的影响，但是随着 β 的增加（即再制造产品折扣率的降低），再制造产品需求先增加后减少。当新产品成本较低时，再制造产品需求随消费者偏好的增加而降低，这说明了较低的新产品成本对再制造产品是不利的。产品总需求受到消费者偏好、再制造产品价格折扣率和参与回收的消费者规模的影响，较高的消费者偏好会导致消费者对产品总需求的降低，降低 β（即提高的再制造产品价格折扣率）会提高消费者对产品的总需求。与推论 6.4.6 相似，当参与回收的消费者规模小于一定阈值时，原始设备制造商可以采取激励措施鼓励消费者参与旧产品回收活动，适当地提高回收量从而提高消费者对产品的总需求。

6.4.3 模型分析

1. 对比分析

在 MC 模式中，当再制造产品需求仅来自于参与回收的消费者时，$p_\mathrm{n}^{1\text{-}1*} = p_\mathrm{n}^{1\text{-}N*}$；$p_\mathrm{r}^{1\text{-}1*} > p_\mathrm{r}^{1\text{-}N*}$；$q_\mathrm{n}^{1\text{-}1*} > q_\mathrm{n}^{1\text{-}N*}$；$q_\mathrm{r}^{1\text{-}1*} < q_\mathrm{r}^{1\text{-}N*}$；$q^{1\text{-}1*} < q^{1\text{-}N*}$；当 $R > \hat{R} = \dfrac{\delta(1 - C_\mathrm{n})^2 - (\delta - C_\mathrm{r} - v)[\delta(1 - C_\mathrm{n}) - (\delta C_\mathrm{n} - C_\mathrm{r} - v)]}{(\delta C_\mathrm{n} - C_\mathrm{r} - v)^2}$ 时，$\Pi_\mathrm{OEM}^{1\text{-}1*} > \Pi_\mathrm{OEM}^{1\text{-}N*}$。当再制造产品需求同时来自于两类消费者时，$p_\mathrm{n}^{1\text{-}2*} < p_\mathrm{n}^{1\text{-}N*}$，当 $\delta < \dfrac{A - B}{A(1 - A)} = \dfrac{\beta}{A}$ 时，$p_\mathrm{r}^{1\text{-}2*} > p_\mathrm{r}^{1\text{-}N*}$；$q_\mathrm{n}^{1\text{-}2*} = q_\mathrm{n}^{1\text{-}N*}$；$q_\mathrm{r}^{1\text{-}2*} > q_\mathrm{r}^{1\text{-}N*}$；$q^{1\text{-}2*} > q^{1\text{-}N*}$。

在 MRC 模式中，当再制造产品需求仅来自于参与回收的消费者时，$p_\mathrm{n}^{2\text{-}1*} = p_\mathrm{n}^{2\text{-}N*}$；$p_\mathrm{r}^{2\text{-}1*} > p_\mathrm{r}^{2\text{-}N*}$；$w_\mathrm{n}^{2\text{-}1*} = w_\mathrm{n}^{2\text{-}N*}$；$w_\mathrm{r}^{2\text{-}1*} = w_\mathrm{r}^{2\text{-}N*}$；$q_\mathrm{n}^{2\text{-}1*} > q_\mathrm{n}^{2\text{-}N*}$；$q_\mathrm{r}^{2\text{-}1*} < q_\mathrm{r}^{2\text{-}N*}$；$q^{2\text{-}1*} < q^{2\text{-}N*}$。当

$$R > \hat{R} = \dfrac{\delta(1 - C_\mathrm{n})^2 - (\delta - C_\mathrm{r} - v)[\delta(1 - C_\mathrm{n}) - (\delta C_\mathrm{n} - C_\mathrm{r} - v)]}{(\delta C_\mathrm{n} - C_\mathrm{r} - v)^2}$$

时，$\Pi_\mathrm{OEM}^{2\text{-}1*} > \Pi_\mathrm{OEM}^{2\text{-}N*}$，$\Pi_\mathrm{R}^{2\text{-}1*} > \Pi_\mathrm{R}^{2\text{-}N*}$。当再制造产品需求同时来自于两类消费者

时，$p_n^{2\text{-}2*} < p_n^{2\text{-}N*}$；当 $\beta > \delta A$ 且

$$C_r > \widehat{C_{r1}} = \frac{A(B - \delta A^2)(3\delta + v) - 2\delta(B - \delta A^2) - A^2(1-\delta)(\delta + v)}{A - B - \delta A(1-A)}$$

或 $\beta < \delta A$ 且 $C_r < \widehat{C_{r1}}$ 时，$p_n^{2\text{-}2*} > p_r^{2\text{-}N*}$；$w_n^{2\text{-}2*} > w_n^{2\text{-}N*}$；$w_r^{2\text{-}2*} > w_r^{2\text{-}N*}$；$q_n^{2\text{-}2*} = q_n^{2\text{-}N*}$；当 $C_r > \widehat{C_{r2}} = \dfrac{2\delta A^2 - (\delta + v)(B - \delta A^2)}{B - \delta A^2}$ 时，$q_r^{2\text{-}2*} > q_r^{2\text{-}N*}$，$q^{2\text{-}2*} > q^{2\text{-}N*}$。

证明：在 MC 模式中，当再制造产品需求仅来自于参与回收的消费者时，$p_n^{1\text{-}1*} - p_n^{1\text{-}N*} = 0$；$p_r^{1\text{-}1*} - p_r^{1\text{-}N*} = \dfrac{(1-\beta)(\delta + C_r + v)}{2\beta} > 0$；$q_n^{1\text{-}1*} - q_n^{1\text{-}N*} = \dfrac{(\delta C_n - C_r - v)(1-R)}{2(1-\delta)} > 0$；$q_r^{1\text{-}1*} - q_r^{1\text{-}N*} = \dfrac{-(\delta C_n - C_r - v)(1-R)}{2\delta(1-\delta)} < 0$；$q^{1\text{-}1*} - q^{1\text{-}N*} = \dfrac{-(1-R)(\delta C_n - C_r - v)}{2\delta} < 0$；

$$\Pi_{\text{OEM}}^{1\text{-}1*} - \Pi_{\text{OEM}}^{1\text{-}N*} = \frac{R(\delta C_n - C_r - v)^2 - \delta(1 - C_n)^2 + (\delta - C_r - v)[\delta(1 - C_n) - (\delta C_n - C_r - v)]}{4\delta(1-\delta)},$$

令 $\Pi_{\text{OEM}}^{1\text{-}1*} > \Pi_{\text{OEM}}^{1\text{-}N*}$ 得到 $R > \hat{R}$。当再制造产品需求同时来自两类消费者时，$p_n^{1\text{-}2*} - p_n^{1\text{-}N*} = \dfrac{(\delta + C_r + v)(A^2 - B)}{2(B - \delta A^2)} < 0$；$p_r^{1\text{-}2*} - p_r^{1\text{-}N*} = \dfrac{[A - B - \delta A(1-A)](\delta + C_r + v)}{2\delta}$，令 $p_r^{1\text{-}2*} > p_r^{1\text{-}N*}$，得到 $\delta < \dfrac{A - B}{A(1-A)} = \dfrac{\beta}{A}$；$q_n^{1\text{-}2*} - q_n^{1\text{-}N*} = 0$；$q_r^{1\text{-}2*} - q_r^{1\text{-}N*} = \dfrac{(\delta + C_r + v)(1 - A^2)}{2\delta(1 - \delta A^2)} > 0$；$q^{1\text{-}2*} - q^{1\text{-}N*} = \dfrac{(B - A^2)(\delta + C_r + v)}{2\delta(B - \delta A^2)} > 0$。

在 MRC 模式中，当再制造产品需求仅来自于参与回收的消费者时，$p_n^{2\text{-}1*} - p_n^{2\text{-}N*} = 0$；$p_r^{2\text{-}1*} - p_r^{2\text{-}N*} = \dfrac{(1-\beta)(3\delta + C_r + v)}{4\beta} > 0$；$w_n^{2\text{-}1*} - w_n^{2\text{-}N*} = 0$；$w_r^{2\text{-}1*} - w_r^{2\text{-}N*} = 0$；$q_n^{2\text{-}1*} - q_n^{2\text{-}N*} = \dfrac{(\delta C_n - C_r - v)(1-R)}{4(1-\delta)} > 0$；

$$q_r^{2\text{-}1*} - q_r^{2\text{-}N*} = \frac{-(1-\delta)(1-R)(\delta C_n - C_r - v)}{2\delta(1-\delta)} < 0;$$

$$q^{2\text{-}1*} - q^{2\text{-}N*} = \frac{-(1-R)(\delta C_n - C_r - v)}{4\delta} < 0;$$

$$\Pi_{\mathrm{M}}^{2\text{-}1*} - \Pi_{\mathrm{M}}^{2\text{-}N*} =$$

$$\frac{R(\delta C_{\mathrm{n}}-C_{\mathrm{r}}-v)^2-\delta(1-C_{\mathrm{n}})^2+(\delta-C_{\mathrm{r}}-v)\left[\delta(1-C_{\mathrm{n}})-(\delta C_{\mathrm{n}}-C_{\mathrm{r}}-v)\right]}{4\delta(1-\delta)},$$

令 $\Pi_{\mathrm{OEM}}^{2\text{-}1*} - \Pi_{\mathrm{OEM}}^{2\text{-}N*} > 0$，得到 $R > \hat{R}$。当再制造产品需求来自于两类消费者时，

$$p_{\mathrm{n}}^{2\text{-}2*} - p_{\mathrm{n}}^{2\text{-}N*} = \frac{-(B-A^2)(\delta+C_{\mathrm{r}}+v)}{4(B-\delta A^2)} < 0;$$

$$p_{\mathrm{r}}^{2\text{-}2*} - p_{\mathrm{r}}^{2\text{-}N*} = \frac{A\left[\delta(1-3\delta)+(1-\delta)(C_{\mathrm{r}}+v)\right]}{4(B-\delta A^2)} + \frac{\delta B}{2A(B-\delta A^2)} - \frac{3\delta+C_{\mathrm{r}}+v}{4},$$

令 $p_{\mathrm{r}}^{2\text{-}2*} - p_{\mathrm{r}}^{2\text{-}N*} > 0$，得到 $\beta > \delta A$ 且

$$C_{\mathrm{r}} > \widehat{C_{\mathrm{r}1}} = \frac{A(B-\delta A^2)(3\delta+v)-2\delta(B-\delta A^2)-A^2(1-\delta)(\delta+v)}{A-B-\delta A(1-A)}$$

或 $\beta > \delta A$ 且 $C_{\mathrm{r}} < \widehat{C_{\mathrm{r}1}}$；$w_{\mathrm{n}}^{2\text{-}2*} - w_{\mathrm{n}}^{2\text{-}N*} = \frac{2\delta(B-A^2)}{2A^2(1-\delta)} > 0$；$w_{\mathrm{r}}^{2\text{-}2*} - w_{\mathrm{r}}^{2\text{-}N*} = \frac{2\delta(B-A^2)}{2A^2(1-\delta)} > 0$；$q_{\mathrm{r}}^{2\text{-}2*} - q_{\mathrm{r}}^{2\text{-}N*} = q^{2\text{-}2*} - q^{2\text{-}N*} = \frac{(\delta+C_{\mathrm{r}}+v)(B-\delta A^2)-2\delta A^2}{4(B-\delta A^2)}$，令 $q_{\mathrm{r}}^{2\text{-}2*} - q_{\mathrm{r}}^{2\text{-}N*} = q^{2\text{-}2*} - q^{2\text{-}N*} > 0$，得到 $C_{\mathrm{r}} > \widehat{C_{\mathrm{r}2}} = \frac{2\delta A^2 - (\delta+v)(B-\delta A^2)}{B-\delta A^2}$；$q_{\mathrm{n}}^{2\text{-}2*} - q_{\mathrm{n}}^{2\text{-}N*} = 0$。

对比结果说明当再制造产品需求仅来自于参与回收的消费者时，根据传感器嵌入式产品的回收信息采取再制造产品差别定价策略不会影响供应链成员对新产品价格、新产品和再制造产品批发价格的最优决策。但是采取差别定价策略会提高新产品需求，降低再制造产品需求并降低总需求。当参与回收的消费者规模高于阈值时，采取差别定价策略能够给原始设备制造商和零售商带来更高的利润。因此原始设备制造商和零售商需要根据旧产品回收信息确定回收量来决定是否采取差别定价策略，可以在回收期前建立激励机制，鼓励消费者返还旧产品。当再制造产品需求同时来自于两类消费者时，与情形 1 不同，采取差别定价策略不会影响新产品需求，但是会降低新产品价格。此时，在 MC 模式中，当消费者偏好小于阈值 $\frac{\beta}{A}$ 时，差别定价策略会使得制造商制定更高的再制造产品价格，并且会提高再制造产品需求，从而提高再制造产品的生产销售所带来的利润。在 MRC 模式中，差别定价策略会使得原始设备制造商制定更高的新产品和再制造产品批发价格。与不采取差别定价策略相比，当消费者偏好和生产成本同时高于阈值时，采取差别定价策略会使得最优的再制造产品价格升高；当再制造成本较

高时，采取差别定价策略会提高再制造产品需求和总需求。因此，在再制造成本较高时，根据回收信息采取差别定价策略有利于零售商获得更高的再制造利润。

2. 算例分析

由于情形 2 中的利润表达式过于复杂，本节采取数值算例进行分析。考虑到参与回收的消费者规模的限制，以及情形 2 形成的前提条件，在 MC 模式中，令 $C_n = 0.5$，$C_r = 0.3$，$v = 0.1$，$R = 0.24$，得到原始设备制造商利润 Π_{OEM}^{1-2*}，δ 和 β 之间的关系图。令 $\beta = 0.56$ 得到原始设备制造商在差别定价策略下与无差别定价策略下的利润之差 $\Delta\Pi$ 与 δ 的关系图，如图 6.20 所示。在 MRC 模式中，令 $C_n = 0.5$，$C_r = 0.3$，$v = 0.1$，$R = 0.124$，得到原始设备制造商利润 Π_{OEM}^{2-2*}，零售商利润 Π_R^{2-2*}，δ 和 β 之间的关系图，如图 6.21 所示。令 $\beta = 0.56$ 得到原始设备制造商和零售商在差别定价策略下与无差别定价策略下的利润之差 $\Delta\Pi$ 与 δ 的关系图，如图 6.22 所示。

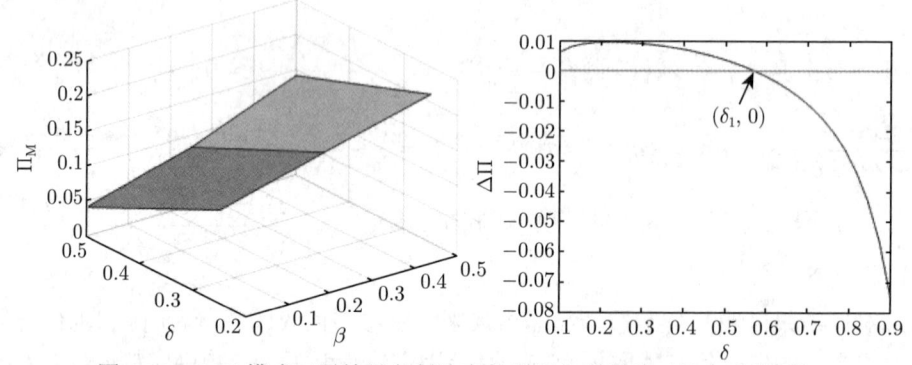

图 6.20 MC 模式下原始设备制造商的利润与利润差（见文后彩图）

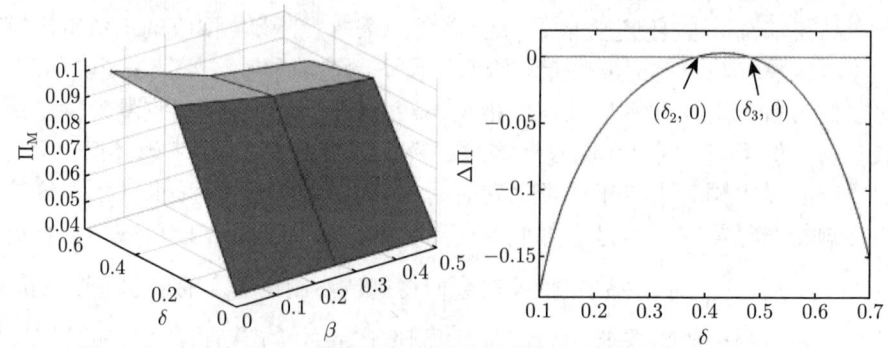

图 6.21 MRC 模式下原始设备制造商的利润与利润差（见文后彩图）

在 MC 模式下，原始设备制造商的利润随消费者偏好的提高而降低，随再制造产品价格折扣的提高（即折扣率的降低）而提高。这说明了原始设备制造商在消费者对再制造产品偏好较低的阶段，采取折扣率较低的再制造产品差别定价策略能够带来较多的利润。此外，当消费者偏好低于阈值 δ_1^* 时，原始设备制造商采取差别定价的策略会获得更高的利润。当消费者偏好高于阈值 δ_1^* 时，原始设备制造商不采取差别定价的策略会获得更高的利润。这启发原始设备制造商在经营新产品和再制造产品生产销售业务时，需要根据消费者对再制造产品的偏好来判断采取差别定价的必要性。在消费者对再制造产品偏好较低时，原始设备制造商可以采取差别定价的策略来提高自身的利润。

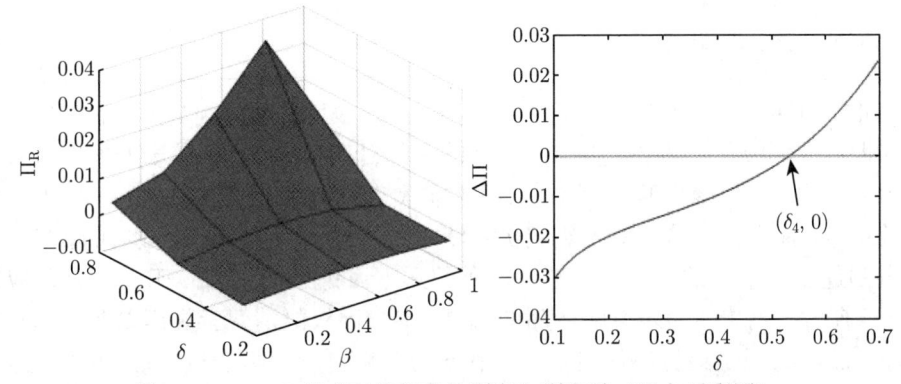

图 6.22　MRC 模式下零售商的利润与利润差（见文后彩图）

在 MRC 模式下，当消费者对再制造产品偏好较低时，原始设备制造商的利润随消费者偏好的提高增加的速率较大；当消费者偏好高于阈值时，随着再制造产品偏好的提高，原始设备制造商的利润增加速率不明显。在采取差别定价的策略下，原始设备制造商需密切关注市场上消费者对再制造产品的偏好，当偏好低于阈值时，应努力提高消费者偏好从而获得较高的利润；当消费者偏好较低时，原始设备制造商的利润受再制造产品折扣影响不明显。但是随着消费者偏好的增加，原始设备制造商的利润会随着再制造产品折扣的增加（即折扣率的降低而降低），这说明了原始设备制造商更希望给予消费者更多的再制造产品价格优惠以提高自身的利润。此外，当消费者对再制造产品的偏好处于 (δ_2^*, δ_3^*) 时，与不采取再制造产品差别定价策略相比，采取差别定价策略有利于原始设备制造商获得更高的利润。需要注意的是，当消费者偏好较低或较高时，原始设备制造商都不希望零售商采取再制造产品差别定价策略。

在 MRC 模式下，零售商的利润是消费者偏好的增函数。在采取差别定价的策略时，零售商应在消费者偏好较小时格外警示，因为此时，零售商的利润可能为负。当消费者偏好低于阈值时，零售商的利润几乎不受到再制造产品折扣的影响，当消费者偏好较高时，零售商的利润受再制造产品折扣影响波动较大，其变化趋势为随着再制造产品折扣的提高（即折扣率的降低）先增加后锐减。当消费者偏好和再制造产品折扣同时处于较高水平时，零售商利润达到峰值。因此，在MRC 模式下，当 β 低于阈值时，零售商倾向于提高再制造产品折扣（即降低折扣率）来提高自身的利润。当 β 高于阈值时，零售商的利益会减少，这表明对于零售商而言，一味地提高再制造产品折扣（即降低折扣率）反而会降低自身的利润，这也进一步说明了再制造产品的销售主体并不总是期望较低的折扣率。此外，当消费者偏好高于阈值 δ_4^* 时，与不采取再制造产品差别定价策略相比，采取差别定价策略有利于零售商获得更高的利润。

6.4.4 管理启示

本节基于传感器嵌入式产品能够收集产品回收信息从而判断消费者的回收行为和旧产品回收量，以是否参与旧产品的回收活动为标准，将市场上的消费者划分为参与回收与不参与回收两类，在两类消费者细分中对再制造产品采取差别定价的策略，探究再制造产品差别定价策略对原始设备制造商定价决策的影响。根据再制造需求来源的不同，本节在两种情形下讨论了 MC 和 MRC 两种供应链模式。探讨了消费者对再制造产品的偏好、参与回收的消费者规模以及差别定价策略对供应链成员最优决策结果以及利润的影响，结合算例分析得到了供应链成员采取差别定价策略以期获得更高利润的阈值条件，主要管理启示如下：①当供应链成员在经营再制造生产销售业务时，需要关注消费者对再制造产品偏好的变化，在合适的时机选择差别定价策略，从而获得更高的利润。②再制造销售主体并不总是期望较低的再制造产品折扣率，在实际的生产中，如果根据回收信息采取差别定价策略，再制造销售主体不能一味地制定较低的再制造产品折扣率，而是要结合市场上的消费者对再制造产品的偏好，做出最合适的决策。③与不采取差别定价策略相比，当再制造产品需求仅源于参与回收的消费者细分时，采取差别定价策略会提高再制造产品价格从而降低再制造产品需求，不影响新产品价格但会提高新产品需求。当再制造产品需求同时源于两类消费者时，采取差别定价策略会提高再制造产品需求，但不影响新产品需求。④当供应链成员采取差别定价策略时，再制造产品折扣的变化不影响新产品需求。供应链成员需关注参与回收的消费者规模，在回收前期，可以建立回收奖励机制，一方面可以提高消费者对再制造产品需求，另一方面，可以提高供应链成员自身的利润。但需要注意的是，当再制造产品偏好同时来自于两类消费者时，参与回收的消费者规模高于一定值时可能会导致产品总需求的降低，这时，需要考虑建立有限的回收奖励机制，当参与回收的消费者规模达到一定阈值时，不再鼓励回收。

6.5 本章小结

本章首先探讨了制造商实施智能制造对再制造决策的影响。针对智能制造环境下由制造商、零售商和消费者组成的二级供应链，研究了零售商不购买或购买产品生命周期数据使用权时实施再制造，以及制造商实施再制造三种情形下的最优决策方案。进而研究智能制造环境下成本信息不对称的再制造决策问题。原始设备制造商通过第一阶段生产的智能产品能够获得产品全生命周期的质量信息，因此能够根据所有被回收的旧产品的质量状态确定供应链成员双方的再制造成本，从而具备信息优势。而再制造商只能通过对自己回收的旧产品质量进行评估来确定自己的再制造成本，这就在原始设备制造商和再制造商之间产生了横向的信息不对称性。同时考虑消费者对新产品和再制造产品不同的偏好，以及原始设备制造商和再制造商不同的再制造成本，通过与信息对称的情况下对比，结合理论分析和数值分析，研究了由传感器嵌入式产品产生的成本信息不对称性对新产品和再制造产品的产量与价格及双方利润的影响。最后研究智能制造环境下考虑差异定价的再制造决策问题。原始设备制造商通过第一阶段生产的传感器嵌入式产品收集旧产品回收信息，能够判断消费者是否参与旧产品的回收活动，从而将第二阶段的消费划分为参与回收和不参与回收两类，第二阶段基于消费者对新产品和再制造产品的不同偏好，在新产品和再制造产品销售价格不同的基础上，进一步在所细分的两类消费者中对再制造产品采取差别定价的策略。通过与不采取差别定价策略的情况对比，结合理论分析和数值分析，研究了原始设备制造商根据生产传感器嵌入式产品获得的回收信息而采取的差别定价策略对新产品和再制造产品的产量与价格及供应链成员利润的影响。

参考文献

[1] ROGERS E A, COUNCIL A. How smart manufacturing saves money, smart manufacturing technologies and energy Savings[C]. ACEEE, 2015.

[2] KANG H S, LEE J Y, CHOI S S, et al. Smart manufacturing: past research, present findings, and future directions[J]. International journal of precision engineering and manufacturing-green technology, 2016, 3: 111-128.

[3] MANYIKA J. Big data: the next frontier for innovation, competition, and productivity[J]. McKinsey Global Institute, 2011, 1.

[4] WANG J, MA Y, ZHANG L, et al. Deep learning for smart manufacturing: methods and applications[J]. Journal of Manufacturing Systems, 2018, 48: 144-156.

[5] DAVIS J, EDGAR T, PORTER J, et al. Smart manufacturing, manufacturing intelligence and demand-dynamic performance[J]. Computers & Chemical Engineering, 2012, 47: 145-156.

[6] GEORGAKOPOULOS D, JAYARAMAN P P, FAZIA M, et al. Internet of things and edge cloud computing roadmap for manufacturing[J]. IEEE Cloud Computing, 2016, 3(4): 66-73.

[7] QI Q, TAO F. Digital twin and big data towards smart manufacturing and industry 4.0: 360 degree comparison[J]. IEEE Access, 2018, 6: 3585-3593.

[8] KUSIAK A. Smart manufacturing must embrace big data[J]. Nature, 2017, 544(7648): 23-25.

[9] SHIN J H, KIRITSIS D, XIROUCHAKIS P. Design modification supporting method based on product usage data in closed-loop plm[J]. International Journal of Computer Integrated Manufacturing, 2015, 28(6): 551-568.

[10] YANG S, MR A R, KAMINSKI J, et al. Opportunities for Industry 4.0 to support remanufacturing[J]. Applied Sciences, 2018, 8(7): 1177.

[11] ROBOTIS A, BOYACI T, VERTER V. Investing in reusability of products of uncertain remanufacturing cost: the role of inspection capabilities[J]. International Journal of Production Economics, 2012, 140(1): 385-395.

[12] ONDEMIR O, GUPTA S M. Quality management in product recovery using the internet of things: an optimization approach[J]. Computers in Industry, 2014, 65(3): 491-504.

[13] JOSHI A D, GUPTA S M. Evaluation of design alternatives of end-of-life products using internet of things[J]. International Journal of Production Economics, 2019, 208: 281-293.

[14] ZHOU W, PIRAMUTHU S. Remanufacturing with rfid item-level information[C]// Exploring the Grand Challenges for Next Generation E-Business: 8th Workshop on E-Business, WEB 2009, Phoenix, AZ, USA, December 15, 2009, Revised Selected Papers 8. Springer Berlin Heidelberg, 2011: 96-104.

[15] 魏光兴, 付巧玲, 陈曦. 考虑偏好异质性及其信息不对称的绿色供应链决策 [J]. 软科学, 2020, 34(11): 123-129,144.

[16] 张盼, 熊中楷. 制造商回收成本信息不对称下零售商激励合同设计 [J]. 管理工程学报, 2019, 33(4): 144-150.

[17] WEI J, GOVINDAN K, LI Y, et al. Pricing and collecting decisions in a closed-loop supply chain with symmetric and asymmetric information[J]. Computers & operations research, 2015, 54: 257-265.

[18] ZHANG P, XIONG Y, XIONG Z, et al. Designing contracts for a closed-loop supply chain under information asymmetry[J]. Operations Research Letters, 2014, 42(2): 150-155.

[19] HUANG Y, WANG Z. Values of information sharing: a comparison of supplier-remanufacturing and manufacturer-remanufacturing scenarios[J]. Transportation Research Part E: Logistics and Transportation Review, 2017, 106: 20-44.

[20] 刘启明. 零售商主导闭环供应链信息共享价值研究 [D]. 合肥：中国科学技术大学,2017.

[21] ZHANG P, XIONG Z. Information sharing in a closed-loop supply chain with asymmetric demand forecasts[J]. Mathematical Problems in Engineering, 2017, 2017(1):

9785759.
- [22] 向泽华, 许民利. 回收平台预测信息分享下的闭环供应链回收模式选择研究 [J]. 软科学, 2020, 34(5):101-107.
- [23] 郭少英, 李乃梁, 郭少杰, 等. 闭环供应链中制造商与供应商定价策略研究 [J]. 机械设计与制造, 2020,(3):289-292.
- [24] REIMANN M, XIONG Y, ZHOU Y. Managing a closed-loop supply chain with process innovation for remanufacturing[J]. European Journal of Operational Research, 2019, 276(2): 510-518.
- [25] XIONG Y, ZHOU Y, LI G, et al. Don't forget your supplier when remanufacturing[J]. European Journal of Operational Research, 2013, 230(1): 15-25.

第 7 章

总结与展望

经济的快速增长带来了巨大的资源和能源消耗，工业发展和环境保护矛盾已经成为制约我国可持续发展的突出问题。再制造利用先进的表面工程技术，对关键零部件或产品功能修复和提升，能够有效促进节材、节能，实现去产能、降成本，推动我国绿色发展。物联网、云计算、大数据等新一代信息技术的飞速发展和有效应用，为实现面向再制造的多产品生命周期集成系统整体优化提供了手段和工具，带动了管理理论的创新。

本研究团队长期围绕新一代信息技术环境下的先进制造系统优化与决策开展研究工作，在对我国工业发展与环境保护的管理需求、新一代信息技术的发展和应用及其对再制造工程管理的深刻影响、再制造企业发展的管理实践需求、现有与再制造工程管理相关研究成果等系统分析的基础之上，提出了面向再制造的多产品生命周期集成系统管理的学术思想，并在此学术思想下开展了再制造供应链决策理论与方法的研究，取得了一定的研究成果。本书正是在这些研究成果的基础上整理而成的。

本书在分析再制造产品形成及其演化过程特征基础上，提出了面向再制造的多产品生命周期集成系统管理的学术思想，构建了基于再制造关键零部件的多产品生命周期集成系统框架模型，进而分析了供应链利益相关方在再制造系统中出现的先后次序关系、竞争与合作等复杂关系，揭示了再制造系统的高度系统性、复杂性、动态性特点。围绕再制造供应链决策，针对再制造供应链回收决策，研究了水平竞争、垂直竞争、水平与垂直竞争并存等不同的竞争环境下的再制造供应链的均衡回收决策模型与决策方法；针对再制造供应链生产决策，研究了分级回收模式、第三方再制造商竞争、代工企业合作等环境下的再制造供应链生产决策模型与决策方法；针对再制造供应链销售决策，研究了再制造产品的营销模式、再制造产品的渠道结构、再制造产品的渠道选择及再制造产品的差别定价等环境下的再制造供应链销售决策模型与决策方法；针对智能制造环境下的再制造决策，分析了制造商实施智能制造对再制造决策的影响机理，研究了智能制造环境下成本信息不对称、考虑差异定价等情形下的再制造决策模型与决策方法。

　　再制造是一种典型的绿色制造模式，然而在再制造供应链管理实践中还存在很多难题。通过研究再制造生态体系的建设路径及其可持续发展的机理机制，对促进再制造产业良性发展，助力我国碳达峰与碳中和目标实现将具有重要价值。为改变再制造产业"弱小散乱"的局面，我国在合肥建立了国家级再制造产业集聚区，在河间市建立了京津冀国家再制造产业示范基地等国家级再制造基地。然而，我国再制造产业发展仍然受到政策不完善、市场不规范、消费者偏见等不利因素严重影响，如何建设具有自我调节和迭代演进的再制造生态体系成为再制造产业发展亟待解决的问题。为此需要研究再制造生态体系架构、内涵和建设路径；再制造生态体系子系统的耦合共生机理与协同管理机制；碳税和碳交易政策、再制造政策、再制造国家及行业标准等宏观环境因素对再制造生态体系建设的作用机理；再制造生态体系建设绩效评价方法；针对国家级再制造基地管理实践开展再制造生态体系建设案例研究，形成应用示范。

　　本书提出了面向再制造的多产品生命周期集成系统管理的学术思想，构建了基于再制造关键零部件的多产品生命周期集成系统框架模型，并重点研究了相关的再制造供应链决策问题，而在企业运作的微观层面，围绕该系统的整体优化也还有很多研究工作需要开展，例如：

　　（1）基于产品健康状态数据的关键零部件再制造时机优化模型。随着物联网、云计算、大数据等新一代信息技术的充分应用，产品从传统的机械产品向智能互联产品过渡。在很多制造型行业，产品关键零部件重要参数的数据实现了在线实时获取，具备了产品及关键零部件在线监测、健康预测、在线故障诊断、剩余寿命预测，以及为用户提供再制造或维修建议和其他个性化服务的信息基础。产品数据包含了产品从需求、规划、设计、生产、经销、运行、使用、维修保养、回收再制造或报废的全部过程信息。基于这些信息，可以研究基于产品健康状态数据的关键零部件可再制造性评价方法，确定关键零部件是否具备实施再制造的条件。在不同的时间节点对关键零部件实施再制造具有不同的效益，因此存在关键零部件再制造时机的优化问题。另外，再制造时机的优化还受到用户决策方式的影响。对于损坏的关键零部件，现实中根据损坏程度不同及个人行为习惯差异，用户通常存在维修或更换等多种决策方式，维修具体又可分为维护、维修、大修，更换可分为更换新品、更换再制造品、更换替代品等。针对此现实背景，在具有高附加值的关键零部件可再制造的前提下，构建产品在用户不同决策方式下的关键零部件故障预测模型；进而研究关键零部件再制造成本与产品剩余寿命平衡的关键零部件再制造时机优化模型，分析用户不同决策方式对关键零部件最优再制造时机的影响。

（2）再制造关键零部件循环生命周期演化规律与动态优化模型。与一般零部件相比，再制造关键零部件的生命周期具有循环多次的典型特点，同时再制造关键零部件生命周期循环再生也是形成面向再制造的多产品生命周期集成系统的重要支撑。本书从理论上构建了基于再制造关键零部件的多产品生命周期集成系统框架模型，然而在数据驱动的前提下，研究再制造关键零部件循环生命周期模型及其演化规律能够为该框架模型提供更加真实的细节支撑。面向再制造关键零部件，可以从涉及关键零部件的设计、制造、服务、再制造等多个方面，分别构建关键零部件在多个生命周期的元数据集合、历史数据集合和状态数据集合，构建关键零部件不同阶段的单生命周期模型。再制造关键零部件的历史生命周期数据相对完整，而当前在役的生命周期尚处于动态变化的过程。根据历史生命周期数据，可以构建关键零部件历史生命周期的系统动力学演化模型。结合再制造关键零部件的历史生命周期数据、当前生命周期变化趋势，以及再制造关键零部件当前生命周期与历史生命周期的耦合机理研究成果，可以分析和预测再制造关键零部件当前生命周期的系统演化路径，进而构建再制造关键零部件循环生命周期动态演化模型。

未来，智能再制造将成为促进再制造系统整体优化的重要手段。新一代信息技术与制造技术深度融合，形成了智能制造，引发了新一轮工业革命；新一代信息技术与再制造技术深度融合，产生了智能再制造，为再制造的发展培育了新增长点，形成了新动能。智能再制造以发展再制造为目标，以新一代信息技术为手段，它是再制造发展的必然阶段，同时它也是智能制造的重要组成部分。从生产的角度看，再制造生产装备附加上新一代信息技术，使装备具有自感知、自诊断、自适应、自决策等能力，升级成为智能再制造装备。以云计算强大的数据处理能力和快速的互联网数据传输能力为基础，通过智能再制造装备的互联互通，以智能再制造单元为单位进行"思考"和"协作"，从而实现再制造过程的智能生产。从产品的角度看，通过对产品参数数据的实时收集，和远端云计算中心的强大的数据处理能力，使得产品能够通过互联网远端的"云脑"进行"思考"而具备智能性。智能产品根据对自身状态数据的挖掘主动向制造商和用户"提供"精准的再制造建议，也是再制造得以深化发展的重要途径。从市场的角度看，尽管再制造产品对回收部件的重要损坏部位采用了更加耐用的稀有材料，进行了专业化的修复，质量达到甚至优于新产品，然而传统偏见往往将再制造产品视为废旧产品的简单翻新而忽略再制造产品质的提升,这严重阻碍了再制造产业的发展。智能化的新产品及再制造产品,能够借助于新一代信息技术,帮助用户更加了解产品,拉近用户与再制造企业之间的心理距离,这无疑对改变和消除人们对再制造产品的误解有重要的促进作用。

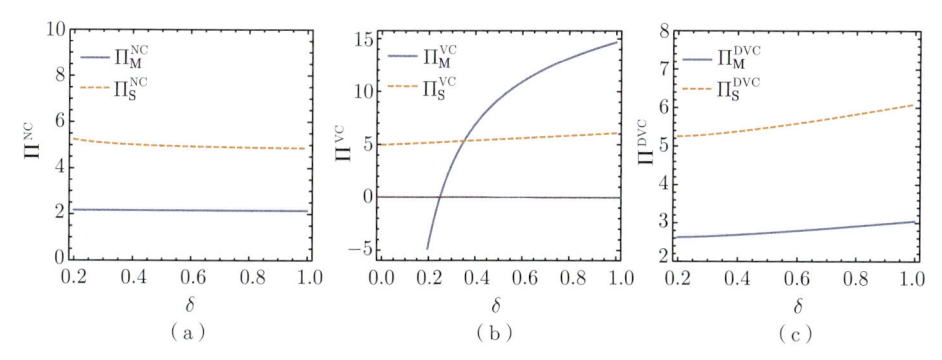

图 3.3 同一竞争模式下,制造商和供应商利润受 δ 的影响

(a) NC 竞争模式;(b) VC 竞争模式;(c) DVC 竞争模式

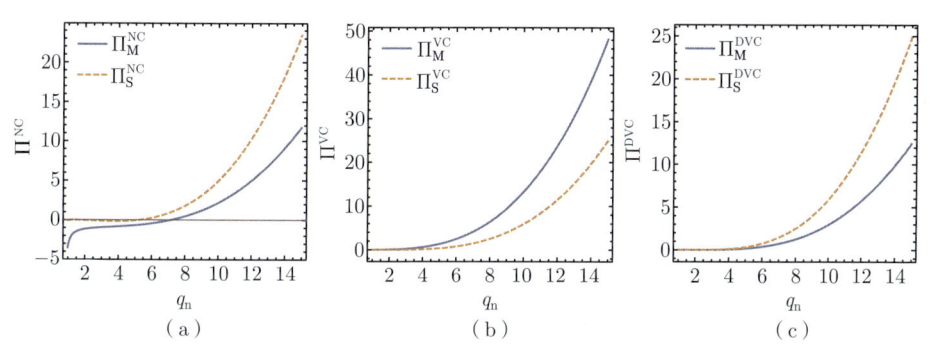

图 3.4 同一竞争模式下,制造商和供应商利润受 q_n 的影响

(a) NC 竞争模式;(b) VC 竞争模式;(c) DVC 竞争模式

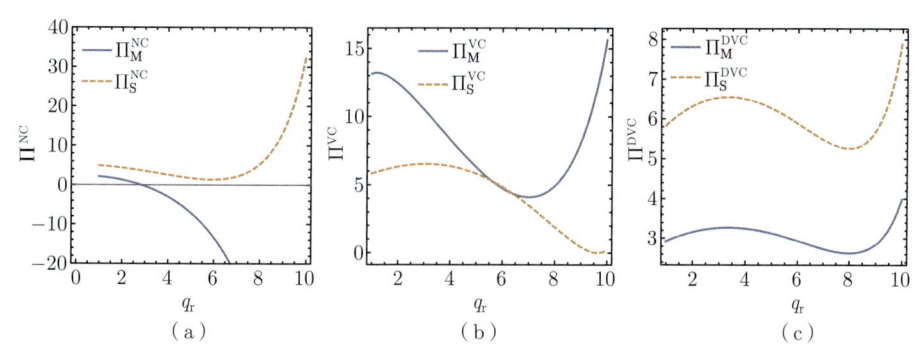

图 3.5 同一竞争模式下,制造商和供应商利润受 q_r 的影响

(a) NC 竞争模式;(b) VC 竞争模式;(c) DVC 竞争模式

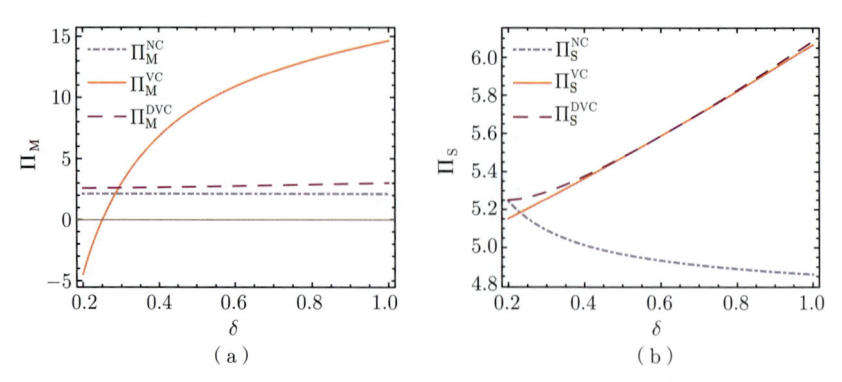

图 3.6　不同竞争模式下，制造商和供应商利润受 δ 的影响

（a）制造商利润；（b）供应商利润

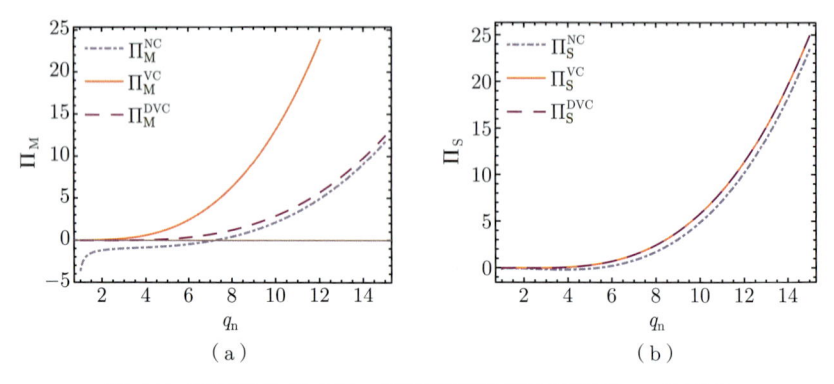

图 3.7　不同竞争模式下，制造商和供应商利润受 q_n 的影响

（a）制造商利润；（b）供应商利润

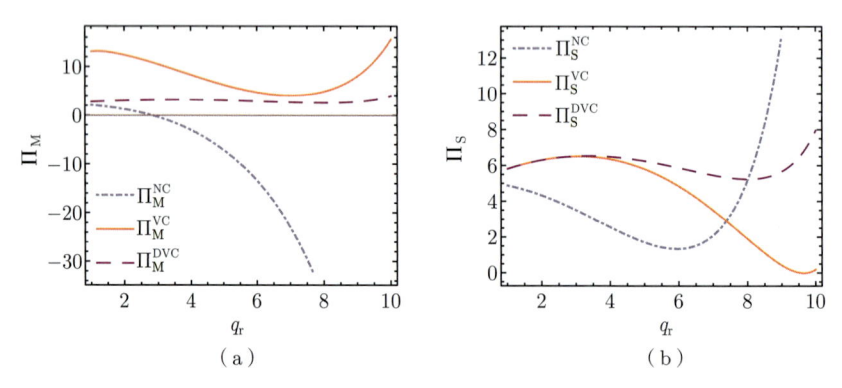

图 3.8　不同竞争模式下，制造商和供应商利润受 q_r 的影响

（a）制造商利润；（b）供应商利润

图 3.13 α 的变化对 Π_{OEM} 的影响

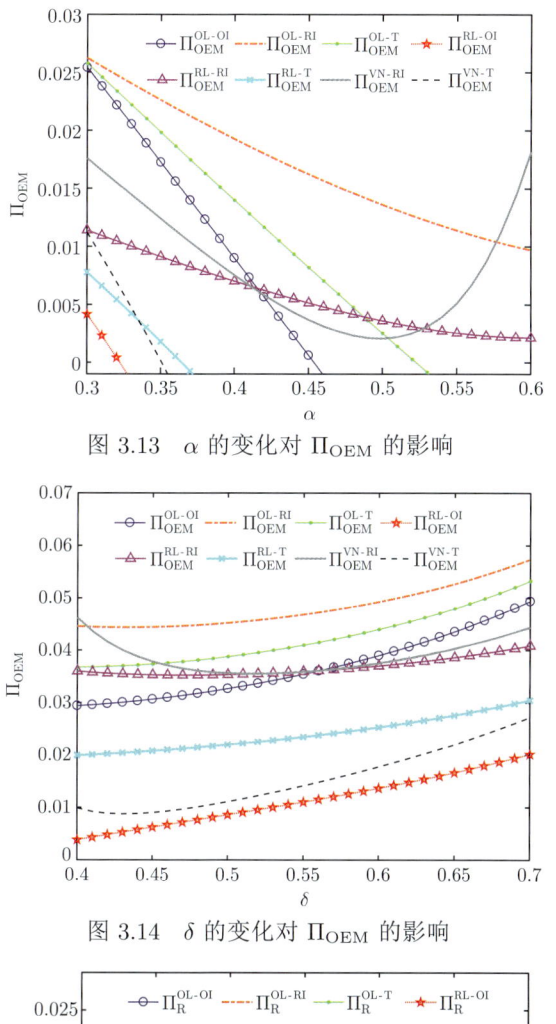

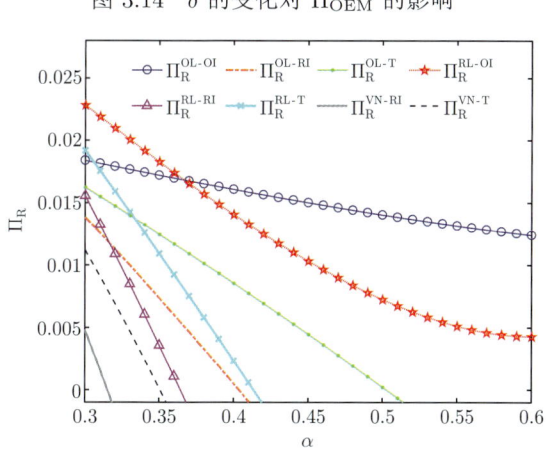

图 3.14 δ 的变化对 Π_{OEM} 的影响

图 3.15 α 的变化对 Π_{R} 的影响

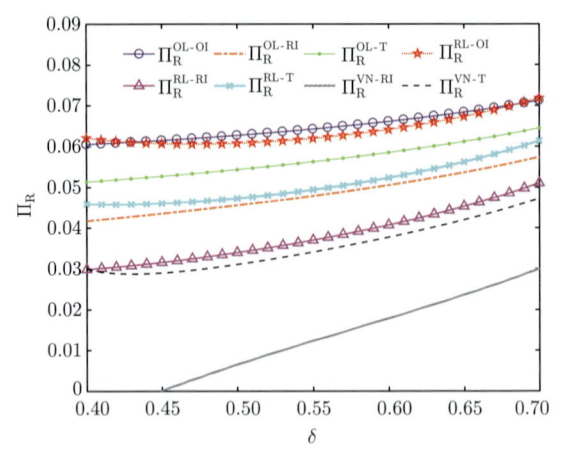

图 3.16　δ 的变化对 Π_R 的影响

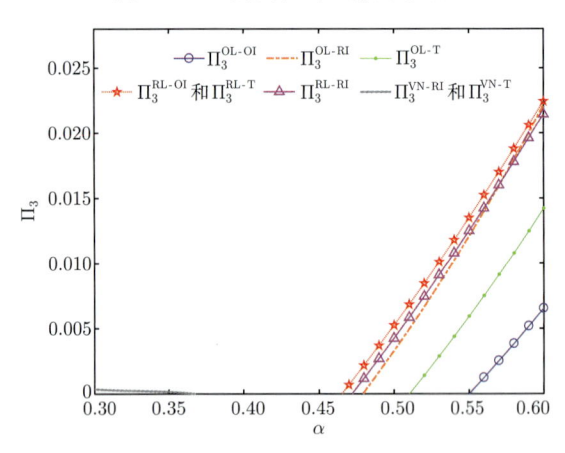

图 3.17　α 的变化对 Π_3 的影响

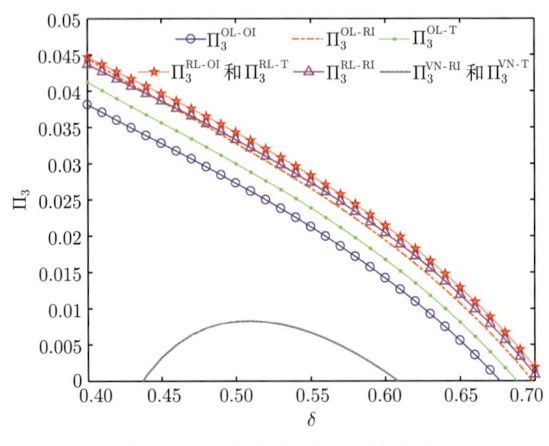

图 3.18　δ 的变化对 Π_3 的影响

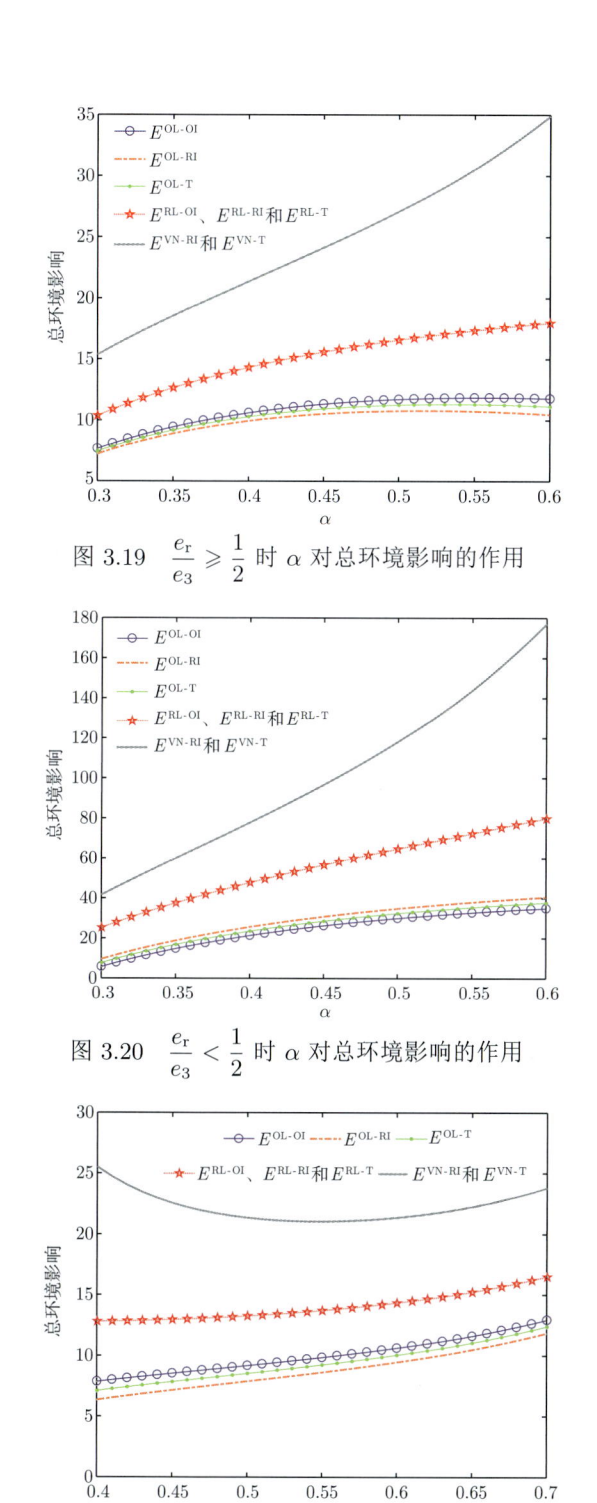

图 3.19 $\dfrac{e_r}{e_3} \geqslant \dfrac{1}{2}$ 时 α 对总环境影响的作用

图 3.20 $\dfrac{e_r}{e_3} < \dfrac{1}{2}$ 时 α 对总环境影响的作用

图 3.21 $\dfrac{e_r}{e_3} \geqslant \dfrac{1}{2}$ 时 δ 对总环境影响的作用

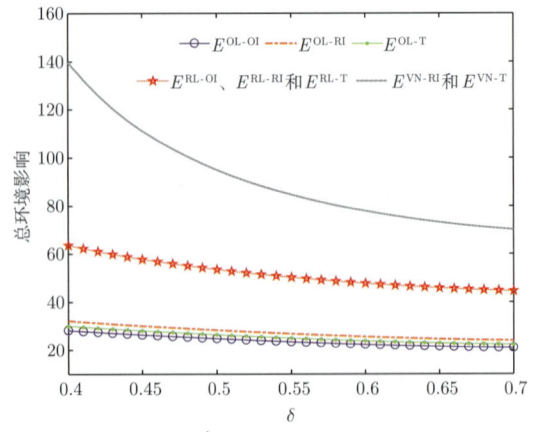

图 3.22 $\dfrac{e_r}{e_3} < \dfrac{1}{2}$ 时 δ 对总环境影响的作用

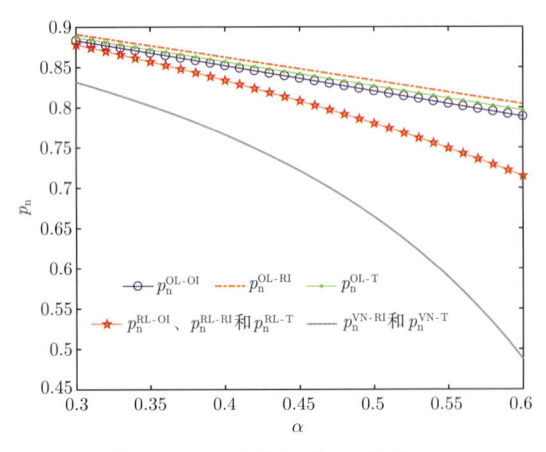

图 3.23 α 的变化对 p_n 的影响

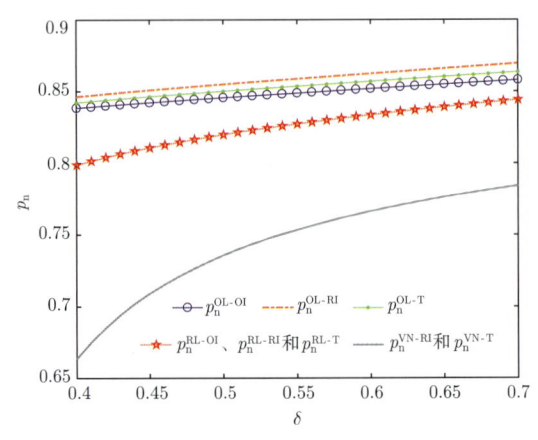

图 3.24 δ 的变化对 p_n 的影响

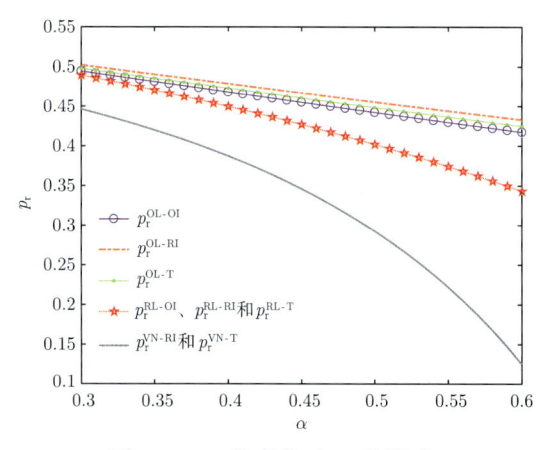

图 3.25 α 的变化对 p_r 的影响

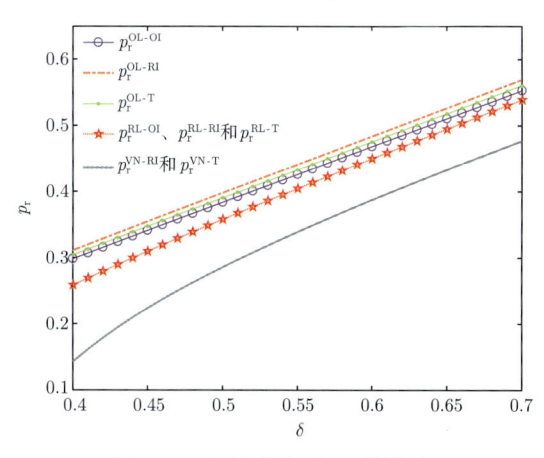

图 3.26 δ 的变化对 p_r 的影响

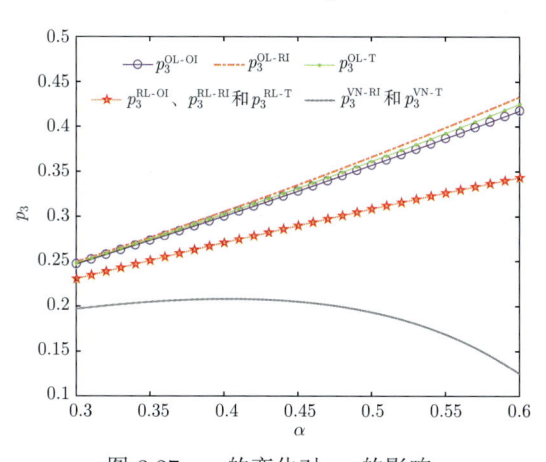

图 3.27 α 的变化对 p_3 的影响

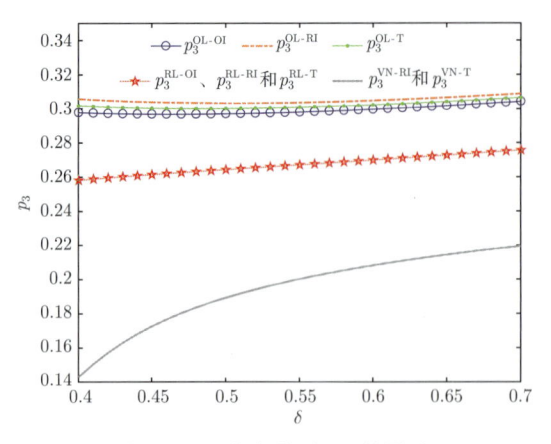

图 3.28 δ 的变化对 p_3 的影响

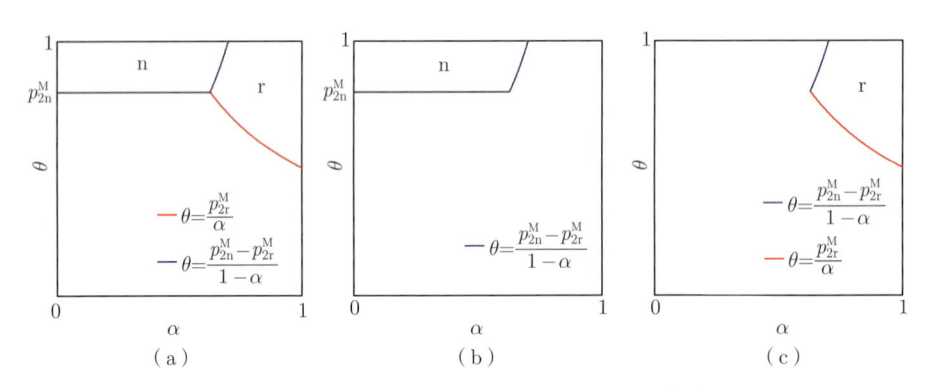

图 4.5 消费者购买新产品和再制造产品的支付意愿
（a）消费者的选择；（b）消费者对新产品的支付意愿；（c）消费者对再制造产品的支付意愿

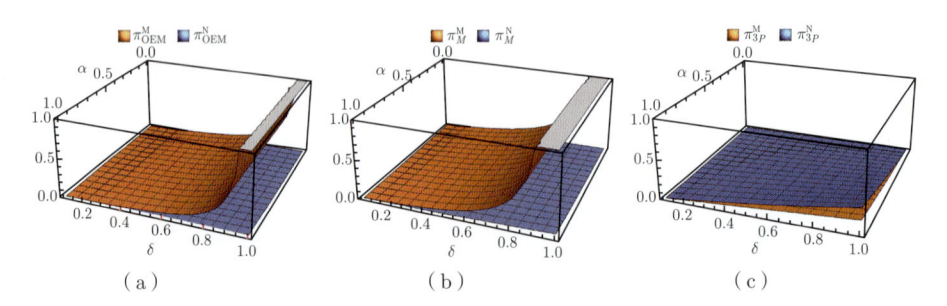

图 4.7 模型 M 和模型 N 中原始设备制造商、制造商和第三方利润的变化情况
（a）原始设备制造商；（b）制造商；（c）第三方翻新商

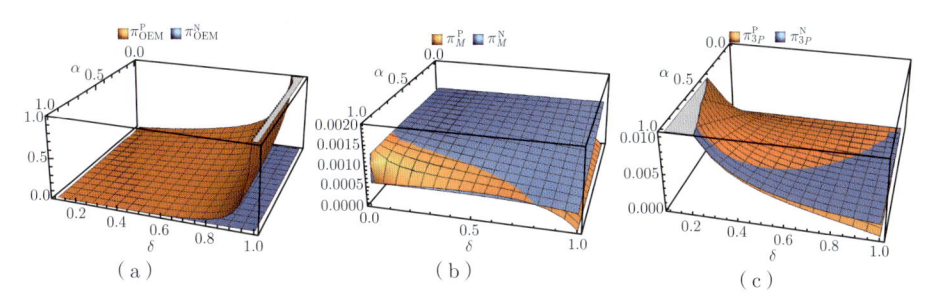

图 4.8　模型 M 和模型 P 中原始设备制造商、制造商和第三方利润的变化情况

（a）原始设备制造商；（b）制造商；（c）第三方翻新商

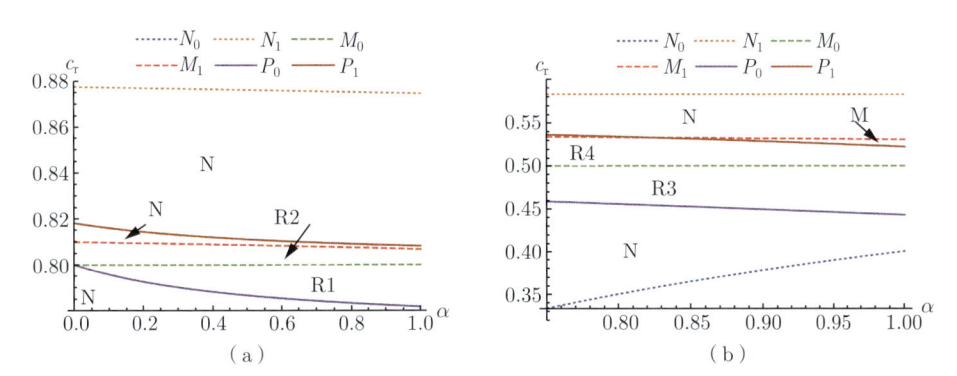

图 4.9　模型 D 中消费者折扣因子对原始物料供应商和独立物料供应商利润的影响

（a）当 (i) $\frac{5}{6} < \delta < 1$ 或 (ii) $0 < \delta < \frac{5}{6}$ 且 $0 < \alpha < \frac{4(3 - 3\delta - \sqrt{5 - 11\delta + 6\delta^2})}{4 - 3\delta} = F$；（b）当 $0 < \delta < \frac{5}{6}$ 且 $F < \alpha < 1$

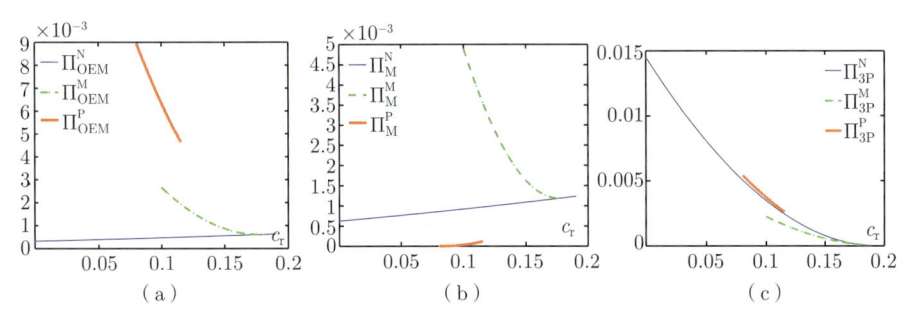

图 4.10　当 $\delta = 0.2$、$\alpha = 0.3$ 时原始设备制造商、制造商和第三方利润的变化情况

（a）原始设备制造商；（b）制造商；（c）第三方翻新商

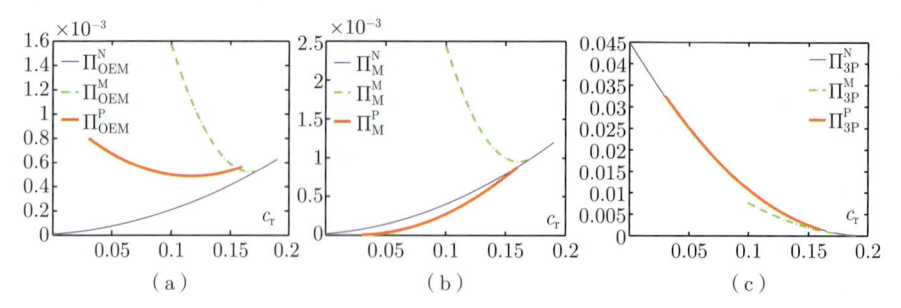

图 4.11 当 $\delta = 0.2$、$\alpha = 0.9$ 时原始设备制造商、制造商和第三方利润的变化情况
(a) 原始设备制造商;(b) 制造商;(c) 第三方翻新商

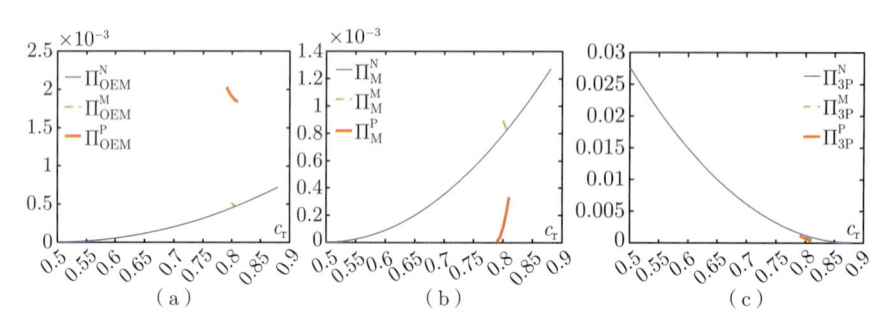

图 4.12 当 $\delta = 0.2$、$\alpha = 0.5$ 时原始设备制造商、制造商和第三方利润的变化情况
(a) 原始设备制造商;(b) 制造商;(c) 第三方翻新商

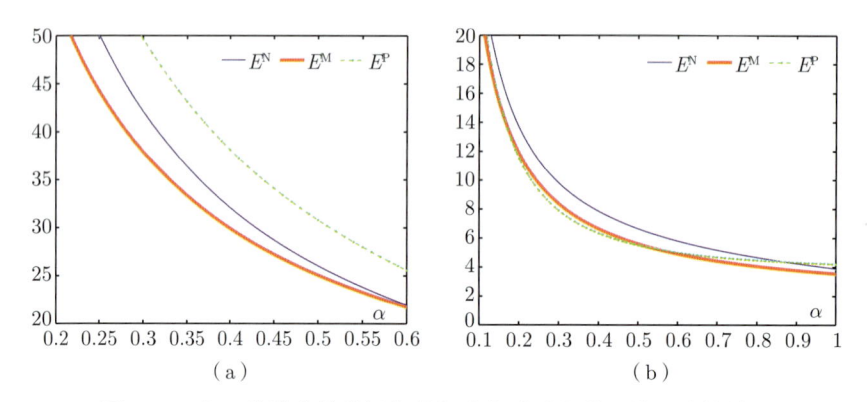

图 4.13 在三种模式的前提条件都成立时对比总环境影响的效果
(a) $\delta = 0.2$;(b) $\delta = 0.9$

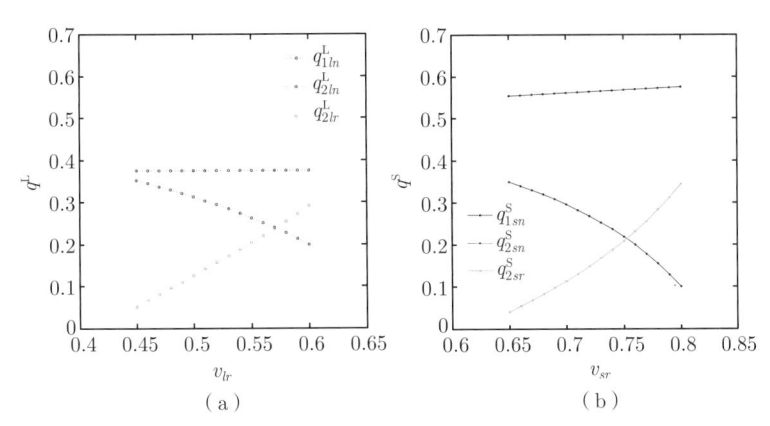

图 5.1 给定 c 和 γ，v_{ir} 对最优产量的影响

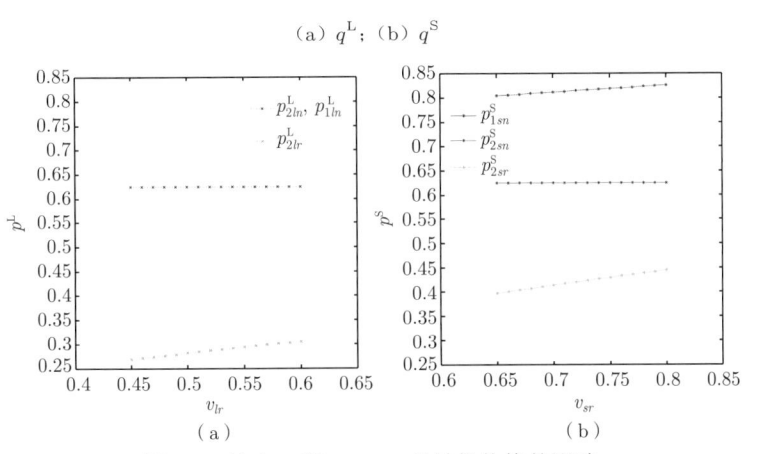

(a) q^{L}；(b) q^{S}

图 5.2 给定 c 和 γ，v_{ir} 对最优价格的影响

(a) p^{L}；(b) p^{S}

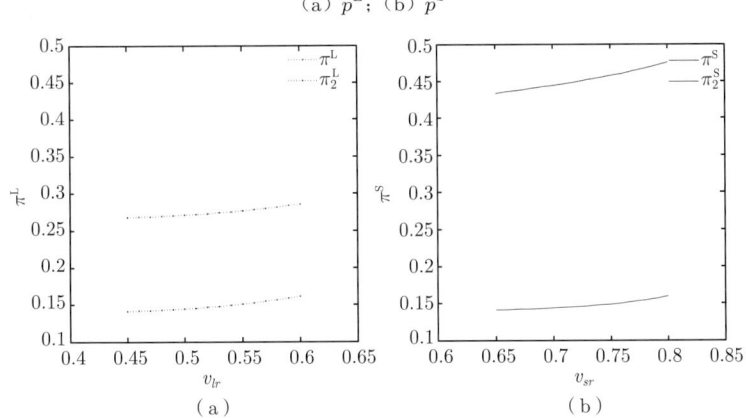

图 5.3 给定 c 和 γ，v_{ir} 对最优利润的影响

(a) π^{L}；(b) π^{S}

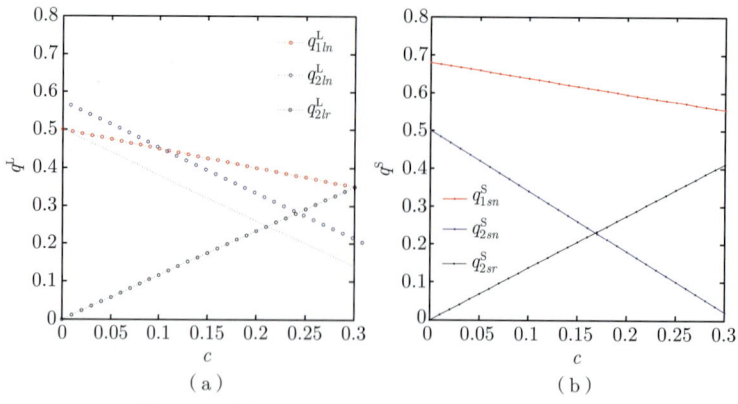

图 5.4 给定 v_{ij} 和 γ，c 对最优产量的影响
(a) q^L；(b) q^S

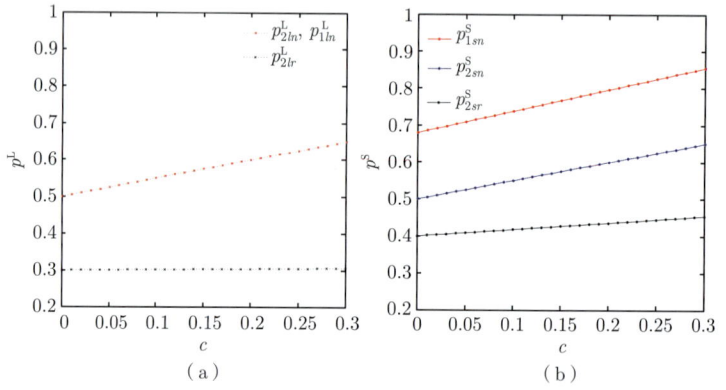

图 5.5 给定 v_{ij} 和 γ，c 对最优价格的影响
(a) p^L；(b) p^S

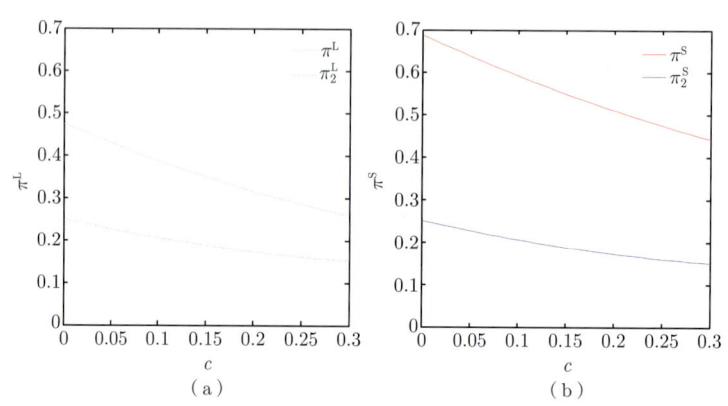

图 5.6 给定 v_{ij} 和 γ，c 对最优利润的影响
(a) π^L；(b) π^S

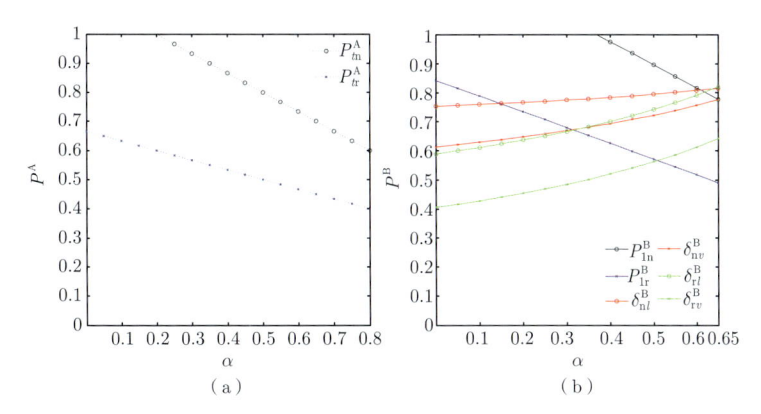

图 5.19　消费者折扣因子 α 对价格的影响

(a) P^A；(b) P^B

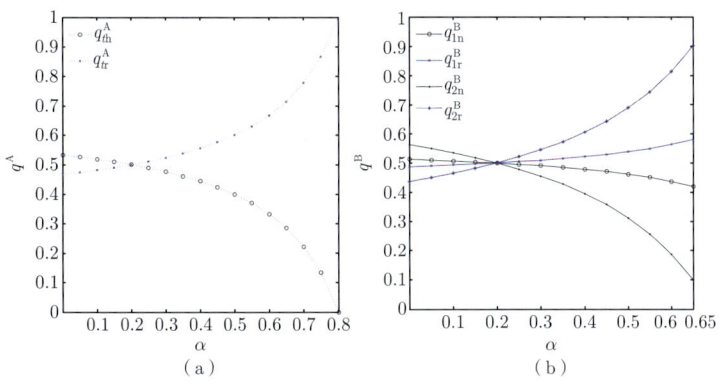

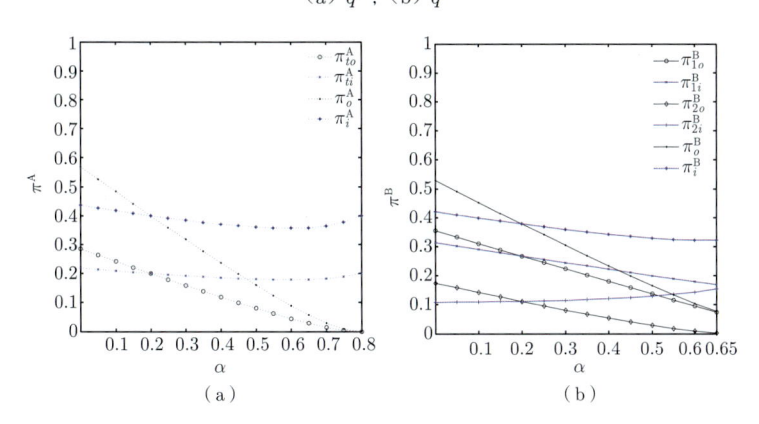

图 5.20　消费者折扣因子 α 对需求的影响

(a) q^A；(b) q^B

图 5.21　消费者折扣因子 α 对利润的影响

(a) π^A；(b) π^B

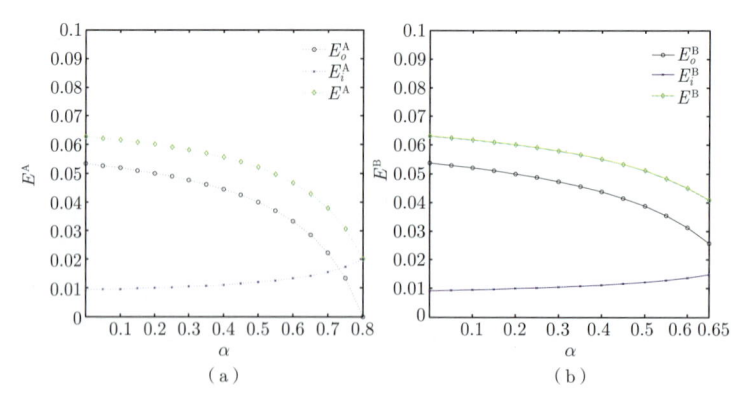

图 5.22 消费者折扣因子 α 对环境的影响
(a) E^A; (b) E^B

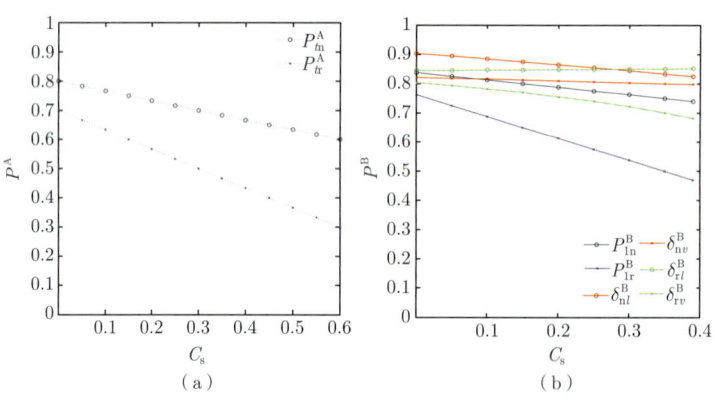

图 5.23 成本节约 C_s 对价格的影响
(a) P^A; (b) P^B

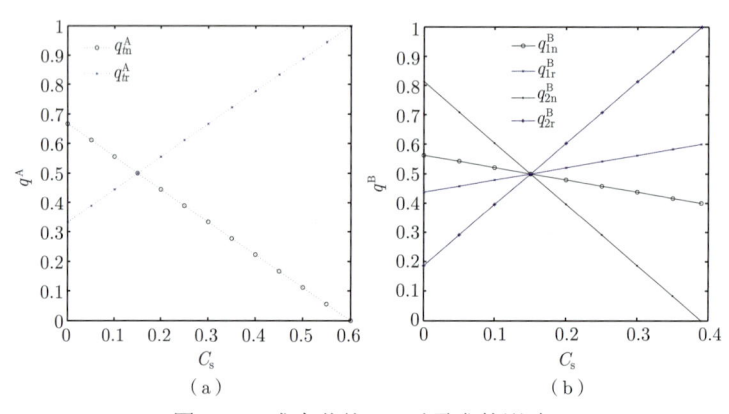

图 5.24 成本节约 C_s 对需求的影响
(a) q^A; (b) q^B

图 5.25 成本节约 C_s 对利润的影响

(a) π^A; (b) π^B

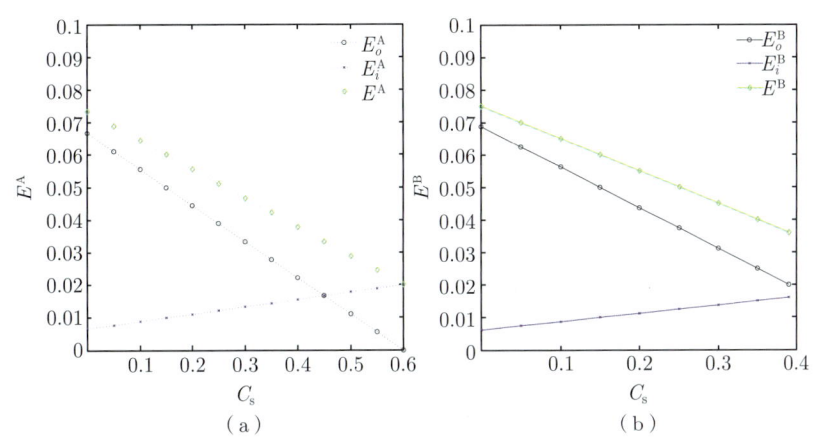

图 5.26 成本节约 C_s 对环境的影响

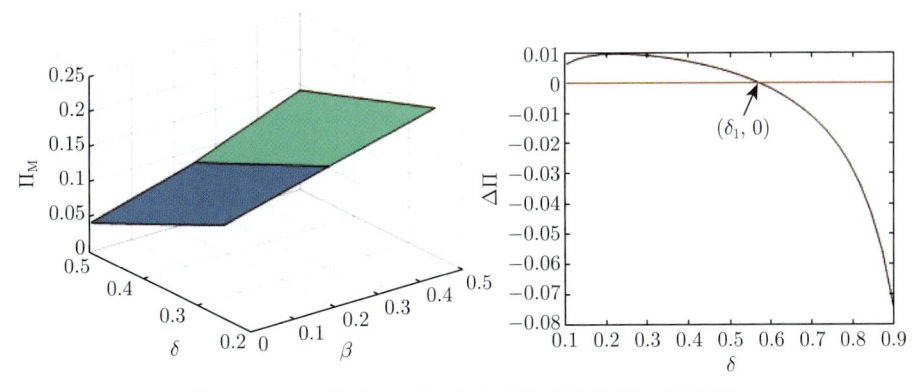

(a) E^A; (b) E^B

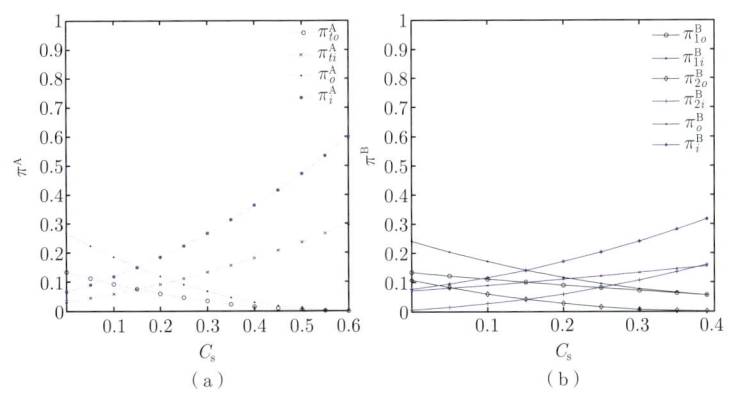

图 6.20 MC 模式下原始设备制造商的利润与利润差

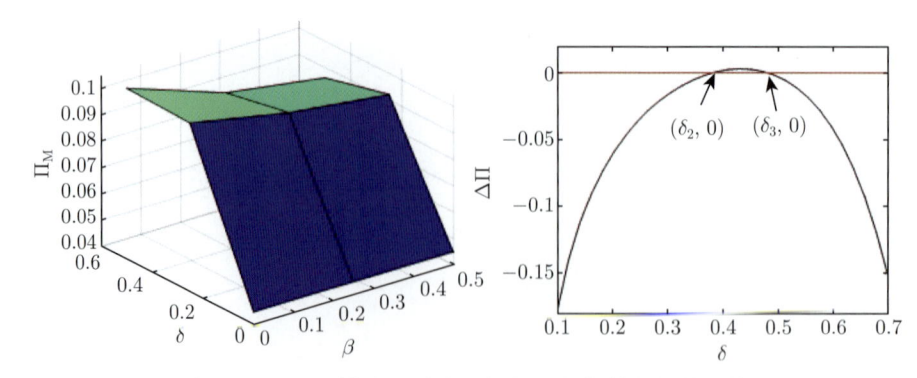

图 6.21 MRC 模式下原始设备制造商的利润与利润差

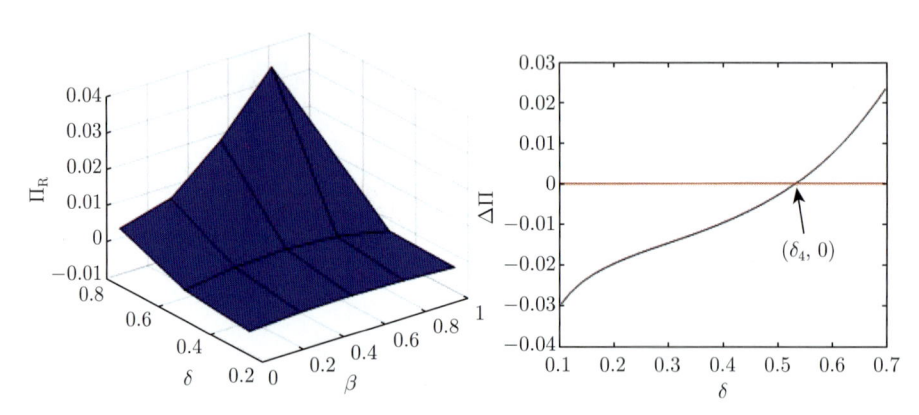

图 6.22 MRC 模式下零售商的利润与利润差